数据科学与工程技术丛书

STATISTICS AND DATA ANALYSIS
FOR FINANCIAL ENGINEERING

金融统计与数据分析

[美] 戴维·罗伯特（David Ruppert） 著

王科研 李洪成 陆志峰 译

机械工业出版社
China Machine Press

图书在版编目（CIP）数据

金融统计与数据分析 /（美）戴维·罗伯特（David Ruppert）著；王科研等译 . —北京：机械工业出版社，2018.7（2023.1 重印）

（数据科学与工程技术丛书）

书名原文：Statistics and Data Analysis for Financial Engineering

ISBN 978-7-111-60404-4

I. 金… II. ① 戴… ② 王… III. 金融统计 – 统计分析 IV. F832

中国版本图书馆 CIP 数据核字（2018）第 163782 号

北京市版权局著作权合同登记　图字：01-2012-1278 号。

Translation from the English language edition: *Statistics and Data Analysis for Financial Engineering* by David Ruppert.
Copyright © 2011 Springer Science+Business Media, LLC.
All rights Reserved.

本书中文简体字版由 Springer Science + Business Media 授权机械工业出版社独家出版。未经出版者书面许可，不得以任何方式复制或抄袭本书内容。

　　本书是一本关于金融市场数据分析的教材，第 1 章综述全书内容；第 2 章和第 3 章介绍数据的来源、股票和价格回报，以及债券所产生的收益；第 4～8 章介绍概率论、统计学和探索性数据分析的基础知识；第 9 章和第 10 章讲述时间序列中的 ARIMA 模型；第 11 章介绍最优的风险资产投资组合和最优的风险资产与无风险资产投资组合；第 12～14 章讲解回归分析；第 15 章介绍协整分析；第 16 章将投资组合理论和回归分析应用于资本资产定价模型（CAPM）；第 17 章介绍因子模型；第 18～21 章介绍波动率非常数的 GARCH 模型、贝叶斯统计、风险管理和非参数回归等。

出版发行：机械工业出版社（北京市西城区百万庄大街 22 号　邮政编码：100037）
责任编辑：王春华　　　　　　　　　　　　责任校对：李秋荣
印　　刷：北京建宏印刷有限公司　　　　　版　　次：2023 年 1 月第 1 版第 3 次印刷
开　　本：185mm × 260mm　1/16　　　　印　　张：27
书　　号：ISBN 978-7-111-60404-4　　　　定　　价：109.00 元

客服电话：(010)88361066　68326294

版权所有 · 侵权必究
封底无防伪标均为盗版

前　言

本书是我在康奈尔大学教授金融工程研究生"金融工程统计"这一课程期间撰写完成的．这些学生原本已有投资组合管理、固定收益证券、期货、随机微积分等知识基础，因此我着重讲解了本书第4～9章和第17～20章的内容，包括统计学、数据分析和R软件的操作等．这些章节对于一个学期的课时来说已经绰绰有余．我在课程中并没有涉及回归（第12～14章、第21章）和第10章更为高级的时间序列，因为这些内容已包含在其他课程中．在过去，我选择不讲解协整分析的内容（第15章），但我会在今后的课程中讲解．由于金融工程的研究生会把第三个学期的大部分时间运用在投资银行或对冲基金这样的课题项目上．作为几个项目的指导教师，我认识到也有必要介绍协整分析的内容．

本书也可以作为其他学科的教材使用．要讲授本书的大部分内容，一般需要两个学期的课时．一学期需要着重讲解金融知识，可以选择第11章和第16章关于投资组合以及CAPM的内容，而忽略一些统计内容，例如第8章、第18章和第20章关于copula模型、GARCH模型和贝叶斯统计的内容．

有些熟悉我出版的《Statistics and Finance：An Introduction》一书的读者可能会问这两本书有何不同．本书相比较早出版的书来说内容进一步深化了，并且更广泛地涉及统计学的知识．正如书名所示，本书更注重实际的数据分析而非仅仅是一本导论．第8章、第15章、第20章中引入了一些新的知识：copula函数、协整分析、贝叶斯统计．除了一些数据与《Statistics and Finance：An Introduction》有类同之外，本书完全使用R软件处理计算、数据分析、绘图等工作，而前书则使用SAS和MATLAB软件．书中几乎全部案例的相关数据都能在R数据库中找到，因此读者可以自行再现这些案例．在第20章中，执行马尔可夫链蒙特卡罗过程时R软件需要安装R2WinBUGS软件包来执行WinBUGS这一命令．本书与前书有一些重叠之处，尤其在第2章、第3章、第9章、第11～13章、第16章中有许多内容是从前书中借鉴而来的．而与《Statistics and Finance：An Introduction》不同的是，本书并没有涉及期货定价和行为经济学的内容．

阅读本书之前，最好掌握一定量的微积分、向量、矩阵、概率论和随机过程以及统计学的知识，达到金融工程、数学、统计学等相关专业大三或大四学生的专业知识水平．本书提供一个附录来帮助读者回顾一些概率论与统计学的内容，但附录意在给予参考而无法帮助零基础的同学熟悉这些知识．同时，也建议读者具备一定程度的计算编程能力，具备一些金融的基本概念也会有所帮助．

本书并不会讲解R软件如何编程，但每章都有一个"R实验室"来处理和模拟数据．学生可以通过这些内容和R软件的帮助手册《An Introduction to R》学习更多关于R软件函数相关内容（帮助手册可以在CRAN网站上找到，也可以通过R的在线帮助获得).另外,本书也会对案例中用到的那些 R 函数进行讲解.有时 R 代码会用于介绍一些分析过程,例如第 11 章中使用二次规划寻找切线资产组合的案例.对于有意使用 R 软件的读者,每章最后的文献注记中介绍了一些 R 相关书目.我的"金融工程统计"课程的学生对 R 软件的了解程度不尽相同.有精通 R 编程的学生,同时也有零基础的学生,但大部分学生之前都接触过其他编程语言.对于那些之前没有接触过 R 软件的学生,一般需要老师的帮助来熟悉 R 实验室的操作,而自学的学生也最好先对 R 有一定了解,之后再尝试了解书中的案例.

David Ruppert
于纽约伊萨卡岛
2010 年 7 月

目 录

前言

第1章 引言 ·········· 1
1.1 文献注记 ·········· 3
1.2 参考文献 ·········· 3

第2章 收益 ·········· 4
2.1 引言 ·········· 4
2.1.1 净收益率 ·········· 4
2.1.2 总收益率 ·········· 4
2.1.3 对数收益率 ·········· 5
2.1.4 股息调整 ·········· 5
2.2 随机游走模型 ·········· 6
2.2.1 随机游走 ·········· 6
2.2.2 几何随机游走 ·········· 6
2.2.3 对数价格是对数正态的几何随机游走吗 ·········· 6
2.3 文献注记 ·········· 7
2.4 参考文献 ·········· 7
2.5 R实验室 ·········· 8
2.5.1 数据分析 ·········· 8
2.5.2 模拟 ·········· 9
2.6 习题 ·········· 10

第3章 固定收入证券 ·········· 12
3.1 引言 ·········· 12
3.2 零息债券 ·········· 12
3.3 有息票债券 ·········· 13
3.4 到期收益率 ·········· 15
3.4.1 计算到期收益率的一般方法 ·········· 16
3.4.2 即期汇率 ·········· 16
3.5 期限结构 ·········· 17
3.5.1 引言：利率取决于到期时间 ·········· 17
3.5.2 期限结构的描述 ·········· 17
3.6 连续复利 ·········· 20
3.7 连续的远期利率 ·········· 21
3.8 价格对收益率的敏感性 ·········· 22
3.9 文献注记 ·········· 23
3.10 参考文献 ·········· 23
3.11 R实验室 ·········· 24
3.11.1 计算到期收益 ·········· 24
3.11.2 绘制收益曲线 ·········· 25
3.12 习题 ·········· 25

第4章 探索性数据分析 ·········· 28
4.1 引言 ·········· 28
4.2 直方图和核密度估计 ·········· 30
4.3 顺序统计量、样本CDF与样本分位数 ·········· 33
4.3.1 样本分位数的中心极限定理 ·········· 34
4.3.2 正态概率图 ·········· 34
4.3.3 半正态图 ·········· 36
4.3.4 QQ图 ·········· 37
4.4 正态性检验 ·········· 40
4.5 箱形图 ·········· 40
4.6 数据变换 ·········· 42

- 4.7 变换几何 …… 44
- 4.8 变换核密度估计 …… 46
- 4.9 文献注记 …… 48
- 4.10 参考文献 …… 48
- 4.11 R 实验室 …… 49
- 4.12 习题 …… 51

第 5 章 单变量分布建模 …… 52
- 5.1 引言 …… 52
- 5.2 参数模型与简约性 …… 52
- 5.3 位置参数、尺度参数和形状参数 …… 52
- 5.4 偏度、峰度和矩 …… 53
  - 5.4.1 Jarque-Bera 检验 …… 57
  - 5.4.2 矩 …… 57
- 5.5 重尾分布 …… 57
  - 5.5.1 指数和多项式尾部 …… 57
  - 5.5.2 t 分布 …… 58
  - 5.5.3 混合模型 …… 59
- 5.6 广义误差分布 …… 61
- 5.7 从对称分布创建偏度 …… 63
- 5.8 基于分位数的位置、尺度和形状参数 …… 63
- 5.9 最大似然估计 …… 64
- 5.10 MLE 的 Fisher 信息和中心极限定理 …… 65
- 5.11 似然比检验 …… 66
- 5.12 AIC 与 BIC …… 67
- 5.13 验证数据和交叉验证 …… 68
- 5.14 由最大似然法拟合分布 …… 69
- 5.15 剖面似然 …… 76
- 5.16 稳健估计 …… 76
- 5.17 带有参数变换的变换核密度估计 …… 78
- 5.18 文献注记 …… 79
- 5.19 参考文献 …… 80
- 5.20 R 实验室 …… 80
  - 5.20.1 收入数据 …… 80
  - 5.20.2 DAX 收益 …… 82
- 5.21 习题 …… 83

第 6 章 再抽样 …… 86
- 6.1 引言 …… 86
- 6.2 偏差、标准差和 MSE 的自助法估计 …… 87
- 6.3 自助法置信区间 …… 89
  - 6.3.1 正态近似区间 …… 89
  - 6.3.2 自助法 t 区间 …… 90
  - 6.3.3 基本的自助法区间 …… 92
  - 6.3.4 百分位数置信区间 …… 92
- 6.4 文献注记 …… 95
- 6.5 参考文献 …… 95
- 6.6 R 实验室 …… 96
- 6.7 习题 …… 97

第 7 章 多元统计模型 …… 99
- 7.1 引言 …… 99
- 7.2 协方差和相关矩阵 …… 99
- 7.3 随机变量的线性函数 …… 100
  - 7.3.1 两个或更多随机变量的线性组合 …… 102
  - 7.3.2 独立与和的方差 …… 102
- 7.4 散点图矩阵 …… 103
- 7.5 多元正态分布 …… 104
- 7.6 多元 t 分布 …… 105
- 7.7 用最大似然来拟合多元 t 分布 …… 106
- 7.8 椭圆轮廓密度 …… 108
- 7.9 多元有偏 t 分布 …… 109
- 7.10 Fisher 信息矩阵 …… 111
- 7.11 多元数据自助法 …… 111
- 7.12 文献注记 …… 112
- 7.13 参考文献 …… 112
- 7.14 R 实验室 …… 113
  - 7.14.1 股票收益 …… 113
  - 7.14.2 拟合多元 t 分布 …… 113
  - 7.14.3 拟合一个二元 t 分布 …… 115
- 7.15 习题 …… 115

第8章 copula ……………… 117

- 8.1 引言 ……………………… 117
- 8.2 特殊 copula ……………… 118
- 8.3 高斯 copula 和 *t*-copula …… 119
- 8.4 阿基米德 copula ………… 119
  - 8.4.1 弗兰克 copula ……… 120
  - 8.4.2 Clayton copula ……… 120
  - 8.4.3 Gumbel copula ……… 121
- 8.5 秩相关 …………………… 122
  - 8.5.1 肯德尔的 tau 相关系数 … 123
  - 8.5.2 斯皮尔曼相关系数 …… 123
- 8.6 尾部相关 ………………… 124
- 8.7 计算 copula ……………… 125
  - 8.7.1 最大似然 …………… 125
  - 8.7.2 拟最大似然估计 …… 126
  - 8.7.3 计算元高斯分布和元 *t* 分布 ……………… 127
- 8.8 文献注记 ………………… 129
- 8.9 参考文献 ………………… 130
- 8.10 R 实验室 ………………… 130
  - 8.10.1 模拟 copula ………… 130
  - 8.10.2 对收益数据拟合 copula ……………… 131
- 8.11 习题 …………………… 134

第9章 时间序列模型：基础知识 ………………… 135

- 9.1 时间序列数据 …………… 135
- 9.2 平稳过程 ………………… 135
  - 9.2.1 白噪声 ……………… 137
  - 9.2.2 预测白噪声 ………… 138
- 9.3 估计平稳过程的参数 …… 138
- 9.4 AR(1)过程 ……………… 139
  - 9.4.1 弱平稳 AR(1)过程的性质 ………………… 140
  - 9.4.2 收敛到平稳分布 …… 141
  - 9.4.3 非平稳 AR(1)过程 … 142
- 9.5 AR(1)过程的估计 ………… 143
  - 9.5.1 残差与模型检验 …… 143
  - 9.5.2 最大似然和条件最小二乘 ………………… 145
- 9.6 AR(p)模型 ……………… 146
- 9.7 滑动平均过程 …………… 149
  - 9.7.1 MA(1)过程 ………… 149
  - 9.7.2 一般的 MA 过程 …… 150
- 9.8 ARMA 过程 ……………… 151
  - 9.8.1 后向算子 …………… 151
  - 9.8.2 ARMA 模型 ………… 151
  - 9.8.3 ARMA(1,1)过程 …… 151
  - 9.8.4 ARMA 参数估计 …… 152
  - 9.8.5 差分算子 …………… 152
- 9.9 ARIMA 过程 ……………… 153
- 9.10 单位根检验 …………… 156
- 9.11 自动选择一个 ARIMA 模型 … 158
- 9.12 预测 …………………… 158
  - 9.12.1 预测误差和预测区间 ………………… 160
  - 9.12.2 通过模拟计算预测限 …………………… 161
- 9.13 偏自相关系数 ………… 163
- 9.14 文献注记 ……………… 165
- 9.15 参考文献 ……………… 165
- 9.16 R 实验室 ……………… 165
  - 9.16.1 T-bill 比率 ………… 165
  - 9.16.2 预测 ……………… 167
- 9.17 习题 …………………… 168

第10章 时间序列模型：更多主题 ………………… 171

- 10.1 季节性 ARIMA 模型 …… 171
  - 10.1.1 季节性和非季节性差分 ………………… 171
  - 10.1.2 乘法 ARIMA 模型 … 172
- 10.2 时间序列的 Box-Cox 变换 …… 174
- 10.3 多变量时间序列 ……… 175
  - 10.3.1 互相关函数 ……… 175

10.3.2 多变量白噪声 ………… 176
10.3.3 多变量ARMA过程 … 176
10.3.4 使用多变量AR模型预测 ………… 179
10.4 长记忆过程 ………… 180
    10.4.1 长记忆平稳模型的需要 ………… 180
    10.4.2 分数阶差分 ………… 180
    10.4.3 FARIMA过程 ………… 181
10.5 自助法时间序列 ………… 183
10.6 文献注记 ………… 183
10.7 参考文献 ………… 183
10.8 R实验室 ………… 184
    10.8.1 季节性ARIMA模型 … 184
    10.8.2 VAR模型 ………… 184
    10.8.3 长记忆过程 ………… 185
    10.8.4 一个ARIMA过程的基于模型的自助法 … 185
10.9 习题 ………… 187

第11章 投资组合理论 ………… 189
11.1 权衡预期收益和风险 ………… 189
11.2 一种风险资产和一种无风险资产 ………… 189
11.3 两种风险资产 ………… 190
11.4 结合两种风险资产与一种无风险资产 ………… 192
    11.4.1 两种风险资产的切线资产组合 ………… 192
    11.4.2 结合切线资产组合和无风险资产 ………… 193
    11.4.3 ρ_{12}的效果 ………… 194
11.5 卖空 ………… 194
11.6 N个风险资产投资组合的风险有效 ………… 195
11.7 再抽样和有效投资组合 ………… 198
11.8 文献注记 ………… 202
11.9 参考文献 ………… 202
11.10 R实验室 ………… 203
11.11 习题 ………… 203

第12章 回归：基础知识 ………… 205
12.1 引言 ………… 205
12.2 直线回归 ………… 206
    12.2.1 最小二乘估计 ………… 206
    12.2.2 $\hat{\beta}_1$的方差 ………… 208
12.3 多元线性回归 ………… 209
12.4 方差分析、平方和以及 R^2 ………… 211
    12.4.1 AOV表 ………… 211
    12.4.2 自由度 ………… 213
    12.4.3 均值平方和和F检验 ………… 213
    12.4.4 调整R^2 ………… 214
12.5 模型选择 ………… 215
12.6 共线性和方差膨胀 ………… 216
12.7 偏残差图 ………… 221
12.8 中心化预测变量 ………… 222
12.9 正交多项式 ………… 223
12.10 文献注记 ………… 223
12.11 参考文献 ………… 223
12.12 R实验室 ………… 223
12.13 习题 ………… 225

第13章 回归诊断 ………… 227
13.1 回归诊断简介 ………… 227
    13.1.1 杠杆值 ………… 228
    13.1.2 残差 ………… 229
    13.1.3 库克距离 ………… 230
13.2 检验模型假设 ………… 232
    13.2.1 非正态分布 ………… 232
    13.2.2 非常数方差 ………… 233
    13.2.3 非线性 ………… 234
    13.2.4 残差相关性和伪回归 … 236
13.3 文献注记 ………… 240
13.4 参考文献 ………… 240
13.5 R实验室 ………… 240
13.6 习题 ………… 242

第14章　回归：高级主题 ······ 244
- 14.1 带有ARMA误差的线性回归 ······ 244
- 14.2 线性回归的理论 ······ 246
  - 14.2.1 相关噪声的影响和异方差性 ······ 247
  - 14.2.2 回归的最大似然估计 ······ 248
- 14.3 非线性回归 ······ 249
- 14.4 从零息债券价格估计远期利率 ······ 252
- 14.5 双边变换回归 ······ 255
- 14.6 只变换因变量 ······ 257
- 14.7 二元回归 ······ 258
- 14.8 线性化一个非线性模型 ······ 262
- 14.9 稳健回归 ······ 263
- 14.10 回归和最佳线性预测 ······ 265
  - 14.10.1 最佳线性预测 ······ 265
  - 14.10.2 最佳线性预测的预测误差 ······ 266
  - 14.10.3 回归是经验最佳线性预测 ······ 266
  - 14.10.4 多元线性预测 ······ 266
- 14.11 回归对冲 ······ 267
- 14.12 文献注记 ······ 267
- 14.13 参考文献 ······ 268
- 14.14 R实验室 ······ 268
  - 14.14.1 带ARMA噪声的回归 ······ 268
  - 14.14.2 非线性回归 ······ 269
  - 14.14.3 因变量变换 ······ 270
  - 14.14.4 二元回归：谁得到了空调 ······ 271
- 14.15 习题 ······ 271

第15章　协整 ······ 273
- 15.1 引言 ······ 273
- 15.2 向量误差校正模型 ······ 274
- 15.3 交易策略 ······ 277
- 15.4 文献注记 ······ 277
- 15.5 参考文献 ······ 277
- 15.6 R实验室 ······ 278
  - 15.6.1 中等规模公司股票价格协整分析 ······ 278
  - 15.6.2 收益的协整分析 ······ 278
  - 15.6.3 模拟 ······ 279
- 15.7 习题 ······ 279

第16章　资本资产定价模型 ······ 280
- 16.1 CAPM简介 ······ 280
- 16.2 资本市场线 ······ 281
- 16.3 β值和证券市场线 ······ 282
  - 16.3.1 有关β值的例子 ······ 284
  - 16.3.2 CML和SML的比较 ······ 285
- 16.4 证券特征线 ······ 285
  - 16.4.1 通过多元化降低特有风险 ······ 286
  - 16.4.2 假设合理吗 ······ 286
- 16.5 一些投资组合理论 ······ 287
  - 16.5.1 对市场投资组合风险的贡献 ······ 287
  - 16.5.2 SML的推导 ······ 287
- 16.6 β值的估计和CAPM的检验 ······ 289
  - 16.6.1 用回归估计β值 ······ 289
  - 16.6.2 检验CAPM ······ 290
  - 16.6.3 α值的解释 ······ 290
- 16.7 CAPM在投资组合分析中的应用 ······ 291
- 16.8 文献注记 ······ 291
- 16.9 参考文献 ······ 291
- 16.10 R实验室 ······ 292
- 16.11 习题 ······ 293

第17章　因子模型和主成分 ······ 295
- 17.1 降维 ······ 295

17.2 主成分分析 …………… 295
17.3 因子模型 …………… 301
17.4 用时间序列回归拟合因子模型 …………… 302
    17.4.1 Fama 和 French 三因子模型 …………… 303
    17.4.2 资产回报率的期望和协方差的估计 …………… 307
17.5 截面因子模型 …………… 309
17.6 统计因子模型 …………… 311
17.7 文献注记 …………… 314
17.8 参考文献 …………… 314
17.9 R 实验室 …………… 314
    17.9.1 主成分分析 …………… 314
    17.9.2 时间序列回归拟合因子模型 …………… 316
    17.9.3 统计因子模型 …………… 317
17.10 习题 …………… 318

第 18 章 GARCH 模型 …………… 319
18.1 引言 …………… 319
18.2 估计条件均值和方差 …………… 320
18.3 ARCH(1) 过程 …………… 320
18.4 AR(1)/ARCH(1) 模型 …………… 321
18.5 ARCH(p) 模型 …………… 322
18.6 ARIMA(p_A, d, q_A)/GARCH(p_G, q_G) 模型 …………… 323
18.7 具有厚尾的 GARCH 过程 …………… 324
18.8 拟合 ARMA/GARCH 模型 …………… 324
18.9 作为 ARMA 模型的 GARCH 模型 …………… 327
18.10 GARCH(1,1) 过程 …………… 327
18.11 APARCH 模型 …………… 328
18.12 具有 ARMA/GARCH 误差的回归 …………… 330
18.13 ARMA/GARCH 过程的预测 …………… 332
18.14 文献注记 …………… 333
18.15 参考文献 …………… 334
18.16 R 实验室 …………… 335
18.17 习题 …………… 336

第 19 章 风险管理 …………… 339
19.1 风险管理的必要性 …………… 339
19.2 一个资产的 VaR 和 ES 的估计 …………… 340
    19.2.1 VaR 与 ES 的非参数估计 …………… 340
    19.2.2 VaR 与 ES 的参数估计 …………… 341
19.3 用自助法计算 VaR 与 ES 的置信区间 …………… 343
19.4 用 ARMA/GARCH 模型估计 VaR 与 ES …………… 344
19.5 一个投资组合的 VaR 与 ES 的估计 …………… 344
19.6 多项式尾部的 VaR 估计 …………… 346
19.7 帕雷托分布 …………… 350
19.8 持有期与置信系数的选择 …………… 350
19.9 VaR 与多样化 …………… 351
19.10 文献注记 …………… 352
19.11 参考文献 …………… 353
19.12 R 实验室 …………… 353
19.13 习题 …………… 354

第 20 章 贝叶斯数据分析和 MCMC …………… 355
20.1 引言 …………… 355
20.2 贝叶斯定理 …………… 356
20.3 先验分布和后验分布 …………… 357
20.4 共轭先验 …………… 358
20.5 后验中心极限定理 …………… 363
20.6 后验区间 …………… 363
20.7 马尔可夫链蒙特卡罗方法 …………… 364
    20.7.1 Gibbs 抽样 …………… 365
    20.7.2 其他蒙特卡罗抽样方法 …………… 365
    20.7.3 MCMC 输出的分析 …………… 366
    20.7.4 WinBUGS …………… 367

	20.7.5	MCMC 收敛性和混合的检验	368
	20.7.6	模型 DIC 和 p_D 的比较	372
20.8	多层先验		373
20.9	协方差矩阵的贝叶斯估计		375
	20.9.1	多元正态分布的协方差阵估计	375
	20.9.2	多元 t 分布的尺度矩阵的估计	377
	20.9.3	协方差矩阵的非共轭先验	378
20.10	一个平稳过程的采样		378
20.11	文献注记		379
20.12	参考文献		380
20.13	R 实验室		381
	20.13.1	MCMC 拟合 t 分布	381
	20.13.2	AR 模型	384
	20.13.3	MA 模型	385
	20.13.4	ARMA 模型	386
20.14	习题		387

第 21 章 非参数回归和样条函数 …… 388

21.1	引言	388
21.2	局部多项式回归	389
21.3	线性光滑器	391
	21.3.1 平滑矩阵和有效自由度	392
	21.3.2 AIC 和 GCV	392
21.4	多项式样条函数	392
	21.4.1 具有一个结的线性样条函数	393
	21.4.2 具有多个结的线性样条函数	394
	21.4.3 二次样条函数	394
	21.4.4 p 阶样条函数	395
	21.4.5 其他的样条基	395
21.5	惩罚样条函数	395
21.6	文献注记	398
21.7	参考文献	398
21.8	R 实验室	398
	21.8.1 工资、教育和经验的加法模型	398
	21.8.2 短期利率的一个扩展 CKLS 模型	399
21.9	习题	400

附录 A 来自于概率、统计和代数的事实 …… 401

第 1 章
引 言

本书是关于金融市场数据分析的一本书. 本章结束简要介绍后, 第 2 章和第 3 章会介绍数据的来源、股票和价格回报, 以及债券所产生的收益. 第 4 章进一步介绍针对非形式化(通常是图形化)的数据分析的方法. 更多基于统计推断的形式化方法(即估计和检验), 将会在第 5 章进行介绍. 第 5 章之后的章节会涉及许多种更为高级的统计方法: ARIMA 模型、回归、多元模型、copula、GARCH 模型、因子模型、协整、贝叶斯统计和非参数回归.

大部分的金融都会涉及金融风险. 一项投资的回报就是该投资的收益, 这部分收益是以初始投资的一小部分来表示的. 如果一项投资在时间 t_1 发生, 而此时该资产的价格是 P_{t_1}, 随着时间的推移, 到了时间 t_2 的时候, 价格变成了 P_{t_2}, 那么从 t_1 到 t_2 这段时间的投资所产生的净收益率是 $(P_{t_2} - P_{t_1})/P_{t_1}$. 对于大多数的资产来说, 未来的回报是不明确的, 因此未来的回报是随机变量. 风险是指一项投资的未来收益是不确定的, 尤其是这项投资可能会比预期收益赚得少, 甚至造成损失, 也就是亏损. 风险常常用收益的标准差(我们也称之为波动性)来估量. 最近还有一种用风险值(VaR)和期望损失值(ES)来测量风险的趋势. 这两种方法主要关注比较大的损失而且它们要比收益的标准差更能直接反映出金融风险. 这是因为风险取决于收益的概率分布, 概率论与数理统计是金融的基本工具. 风险的计算需要概率论的知识, 而数理统计的知识被用于估计一些参数, 例如收益的标准差, 或者用于进行假设检验, 例如所谓的随机游走假说, 这个假说称未来的收益与过去的收益是相互独立的.

在金融工程中, 有两种概率分布能被估计. 客观的概率是事件真实的概率. 风险中性概率或定价概率给出模型输出结果, 这些输出结果与市场价格一致并且反映了市场关于未来事件概率的看法. 本书中的统计方法可以用于估计这两种类型的概率. 客观的概率常常用历史数据来估计, 而风险中性概率是通过期权的价格和其他金融工具来估计的.

概率模型在金融领域得到了广泛的运用, 例如, 著名的 Black-Scholes 公式就是由那些概率模型推导出来的. 然而, 这些模型的使用让我们不禁会提出关于统计方面的一些问题, 比如说这些模型能够被金融市场数据所支撑吗? 这些模型里的参数是如何估计出来的? 这些模型是否能够简化一点? 或者相反, 这些模型是否就是应该复杂一些?

在学习第 4~8 章所介绍的概率论、统计学和探索性数据分析的基础知识之后, 第 9 章和第 10 章将讲述时间序列中的 ARIMA 模型. 时间序列是按时间先后顺序取样而成的数据, 在金融市场上有大量的数据都是时间序列. ARIMA 模型是随机过程, 即针对随机变量的顺序的概率模型. 在第 11 章, 我们会学习最优的风险资产(例如, 股票)投资组合和最优的风险资产与无风险资产(例如,美国的短期国库券)投资组合. 第 12~14 章将会讲述应用统计中最重要的领域之一———回归分析. 第 15 章会介绍协整分析. 在第 16 章中,投资组合理论和回归分析将被运用在资本资产定价模型(CAPM)中. 第 17 章会介绍因子模型,这个模型推广了 CAPM. 第 18~21 章涉及统计和金融上其他的领域,例如,波动率非常数的 GARCH 模型、贝叶斯统计、风险管理和非参数回归.

几个相关的主题将会在这本书中着重讲述:

总是关注数据 著名的哲学家和棒球运动员 Yogi Berra 曾说:"仅仅是看,你就能获得很多."这在统计学中一定是正确的. 数据分析中的第一步就是根据数据用好几种方法作图. 图形分析将在第 4 章中着重讲解并贯穿整本书. 像不良数据、异常值、错误数据、数据缺失和不合适的模型这样的问题,都可以通过目测检测出来. 不良数据是指数据由于出错而异常,例如,记录错误. 不良数据应该在可能的情况下被修正,否则要被删除. 但是异常值则应该被保留下来而不是被识别成不良数据,例如由于一次股市崩盘,这些异常值就是"好的数据"而应该被保留下来,尽管可能需要扩展模型,从而能够接受这些异常值. 因此,识别和理解不良数据和异常值很重要,这样我们才能对它们进行合适的取舍.

所有的模型都是错误的 许多统计学家都很熟悉 George Box 的观察报告,"所有模型都是错误的,但是有些模型是有用处的". 这个事实应该被记在心中,无论何时有人怀疑一个统计学的、经济学的或者金融的模型是不是"正确的". 只有计算机模拟的数据有一个"正确的模型". 没有一个模型可以像真实世界那样复杂,而且就算这样的模型确实存在,那它也会是非常复杂以至于是无用的.

偏差和方差的折中 如果有用的模型存在,那怎样才能发现这些模型呢? 对于这个问题的回答根本上取决于这些模型的预期用途. 一种非常有用的原则是精简参数,这意味着我们应该只使用必要数量的参数. 包含不必要参数的复杂模型会增加估计误差,而且会使得对模型的解释更加困难. 然而一个太简单的模型不能捕获数据的一些重要特点并会导致严重的偏差. 简单的模型有很大的偏差但是估计量的方差比较小. 复杂的模型会有比较小的偏差但有大的方差. 因此,模型的选择包括找到在偏差和方差两者中的折中方案.

不确定性分析 由于估计和建模的误差而造成的不确定性被量化是必不可少的. 例如,投资组合最优化法假设收益的平均值、方差和相关系数都是已知的,然而当这些参数只是被估计出来的时候(事实也是这样),这样的投资组合就已经不是最优化的了. 把不确定性考虑进去产生了一些投资组合选择的其他方法,见第 11 章. 由于复杂的模型,不确定性分析在过去会被质疑,但是因为现在的统计方法,例如再抽样(见第 6 章)和贝叶斯 MCMC(见第 20 章),这些质疑已经不复存在了.

金融市场数据并不是正态分布的 入门级的统计学课本建模时使用连续分布的数据一般都是正态分布的数据. 这种情况在许多应用领域里都很正常,因为这些领域的数据都能很接近正态分布. 然而,在金融领域,股票收益、利率的变化、外汇汇率的变化和其他利率的数据比它们在正态性的时候会产生更多的异常值. 对于金融市场数据建模,像 t 分布这样厚尾的分布会比正态分布更适合一些———见第 5 章. 记住:在金融领域,正态分布并不是正常的.

方差并不是恒定不变的 入门级的统计学教材也会假设恒定的变异性. 这是另外一种假设,这种假设对于金融市场数据来说在大多情况下都不正确. 例如,1987 年 10 月 19 日,这天是黑色星期一,日收益率为 -23%,也就是说,仅仅这一天就损失了 23% 的市值. 这样的收益率在一个有着恒定方差的正常模型中是几乎不可能的,而且这也与有恒定方差的

t 分布不符，但是这却非常符合条件异方差的 t 分布模型，例如一个 GARCH 模型(第 18 章).

1.1 文献注记

"所有模型都是错误的，但是有些模型是有用处的"这句格言出自 Box(1976).

1.2 参考文献

Box, G. E. P. (1976) Science and statistics, *Journal of the American Statistical Association*, 71, 791–799.

第 2 章 收　益

2.1 引言

投资的目标当然就是获利. 投资的收益或者亏损取决于价格的变化和持有资产的数量这两个因素. 投资者会对与初始投资规模有较高相关性的收益产生兴趣. 收益率就体现出了这个相关性, 因为一项资产, 例如, 一只股票、一个债券、一份股票与债券的资产组合, 它们的收益率都是根据价格来改变的, 而价格是以初始价格的一小部分来表示的.

2.1.1 净收益率

令 P_t 为一项资产在 t 时刻的价格. 假设没有股息, 那么从 $t-1$ 时刻到 t 时刻这段持有期的净收益率(net return)就是

$$R_t = \frac{P_t}{P_{t-1}} - 1 = \frac{P_t - P_{t-1}}{P_{t-1}}$$

分子 $P_t - P_{t-1}$ 就是持有期的收入或者亏损. 分母 P_{t-1} 是持有期的初始投资. 因此, 净收益率可以被看作是相对于初始投资的收入或利润率.

资产持有期的收入是

$$收入 = 初始投资 \times 净收益率$$

例如, 一项 $10\,000$ 的初始投资, 净收益率为 6%, 因而赚取了 600. 因为 $P_t \geqslant 0$,

$$R_t \geqslant -1 \tag{2.1}$$

所以最坏情况下的收益率是 -1, 即 100% 的亏损, 而且这种情况会在资产变得毫无价值的时候发生.

2.1.2 总收益率

总收益率就是

$$\frac{P_t}{P_{t-1}} = 1 + R_t$$

例如, 如果 $P_t = 2$, 并且 $P_{t+1} = 2.1$, 那么 $1 + R_{t+1} = 1.05$ 或 105%, 并且 $R_{t+1} = 0.05$ 或 5%.

收益率是无标度的, 这意味着收益率与单位(如美元、美分等)无关. 但收益率并不是没有单位的, 收益率的单位是时间; 收益率取决于时间 t 的单位(如小时、天等). 在上个例子中, 如果 t 是用年来度量的, 那么更准确地说, 例子中的净收益率是每年 5%.

最近一个 k 时期的总收益率是 k 个单位时期的总收益率的乘积(从时刻 $t-k$ 到时刻 t):

$$1+R_t(k) = \frac{P_t}{P_{t-k}} = \left(\frac{P_t}{P_{t-1}}\right)\left(\frac{P_{t-1}}{P_{t-2}}\right)\cdots\left(\frac{P_{t-k+1}}{P_{t-k}}\right) = (1+R_t)\cdots(1+R_{t-k+1})$$

2.1.3 对数收益率

对数收益率,又称为连续复合收益率,用 r_t 来表示,并定义为

$$r_t = \log(1+R_t) = \log\left(\frac{P_t}{P_{t-1}}\right) = p_t - p_{t-1}$$

其中,$p_t = \log(P_t)$ 称为对数价格(log price).

对数收益率在 x 比较小的时候近似等于收益率,即 $\log(1+x) \approx x$,这在图 2-1 中是很明显的. 从这张图中我们可以发现,当 $|x| < 0.1$ 时,$\log(1+x)$ 是非常接近于 x 的,例如,当收益率小于 10% 的时候.

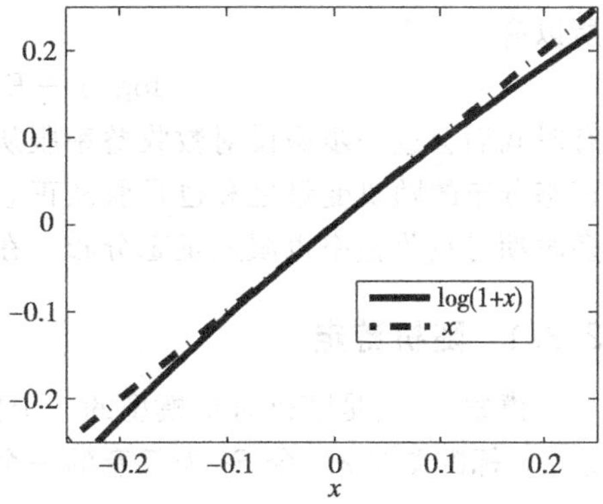

图 2-1 比较函数 $\log(1+x)$ 和函数 x

例如,5% 的收益率等于 4.88% 的对数收益率,因为 $\log(1+0.05) = 0.0488$. 另外,-5% 的收益率也等于 -5.13% 的对数收益率,因为 $\log(1-0.05) = -0.0513$. 在这两个例子中,$r_t = \log(1+R_t) \approx R_t$,收益率都近似等于对数收益率. 由于 $\log(1+0.01) = 0.00995$ 和 $\log(1-0.01) = -0.01005$,所以 $\pm 1\%$ 的对数收益率是非常接近于它们相对应的净收益率的.

使用对数收益率的一个好处就是能够简化多时段的收益率. 一个 k 时期的对数收益率就是这 k 个单位时期的对数收益率之和,而不是这 k 个单位时期的对数收益率的乘积. 证明如下,k 时期的对数收益率是

$$r_t(k) = \log\{1+R_t(k)\} = \log\{(1+R_t)\cdots(1+R_{t-k+1})\}$$
$$= \log(1+R_t) + \cdots + \log(1+R_{t-k+1}) = r_t + r_{t-1} + \cdots + r_{t-k+1}$$

2.1.4 股息调整

许多股票,特别是那些成熟的公司的股票,都会派发股息,而且在计算收益的时候,我们也需要把股息考虑在内. 同样,债券也会支付利息. 如果股息(或利息)D_t 在时间 t 之前就支付过了,那么 t 时刻的总收益率就是

$$1+R_t = \frac{P_t + D_t}{P_{t-1}} \tag{2.2}$$

净收益率 $R_t = (P_t+D_t)/P_{t-1} - 1$,对数收益率 $r_t = \log(1+R_t) = \log(P_t+D_t) - \log(P_{t-1})$. 多时期的总收益率就是多个单位时期的总收益率的乘积,即

$$1+R_t(k) = \left(\frac{P_t + D_t}{P_{t-1}}\right)\left(\frac{P_{t-1} + D_{t-1}}{P_{t-2}}\right)\cdots\left(\frac{P_{t-k+1} + D_{t-k+1}}{P_{t-k}}\right)$$
$$= (1+R_t)(1+R_{t-1})\cdots(1+R_{t-k+1}) \tag{2.3}$$

其中,对于任意时间 s,如果从时间 $s-1$ 到时间 s 期间没有股息,那么 $D_s = 0$. 同样,一个 k 时期的对数收益率是

$$r_t(k) = \log\{1+R_t(k)\} = \log(1+R_t) + \cdots + \log(1+R_{t-k+1})$$
$$= \log\left(\frac{P_t + D_t}{P_{t-1}}\right) + \cdots + \log\left(\frac{P_{t-k+1} + D_{t-k+1}}{P_{t-k}}\right)$$

2.2 随机游走模型

随机游走假说告诉我们，单位时期的对数收益率 $r_t = \log(1+R_t)$ 是相互独立的. 因为
$$1+R_t(k) = (1+R_t)\cdots(1+R_{t-k+1}) = \exp(r_t)\cdots\exp(r_{t-k+1}) = \exp(r_t+\cdots+r_{t-k+1})$$
所以有
$$\log\{1+R_t(k)\} = r_t + \cdots + r_{t-k+1} \tag{2.4}$$
有时我们会进一步假设对数收益率服从正态分布 $N(\mu,\sigma^2)$，其中 μ 和 σ 是常数. 因为服从正态分布的随机变量之和也是服从正态分布的，所以单位时期的对数收益率的正态性使得多时期对数收益率也服从正态分布. 在这些假设下，$\log\{1+R_t(k)\} \sim N(k\mu, k\sigma^2)$.

2.2.1 随机游走

模型(2.4)是随机游走模型的一个例子. 假设 $Z_1, Z_2, \cdots$ 是独立同分布的，而且期望是 μ，标准差是 σ. 令 S_0 为任意的一个起始点，则
$$S_t = S_0 + Z_1 + \cdots + Z_t, \quad t \geqslant 1 \tag{2.5}$$
过程 $S_0, S_1, \cdots$ 称为一次随机游走，$Z_1, Z_2, \cdots$ 是这个过程中行走的每一步. 如果每一步都是服从正态分布的，那么这个随机游走的过程称为一次正态随机游走. 在给定 S_0 的条件下，S_t 的条件期望和条件方差分别是 $E(S_t|S_0) = S_0 + \mu t$，$\mathrm{Var}(S_t|S_0) = \sigma^2 t$. 其中，$\mu$ 称为偏移系数(drift)，决定了随机游走的大体方向；σ 是波动系数，表示随机游走在条件均值 $S_0 + \mu t$ 附近波动的范围大小. 已知 S_0，那么 S_t 的标准差是 $\sigma\sqrt{t}$，$(S_0+\mu t)\pm\sigma\sqrt{t}$ 则表示其均值加减 1 倍的标准差，而对于一次正态随机游走来说，这个式子给出了一个包含 68% 概率的范围. 而这个范围的宽度会与 $\sqrt{t}$ 成比例地增长. 如图 2-2 所示，在时间 $t=0$ 的时候，与短期时间相比，我们根本不会知道在长期随机游走后，最终到达的位置在哪里.

2.2.2 几何随机游走

前面的章节曾经提到过 $\log\{1+R_t(k)\} = r_t + \cdots + r_{t-k+1}$，那么
$$\frac{P_t}{P_{t-k}} = 1+R_t(k) = \exp(r_t + \cdots + r_{t-k+1}) \tag{2.6}$$

假设 $k=t$，我们便得到
$$P_t = P_0 \exp(r_t + r_{t-1} + \cdots + r_1) \tag{2.7}$$

我们称这样一个过程的对数为一次随机游走，即这个过程是几何随机游走或指数随机游走. 如果 $r_1, r_2, \cdots$ 是独立同分布的，并且服从正态分布 $N(\mu, \sigma^2)$，那么 P_t 在任何时间 t 下是对数正态的，并且这个过程称为对数正态的几何随机游走，其参数是 (μ, σ^2).

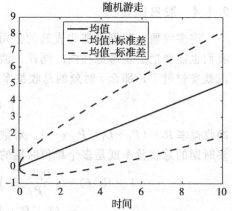

图 2-2 $S_0=0$，$\mu=0.5$，$\sigma=1$ 的随机游走的均值和边界(即均值加减 1 倍标准差). 在任意给出的时间里，如果每一步是服从正态分布的，那么上下边界(虚线表示)之间的概率都是 68%

2.2.3 对数价格是对数正态的几何随机游走吗

金融数学中的许多研究都假设价格是服从对

数正态的几何随机游走或它的连续时间的模拟，即几何布朗运动的形式．自然地，我们会怀疑这个假设是不是通常都是正确的．答案当然是否定的．对数正态的几何随机游走要满足两点假设：(1)对数收益率是服从正态分布的；(2)对数收益率相互独立．

而第4章和第5章将研究几个系列的对数收益率的边际分布．结论将会是，尽管收益率密度有一个钟形的形状，有点像正态分布的密度，但是对数收益率分布的尾部一般都比正态分布的尾部要厚一些．通常，一个有较小的自由度参数（如 $4\sim6$）的 t 分布，比正态分布模型更适合描述对数收益率的分布．然而，对数收益率分布的确呈现出对称性的形态，或者说几乎就是对称的．

另外，独立性假设也不成立．首先，收益之间存在着一些关联，虽然这些关联一般来说比较小．但是更严重的是，收益率展示出了波动聚集，这就是说如果我们在本期收益率中发现了较高的波动性，那么我们可以估计在接下来的时间这个较高的波动性会继续下去，或者至少持续一会儿．

在丢弃前面所说的关于一项资产的价格变化是服从对数正态的几何随机游走的假设之前，我们应该回忆起"所有的模型都是错误的，但有些模型是有用处的"这句话．这条假设有些时候其实是有用的，例如在推出著名的 Black-Scholes 公式的时候．

2.3 文献注记

随机游走假说与所谓的有效市场假说是有联系的；相关讨论和进一步的参考文献参见 Ruppert(2003)．Bodie、Kane 和 Marcus(1999)与 Sharpe、Alexander 和 Bailey(1995)这两篇文章都对随机游走假说和市场有效性做了很好的介绍．关于随机游走假说更深层次的探讨出现在 Campbell、Lo 和 MacKinlay(1997)的第 2 章与 Lo 和 MacKinlay(1999)这两篇文章中．许多关于收益率变动的经验性证据可以在 Fama(1965、1970、1991、1998)这几篇文献中看到．反对有效市场假说的证据可以在行为金融学领域中找到，这个领域使用人类行为的研究来理解市场走势；参见 Shefrin(2000)、Shleifer(2000)和 Thaler(1993)．市场无效性在一方面显示了过度的市场价格波动；参见 Shiller(1992)或者 Shiller(2000)中对其进行的简单讨论．

Zuur、Ieno、Meesters 和 Burg, D.(2009)这篇文章对于 R 软件的初学者很有帮助．

2.4 参考文献

Bodie, Z., Kane, A., and Marcus, A. (1999) *Investments*, 4th ed., Irwin/McGraw-Hill, Boston.

Campbell, J., Lo, A., and MacKinlay, A. (1997) *The Econometrics of Financial Markets*, Princeton University Press, Princeton, NJ.

Fama, E. (1965) The behavior of stock market prices. *Journal of Business*, **38**, 34–105.

Fama, E. (1970) Efficient capital markets: A review of theory and empirical work. *Journal of Finance*, **25**, 383–417.

Fama, E. (1991) Efficient Capital Markets: II. *Journal of Finance*. **46**, 1575–1618.

Fama, E. (1998) Market efficiency, long-term returns, and behavioral finance. *Journal of Financial Economics*, **49**, 283–306.

Lo, A. W., and MacKinlay, A. C. (1999) *A Non-Random Walk Down Wall Street*, Princeton University Press, Princeton and Oxford.

Ruppert, D. (2003) *Statistics and Finance: An Introduction*, Springer, New York.

Sharpe, W. F., Alexander, G. J., and Bailey, J. V. (1995) *Investments*, 6th ed., Simon and Schuster, Upper Saddle River, NJ.

Shefrin, H. (2000) *Beyond Greed and Fear: Understanding Behavioral Finance and the Psychology of Investing*, Harvard Business School Press, Boston.

Shiller, R. (1992) *Market Volatility*, Reprint ed., MIT Press, Cambridge, MA.

Shiller, R. (2000) *Irrational Exuberance*, Broadway, New York.

Shleifer, A. (2000) *Inefficient Markets: An Introduction to Behavioral Finance*, Oxford University Press, Oxford.

Thaler, R. H. (1993) *Advances in Behavioral Finance*, Russell Sage Foundation, New York.

Zuur, A., Ieno, E., Meesters, E., and Burg, D. (2009) *A Beginner's Guide to R*, Springer, New York.

2.5 R 实验室

2.5.1 数据分析

从本书的网站获得数据集 Stock_FX_bond.csv，并将其放在你的工作目录下。启动 R 软件，你可以看到控制窗口打开。在"file"菜单上用 Change Dir 来改变工作目录，并用以下命令来读取数据：

```
dat = read.csv("Stock_bond.csv",header=TRUE)
```

数据集 Stock_FX_bond.csv 包含了股票的成交量和调整后的收盘价，以及标准普尔 500 指数（B-W 列），债券的收益率（X-AD 列）。

本书没有给出关于 R 程序的详细信息，因为这些信息在其他地方可以获得。例如，可以用 R 软件里的 help 命令，通过在 R 控制窗口中输入"?read.csv"并按下回车键，来获得关于 read.csv 函数的更多信息。也应该使用 *An Introduction to R* 这本手册，这本手册可以在 R 软件的帮助文件中以及 CRAN 网站上找到。另一个学习 R 软件的资源就是 Zuur et al. (2009)。

另外一种在控制窗口中输入命令的方法是从"file"菜单中开始一个新的脚本，在编辑器中输入代码，并选中它们，然后按 Ctrl+R 来运行所选的代码。这样的方法对于调试并排除故障是非常有帮助的。可以保存脚本文件并使用它或修改它。

一旦一个文件被保存，整个文件都可以通过"sourcing"来运行。可以用 R 软件中的"file"菜单来获得一个文件或用 source 函数。如果文件在编辑器中，那么可以按 Ctrl+A 快捷键来选中整个文件中的内容，然后按 Ctrl+R 快捷键来运行它。

下面几行代码输出了数据集中变量的代号，附加了数据，并用 GM 和 Ford 公司调整后的收盘价来作图。

```
names(dat)
attach(dat)
par(mfrow=c(1,2))
plot(GM_AC)
plot(F_AC)
```

R 软件里的 attach 函数用于把一个数据库加入到 R 的搜索路径中。这意味着当需要使用一个变量的时候，R 软件会搜索到这个数据库，所以在数据库中的对象仅仅通过给出它们的代号,就可以访问. 函数 par 是制定绘图参数的命令,mfrow= c(n1,n2)指的是"作一张图,按行填充,有 n1 行, n2 列". 因此,前 n1 个图画在第一行上,等等. mfcol(n1,n2) 按列填充,所以前 n2 个图会画在第一列上. 正如前面所说的,关于这些和其他 R 函数的更多信息,可以在 R 的在线帮助及 *An Introduction to R* 手册上得到.

运行下面的代码来计算样本 n 的大小,并计算 GM 和 Ford 公司的收益率以及作出 GM 收益率对 Ford 收益率的图.

```
n = dim(dat)[1]
GMReturn = GM_AC[2:n]/GM_AC[1:(n-1)] - 1
FReturn = F_AC[2:n]/F_AC[1:(n-1)] - 1
par(mfrow=c(1,1))
plot(GMReturn,FReturn)
```

问题 1 GM 和 Ford 收益率看起来是正相关的吗?你是否注意到一些异常的收益率?如果注意到,GM 异常收益率是否与 Ford 异常收益率同时发生?

问题 2 计算 GM 的对数收益率并作出其收益率 vs 对数收益率的图. 这两种类型的收益率的相关性有多高?(R 软件的 cor 函数用来计算相关性.)

当退出 R 软件时,可以"保存工作空间的图像",这样将会在工作目录中创建一个 R 的工作空间文件. 之后,可以重新启动 R 软件并右击 R 的工作空间文件来加载这个工作空间图像到内存中. 当 R 软件启动时,工作目录将会变成包含了已经打开的 R 软件工作空间的文件夹.

2.5.2 模拟

利用杠杆作用,对冲基金可以获得高额的利润,但是杠杆也会制造高风险. 本节中的模拟就是为了探索杠杆效应.

假设一份对冲基金拥有价值 $1 000 000 的股票,并用掉了其资本的 $50 000,剩下的 $950 000 作为借入资本用于购买. 如果股票的价值在交易日的最后跌到 $950 000 以下,那么该对冲基金必须卖出所有的股票,并偿还贷款. 这会导致它们自己投资的 $50 000 遭受损失. 由于该对冲基金的持仓为其自有投资资金的 20 倍,所以它们的杠杆为 20:1.

假设某股票日对数收益率的年度均值为 0.05,年度标准差为 0.23. 上述值可以通过分别除以 253 和 $\sqrt{253}$ 转为每个交易日的均值和标准差.

问题 3 在接下来的 45 个交易日的至少一天中,股票收盘价小于 $950 000 的概率是多少?为了回答该问题,运行下面的代码:

```
niter = 1e5            # number of iterations
below = rep(0,niter)   # set up storage
set.seed(2009)
for (i in 1:niter)
{
r = rnorm(45,mean=.05/253,
   sd=.23/sqrt(253)) # generate random numbers
logPrice = log(1e6) + cumsum(r)
minlogP = min(logPrice) # minimum price over next 45 days
below[i] = as.numeric(minlogP < log(950000))
}
mean(below)
```

如果你不熟悉上面代码中的 R 函数,那么应用 R 的帮助文档来学习这些函数,例如键入

?rnorm来了解 rnorm,它用于生成服从正态分布的随机数.你要学习每一行代码,理解它们的功能,然后确实了解到这些代码用于估计所要求的概率.注意,#号后面的是注释语句,用于标注代码.

如果在一开始的100个交易日结束后,股票价格涨到了 \$1 100 000,假设该对冲基金为了获取至少 \$100 000 的利润而卖出该股票;如果一开始的100个交易日结束后,股票价格跌到 \$950 000 以下,就要卖掉止损;或者如果股票收盘价一直位于 \$950 000 和 \$1 000 000 之间,那么在最初的100个交易日结束后就卖掉该股票.

下面的问题可以通过模拟上面的场景来回答.当回答这些问题时,交易成本和利率忽略不计.

问题4 该对冲基金至少盈利 \$100 000 的概率是多少?

问题5 该对冲基金遭受损失的概率是多少?

问题6 上述交易策略的期望利润是多少?

问题7 期望收益率是多少?当回答这个问题时,记住,只投资了 \$50 000. 收益的单位是时间,例如,可以说日收益率,或者周收益率.因此,你必须记住对冲基金在卖出该仓位前所持有的时间.

2.6 习题

1. 一只股票的每日对数收益率相互独立且服从均值为 0.001、标准差为 0.015 的正态分布. 假设你买了价值 \$1000 的这只股票.

    (a) 一个交易日后,你的资产少于 \$990 的概率是多少?(注:R 函数 pnorm 会计算正态分布的累积分布函数,例如,pnorm(0.3,mean= 0.1,sd= 0.2)是均值为 0.1、标准差为 0.2 的正态分布的累积分布函数等于 0.3 时的值.)

    (b) 5 个交易日后,你的资产少于 \$990 的概率是多少?

2. 一只股票的年对数收益率服从均值为 0.1、标准差为 0.2 的正态分布. 这只股票今天的卖出价为 \$100. 一年后卖出价是 \$110 或更高的概率是多少?

3. 假设股票在时刻 1、2 和 3 的价格分别是 $P_1=95$、$P_2=103$ 和 $P_3=98$. 计算 $r_3(2)$.

4. 某只股票的价格和股息如下表所示.

    (a) 求 R_2 的值.

    (b) 求 $R_4(3)$ 的值.

    (c) 求 r_3 的值.

t	P_t	D_t
1	52	0.2
2	54	0.2
3	53	0.2
4	59	0.25

5. 令 r_t 为对数收益率. 假设 r_1,r_2,…是独立同分布的,服从正态分布 $N(0.06,0.47)$.

    (a) 求 $r_t(4)=r_t+r_{t-1}+r_{t-2}+r_{t-3}$ 的分布情况.

    (b) $P\{r_t(4)<2\}$ 的大小.

    (c) 求 $r_2(1)$ 和 $r_2(2)$ 的协方差.

    (d) 已知 $r_{t-2}=0.6$,求 $r_t(3)$ 的条件分布情况.

6. 假设 X_1,X_2,…是一个对数正态的几何随机游走,其参数是 (μ,σ^2). 特别地,设 $X_k=X_0\exp(r_1+\cdots+$

r_k),其中 X_0 是固定的常数,且 r_1,r_2,…是独立同分布的,并且服从正态分布 $N(\mu, \sigma^2)$.

(a) 计算 $P(X_2 > 1.3X_0)$ 的值.

(b) 用定理 A.4(见附录)来计算 X_1 的概率密度.

(c) 给出针对所有的 k,求 X_k 的 0.9 分位数的公式.

(d) 对于任意的 k,X_k^2 的期望值是多少?(给出以 k 为函数,计算其期望值的公式.)

(e) 对于任意的 k,求 X_k 的方差.

7. 一只股票的每日对数收益率服从正态分布,其均值为 0.0002,标准差是 0.03. 这只股票的价格目前是 \$97. 20 个交易日后,其价格超过 \$100 的概率是多少?

第 3 章
固定收入证券

3.1 引言

公司会通过出售股票和债券来为他们的运作筹备资金. 拥有了一部分的股票就意味着拥有了公司的部分所有权. 股票持有者们分担了公司的利润和损失. 然而持有债券就不同了. 当你买了一份债券的时候，你是在借钱给公司，虽然是债券而不是贷款，但是债券是可以进行买卖的. 公司有责任返还本金并按照债券的规定支付利息. 债券持有者会收到一笔固定的收入，除非公司违约. 正是这样，债券被称为固定收入证券.

债券可能显得无风险、几乎没有变化，但情况并非如此. 许多债券都是长期的，例如有 5 年、10 年、20 年甚至 30 年的债券. 即使公司有偿还债务的能力或者你买的是美国长期国库券，在这些情况下，无论出于什么原因违约是不可能的，但是只有在你持有债券一直到期满的时候，你的债券收入才是有担保的. 如果在期满之前卖出债券，你的收益将取决于债券价格的变化. 债券价格与利率成反比，所以利率下降会引起债券价格的上涨. 长期债券对于利率的变化比短期债券更加敏感. 然而你所持有的债券的利率是固定的，市场利率是波动的. 因此你所持有的债券的市场价值也是在波动的. 例如，如果你买了一份债券支付 5% 的利息，然而利率涨到了 6%，那么你的债券就比提供 6% 的利率的新债券要差一些. 因此，你所持有的债券的价格会跌. 如果你卖出这份债券，那么你就会亏损.

一份债券的利率取决于它的到期时间. 例如，2001 年 3 月 28 日这天，3 个月短期国库券的利率是 4.23%. 2 年期、10 年期、30 年期的中长期国库券的收益率分别是 4.41%、5.01% 和 5.46%. 这样的利率期限结构 (term structure) 描述了利率是如何随着到期日而变化的.

3.2 零息债券

零息债券，也叫纯折扣债券，有时也称为零债券，到期时不支付本金及利息. 一份零债券有一个面值，在到期日时按照这个面值支付给债券持有者. 零息债券发行时按低于票面金额的价格发行，这就是为什么它是折扣债券.

例如，一份 20 年期的零息债券，面值是 \$1000，6% 的年利率，按复利计算利息. 那么市场价格就是 1000 美元按 6% 的年利率来计算现值. 也就是说，市场价格是

$$\frac{\$1000}{(1.06)^{20}} = \$311.80$$

如果是按每 6 个月以复利的方式计算利息，年利率是 6%，那么市场价格是

$$\frac{\$1000}{(1.03)^{40}} = \$306.56$$

如果是按连续复利进行计算，年利率是 6%，那么市场价格是

$$\frac{\$1000}{\exp\{(0.06)(20)\}} = \$301.19$$

3.2.1 利率引起的价格和收益波动

更具体一点，假设每半年计算复利，你买了一份价格为 \$306.56 的零息债券，6 个月后利率涨到了 7%，那么这时的市场价格应该为

$$\frac{\$1000}{(1.035)^{39}} = \$261.41$$

所以你的投资价值降了 (\$306.56 − \$261.41) = \$45.15. 如果你持有这张债券 20 年，那么将得到 \$1000，但是如果你现在卖出去，那么将损失 \$45.15，这时你半年的收益率是

$$\frac{-45.15}{306.56} = -14.73\%$$

每年的收益率就是 −29.46%. 而且这仅仅是收益率从 6% 涨到 7% 而已！一定要注意到利率的上升会带来债券价格的下降，这是一个很普遍的现象. 债券的价格总是与利率成反比的.

如果利率在 6 个月后跌到 5%，那么债券将会价值

$$\frac{\$1000}{(1.025)^{39}} = \$381.74$$

这时你的年收益率就是

$$2\left(\frac{381.74 - 306.56}{306.56}\right) = 49.05\%$$

如果收益率保持 6% 不动，那么债券的价格会是

$$\frac{\$1000}{(1.03)^{39}} = \$315.75$$

年收益率就是

$$2\left(\frac{315.75 - 306.56}{306.56}\right) = 6\%$$

因此，如果利率不变，通过在到期日之前卖出债券，你可以获得和利率一样的收益率，即 6%. 如果利率有变化，只有当你持有债券一直到期满，你才能获得 6% 的年收益率.

一般计算公式

零息债券的价格为

$$\text{PRICE} = \text{PAR}(1+r)^{-T}$$

T 是距离到期日的时间并以年为单位，年利率是 r，按复利计算利息. 如果我们假定半年计算一次复利，那么价格是

$$\text{PRICE} = \text{PAR}(1+r/2)^{-2T} \tag{3.1}$$

3.3 有息票债券

有息票债券(coupon bonds)会定期支付利息. 有息票债券一般按照或者接近面值的价

格来发售. 在到期日的时候, 持有者会收到本金和最后的利息.

举一个例子, 一份 20 年期的有息票债券, 面值是 \$1000, 6% 的年票面利率, 每半年支付一次利息, 所以实际上这 6% 是每半年计算一次. 每次息票支付额为 \$30. 因此, 债券持有者会收到 40 份付款, 每次支付 \$30, 再加上 20 年后支付的本金. 债券持有者可以计算一下这些支付的现值, 年利率是 6%(半年年利率是 3%), 其实就等于 \$1000:

$$\sum_{t=1}^{40} \frac{30}{(1.03)^t} + \frac{1000}{(1.03)^{40}} = 1000$$

6 个月后, 如果利率没有变化, 那么这份债券(包括第一次应该支付的息票付款)价值

$$\sum_{t=0}^{39} \frac{30}{(1.03)^t} + \frac{1000}{(1.03)^{39}} = (1.03)\left(\sum_{t=1}^{40} \frac{30}{(1.03)^t} + \frac{1000}{(1.03)^{40}}\right) = 1030$$

即以半年计算复利, 正如预期的获得 6% 的年收益. 如果利率上升到 7%, 那么在 6 个月后, 这份债券(加上所应支付的利息)仅仅价值

$$\sum_{t=0}^{39} \frac{30}{(1.035)^t} + \frac{1000}{(1.035)^{39}} = (1.035)\left(\sum_{t=1}^{40} \frac{30}{(1.035)^t} + \frac{1000}{(1.035)^{40}}\right) = 924.49$$

这时的年收益率为

$$2\left(\frac{924.49 - 1000}{1000}\right) = -15.1\%$$

如果利率在 6 个月后下跌到 5%, 那么这次投资的价值为

$$\sum_{t=0}^{39} \frac{30}{(1.025)^t} + \frac{1000}{(1.025)^{39}} = (1.025)\left(\sum_{t=1}^{40} \frac{30}{(1.025)^t} + \frac{1000}{(1.025)^{40}}\right) = 1153.70 \quad (3.2)$$

其年收益率为

$$2\left(\frac{1153.7 - 1000}{1000}\right) = 30.72\%$$

一般计算公式

我们来推导一些有用的计算公式. 如果一份债券的面值是 PAR, 在 T 年后到期, 每半年支付息票付款的金额为 C, 半年贴现率(利率)为 r, 那么这份债券在发售时的价值是

$$\sum_{t=1}^{2T} \frac{C}{(1+r)^t} + \frac{PAR}{(1+r)^{2T}} = \frac{C}{r}\{1-(1+r)^{-2T}\} + \frac{PAR}{(1+r)^{2T}}$$

$$= \frac{C}{r} + \left\{PAR - \frac{C}{r}\right\}(1+r)^{-2T} \quad (3.3)$$

式(3.3)的推导

一个有限几何级数的求和公式是

$$\sum_{i=0}^{T} r^i = \frac{1-r^{T+1}}{1-r} \quad (3.4)$$

其中 $r \neq 1$. 因此,

$$\sum_{t=1}^{2T} \frac{C}{(1+r)^t} = \frac{C}{1+r} \sum_{t=0}^{2T-1} \left(\frac{1}{1+r}\right)^t = \frac{C\{1-(1+r)^{-2T}\}}{(1+r)\{1-(1+r)^{-1}\}}$$

$$= \frac{C}{r}\{1-(1+r)^{-2T}\} \quad (3.5)$$

推导剩下的部分就是简单的代数学了.

3.4 到期收益率

假设有一份债券，$T=30$，$C=40$，发售价格是\$1200，其中\$200是高于面值的金额。如果这份债券是按照面值来出售的，那么利率将会是每半年0.04（=每年0.08），其中每半年4%称为息票利率。

但是债券没有按照面值出售，如果你以\$1200的价格购买债券，你将会获得少于每年8%的利息。这里有两个原因造成利率少于8%。第一，息票支付额是\$40或是这\$1200投资额的40/1200=每半年3.333%（或每年6.67%）；6.67%/年称为当期收益率。第二，债券到期时，你仅仅收到\$1000，而不是\$1200这全部的投资额。当期收益率是每年6.67%，尽管少于每年8%的息票率，但是息票率因为没有计算资本的损失而高估了债券的收益。

到期收益率，经常会被简单地缩写为收益率，它是收益率的平均值，因为债券是高于（或低于）面值的价格购买的，所以它包含了资本的损失（或获利）。对于这样的债券，到期收益率的大小就是式(3.6)中 r 的值：

$$1200 = \frac{40}{r} + \left\{1000 - \frac{40}{r}\right\}(1+r)^{-60} \tag{3.6}$$

式(3.6)的右边就是式(3.3)，其中 $C=40$，$T=30$，$PAR=1000$。要解出等式(3.6)很简单。在3.11.1节中，将给出求解的R程序：

- 在网格上计算随着 r 变化而变化的债券价格；
- 做出债券价格与 r 的图（这步不是必须的，但是这个图比较有趣）；
- 用插值来确定债券价格等于\$1200时 r 的值。

我们可以发现，此时的到期收益率是0.0324，即每半年3.24%。图3-1表示债券价格与 r 的关系图，在 $r=0.0324$ 时对应的债券价格为\$1200。

0.0324的到期收益率低于0.0333的当期收益率，而当期收益率要低于40/1000=0.04的息票利率（这三种利率都是半年的利率）。就这个例子，无论何时债券的出售价格都比其面值要高，正因为这样，息票利率要比当期收益率高。而且当期收益率要高于到期收益率，这是因为在到期日的时候你得到的仅仅是面值的支付额，而不是

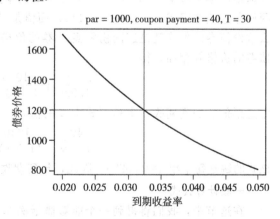

图3-1 债券价格与到期收益率 r

整个投资额，所以到期收益率中包含了一部分的资本损失比例。概括起来就是

$$价格 > 面值 \Rightarrow 息票利率 > 当期收益率 > 到期收益率$$

如果债券发售的价格低于面值，则相反。例如，债券的价格仅仅为\$900，那么到期收益将是0.0448（像前面一样，这个值是用插值法得到的），当期收益率是40/900=0.0444，息票利率仍然是40/1000=0.04，概括起来就是

$$价格 < 面值 \Rightarrow 息票利率 < 当期收益率 < 到期收益率$$

3.4.1 计算到期收益率的一般方法

息票债券的(半年)到期收益率是式(3.7)中 r 的值：

$$\text{PRICE} = \frac{C}{r} + \left\{ \text{PAR} - \frac{C}{r} \right\} (1+r)^{-2T} \tag{3.7}$$

式中的 PRICE 是债券的市场价格，PAR 是面值，C 是每半年一次的息票支付额，T 是以年为单位的到期时间的 1/2.

对于零息债券来说，$C=0$，则式(3.7)变为

$$\text{PRICE} = \text{PAR}(1+r)^{-2T} \tag{3.8}$$

3.4.2 即期汇率

n 年期的零息债券的到期收益率称为 n 年即期汇率，用 y_n 来表示. 有人会用 n 年即期汇率来贴现一份 n 年期的付款，所以一份 \$1 的 n 年期付款，如果 y_n 是每年的即期汇率，那么其净现值(NPV)是 $\$1/(1+y_n)^n$；如果 y_n 是每半年的即期汇率，那么其净现值就是 $\$1/(1+y_n)^{2n}$.

一份息票债券就是由许多份零息债券组成的，每一份零息债券对应了每一次的息票支付额，而最终的那一份作为本金支付. 这些组合的零息债券有不同的到期日，因此它们都有不同的即期汇率. 息票债券的到期收益率因此就是这组合中零息债券的即期汇率的一个复杂的平均值.

例 3.1 用即期汇率来找出一份息票债券的价格及到期收益率.

假设有份一年期的息票债券，每半年的息票支付额是 \$40，面值是 \$1000. 假如半年的即期汇率是每半年 2.5%，一年的即期汇率是每半年 3%. 试想一下，一份息票债券由两份零息债券组成，一份是 $T=1/2$，面值是 \$40，另外一份是 $T=1$，面值是 \$1040. 那么这份债券的价格就是这两份零息债券的价格总和. 把值带入式(3.8)中得到这两份零息债券的价格并相加，得：

$$\frac{40}{1.025} + \frac{1040}{(1.03)^2} = 1019.32$$

则息票债券的到期收益率是下式中 y 的值，

$$\frac{40}{1+y} + \frac{1040}{(1+y)^2} = 1019.32$$

该式的解是每半年 $y=0.0299$. 因此，年到期收益率是 0.0299 的 2 倍，即每年 5.98%. ∎

一般计算公式

在这节中，我们将得到一个能够概括例 3.1 的公式. 假设有一份息票债券，每半年的息票支付额是 C，面值是 PAR，距离到期日有 T 年. 令 $r_1, r_2, \cdots, r_{2T}$ 分别为到期日是 $1/2, 1, 3/2, \cdots, T$ 年的零息债券的半年即期汇率. 那么息票债券的(半年)到期收益率是下式中 y 的值，

$$\frac{C}{1+r_1} + \frac{C}{(1+r_2)^2} + \cdots + \frac{C}{(1+r_{2T-1})^{2T-1}} + \frac{\text{PAR}+C}{(1+r_n)^{2T}}$$

$$= \frac{C}{1+y} + \frac{C}{(1+y)^2} + \cdots + \frac{C}{(1+y)^{2T-1}} + \frac{\text{PAR}+C}{(1+y)^{2T}} \tag{3.9}$$

式(3.9)的左边是息票债券的价格，到期收益率 y 的值使得式(3.9)的右边等于其价格.

用 R 软件求解方程(3.9)的方法将在 3.11 节中进行探讨.

3.5 期限结构

3.5.1 引言：利率取决于到期时间

2001年1月16日，一年期的美国国库券的利率是4.83%，30年期的国库券利率是6.11%．这是一个典型的短期和长期利率不相同的例子．一般短期的利率会比长期利率低．这意味着长期债券的风险更大，因为长期债券的价格随利率的波动要更大．然而，在短期利率非常高的时期，短期利率也许会比长期利率高．这是因为市场相信利率会回到历史水平，并且不会有人承诺说这样高的利率会持续20或者30年．图3-2显示了从1970年到1993年的90天、10年和30年期的国库券利率的每周价值．我们需要注意到，90天的利率比长期的利率更不稳定，而且经常会低于长期的利率．然而在20世纪80年代早期，当时的利率非常的高，短期的利率都比长期利率要高．以上数据来自于芝加哥美联储网站．

利率的期限结构描述了在给定的时间里，到期收益率是如何取决于到期时间的．

3.5.2 期限结构的描述

图3-2中的每一项都可以用来描述所有 n 年期限的期限结构：
- 1年，2年，…，n 年期的零息债券的价格用 $P(1)$，$P(2)$，…，$P(n)$ 表示；
- 1年，2年，…，n 年期的即期汇率(零息债券的到期收益率)用 y_1，…，y_n 来表示；
- r_1，…，r_n 是远期利率，其中 r_i 是在第 i 年后(如 $i=1$ 就是下一年，以此类推)支付时的远期利率．

图3-2　3种期限国债利率．每周的时间序列．数据来自于芝加哥美联储网站

正如这节所讨论的，集合 $\{P(1),…,P(n)\}$，$\{y_1,…,y_n\}$ 和 $\{r_1,…,r_n\}$ 中的任何一个都可以从另外两个集合中的任意一个计算得到．例如，等式(3.11)根据 $\{r_1,…,r_n\}$ 给出了 $\{P(1),…,P(n)\}$ 的算法．等式(3.12)和(3.13)根据 $\{P(1),…,P(n)\}$ 或 $\{r_1,…,r_n\}$ 分别给出了 $\{y_1,…,y_n\}$ 的算法．

期限结构可以描述为把一份债券的当期距离到期日的时间间隔分解成一些各自有着不

变的利率的短期时间区间，但这每个时间区间之间的利率是不一样的．例如，一份三年期的贷款可以被看成是 3 份连续的一年期贷款．

例 3.2 根据远期利率计算价格．

假设贷款的远期利率如表 3-1 所示．使用表中的远期利率数据，我们可以发现一份面值为 $1000 的一年期零息债券的发售价格会是

$$\frac{1000}{1+r_1} = \frac{1000}{1.06} = \$943.40 = P(1)$$

一份面值为 $1000 的两年期零息债券的发售价格会是

$$\frac{1000}{(1+r_1)(1+r_2)} = \frac{1000}{(1.06)(1.07)} = \$881.68 = P(2)$$

这是因为利率是 r_1 的利息会在第一年支付掉，而利率是 r_2 的利息会在第二年支付掉．同样，一份面值为 $1000 的三年期零息债券的发售价格会是

$$\frac{1000}{(1+r_1)(1+r_2)(1+r_3)} = \frac{1000}{(1.06)(1.07)(1.08)} = 816.37 = P(3)$$

n 年期后支付 $1 的现值的一般计算公式是

$$\frac{1}{(1+r_1)(1+r_2)\cdots(1+r_n)} \tag{3.10}$$

式中 r_i 是第 i 个时间段的远期利率．如果这些时间段是以年计算的，那么 n 年期面值为 $1000 的零息债券的价格 $P(n)$ 是式 (3.10) 的 1000 倍，即

$$P(n) = \frac{1000}{(1+r_1)\cdots(1+r_n)} \tag{3.11}$$

例 3.3 由例 3.2 根据价格和远期利率计算到期收益率．

在这个例子中，我们使用表 3-1 中的利率数据，首先从例 3.2 中得到的价格公式来计算到期收益率．对于 1 年期的零息债券，其到期收益率 y_1 为方程

表 3-1 例 3.2 和例 3.3 中所使用的远期利率

年(i)	利率(r_i)(%)
1	6
2	7
3	8

$$\frac{1000}{(1+y_1)} = 993.40$$

的解，即 $y_1 = 0.06$．对于两年期的的零息债券，到期收益率 y_2 为方程

$$\frac{1000}{(1+y_2)^2} = 881.68$$

的解，即 $y_2 = \sqrt{\frac{1000}{881.68}} - 1 = 0.0650$．

三年期的零息债券，到期收益率 y_3 为方程

$$\frac{1000}{(1+y_3)^3} = 816.37$$

的解，即 0.070．

到期收益率也可以通过远期利率计算得到．首先，一般 $y_1 = r_1 = 0.06$．其次，y_2 是

$$y_2 = \sqrt{(1+r_1)(1+r_2)} - 1 = \sqrt{(1.06)(1.07)} - 1 = 0.0650$$

另外，

$$y_3 = \{(1+r_1)(1+r_2)(1+r_3)\}^{1/3} - 1$$
$$= \{(1.06)(1.07)(1.08)\}^{1/3} - 1 = 0.0700$$

更准确地是 0.069 97. 因此，$(1+y_3)$ 是 1.06、1.07 和 1.08 的几何平均数，并且非常近似于它们的算术平均数 1.07.

已知 $P(n)$ 是面值为 \$1000 的 n 年期零息债券的价格. 那么，计算 n 年期零息债券到期收益率的一般公式为

$$y_n = \left\{\frac{1000}{P(n)}\right\}^{1/n} - 1 \tag{3.12}$$

和

$$y_n = \{(1+r_1)\cdots(1+r_n)\}^{1/n} - 1 \tag{3.13}$$

等式(3.12)和(3.13)分别给出了根据债券价格和远期利率计算到期收益率的方法. 另外，变化一下式(3.12)得

$$P(n) = \frac{1000}{(1+y_n)^n} \tag{3.14}$$

则此时 $P(n)$ 是到期收益率的函数.

之前曾提到过，远期利率是未来几年的利率. 一份远期合同是在未来某个时间以一个约定的价格买入或出售一份资产的协议. 因为 $r_2, r_3, \cdots$ 作为未来的借款利率而在现在被固定在某个值，所以我们称 $r_2, r_3, \cdots$ 为远期利率.

通过到期收益率的值，决定远期利率的一般计算公式为

$$r_1 = y_1 \tag{3.15}$$

和

$$r_n = \frac{(1+y_n)^n}{(1+y_{n-1})^{n-1}} - 1, \ n = 2, 3, \cdots \tag{3.16}$$

现在假设我们只观察到了债券的价格，那么可以用式(3.12)计算到期收益率，然后用式(3.16)计算远期利率.

例 3.4 通过债券价格计算收益率和远期利率.

假设一年、二年和三年期的面值为 \$1000 的零息债券的价格如表 3-2 所示. 代入到式(3.12)中，得到到期收益率为

表 3-2 例 3.4 中的债券价格

到期	价格
1 年	\$920
2 年	\$830
3 年	\$760

$$y_1 = \frac{1000}{920} - 1 = 0.087$$

$$y_2 = \left\{\frac{1000}{830}\right\}^{1/2} - 1 = 0.0976$$

$$y_3 = \left\{\frac{1000}{760}\right\}^{1/3} - 1 = 0.096$$

然后分别代入式(3.15)和(3.16)中，得

$$r_1 = y_1 = 0.087$$

$$r_2 = \frac{(1+y_2)^2}{(1+y_1)} - 1 = \frac{(1.0976)^2}{1.0876} - 1 = 0.108$$

$$r_3 = \frac{(1+y_3)^3}{(1+y_2)^2} - 1 = \frac{(1.096)^3}{(1.0976)^2} - 1 = 0.092$$

通过零息债券的价格来计算 r_n 的公式为

$$r_n = \frac{P(n-1)}{P(n)} - 1 \tag{3.17}$$

该公式是基于 $P(n) = \dfrac{1000}{(1+r_1)(1+r_2)\cdots(1+r_n)}$ 和 $P(n-1) = \dfrac{1000}{(1+r_1)(1+r_2)\cdots(1+r_{n-1})}$ 而得到的. 为了用式(3.17)计算 r_1，我们需要知道 $P(0)$ 的值，即 0 年期债券的价格，其实，$P(0)$ 就是债券的面值⊖.

例 3.5 根据价格计算远期利率.

因此，利用式(3.17)和表 3-2 中给出的价格，各年的远期利率为

$$r_1 = \frac{1000}{920} - 1 = 0.087$$

$$r_2 = \frac{920}{830} - 1 = 0.108$$

和

$$r_3 = \frac{830}{760} - 1 = 0.092$$

3.6 连续复利

现在假设用远期利率 $r_1, \cdots, r_n$ 来计算连续复利. 使用连续复利的方式可以简化远期利率、到期收益率和零息债券价格这三者之间的关系.

如果 $P(n)$ 是面值为 \$1000 的 n 年期零息债券的价格，那么

$$P(n) = \frac{1000}{\exp(r_1 + r_2 + \cdots + r_n)} \tag{3.18}$$

因此，

$$\frac{P(n-1)}{P(n)} = \frac{\exp(r_1 + \cdots + r_n)}{\exp(r_1 + \cdots + r_{n-1})} = \exp(r_n) \tag{3.19}$$

且

$$\log\left\{\frac{P(n-1)}{P(n)}\right\} = r_n \tag{3.20}$$

所以一份 n 年期的零息债券的到期收益率应该为方程

$$P(n) = \frac{1000}{\exp(ny_n)}$$

的解，由此方程很容易得到

$$y_n = (r_1 + \cdots + r_n)/n \tag{3.21}$$

因此，通过 $\{r_1, \cdots, r_n\}$ 与 $\{y_1, \cdots, y_n\}$ 的关系，很容易得到 $\{r_1, \cdots, r_n\}$ 的值，即

$$r_1 = y_n$$

和

$$r_n = ny_n - (n-1)y_{n-1}, n > 1$$

例 3.6 用价格来计算连续复利的远期利率和收益率.

利用表 3-2 中的价格数据，我们有 $P(1)=920$、$P(2)=830$ 和 $P(3)=760$. 代入到式 (3.20) 中，得

$$r_1 = \log\left\{\frac{1000}{920}\right\} = 0.083$$

⊖ 在退化情况下，马上购回的国债价格就是它的面值.

$$r_2 = \log\left\{\frac{920}{830}\right\} = 0.103$$

和

$$r_3 = \log\left\{\frac{830}{760}\right\} = 0.088$$

另外，$y_1 = r_1 = 0.083$，$y_2 = (r_1 + r_2)/2 = 0.093$，且 $y_3 = (r_1 + r_2 + r_3)/3 = 0.091$. ■

3.7 连续的远期利率

到目前为止，我们已经假设远期利率是随着年份而变化的，但是在每一年里的利率是固定不变的. 这样的假设当然是不现实的，而且这样的假设仅仅是简化了对远期利率的引入. 远期利率应该被设定为随着时间连续变化的函数.

为了用实际一点的方法来详细说明期限结构，我们假设有远期利率函数（forward-rate function）$r(t)$，因此面值等于1、到期时间为 T 的零息债券的当期价格为

$$D(T) = \exp\left\{-\int_0^T r(t)dt\right\} \tag{3.22}$$

$D(T)$ 称为贴现函数，而且零息债券的价格是通过其面值乘以贴现率而贴现得到的，即

$$P(T) = \text{PAR} \times D(T) \tag{3.23}$$

式中 $P(T)$ 是面值为 PAR、到期时间为 T 的零息债券的价格. 另外，

$$\log P(T) = \log(\text{PAR}) - \int_0^T r(t)dt$$

所以对所有的 T，有

$$-\frac{d}{dT}\log P(T) = r(T) \tag{3.24}$$

式(3.22)是式(3.18)的一般化. 为了进一步理解式(3.22)，假设 $r(t)$ 是分段的常数函数，即

$$r(t) = r_k, \quad k-1 < t \leqslant k$$

这样一来，对于任意整数 T，我们有

$$\int_0^T r(t)dt = r_1 + r_2 + \cdots + r_T$$

所以，

$$\exp\left\{-\int_0^T r(t)dt\right\} = \exp\{-(r_1 + r_2 + \cdots + r_T)\}$$

因此，在这种特殊的情况下，式(3.18)与式(3.22)就一致了. 然而式(3.22)是更加一般化的公式，因为对于非整数 T 和任意的 $r(t)$，它都是成立的，而不是仅仅局限于分段的常数函数中.

到期时间为 T 的零息债券的到期收益率被定义为

$$y_T = \frac{1}{T}\int_0^T r(t)dt \tag{3.25}$$

由于式(3.25)等号的右边是 $r(t)$ 在时间区间 $0 \leqslant t \leqslant T$ 的平均值，我们可以看到式(3.25)可以类比于式(3.21). 从式(3.22)和式(3.25)中，我们可以发现这两个式子有一个共同的特点，就是通过公式

$$D(T) = \exp\{-Ty_T\} \tag{3.26}$$

由到期收益率来得到贴现函数. 因此, 如果有一个不变的远期利率等于 y_T, 那么到期时间为 T 的零息债券的价格就会是一样的. 由式(3.26)可得

$$y_T = -\log\{D(T)\}/T \tag{3.27}$$

例 3.7 通过远期利率求连续收益函数和贴现函数.

假设远期利率是线性函数 $r(t)=0.03+0.0005t$. 计算 $r(15)$, y_{15} 和 $D(15)$.

答案 $r(15)=0.03+(0.0005)(15)=0.0375$,

$$\begin{aligned} y_{15} &= (15)^{-1}\int_0^{15}(0.03+0.0005t)\mathrm{d}t \\ &= (15)^{-1}(0.03t+0.0005t^2/2)\Big|_0^{15} = 0.03375 \end{aligned}$$

$D(15)=\exp(-15y_{15})=\exp\{-(15)(0.03375)\}=\exp(0.5055)=0.6028$. ∎

贴现函数 $D(T)$ 和远期利率函数 $r(t)$ 在式(3.22)中取决于当期时间, 而在式(3.22)中当期时间为 0. 然而我们对贴现函数和远期利率函数如何随着时间变化而变化比较感兴趣. 在这个例子中, 我们定义贴现函数 $D(s,T)$ 是面值为 \$1、到期时间为 T 的零息债券在时间 s 时刻的价格. 另外, 在时间 s 时刻的远期利率曲线为 $r(s,t)$, $t\geqslant s$. 那么

$$D(s,T) = \exp\left\{-\int_s^T r(s,t)\mathrm{d}t\right\} \tag{3.28}$$

因为 $r(t)$ 和 $D(t)$ 在式(3.22)中根据我们新的记法是 $r(0,t)$ 和 $D(0,t)$, 所以式(3.22)是式(3.28)中的一个特例, 就是 $s=0$ 的式(3.28). 然而, 在这一章的最后, 我们假设 $s=0$ 并且按照原来的记法, 简记为 $r(t)$ 和 $D(t)$.

3.8 价格对收益率的敏感性

就我们所知道的, 因为债券价格对利率是敏感的, 所以债券是有风险的. 这个问题称为利率风险(interest-rate risk). 这节将描述一种传统的量化利率风险的方法.

利用等式(3.26), 我们可以估计如果收益率有一点点变化时, 零息债券的价格是如何变化的. 假设 y_T 变到了 $y_T+\delta$, 其中收益率的变化值 δ 很小. 那么 $D(T)$ 的变化大约是 δ 倍

$$\frac{\mathrm{d}}{\mathrm{d}y_T}\exp\{-Ty_T\} \approx -T\exp\{-Ty_T\} = -TD(T) \tag{3.29}$$

因此, 根据等式(3.23), 对于一份到期时间为 T 的零息债券,

$$\frac{\text{债券价格变化}}{\text{债券价格}} \approx -T\times\text{收益率变化} \tag{3.30}$$

其中, "≈"表示当 $\delta\to 0$ 时, 式子的右手边与左手边的比例会趋于 1.

式(3.30)是值得检验的. 右手边的减号告诉我们一些我们已经知道的事, 就是债券的价格与利率是成反比的. 另外, 债券价格的相对变化(即式子的左手边)是与 T 成比例的, 这正好量化了一个原则, 即长期债券的利率风险要比短期债券高.

3.8.1 息票债券的期限

之前我们曾把息票债券看作是由许多不同到期时间的零息债券组成的. 一份息票债券的期限(duration), 我们用 DUR 表示, 它是这些零息债券按其与现金流(息票支付额和到期时支付的面值)的净现值所成的比例作为权重计算所得的加权平均值. 现在假设所有收

益率变化为常数 δ，即对于所有的 T，y_T 变为 $y_T+\delta$．那么等式(3.30)运用在一份息票债券的每一次的现金流上，并按得到的权重来计算平均值，得

$$\frac{债券价格变化}{债券价格}\approx -\mathrm{DUR}\times 收益率变化 \tag{3.31}$$

其中式(3.31)的详细推导留作一次练习．期限分析(duration analysis)用式(3.31)来估计一次收益率的变化对债券价格的作用．

我们可以改写式(3.31)为

$$\mathrm{DUR}\approx \frac{-1}{价格}\times \frac{价格变化}{收益率变化} \tag{3.32}$$

并用式(3.32)作为期限的定义．注意到"债券价格"已经被"价格"代替．原因是式(3.32)不仅仅可以明确是债券的期限，还能够明确衍生债券(衍生债券的价格取决于收益率，例如债券中的看涨期权)的期限．当把这个定义扩展到衍生产品上，期限对于基础债券的期满显得毫无作用．反而，期限是度量价格对收益率的敏感度的唯一方法．Tuckman(2002)这篇文章中给出了一个例子，这个例子是关于有着 7.79 年期限的一份 10 年期息票债券和一份有着 120.82 年期限的看涨期权．这些期限表明看涨期权比息票债券的风险要更高，因为它有 15.5(=129.82/7.79)倍于息票债券对于收益率变化的敏感度．

然而，式(3.31)中的潜在假设，即所有的收益率变动大小都一样，这是不现实的．所以期限分析开始被人们所摒弃，风险值作为一种评价利率风险的方法开始代替期限分析[⊖]．风险值及其他风险度量将在第 19 章讲到．

3.9 文献注记

Tuckman(2002)是一篇极好的全面理解固定收入债券的文章，这篇文章是以初级的数学水平写出来的并且被强烈推荐给那些想要学习关于这个主题的读者们．Bodie、Kane 和 Marcus(1999)，Sharpe、Alexander 和 Bailey(1999) 与 Campbell、Lo、和 MacKinlay(1997)这三篇文章对固定收入债券有非常好的介绍，其中最后一篇相比另外两篇要更高一个层次．James 和 Webber(2000)是一本关于利率建模的高级读物．Jarrow(2002)包含了许多本书没有的高深主题，如建立期限结构的演变模型、债券交易策略、期权与期货债券和利率衍生品．

3.10 参考文献

Bodie, Z., Kane, A., and Marcus, A. (1999) *Investments*, 4th ed., Irwin/McGraw-Hill, Boston.
Campbell, J. Y., Lo, A. W., and MacKinlay, A. C. (1997) *Econometrics of Financial Markets*, Princeton University Press, Princeton, NJ.
Dowd, K. (1998) *Beyond Value at Risk*, Wiley, Chichester.
James, J., and Webber, N. (2000) *Interest Rate Modeling*, Wiley, Chichester.
Jarrow, R. (2002) *Modeling Fixed-Income Securities and Interest Rate Options*, 2nd ed., Stanford University Press, Stanford, CA.
Sharpe, W., Alexander, G., and Bailey, J. (1999) *Investments*, 6th ed., Prentice-Hall, Englewood Cliffs, NJ.
Tuckman, B. (2002) *Fixed Income Securities*, 2nd ed., Wiley, Hoboken, NJ.

⊖ 见 Dowd(1998)．

3.11 R 实验室

3.11.1 计算到期收益

给定债券的息票利率、到期时间和到期收益以及面值，下面的 R 函数计算该债券的价格：

```
bondvalue = function(c,T,r,par)
{
#       Computes bv = bond values (current prices) corresponding
#       to all values of yield to maturity in the
#       input vector r
#
#       INPUT
#        c = coupon payment (semiannual)
#        T = time to maturity (in years)
#        r = vector of yields to maturity (semiannual rates)
#        par = par value
#
bv = c/r + (par - c/r) * (1+r)^(-2*T)
bv
}
```

接下来的 R 代码计算 300 个半年利息率在 0.02 和 0.05 之间的票面为 $1000 的 30 年期债券的价格，它们单次付息$40. 如果现在的价格为 $1200，那么就应用插值方法找到到期收益.

```
#   Computes the yield to maturity of a bond paying semiannual
#   coupon payments
#
#   price, coupon payment, and time to maturity (in years)
#   are set below
#
#   Uses the function "bondvalue"
#
price = 1200     #   current price of the bond
C = 40           #   coupon payment
T= 30            #   time to maturity
par = 1000       #   par value of the bond

r = seq(.02,.05,length=300)
value = bondvalue(C,T,r,par)
yield2M = spline(value,r,xout=price) # spline interpolation
```

下面的代码绘制作为到期收益函数的价格的图形，并绘制插值图来说明价格为 $1200 时的到期收益.

```
plot(r,value,xlab='yield to maturity',ylab='price of bond',
    type="l",main="par = 1000, coupon payment = 40, T = 30",lwd=2)
abline(h=1200)
abline(v=yield2M)
```

问题 1 应用图形来估计到期收益. 这个估计和从样条插值得到的结果一致吗？

除了插值以外，另外一种计算到期收益的方法是应用诸如函数 uniroot 等非线性方程求根的函数（方程求解），示例如下：

```
uniroot(function(r) r^2-.5, c(0.7,0.8))
```

问题 2 下面的代码的作用是什么？

```
uniroot(function(r) r^2-.5, c(0.7,0.8))
```

问题 3 用 uniroot 函数求出现在价格为 \$1200、单次付息为 \$40、面值为 \$1000 的 30 年期债券的到期收益.

问题 4 求出 8 年后到期的票面价值为 \$10 000、半年付息为 \$280、现在售价为 \$9800 的债券的到期收益.

3.11.2 绘制收益曲线

R 的 fEcofin 插件包有许多金融数据集. 数据集 mk.maturity 有 55 个月度收益曲线. 下面的代码绘制 4 个连续月份的收益曲线.

```
library(fEcofin)

plot(mk.maturity[,1],mk.zero2[5,2:56],type="l",
   xlab="maturity",ylab="yield")
lines(mk.maturity[,1],mk.zero2[6,2:56],lty=2,type="l")
lines(mk.maturity[,1],mk.zero2[7,2:56],lty=3,type="l")
lines(mk.maturity[,1],mk.zero2[8,2:56],lty=4,type="l")
legend("bottomright",c("1985-12-01", "1986-01-01",
   "1986-02-01", "1986-03-01"),lty=1:4)
```

运行上面的代码，并在曲线的一端放大；在绘图函数中应用参数 xlim，改变到期日为 0～3 年，重新运行上述代码.

问题 5 描述收益曲线在 1985 年 12 月 1 日和 1986 年 3 月 1 日之间是如何变化的. 描述收益曲线在短端和长端的行为.

问题 6 绘制 1986 年 12 月 1 日和 1987 年 3 月 1 日之间的收益曲线并描述收益曲线在这一区间是如何变化的.

3.12 习题

1. 假设远期利率为 $r(t)=0.028+0.00042t$.
   (a) 一份 20 年到期的债券的到期收益是多少？
   (b) 一份 15 年到期的票面为 \$1000 的零息债券的价格是多少？
2. 一份付息债券的息率为 3%，当前收益为 2.8%：
   (a) 该债券是以低于票面价格还是高于票面价格出售？为什么？
   (b) 到期收益是低于 2.8% 还是高于 2.8%？为什么？
3. 假设远期利率为 $r(t)=0.032+0.001t+0.0002t^2$.
   (a) 5 年连续复合即期利率是多少？
   (b) 5 年到期的零息债券的价格是多少？
4. 在 0.5 年、1 年、1.5 年和 2 年时点上，半年复合即期利率分别为 0.024、0.029、0.031 和 0.035. 票面价格为 \$1000 并在 2 年内到期的付息债券，其半年付息为 \$35. 该债券的价格是多少？
5. 验证下面的等式：

$$\sum_{t=1}^{2T}\frac{C}{(1+r)^t}+\frac{\text{PAR}}{(1+r)^{2T}}=\frac{C}{r}+\left\{\text{PAR}-\frac{C}{r}\right\}(1+r)^{-2T}$$

6. 一年前发行了一份票面为 $1000 的 20 年期并半年付息的债券. 当时的年利率(即息票利率)为 8.5%. 现在,年利率为 7.6%:

   (a) 半年付息应该是多少?

   (b) 现在该债券价值几何? 假设刚刚收到第二期的付息,因此债券持有者获得了额外的 $38 付息,下一期付息在 6 个月以内.

   (c) 如果第二期的付息和得到的一样,该债券的价格是多少?

7. 5 年到期的面值为 $1000 的零息债券现售价为 $818. 假设连续远期复合利率为常数 r.

   (a) 求出 r.

   (b) 假设 1 年之后远期利率 r 还是常数但是变为 0.042. 现在该债券的价格是多少?

   (c) 假设你以原始价格 $818 购买了该债券,一年之后以(b)中计算出的价格卖掉,净收益是多少?

8. 10 年期票面值为 $1000 的付息债券半年付息为 $22.

   (a) 假设当前该债券的半年计一次的复合年利率为 4%. 该债券的价格是多少?

   (b) 该债券售价是在票面以下还是以上? 为什么?

9. 假设一个面值为 $1000 的付息债券 7 年到期,售价为 $1050. 半年付息为 $24.

   (a) 求该债券的到期收益.

   (b) 求该债券的当前收益.

   (c) 到期收益是高于当前收益还是低于当前收益? 为什么?

10. 假设连续远期利率为 $r(t)=0.035+0.0013t$.

    15 年到期的面值为 $100 的零息债券的现值是多少?

11. 假设连续远期利率为 $r(t)=0.03+0.001t-0.00021(t-10)_+$. 一份 20 年到期的零息债券的收益是多少? 这里 x_+ 是取正函数,其定义为:

$$x_+=\begin{cases}x, & x>0\\ 0, & x\leq 0\end{cases}$$

12. 一个投资者考虑购买 1 年、3 年或者 5 年到期的零息债券. 当前 1 年、2 年、3 年、4 年和 5 年期债券的即期利率分别为每年 0.031, 0.035, 0.04, 0.042 和 0.043,半年进行计息. 一个金融分析师告诉投资者,明年的利率将提高,他认为明年即期利率将提高 0.005,因此债券一年期即期利率将为 0.036,等等. 投资者计划在年末卖出债券以获取该年的最大收益. 本问题需要计算在如下两种情况下,哪种期限的债券(1 年、3 年或者 5 年期)能够给出最大收益: 利率不变或者如金融分析师所预测的利率.

    (a) 如果面值为 $1000,期限为 1 年、3 年和 5 年的零息债券的当前价格是什么?

    (b) 如果即期利率不变,从今 1 年以后这些债券的价格将是多少?

    (c) 如果每一个即期利率都增加 0.005,从今 1 年以后这些债券的价格将是多少?

    (d) 如果金融分析师预测一年即期利率增加 0.005 是正确的,在 1 年、3 年和 5 年期限的债券中,如果一年后卖出,哪一个会给投资者最大的收益? 说明原因.

    (e) 如果金融分析师的预测不正确,实际上即期利率保持不变,在 1 年、3 年和 5 年期限的债券中,如果一年后卖出,哪一个会给投资者带来最大的收益? 说明原因.

    (f) 金融分析师也说过如果即期利率保持不变,那么有最高即期利率的债券将有最大的一年收益. 这对吗? 为什么.

    (提示: 注意到一年后债券的到期期限将和现在不同,因此这个债券的即期利率也会发生变化.)

13. 假设一份债券在时间 $T_i(i=1,\cdots,N)$ 付息为 C_i. 那么现金流 C_i 的当前净值(NPV)为:

$$\text{NPV}_i=C_i\exp(-T_iy_{T_i})$$

定义权重

$$\omega_i=\frac{\text{NPV}_i}{\sum_{j=1}^N\text{NPV}_j}$$

定义债券的期限为:

$$\text{DUR} = \sum_{i=1}^{N} \omega_i T_i$$

它是现金流时间的加权平均. 证明:

$$\frac{d}{d\delta} \sum_{i=1}^{N} C_i \exp\{-T_i(y_{T_i}+\delta)\}\bigg|_{\delta=0} = -\text{DUR} \sum_{i=1}^{N} C_i \exp\{-T_i y_{T_i}\}$$

并用这个结果验证公式(3.31).

14. 假设收益曲线为 $Y_T = 0.04 + 0.001T$.
    (a) 面值为 \$1000 的 10 年到期的零息债券的价格是多少?
    (b) 假设你购买了该债券. 如果一年之后收益曲线变为 $Y_T = 0.042 + 0.001T$,那么该债券的净收入是多少?

15. 一种付息债券的息票利率为 3%,当前收益为 2.8%.
    (a) 该债券的当前价格是在票面以下还是以上? 为什么?
    (b) 到期收益是在 2.8% 以上还是以下? 为什么?

16. 假设远期利率为 $r(t) = 0.03 + 0.001t + 0.0002t^2$.
    (a) 5 年的即期利率是多少?
    (b) 5 年到期的零息债券的价格是多少?

17. 假设 1/2 年,1 年,1.5 年和 2 年的即期利率分别为 0.025,0.029,0.031 和 0.035. 2 年到期的面值为 \$1000 的付息债券的半年付息为 \$35. 该债券的价格是多少?

18. 票面价值为 \$1000 的零息债券到期期限分别为 0.5 年,1 年,1.5 年和 2 年,它们的价格分别为 \$980.39,\$957.41,\$923.18 和 \$888.489.
    (a) 分别求出 0.5 年,1 年,1.5 年和 2 年债券的半年即期利率.
    (b) 现有一面值为 \$1000 的付息债券 2 年到期. 半年付息为 \$21. 该债券的价格是多少?

19. 一面值为 \$1000 的债券 4 年到期,半年付息为 \$26. 该债券的价格为 \$1020. 该债券的半年到期收益是多少?

20. 一付息债券 4 年到期,它的面值为 \$1000,每半年付息一次,为 \$21,共计付息 8 次. 连续复合远期利率为

$$r(t) = 0.022 + 0.005t - 0.004t^2 + 0.0003t^3$$

(a) 求出该债券的价格.
(b) 求出该债券的期限.

第 4 章
探索性数据分析

4.1 引言

这是一本关于金融市场数据(例如股票价格、汇率和利率等变量)的统计分析书. 这些变量随机变动, 从而可能引起金融风险, 也可能导致获利机会. 图 4-1、图 4-2 和图 4-3 分别显示的是标普 500 指数的日对数收益率的时间序列图、德国马克(DM)兑美元的日汇率变化时间序列图、无风险收益月度变化序列(即无风险月利率)的时间序列图. 时间序列(time series)是一些量的观测值序列, 例如, 不同时间的股票价格; 而时间序列图(time series plot)是按时间先后顺序排列的时间序列的绘图.

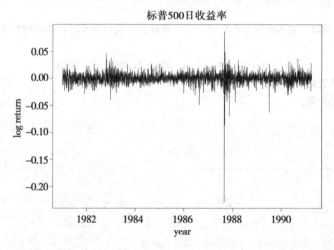

图 4-1 从 1981 年 1 月到 1991 年 4 月标普 500 指数的日对数收益率. 在 R 统计软件的 Ecdat 软件包中, 这个数据集在标普 500 系列中是变量 r500. 注意 1987 年 10 月的极端波动

尽管在这三个时间序列中有大的随机波动, 但我们可以看到每个序列表现出平稳性(stationary), 即随机波动的本质还是常数. 特别地, 序列围绕一个常数均值(或者几乎是常数的值)而上下波动. 我们也看到波动(volatility)聚集, 因为在每个序列中有在高峰点和低谷值之间波动的周期. 波动的聚集并不表明缺失稳定性, 而可以看作是对每个序列的条件方差的一种依赖. 这一点将在第 18 章中详细讨论.

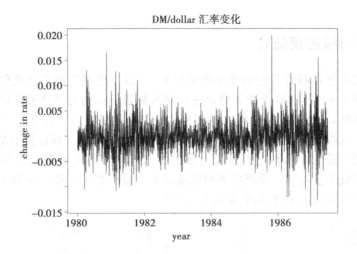

图 4-2 从 1980 年 1 月 2 日到 1987 年 5 月 21 日 DM/dollar 的日汇率变化序列. 数据来源于 R 的 Ecdat 软件包中的 Garch 序列. 变量 dm 是德国马克兑美元的日汇率序列

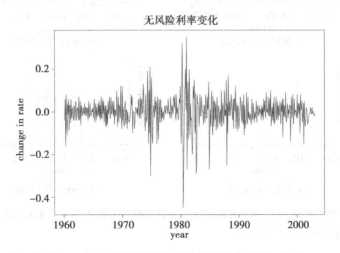

图 4-3 1960 年 1 月到 2002 年 12 月无风险收益的月度变化序列. R 的 Ecdat 软件包中的 Capm 序列的变量 rf 是收益利率

每个时间序列可表示为随机变量序列 $Y_1, Y_2 \cdots$. 它们的累积分布函数(CDF)记为 $F^{\ominus}$. 对不同的序列 F 是不同的,但是在每个序列内部,由于平稳性,假定它为常数. 累积分布函数 F 也称为边缘分布函数(marginal distribution function). 一个序列的边缘分布函数是指变量 Y_t 的分布(不包含其他观测值的信息),即对于 $s \neq t$, 它不包含 Y_s 的信息. 因此,当对边缘分布建模时,我们忽略时间序列内部的依赖性. 我们将在以后的章节讨论像自相关和波动聚集这样的依赖性.

本章将探索各种建模方法和估计边缘分布的方法,特别地,将讨论直方图、密度估计图、样本分位数图和概率图等图形方法.

$\ominus$ 关于 CDF 和 PDF 的定义以及概率论中的其他名词,参见 A.2.1 节.

4.2 直方图和核密度估计

假定边缘累积分布函数 F 的概率密度函数为 f. 直方图是既简单又熟知的概率密度函数的估计量. 图 4-4a 是用 30 个单元格或柱绘制的标普 500 的对数收益率的直方图. 这个序列有几个异常值, 特别是 1987 年 10 月 19 日这个黑色星期一, 它有一个接近 -0.23 的收益率. 注意, 该收益率意味着在一天内市场失去 23% 的价值. 异常值很难或者也许根本不可能从直方图中看到, 除非它们引起 x 轴的扩张. 异常值很难看到的原因是大的样本量. 当样本容量成千上万时, 小频率的单元就基本上看不到了. 图 4-4b 是对大概率区域的扩大. 注意, 30 个柱形中仅有几个在这个区域上.

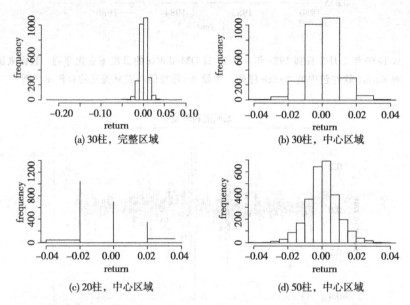

图 4-4 1981 年 1 月到 1991 年 4 月的标普 500 日对数收益的直方图. 数据取自 R 的 Ecdat 软件包中的 SP500 数据集

直方图是密度的一个相当粗糙的估计量. 典型的直方图看起来更像一个大城市的空中轮廓线, 而不像密度函数, 它的外观对单元格的数目和位置都是敏感的. 参见图 4-4, 其中图 4-4b、图 4-4c 和图 4-4d 仅仅在单元格的数目上不同. 一个更好的估计量是核密度估计量 (Kernel Density Estimator, KDE). 这个估计取名于一般的核函数, 这里记为 K, 它是一个关于 0 对称的概率密度函数. 一般把标准㊀正态密度函数选作函数 K, 这里也用它. 基于 $Y_1, \cdots, Y_n$ 的核密度估计量为

$$\hat{f}(y) = \frac{1}{nb} \sum_{i=1}^{n} K\left(\frac{Y_i - y}{b}\right)$$

这里 b 称为带宽, 它决定了估计量的分辨率.

图 4-5 演示了由使用来自标准正态分布的 6 个观测构成的小的模拟数据集而构建的核密度估计. 小的样本量看起来清晰, 却不会给出正态密度的精确估计. 这 6 个数据点在

㊀ "标准"意思是均值为 0、方差为 1.

图形的底部显示为垂线，称为"地毯"．图 4-5a 的带宽为 0.4，6 条虚线是以这 6 个数据点为中心，标准差为 0.4 的正态密度函数的 1/6．实曲线是 6 条虚线的叠加，也就是 6 条虚曲线之和，从而估计了这组数据的密度函数．

一个小的值 b 允许密度估计量发现真实密度的细微特征，但它也容许高阶的随机变动．这可以通过图 4-5b 看到，这个图的带宽仅为上图的一半．相反，一个大的值 b 抑制随机变动，但是掩盖了真实密度的细节．换句话说，小的值 b 导致核密度估计有高方差、低偏度，而大的值 b 导致低方差、高偏度．

选择 b 需要权衡偏度和方差．合适的值 b 既取决于样本量 n，也取决于真实的密度．当然，后者是未知的（尽管可以进行估计）．粗略地讲，非光滑或"扭动的"密度需要较小的带宽．幸运的是，大量的研究一直致力于自动选择 b，这最终给出了真实密度的粗略估计．

图 4-6 中的实曲线来自于 R 中的 density() 函数，具有缺省带宽．虚线和点线曲线分别具有 1/3 和 3 倍的缺省带宽．在 R 中调谐参数 adjust 是缺省带宽的乘数，因此在三条曲线中，adjust 分别是 1，1/3 和 3．实曲线的 adjust 等于 1，呈现出合适的光滑量．对应于 adjust= 1/3 的虚曲线是起伏的，表明了太多的随机波动；这样的曲线称为低光滑的或者过度拟合．点曲线非常光滑，但是在 0 附近低估了峰值，这是一种有偏的迹象．这种曲线称为过度光滑或者不充分拟合．这里过度拟合（overfit）是指密度估计对数据的依附太紧密，

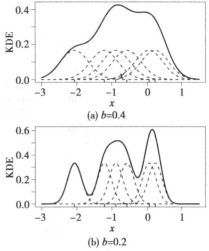

图 4-5　分别使用样本量为 6 和两个不同带宽的核密度估计的示例图. 6 条虚线是以数据点为中心的核，这些数据点在底部用短垂线标示了出来．实曲线是由 6 个核叠加所得到的核密度估计．尽管上下两图用的是同样的数据，但是因为带宽不同，所以得到不同的估计曲线

因此过度地被随机变动所影响．相反，不充分拟合（underfitted）是指密度估计没有充分地依附于数据，并且漏掉了真实密度的特征．换句话说，过度或不充分拟合是指对偏度-方差的权衡比较差，过度拟合曲线具有太多方差，不充分拟合的曲线具有太多偏度．

自动带宽选择器是很有用的，不过它们一点也不神奇，我们经常用自动宽带选择器作为起始点，然后"微调"带宽；这是 adjust 参数的要点．一般地，adjust 会更接近于 1 而不是上面用的 1/3 或者 3. 前面用 1/3 和 3 是为了强调过低和过度光滑的效果．

核密度估计常用于建议参数统计模型．图 4-6 的密度估计呈钟形，表明正态分布可能是合适的模型．为了进一步研究正态模型是否适合，图 4-7 将 adjust= 1 时核密度估计的图形与正态密度图进行了比较．图 4-7a 中，正态密度的均值与标准差分别为收益率的样本均值与样本标准差．我们看到核估计和正态密度有点不同．原因是异常收益率使样本标准差扩大，从而引起正态密度位于中部的数据过于分散．图 4-7b 显示了一个更靠近核估计量的正态密度．这个正态密度使用的是对异常值不太敏感的稳健估计量——由样本中位数来估计均值，由 MAD 估计量来估计标准差．MAD 估计量是绝对偏差的中位数，即先算出数据距离中位数的绝对偏差，排序后取中位数，因此用来估计正态总体的标准差㊀．样本标准差为 0.011，但 MAD 要小些，为 0.0079；这些值是用 R 的 sd 和 mad 命令算得

㊀ 更多关于稳健估计的讨论以及 MAD 的精确定义，参见 5.16 节．

的. 即使是正态密度,从图 4-7b 可以看到,也显示了与核估计量的一些偏差,并且我们马上会看到,和正态分布相比,t 分布为收益分布提供了一个更好的模型. 对稳健估计量的需求本身蕴含了非正态的迹象.

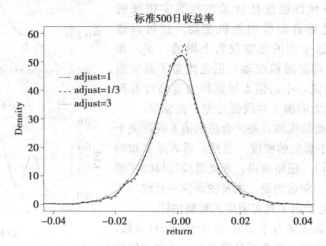

图 4-6 使用三个带宽的标普 500 指数日对数收益率的核密度估计. 每个带宽等于缺省带宽乘以 adjust, adjust 分别是 1/3, 1 和 3. 数据集是 R 的 Ecdat 软件包中的 SP500 序列. 为了显示分布中间的细节,只绘出了 KDE 在有限区域内的收益

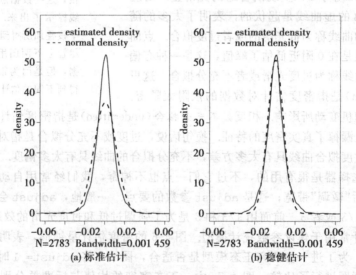

图 4-7 标普 500 指数的日对数收益率的核密度估计(实线)与正态密度的比较(虚线). (a)使用样本均值和样本标准差的正态密度. (b)使用样本中位数和标准差的 MAD 估计的正态密度. 数据集是 R 的 Ecdat 软件包中的 SP500 序列

我们刚刚看到使用 KDE 对样本中的数据分布建议一个好的模型时存在一个疑难问题——一定要恰当地估计模型中的参数. 我们将会在 4.3.2 节和 4.3.4 节讨论正态概率图,或者更一般的 QQ 图. 它们提供了比较样本分布和理论分布的更好的方法.

尽管容易计算,但是 KDE 也存在一些问题,特别是它经常有波动较大的尾部. 4.8 节会讨论对 KDE 的改进.

4.3 顺序统计量、样本 CDF 与样本分位数

假定 $Y_1, \cdots, Y_n$ 是取自于概率分布 CDF 为 F 的随机样本. 这一节估计 F 和它的分位数. 样本(sample)或经验累积分布函数(empirical CDF) $F_n(y)$ 定义为小于或等于 y 的样本的比例. 例如, 如果样本量为 40 ($=n$) 的样本中有 10 个元素小于或等于 3, 那么 $F_n(3) = 0.25$. 更一般地,

$$F_n(y) = \frac{\sum_{i=1}^{n} I\{Y_i \leqslant y\}}{n} \tag{4.1}$$

这里 $I\{\cdot\}$ 是示性函数, 如果 $Y_i \leqslant y$, 那么 $I\{Y_i \leqslant y\}$ 值为 1; 否则, $I\{Y_i \leqslant y\}$ 值为 0. 图 4-8 显示由来自于标准正态分布 $N(0,1)$ 的样本量为 150 的样本算得的 F_n. 真实的 CDF(Φ) 也同时显示在图上了. 由于随机波动导致样本 CDF 与真实的 CDF 是不同的. 样本 CDF 也称为经验分布函数, 或 EDF.

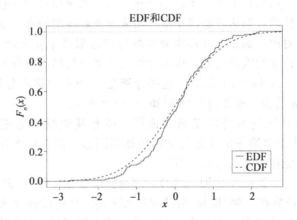

图 4-8 来自于 $N(0,1)$ 总体的随机模拟样本的 EDF F_n(实线)和真实的 CDF(虚线). 样本量为 150

顺序统计量 $Y_{(1)}, Y_{(2)}, \cdots, Y_{(n)}$ 是把 $Y_1, \cdots, Y_n$ 从小到大排列后所得的值. 顺序统计量的下标用括号括起来以区别于未排序样本. 例如, Y_1 只是原始样本的第一个观测, 而 $Y_{(1)}$ 则是这个样本的最小观测. 样本分位数(sample quantile)被不同的作者以稍微不同的方式定义, 但是粗略地, q 样本分位数是 $Y_{(k)}$, 这里 k 是 qn 四舍五入所得的整数. 一些作者向上舍入, 也有作者四舍五入到最近的整数, 还有其他人用插值法. R 中 quantile 函数有 9 个不同类型的样本分位数, 其中三个为 SAS、S-PLUS 以及 SPSS 和 Minitab 所使用, 加上另外 6 个. 对典型的金融市场数据的大样本量而言, 不同的选择导致几乎完全相同的估计, 但对小样本而言, 它们可能会非常不同.

第 q 分位数也称为第 $100q$ 百分位数(percentile). 某些分位数有特殊的名字. 0.5 样本分位数是第 50 百分位数, 也称为中位数(median). 0.25 和 0.75 样本分位数称为第一和第三四分位数(quartile), 中位数也称为第二四分位数. 0.2, 0.4, 0.6 和 0.8 分位数是五分位数(quintile), 因为它们把数据分为 5 个相等大小的子集, 0.1, 0.2, $\cdots$, 0.9 分位数是十分位数(decile).

4.3.1 样本分位数的中心极限定理

当样本量充分大时,许多估计量具有近似正态分布.根据下面的中心极限定理,这对于样本分位数也是成立的.

定理 4.1 令 $Y_1, \cdots, Y_n$ 是独立同分布的样本,具有累积分布函数 F.假定 F 有密度函数 f, f 在 $F^{-1}(q)(0 < q < 1)$ 是连续的正数.那么当 n 很大时,第 q 样本分位数是近似正态分布的,其中均值等于总体分位数 $F^{-1}(q)$,方差等于

$$\frac{q(1-q)}{n[f\{F^{-1}(q)\}]^2} \tag{4.2}$$

这个结果不是马上可用的,例如,为了构建总体分位数的置信区间,而 $[f\{F^{-1}(q)\}]^2$ 却是未知的.但 f 可由核密度估计的方法来估计(4.2 节), $F^{-1}(q)$ 可由第 q 样本分位数来估计.另外,置信区间可通过再抽样来建立.第 6 章会介绍再抽样.

4.3.2 正态概率图

许多统计模型假设随机样本来自于正态分布.正态概率图可用于检验这一假设,并且如果正态假设似乎是错的,那么正态概率图可用来审查数据的分布与正态分布的区别在哪里.如果正态假设是对的,那么第 q 样本分位数应该近似等于 $\mu + \sigma \Phi^{-1}(q)$,也就是总体分位数.因此,除了样本的波动之外,样本分位数对 Φ^{-1} 的图将是线性的.一个版本的正态概率图是 $Y_{(i)}$ 对 $\Phi^{-1}\{i/(n+1)\}$ 的图.这些分别是 $i/(n+1)$ 样本分位数和总体分位数.除数是 $n+1$ 而不是 n 是为了避免当 $i=n$ 时 $\Phi^{-1}(1) = +\infty$.

图形偏离直线的系统偏差是非正态的证据.还有其他版本的正态图,例如,R 的 qqnorm 命令在正态下给出顺序统计量与它们的期望图形,但是对大样本来说,这些图形都是相似的,除非可能在极端的尾部上不同.

不同的统计软件对于数据在 x 轴(横轴)、理论分位数在 y 轴(纵轴)或者反过来数据在 y 轴(纵轴)、理论分位数在 x 轴(横轴)的情况有所不同.R 可以通过选择参数 datax 来让数据在 x 轴或 y 轴上.当解释一个具有非线性模式的正态图时,知道哪个数轴包含数据是基本的.在本书中,数据总是画在 x 轴上,理论分位数画在 y 轴上,因此在 R 中,我们不用 datax= FALSE 的缺省值,而是设置 datax= TRUE 来作图.

如果正态图呈现非线性模式,就要检查曲线凸的地方和凹的地方,来解释所呈现出的模式.凸曲线是当我们从左向右移动时,切线的斜率增加的曲线,见图 4-9a.相反,如果从左向右移动,斜率减少,那么曲线是凹的,见图 4-9b.一个凸-凹曲线是左凸右凹的;类似地,一个凹-凸曲线是左凹右凸的,见图 4-9c 和图 4-9d.

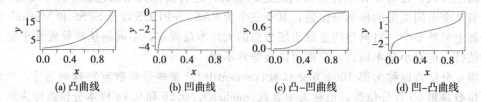

图 4-9 当从(a)移动到(d),曲线分别是凸曲线、凹曲线、凸-凹曲线和凹-凸曲线.具有这些模式的正态图分别表明左偏、右偏、比正态分布重尾、比正态分布轻尾,这里假定数据在 x 轴上,正态分位数在 y 轴上,在本书中总是如此

凸、凹、凸-凹和凹-凸正态图分别表明左偏、右偏、重尾（和正态分布比较）和轻尾（和正态分布比较）——这些解释需要样本分位数在横轴上，如果样本分位数画在了纵轴上，那么这些解释需要改变．这里分布的尾部（tail）指的是远离中心的区域．合理的"尾部"的定义是：从$-\infty$到$\mu-2\sigma$的区域是左尾部，从$\mu+2\sigma$到$+\infty$的区域是右尾部．尽管$\mu-2\sigma$和$\mu+2\sigma$的选择有些任意．这里μ和σ分别是均值和标准差，但是它们可以由对尾重不太敏感的中位数和 MAD 估计量来代替．

图 4-10 包含了正态分布中样本量分别为 20，150 和 1000 的样本的正态图．为了显示正态图中主要的随机变化量，对每个样本量都给出了两个独立的样本．由于随机变化，图形仅仅接近于直线．即使是对于正态分布的数据，有些偏离于线性也是预料之中的，尤其是对于小的样本量来说．对于较大的样本量，仅仅在左尾和右尾末端这些易变的地方偏离于线性.

通常在正态图中添加参考线以帮助观察者确定图形是否是适度线性的．对参考线的一个选择是穿过第一和第三四分位数对的直线；这是 R 的 qqline 函数使用的．其他可能的选择是对所有分位数的最小二乘拟合，或者是为了避免异常值的影响，对分位数的某个子集来拟合，例如，0.1~0.9 之间所有的分位数.

图 4-11 包含了对数正态 lognormal(0，σ^2)分布⊖中样本量为 150 的样本的正态概率图，对数标准差 $\sigma=1$，1/2 和 1/5．图 4-11 的凹图形表示右偏．当 $\sigma=1$ 时，偏度很强；当 $\sigma=1/2$ 时，偏度仍旧显而易见；当 σ 减少

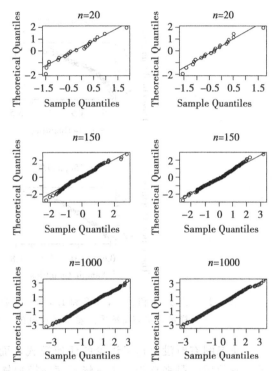

图 4-10　$N(0, 1)$ 总体中样本量分别为 20，150 和 1000 的随机样本的正态概率图．参考直线通过第一和第三四分位数

至 1/5 时，右偏才不太明显，对于较小的样本量，可能就无法辨别出来了．

图 4-12 包含了自由度为 4，10 和 30 的 t 分布中样本量为 150 的样本的正态图．前两个分布具有重尾，或者换句话说，具有异常值倾向，意思是在左边和右边的极端观测值明显比正态分布要更加极端．我们可以看到，与自由度为 10 的样本相比，自由度为 4 的样本的尾部更重．自由度为 30 的 t 分布的尾部与正态分布的尾部没有多大区别．这是 t 分布的一般性质，当自由度参数减少的时候，尾部变得更重，并且当自由度接近无穷大时，它的分布接近正态分布．任何 t 分布都是对称的⊖，因此没有一个样本是有偏的．重尾的带有少量偏度或无偏的分布在金融中是常见的．正如我们将看到的一样，t 分布是股票收益和其他金融市场数据的合理的模型．

⊖　对于对数正态分布以及对数标准差的定义的介绍，参见 A.9.4 节．
⊜　但是，t 分布至少可以通过两种不同方法一般化为所谓的有偏 t 分布，它无需是对称的，参见 5.7 节．

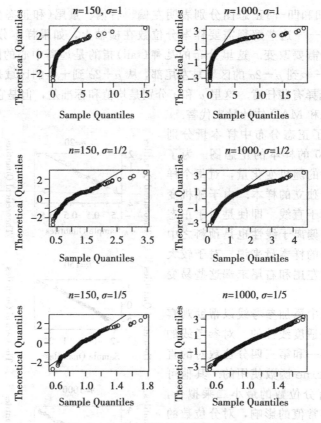

图 4-11 当 $\mu=0$ 和 $\sigma=1$，$1/2$ 和 $1/5$ 时，对数正态总体中样本量分别为 150 和 1000 的随机样本的正态概率图．参考线穿过第一和第三四分位数

正态图有时没有这里讨论的任何模式，而是有更复杂的行为．图 4-13 给出了一个例子，它使用的是来自于一个三峰密度的模拟样本，QQ 图交替出现凹状和凸状表明了它的复杂行为，可以由 KDE 来研究这种复杂行为．这里 KDE 揭示了三峰性．多峰性在实践中比较少见，经常表明是几个不同组数据的混合．

确定一个正态图是否充分接近一条直线，从而断定数据是正态分布的，通常是相当困难的，尤其是当样本量小时．例如，图 4-10 即使接近于线性，还是有某种非线性特征．这种非线性是由于非正态性还是仅由随机变化引起的？如果你不知道数据是从正态分布模拟来的，那么就很难讲，除非你对正态图很有经验．在这种情况下，正态性检验将是很有帮助的．这些检验将在 4.4 节讨论．

4.3.3 半正态图

半正态图是与正的数据一起使用的，是正态图的变体．半正态图用于检测异常值，而不是检验正态分布．例如，假定有数据 $Y_1, \cdots, Y_n$，想看看是否其中任何一个距离均值的绝对偏差 $|Y_1 - \bar{Y}|, \cdots, |Y_n - \bar{Y}|$ 是异常的．在半正态图中，这些偏差是对于 $|Z|$ 的分位数而画的，这里 Z 是服从 $N(0, 1)$ 分布的．更确切地说，半正态图用于正的数据上，并且它对于 $\Phi^{-1}\{(n+i)/(2n+1)\}$ 画它们的顺序统计量．在 R 的 faraway 软件包中的 halfnorm 函数会创建半正态图并且标注出最异常的观测．

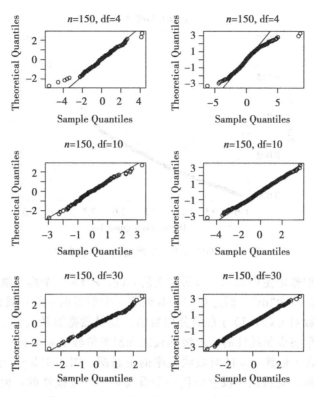

图 4-12 自由度为 4，10 和 30 的 t 分布中样本量为 150 和 1000 的随机样本的正态概率图．参考线通过第一和第三四分位数

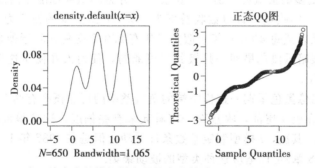

图 4-13 来自于一个三峰密度的模拟样本的核密度估计（左）和正态图（右），参考线通过第一和第三四分位数．因为有三个峰值，所以从左至右，正态图的凸性变化了 3 次，从凹到凸，再到凹，再到凸

例 4.2 DM/dollar 汇率——半正态图．

图 4-14 是 DM/dollar 汇率变化的半正态图，图上显示 ♯1447 是最异常的，其次是 ♯217．

半正态图的另一个应用将在 13.1.3 节中介绍．

4.3.4 QQ 图

正态概率图是分位数-分位数图（quantile-quantile plot）的特例，分位数-分位数图也称为 QQ 图．QQ 图是一个样本或分布的分位数对第二个样本或分布的分位数画出来的图．

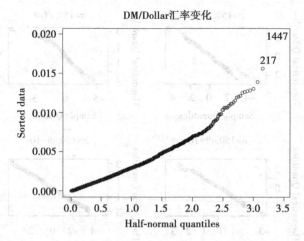

图 4-14　DM/dollar 汇率变化的半正态图

例如，假定我们希望使用 5.5.2 节所定义的 $t_\nu(\mu,\sigma^2)$ 对一个样本进行建模．参数 ν 称为"自由度"，或者简写为"df"．假定最初，我们有一个假设的 ν 值，具体来讲 $\nu=6$．然后我们画出样本分位数对 $t_6(0,1)$ 分布的分位数图．如果数据服从 $t_6(\mu,\sigma^2)$ 分布，那么除了随机变化外，图形将会是线性的，直线的截距和斜率依赖于 μ 和 σ．

图 4-15a 中包含了标普 500 的对数收益率的正态图，图 4-15b~f 分别是自由度为 1，2，4，8 和 15 的 t 图．这些图中没有任何一个看起来恰好是线性的，但是自由度为 4 的 t 图倒是直通大部分数据．在这个图上，左尾部大约有 9 个、右尾部有 4 个收益率偏离于通过剩余数据的直线，但相对于 2783 的样本量，这些是小数字．不过，值得记住的是历史数据比 t 分布具有更多的极端异常值．自由度为 4 并且均值和标准差由最大似然估计⊖的 t 模型暗示黑色星期一的收益，日对数收益率为 -0.228 或更少的概率为 3.2×10^{-6}．这意味着每 1 000 000 天，或每 40 000 年，假定每年有 250 个交易日时近似地有 3 个这样的收益率．因此，t 模型暗示黑色星期一是极其不可能的，任何人在使用这个模型的时候都要留心，它的确发生了．

t 模型没有给出像黑色星期一这样极端的负收益率的可靠概率有两个原因．首先，t 模型是对称的，但是在极左尾部，收益率分布看起来有些偏度，这使得极端负收益率比在 t 模型下可能性更大．其次，t 模型假定常数条件波动，但是在 1987 年 10 月波动经常很高．GARCH 模型（第 18 章）可以适应这种类型的波动聚集．

分位数-分位数图不但对于比较如上所述的样本和理论模型有用，而且对于比较两个样本也是有用的．如果两个样本有相同的样本量，那么仅仅需要画出一个相对于另一个的顺序统计量．不然，对每个样本计算相同的样本分位数集合并且画出来．这可由 R 的 qqplot 命令自动完成．

凸、凹、凸凹和凹凸 QQ 图的解释与理论分位数对样本分位数的 QQ 图的解释类似．凹图暗示 x 轴的样本比 y 轴的样本更多右偏，或更少左偏．凸图暗示 x 轴的样本比 y 轴的样本更少右偏，或更多左偏．凸凹（凹凸）图暗示 x 轴的样本比 y 轴的样本更多（更少）重尾．与前面一样，一条直线，例如，通过第一和第三四分位数的直线通常添加在图上，用来作为参考．

⊖ 参见 5.14 节．

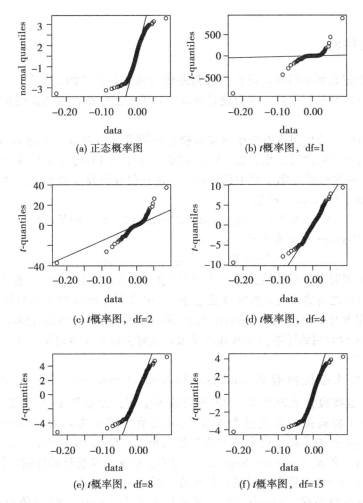

图 4-15 从 1981 年 1 月到 1991 年 4 月标普 500 指数日收益率的正态概率图和 t 概率图. 数据集是 R 的 Ecdat 软件包的 SP500 序列. 参考线通过第一和第三四分位数

图 4-16 包含了三个在本章被用作例子的时间序列, 标普 500 收益率、DM/dollar 汇率变化和无风险利率变化所构成的所有三对样本的 QQ 图. 我们看到标普收益率比另外两个序列有更多的极端异常值. DM/dollar 汇率变化与无风险利率变化有某种相似的形状, 但是无风险利率变化在左尾部有稍微多的极端异常值. 为避免任何可能的混淆, 应该提到图 4-16 仅仅比较了这三个时间序列的边缘分布. 它们并没告诉我们序列间的依赖关系, 事实上, 这三个序列观测于不同的时间区间.

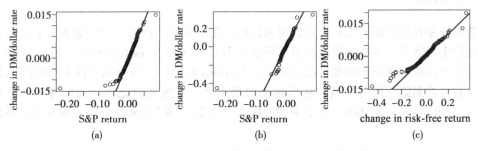

图 4-16 样本 QQ 图, 直线穿过第一和第三样本分位数

4.4 正态性检验

当看到一个正态概率图时，通常很难判断线性偏离是系统的还是仅仅归于抽样变化. 因此，正态统计检验是有用的. 原假设是样本来自于正态分布，而备择假设是样本来自于非正态分布.

Shapiro-Wilk 检验使用正态概率图来检验这些假设. 特别地，Shapiro-Wilk 检验基于 $Y(i)$ 和 $\Phi^{-1}\{i/(n+1)\}$ 之间的相关性，$Y(i)$ 和 $\Phi^{-1}\{i/(n+1)\}$ 分别是样本和标准正态分布的 i/n 分位数. 相关性将在第 7 章中详细讨论. 现在仅仅提及少数事实. 两个随机变量 X 和 Y 之间的协方差 (covariance) 是

$$\mathrm{Cov}(X,Y) = \sigma_{XY} = E[\{X - E(X)\}\{Y - E(Y)\}]$$

X 和 Y 之间的 Pearson 相关系数是

$$\mathrm{Corr}(X,Y) = \rho_{XY} = \sigma_{XY}/\sigma_X \sigma_Y \tag{4.3}$$

相关系数等于 1 表明完全正线性关系，这时 $Y = \beta_0 + \beta_1 X$，并且 $\beta_1 > 0$. 在正态性下，$Y_{(i)}$ 和 $\Phi^{-1}\{i/(n+1)\}$ 之间的相关系数应该接近于 1，那么对于小的相关系数值，正态的原假设将被拒绝. 在 R 中，可以用 `shapiro.test` 函数来做 Shapiro-Wilk 检验.

Jarque-Bera 检验用到样本偏度和峰度系数，这将会在 5.4 节讨论，并在那里引入偏度和峰度.

其他通用的正态性检验是 Anderson-Darling、Cramér-von Mises 和 Kolmogorov-Smirnov 检验. 这些检验比较样本 CDF 和均值等于 $\overline{Y}$、方差等于 s_Y^2 的正态 CDF. Kolmogorov-Smirnov 检验统计量是这两个函数间的最大绝对差，而 Anderson-Darling 和 Cramér-von Mises 检验是基于这个平方差的加权积分. Shapiro-Wilk、Anderson-Darling、Cramér-von Mises 和 Kolmogorov-Smirnov 检验的 p 值通常是统计软件输出结果的一部分. 小的 p 值被解读为样本不是来自于正态分布的证据.

对于标普 500 收益率，Shapiro-Wilk 检验以小于 2.2×10^{-16} 的 p 值拒绝正态的原假设. 对于 DM/dollar 汇率变化和无风险利率的变化，Shapiro-Wilk 检验也强烈地拒绝了正态假设. 对于大样本，例如，对于样本量分别为 2783，1866 和 515 的标普 500 收益率、DM/dollar 汇率变化和无风险利率的变化，正态的假定很可能被拒绝. 因为任何现实数据都会在一定程度上偏离于正态. 无论这种偏离多么小，在足够大的样本下都会被检测到. 当样本量很大时，看正态图就很重要，通过看图来理解是否偏离于正态有一定的实际价值. 对于金融时间序列，在尾部偏离于正态往往大到具有实际显著性[⊖].

4.5 箱形图

箱形图是有用的图形工具，可以用来比较好几个样本. 箱形图的外观多少有点依赖所使用的特定的软件. 本节要描述的箱形图是由 R 的 `boxplot` 函数生成的. 图 4-17 中的三个箱形图是在缺省选择调谐参数的情况下由 `boxplot` 画出的. 每个图中间的"箱子"从第一四分位数延伸到第三四分位数，从而给出数据中间一半的变化范围，通常称为四分位差 (interguartile range) 或 IQR. 箱子中间的线在中位数. "须"是从每个箱子顶部和底部延伸

⊖ 关于尾部权重怎样大大影响风险测量（例如 VaR 和期望损失）的讨论，参见第 19 章.

出去的垂直虚线. 须在下面延伸到距离箱子底部至多为 1.5 倍 IQR 的最小数据点, 在上面延伸到距离箱子顶部至多为 1.5 倍 IQR 的最大数据点⊖. 须的终点由水平线标出. 所有超过须的观测值用"o"画出来. 图 4-17 中三个箱形图的最明显区别是它们的刻度不同, 其中无风险利率的月度变化变动最大, DM/dollar 的日汇率变化变动最小.

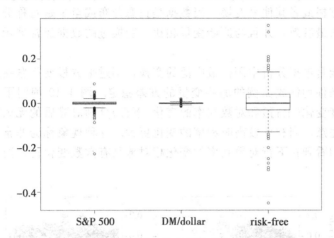

图 4-17 标普 500 日对数收益率、DM/dollar 的日汇率变化和无风险利率的月度变化的箱形图

这些刻度的差别遮掩了形状的差别. 为了纠正这个问题, 在图 4-18 中, 三个序列通过减去中位数然后除以 MAD 进行了标准化. 现在, 图形上的差别清楚多了. 你能看到标普 500 收益率有较重的尾部, 因为"o"更远离于须. 黑色星期一的标普 500 收益率完全脱离于剩余的数据.

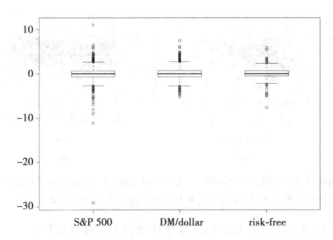

图 4-18 标准化的标普 500 日对数收益率、DM/dollar 日汇率变化和无风险利率的月度变化的箱形图

当比较几个样本时, 使用箱形图和 QQ 图会提供给我们不同的数据视图. 最好两个都用. 但是, 如果有 N 个样本, 那么 QQ 图的个数就是 $N(N-1)/2$, 或者如果交换坐标轴, 每对样本包含了两张图, QQ 图的个数就是 $N(N-1)$. 这个数字很快就失控了, 因此, 对于大的 N 值, 可以使用箱形图, 另外再扩增几个挑选的 QQ 图.

⊖ 因子 1.5 是 range 参数的缺省值, 可以改成其他值.

4.6 数据变换

有很多理由可以解释为什么数据分析师经常不使用原始变量,而是使用经过变换的变量,如对数、平方根或者其他幂变换. 当数据是正态分布或至少是对称分布且具有常数方差时许多统计方法最有效,并且与原始变量相比,变换过的数据经常展示出更少的偏度和更多的常变量.

对数变换可能是数据分析中用得最广泛的变换,不过平方根变换紧接其后. 对数变换使条件标准差与条件均值成比例的那些变量的方差稳定. 图 4-19 阐明了这一点,它作出了无风险利率月度变化(上行)和对数利率的变化(下行)分别对滞后的无风险利率(左列)或年(右列)的图. 注意,当利率较高时利率的变化更大. 这种现象称为非常数条件方差或条件异方差性. 我们看到在下行对数利率的变化相对地具有常数变化性,至少与利率变化相比是这样.

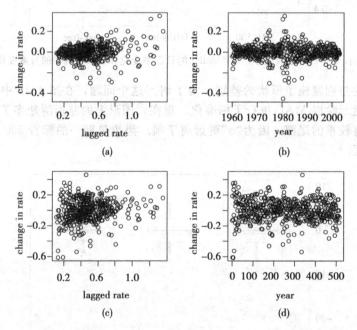

图 4-19 无风险利率的变化(上)和对数无风险利率变化(下)分别对时间作图和对滞后率作图. 无风险利率是 R 的 Ecdat 软件包中 Capm 数据集中的变量 rf

对数变换有时候通过所谓的 Box-Cox 幂变换被嵌入到幂变换族:

$$y^{(\alpha)} = \begin{cases} \dfrac{y^\alpha - 1}{\alpha}, & \alpha \neq 0 \\ \log(y), & \alpha = 0 \end{cases} \tag{4.4}$$

在式(4.4)中,y^α 减 1 除以 α 不是必不可少的,但它们却使得在 0 点这个变换对于 α 是连续的,因为

$$\lim_{\alpha \to 0} \frac{y^\alpha - 1}{\alpha} = \log(y)$$

注意,除以 α 后保证了变换是单调递增的,即使对于 $\alpha < 0$. 这虽不是必不可少的却是方便的. 为了达到诱导对称和常数方差的目的,y^α 和 $y^{(\alpha)}$ 起到一样的作用,它们可以交换使

用. 尤其是当 $\alpha<0$ 时, y^α 由 $-y^\alpha$ 替换来保证对所有的 α, 这个变换是单调递增的. 使用单调递减而不是单调递增的变换是不方便的, 因为单调递减的变换颠倒排序, 例如, 把第 p 分位数变换为第 $1-p$ 分位数.

一般地, 反应变量是右偏的, 而条件反应方差是条件反应均值的递增函数. 在这种情况下, 凹变换(例如, 当使用 $\alpha<1$ 的 Box-Cox 变换时)会除去偏度并使方差稳定. 当使用 $\alpha<1$ 的 Box-Cox 变换时, α 的值越小, 变换的效果越大. 可以进一步推广——如果变换过的反应变量是左偏的或者有一个条件方差, 成为条件均值的单调递减函数, 那么 α 就选的太小了. 这类过度变换的例子将在例 4.3、例 4.5 和例 10.2 中给出.

典型地, 能够使得数据对称化最好的 α 值与使得方差稳定得最好的 α 值并不相同. 那么就需要平衡, 使得变换不会在一方面太弱而在另一方面又太强. 但是通常, 这个平衡并不苛刻, 接近对称性和方差齐性可以同时达到.

例 4.3 管道气流.

在这个例子中, 我们使用三个管道中日天然气流量的数据集. 这些数据是用于研究管道流和价格流关系的更大数据集的一部分. 图 4-20 包含了日流量的直方图. 注意, 三个分布都是左偏的. 对于左偏数据, 应使用 $\alpha>1$ 的 Box-Cox 变换.

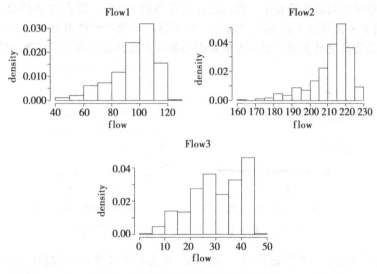

图 4-20　三个管道日流量的直方图

图 4-21 显示了在分别使用 $\alpha=1, 2, 3, 4, 5, 6$ 的 Box-Cox 变换后管道 1 中流量的 KDE. 你会看到 α 在 3 和 4 之间除去了大部分的左偏, $\alpha=5$ 或更大的过度变换导致了右偏. 在后面的例 5.10 中, 我们会演示一个自动选择 α 的方法, 会发现那里选择了 $\alpha=3.5$. ■

例 4.4 t 检验和变换.

这个例子显示偏度和非常数方差在假设检验中的不良影响以及如何通过合适的数据变换来修复这个问题. 在图 4-22a 中, 显示的是分别来自于 lognormal(1, 4)(左)和 lognormal(3, 4)分布的样本量为 15 的独立样本的箱形图. 图 4-22b 显示了经对数变换后数据的箱形图.

假定你想检验原假设: 对双边的备择假设, 两个总体有相同的均值. 变换过的数据满足 t 检验关于两个总体是同方差正态分布的假定, 但是当然, 原始数据不满足这些假定.

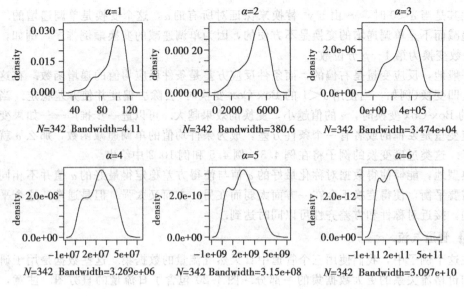

图 4-21 Box-Cox 变换后管道 1 中天然气流量的核密度估计

分别使用原始数据和对数变换数据，做双边独立样本的 t 检验，得到的 p 值分别是 0.105 和 0.00467. 这两个 p 值导致非常不同的结论，对于第一个检验均值差别不显著，而对于第二个检验均值差别是高度显著的. 第一个检验因为假定不满足而得到了不正确的结论.

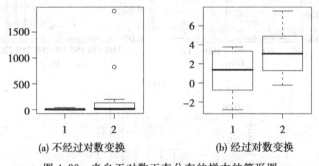

(a) 不经过对数变换　　　　　　(b) 经过对数变换

图 4-22 来自于对数正态分布的样本的箱形图

前面的例子说明了一些要记住的一般原则. 所有的统计估计量和检验都关于数据的分布做某种假定. 你应该检验这些假定，而图形方法经常是诊断问题最方便的途径. 如果假定不满足，那么需要知道估计量或检验对违背假定有多敏感. 如果估计量或检验可能在违背假定时严重退化，这就称为不稳健(nonrobustness)，那么我们有两种方法. 第一种方法是找到适合这类数据的新的估计量或检验. 第二种方法是通过数据变换的方法使得变换后的数据满足原始检验或估计量的假设条件.

4.7 变换几何

反应变换因为能在一个区域上伸展数据而在另一个区域上把数据推到一起而诱导出正态分布和稳定方差. 图 4-23 举例说明了这一行为. 横轴是来自于右偏的对数正态分布的数据样本. 变换 $h(y)$ 是对数变换. 变换后的数据画在了纵轴. 虚线显示了由 y 到 $h(y)$ 的变换：从 x 轴上的 y 值向上到达曲线，然后到达 y 轴上的 $h(y)$. 注意，变换后的数据是接近对称的. 对称是通过对数变换在小的数据上伸展数据并且在大的数据上把数据收缩到一起而达到的. 这可通过观察对数函数的导数看出来. $\log(y)$的导数是$1/y$, 这是y的单调递减函数. 导数当然是切线的斜率, 图上画出了$y=1$和$y=5$时的切线, 用以显示当y增加时导数是减少的.

考虑一个任意的单调递增变换$h(y)$. 若x和x'是两个邻近的数据点并且分别被变换为$h(x)$和$h(x')$, 那么变换值之间的距离为$|h(x)-h(x')|\approx h^{(1)}(x)|x-x'|$. 因此, $h(x)$和$h(x')$在$h^{(1)}$大的地方伸展, 在$h^{(1)}$小的地方收缩到一起. 如果$h^{(1)}(y)$关于y是单调递减函数, 函数h就称为凹函数. 如图4-23所示, 凹变换除去右偏.

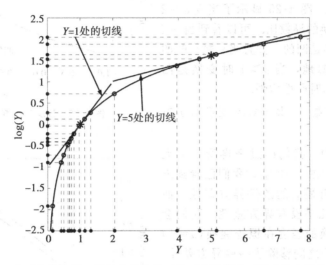

图 4-23 一个对称化变换. 横轴上的有偏对数正态数据由对数变换变换为对称数据

如果未变换的数据是这样一类数据——小的观测值比大的观测值波动得小, 那么凹变换也能使方差平稳. 这在图4-24中给出了说明. 有两组反应变量, 一组均值为1、方差相对较小, 而另外一组均值为5、方差相对较大. 如果在给定X_i的条件下反应变量Y_i的期望值服从回归模型$m(X_i;\beta)$, 那么对于这样的两个组, 如果有两个可能的值X_i, 一个具有小的值$m(X_i;\beta)$, 而另一个具有大的值$m(X_i;\beta)$, 这样的情况就会出现. 由于变换h的凹性, 均值为5的这一组的方差通过变换缩小了. 变换之后, 两组的方差几乎相同.

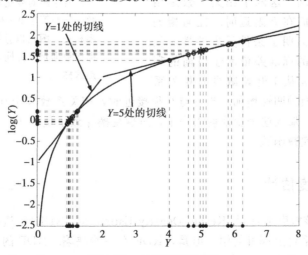

图 4-24 方差稳定化变换

变换的强度可能通过导数在某个区间(即 a 到 b 上)的改变量进行测量. 更精确地, 对于 $a<b$, 单调递增变换 h 的强度是导数的比值 $h'(b)/h'(a)$. 如果变换是凹的, 那么导数比小于 1, 并且比值越小, 凹性越强. 相反, 如果变换是凸的, 那么导数比大于 1, 并且比值越大, 凸性越强. 对于 Box-Cox 变换, 导数比是 $(b/a)^{\alpha-1}$, 因此导数比仅仅通过比值 b/a 依赖于 a 和 b. 图 4-25 显示了当 $b/a=2$ 时的 Box-Cox 变换的导数比. 可以看到当 $\alpha<1$ 时 Box-Cox 变换是凹的, 并且当 α 减小时凹性变得更强. 类似地, 当 $\alpha>1$ 时变换是凸的, 并且当 α 增加时凸性增强.

例 4.5 无风险收益——Box-Cox 变换对于方差稳定的强度.

在这个例子中, 我们回过来再看一下无风险利率变化. 在图 4-19 中, 我们已看到未变换的利率变化有显著的条件异方差性, 而对数利率变化却几乎没有异方差性. 我们会看到 Box-Cox 变换的强度在恒等变换($\alpha=1$)和对数变换($\alpha=0$)之间移除了一些异方差性, 但并不是所有的, 并且 $\alpha<0$ 的变换对于这个应用太强了, 结果是诱导了一类新的异方差性.

这个例子中的 Box-Cox 变换的强度在图 4-26 上阐明了. 在图 4-26 中, 显示了对于变换后的利率, 滞后无风险利率 r_{t-1} 和绝对变化 $|r_t^{(\alpha)}-r_{t-1}^{(\alpha)}|$, 以及平方变化 $\{r_t^{(\alpha)}-r_{t-1}^{(\alpha)}\}^2$ 之间的相关系数对 α 的图. 这两个相关系数是相似的, 尤其是当它们在 0 附近时. 任何相关系数相对 0 的偏差表明了条件异方差性, 就是变换后利率变化的标准差依赖于以前的利率值. 我们看到当 α 从 1 开始减少时相关系数也减少, 因此变换的凹性增加. 当 α 与 0 很接近时, 相关系数等于 0, 即对数变换. 如果 α 远远在 0 以下, 那么这个变换就太强了, 过度变换导致了负相关, 这表明条件标准差是滞后利率的单调递减函数.

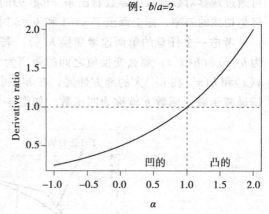

图 4-25 Box-Cox 变换的导数比

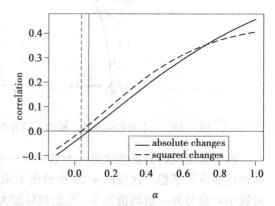

图 4-26 Box-Cox 变换利率的滞后无风险利率和绝对(实线)变化以及平方(虚线)变化之间的相关性. 零相关表明常数条件方差. 对于绝对变化和平方变化, 变换参数 α 分别等于 0.036 和 0.076 时达到了零相关, 图上以垂线标记. 如果 $\alpha=0$, 那么数据是条件同方差的, 或至少几乎是这样

4.8 变换核密度估计

4.2 节讨论的核密度估计量(Kernel Density Estimator, KDE)很流行, 是因为它简易并且在大多数软件平台上都可使用. 但是, KDE 有一些缺陷. KDE 的一个缺点是它欠光滑长尾密度. 例如, 图 4-27 的实曲线是 1109 个人 1988~1989 年年收入的 KDE. 数据来

自 R 的 Ecdat 软件包的 Earnings 数据集. 长右尾的密度估计展现出颠簸, 这似乎只归因于数据的随机波动, 而不是真实密度中的颠簸. 问题是没有一个带宽既对数据中间同时又对右尾效果都很好. 自动带宽选择器在选择带宽时做了一个平衡: 使尾部欠光滑同时很可能使中间过度光滑. 后一个问题可能引起密度的顶峰在众数处被低估.

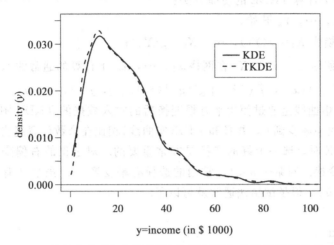

图 4-27　1988～1989 年年收入(以千美元计)的核密度和变换核密度估计, 这些数据和图 4-28 中的数据是一样的

更好的密度估计可以通过**变换核密度估计量**(Transformation Kernel Density Estimator, TKDE)来获得. 它的思想是变换数据, 使得变换后的数据的密度可以更加容易地由 KDE 来估计. 对于收入数据, 收入的平方根更接近于对称的, 并且与原始数据相比有更短的右尾; 参见图 4-28, 它比较了原始数据和由平方根变换后的数据的直方图. KDE 对于收入的平方根会拟合得很好.

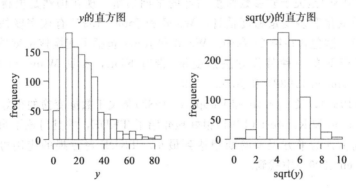

图 4-28　收入和收入的平方根的直方图. 数据来自于 R 的 Ecdat 软件包中的 Earnings 数据集, 这里只用了年龄组 g1

当然, 我们对收入的密度而不是对它们的平方根的密度感兴趣. 但是, 可以很容易地将后者的密度估计转化为前者的密度估计. 我们可以使用变量变化的公式(A.4)来做到这一点. 为了方便起见, 在这里重复这个结果——若 $X=g(Y)$, 这里 g 是单调函数, f_X 和 f_Y 分别是 X 和 Y 的密度函数, 那么

$$f_Y(y) = f_X\{g(y)\}|g'(y)| \tag{4.5}$$

例如, 若 $x=g(y)=\sqrt{y}$, 那么

$$f_Y(y) = \{f_X(\sqrt{y})y^{-1/2}\}/2$$

把 $y = g^{-1}(x)$ 代入到方程(4.5)中, 得到

$$f_Y\{g^{-1}(x)\} = f_X(x)|g'\{g^{-1}(x)\}| \tag{4.6}$$

式(4.6)给出了一个计算 TKDE 的便捷方法:

1. 从数据 $Y_1, \cdots, Y_n$ 开始;
2. 把数据变换为 $X_1 = g(Y_1), \cdots, X_n = g(Y_n)$;
3. 令 $\hat{f}_X$ 是使用 $X_1, \cdots, X_n$ 在网格 $x_1, \cdots, x_m$ 上计算的通常的 KDE;
4. 画出各对 $[g^{-1}(x_j), \hat{f}_X(x_j) | g'\{g^{-1}(x_j)\}|]$, $j = 1, \cdots, m$.

图 4-27 中的虚曲线是通过使用平方根变换后的收入数据的 TKDE 图. 注意, 右尾越光滑, 左边界越快地减少到 0, 并且和 KDE(实曲线)相比在众数位置越尖锐的峰值.

当使用 TKDE 时, 选一个好的变换是非常重要的. 对于正的右偏变量, 例如收入数据, 需要一个凹变换. 对某个 $\alpha < 1$, 常用的选择有幂变换 y^α. 虽然还有自动的方法可以选择 α (参见 4.9 节), 但是试错法通常就可以了.

4.9 文献注记

探索性数据分析由 Tukey(1977) 得到普及. Hoaglin、Mosteller 和 Tukey (1983, 1985) 里面收集了探索性数据分析、数据变换和稳健估计的文章. Kleiber 和 Zeileis (2008) 用 R 给出了计量经济模型的介绍, 并且包括了探索性数据分析以及这本书后面章节中的回归和时间序列分析的内容. Kleiber 和 Zeileis 的书中使用了 R 软件包 AER.

样本分位数的中心极限定理在关于渐近理论的教材(例如 Serfling(1980)、Lehmann (1999) 和 van der Vaart(1998)) 中都有精确阐述与证明.

Silverman(1986) 是关于非参数密度估计的早期书籍, 现在仍然是值得阅读的. Scott (1992) 包含了单变量和多变量密度估计. Wand 和 Jones(1995) 有核密度估计的精彩处理以及非参数回归, 这包含在第 21 章中. Wand 和 Jones 包括了变换核密度估计等内容的更多最新进展. TKDE 的一种替代方法是变量-带宽 KDE, 参见 Wand 和 Jones(1995) 的 2.10 节以及 Abramson (1982) 和 Jones (1990).

Atkinson(1985) 以及 Carroll 和 Ruppert (1988) 是关于数据变换的很好的信息资源.

Wand、Marron 和 Ruppert (1991) 很好地介绍了 TKDE, 并且讨论了自动选择变换的方法, 以使如何估计的平方误差的期望达到最小. TKDE 对亏损的应用可以在 Bolance、Guillén 和 Nielsen (2003) 中找到.

4.10 参考文献

Abramson, I. (1982) On bandwidth variation in kernel estimates—a square root law. *Annals of Statistics*, **9**, 168–176.

Atkinson, A. C. (1985) *Plots, transformations, and regression: An introduction to graphical methods of diagnostic regression analysis*. Clarendon Press, Oxford.

Bolance, C., Guillén, M., and Nielsen, J. P. (2003) Kernel density estimation of actuarial loss functions. *Insurance: Mathematics and Economics*, **32**, 19–36.

Carroll, R. J., and Ruppert, D. (1988) *Transformation and Weighting in Regression*, Chapman & Hall, New York.

Hoaglin, D. C., Mosteller, F., and Tukey, J. W., Eds. (1983) *Understanding Robust and Exploratory Data Analysis*, Wiley, New York.

Hoaglin, D. C., Mosteller, F., and Tukey, J. W., Eds. (1985) *Exploring Data Tables, Trends, and Shapes*, Wiley, New York.

Jones, M. C. (1990) Variable kernel density estimates and variable kernel density estimates. *Australian Journal of Statistics*, **32**, 361–371. (Note: The title is intended to be ironic and is not a misprint.)

Kleiber, C., and Zeileis, A. (2008) *Applied Econometrics with R*, Springer, New York.

Lehmann, E. L. (1999) *Elements of Large-Sample Theory*, Springer-Verlag, New York.

Scott, D. W. (1992) *Multivariate Density Estimation: Theory, Practice, and Visualization*, Wiley-Interscience, New York.

Serfling, R. J. (1980) *Approximation Theorems of Mathematical Statistics*, Wiley, New York.

Silverman, B. W. (1986) *Density Estimation for Statistics and Data Analysis*, Chapman & Hall, London.

Tukey, J. W. (1977) *Exploratory Data Analysis*, Addison-Wesley, Reading, MA.

van der Vaart, A. W. (1998) *Asymptotic Statistics*, Cambridge University Press, Cambridge.

Wand, M. P., and Jones, M. C. (1995) *Kernel Smoothing*, Chapman & Hall, London.

Wand, M. P., Marron, J. S., and Ruppert, D. (1991) Transformations in density estimation, *Journal of the American Statistical Association*, **86**, 343–366.

4.11 R 实验室

4.11.1 欧洲股票指数

这个实验室使用 R 的 `EuStockMarkets` 数据库中的 4 个欧洲股票指数. 运行下面的代码以进入数据库,了解它的模式和分类并且画出这 4 个时间序列. `Plot` 函数会根据它所作用的目标函数类产生一张图. 这里画出了 4 个时间序列图,因为 `EuStockMarkets` 的类是 `mts`, `mts` 表示多元时间序列.

```
data(EuStockMarkets)
mode(EuStockMarkets)
class(EuStockMarkets)
plot(EuStockMarkets)
```

如果右击这张图,打印或保存的菜单就会打开. 还有其他打印图形的方法,例如,

```
pdf("EuStocks.pdf",width=6,height=5)
plot(EuStockMarkets)
graphics.off()
```

它会发送一个 pdf 文件到工作目录下,`width` 和 `height` 参数允许你来控制图形的尺寸和图形的纵横比.

问题 1 写出这 4 个指数的时间序列图的简短描述. 序列看起来平稳吗?序列的波动看起来是常数大小吗?如果不是,描述一下是如何波动的.

接下来,运行下列 R 代码来计算并画出指数的对数收益率.

```
logR = diff(log(EuStockMarkets))
plot(logR)
```

问题 2 写出这 4 个对数收益率序列的时间序列图的简短描述. 序列看起来平稳吗? 序列的波动看起来是常数大小吗? 如果不是, 描述一下是如何波动的.

在 R 中, 数据可以另存为数据框, 并不假定数据是按时间排序的, 例如横截面数据也是合适的. 为了理解 plot 怎么对数据框起作用, 而不是对多元时间序列起作用, 运行下面的代码. 你将会对于前面相同的数据作图, 而它们是以不同的方式绘制出来的.

```
plot(as.data.frame(logR))
```

运行下面的代码来创建 4 个指数的正态图, 并且使用 Shapiro-Wilk 检验来检测每个指数的正态性. 你要理解每行代码的功能.

```
index.names = dimnames(logR)[[2]]
par(mfrow=c(2,2))
for(i in 1:4)
{
  qqnorm(logR[,i],datax=T,main=index.names[i])
  qqline(logR[,i],datax=T)
  print(shapiro.test(logR[,i]))
}
```

问题 3 简要描述这 4 个正态图的形状并且说出每个序列的边缘分布是有偏的还是对称的, 以及是否尾部呈现正态性. 如果尾部没有呈现正态性, 它们是比正态分布重尾还是轻尾? 从 Shapiro-Wilk 检验能得到什么结论? 把图包含在你的成果中.

下一个 R 代码集创建自由度分别为 1, 4, 6, 10, 20 和 30 的 t 图以及所有 4 个指数. 但是, 在这个实验室的剩余部分我们将仅仅分析 DAX 指数. 注意参考线如何由 abline 函数创建, 此函数把直线加到图上, 还有 lm 函数, 此函数对分位数拟合一条直线. lm 函数将在第 12 章中讨论.

```
n=dim(logR)[1]
q.grid = (1:n)/(n+1)
df=c(1,4,6,10,20,30)
for(i in 1:4)
{
  windows()
  par(mfrow=c(3,2))
  for(j in 1:6)
  {
    qqplot(logR[,i], qt(q.grid,df=df[j]),
    main=paste(index.names[i], ", df=", df[j]) )
    abline(lm(qt(c(.25,.75),df=df[j])~quantile(logR[,i],c(.25,.75))))
  }
}
```

问题 4 代码 q.grid= (1:n)/(n+1) 的功能是什么? qt(q.grid,df= df[j]) 的功能是什么? paste 的功能是什么?

问题 5 对于 DAX 指数, 说明哪个自由度参数给出了最佳拟合的 t 分布, 并解释为什么.

运行下面的代码集以建立 DAX 指数的核密度估计和两参数的密度估计, 分别是自由度为 5 的 t 分布和正态分布.

```
library("fGarch")
x=seq(-.1,.1,by=.001)
par(mfrow=c(1,1))
plot(density(logR[,1]),lwd=2,ylim=c(0,60))
lines(x,dstd(x,mean=median(logR[,1]),sd=mad(logR[,1]),nu=5),
    lty=5,lwd=2)
lines(x,dnorm(x,mean=mean(logR[,1]),sd=sd(logR[,1])),
    lty=3,lwd=4)
legend("topleft",c("KDE","t: df=5","normal"),lwd=c(2,2,4),
    lty=c(1,5,3))
```

为了检查左右尾,再画两次密度估计,一次在左尾部放大,另外一次在右尾部放大. 可以通过使用 plot 函数的 xlim 参数并且适当地改变 ylim 参数来做到这一点. 也可以使用 density 中的 adjust 参数使尾部估计光滑,使用 adjust 的缺省值就可以了.

问题 6 两个参数模型中的任何一个都能给出对第一个指数的合理可靠的拟合吗?给出解释. 把你的三个图包含到你的成果中.

问题 7 哪一个带宽选择器在 density 中是缺省使用的?缺省核是什么?

4.12 习题

1. 这个问题使用 R 的 fEcofin 软件包的 ford.s 数据集. 这个数据集包含了从 1984 年 1 月 2 日到 1991 年 12 月 31 日的 2000 个福特日收益.
   (a)求福特收益的样本均值、样本中位数和标准差.
   (b)建立福特收益的正态图. 收益看起来是正态分布的吗?
   (c)使用 Shapiro-Wilk 检验检测正态性. p 值是什么?你能在 0.01 的水平下拒绝正态分布的原假设吗?
   (d)多选择几个自由度参数(df)建立一些福特收益的 t 图. df 取何值时给出的图最接近于线性?收益包含了 1987 年 10 月 19 日黑色星期一这一天. 讨论在寻找最优的 df 时是否应忽略这个收益.
   (e)使用公式(4.2),取样本中位数作为 $F^{-1}(0.5)$ 的估计并用 KDE 来估计 f,求样本中位数的标准误差. 样本中位数的标准误差比样本均值的标准误差大还是小?
2. 这个问题使用 R 的 Ecdat 软件包的 Garch 数据集.
   (a)使用实曲线,画出变量的第一个差值 dy,美元兑日元的汇率的核密度估计,使用虚曲线,添加一个与样本具有相同均值和标准差的正态密度曲线. 两个密度估计看起来相似吗?描述一下它们的区别.
   (b)重复(a),但是取均值和标准差分别等于中位数和 MAD. 与(a)中的两个密度相比,这两个密度看起来是不是更相似些?
3. 假定正态图中样本分位数画在了纵轴上,而不是像本书这样画在了横轴上.
   (a)凸模式怎么解释?
   (b)凹模式怎么解释?
   (c)凸-凹模式怎么解释?
   (d)凹-凸模式怎么解释?
4. 令 diffbp 是变量 bp,美元兑英镑的汇率的变化(即差值),在 R 的 Ecdat 软件包的 Garch 数据集中.
   (a)建立一个 3×2 的 diffbp 的正态图矩阵,并在每个图上加上一条穿过第 p 和 $1-p$ 分位数的参考线,6 个图中,p 值分别为 0.25,0.1,0.05,0.025,0.01 和 0.0025. 使用 n 个模拟的 $N(0,1)$ 随机变量,建立第二个六正态图集,这里 n 是画在第一个图中的 bp 变化的个数. 讨论一下参考线怎么随着 p 值的变化而变化,以及 6 个不同的参考线集如何帮助发现非正态性.
   (b)使用对数 bp 的变化,建立第三个六正态图集. log(bp) 的变化比 bp 的变化看起来更接近于正态分布吗?

第5章
单变量分布建模

5.1 引言

如第 4 章中所见到的一样，金融时间序列的边缘分布通常不能由正态分布拟合得很好．幸运的是，有许多合适的替换模型，例如 t 分布、广义误差分布以及有偏版本的 t 分布和广义误差分布．所有这些模型在本章中都会介绍．通常，这些分布中的参数将由最大似然法来估计．5.9 节和 5.14 节将介绍最大似然估计(MLE)，5.18 节给出进一步研究这一专题的参考文献．

对于标准模型，最大似然的软件是现成的．仅仅对数据分析和建模感兴趣的读者通常不必去特别关心最大似然的技术细节．但是，当做统计分析时，还是值得去理解基本理论的，至少在概念层面上，因为这样做才能避免误用．更进一步地，当使用非标准模型时，通常没有可以自动计算 MLE 的软件能用，你需要了解足够的理论才能写出一个计算 MLE 的程序来．

5.2 参数模型与简约性

在参数统计模型中，除了有限数目的未知参数外，数据的分布是完全确定的．例如，假定 $Y_1, \cdots, Y_n$ 是来自于均值为 μ、方差为 σ^2、自由度为 ν 的 i.i.d. 的 t 分布⊖．假如 μ，σ^2 和 ν 当中的一个或多个未知，情况通常是这样的，那么这就是一个参数模型．

一个模型应该只具有所需数量的参数，用来捕获数据的重要特征．每个未知参数是另外的待估量并且是又一个估计误差的来源．估计误差在其他参数当中，在预测未来观测时会增加不确定性．另一方面，统计模型必须具有足够的参数才能充分描述数据的行为．具有太少参数的模型因为不能很好地拟合数据，所以会产生偏差．

几乎没有偏差，但也没有剩余参数的统计模型称为**简约的**(parsimonious)．它在偏差和方差之间获得了一个很好的折中．求一个或几个简约模型是数据分析的一个重要部分．

5.3 位置参数、尺度参数和形状参数

根据参数所决定的分布性质，参数通常分为位置参数、尺度参数和形状参数．**位置参**

⊖ 不熟悉 t 分布的读者可以提前看一下 5.5.2 节．

数(location parameter)是使分布向右或向左移位而不改变分布的形状或波动性的参数. 尺度参数量化离差. 对于一个单变量样本, **尺度参数**(scale parameter)是当数据乘以 a 后参数增加 $|a|$ 的参数. 因此, 对于一个随机变量 X, 如果 $\sigma(X)$ 是尺度参数, 那么 $\sigma(aX) = |a|\sigma(X)$. 假如标准差有限时, 尺度参数是标准差的常数倍. 在下面的章节中你会看到许多位置参数和尺度参数的例子. 如果 λ 是一个尺度参数, 那么 λ^{-1} 称为逆尺度参数. 因为尺度参数量化离差, 所以逆尺度参数量化精度.

如果 $f(y)$ 是任意固定的密度, 那么 $f(y-\mu)$ 是一族具有位置参数 μ 的分布族; $\theta^{-1}f(y/\theta)(\theta>0)$ 是一族具有尺度参数 θ 的分布族; $\theta^{-1}f\{\theta^{-1}(y-\mu)\}$ 是一族具有位置参数 μ 和尺度参数 θ 的分布族. 这些事实可以这样来推导: 注意到如果 Y 的密度是 $f(y)$ 并且 $\theta>0$, 那么由结果 A.6.1, $Y+\mu$ 的密度为 $f(y-\mu)$, θY 的密度是 $\theta^{-1}f(\theta^{-1}y)$, $\theta Y+\mu$ 的密度是 $\theta^{-1}f\{\theta^{-1}(y-\mu)\}$.

形状参数(shape parameter)定义为那些不随位置和尺度改变的参数. 更精确地, 对于任意的 $f(y)$, μ 和 $\theta>0$, 密度 $f(y)$ 的形状参数值与 $\theta^{-1}f\{\theta^{-1}(y-\mu)\}$ 的形状参数值相同. t 分布的自由度参数是一个形状参数. 其他的形状参数会在本章后面遇到. 形状参数经常用来指定分布的偏度或尾重.

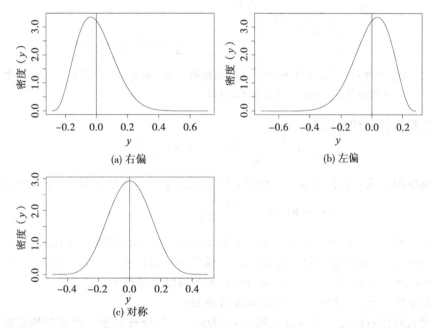

图 5-1 有偏与对称密度函数. 在每种情况中, 均值为 0 并且用一条垂线标示

5.4 偏度、峰度和矩

偏度和峰度帮助描绘概率分布的形状特征. **偏度**(skewness)测量非对称度, 对称意味着零偏度, 正偏度表明与左尾相比有一个相对较长的右尾, 负偏度表明相反情况. 图 5-1 显示了三个密度, 它们的期望都等于 0. 在图 5-1a~c 中, 密度分别是右偏、左偏和关于 0 对称.

峰度(kurtosis)表明了概率集中在中心, 特别是分布的尾部的程度, 而不是"肩部", 即中心和尾部之间的区域.

在 4.3.2 节中, 左尾定义为从 $-\infty$ 到 $\mu-2\sigma$ 的区域, 右尾定义为从 $\mu+2\sigma$ 到 $+\infty$ 的区

域. 这里 μ 和 σ 可能是均值和标准差或者是中位数和 MAD. 无可否认地,这些定义有些任意性. 合理的**中心**和**肩部**的定义应该是:中心是从 $\mu-\sigma$ 到 $\mu+\sigma$ 之间的区域,左肩是从 $\mu-2\sigma$ 到 $\mu-\sigma$,右肩是从 $\mu+\sigma$ 到 $\mu+2\sigma$. 参见图 5-2 的上图. 因为偏度和峰度测量形状,它们不依赖于位置和尺度参数的值.

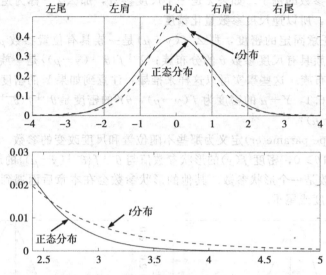

图 5-2 正态密度和一个自由度为 5 的 t 密度的比较. 两个密度的均值都是 0,标准差都是 1. 上图还显示了中心、肩部和尾部区域

一个随机变量 Y 的偏度为

$$\mathrm{Sk} = E\left\{\frac{Y-E(Y)}{\sigma}\right\}^3 = \frac{E\{Y-E(Y)\}^3}{\sigma^3}$$

为了理解偏度的含义,我们来看一个例子,即二项分布. 二项分布 $B(n, p)$ 的偏度是

$$\mathrm{Sk}(n, p) = \frac{1-2p}{\sqrt{np(1-p)}}, \quad 0 < p < 1$$

图 5-3 显示了 $n=10$ 和 4 个值 p 的二项概率分布和它们的偏度. 注意到

1. 若 $p<0.5$,偏度是正的;若 $p>0.5$,偏度是负的;若 $p=0.5$,偏度是 0.
2. n 固定时,当 p 向 0 或 1 移动接近时,绝对偏度变得更大.
3. p 固定时,当 n 增到 ∞,绝对偏度减少到 0.

正偏度也叫作右偏度,负偏度也叫作左偏度. 一个分布关于一点 θ **对称**是指 $P(Y>\theta+y)=P(Y<\theta-y)$ 对所有 $y>0$ 成立. 在这种情况下,θ 是一个位置参数并且等于 $E(Y)$ (假如 $E(Y)$ 存在). 任意对称分布的偏度是 0. 根据中心极限定理,性质 3 没什么惊奇的. 我们知道,p 固定并且不等于 0 或 1 时,当 $n\to\infty$,二项分布收敛于对称的正态分布.

一个随机变量 Y 的峰度是

$$\mathrm{Kur} = E\left\{\frac{Y-E(Y)}{\sigma}\right\}^4 = \frac{E\{Y-E(Y)\}^4}{\sigma^4}$$

正态随机变量的峰度为 3. 峰度可能取到的最小值为 1,当随机变量恰取两个不同的值,并且取到每个值的概率都为 1/2 时达到. 二项分布 $B(n, p)$ 的峰度为

$$\mathrm{Kur}^{\mathrm{Bin}}(n, p) = 3 + \frac{1-6p(1-p)}{np(1-p)}$$

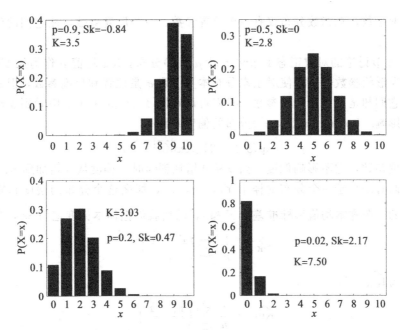

图 5-3 $n=10$ 时的几个二项概率分布，以及它们的由形状参数 p 决定的偏度。Sk＝偏度系数，K＝峰度系数。左上图具有左偏度(Sk＝－0.84)。右上图没有偏度(Sk＝0)。左下图有中等程度的右偏度(Sk＝0.47)。右下图有很强的右偏度(Sk＝2.17)

注意到当 p 固定，$n\to\infty$ 时，$\text{Kur}^{\text{Bin}}(n,p)\to 3$，即正态分布的峰度值，这也是中心极限定理起作用的另一个迹象。图 5-3 上面也给出了分布的峰度。当 $n=1$，$p=1/2$ 时，$\text{Kur}^{\text{Bin}}(n,p)$ 取到了最小峰度值 1。

很难解释非对称分布的峰度，因为对于这样的分布，峰度可能既测量非对称性也测量尾重，因此，二项分布并不是一个特别好的理解峰度的例子。为了更好地理解峰度，我们再来看 t 分布，因为它们是对称的。图 5-2 比较了一个正态密度和一个重新调整为方差为 1 的 t_5 密度。两个密度的均值都为 0，标准差都为 1。均值和标准差分别是位置参数和尺度参数，它们不影响峰度。t 分布的参数 ν 是一个形状参数。如果 $\nu>4$，t_ν 分布的峰度是有限的，它是

$$\text{Kur}^t(\nu) = 3 + \frac{6}{\nu-4} \tag{5.1}$$

例如，t_5 分布的峰度为 9。因为图 5-2 中的密度具有相同的均值和相同的标准差，所以它们也有相同的尾部、中心和肩部，至少根据我们对这些区域的有点任意的定义是这样，这些区域标示在顶图。底图在右尾部放大。请注意 t_5 密度在尾部和中心比 $N(0,1)$ 密度有更多的概率。t_5 密度的这种行为在具有高峰度的对称分布中是典型的。

每个正态分布的偏度系数为 0，峰度为 3。所有正态分布的偏度和峰度一定是相同的，因为正态分布只有位置和尺度参数，而没有形状参数。由于正态分布是 $\nu=\infty$ 时的 t 分布，因此峰度 3 与式(5.1)相一致。一个分布的"超出峰度"是(Kur-3)，测量一个分布的峰度偏离于正态分布峰度的偏差。从式(5.1)可以看到，t_ν 分布的超出峰度是 $6/\nu-4$。

指数分布⊖的偏度为 2，峰度为 9。双指数分布的偏度为 0，峰度为 6。由于指数分

⊖ 指数和双指数分布的定义在 A.9.5 节。

仅有一个尺度参数，双指数分布仅有一个位置参数、一个尺度参数，故它们的偏度和峰度一定是常数.

在A.9.4节讨论的对数正态Lognormal(μ, σ^2)分布，log-均值μ作为尺度参数，log-标准差σ作为形状参数——即使对正态分布本身μ和σ是位置和尺度参数，但是对于对数正态分布，它们却是尺度和形状参数. 我们可以在图4-11和A.1节中看到σ对对数正态分布形状的影响. Lognormal(μ, σ^2)分布的偏度系数是

$$\{\exp(\sigma^2)+2\}\sqrt{\exp(\sigma^2)-1} \tag{5.2}$$

因为μ是尺度参数，它不影响偏度. 当σ从0增加到∞时，偏度从0增加到∞.

如果我们有来自于一个分布的样本$Y_1, \cdots, Y_n$，那么这个分布的偏度和峰度的估计是相对直接的. 令样本均值和标准差为$\overline{Y}$和s，然后我们把样本偏度记为$\widehat{Sk}$，是

$$\widehat{Sk} = \frac{1}{n}\sum_{i=1}^{n}\left(\frac{Y_i-\overline{Y}}{s}\right)^3 \tag{5.3}$$

样本峰度记为$\widehat{Kur}$，是

$$\widehat{Kur} = \frac{1}{n}\sum_{i=1}^{n}\left(\frac{Y_i-\overline{Y}}{s}\right)^4 \tag{5.4}$$

式(5.3)和(5.4)中的因子$1/n$常常被换成$1/(n-1)$. 如果样本来自于正态分布，那么样本偏度和超出峰度都应该接近于0. 样本偏度和峰度偏离于这些值是非正态的迹象.

必须提一句警告. 偏度和峰度对异常值都高度敏感. 有时候异常值是由于**杂质**，即不是来自于抽样总体的坏数据. 一个这样的例子可能是数据记录错误. 一个来自于正态分布的样本，即使只带有一个足够异常的杂质，根据样本偏度和峰度都会显现出高度的非正态性. 在这种情况下，除了这个单个杂质显得突出外，正态图看起来还是线性的. 参见图5-4，这个图是999个$N(0, 1)$数据点附加一个等于30的杂质的样本的正态图. 这张图清楚地显示样本几乎是正态的，但带有一个异常值. 而样本偏度和峰度却是10.85和243.04，

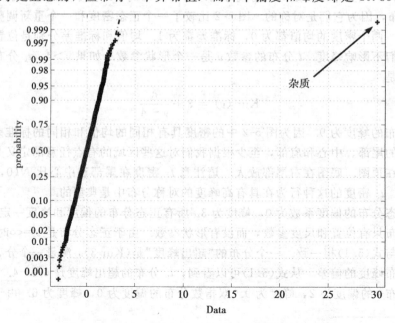

图5-4　999个$N(0, 1)$数据样本的正态图及一个杂质

这会给出样本远离于正态分布的假象. 另外, 即使没有杂质, 一个分布可能极其接近正态分布, 却有与 0 完全不同的偏度或超出峰度.

5.4.1 Jarque-Bera 检验

Jarque-Bera 的正态检验将样本偏度和峰度与 0 和 3 相比较, 也就是正态下的偏度和峰度值. 检验统计量为

$$\mathrm{JB} = n\{\widehat{\mathrm{Sk}}^2/6 + (\widehat{\mathrm{Kur}} - 3)^2/24\}$$

当 $\widehat{\mathrm{Sk}}$ 和 $\widehat{\mathrm{Kur}}$ 的值分别是 0 和 3 时, 也就是正态分布下的期望值; 上式当然是 0. 当 $\widehat{\mathrm{Sk}}$ 和 $\widehat{\mathrm{Kur}}$ 偏离于这些值时, 上式的值增大. 在 R 中, 检验统计量和它的 p 值可以由 jarque.bera.test 函数算出来.

大样本近似用于计算 p 值. 在原假设下, 当样本量变成无穷大时, JB 收敛到自由度为 2 的卡方分布 (χ_2^2), 因此 p 值为 $1 - F_{\chi_2^2}(\mathrm{JB})$, 这里 $F_{\chi_2^2}$ 是 χ_2^2 分布的 CDF.

5.4.2 矩

一个随机变量的期望、方差、偏度系数和峰度都是矩的特殊情况, 本节将给出矩的定义.

令 X 是一个随机变量. X 的 k 阶矩是 $E(X^k)$, 因此, 特别地, 一阶矩就是 X 的期望. k 阶绝对矩是 $E(|X|^k)$.

k 阶中心矩是

$$\mu_k = E[\{X - E(X)\}^k] \tag{5.5}$$

因此, 例如, μ_2 是 X 的方差. X 的偏度系数是

$$\mathrm{Sk}(X) = \frac{\mu_3}{(\mu_2)^{3/2}} \tag{5.6}$$

X 的峰度是

$$\mathrm{Kur}(X) = \frac{\mu_4}{(\mu_2)^2} \tag{5.7}$$

5.5 重尾分布

与正态分布相比, 具有更高的尾部概率的分布称为**重尾**(heavy-tailed). 由于峰度对尾重特别地敏感, 高峰度几乎是重尾分布的同义词. 重尾分布是金融学中的重要模型, 因为股本回报率和其他市场价格的变化通常具有重尾. 在金融应用中, 当收益分布具有重尾时要特别注意, 因为一个极大负收益的可能性会, 例如, 完全耗尽一个公司的资本储备. 如果你卖空[○], 那么大的正收益同样令人担忧.

5.5.1 指数和多项式尾部

双指数分布比正态分布的尾稍重. 我们可以通过比较它们的密度来领会这一事实. 具有尺度参数 θ 的双指数分布的密度与 $\exp(-|y/\theta|)$ 成比例, $N(0, \sigma^2)$ 分布的密度与 $\exp\{-0.5(y/\sigma)^2\}$ 成比例. 当 $|y| \to \infty$ 时, $-y^2$ 收敛到 $-\infty$ 的速度比 $-|y|$ 快得多. 因

○ 参见 11.5 节关于卖空的讨论.

此，当$|y|\to\infty$时，正态密度收敛到0的速度比双指数密度快得多. 即将在5.6节要讨论的广义误差分布的密度与

$$\exp(-|y/\theta|^\alpha) \tag{5.8}$$

成比例，这里$\alpha>0$为形状参数，θ是尺度参数. 当然，特别地，当$\alpha=1$和$\alpha=2$时分别为双指数和正态密度. 若$\alpha<2$，那么广义误差分布比正态分布重尾，越小的α意味着越重的尾部. 特别地，$\alpha<1$意味着比双指数分布还要重尾.

但是，任何具有式(5.8)形式的密度其实并没有真正的重尾，特别地，对所有的k，$E(|Y|^k)<\infty$，因此各阶矩都是有限的. 为了获得一个非常重的右尾，密度一定是这种形式：对某个$A>0$，$a>0$，当$y\to\infty$时，

$$f(y) \sim Ay^{-(a+1)} \tag{5.9}$$

这称为**右多项式尾部**(right polynomial tail). 而不像对某个$A>0$，$\theta>0$，当$y\to\infty$时，

$$f(y) \sim A\exp(-y/\theta) \tag{5.10}$$

这称为**指数右尾**(exponential right tail). 多项式和指数左尾可以类似地给出定义.

A.9.8节定义了帕雷托分布后，多项式尾部也被称为**帕雷托尾部**. 多项式尾部的参数a叫做**尾部指数**(tail index). a的值越小，尾部越重. a的值一定大于0，因为如果$a\leq 0$，那么密度的积分成为∞，而不是1了. 如式(5.8)一样的指数尾部比任何多项式尾部都要轻，因为当$|y|\to\infty$时，

$$\frac{\exp(-|y/\theta|^\alpha)}{|y|^{-(a+1)}} \to 0$$

对所有的$\theta>0$，$\alpha>0$和$a>0$成立.

当然，左右尾部的表现完全不同也是有可能的. 例如，一个可能是多项式而另一个是指数，或者它们都是多项式但是指数不同.

两个尾部都是多项式尾部的密度，只要两个尾部指数中的较小者大于k，那么就会具有有限的k阶绝对矩. 如果两个尾部都是指数的，那么所有的矩都是有限的.

5.5.2 t分布

t分布在经典统计学中起到了极其重要的作用，这是因为当数据被建模为具有正态分布时，它们在检验和置信区间上的应用. 最近，t分布作为重尾现象分布的模型得到了额外的重视，例如金融市场数据.

我们先看几个定义. 如果Z是$N(0,1)$分布的，W是自由度为ν的卡方分布[①]，Z和W是相互独立的，那么

$$Z/\sqrt{W/\nu} \tag{5.11}$$

称为自由度为ν的t分布，记为t_ν. t_ν分布的α上分位数记为$t_{\alpha,\nu}$，用于时间序列模型中关于总体均值、回归系数和参数的检验和置信区间上[②]. 在检验和区间估计当中，参数ν通常被假定为正整数值，但是当t分布被用作数据模型时，ν仅仅限制为正数.

t_ν分布的密度为

$$f_{t,\nu}(y) = \left[\frac{\Gamma(\nu+1)/2}{(\pi\nu)^{1/2}\Gamma(\nu/2)}\right]\frac{1}{\{1+(y^2/\nu)\}^{(\nu+1)/2}} \tag{5.12}$$

[①] 卡方分布在A.10.1节讨论.
[②] 参见A.17.1节中关于均值的置信区间.

这里 Γ 是**伽马函数**，定义为

$$\Gamma(t) = \int_0^\infty x^{t-1} \exp(-x) \mathrm{d}x, \quad t > 0 \tag{5.13}$$

式(5.12)里大中括号里面的量只是一个常数，虽然有点复杂.

若 $\nu>2$，t_ν 的方差是有限的，等于 $\nu/(\nu-2)$. 若 $0<\nu\leqslant 1$，则 t_ν 分布的期望值不存在，方差也无定义. 若 $1<\nu\leqslant 2$，那么 t_ν 分布的期望值是 0，方差是无穷大. 如果 Y 服从 t_ν 分布，那么

$$\mu + \lambda Y$$

的分布为 $t_\nu(\mu, \lambda^2)$ 分布，λ 叫做**尺度参数**. 在这个记号下，t_ν 和 $t_\nu(0,1)$ 的分布是相同的. 若 $\nu>1$，那么 $t_\nu(\mu, \lambda^2)$ 的分布的均值是 μ，如果 $\nu>2$，那么它的方差为 $\lambda^2 \nu/(\nu-2)$.

t 分布也叫做**经典 t 分布**，以区分下面定义的标准化 t 分布.

标准化 t 分布

一些软件使用"标准化"版本的 t 分布，而不是刚刚讨论的经典 t 分布. 两个版本的区别仅仅是记号上的，但是重要的是要清楚这种差异.

当 $\nu>2$ 时，$t_\nu\{0, (\nu-2)/\nu\}$ 分布的均值为 0，方差为 1，称为**标准化 t 分布**，记为 $t_\nu^{\mathrm{std}}(0,1)$. 更一般地，对于 $\nu>2$，定义 $t_\nu^{\mathrm{std}}(\mu, \sigma^2)$ 分布等同于 $t_\nu[\mu, \{(\nu-2)/\nu\}\sigma^2]$ 分布，所以 μ 和 σ^2 是 $t_\nu^{\mathrm{std}}(\mu, \sigma^2)$ 分布的均值和方差. 对于 $\nu\leqslant 2$，$t_\nu^{\mathrm{std}}(\mu, \sigma^2)$ 不能被定义，因为 t 分布在这种情况下没有有限的方差. 使用 $t_\nu^{\mathrm{std}}(\mu, \sigma^2)$ 分布的优点在于 σ^2 是方差，而 $t_\nu(\mu, \lambda^2)$ 分布中 λ^2 不是方差，而是方差的 $(\nu-2)/\nu$ 倍.

有些软件用标准化 t 分布，而其他软件用经典 t 分布. 当然，在具体应用时，要知道使用的是哪一个 t 分布是很重要的. 但是，来自于一个模型的估计可以很容易转化为你想获得的另一个模型的估计；参见 5.14 节的一个例子.

t 分布具有多项式尾部

t 分布是一类重尾分布，可以用作重尾收益数据的模型. 对于 t 分布，当 ν 变小时峰度和尾重都增加. 当 $\nu\leqslant 4$ 时，尾重高到峰度为无穷大. 对于 $\nu>4$，峰度由式(5.1)给出.

由式(5.12)，t 分布的密度与

$$\frac{1}{\{1+(y^2/\nu)\}^{(\nu+1)/2}}$$

成比例，对于大的值 $|y|$，上式近似为

$$\frac{1}{(y^2/\nu)^{(\nu+1)/2}} \propto |y|^{-(\nu+1)}$$

因此，t 分布具有多项式尾部，尾部指数 $a=\nu$. ν 的值越小，尾部越重.

5.5.3 混合模型

离散混合

另一类包含重尾分布的模型是**混合模型**(mixture model)集. 考虑一个分布，它的 90% 是 $N(0,1)$，10% 是 $N(0,25)$. 具有这种分布的随机变量 Y 可以通过均值为 0、方差为 1 的正态随机变量 X 和与 X 相互独立的均匀分布 uniform(0,1) 随机变量 U 而产生. 若 $U<0.9$，则 $Y=X$. 若 $U\geqslant 0.9$，则 $Y=5X$. 如果来自于这个分布的独立样本生成了，那么来自 $N(0,1)$ 分量的观测的期望百分比为 90%. 实际比例是随机的；事实上，它具有二项分布 Binomial(n, 0.9)，其中 n 是样本量. 根据大数定律，当 $n\to\infty$ 时，实际百

分比收敛到 90%. 这个分布可以用来模拟具有两个**体制**(regime)的市场, 第一个是"正态波动", 第二个是"高波动性", 并且第一个体制 90% 的时间出现.

这是一个**有限**或**离散正态混合分布**的例子, 因为它是有限数的混合, 这里是两个, 不同的正态分布称为**分量**(component). 这个分布的随机变量以 90% 的概率方差为 1, 10% 的概率为 25. 因此, 这个分布的方差为 $(0.9)(1)+(0.1)(25)=3.4$, 因此标准差为 $\sqrt{3.4}=1.84$. 这个分布与 $N(0, 3.4)$ 分布是完全不同的, 即使这两个分布有相同的均值和方差. 为了理解这一点, 查看图 5-5.

在图 5-5a 中, 你可以看到两个密度看起来完全不同. 正态密度看起来比正态混合密度更分散, 但事实上它们的方差相同. 发生了什么? 查看图 5-5b 右尾部的细节. 当 x 大于 6 时, 正态混合密度比正态密度高得多. 这是"异常值"区域(连同 $x<-6$)⊖. 正态混合比正态分布具有多得多的异常值, 异常值来自于 10% 的方差为 25 的总体. 使用它们所在的标准差为 5 的分量, 记得 ±6 是仅仅距离均值为 6/5 倍的标准差. 因此, 这些观测相对于它们的分量的标准差 5 并不是异常的, 仅仅相对于总体的 $\sqrt{3.4}=1.84$ 标准差. 因为 $6/1.84=3.25$, 而距离均值 3 个或更多标准差的观测通常认为是相当异常的.

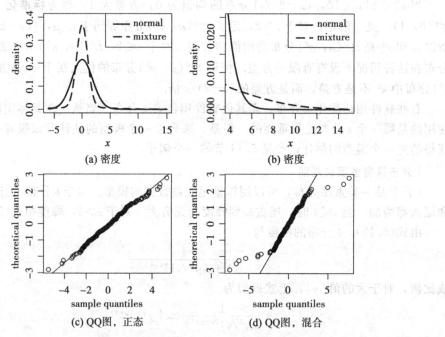

(a) 密度　　　(b) 密度

(c) QQ图, 正态　　　(d) QQ图, 混合

图 5-5　$N(0, 3.4)$ 分布和重尾正态混合分布的比较. 两个分布具有相同的均值和方差. 正态混合分布是 90% 的 $N(0, 1)$ 和 10% 的 $N(0, 25)$. 图 5-5c 和图 5-5d 的样本量为 200

异常值对方差有强大的影响, 这一小部分异常值把方差从 1.0(90% 总体的方差)膨胀到 3.4.

我们来看一下与正态分布比较, 正态混合分布在异常值区域 $|x|>6$ 上的概率多多少. 对于一个 $N(0, \sigma^2)$ 随机变量 Y,

$$P\{|Y|>y\} = 2\{1-\Phi(y/\sigma)\}$$

因此, 对于方差为 3.4 的正态分布,

⊖ 关于用"6"来界定异常值的范围边界没什么特别的, 只是一个需要用来进行数值比较的具体数. 显然, 例如用 $|x|>7$ 或 $|x|>8$ 作为异常值的范围是同样合适的.

$$P\{|Y|>6\} = 2\{1-\Phi(6/\sqrt{3.4})\} = 0.0011$$

对于以概率 0.9 出现的方差 1, 以及以概率 0.1 出现的方差 25 的正态混合总体, 我们有

$$P\{|Y|>6\} = 2[0.9\{1-\Phi(6)\}+0.1\{1-\Phi(6/5)\}]$$
$$= 2\{(0.9)(0)+(0.1)(0.115)\} = 0.023$$

因为 $0.023/0.0011 \approx 21$, 正态混合分布落在异常值区域的可能性是 $N(0, 3.4)$ 总体的 21 倍, 即使它们的方差都是 3.4. 概括起来, 正态混合比具有相同均值和标准差的正态分布更易于有异常值. 因此, 如果收益分布更像正态混合分布而不像正态分布, 我们应该更加关心非常大的负收益. 在正态混合分布下大的正收益同样是有可能的, 当资产被卖空时, 我们要注意这一点.

计算正态混合的峰度并不难. 因为正态分布的峰度为 3, 如果 Z 服从 $N(\mu, \sigma^2)$, 那么 $E(Z-\mu)^4 = 3\sigma^4$. 因此, 如果 Y 具有这种正态混合分布, 那么

$$E(Y^4) = 3\{0.9+(0.1)25^2\} = 190.2$$

X 的峰度是 $190.2/3.4^2 = 16.45$.

来自于正态和正态混合分布的样本量为 200 的正态概率图显示在图 5-5c 和图 5-5d 上. 注意到混合样本中的异常值使得概率图产生了典型的重尾数据的凸-凹模式. 正态样本的图偏离于线性很少, 而且完全是由于随机造成的.

在这个例子中, 任意观测的条件方差以概率 0.9 是 1, 以概率 0.1 是 25. 因为只有两个分量, 条件方差是离散的, 事实上, 只有两个可能的值, 这个例子很容易分析. 这个例子是正态**尺度混合**(scale mixture), 因为不同分量间只有尺度参数 σ 不同. 它也是一个**离散混合**(discrete mixture), 因为仅有有限数量的分量.

连续混合

在第 18 章中研究的 GARCH 过程的边缘分布也是正态尺度混合, 但是具有无限多的分量和连续的条件方差分布. 虽然 GARCH 过程比这一节中的简单混合模型要更复杂, 但是相同的主题同样适用——混合分布的非常数条件方差导致重尾的边缘分布, 即使条件分布是正态分布以及相对轻尾.

正态尺度混合的一般定义是: 它是随机变量

$$\mu + \sqrt{U}Z \tag{5.14}$$

的分布, 这里 μ 是一个常数, 等于均值, Z 服从 $N(0, 1)$, U 是一个正的随机变量, 它给出每个分量的方差, 并且 Z 和 U 是相互独立的. 如果 U 假定仅取有限值, 那么式(5.14)是**离散**(或有限)尺度混合分布. 如果 U 是连续分布, 那么我们有**连续尺度混合分布**. U 的分布称为**混合分布**. 由式(5.11), t_ν 分布是连续正态尺度混合, 其中 $\mu=0$, $U=\nu/W$, 这里 ν 和 W 由式(5.11)所定义.

尽管**有限**正态混合有明显的重尾, 但是尾部是指数的, 而不是多项式的. 如果混合分布的尾部足够重, 例如, 与 t 分布一样, 那么连续正态混合可能会有多项式尾部.

5.6 广义误差分布

5.5.1 节中简略提到的广义误差分布具有指数尾. 本节提供更详细的信息. 标准的广义误差分布, 或叫做 GED, 形状参数为 ν 时的密度函数为

$$f_{\text{ged}}^{\text{std}}(y|\nu) = \kappa(\nu)\exp\left\{-\frac{1}{2}\left|\frac{y}{\lambda_\nu}\right|^\nu\right\}, \quad -\infty < y < \infty$$

这里 $\kappa(\nu)$ 和 λ_ν 是常数,

$$\lambda_\nu = \left\{\frac{2^{-2/\nu}\Gamma(\nu^{-1})}{\Gamma(3/\nu)}\right\}^{1/2}, \quad \kappa(\nu) = \frac{\nu}{\lambda_\nu 2^{1+1/\nu}\Gamma(\nu^{-1})}$$

它们是凑出来使密度函数积分为 1 的数，因为必须是一个密度，且方差是 1. 后面的性质不是必须的，但是通常很方便.

形状参数 $\nu>0$ 决定了尾重，ν 的值越小，尾重越大. 当 $\nu=2$ 时，GED 是正态分布，当 $\nu=1$ 时，它是双指数分布. 取 $1<\nu<2$ 时，广义误差分布可以给出尾重在正态分布和双指数分布之间的分布. 取 $\nu<1$ 时，它们也能给出尾重比双指数分布更极端的分布.

图 5-6 显示几个均值为 0、方差为 1 的 t 分布和广义误差密度的右尾⊖. 因为它们是标准化的，参数 y 是距离中位数 0 的标准差的数量. 因为 t 分布具有多项式尾部，因此任意 t 分布都比任意广义误差分布的尾重. 但是，这仅是当 $y\to\infty$ 时的渐近结果. 在 y 的更实用区域，尾重取决于尾重参数，同样也取决于是选择了 t 分布还是一个广义误差分布.

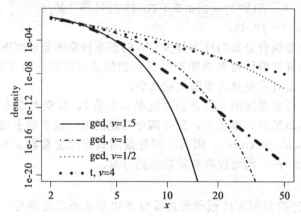

图 5-6　几个广义误差(细线)和 t 分布(粗线)尾部的比较

t 分布和广义误差密度在中位数位置的形状也是不同的. 这可以在图 5-7 中看到，广义误差密度在中位数有尖峰，当 ν 减少时，锐度增加. 比较来看，t 密度在中位数附近光滑、圆润，即使 ν 很小. 如果一个样本用 t 分布比用广义误差分布拟合的更好，这可能是由于广义误差密度中央的尖峰而不是由于两类分布的尾部造成的.

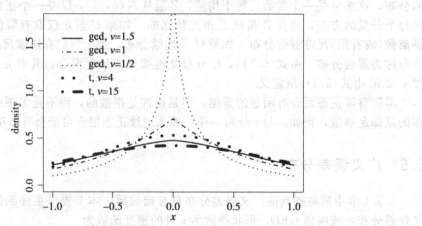

图 5-7　比较几个广义误差(细)和均值为、0 方差为 1 的 t 分布(粗)的中心

⊖ 这张图以及图 5-7 用的是 R 的 fGarch 软件包中的 dged 和 dstd 函数.

$f_{\text{ged}}^{\text{std}}(y|\nu)$ 密度关于 0 对称，0 是它的均值、中位数和众数，它的方差等于 1. 但是，它可以通过移动和缩放而创造一个位置-尺度族. 均值为 μ、方差为 σ^2 和形状参数为 ν 的 GED 分布的密度函数为

$$f_{\text{ged}}^{\text{std}}(y|\mu,\sigma^2,\nu) := f_{\text{ged}}^{\text{std}}\{(y-\mu)/\sigma|\nu\}/\sigma$$

5.7 从对称分布创建偏度

收益和其他金融市场数据一般没有自然的上下界，因此可以使用支撑为 $(-\infty,\infty)$ 的模型. 如果数据是对称的还行，因为那样就可以用正态分布、t 分布或广义误差分布作为模型. 如果数据是有偏的呢？遗憾的是，许多众所周知的有偏分布，例如伽马分布和对数正态分布，支撑为 $[0,\infty)$，因此不适合许多金融市场数据. 这一节我们描述一下这个问题的修正方法.

Fernandez 和 Steel(1998) 已经设计出一个可以根据像正态分布和 t 分布这样的对称分布诱导出偏性的一个聪明的方法. R 中的 fGarch 软件包应用的就是他们的思想. 令 ξ 是一个正常数，f 是关于 0 对称的密度. 定义

$$f^*(y|\xi) = \begin{cases} f(y\xi), & \text{若 } y<0 \\ f(y/\xi), & \text{若 } y\geqslant 0 \end{cases} \tag{5.15}$$

因为 $f^*(y|\xi)$ 的积分为 $(\xi+\xi^{-1})/2$，$f^*(y|\xi)$ 除以这个常数构成一个概率密度. 经过这个标准化之后，这个密度给出了一个位置移动和缩放系数，从而诱导出均值为 0、方差为 1 的分布. 最终的结果记为 $f(y|\xi)$.

如果 $\xi>1$，那么 $f(y|\xi)$ 的右半部分相对于左边被拉长了，从而导致右偏. 类似地，$\xi<1$ 导致左偏. 图 5-8 显示出在 $\nu=10$ 下，标准化对称 t 分布和有偏 t 分布[⊖]，有偏分布中的 $\xi=2$.

如果 f 是一个 t 分布，那么 $f(y|\xi)$ 称为有偏 t 分布. 有偏 t 分布包含了 $\xi=1$ 时的对称 t 分布这个特例. 同样，当 f 是一个广义误差分布时，可以建立有偏广义误差分布. 刚刚描述的有偏分布将称为 Fernandez-Steel 或 F-S 有偏分布.

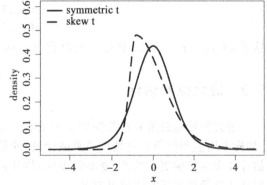

图 5-8 对称的(实线)和有偏的(虚线)t 密度，均值都为 0，标准差为 1，$\nu=10$. 有偏密度中 $\xi=2$. 注意有偏密度的众数位于其均值的左侧，右偏密度的一个典型行为

Fernandez-Steel 技术并不是唯一创建有偏版本的正态分布和 t 分布的方法. Azzalini 和 Capitanio (2003) 建立了稍微不同的有偏正态分布和 t 分布[⊖]. 这些分布都有一个决定偏度的形状参数 α；根据 α 是负的、0 或正的，分布分别是左偏、对称或右偏的.

5.14 节给出了一个例子，多变量版本的情况将在 7.9 节中讨论. 我们把这些称为 Azzalini-Capitanio 或 A-C 有偏分布.

5.8 基于分位数的位置、尺度和形状参数

正如所见到的，均值、标准差、偏度系数和峰度是基于矩的位置参数、尺度参数和形

⊖ R 的 fGarch 软件包中的 dstd(对称 t) 和 dsstd(有偏 t) 函数被用于创建这张图.
⊖ 拟合这些分布，计算它们的密度、分位数、分布函数和生成随机样本的程序可以在 R 的 sn 软件包中得到.

状参数. 虽然它们被广泛使用, 但是却是有缺陷的, 它们对异常值敏感并且对于重尾分布可能是无定义的或无穷大的. 另一种方法是使用基于分位数的参数.

任意分位数 $F^{-1}(p)(0<p<1)$ 是一个位置参数. 分位数的正加权平均也是一个位置参数, 即 $\sum_{\ell=1}^{L} w_{\ell} F^{-1}(p_{\ell})$, 这里对所有的 ℓ, $w_{\ell} > 0$ 并且 $\sum_{\ell=1}^{L} w_{\ell} = 1$ 成立. 一个简单的例子是 $\{F^{-1}(1-p) + F^{-1}(p)\}/2$, 这里 $0<p<1/2$, 如果 F 是对称的, 它就等于均值和中位数.

尺度参数可以从两个分位数的差来获得:

$$s(p_1, p_2) = \frac{F^{-1}(p_2) - F^{-1}(p_1)}{a}$$

这里 $0<p_1<p_2<1$, a 是一个正常数. 一个显而易见的选择是 $p_1<1/2$, $p_2=1-p_1$. 如果 $a = \Phi^{-1}(p_2) - \Phi^{-1}(p_1)$, 那么当 F 是正态分布时, $s(p_1, p_2)$ 等于标准差. 如果 $a=1$, 那么 $s(1/4, 3/4)$ 称为**四分位距**(interquartile range) 或 IQR.

基于分位数的形状参数将偏度量化为一个比值, 其中分子为两个尺度参数的差, 分母为一个尺度参数:

$$\frac{s(1/2, p_2) - s(1/2, p_1)}{s(p_3, p_4)} \tag{5.16}$$

这里 $p_1<1/2$, $p_2>1/2$, $0<p_3<p_4<1$. 例如, 用以使用 $p_2=1-p_1$, $p_4=p_2$, $p_3=p_1$.

基于分位数的形状参数将尾重量化为两个尺度参数的比值:

$$\frac{s(p_1, 1-p_1)}{s(p_2, 1-p_2)} \tag{5.17}$$

这里 $0<p_1<p_2<1/2$. 例如, 可以有 $p_1=0.01$ 或 0.05, $p_2=0.25$.

5.9 最大似然估计

最大似然是最重要和普遍的估计方法. 如果数据服从正态分布, 很多有名的估计量 (如样本均值和回归中的最小二乘估计量) 就是最大似然估计量. 最大似然估计一般比其他估计技术会提供更有效的(变动较少的)估计量. 作为一个例子, 对于 t 分布, 均值的最大似然估计量就比样本均值更有效.

令 $\boldsymbol{Y} = (Y_1, \cdots, Y_n)^{\mathrm{T}}$ 是一个数据向量, 令 $\boldsymbol{\theta} = (\theta_1, \cdots, \theta_p)^{\mathrm{T}}$ 是一个参数向量. 令 $f(\boldsymbol{Y}|\boldsymbol{\theta})$ 是 $\boldsymbol{Y}$ 的密度, 它依赖于参数.

函数 $L(\boldsymbol{\theta}) = f(\boldsymbol{Y}|\boldsymbol{\theta})$ 视为 $\boldsymbol{Y}$ 固定在观测数据时的关于 $\boldsymbol{\theta}$ 的函数, 称为**似然函数**. 它告诉我们样本真正观测到的可能性. **最大似然估计量**(Maximum Likelihood Estimater, MLE) 是使得似然函数达到最大的 $\boldsymbol{\theta}$ 值. 换句话说, MLE 是使观测数据的可能性达到最大的 $\boldsymbol{\theta}$ 值. 我们把 MLE 记为 $\hat{\boldsymbol{\theta}}_{\mathrm{ML}}$. 通常在数学上更容易求得 $\log\{L(\boldsymbol{\theta})\}$ 的最大值. 如果数据是独立的, 那么似然就是边缘密度的乘积, 而乘积求微分很麻烦. 同时, 在数值计算中, 使用对数似然会减少下溢和上溢的可能性. 取对数后将乘积转化为易于微分的求和. 由于对数函数是单调增加的, 对 $\log\{L(\boldsymbol{\theta})\}$ 取最大值与对 $L(\boldsymbol{\theta})$ 取最大值是等价的.

在统计学导论性教材的例子中, 可能会找到 MLE 的显式公式. 而这里我们大部分时间都使用更复杂的模型, 并没有 MLE 的显式公式. 我们必须写一个程序来对任意 $\boldsymbol{\theta}$ 计算 $\log\{L(\boldsymbol{\theta})\}$, 然后使用最优化软件在数值上最大化这个函数; 参见例 5.8. 但是, 对于许多重要的模型, 例如, 5.14 节的例子以及第 9 章讨论的 ARIMA 和 GARCH 时间序列模型, R 以及其他软件包包含了找到这些模型的 MLE 的函数.

5.10 MLE 的 Fisher 信息和中心极限定理

标准误差对于测量估计量的精度是必不可少的. 我们有诸如 $\bar{Y}$ 这样的简单估计量的标准误差的公式, 但是其他估计量的标准误差呢? 幸运的是, 有一个简单的计算最大似然估计量的标准误差的方法. 我们现假定 θ 是一维的. **Fisher 信息**定义为负的对数似然的二阶导数的期望, 因此如果 $\mathcal{I}(\theta)$ 表示 Fisher 信息, 那么

$$\mathcal{I}(\theta) = -E\left[\frac{\mathrm{d}^2}{\mathrm{d}\theta^2}\log\{L(\theta)\}\right] \tag{5.18}$$

$\hat{\theta}$ 的标准误差仅仅是 Fisher 信息的平方根的倒数, 把未知的 θ 换成 $\hat{\theta}$:

$$s_{\hat{\theta}} = \frac{1}{\sqrt{\mathcal{I}(\hat{\theta})}} \tag{5.19}$$

例 5.1 正态模型均值的 Fisher 信息.

假定 $Y_1, \cdots, Y_n$ 是 i.i.d. $N(\mu, \sigma^2)$ 的, σ^2 已知. 未知参数 μ 的对数似然是

$$\log\{L(\mu)\} = -\frac{n}{2}\{\log(\sigma^2) + \log(2\pi)\} - \frac{1}{2\sigma^2}\sum_{i=1}^{n}(Y_i - \mu)^2$$

因此,

$$\frac{\mathrm{d}}{\mathrm{d}\mu}\log\{L(\mu)\} = \frac{1}{\sigma^2}\sum_{i=1}^{n}(Y_i - \mu)$$

和

$$\frac{\mathrm{d}^2}{\mathrm{d}\mu^2}\log\{L(\mu)\} = -\frac{\sum_{i=1}^{n}1}{\sigma^2} = -\frac{n}{\sigma^2}$$

这表明 $\mathcal{I}(\hat{\mu}) = n/\sigma^2$ 和 $s_{\hat{\mu}} = \sigma/\sqrt{n}$. 因为 MLE 是 $\hat{\mu} = \bar{Y}$, 这个结果是当 σ 已知时, $s_{\bar{Y}} = \sigma/\sqrt{n}$ 的熟知的事实; 当 σ 未知时, $s_{\bar{Y}} = s/\sqrt{n}$. ■

使用这些标准误差的理论证明是最大似然估计量的中心极限定理. 这个定理可以在数学上精确地表述, 但是没有高等概率论的训练是很难理解的. 下面的不太严格的叙述更易于理解:

定理 5.2 在合适的假定下, 对于足够大的样本量, 最大似然估计量近似服从均值为真实参数、方差为 Fisher 信息的倒数的正态分布.

最大似然估计量的中心极限定理证明了下面 θ 的 MLE 的大样本置信区间:

$$\hat{\theta} \pm s_{\hat{\theta}} z_{\alpha/2} \tag{5.20}$$

这里 $z_{\alpha/2}$ 是正态分布的 $\alpha/2$ 上分位数, $s_{\hat{\theta}}$ 的定义在式(5.19)中.

观测 Fisher 信息为

$$\mathcal{I}^{\mathrm{obs}}(\theta) = -\frac{\mathrm{d}^2}{\mathrm{d}\theta^2}\log\{L(\theta)\} \tag{5.21}$$

与式(5.18)不同, 这里没有取期望. 在许多例子中, 式(5.21)是很多独立项的和, 由大数定律, 它将接近式(5.18). 式(5.18)的期望可能难于计算, 用式(5.21)来替换会很方便.

基于观测 Fisher 信息的 $\hat{\theta}$ 的标准误差是

$$s_{\hat{\theta}}^{\mathrm{obs}} = \frac{1}{\sqrt{\mathcal{I}^{\mathrm{obs}}(\hat{\theta})}} \tag{5.22}$$

在置信区间公式(5.20)中常用 $s_{\hat{\theta}}^{\text{obs}}$ 来替代 $s_{\hat{\theta}}$. 有理论表明使用观测 Fisher 信息会导致更精确的置信区间,即真实覆盖概率更接近于名义值 $1-\alpha$ 的区间,因此使用观测 Fisher 信息不仅仅是为了方便;参见 5.18 节.

到目前为止,已经假定 θ 是一维的. 在多变量的情况下,式(5.18)的二阶导数由二阶导数的 Hessian 矩阵来代替,结果称为 **Fisher 信息阵**. 类似地,观测 Fisher 信息阵是式(5.21)的多变量推广形式. 更加详细的关于 Fisher 信息阵的讨论见 7.10 节.

MLE 的偏差和标准差

在许多例子中,当样本量 n 增大到 ∞ 时,MLE 有一个以 n^{-1} 的速度减少到 0 的小的偏差. 更精确地,对于某个常数 A,当 $n \to \infty$ 时,

$$\text{BIAS}(\hat{\theta}_{\text{ML}}) = E(\hat{\theta}_{\text{ML}}) - \theta \sim \frac{A}{n} \tag{5.23}$$

正态方差的 MLE 的偏差就是一个例子,在这种情况下 $A = -\sigma^2$.

尽管在一些特殊的问题中,偏差可以修正,例如,正态方差的估计. 通常情况下偏差是被忽略的. 首先,对数似然通常是 n 项的和,因此以速度 n 增长. 同样的情况也发生在 Fisher 信息上. 因此,MLE 的方差以速度 n^{-1} 减少,即对于某个 $B>0$,当 $n \to \infty$ 时,

$$\text{Var}(\hat{\theta}_{\text{ML}}) \sim \frac{B}{n} \tag{5.24}$$

波动性应由标准差来测量,而不是方差,由式(5.24),当 $n \to \infty$ 时,

$$\text{SD}(\hat{\theta}_{\text{ML}}) \sim \frac{\sqrt{B}}{\sqrt{n}} \tag{5.25}$$

式(5.25)的收敛速度也可由 MLE 的 CLT 获得. 比较式(5.23)和式(5.25),当 n 变大时,与标准差相比,MLE 的偏差变得微不足道. 这对于金融市场数据是特别重要的,此时样本量倾向于很大.

其次,即使参数 θ 的 MLE 是无偏的,对于 θ 的非线性函数却不是这样的. 例如,即使 $\hat{\sigma}^2$ 是 σ^2 的无偏估计,$\hat{\sigma}$ 是 σ 的有偏估计. 原因是对于一个非线性函数 g,通常

$$E\{g(\hat{\theta})\} \neq g\{E(\hat{\theta})\}$$

因此,不可能修正所有的偏差.

5.11 似然比检验

有些读者可能希望在开始本节之前通过阅读 A.18 节来回顾一下假设检验.

像最大似然估计一样,**似然比检验**(Likelihood ratio tests)是基于似然函数的. 两者都是实践中广泛使用的方便通用的工具.

假定 θ 是一个参数向量,原假设在 θ 上加了 m 个等式约束条件. 更确切地说,有 m 个函数 $g_1, \cdots, g_m$,原假设是 $g_i(\theta) = 0$,$i = 1, \cdots, m$. 还要假定这些约束中没有一个是冗余的,即隐含在其他约束条件里面. 为了说明冗余,假定 $\theta = (\theta_1, \theta_2, \theta_3)$,约束为 $\theta_1 = 0$,$\theta_2 = 0$,$\theta_1 + \theta_2 = 0$. 那么约束条件中有一个条件是冗余的,三个中的任意一个可以去掉. 那么,$m = 2$,而不是 3.

当然,冗余不是那么容易发现的. 有一个办法是检查如下 $m \times \dim(\theta)$ 矩阵的秩:

$$\begin{bmatrix} \nabla g_1(\boldsymbol{\theta}) \\ \cdots \\ \nabla g_m(\boldsymbol{\theta}) \end{bmatrix} \tag{5.26}$$

它的秩必为 m. 这里 $\nabla g_i(\boldsymbol{\theta})$ 是 g_i 的梯度.

作为一个例子,有人可能想要检验一个总体的均值为 0;那么 $\boldsymbol{\theta}=(\mu,\sigma)^T$,因为原假设在 $\boldsymbol{\theta}$ 上加了一个约束条件,因此 $m=1$,特别地,约束条件为 $\mu=0$.

令 $\hat{\boldsymbol{\theta}}_{ML}$ 是无限制条件下的最大似然估计量,令 $\hat{\boldsymbol{\theta}}_{0,ML}$ 是在原假设的限制条件下使 $L(\boldsymbol{\theta})$ 达到最大值的 $\boldsymbol{\theta}$ 值. 如果 H_0 为真,那么 $\hat{\boldsymbol{\theta}}_{0,ML}$ 和 $\hat{\boldsymbol{\theta}}_{ML}$ 两者都会接近于 $\boldsymbol{\theta}$,因此 $L(\hat{\boldsymbol{\theta}}_{0,ML})$ 应该与 $L(\hat{\boldsymbol{\theta}})$ 相近. 如果 H_0 为假,那么约束条件会使 $\hat{\boldsymbol{\theta}}_{0,ML}$ 远离 $\hat{\boldsymbol{\theta}}_{ML}$,因此 $L(\hat{\boldsymbol{\theta}}_{0,ML})$ 应该明显地小于 $L(\hat{\boldsymbol{\theta}})$.

如果

$$2[\log\{L(\hat{\boldsymbol{\theta}}_{ML})\} - \log\{L(\hat{\boldsymbol{\theta}}_{0,ML})\}] \geqslant c \qquad (5.27)$$

那么似然比检验拒绝 H_0,这里 c 是临界值. 式(5.27)的左边是似然比 $L(\hat{\boldsymbol{\theta}}_{ML})/L(\hat{\boldsymbol{\theta}}_{0,ML})$ 的对数 2 倍,因此命名为**似然比检验**. 通常可以找到**精确临界值**(exact critical value). 如果临界值给出一个水平正好等于 α,我们说它是精确的. 当精确临界值未知时,那么常常选择临界值为

$$c = \chi^2_{\alpha,m} \qquad (5.28)$$

这里,如 A.10.1 节所定义的一样,$\chi^2_{\alpha,m}$ 是自由度为 m 的卡方分布的 α 上分位数⊖. 式(5.28)的临界值仅仅是近似的,使用的是原假设下的事实,如果某些假设条件满足,那么当样本量增加时,2 倍的对数似然比的分布收敛到自由度为 m 的卡方分布. 这些假设条件之一是原假设不在参数空间的边界上. 例如,如果原假设是方差参数为 0,那么原假设在参数空间的边界上,因为方差一定是大于等于 0 的. 在这种情况下,式(5.27)不能使用;参见 Self 和 Liang(1987). 同样,如果样本量很小,那么大样本近似式(5.27)是令人怀疑的,应该谨慎使用. 另一种方法是使用自助法法来决定拒绝域. 自助法在第 6 章讨论.

似然比检验的计算常常很容易. 在某些情况下,检验可由统计软件自动算出. 在其他情况下,软件会计算每个模型的对数似然,我们再把这些结果插入到式(5.27)的左边.

5.12 AIC 与 BIC

一个重要的现实问题是在两个或更多统计模型中选择可能适合数据集的模型. 对数似然的最大值,这里记为 $\log\{L(\hat{\boldsymbol{\theta}}_{ML})\}$,可以用来测量模型拟合数据的好坏或者比较两个或更多模型的拟合度. 但是,只需要往模型中增加参数就会使 $\log\{L(\hat{\boldsymbol{\theta}}_{ML})\}$ 增加. 额外的参数并不一定意味着模型更好地描述了数据生成机制,因为由于添加参数而导致的额外的模型复杂性可能只是数据中的模拟随机噪声,一个称为**过度拟合**(overfitting)的问题. 因此,模型应该既根据对数据的拟合又根据模型复杂性两者来进行比较. 为了找到一个简约模型,就需要在最大化拟合度和最小化模型复杂性之间权衡.

AIC(Akaike 的信息标准)和 **BIC**(Bayesian 信息标准)是在拟合度和复杂性之间获得一个好的权衡的两种方法. 它们稍有不同,BIC 寻求一个比 AIC 稍微简单的模型. 它们由下式所定义:

$$\text{AIC} = -2\log\{L(\hat{\boldsymbol{\theta}}_{ML})\} + 2p \qquad (5.29)$$

⊖ 你现在应该领会为什么要通过消掉冗余约束从而得到正确的 m 值是必不可少的. 因为错误的值 m 会导致使用不正确的临界值.

$$\text{BIC} = -2\log\{L(\hat{\boldsymbol{\theta}}_{\text{ML}})\} + \log(n)p \tag{5.30}$$

这里 p 等于模型中的参数数量，n 是样本量. 这两个标准都是"越小越好"，因为小值往往最大化 $L(\hat{\boldsymbol{\theta}}_{\text{ML}})$（最小化 $-\log\{L(\hat{\boldsymbol{\theta}}_{\text{ML}})\}$）和最小化 p，p 是衡量模型复杂性的. $2p$ 和 $\log(n)p$ 项称为"复杂性惩罚"项，由于它们惩罚较大的模型.

Deviance 这个词常常用于表示负的 2 倍的对数似然. 因此，AIC＝Deviance＋$2p$，BIC＝Deviance＋$\log(n)p$. Deviance 量化模型拟合度，它的值越小意味着拟合的越好.

一般地，从一组候选模型中，要选择所使用的一个最小化标准，例如 AIC 或 BIC. 但是，距离最小值 2 或 3 以内的值的模型可能反而被选中，例如，因为它比获得绝对最小值的模型更易于或更方便使用. 由于假如 $n>8$，这是很典型的，那么 $\log(n)>2$，BIC 惩罚模型的复杂性多于 AIC，由于这个原因，BIC 往往比 AIC 选择更简单的模型. 但是，两个标准选择同一个模型或几乎相同的模型也是常见的. 当然，如果几个候选模型都具有相同的值 p，那么 AIC、BIC 以及 $-2\log\{L(\hat{\boldsymbol{\theta}}_{\text{ML}})\}$ 被同一个模型最小化.

5.13 验证数据和交叉验证

当相同的数据既被用于估计参数又被用于评估拟合度时，就会有一个很强的过度拟合的倾向. 数据既包含**信号**（signal）也包含**噪声**（noise）. 信号包含了现在来自于总体的每个样本的特征，而噪声是随机的，它随着样本的不同而不同. **过度拟合**意味着选择了一个拟合噪声的不必要的复杂的模型. 对于过度拟合的一个明显的修正方法是使用与参数估计相独立的数据来诊断模型拟合度. 我们把用于估计的数据称为**训练数据**（training data），而把用于评估拟合度的数据称为**验证数据**（validation data）或**检验数据**（test data）.

例 5.3 估计中型股股票的期望收益率.

这个例子使用 R 的 `fEcofin` 软件包中的 `midcapD.ts` 数据集中的 20 个中型股股票的 500 个日收益率. 数据是从 1991 年 2 月 28 日到 1995 年 12 月 29 日，假定我们需要估计 20 个期望收益率. 考虑两个估计量. 第一个，称为"单独-均值"，仅仅为 20 个样本均值. 第二个，"公共-均值"，使用 20 个样本均值的平均作为所有 20 个期望收益率的公共估计量.

公共-均值估计量背后的基本原理是：中型股股票应该有类似的期望收益. 公共-均值估计量把数据放在一起，从而大大减少了估计量的方差. 公共-均值估计量因为真实的期望收益并不是相同的而具有一些偏性，这是对公共-均值估计量的无偏性的要求. 而单独-均值估计量是无偏的，但却以更高的方差为代价. 这个例子是典型的偏性-方差的权衡.

哪个估计量获得最好的权衡？为了解决这个问题，数据被分成了前 250 天的收益（训练数据）和后 250 天的收益（验证数据）. 评估拟合优度的标准是误差平方和，即

$$\sum_{k=1}^{20} (\hat{\mu}_k^{\text{train}} - \overline{Y}_k^{\text{val}})^2$$

这里 $\hat{\mu}_k^{\text{train}}$ 是第 k 个期望收益的估计量（使用训练数据），$\overline{Y}_k^{\text{val}}$ 是第 k 个股票的验证数据收益的样本均值. 对于单独-均值和公共-均值估计量，误差的平方和分别是 3.262 和 0.898. 结论当然是，在这个例子中，使用公共-均值估计量比使用单独-均值估计量更准确.

假定我们使用的训练数据还用于验证呢？拟合优度标准就会是

$$\sum_{k=1}^{20} (\hat{\mu}_k^{\text{train}} - \overline{Y}_k^{\text{train}})^2$$

这里 $\overline{Y}_k^{\text{train}}$ 是第 k 个股票的训练数据的样本均值, 也是那个股票的单独-均值估计量. 那么结果是怎样的呢? 简单明了, 单独-均值估计量的误差平方和等于 0——每个均值都由它自己准确无误地估计了! 公共-均值估计量误差的平方和等于 0.920. 不恰当地把训练数据用作验证数据就会导致单独-均值估计量更准确的错误结论.

在公共均值和单独均值这两个极端之间有妥协办法. 这些妥协估计量向着公共均值缩减单独均值. 第 20 章要讨论的贝叶斯估计就是一个选择缩减量的有效方法; 参见例 20.12, 在那里将进一步分析这组收益.

判断拟合度的常见标准是**偏差**(deviance), 即 -2 倍的对数似然. 验证数据的偏差为

$$-2\log f(\boldsymbol{Y}^{\text{val}} \mid \hat{\boldsymbol{\theta}}^{\text{train}}) \tag{5.31}$$

这里 $\hat{\boldsymbol{\theta}}^{\text{train}}$ 是训练数据的 MLE, $\boldsymbol{Y}^{\text{val}}$ 是验证数据.

当样本量小时, 把数据拆分成训练数据和验证数据是浪费的. 一个更好的技术是**交叉验证**(cross-validation), 常常简称为 CV, 这里每个数据都有机会扮演训练和验证两个角色. K 重交叉验证把数据集大概分成 K 个大小相同的子集. 做 K 次验证. 在第 $k(k=1, \cdots, K)$ 次验证, 第 k 个子集是验证数据, 其余 $K-1$ 个子集合起来构成训练数据. K 个拟合优度的估计联合起来, 例如, 求出它们的平均值. 一个常用的选择是 n 重交叉验证, 也称为**留一法**(leave-one-out)交叉验证. 用留一法交叉验证, 每个观测轮流作为验证数据集, 其他 $n-1$ 个观测作为训练数据.

实际使用验证数据的另一种选择是计算如果可能获得新的数据并用于验证会发生什么. AIC 就是这么导出的. AIC 就是对假设的一个独立于实际数据的新样本的期望偏差的一个近似. 更确切地说, AIC 就是对

$$E[-2\log f\{\boldsymbol{Y}^{\text{new}} \mid \hat{\boldsymbol{\theta}}(\boldsymbol{Y}^{\text{obs}})\}] \tag{5.32}$$

的近似, 这里 $\boldsymbol{Y}^{\text{obs}}$ 是观测数据, $\hat{\boldsymbol{\theta}}(\boldsymbol{Y}^{\text{obs}})$ 是由 $\boldsymbol{Y}^{\text{obs}}$ 所算出的 MLE, $\boldsymbol{Y}^{\text{new}}$ 是一个假设的新的数据集, 并且 $\boldsymbol{Y}^{\text{obs}}$ 和 $\boldsymbol{Y}^{\text{new}}$ 是独立同分布的. 由于 $\boldsymbol{Y}^{\text{new}}$ 不是观测到的, 但是与 $\boldsymbol{Y}^{\text{obs}}$ 具有相同的分布, 为了计算 AIC, 在式(5.32)中用 $\boldsymbol{Y}^{\text{obs}}$ 来替换 $\boldsymbol{Y}^{\text{new}}$ 并且省略式(5.32)中的期望. 然后计算这个置换的效果. 近似的效果就是减少了式(5.32)中的参数个数的 2 倍. 因此, AIC 通过添加 $2p$ 来补偿偏差, 我们有

$$\text{AIC} = -2\log f\{\boldsymbol{Y}^{\text{obs}} \mid \hat{\boldsymbol{\theta}}(\boldsymbol{Y}^{\text{obs}})\} + 2p \tag{5.33}$$

这是式(5.29)的重新表述.

AIC 中使用的近似当样本量增加的时候会更精确. AIC 的小样本修正是

$$\text{AIC}_c = \text{AIC} + \frac{2p(p+1)}{n-p-1} \tag{5.34}$$

金融市场数据集通常足够大, 因而修正项 $2p(p+1)/(n-p-1)$ 很小, 所以 AIC 是充分的而不需要 AIC_c. 例如, 如果 $n=200$, 那么对于 $p=3, 4, 5$ 和 6, $2p(p+1)/(n-p-1)$ 分别等于 0.12, 0.21, 0.31 和 0.44, 因为 AIC 的差值小于 1 通常被认为是无关紧要的. 当比较具有 3~6 个参数的模型, n 至少是 200 时, 修正几乎没什么效果. 更加显著的是, 当 n 是 500 时, 修正对于 3, 4, 5, 6 个参数仅为 0.05, 0.08, 0.12 和 0.17.

交易员通常使用一组历史数据来开发交易策略, 然后对新的数据来检验这个策略. 这就是所谓的**回测**(back-testing), 也是一种形式的验证.

5.14 由最大似然法拟合分布

我们的最大似然的第一个应用将是估计单变量边缘模型中的参数. 假定 $Y_1, \cdots, Y_n$

是来自于 t 分布的一个 i.i.d. 样本. 令

$$f_{t,\nu}^{\text{std}}(y|\mu,\sigma) \tag{5.35}$$

是自由度为 ν 的标准化 t 分布的密度,均值为 μ,标准差为 σ. 那么参数 ν,μ 和 σ 可以通过使用任意便捷的优化软件最大化

$$\sum_{i=1}^{n} \log\{f_{t,\nu}^{\text{std}}(Y_i|\mu,\sigma)\} \tag{5.36}$$

来估计. 其他模型的估计是类似的.

在下面的例子中,拟合了 t 分布和广义误差分布.

例 5.4 对无风险利率的变化拟合一个 t 分布.

这个例子使用第 4 章中的一个时间序列,无风险利率的变化,被称为 `diffrf`.

首先我们用 R 来对无风险利率的变化拟合一个 t 分布. 有两个 R 函数可以用于这个目的,即 `stdFit` 和 `fitdistr`. 它们的区别是对尺度参数的选择上. `stdFit` 拟合标准化的 t 分布 t^{std},并且返回估计标准差,称为"sd"(以及估计均值和估计自由度). `stdFit` 给出下面的对变量 `diffrf` 的输出结果.

```
$minimum
[1] -693.2

$estimate
      mean        sd        nu
  0.001214  0.072471  3.334112
```

因此估计均值为 0.001 214,估计标准差为 0.072 47,ν 的估计值为 3.334. 函数 `stdFit` 最小化负的对数似然,并且最小值为 -693.2,或者等价地,对数似然的最大值为 693.2.

`fitdistr` 拟合经典的 t 分布,返回标准差的 $\sqrt{(\nu-2)/\nu}$ 倍,在 R 输出结果中称为 s,也是 5.5.2 节中所谓的"尺度参数",那里记为 λ. `fitdistr` 给出下面的关于 `diffrf` 的输出结果.

```
        m           s          df
   0.001224    0.045855    3.336704
  (0.002454)  (0.002458)  (0.500010)
```

在估计值的下面,括号中的值为标准误差,是用观测 Fisher 信息计算的. 由 `stdFit` 和 `fitdistr` 估计的尺度参数是一致的,因为 $0.045\,855 = \sqrt{1.3367/3.3367} \times 0.072\,471$. μ 和 ν 的估计有微小的差别,应归于数值误差,并且相对于标准误差是小的.

t 模型的 AIC 是 $(2)(-693.2)+(2)(3) = -1380.4$,BIC 为 $(2)(-693.2)+\log(515)(3) = -1367.667$,因为样本量为 515.

由于样本量较大,由 MLE 的中心极限定理,估计近似地服从正态分布,这可以用来建立置信区间. 使用上面的估计和标准误差,λ 的 95% 的置信区间为

$$0.045\,855 \pm (1.96)(0.002\,458)$$

由于 $z_{0.025} = 1.96$. ■

例 5.5 对无风险利率的变化拟合一个 F-S 有偏 t 分布.

下面使用 R 的函数 `sstdFit` 对 `diffrf` 拟合 F-S 有偏 t 分布. 结果为

```
$minimum
[1] -693.2

$estimate
      mean        sd        nu         xi
  0.001180  0.072459  3.335534  0.998708
```

形状参数 ξ 几乎为 1，对数似然的最大值与对称 t 分布相同，这暗示对称 t 分布与有偏 t 分布给出了同样好的拟合.

例 5.6 对无风险利率的变化拟合一个广义误差分布.

对变量 diffrf 的广义误差分布的拟合是从 R 的 gedFit 函数获得的，结果是

```
$minimum
[1] -684.8

$estimate
[1] -3.297e-07   6.891e-02   9.978e-01
```

$ estimate 的三个分量分别是均值估计、标准差估计和 ν 的估计. 估计的形状参数是 $\hat{\nu}=0.998$，当四舍五入为 1 时，意味着一个双指数分布. 注意到似然的最大值为 684.8，比使用 t 分布得到的值 693.2 小很多. 因此，和广义误差分布相比，t 分布看起来对于这些数据是更好的模型. 一个可能的原因是，像 t 分布，数据的密度在中位数附近看起来更圆滑；参见图 5-9 的核密度估计. diffrf 对拟合 t 分布和广义误差分布的 QQ 图是类似的，表明两个模型中的任何一个都没有比另外一个明显拟合的更好. 但是，t 分布的 QQ 图稍微更具线性.

来自于 R 的函数 sgedFit 对有偏广义误差分布的拟合为

```
$minimum
[1] -684.8

$estimate
[1] -0.0004947   0.0687035   0.9997982   0.9949253
```

$ estimate 的 4 个分量分别是均值估计、标准差估计、ν 和 ξ 的估计. 这些估计再一次表明这个例子不需要有偏模型，因为 $\hat{\xi}=0.995\approx 1$.

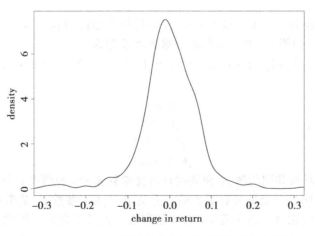

图 5-9 diffrf，无风险利率变化的概率密度的核估计

例 5.7 比较无风险利率变化的模型.

表 5-1 中报告了 4 个对无风险利率拟合的模型的 AIC 和 BIC，也给出了下面要讨论的第 5 个和第 6 个模型，t 混合和正态混合. 现在我们忽略混合模型，仅仅考虑表中的前 4 个模型. 那么根据两个标准之中任何一个标准，t 分布都是最好的. 根据 AIC，有偏 t 分布紧随其后，但是由于这个模型比 t 模型更复杂，没有充分的理由更喜欢它.

表 5-1 `diffrf` 的边缘分布的 6 个模型的 AIC 和 BIC. 为了改善可读性，所有的 AIC 和 BIC 都增加了 1300

分布	#参数	AIC	BIC
t	3	−80.4	−67.7
有偏 t	4	−78.4	−61.4
广义误差分布	3	−75.6	−50.9
有偏广义误差分布	4	−61.6	−44.6
t 混合	5	−82.3	−61.1
正态混合	4	−84.2	−67.2

例 5.8 用最大似然对无风险利率的变化拟合一个混合模型

图 5-10a 和 b 中的 QQ 图显示，与 t 分布和广义误差分布相比，无风险利率的变化有更重一些的尾部.

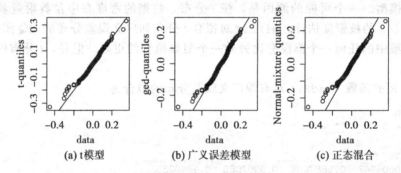

(a) t 模型   (b) 广义误差模型   (c) 正态混合

图 5-10 (a)`diffrf` 对 $t_\nu^{\text{std}}(\mu, s^2)$ 分布的分位数的 QQ 图，μ，s^2，ν 由最大似然估计. 一个通过原点的 45°线已添加在上面作为参考. (b)对广义误差分布的一个类似的图. (c)对例 5.8 中的正态混合模型的一个类似的图

现在考虑一个混合 t 分布，作为 t 分布和 GED 模型的替代. 令 $\text{dstd}(y|\mu, s^2, \nu)$ 是 $t_\nu^{\text{std}}(\mu, s^2)$ 密度在 y 的值[⊖]. 那么我们的边缘密度模型为

$$\beta_5 \, \text{dstd}(y|\beta_1, \beta_2, \beta_4) + (1-\beta_5) \text{dstd}(y|\beta_1, \beta_2 + \beta_3, \beta_4)$$

约束条件为

$$\beta_2 > 0 \tag{5.37}$$

$$\beta_3 > 0 \tag{5.38}$$

$$\beta_4 > 2.1 \tag{5.39}$$

$$\beta_5 \in (0,1) \tag{5.40}$$

这样，边缘密度是具有共同均值 β_1 和共同自由度参数 $\beta_4 = \nu$ 的两个 t 分布的混合. 第一个分量的方差是 β_2，第二个分量具有更大的方差为 $\beta_2 + \beta_3$. 参数 β_5 是来自于第一个分量的无风险利率的变化的比例. 由于若 $\nu \leqslant 2$，t 分布的方差是无穷大，因此施加了 $\nu = \beta_4 > 2.1$ 的约束条件.

该模型的一个可能解释为：市场可能是两个可能"体制"中的任何一个，市场在第二个体制下比在第一个体制下更不稳定，β_5 是处于第一个体制的概率，β_3 是与第二个体制相关联的额外方差. 图 5-10 的三个小图中的任意一个图中有些异常的点将被解释为来自于第二个体制的数据.

⊖ 记号 `dstd` 是由计算这个密度的 R 函数名所提出的.

这个混合模型的 AIC 和 BIC 可以在表 5-1 的最后一行找到. 在前 5 个模型当中混合模型具有最小的 AIC, 这是对它有利的证据. 但是, 更简单的 t 模型有一个相当小的 BIC 值. 由于在图 5-10a 的 QQ 图中相当小的线性偏差以及混合模型大的 BIC 值, 我们会选择使用更简单的 t 模型, 而不是 t 混合模型.

为了找到混合模型的 MLE, 有一个 R 函数被写出来并用来计算对数似然. 这个函数使用 R 的函数 dstd 来计算两个分量的密度. 那么负的对数似然使用 R 的最小化函数 optim 来最小化, 它有几个不同的优化算法——使用"L-BFGS-B"算法的原因是此算法允许我们对参数添加上下界, 来执行式(5.37)~(5.40)的约束条件. 优化算法从用户提供的初始值出发, 然后经过迭代改进这些初始值, 最后定位函数的最小值. 当某个收敛标准满足时, 算法停止计算. optim 函数从一个随机选择的值开始被调用了 15 次——对于参数 β_1, $\cdots\beta_5$, 初始值分别服从下面区域$(-0.01, 0.01)$, $(0.001, 0.05)$, $(0.001, 0.05)$, $(2.1, 60)$ 和$(0, 1)$上的均匀分布. AIC 和 BIC 以及参数估计值的 15 个终值为:

```
      iter    AIC      BIC    beta[1]   beta[2]  beta[3]  beta[4]  beta[5]  beta[4]start
      [1,]  -1382.3  -1361.1  0.0018379  0.048386  0.10908  37.218   0.88010  37.218
      [2,]  -1381.5  -1360.3  0.0016881  0.051003  0.11491  10.950   0.89835  10.954
      [3,]  -1382.3  -1361.1  0.0018038  0.048847  0.10994  24.791   0.88343  24.791
      [4,]  -1382.2  -1361.0  0.0017831  0.049163  0.11055  20.550   0.88574  20.552
      [5,]  -1382.3  -1361.1  0.0018538  0.048117  0.10873  54.093   0.87815  54.093
      [6,]  -1382.3  -1361.1  0.0018257  0.048531  0.10934  32.153   0.88116  32.153
      [7,]  -1382.3  -1361.1  0.0018567  0.048077  0.10868  58.141   0.87787  58.141
      [8,]  -1382.3  -1361.1  0.0018414  0.048307  0.10894  40.751   0.87956  40.751
      [9,]  -1382.3  -1361.1  0.0018272  0.048447  0.10919  34.958   0.88054  34.963
     [10,]  -1382.3  -1361.1  0.0018421  0.048259  0.10888  42.918   0.87909  42.920
     [11,]  -1382.3  -1361.1  0.0018491  0.048108  0.10868  54.481   0.87809  54.481
     [12,]  -1382.3  -1361.1  0.0018303  0.048403  0.10914  36.640   0.88029  36.641
     [13,]  -1382.2  -1361.0  0.0017822  0.049174  0.11056  20.399   0.88581  20.410
     [14,]  -1233.4  -1212.2  0.0044000  0.045578  0.00010  13.641   0.89385  13.643
     [15,]  -1382.3  -1361.1  0.0018399  0.048152  0.10877  50.468   0.87843  50.468
```

最后一列给出了 β_4 的随机选择的初始值. 注意到 15 个最终 AIC 值中只有 11 个达到 -1382.3 的最小值⊖, 尽管还有两个接近的值是 -1382.2. 自由度参数(beta[4])被糟糕地决定了, 它对于初始值移动很少. 如果这个参数开始于一个太低的值, 就像情况 2 和 14, 那么全局最小的 AIC 可能达不到. 问题应归于有 3 个参数 $\beta_4 = \nu$, β_3 和 β_5 来确定尾重, 相比之下, t 分布仅有一个尾重参数 ν.

这样, 三个尾重参数看起来太多了, 然后要问是否一个尾重参数(与简单的 t 模型一样)就够了. 为了处理这个问题, 可以拟合一个两分量正态混合模型, 它与刚拟合的两分量 t 混合模型类似. 事实上, 正态混合模型是 $\nu = \infty$ 时的 t 混合模型. 固定 ν 把尾重参数个数从 3 个减少到 2 个. 用 R 的 optim 找到 MLE, 并且它是稳定的——10 个随机初始值都得到相同的终值⊜.

正态混合模型的 AIC 和 BIC 值在表 5-1 中. 我们看到根据 AIC, 正态混合模型是最佳的, 根据 BIC 是次佳的. 对于两个标准, 它都要好于 t 模型. 图 5-10c 是两分量正态混合模型的 QQ 图⊜. 注意到它与图 5-10a 和图 5-10b 中的 t 模型和 GED 模型的 QQ 图类似.

⊖ 由于参数个数固定, 最小化 AIC 与最大化似然是等价的.

⊜ 一个小的计算困难是, 在迭代的过程中, 分量的标准差有时候变得太小, 计算正态密度的 R 函数 dhorm 会返回无穷大值. 这个问题可能通过对标准差添加下界来解决. 最终估计在这些界之上, 表明下界不影响最终结果. 这个问题表明 MLE 的数值计算不可靠, 需要非常小心, 但是许多数值方法都是这样.

⊜ 正态混合模型的分位数是从 R 的 norMix 包的 qnorMix 函数获得的.

这个例子的结果基本上是否定的．我们还不能改善简单的 t 模型．但是，这个否定的结果是可靠的．检验一个模型是否充分地拟合数据的一个好方法是来看看是否更复杂的模型能够达到更好的拟合度．如果更复杂的模型不能够达到实质上更好的拟合度，那么这就是更简化的模型更合适的证据．这样，简单的 t 模型对无风险利率的变化提供了一个合适的拟合度就有了一些保证．

这个例子阐明了几个重要的概念．第一，最大似然是一个适合各种各样的参数模型的非常一般的估计方法．其原因是有像 optim 这样的可以用来找到 MLE 的通用优化功能函数，无论什么时候都能写一个函数来计算对数似然．第二，终值严重依赖初始的不稳定估计可能出现．当非常不同的终值获得几乎一样的对数似然，像这里一样，这就是具有太多参数的信号，称为**过多参数化**（overparameterization）问题．

这个例子所说明的第三个概念是渐近概念的有些有限的实用价值，例如多项式对指数尾部以及多项式尾部的指数．注意这些量描述的尾部行为仅仅是在当 $|x|\to\infty$ 时的极限上．要花上很长时间才能到 ∞！在与实际相关的 x 值域上，一个具有渐近轻尾的分布看起来可能是重尾的．任意有限混合模型的尾重不会大于它的分量当中尾重最重的那一个⊖．因此，任意有限正态混合模型具有正态分布的非常轻的尾部．然而，在这个例子中，轻尾正态混合模型与一个多项式尾的 t_4 分布和一个指数尾的广义误差分布类似．■

例 5.9 对管道流的 A-C 有偏 t 分布拟合．

这个例子使用例 4.3 节引入的天然气管道的日流量数据．回想一下，三个分布都是左偏的．有许多著名的右偏分布的参数族，例如，伽马分布和对数正态分布，但是并没有这么多的左偏分布族．F-S 有偏 t 分布和 A-C 有偏 t 分布，既包含右偏也包含左偏分布，它们是重要的例外情况．在这个例子中，将要使用的是 A-C 有偏 t 分布，虽然可以用 F-S 有偏 t 分布来代替．

图 5-11 对每个变量有一排图．左图有两个密度估计，一个估计使用的是 Azzalini-Capitanio 有偏 t 分布（实线），另一个是 KDE（虚线）．右图是使用拟合的有偏 t 分布作的 QQ 图．

管道 1 和 2 的流量由 A-C 有偏 t 分布拟合的相当不错．这可以从参数密度估计和 KDE 之间的一致性以及近乎直线模式的 QQ 图上看出来．管道 3 的流量或者具有一个既宽又平的众数的 KDE，或者可能是两个众数的 KDE．这个模式不能很好地适应 A-C 有偏 t 分布．这个结果在参数 KDE 拟合和一个弯曲的 QQ 图之间很少一致．尽管如此，有偏 t 分布可能是对于某种目的的一个合适的近似．

对于管道 1 的流量，MLE 是

location	scale	shape	df
114.50	22.85	-9.17	15.65

标准误差是

location	scale	shape	df
0.637	1.849	1.977	14.863

注意，A-C 族的估计的形状参数（α）是负的，大小超过 4 倍的标准误差．这是高度左偏分布的有力证据，这也与直方图和 KDE 相一致．

⊖ 注意假定仅有有限数量的分量．正态分布的连续混合包含了 t 分布和其他重尾分布．

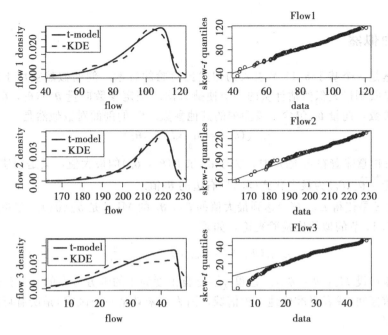

图 5-11 三个管道中的日流量的参数(实线)和非参数(虚线)密度估计(左)以及参数拟合的 QQ 图(右). 参考线穿过第一和第三四分位数

对于管道 2 的流量, MLE 是

```
location     scale     shape     df
 224.57     14.33     -6.43     6.58
```

标准误差是

```
location     scale     shape     df
  0.517      1.322     1.091    2.800
```

因此, 与管道 1 比较, 管道 2 有更高的平均流量、更少的变异性、更少的偏度.

对于管道 3 的流量, MLE 是

```
location     scale     shape     df
  45.5       18.1     -42.9    10228.0
```

由于数值问题 R 中的函数 st.mle 没有返回管道 3 的流量的标准误差. 困难可能在于非常大的值 df(自由度参数的 MLE)⊖. 这个值暗示着有偏正态分布, 这对应于 df 等于∞, 应该被使用, 而不是使用有偏 t 分布. 对于管道 3 流量的有偏正态拟合, MLE 是

```
location     scale     shape
  45.4       17.9     -38.1
```

标准差是

```
location     scale     shape
  0.233      0.710    17.271
```

有偏正态拟合的估计与有偏 t 拟合的估计非常接近, 至少相对于前者的标准误差是这样.

⊖ 最近的一个 R 的版本, 当使用 st.mle 函数对这些数据来拟合有偏 t 分布时甚至不返回一个估计.

5.15 剖面似然

剖面似然是一个基于 5.11 节引入的似然比检验的技术. 剖面似然被用于创建置信区间, 它经常是找到最大似然估计量的一个便捷方法. 假定参数向量 $\boldsymbol{\theta}=(\theta_1, \boldsymbol{\theta}_2)$, 这里 θ_1 是一个数值参数, 向量 $\boldsymbol{\theta}_2$ 包含了模型中的其他参数. θ_1 的剖面对数似然是

$$L_{\max}(\theta_1) = \max_{\boldsymbol{\theta}_2} L(\theta_1, \boldsymbol{\theta}_2) \tag{5.41}$$

式(5-41)的右边意味着在 θ_1 固定时, 关于 $\boldsymbol{\theta}_2$ 求 $L(\theta_1, \boldsymbol{\theta}_2)$ 的最大值, 只是创建了一个关于 θ_1 的函数. 定义 $\hat{\boldsymbol{\theta}}_2(\theta_1)$ 为最大化式(5.41)右边的 $\boldsymbol{\theta}_2$ 值.

θ_1 的 MLE 是使得 $L_{\max}(\theta_1)$ 达到最大值的 $\hat{\theta}_1$, $\boldsymbol{\theta}_2$ 的 MLE 是 $\hat{\boldsymbol{\theta}}_2(\hat{\theta}_1)$. 令 $\theta_{0,1}$ 是 θ_1 的假设值. 根据 5.11 节的似然比检验理论, 如果

$$L_{\max}(\theta_{0,1}) > L_{\max}(\hat{\theta}_1) - \frac{1}{2}\chi^2_{\alpha,1} \tag{5.42}$$

我们就接受原假设 $H_0: \theta_1 = \theta_{0,1}$. 这里 $\chi^2_{\alpha,1}$ 是自由度为 1 的卡方分布的 α 上分位数. θ_1 的剖面似然置信区间(或者更准确地, 置信域, 因为它未必是一个区间)是所有可能被接受的原假设值, 即

$$\left\{\theta_1 : L_{\max}(\theta_1) > L_{\max}(\hat{\theta}_1) - \frac{1}{2}\chi^2_{\alpha,1}\right\} \tag{5.43}$$

剖面似然可定义为参数的一个子集, 而不仅仅是一个参数, 但是这个内容在这里将不再讨论.

例 5.10 估计一个 Box-Cox 变换.

Box-Cox 变换的变换参数的一个自动估算方法是假定 α, μ 和 σ 的某个值, 变换数据 $Y_1^{(\alpha)}, \cdots, Y_n^{(\alpha)}$ 是 i.i.d. $N(\mu, \sigma^2)$ 分布. 三个参数都能从最大似然得到估计. 对一个固定的值 α, $\hat{\mu}$ 和 $\hat{\sigma}$ 分别是 $Y_1^{(\alpha)}, \cdots, Y_n^{(\alpha)}$ 的样本均值和方差, 这些值可以插入到对数似然里来获取 α 的剖面对数似然. 可以用 R 的 Mass 软件包的 boxcox 函数来完成, 它会画出带有置信区间的剖面对数似然.

使用剖面似然来估计 α 将会通过气体管道流量数据来说明. 图 5-12 显示了通过使用 α 的 MLE 转化的流量的剖面对数似然、KDE 以及正态 QQ 图. KDE 使用了 adjust= 1.5 来减轻缺省带宽下的局部颠簸. 对于管道 1 中的流量, MLE 是 $\hat{\alpha}=3.5$. 回忆例 4.3, 我们通过试错法知道 α 在 3 和 4 之间对于对称化数据是最好的. 我们很高兴地看到最大似然证实了这个选择. QQ 图显示 Box-Cox 变换流量具有轻尾. 轻尾通常不被认为是一个问题, 在这里是预料之中的, 因为管道流量是有界的, 下界是 0, 上界是管道的容量. ■

值得指出的是, 我们现在看到了两个截然不同的方法来适应管道流量的左偏性, 用有偏 t 分布对未转化的数据建模(例 5.9)和用正态分布对 Box-Cox 变换建模(例 5.10). 第三种方法是放弃参数建模而使用核密度估计. 这不是一个非典型的情况; 通常数据可以通过几个不同但同样合适的方法来分析.

5.16 稳健估计

尽管最大似然估计有许多有吸引力的属性, 但它们有一个严重的缺点, 使用它们的人应该意识到. 最大似然估计量可以对统计模型的假设非常敏感. 例如, 正态总体的均值的

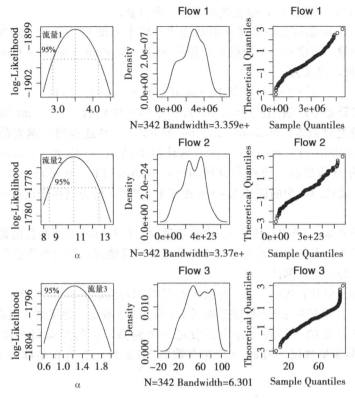

图 5-12　Box-Cox 变换的参数 α 的剖面对数似然和 95% 置信区间(左)、变换数据的 KDE (中间列)和变换数据的正态图(右)

MLE 是样本均值，σ^2 的 MLE 是样本方差，除了除数是 n 的微小变化，而不是 $n-1$. 样本均值和方差在总体真正呈正态分布时是有效的估计量，但这些估计量对异常值非常敏感. 因为这些估计量分别是数据的平均以及距离均值的平方偏差的平均. 如果异常值足够远离其他数据，样本中的单个异常值会驱动样本均值和方差得到疯狂荒谬的值. 极端异常值几乎不可能完全符合正态分布数据，但如果仅仅是重尾的近似正态分布，而不是正态分布，那么异常值就是更可能出现的，而且当它们出现时，更可能是极端的. 因此，样本均值和方差可以是非常无效的估计量. 统计学家说，MLE 对于温和的偏离于假定模型都是不稳健的. 这是坏消息，它已经引导研究人员去求稳健的估计量.

样本均值的稳健的替代物是**截尾均值**(trimmed mean). α 截尾均值通过将样本从小到大排序，分别移除最小的观测和最大的观测的 α 部分，然后对其余的观测求平均来计算. 截尾背后的思想是朴素和显然的：样本在计算均值之前被截去了极端值. 有一个 α 截尾均值的数学公式. 令 $k=n\alpha$ 四舍五入⊖到一个整数；k 是从样本两端移除的观测的个数. 那么 α 截尾均值为

$$\overline{X}_\alpha = \frac{\sum_{i=k+1}^{n-k} Y_{(i)}}{n-2k}$$

这里 $Y_{(i)}$ 是第 i 个顺序统计量. 典型的 α 值取为 0.1, 0.15, 0.2 和 0.25. 当 α 接近 0.5

⊖　定义多种多样，四舍五入可以是向上的或者是四舍五入到最近的整数.

时，α 截尾均值接近样本中值，也就是 0.5 样本分位数.

散度(dispersion)是指分布或样本中的变化. 样本标准差是最常见的散度估计, 但如上所述, 它不稳健. 散度的一个稳健估计量是 MAD(Median Absolute Deviation, 中位数绝对偏差)估计量, 定义为

$$\hat{\sigma}^{\mathrm{MAD}} = 1.4826 \times \mathrm{median}\{|Y_i - \mathrm{median}(Y_i)|\} \tag{5.44}$$

这个公式应该解释如下. 表达式"$\mathrm{median}(Y_i)$"是样本中位数, $|Y_i - \mathrm{median}(Y_i)|$ 是观测值距离中位数的绝对偏差, $\mathrm{median}\{|Y_i - \mathrm{median}(Y_i)|\}$ 是这些绝对偏差的中位数. 对正态分布数据, $\mathrm{median}\{|Y_i - \mathrm{median}(Y_i)|\}$ 估计的不是 σ, 而是 $\Phi^{-1}(0.75)\sigma = \sigma/1.4826$, 因为对于正态分布的数据, 当样本量增加时, $\mathrm{median}\{|Y_i - \mathrm{median}(Y_i)|\}$ 会收敛到 $\sigma/1.4826$. 这样, 式(5.44)中的因子 1.4826 校正了 $\hat{\sigma}^{\mathrm{MAD}}$, 使得当用于正态分布数据时它是 σ 的估计.

对于非正态总体, $\hat{\sigma}^{\mathrm{MAD}}$ 不估计 σ. 它测量散度, 但与标准差所测量的散度不同. 但这只是要点. 对于非正态总体, 标准差对分布的尾部非常敏感, 但它并没告诉我们分布的中间区域的散度, 而只是尾部的.

在 R 中, mad(x) 计算式(5.44). 有些作者把 MAD 定义为 $\mathrm{median}\{|Y_i - \mathrm{median}(Y_i)|\}$, 即没有 1.4826. 这里记号 $\hat{\sigma}^{\mathrm{MAD}}$ 被用于强调 1.4826 的标准化, 为了估计正态标准差.

使用稳健估计量的一种替代方法是假定一个模型, 它的异常值可能性更大. 那么 MLE 会自动对异常值减权. 例如, t 分布参数的 MLE 比正态分布参数的 MLE 对于异常值更稳健.

5.17 带有参数变换的变换核密度估计

我们在 4.8 节看到, 变换核密度估计量(TKDE)能避免当普通的 KDE 被应用于有偏数据时所见的疙瘩. 当两个尾部都很长, 就像常见的金融市场数据一样, KDE 也会在尾部展示出疙瘩. 一个例子是变量 diffrf, 它的 KDE 如图 5-9 所示. 对于这样的数据, TKDE 需要一个在众数右边为凸的变换并且在众数左边为凹的变换. 有许多这样的变换, 在这一节中, 我们要用到概率论的一些事实, 以及最大似然估计来选择一个合适的变换.

这里用到的主要思想是：(1)正态分布数据具有轻尾并适合用 KDE 来估计, (2)如果知道了 CDF 就很容易把数据转化为正态, (3)CDF 可以由最大似然来估计. 如果一个随机变量具有连续分布函数 F, 那么 $F(X)$ 服从均匀分布, $\Phi^{-1}\{F(X)\}$ 服从 $N(0,1)$ 分布; 这里 Φ 是标准正态的 CDF. 当然, 在实践中 F 是未知的, 但是我们能够对 F 做参数估计, 假定, 例如, F 是某个 t 分布. F 实际上没有必要是 t 分布, 只是 t 分布能够在尾部对 F 提供一个足够合理的拟合, 这样就可以选中一个合适的变换. 如果已知 F 是一个 t 分布, 那么, 当然就不必用 KDE 或 TKDE 来估计它的密度了. 在 TKDE 中用的变换是 $g(y) = \Phi^{-1}\{F(y)\}$, 它的反函数为 $g^{-1}(x) = F^{-1}\{\Phi(x)\}$. g 的导数需要用来计算 TKDE, 它是

$$g'(y) = \frac{f(y)}{\phi[\Phi^{-1}\{F(y)\}]}$$

例 5.11 无风险利率的 TKDE.

本例使用图 4-3 中的无风险利率的变化. 我们在 5.14 节看到这些数据由 t 分布拟合得相当不错, 其中均值、标准差和 ν 分别等于 0.00121, 0.0724 和 3.33. 这个分布被用作 F. 图 5-13 比较了这个例子的普通 KDE 和 TKDE. 注意到 TKDE 在尾部光滑得多; 这可

在图 5-14 看得更好, 它给出了左尾处的细节.

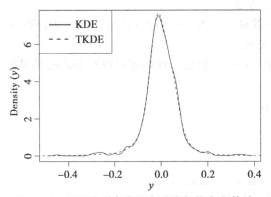

图 5-13　无风险利率的月度变化的核密度估计和变换核密度估计, 1960 年 1 月到 2002 年 12 月. 数据在 R 的 Ecdat 软件包的 Capm 序列

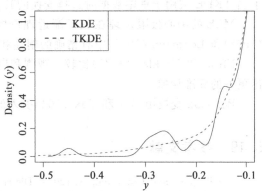

图 5-14　无风险利率的月度变化的核密度估计和变换核密度估计, 1960 年 1 月到 2002 年 12 月, 在左尾处放大

本例中使用的变换显示在图 5-15 中. 注意, 把左尾和右尾带到更靠近中心位置的凹-凸形状, 结果是变换的数据没有了原始数据中所见的重尾. 重尾的移除可从图 5-16 中看到, 它是一个变换数据的正态图.

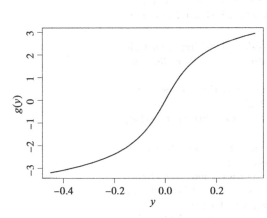

图 5-15　例 5.11 中使用的变换的图形

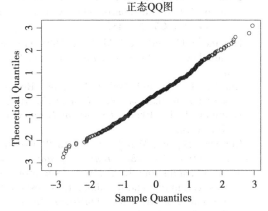

图 5-16　例 5.11 中使用的变换数据的正态图

5.18　文献注记

最大似然估计和似然比检验在所有的数理统计的教材上都有讨论, 包括 Casella 和 Berger(2002)以及 Wasserman(2004).

Burnham 和 Anderson(2002)全面地介绍了模型选择, 强烈推荐进一步阅读. 他们也介绍了多模型推断, 一个更高级的包括**模型平均**(model averaging)的主题, 那里估计量或预测跨几个模型被平均化. Burnham 和 Anderson 的第 7 章中介绍了 AIC 背后的统计理论, 以及假设验证数据的一个近似偏差. 小样本修正的 AIC 应归功于 Hurvich 和 Tsai (1989).

Buch-Larsen、Nielsen、Guillén 和 Bolance（2005）以及 Ruppert 和 Wand(1992)讨论了当 TKDE 被用于重尾数据时选择变换的其他方法.

MLE 的中心极限定理在关于渐近理论的教材，例如 Serfling（1980），van der Vaart (1998)和 Lehmann（1999）中有精确的阐述和证明.

Efron 和 Hinkley（1978）比较了观测和期望 Fisher 信息，他们证明观测 Fisher 信息给出更好的标准误差.

Box-Cox 变换由 Box 和 Cox(1964)引入的.

5.19 参考文献

Azzalini, A., and Capitanio, A. (2003) Distributions generated by perturbation of symmetry with emphasis on a multivariate skew t distribution. *Journal of the Royal Statistics Society, Series B*, **65**, 367-389.

Box, G. E. P., and Dox, D. R. (1964) An analysis of transformations. *Journal of the Royal Statistical Society, Series B*, **26** 211–246.

Buch-Larsen, T., Nielsen, J. P., Guillén, M., and Bolance, C. (2005), Kernel density estimation for heavy-tailed distributions using the champernowne transformation. *Statistics*, **39**, 503–518.

Burnham, K. P. and Anderson, D. R. (2002) *Model Selection and Multimodel Inference*, Springer, New York.

Casella, G. and Berger, R. L. (2002) *Statistical Inference*, 2nd ed., Duxbury/Thomson Learning, Pacific Grove, CA.

Efron, B., and Hinkley, D. V. (1978) Assessing the accuracy of the maximum likelihood estimator: Observed versus expected Fisher information. *Biometrika*, **65**, 457–487.

Fernandez, C., and Steel, M. F. J. (1998) On Bayesian Modelling of fat tails and skewness, *Journal of the American Statistical Association*, **93**, 359–371.

Hurvich, C. M., and Tsai, C-L. (1989) Regression and time series model selection in small samples. *Biometrika*, 76, 297–307.

Lehmann, E. L. (1999) *Elements of Large-Sample Theory*, Springer-Verlag, New York.

Ruppert, D., and Wand, M. P. (1992) Correction for kurtosis in density estimation. *Australian Journal of Statistics*, **34**, 19–29.

Self, S. G., and Liang, K. Y. (1987) Asymptotic properties of maximum likelihood estimators and likelihood ratio tests under non-standard conditions. *Journal of the American Statistical Association*, **82**, 605–610.

Serfling, R. J. (1980) *Approximation Theorems of Mathematical Statistics*, Wiley, New York.

van der Vaart, A. W. (1998) *Asymptotic Statistics*, Cambridge University Press, Cambridge.

Wasserman, L. (2004) *All of Statistics*, Springer, New York.

5.20 R 实验室

5.20.1 收入数据

运行以下的 R 代码，求来自于当前人口调查的 1998 年收入数据的一个对称变换. 代码查看了未转换的数据以及平方根和对数变换数据. 变换数据通过正态图、箱形图和核密度估计进行了比较.

```
library("Ecdat")
?CPSch3
data(CPSch3)
dimnames(CPSch3)[[2]]

male.earnings = CPSch3[CPSch3[,3]=="male",2]
sqrt.male.earnings = sqrt(male.earnings)
log.male.earnings = log(male.earnings)

par(mfrow=c(2,2))
qqnorm(male.earnings,datax=T,main="untransformed")
qqnorm(sqrt.male.earnings,datax=T,main="square-root transformed")
qqnorm(log.male.earnings,datax=T,main="log-transformed")

par(mfrow=c(2,2))
boxplot(male.earnings,main="untransformed")
boxplot(sqrt.male.earnings,main="square-root transformed")
boxplot(log.male.earnings,main="log-transformed")

par(mfrow=c(2,2))
plot(density(male.earnings),main="untransformed")
plot(density(sqrt.male.earnings),main="square-root transformed")
plot(density(log.male.earnings),main="log-transformed")
```

问题 1 三个变换中哪一个提供了最对称的分布？除了平方根再试试其他的幂变换. 你认为哪个幂对称化最好？你可以把图形包含到你的成果中, 如果你发现这样做是有帮助的.

下面通过最大似然来估计 Box-Cox 变换的参数. 由某个 λ 变换后的数据服从 $N(\mu, \sigma^2)$ 分布. 未知参数是 λ, μ 和 σ.

运行以下的 R 代码来画出 λ 在网格 seq(-2, 2, 1/10) 上的剖面似然（这是缺省的, 可以改变）. 命令 boxcox 把一个 R 公式作为输入. 公式左边是要变换的变量, 右边是一个线性模型（参见第 12 章）. 在这个应用中, 模型只有一个截距项, 由 "1" 表示. "MASS" 是 "Modern Applied Statistics with S-PLUS" 的首字母缩写, 一本威望极高的教材, 它的第 4 版还包括了 R. 这本书介绍了 MASS 库.

```
library("MASS")
windows()
boxcox(male.earnings~1)
```

λ 的缺省值是大型网格, 但是你可以在可能性高的区域放大, 使用下面的语句:

```
boxcox(male.earnings~1,lambda = seq(.3, .45, 1/100))
```

为了求 MLE, 运行这个 R 代码:

```
bc = boxcox(male.earnings~1,lambda = seq(.3, .45, by=1/100),interp=F)
ind = (bc$y==max(bc$y))
ind2 = (bc$y > max(bc$y) - qchisq(.95,df=1)/2)
bc$x[ind]
bc$x[ind2]
```

问题 2 (a)ind 和 ind2 是什么, 它们要达到什么目的？

(b)boxcox 输出结果中的 interp 的作用是什么？

(c)λ 的 MLE 是什么？

(d)λ 的 95% 置信区间是什么？

(e) 修改代码建立 λ 的 99% 置信区间.

我们可以拟合有偏高斯或有偏 t 分布, 而不是试图把变量 male.earnings 转换为高斯分布. 拟合一个有偏 t 分布的 R 代码在下面列出:

```
library("fGarch")
fit = sstdFit(male.earnings,hessian=T)
```

问题 3 自由度参数以及 ξ 的估计是什么?

问题 4 产生一个 male.earnings 的 pdf 的核密度估计图. 叠加一个带有参数 MLE 的有偏 t 密度的图. 确保两个曲线被清楚地标示, 即带有图例, 使得谁是谁是明显的. 把图包含到你的结果中. 比较 pdf 的参数和非参数估计. 它们看起来相似吗? 基于这些图, 你认为有偏 t 模型对 male.earnings 提供充分的拟合了吗?

问题 5 对 male.earnings 拟合一个有偏 GED 模型, 使用有偏 GED 模型代替有偏 t 模型重做问题 4. 哪个参数模型把变量 male.earnings 拟合的最好, 有偏 t 还是有偏 GED?

5.20.2 DAX 收益

这一节使用数据集 EuStock-Markets 中 DAX 指数的对数收益率. 你的第一个任务是对对数收益拟合一个标准化的 t 分布 (std). 这是由下面的 R 代码完成的.

这里由代码中所定义的 loglik_std 是一个 R 函数. 这个函数返回 std 模型的负的对数似然. std 密度函数是由 fGarch 软件包中的函数 dstd 计算的. 负的对数似然, 被称为目标函数, 由函数 optim 来最小化. 使用 L-BFGS-B 方法的原因是它允许我们对参数放置上下界. 这样就可以避免可能会产生的错误, 例如, 方差参数为负. 当 optim 被调用, start 是一个初始值向量. 用 R 的帮助(help)文件可以了解更多有关 optim 的应用. 在本例中, optim 返回一个目标 fit_std. 分量 fig_std$par 包含 MLE, 分量 fig_std$value 包含目标函数的最小值.

```
data(Garch,package="Ecdat")
library("fGarch")
data(EuStockMarkets)
Y = diff(log(EuStockMarkets[,1]))  # DAX

##### std #####
loglik_std = function(x) {
    f = -sum(log(dstd(Y, x[1], x[2], x[3])))
    f}
start=c(mean(Y),sd(Y),4)
fit_std = optim(start,loglik_std,method="L-BFGS-B",
    lower=c(-.1,.001,2.1),
    upper=c(.1,1,20))
print(c("MLE =",round(fit_std$par,digits=5)))
m_logL_std = fit_std$value  # minus the log-likelihood
AIC_std = 2*m_logL_std+2*length(fit_std$par)
```

问题 6 均值、标准差和自由度参数的 MLE 是什么? AIC 的值是什么?

问题 7 修改代码以便求得有偏 t 分布的 MLE. 把修改的代码包含到你的结果中. MLE 是什么? 哪个分布被 AIC 选择, t 分布还是有偏 t 分布?

问题 8 使用 4.8 节中的方法, 计算并绘制对数收益率的密度的 TKDE. 你该用到的变换是 $g(y) = \Phi^{-1}\{F(y)\}$, 这里 F 是 t 分布, 具有从问题 6 中得到的参数估计. 把代码和图形包含到你的结果中.

问题 9 绘制对数收益率密度的 KDE、TKDE 和参数估计,都画在同一张图上. 在右尾部放大,特别是 $0.035<y<0.06$ 的区域. 比较三个密度的光滑性. TKDE 和参数估计相似吗?把图形包含到你的结果中.

5.21 习题

1. 加载 Ecdat 包中的 CRSPday 数据集,并用下面的命令得到变量的名字:

   ```
   library(Ecdat)
   data(CRSPday)
   dimnames(CRSPday)[[2]]
   ```

   使用下面的命令绘制 IBM 收益:

   ```
   r = CRSPday[,5]
   plot(r)
   ```

   用

   ```
   mode(r)
   class(r)
   ```

   来了解 IBM 收益的众数和类别. 你会看到变量 r 的类别是"ts",意思是"时间序列". 类 ts 中的数据和其他类中的数据画的很不一样. 为了理解这个事实,使用下面的命令把 IBM 收益转化为 numeric 类,再绘制它们:

   ```
   r2 = as.numeric(r)
   class (r2)
   plot(r2)
   ```

   变量 r2 包含与变量 r 相同的数据,只是 r2 的类别是 numeric.
   找到 GE、IBM 和 Mobil 的协方差矩阵、相关矩阵和均值,使用命令

   ```
   cov(CRSPday[,4:6])
   cor(CRSPday[,4:6])
   apply(CRSPday[,4:6],2,mean)
   ```

   使用你的 R 输出结果回答下列问题:
   (a) Mobil 收益的均值是多少?
   (b) GE 收益的方差是多少?
   (c) GE 和 Mobil 收益的协方差是多少?
   (d) GE 和 Mobil 收益的相关系数是多少?

2. 假定 $Y_1,\cdots,Y_n$ 是 i.i.d. 的正态分布 $N(\mu,\sigma^2)$,μ 已知,说明 σ^2 的 MLE 是
$$n^{-1}\sum_{i=1}^{n}(Y_i-\mu)^2$$

3. 说明由式(5.15)给出的 $f^*(y|\xi)$ 的积分值为 $(\xi+\xi^{-1})/2$.

4. 令 X 是均值为 μ、标准差为 σ 的随机变量.
   (a) 说明 X 的峰度等于 1 加上 $\{(X-\mu)/\sigma\}^2$ 的方差.
   (b) 说明任何随机变量的峰度至少为 1.
   (c) 说明随机变量 X 的峰度等于 1,当且仅当 $P(X=a)=P(X=b)=1/2$,对某个 $a\neq b$ 成立.

5. (a) 95% 的 $N(0,1)$ 和 5% 的 $N(0,10)$ 的正态混合分布的峰度是多少?
   (b) 求 $100p\%$ 的 $N(0,1)$ 和 $100(1-p)\%$ 的 $N(0,\sigma^2)$ 的正态混合分布的峰度公式,这里 p 和 σ 是参数. 你的公式给出的峰度应该是 p 和 σ 的函数.
   (c) 说明(b)中的正态混合分布的峰度可通过选择合适的 p 和 σ 而达到任意大. 求使得峰度是 10 000 或

更大的 p 和 σ 值.

(d) 令 $M>0$ 为任意大. 说明对任意 $p_0<1$, 无论多么接近于 1, 都有一个 $p>p_0$ 和一个 σ, 使得具有这些值的 p 和 σ 的正态混合峰度至少为 M. 这表明有一个任意接近于正态分布的正态混合分布, 但它的峰度却在任意大的值 M 之上.

6. 对气体流量数据拟合 F-S 有偏 t 分布. 数据集在文件 GasFlowData.csv 中, 可以在这本书的网站上找到这个文件. F-S 有偏 t 分布能用 R 的 fGarch 软件包的 sstdFit 函数来拟合.

7. 假定 $X_1, \cdots X_n$ 是 i.i.d. 指数分布 exponential(θ). 说明 θ 的 MLE 是 $\overline{X}$.

8. 某个地区拖欠贷款的小型企业的数量在 4 年时间中的每个月得到一个观测. 在下面的 R 程序中, 变量 y 是一个月中违约的数量, x 是被认为影响违约率的那个月的经济变量值. 函数 dpois 计算 Poisson 密度.

```
start =c(1,1)
loglik = function(theta) {-sum(log(dpois(y,lambda=theta[1]+
    theta[2]*x))))}
mle= optim(start,loglik,hessian=T)
invFishInfo = solve(mle$hessian)
options(digits=4)
mle$par
mle$value
mle$convergence
sqrt(diag(invFishInfo))
```

输出为

```
> mle$par
[1] 28.0834  0.6884
> mle$value
[1] 150.9
> mle$convergence
[1] 0
> sqrt(diag(invFishInfo))
[1] 1.8098 0.1638
```

(a) 描述这里用到的统计模型.

(b) 参数估计是什么?

(c) 求模型中参数的 95% 置信区间. 使用正态近似.

9. 在这个问题里, 你要对 BMW 的日对数收益通过最大似然来拟合一个 t 分布. 数据在数据集 bmw 里, 该数据集是 evir 包的一部分. 运行下列代码:

```
library(evir)
library(fGarch)
data(bmw)
start_bmw = c(mean(bmw),sd(bmw),4)
loglik_bmw = function(theta)
{
-sum(log(dstd(bmw,mean=theta[1],sd=theta[2],nu=theta[3])))
}

mle_bmw = optim(start_bmw, loglik_bmw, hessian=T)
FishInfo_bmw = solve(mle_bmw$hessian)
```

注意: R 代码定义的函数 loglik_bmw 是负的对数似然. 参见第 10 章来获得关于 R 中的函数的更多信息. Optim 最小化目标函数并返回 MLE(也就是 mle_bmw$ par)和其他信息, 包括目标函数的 Hessian 矩阵在 MLE 处的取值(因为 hessian= T——缺省时不返回 Hessian 矩阵).

(a) 函数 dstd 是什么, 它在什么包里?

(b) 函数 solve 做什么?

(c) 自由度参数 ν 的估计值是什么?

(d) ν 的标准误差是什么?

10. 在这个问题里, 你要对 Siemens 的日对数收益拟合一个 t 分布. 从图形上估计一下自由度参数, 然后再通过最大似然来估计. 运行下列代码, 将产生一个 3×2 概率图矩阵. 愿意的话, 还可以像 4.11.1 节那样加入参考线.

```
data(siemens)
n=length(siemens)
par(mfrow=c(3,2))
qqplot(siemens,qt(((1:n)-.5)/n,2),ylab="t(2) quantiles",
    xlab="data quantiles")
qqplot(siemens,qt(((1:n)-.5)/n,3),ylab="t(3) quantiles",
    xlab="data quantiles")
qqplot(siemens,qt(((1:n)-.5)/n,4),ylab="t(4) quantiles",
    xlab="data quantiles")
qqplot(siemens,qt(((1:n)-.5)/n,5),ylab="t(5) quantiles",
    xlab="data quantiles")
qqplot(siemens,qt(((1:n)-.5)/n,8),ylab="t(8) quantiles",
    xlab="data quantiles")
qqplot(siemens,qt(((1:n)-.5)/n,12),ylab="t(12) quantiles",
    xlab="data quantiles")
```

R 具有非凡的图形能力——参见 *An Introduction to R* 第 12 章获得更多的 R 图形内容, 特别地, 第 67 页和第 72 页分别包含了更多的关于 par 和 mfrow 的信息.

(a) 收益率与自由度为 2 的 t 分布相比, 具有更轻还是更重的尾部?

(b) 基于 QQ 图, ν 的合理的估计看起来是什么?

(c) Siemens 对数收益中, ν 的 MLE 是什么?

第 6 章
再 抽 样

6.1 引言

在统计模型中找到参数的一组估计还不够，还需要评估这些估计的不确定性．标准误差和置信区间是表达不确定性的常用方法⊖．在过去，评估不确定性有时是困难的，甚至是不可能的，特别是对于复杂的模型．幸运的是，现代计算机的运行速度以及由这个速度激发出来的统计方法论的创新在很大程度上克服了这个问题．本章我们应用计算机模拟的技术，即"自助法"(bootstrap)或"再抽样"(resampling)来求标准误差和置信区间．自助法应用非常广泛，将用在本书的全部剩余部分中．自助法是现代计算对统计学革命化的一种方式．马尔可夫链蒙特卡罗(MCMC)是另外一种方式，参见第 20 章．

"自助法"这个词是由 Bradley Efron(1979)所创造的，来源于短语"靠自身力量把自己拉起来"．

当从一个随机选择的样本计算统计量时，这些统计量是随机变量．学生经常不能理解这一事实．毕竟，$\bar{Y}$ 怎么能是随机的呢？我们只是对数据取了一下平均，因此随机在哪里？关键是这个样本仅仅是许多可能样本中的一个．每个可能的样本给出一个不同的 $\bar{Y}$ 值．这样，虽然我们仅看到一个值 $\bar{Y}$，但是它是随机地从许多可能的值中选择出来的，因此 $\bar{Y}$ 是一个随机变量．

诸如置信区间和假设检验这样的统计推断方法都是基于统计量的随机性上的预测．例如，置信区间的置信系数告诉我们，在抽取随机样本前，从这个样本建立起来的区间将要包含参数的概率．置信系数也是长期的覆盖它们的参数的区间的频率．置信区间通常是利用概率论来导出的．但是，必需的概率计算常常是棘手的，在这种情况下我们可以通过蒙特卡罗模拟来替代理论计算．

但是怎样从一个未知总体来模拟抽样呢？答案当然是：我们做不到．但是，样本是总体的一个很好的代表，我们可以用从样本中抽样来模拟从总体中抽样，这就称为**再抽样**(resampling)．

每个再抽样与原样本具有相同的样本量 n．原因是我们正在试图模拟原样本，因此我们想要再抽样与原样本尽可能相似．**自助近似**(bootstrap approximation)指的是通过再抽

⊖ 参见 A.16.2 节和 A.17 节中对标准误差和置信区间的介绍．

样的抽样过程的近似.

有两种基本的再抽样方法，即无模型的和基于模型的，它们也分别被称为非参数的和参数的. 在本章中，假定有一个来自于某个总体的 i.i.d. 样本. 对于不独立的数据，再抽样需要不同的技术，将会在 10.5 节来讨论.

在**无模型再抽样**(model-free resampling)中，再抽样是从原样本中放回抽取. 为什么要放回呢？原因是仅仅通过放回抽样才能给出独立的观测，我们想要再抽样恰如原样本那样是 i.i.d. 的. 事实上，如果再抽样是不放回抽取，那么每个再抽样将会与原样本一模一样，因此再抽样将不显示随机变化. 这当然不是很令人满意的.

基于模型的再抽样(model-based resampling)不从原样本中抽样，而是假定原样本是从一个密度参数族 $\{f(y|\boldsymbol{\theta}): \boldsymbol{\theta}\in\boldsymbol{\Theta}\}$ 中 i.i.d. 抽取的，因此，对于一个未知的 $\boldsymbol{\theta}$ 值，$f(y|\boldsymbol{\theta})$ 是总体密度. 再抽样是从密度 $f(y|\hat{\boldsymbol{\theta}})$ 中 i.i.d. 来抽取，这里 $\hat{\boldsymbol{\theta}}$ 是参数向量 $\boldsymbol{\theta}$ 的某个估计.

再抽样的样本量一般应该很大，具体多大取决于具体情况，后面还要更充分地讨论这一点. 有时候要用几千甚至好几万次再抽样. 令 B 表示再抽样的个数.

当阅读下面的章节时，记住再抽样过程中，原样本扮演总体的角色，因为再抽样取自原样本. 来自于样本的估计扮演着真实总体参数的角色.

6.2 偏差、标准差和 MSE 的自助法估计

令 θ 是一维参数，令 $\hat{\theta}$ 是 θ 取自这个样本的估计，令 $\hat{\theta}_1^*, \cdots, \hat{\theta}_B^*$ 是从 B 个再抽样中得到的估计. 同时，定义 $\overline{\hat{\theta}^*}$ 是 $\hat{\theta}_1^*, \cdots, \hat{\theta}_B^*$ 的均值. 星号表示统计量是由再抽样计算来的.

$\hat{\theta}$ 的偏差定义为 $\mathrm{BIAS}(\hat{\theta})=E(\hat{\theta})-\theta$. 由于期望是总体的平均，它由再抽样的平均来估计，偏差的自助法估计是

$$\mathrm{BIAS}_{\mathrm{boot}}(\hat{\theta}) = \overline{\hat{\theta}^*} - \hat{\theta} \tag{6.1}$$

注意，与前一节中最后一段讨论的一样，在偏差的自助法估计中，未知总体参数由样本的估计 $\hat{\theta}$ 来代替. $\hat{\theta}$ 的自助法标准误差是 $\hat{\theta}_1^*, \cdots, \hat{\theta}_B^*$ 的样本标准差，即

$$s_{\mathrm{boot}}(\hat{\theta}) = \sqrt{\frac{1}{B-1}\sum_{b=1}^{B}(\hat{\theta}_b^* - \overline{\hat{\theta}^*})^2} \tag{6.2}$$

$s_{\mathrm{boot}}(\hat{\theta})$ 估计 $\hat{\theta}$ 的标准差.

$\hat{\theta}$ 的均方误差(MSE)是 $E(\hat{\theta}-\theta)^2$，由

$$\mathrm{MSE}_{\mathrm{boot}}(\hat{\theta}) \approx \frac{1}{B}\sum_{b=1}^{B}(\hat{\theta}_b^* - \hat{\theta})^2$$

来估计. 与偏差的估计一样，当估计 MSE 时，未知的 θ 由 $\hat{\theta}$ 来代替. MSE 既反映偏差也反映可变性，事实上，

$$\mathrm{MSE}_{\mathrm{boot}}(\hat{\theta}) \approx \mathrm{BIAS}_{\mathrm{boot}}^2(\hat{\theta}) + s_{\mathrm{boot}}^2(\hat{\theta}) \tag{6.3}$$

如果在式(6.1)的分母中用 B 而不用 $B-1$，那么式(6.3)就应该是一个等式，而不是近似. 由于 B 通常很大，近似的误差通常是很小的.

6.2.1 自助法 t 分布的 MLE

计算 MLE 的函数，例如，R 中的 `fitdistr`，经常还计算 MLE 的标准误差，连同估计本身一起. 标准误差理论上由"渐近"或"大样本"近似来证明，称为最大似然估计量的

CLT(中心极限定理)⊖. 近似仅在样本量增大到∞时才变成准确的. 由于样本量总是有限的, 我们则不能确定标准误差的精度. 由自助法计算标准误差可以用来检查一个大样本近似的精度, 见下面的例子.

例 6.1 自助 GE 日收益.

本例使用从 1969 年 1 月 3 日到 1998 年 12 月 31 日的 GE 日收益数据, 在 R 的 Ecdat 软件包的 CRSPday 数据集. 样本量为 2528, 再抽样数为 $B=1000$. 使用 R 中的 fitdistr 函数来拟合 t 分布, 并且使用了无模型自助法. 表 6-1 中的第一行和第三行是由 fitdistr 返回的估计和标准误差, 它使用了观测 Fisher 信息来计算标准误差. 第二和第四行是来于自助法的结果. "估计"和"自助法均值"的差是偏差的自助法估计——它们直到 3 个有效数位都是 0, 因此本例中的偏差似乎可忽略. 当样本量是几千的时候小的甚至可以忽略的偏差是常见的, 就像这个例子一样.

表 6-1 对 2528 个 GE 日收益拟合 t 分布得到的估计. "Estimate" = MLE. "SE"是由 R 函数 fitdistr 返回的观测 Fisher 信息的标准误差. "自助法均值"和"自助法 SE"是来自于 1000 个自助法样本的最大似然估计的样本均值和标准差. ν 是自由度参数. 这里使用的是无模型自助法

	μ	σ	ν
估计	0.000 873	0.0112	6.34
自助法均值	0.000 873	0.0112	6.34
SE	0.000 254	0.000 259	0.73
自助法 SE	0.000 257	0.000 263	0.81

请放心"SE"和"自助法 SE"基本吻合, 如表 6-1 所示. 这说明两个都是参数估计的不确定性的可靠估计. 这种紧密一致性对于样本量如此大时可能性很大. ■

例 6.2 自助法 GE 日收益, 接上例.

为了说明样本量较小时的自助法, 现在仅使用前 250 个 GE 日收益, 大约是第一年的数据. 自助法样本量为 1000. 结果如表 6-2 所示. 对于 μ 和 s, 表 6-1 和表 6-2 的结果是类似的, 虽然表 6-2 中的标准误差大一点, 这当然是由更小的样本量引起的. 对于参数 ν, 表 6-2 的结果在两个方面区别于表 6-1. 首先, 估计和自助法均值的差大于 1, 这是可能存在一些偏差的迹象. 其次, 自助法标准差是 2.99, 远大于 SE, SE 仅为 1.97. 这暗示基于大样本理论的 SE, 特别地, MLE 的 CLT, 不是参数 ν 的不确定性的准确量度, 至少对于小样本不行.

表 6-2 对前 250 个 GE 日收益 t 分布拟合的估计. 记号同表 6-1. 这里使用的是非参数自助法

	μ	σ	ν
估计	0.001 42	0.010 55	5.51
自助法均值	0.001 46	0.010 67	6.81
SE	0.000 767	0.000 817	1.97
自助法 SE	0.000 777	0.000 849	2.99

使用表 6-2 中的结果, μ 的平方偏差为 $(0.001\ 42 - 0.001\ 46)^2 = 1.6 \times 10^{-9}$, 方差是

⊖ 参见 5.10 节.

$(0.000\ 777)^2 = 6.04 \times 10^{-7}$. 这样, 偏差对 MSE 的贡献很小, MSE 几乎完全是由方差产生的. 对于 ν, 平方偏差为 $(5.51-6.81)^2=1.69$, 方差是 $(2.99)^2=8.94$, MSE 是 $1.69+8.94=10.63$. 平方偏差仍比方差小, 但是偏差不可忽略不计.

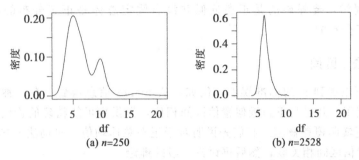

图 6-1 (a)使用前 250 个 GE 日收益得到的 df 的 1000 个自助法估计的核密度估计和(b)使用所有 2528 个 GE 收益得到的结果. R 的 density 函数使用了缺省带宽来建立估计

为了洞悉这两个表格中 ν 的结果不一致的原因, 图 6-1 绘制了两个自助法样本的核密度估计. 我们看到在具有更小样本量的图 6-1a 中, 密度是双峰的并有明显的右偏. 而完整样本的密度是单峰的并且有更小的偏度.

像 ν 这样的尾重参数是难于估计的, 除非样本量数以千计. 小一点的样本量, 例 250, 就没有足够的极端观测值来获得尾重参数的精确估计. 这个问题已经由自助法很好地解释. 极端观测值的数量对于不同的自助法样本是不同的. 具有更小极端值的自助法样本会有更大的 ν 估计值, 因为大的值 ν 对应细尾.

但是, 即使仅有 250 个观测, 例如, 对于 GE 日收益, ν 可以被估计得足够精确以表明 ν 很可能小于 13, 即 ν 的自助法分布的第 98 百分位数. 因此, 自助法提供强有力的证据表明, 对应于 $\nu=\infty$ 的正态模型不会与 t 模型一样令人满意.

由 MLE 的 CLT, 我们知道对于足够大的 n, MLE 差不多服从于正态分布. 但是这个理论并没告诉我们多大才足够大. 为了回答那个问题, 可以使用自助法. 我们已看到 $n=250$ 对于 $\hat{\nu}$ 接近正态还不够, 同时, 虽然 $n=2528$ 已经大得使自助法分布是单峰的, 但是当 $n=2528$ 还是有一些右偏. ■

6.3 自助法置信区间

除了运用于估计偏差和求标准误差, 自助法还广泛地运用于建立置信区间. 有许多自助法置信区间, 并且有些还很精致. 我们只能描述几个, 更多的信息读者可参考 6.4 节.

除了在某些简单的情况下, 置信区间是基于像 MLE 的 CLT 这样的近似. 自助法是基于所使用样本的总体概率分布的近似. 当置信区间使用近似时, 有两个覆盖概率, 名义上规定的一个和实际上未知的一个. 只有对不使用近似的精确置信区间来说, 这两个概率才是相同的. 关于置信区间的"精度", 指的是名义上和实际上覆盖概率之间的一致程度.

6.3.1 正态近似区间

令 $\hat{\theta}$ 是 θ 的估计, 令 $s_{\text{boot}}(\hat{\theta})$ 是由式(6.2)给出的标准误差的估计. 那么 θ 的正态理论置信区间是

$$\hat{\theta} \pm s_{\text{boot}}(\hat{\theta}) z_{\alpha/2} \tag{6.4}$$

这里 $z_{\alpha/2}$ 是正态分布的 $\alpha/2$ 上分位数. 当 $\hat{\theta}$ 是 MLE 时, 这个区间与式(5.20)本质上是一样的, 只是在求标准误差时使用的是自助法而不是 Fisher 信息.

为了避免混淆, 要强调的是正态近似并没有假定总体是正态分布的, 而只是根据 CLT, $\hat{\theta}$ 是正态分布的.

6.3.2 自助法 t 区间

人们经常可以得到 $\hat{\theta}$ 的标准误差, 例如, 从 Fisher 信息得到. 在这种情况下, 自助法 t 方法可以使用, 并且与正态近似置信区间相比, 提供更可能精确的置信区间, 即名义覆盖概率更接近实际覆盖概率. 我们先说明对于正态总体均值, 自助法 t 方法是如何与通常的基于 t 的置信区间相关联, 然后再讨论一般的理论.

总体均值的置信区间

假定想要建立一个基于随机样本的总体均值的置信区间. 首先从所谓的"t 统计量"开始[⊖], 即

$$t = \frac{\mu - \overline{Y}}{s/\sqrt{n}} \tag{6.5}$$

t 的分母 $s/\sqrt{n}$ 就是均值的标准误差, 因此分母估计了分子的标准差.

如果从一个正态分布的总体中抽样, 那么 t 的概率分布是自由度为 $n-1$ 的 t 分布, 这是众所周知的. 使用 5.5.2 节的记号, 记 $t_{\alpha/2, n-1}$ 为 $\alpha/2$ 上 t 值, 即这个分布的 $\alpha/2$ 上分位数. 因此, 式(6.5)中的 t 超过 $t_{\alpha/2, n-1}$ 的概率为 $\alpha/2$. 由于 t 分布的对称性, t 小于 $-t_{\alpha/2, n-1}$ 的概率仍为 $\alpha/2$.

因此, 对于正态分布数据,

$$-t_{\alpha/2, n-1} \leqslant t \leqslant t_{\alpha/2, n-1} \tag{6.6}$$

的概率是 $1-\alpha$. 把式(6.5)代入式(6.6), 稍加计算可发现

$$1 - \alpha = P\left\{ \overline{Y} - t_{\alpha/2, n-1} \frac{s}{\sqrt{n}} \leqslant \mu \leqslant \overline{Y} + t_{\alpha/2, n-1} \frac{s}{\sqrt{n}} \right\} \tag{6.7}$$

这表明

$$\overline{Y} \pm \frac{s}{\sqrt{n}} t_{\alpha/2, n-1}$$

是 μ 的 $1-\alpha$ 置信区间, 假定是正态分布数据. 这是由式(A.44)给出的置信区间. 注意在式(6.7)中, 随机变量是 $\overline{Y}$ 和 s, μ 是固定的.

如果不是从正态分布中抽样呢? 在这种情况下, 由式(6.5)定义的 t 的分布不再是 t 分布, 而是我们不知道的其他分布. 有两个问题: 第一, 我们不知道总体的分布; 第二, 即使总体的分布是已知的, 从总体的分布来得到 t 统计量的分布的概率计算也是困难的. 只有在正态总体下才能完成这个计算. 鉴于这两个问题的难度, 我们还能得到置信区间吗? 答案是"是的, 通过再抽样".

从来自于原始样本的一个大的数, 如 B 个, 再抽样开始. 令 $\overline{Y}_{\text{boot}, b}$ 和 $s_{\text{boot}, b}$ 分别是第

⊖ 事实上, t 还不能称为统计量, 因为它依赖于未知的参数 μ, 而由定义, 一个统计量仅仅依赖于样本, 而不依赖于未知参数. 但是, "t 统计量"这个术语很普遍, 这里也使用它.

$b(b=1,\cdots,B)$ 个再抽样的样本均值和标准差，令 $\overline{Y}$ 是原始样本均值. 定义

$$t_{\text{toot},b} = \frac{\overline{Y} - \overline{Y}_{\text{boot},b}}{s_{\text{boot},b}/\sqrt{n}} \tag{6.8}$$

注意除了两处改变之外，$t_{\text{boot},b}$ 与 t 的定义方式相同. 第一，t 中的 $\overline{Y}$ 和 s 由 $t_{\text{boot},b}$ 中的 $\overline{Y}_{\text{boot},b}$ 和 $s_{\text{boot},b}$ 所代替. 第二，t 中的 μ 由 $t_{\text{boot},b}$ 中的 $\overline{Y}$ 所代替. 最后一点有点微妙，使用的是 6.1 节结束时所描述的原则——再抽样把原始样本当作总体. 因此，对于再抽样，总体均值是 $\overline{Y}$!

因为再抽样是互相独立的，集 $t_{\text{boot},1}$，$t_{\text{boot},2}$，$\cdots$ 可被当作来自于 t 统计量的分布的随机样本. 算出 B 个 $t_{\text{boot},b}$ 值之后，每个再抽样算出一个来，我们求这些 $t_{\text{boot},b}$ 值的 $\alpha/2$ 下分位数和上分位数，称它们为百分位数 t_L 和 t_U.

如果原始样本是有偏的，没有理由猜想 $\alpha/2$ 下分位数就是负 $\alpha/2$ 上分位数，就像 t 分布这样的对称总体一样. 换句话说，我们不一定期望 $t_L = -t_U$. 但是，这个事实不会有影响，因为自助法允许在不假定它们之间的任意关系下估计 t_L 和 t_U. 现在把式(6.7)置信区间中的 $-t_{\alpha/2,n-1}$ 和 $t_{\alpha/2,n-1}$ 分别用 t_L 和 t_U 来代替. 最后，μ 的自助法置信区间是

$$\left(\overline{Y} + t_L \frac{s}{\sqrt{n}}, \overline{Y} + t_U \frac{s}{\sqrt{n}}\right) \tag{6.9}$$

在式(6.9)中，$\overline{Y}$ 和 s 是原始样本的均值和标准差，只有 t_L 和 t_U 是通过 B 个自助法再抽样计算的.

自助法已经解决了上面提到的两个问题. 我们不必知道总体分布，因为我们可以由样本来估计它. 样本不是一个概率分布. 要做的是从样本创建一个概率分布，称为**经验分布**（empirical distribution），通过赋予每个观测 $1/n$ 的概率，这里 n 是样本量. 此外，不必用概率论来计算 t 统计量的分布. 相反，可以从经验分布来模拟它.

一般参数的置信区间

创建 μ 的 t 置信区间的方法可被推广到其他参数上. 令 $\hat{\theta}$ 和 $s(\hat{\theta})$ 是从样本计算的 θ 和它的标准误差的估计. 令 $\hat{\theta}_b^*$ 和 $s_b(\hat{\theta})$ 是来自于第 b 个自助法样本的相同的量. 那么第 b 个自助法 t 统计量是

$$t_{\text{boot},b} = \frac{\hat{\theta} - \hat{\theta}_b^*}{s_b(\hat{\theta})} \tag{6.10}$$

同估计总体均值时一样，令 t_L 和 t_U 是这些 t 统计量的 $\alpha/2$ 下和上样本分位数. 那么 θ 的置信区间是

$$(\hat{\theta} + t_L s(\hat{\theta}), \hat{\theta} + t_U s(\hat{\theta}))$$

由于

$$1 - \alpha \approx P\left\{t_L \leqslant \frac{\hat{\theta} - \hat{\theta}_b^*}{s_b(\hat{\theta})} \leqslant t_U\right\} \tag{6.11}$$

$$\approx P\left\{t_L \leqslant \frac{\theta - \hat{\theta}}{s(\hat{\theta})} \leqslant t_U\right\} \tag{6.12}$$

$$= P\{\hat{\theta} + t_L s(\hat{\theta}) \leqslant \theta \leqslant \hat{\theta} + t_U s(\hat{\theta})\}$$

式(6.11)中的近似来自于蒙特卡罗误差，可以通过选择大的 B 来减少误差. 式(6.12)中的近似来自于使用经验分布的总体分布的自助法近似. 第二个近似的误差不依赖于 B，只有当样本量 n 变大时才会变小. 虽然一般地，我们不能控制样本量，但幸运的是，在金融工

程中样本量通常很大.

6.3.3 基本的自助法区间

令 q_L 和 q_U 分别是 $\hat{\theta}_1^*, \cdots, \hat{\theta}_B^*$ 的 $\alpha/2$ 下样本分位数和上样本分位数. 满足

$$q_L \leqslant \hat{\theta}_b^* \leqslant q_U \tag{6.13}$$

的自助法估计的比率是 $1-\alpha$. 但是式(6.13)在代数上等价于

$$\hat{\theta} - q_U \leqslant \hat{\theta} - \hat{\theta}_b^* \leqslant \hat{\theta} - q_L \tag{6.14}$$

使得 $\hat{\theta} - q_U$ 和 $\hat{\theta} - q_L$ 分别是 $\hat{\theta} - \hat{\theta}_b^*$ 分布的下分位数和上分位数. 基本的自助法区间使用它们作为 $\theta - \hat{\theta}$ 分布的下分位数和上分位数. 使用自助法近似,假定

$$\hat{\theta} - q_U \leqslant \theta - \hat{\theta} \leqslant \hat{\theta} - q_L \tag{6.15}$$

在样本中以 $1-\alpha$ 的比率发生. 式(6.15)的每一项加上 $\hat{\theta}$ 后,得到 $2\hat{\theta} - q_U \leqslant \theta \leqslant 2\hat{\theta} - q_L$,因此

$$(2\hat{\theta} - q_U, 2\hat{\theta} - q_L) \tag{6.16}$$

作为 θ 的一个置信区间. 式(6.16)所示区间有时称为基本自助法区间.

6.3.4 百分位数置信区间

有几个基于所谓的百分位数方法的自助法置信区间. 这里只详细讨论一个基本的百分位数区间.

同 6.3.3 节一样,令 q_L 和 q_U 分别是 $\hat{\theta}_1^*, \cdots, \hat{\theta}_B^*$ 的 $\alpha/2$ 下样本分位数和上样本分位数. 基本的百分位置信区间是简单的

$$(q_L, q_U) \tag{6.17}$$

由式(6.13),这个区间中包含 $\hat{\theta}_b^*$ 值的比例是 $1-\alpha$. 这个区间可以通过假定 $\hat{\theta}^*$ 的分布关于 $\hat{\theta}$ 对称来证明. 这个假定意味着对于某个 $C>0$,$q_L = \hat{\theta} - C$ 和 $q_U = \hat{\theta} + C$. 那么 $2\hat{\theta} - q_U = q_L$ 和 $2\hat{\theta} - q_L = q_U$,因此基本的自助法区间(6.16)与基本的百分位数区间(6.17)是一致的.

如果 $\hat{\theta}^*$ 的分布不关于 $\hat{\theta}$ 对称呢?幸运的是,我们并不会失去所有的结果. 同 4.6 节讨论的一样,随机变量常常能够转换为一个对称分布. 因此,现在仅假定对于某个单调增加的函数 g,$g(\hat{\theta}^*)$ 的分布关于 $g(\hat{\theta})$ 对称. 正如我们将看到的,这个较弱的假定就是需要用来证明基本的百分位数区间的全部. 因为 g 是严格单调增加的,并且分位数是遵守变换的[⊖],$g(q_L)$ 和 $g(q_U)$ 分别是 $g(\hat{\theta}_1^*), \cdots, g(\hat{\theta}_B^*)$ 的 $\alpha/2$ 下样本分位数和上样本分位数,$g(\theta)$ 的基本百分位数置信区间是

$$\{g(q_L), g(q_U)\} \tag{6.18}$$

现在,如果式(6.18)以概率 $1-\alpha$ 覆盖 $g(\theta)$,那么,因为 g 是单调增加的,所以式(6.17)以概率 $1-\alpha$ 覆盖 θ. 这就证明了百分位区间,至少愿意假定一个对称变换存在. 注意只要假定这样的 g 存在,而不是已知. g 的任何知识都是不必要的,由于 g 并不用作构造百分位数区间.

基本的百分位数方法很简单,但是并不被认为是非常准确的,除非有大样本量. 百分位数方法有两个问题. 第一个是无偏性的假定. 基本的百分位数区间不仅假定 $g(\hat{\theta}^*)$ 是

⊖ 参见附录 A.2.2.

对称分布的，而且是关于 $g(\hat{\theta})$ 对称的，而不是 $g(\hat{\theta})$ 加上一些偏差。大部分估计量满足 CLT，例如，样本分位数的 CLT 以及 4.3.1 节和 5.10 节中的 MLE 的 CLT。因此，在足够大的样本中，偏差变得可忽略。但是在实践中样本量可能并不是充分大的，同时偏差会引起名义上和实际上的覆盖概率不同。

第二个问题是 $\hat{\theta}$ 可能有一个非常数方差，称为异方差性的问题。如果 $\hat{\theta}$ 是 MLE，那么 $\hat{\theta}$ 的方差是（至少近似地是）Fisher 信息的倒数，而 Fisher 信息不一定是常数——它通常依赖于 θ。例如，当对正态均值构造置信区间时，s 被用来代替未知的 σ，因此没有使用 $\overline{Y}$ 的精确方差。使用理论 t 分位数的置信区间，以及自助法 t 置信区间，都修正了 s 中估计误差的影响。基本的百分位数方法不做这样的修正。$\hat{\theta}$ 的非常数方差的影响也随着大的样本量而变小，但在实践中可能是不容忽略的。

更精细的百分位数方法能够修正偏差和异方差性。BC_a 和 ABC（近似自助法置信）百分位数区间就是常用的改进的百分位数区间。名字"BC_a"和"BC"的意思是"偏差修正"，"a"意思是"加速的"，是指方差随 θ 变化的速度。BC_a 方法自动估计偏差和方差变化的速度，然后做出合适的调整。BC_a 和 ABC 区间背后的理论超过了本书的讨论范围，但可以在 6.4 节的参考文献中找到关于它的讨论。BC_a 和 ABC 方法已经应用于像 R 的 bootstrap 软件包这样的统计软件中，函数 bcanon、abcpar 和 abcnon 分别实现非参数 BC_a、参数 ABC 和非参数 ABC 区间。

例 6.3 一个基于分位数的尾重参数的置信区间。

5.8 节中提到，量化尾重的基于分位数的参数可以被定义为两个尺度参数的比值：

$$\frac{s(p_1, 1-p_1)}{s(p_2, 1-p_2)} \tag{6.19}$$

这里

$$s(p_1, p_2) = \frac{F^{-1}(p_2) - F^{-1}(p_1)}{a}$$

a 是一个正常数，不影响式(6.19)的比值，因此可以被忽略，$0 < p_1 < p_2 < 1/2$。我们称式(6.19)为 quKurt。不使用自助法去求 quKurt 的置信区间可能是一项艰巨的任务。但是用它就很简单了。在本例中，我们将要求 quKurt 的 BC_a 置信区间。参数是用这个 R 函数的样本 y 计算得到的，它的缺省值为 $p_1 = 0.025$，$p_2 = 0.25$：

```
quKurt = function(y,p1=0.025,p2=0.25)
{
Q = quantile(y,c(p1,p2,1-p2,1-p1))
(Q[4]-Q[1]) / (Q[3]-Q[2])
}
```

使用了 $B = 5000$ 时 bootstrap 软件包中的 bcanon 函数求出了 BC_a 区间。随机数发生器的种子是固定的，因此这些结果可被复制。

```
library("fEcofin")      #  for bmw return data
library("bootstrap")
set.seed("5640")
bca_kurt= bcanon(bmwRet[,2],5000,quKurt)
bca_kurt$confpoints
```

输出结果给出了各种各样的置信限。

```
> bca_kurt$confpoints
     alpha bca point
[1,] 0.025  4.069556
[2,] 0.050  4.104389
[3,] 0.100  4.144039
[4,] 0.160  4.175559
[5,] 0.840  4.412947
[6,] 0.900  4.449079
[7,] 0.950  4.498149
[8,] 0.975  4.538596
```

上面的结果显示，例如，90%的BC_a置信区间是(4.10, 4.50). 作为参考，任意正态分布的quKurt等于2.91，因此，这些数据具有比高斯分布更重的尾部，至少用quKurt测量是这样．

例 6.4 两个基于分位数比值的尾重参数的置信区间．

这个例子使用fEcofin包中关于中型股股票收益的midcapD.ts数据集．这个数据集中的两只股票是LSCC和CSGS. 图6-2是比较了来自这两家公司的收益的QQ图，看起来LSCC收益比CSGS收益具有更轻的尾部．对于LSCC和CSGS, quKurt的值分别是2.91和4.13，这两个值的比为0.704. 这进一步证明，LSCC收益具有更少的尾重．对于LSCC和CSGS的quKurt比值的BC_a置信区间，可以使用下列R程序来求得．

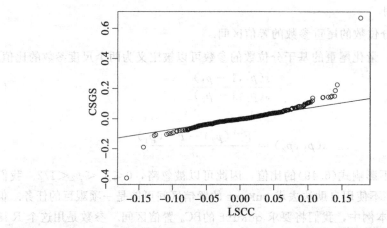

图6-2 midcapD.ts数据集中两股票收益的QQ图．参考线穿过第一和第三四分位数

```
library("fEcofin")
data(midcapD.ts)
attach(midcapD.ts)
qqplot(LSCC,CSGS)
n=length(LSCC)
quKurt = function(y,p1=0.025,p2=0.25)
{
Q = quantile(y,c(p1,p2,1-p2,1-p1))
as.numeric((Q[4]-Q[1]) / (Q[3]-Q[2]))
}
compareQuKurt = function(x,p1=0.025,p2=0.25,xdata)
{
quKurt(xdata[x,1],p1,p2)/quKurt(xdata[x,2],p1,p2)
}
quantKurt(LSCC)
```

```
quantKurt(CSGS)
xdata=cbind(LSCC,CSGS)
compareQuKurt(1:n,xdata=xdata)
library("bootstrap")
set.seed("5640")
bca_kurt= bcanon((1:n),5000,compareQuKurt,xdata=xdata)
bca_kurt$confpoints
```

函数 compareQuKurt 计算一个 quKurt 比值. 函数 bcanon 被设计为自助法一个向量, 但是这个例子中用的是两列矩阵的两变量数据. 为了自助法多变量数据, 在 R 的帮助中有 bcanon 的一个技巧——自助法从 1 到 n 的整数, n 是样本量. 再抽样 $1, \cdots, n$ 允许再抽样行数据向量.

quKurt 比值的 95% 置信区间是 0.568 到 0.924, 因此, 以 95% 的置信度得出 LSCC 有较小的 quKurt 值的结论.

```
> bca_kurt$confpoints
     alpha bca point
[1,] 0.025 0.5675610
[2,] 0.050 0.5941584
[3,] 0.100 0.6230570
[4,] 0.160 0.6462355
[5,] 0.840 0.8049214
[6,] 0.900 0.8338403
[7,] 0.950 0.8639597
[8,] 0.975 0.9236320
```

6.4 文献注记

Efron(1979)引入"自助法"的名字并做了很多推广再抽样的方法. Efron 和 Tibshirani (1993)、Davison 和 Hinkley (1997)、Good (2005) 和 Chernick (2007) 是自助法的介绍, 讨论了许多这里没有处理的内容, 包括 BC_a 和 ABC 置信区间方法背后的理论. R 的软件包 bootstrap 由它的作者描述为 "Efron 和 Tibshirani (1993) 的函数", 此包包含了本书中用到的数据集. R 的软件包 boot 是最近的再抽样函数集, 以及伴随 Davison 和 Hinkley (1997) 的数据集.

6.5 参考文献

Chernick, M. R. (2007) *Bootstrap Methods: A Guide for Practitioners and Researchers,* 2nd ed., Wiley-Interscience, Hoboken, NJ.

Davison, A. C., and Hinkley, D. V. (1997) *Bootstrap Methods and Their Applications,* Cambridge University Press, Cambridge.

Efron, B. (1979) Bootstrap methods: Another look at the jackknife. *Annals of Statistics,* **7**, 1–26.

Efron, B., and Tibshirani, R. (1993) *An Introduction to the Bootstrap,* Chapman & Hall, New York.

Good, P. I. (2005) *Resampling Methods: A Practical Guide to Data Analysis,* 3rd ed., Birkhauser, Boston.

6.6 R 实验室

BMW 收益

这个实验室使用从 1973 年 1 月 3 日到 1996 年 7 月 23 日 BMW 股票的 6146 个日收益数据集. 运行下列代码对收益来拟合一个有偏的 t 分布并用 QQ 图来检查拟合度.

```
library("fEcofin")       # for bmw return data
library("fUtilities")    # for kurtosis and skewness functions
library("fGarch")        # for skewed t functions
n = dim(bmwRet)[1]

kurt = kurtosis(bmwRet[,2],method="moment")
skew = skewness(bmwRet[,2],method="moment")
fit_skewt = sstdFit(bmwRet[,2])

q.grid = (1:n)/(n+1)
qqplot(bmwRet[,2], qsstd(q.grid,fit_skewt$estimate[1],
    fit_skewt$estimate[2],
    fit_skewt$estimate[3],fit_skewt$estimate[4]),
    ylab="skewed-t quantiles" )
```

问题 1 ν 的 MLE 是什么？具有 ν 值的 t 分布有有限的偏度和峰度吗？

由于基于第 4 个中心矩的峰度系数对某些分布是无限的，现在定义基于分位数的峰度:

$$\text{quantKurt}(F) = \frac{F^{-1}(1-p_1) - F^{-1}(p_1)}{F^{-1}(1-p_2) - F^{-1}(p_2)}$$

这里 F 是一个 CDF, $0 < p_1 < p_2 < 1/2$. 典型地, p_1 接近于 0, 因此分子对尾重敏感; p_2 大得多, 测量在分布中心的分散程度. 因为 quantKurt 的分子和分母都是两个分位数的差, 它们与位置无关, 因此是尺度参数. 此外, 因为 quantKurt 是两个尺度参数的比值, 它与尺度无关, 因此是一个形状参数. 一个典型的例子是 $p_1 = 0.025$, $p_2 = 0.25$. quantKurt 通过把总体分位数换成样本分位数来估计.

问题 2 编写一个 R 程序, 绘制作为 ν 函数的 t 分布的 quantKurt 图. 使用 $p_1 = 0.025$, $p_2 = 0.25$. 令 ν 从 1 到 10 取值, 增量是 0.25. 把图和 R 代码包含到你的成果中. 如果想别致一点, 那么在调用 plot 时标记坐标轴 xlab= expression(nu), 就会把 ν 放置在 x 轴.

运行下列代码, 它定义一个函数来计算 quantKurt 并对 BMW 收益自助法这个函数. 注意, 自助法中用到的 p_1 和 p_2 被赋予缺省值, 抽取了无模型和基于模型的两个自助法样本.

```
quantKurt = function(y,p1=0.025,p2=0.25)
{
    Q = quantile(y,c(p1,p2,1-p2,1-p1))
    k = (Q[4]-Q[1]) / (Q[3]-Q[2])
    k
}
nboot = 5000
ModelFree_kurt  = rep(0,nboot)
```

```
ModelBased_kurt = rep(0,nboot)

set.seed("5640")
for (i in 1:nboot)
{
    samp_ModelFree = sample(bmwRet[,2],n,replace = TRUE)
    samp_ModelBased = rsstd(n,fit_skewt$estimate[1],
      fit_skewt$estimate[2],
      fit_skewt$estimate[3],fit_skewt$estimate[4])
    ModelFree_kurt[i] = quantKurt(samp_ModelFree)
    ModelBased_kurt[i]= quantKurt(samp_ModelBased)
}
```

问题 3 绘制 ModelFree_kurt 和 ModelBased_kurt 的 KDE. 同时, 并排画出这两个样本的箱形图. 叙述基于模型的和无模型的结果的主要区别. 把图包含到你的成果中.

问题 4 使用基于模型的和无模型的自助法求 quantKurt 的 90% 百分位法自助法置信区间.

问题 5 BC_a 置信区间可用 R 的 bootstrap 软件包中的函数 bcanon 来构造. 求 quantKurt 的 90% BC_a 置信区间. 使用 5000 个再抽样. 把 BC_a 区间和问题 4 中的无模型百分位数区间进行对比. 把 R 代码包含到你的成果中.

6.7 习题

1. 为了估计一只股票的风险, 抽取了 50 个对数收益样本, s 是 0.31. 为了得到 σ 的置信区间, 抽取了 10 000 个再抽样. 令 $s_{b,\text{boot}}$ 是第 b 个再抽样的样本标准差. 10 000 个 $s_{b,\text{boot}}/s$ 值被排序, 下面的表格包含了挑选出来的从小到大排序后的 $s_{b,\text{boot}}/s$ 值(因此第一名是最小的, 以此类推). 求 σ 的 90% 置信区间.

排序	$s_{b,\text{boot}}/s$ 值
250	0.52
500	0.71
1000	0.85
9000	1.34
9500	1.67
9750	2.19

2. 在下列 R 程序中, 再抽样被用来估计向量 x 和向量 y 中变量之间的样本相关系数的偏差和方差.

```
samplecor = cor(x,y)
n = length(x)
nboot = 5000
resamplecor = rep(0,nboot)
for (b in (1:nboot))
{
ind = sample(1:n,replace=TRUE)
resamplecor[b] = cor(x[ind],y[ind])
}
samplecor
mean(resamplecor)
sd(resamplecor)
```

输出为

```
> n
[1] 20
> samplecor
[1] 0.69119
> mean(resamplecor)
[1] 0.68431
> sd(resamplecor)
[1] 0.11293
```

(a)估计样本相关系数的偏差.

(b)估计样本相关系数的标准差.

(c)估计样本相关系数的 MSE.

(d)MSE 的多少是由于偏差造成的？偏差有多严重？应该做点什么来减小偏差吗？解释你的答案.

3. 下列 R 被用于自助法样本标准差.

```
( code to read the variable x )
sampleSD = sd(x)
n = length(x)
nboot = 15000
resampleSD = rep(0,nboot)
for (b in (1:nboot))
{
resampleSD[b] = sd(sample(x,replace=TRUE))
}
options(digits=4)
sampleSD
mean(resampleSD)
sd(resampleSD)
```

输出为

```
> sampleSD
[1] 1.323
> mean(resampleSD)
[1] 1.283
> sd(resampleSD)
[1] 0.2386
```

(a)估计 x 的样本标准差的偏差.

(b)估计 x 的样本标准差的均方误差.

第7章
多元统计模型

7.1 引言

通常我们不仅仅对一个单个的随机变量感兴趣,而是对几个变量的联合行为感兴趣,例如,几个资产收益和市场指数. 多元分布描述这样的联合行为. 本章介绍使用多元分布建模金融市场数据. 对于多元分布的预备知识较少的读者可在阅读本章前回顾一下 A.12~A.14 节.

7.2 协方差和相关矩阵

令 $\boldsymbol{Y}=(Y_1,\cdots,Y_d)^{\mathrm{T}}$ 是一个随机向量. 我们定义 $\boldsymbol{Y}$ 的期望向量是

$$E(\boldsymbol{Y}) = \begin{bmatrix} E(Y_1) \\ \vdots \\ E(Y_d) \end{bmatrix}$$

$\boldsymbol{Y}$ 的**协方差矩阵**(covariance matrix)是由第 (i,j) 个元素是 $\mathrm{Cov}(Y_i,Y_j)$ $(i,j=1,\cdots,N)$ 所构成的矩阵. 由于 $\mathrm{Cov}(Y_i,Y_i)=\mathrm{Var}(Y_i)$,因此,协方差矩阵是

$$\mathrm{COV}(\boldsymbol{Y}) = \begin{bmatrix} \mathrm{Var}(Y_1) & \mathrm{Cov}(Y_1,Y_2) & \cdots & \mathrm{Cov}(Y_1,Y_d) \\ \mathrm{Cov}(Y_2,Y_1) & \mathrm{Var}(Y_2) & \cdots & \mathrm{Cov}(Y_2,Y_d) \\ \vdots & \vdots & \ddots & \vdots \\ \mathrm{Cov}(Y_d,Y_1) & \mathrm{Cov}(Y_d,Y_2) & \cdots & \mathrm{Var}(Y_d) \end{bmatrix}$$

类似地,$\boldsymbol{Y}$ 的**相关矩阵**(correlation matrix),记为 $\mathrm{CORR}(\boldsymbol{Y})$,它的第 i,j 个元素是 $\rho_{Y_iY_j}$. 因为 $\mathrm{Corr}(Y_i,Y_i)=1$,对所有的 i 成立,所以相关矩阵的对角元素都等于1. 注意,使用"COV"和"CORR"代表矩阵,"Cov"和"Corr"代表数量.

协方差矩阵可以写成

$$\mathrm{COV}(\boldsymbol{Y}) = E[\{\boldsymbol{Y}-E(\boldsymbol{Y})\}\{\boldsymbol{Y}-E(\boldsymbol{Y})\}^{\mathrm{T}}] \tag{7.1}$$

协方差和相关矩阵之间有简单的关系. 令 $\boldsymbol{S}=\mathrm{diag}(\sigma_{Y_1},\cdots,\sigma_{Y_d})$,这里 σ_{Y_i} 是 Y_i 的标准差. 那么

$$\mathrm{CORR}(\boldsymbol{Y}) = \boldsymbol{S}^{-1}\mathrm{COV}(\boldsymbol{Y})\boldsymbol{S}^{-1} \tag{7.2}$$

同时,等价地,

$$\mathrm{COV}(\boldsymbol{Y}) = \boldsymbol{S}\,\mathrm{CORR}(\boldsymbol{Y})\boldsymbol{S} \tag{7.3}$$

式(A.29)和(A.30)给出了 $\text{Cov}(Y_i, Y_j)$ 和 $\rho_{Y_i Y_j}$ 分别由它们的估计替换后得到的**样本协方差**和**样本相关矩阵**.

标准化(standardized)变量是通过减去变量的均值，然后除以变量的标准差而获得. 标准化后，变量的均值为0，标准差为1. 标准化变量的协方差矩阵等于原始变量的相关矩阵，这也是标准化变量的相关矩阵.

例 7.1 CRSPday 协方差和相关.

本例使用 R 的 Ecdat 软件包的 CRSPday 数据集. 有 4 个变量，从 1969 年 1 月 3 日到 1998 年 12 月 31 日的三只股票 GE、IBM 和 Mobil 以及 CRSP 价值加权指数的日收益，包含股息. CRSP 是芝加哥大学的证券价格研究中心. 这 4 个序列的样本协方差矩阵是

```
           ge       ibm      mobil     crsp
ge      1.88e-04  8.01e-05  5.27e-05  7.61e-05
ibm     8.01e-05  3.06e-04  3.59e-05  6.60e-05
mobil   5.27e-05  3.59e-05  1.67e-04  4.31e-05
crsp    7.61e-05  6.60e-05  4.31e-05  6.02e-05
```

只检查协方差矩阵很难得到更多的信息. 两个随机变量之间的协方差依赖于它们的方差，以及它们之间的线性关系的强度. 协方差矩阵作为，例如，投资组合分析的输入，是极其重要的，但对于理解变量间的关系而言，最好是来检查它们的样本相关矩阵. 本例中样本相关矩阵是

```
          ge     ibm    mobil   crsp
ge      1.000  0.334  0.297  0.715
ibm     0.334  1.000  0.159  0.486
mobil   0.297  0.159  1.000  0.429
crsp    0.715  0.486  0.429  1.000
```

我们看到所有的样本相关都是正的，最大的相关是 crsp 与个股间的相关. GE 是与 crsp 最高度相关的股票，个股和市场指数(如 crsp)之间的相关是金融理论的关键部分，尤其是第 16 章要介绍的资本资产定价模型(CAPM).

7.3 随机变量的线性函数

我们经常对于求随机变量的线性组合(加权平均)的期望和方差感兴趣. 例如，考虑一组资产的收益. 一个**投资组合**(portfolio)就是资产的加权平均，权数总和为 1. 权重指定总投资额中的多少比例被分配给这些资产. 例如，如果一个投资组合由 200 股以 88 美元/份的价格销售的股票 1 和 150 股以 67 美元/份的价格销售的股票 2 构成，那么权重是

$$w_1 = \frac{(200)(88)}{(200)(88)+(150)(67)} = 0.637, \quad w_2 = 1 - w_1 = 0.363 \tag{7.4}$$

因为一个投资组合的收益是投资组合中单个资产的收益的一个线性组合. 本节的材料被广泛地用于第 11 章到第 16 章中的投资组合理论.

首先，我们来看单个随机变量的一个线性函数. 如果 Y 是一个随机变量，a 和 b 是常数，那么

$$E(aY+b) = aE(Y) + b$$

同样，

$$\text{Var}(aY+b) = a^2 \text{Var}(Y), \quad \sigma_{aY+b} = |a|\sigma_Y$$

接下来，我们考虑两个随机变量的线性组合. 如果 X 和 Y 是随机变量，w_1 和 w_2 是

常数，那么
$$E(w_1 X + w_2 Y) = w_1 E(X) + w_2 E(Y)$$
和
$$\mathrm{Var}(w_1 X + w_2 Y) = w_1^2 \mathrm{Var}(X) + 2 w_1 w_2 \mathrm{Cov}(X,Y) + w_2^2 \mathrm{Var}(Y) \tag{7.5}$$
验证式(7.5)可被重新表达为
$$\mathrm{Var}(w_1 X + w_2 Y) = \begin{pmatrix} w_1 & w_2 \end{pmatrix} \begin{pmatrix} \mathrm{Var}(X) & \mathrm{Cov}(X,Y) \\ \mathrm{Cov}(X,Y) & \mathrm{Var}(Y) \end{pmatrix} \begin{bmatrix} w_1 \\ w_2 \end{bmatrix} \tag{7.6}$$
虽然式(7.6)可能看起来没有必要那么复杂，我们将显示，这个等式以一种优雅的方式推广到两个以上随机变量的情况，参见下面的式(7.7)．注意式(7.6)中的矩阵是随机向量 $(X, Y)^\mathrm{T}$ 的协方差矩阵．

令 $\boldsymbol{w} = (w_1, \cdots, w_d)^\mathrm{T}$ 是一个权重向量，令 $\boldsymbol{Y} = (Y_1, \cdots, Y_d)$ 是一个随机向量．那么
$$\boldsymbol{w}^\mathrm{T} \boldsymbol{Y} = \sum_{i=1}^n w_i Y_i$$
是 $\boldsymbol{Y}$ 的分量的一个加权平均．容易说明
$$E(\boldsymbol{w}^\mathrm{T} \boldsymbol{Y}) = \boldsymbol{w}^\mathrm{T} \{E(\boldsymbol{Y})\}$$
以及
$$\mathrm{Var}(\boldsymbol{w}^\mathrm{T} \boldsymbol{Y}) = \sum_{i=1}^N \sum_{j=1}^N w_i w_j \mathrm{Cov}(Y_i, Y_j)$$
后面一个结果可用向量/矩阵记号表达得更简洁：
$$\mathrm{Var}(\boldsymbol{w}^\mathrm{T} \boldsymbol{Y}) = \boldsymbol{w}^\mathrm{T} \mathrm{COV}(\boldsymbol{Y}) \boldsymbol{w} \tag{7.7}$$

例 7.2 相关随机变量线性组合的方差．

假定 $\boldsymbol{Y} = (Y_1 Y_2 Y_3)^\mathrm{T}$，$\mathrm{Var}(Y_1) = 2$，$\mathrm{Var}(Y_2) = 3$，$\mathrm{Var}(Y_3) = 5$，$\rho_{Y_1, Y_2} = 0.6$，$Y_1$ 和 Y_2 与 Y_3 独立．求 $\mathrm{Var}(Y_1 + Y_2 + 1/2 Y_3)$．

答案 根据独立性，Y_1 和 Y_3 之间的协方差是 0，Y_2 和 Y_3 也一样．Y_1 和 Y_2 之间的协方差是 $(0.6)\sqrt{(2)(3)} = 1.47$．因此，
$$\mathrm{COV}(\boldsymbol{Y}) = \begin{pmatrix} 2 & 1.47 & 0 \\ 1.47 & 3 & 0 \\ 0 & 0 & 5 \end{pmatrix}$$
并且由式(7.7)，
$$\mathrm{Var}(Y_1 + Y_2 + Y_3/2) = \begin{pmatrix} 1 & 1 & \frac{1}{2} \end{pmatrix} \begin{pmatrix} 2 & 1.47 & 0 \\ 1.47 & 3 & 0 \\ 0 & 0 & 5 \end{pmatrix} \begin{bmatrix} 1 \\ 1 \\ \frac{1}{2} \end{bmatrix}$$
$$= \begin{pmatrix} 1 & 1 & \frac{1}{2} \end{pmatrix} \begin{pmatrix} 3.47 \\ 4.47 \\ 2.5 \end{pmatrix} = 9.19$$

协方差矩阵 $\mathrm{COV}(\boldsymbol{Y})$ 的一个重要性质是，它是对称半正定的．矩阵 $\boldsymbol{A}$ 称为半正定(正定)的，如果 $\boldsymbol{x}^\mathrm{T} \boldsymbol{A} \boldsymbol{x} \geqslant 0 (>0)$，对所有的向量 $\boldsymbol{x} \neq 0$ 成立．由式(7.7)，任意的协方差矩阵一定是半正定的，否则，就会存在一个随机变量具有负的方差，得出矛盾．一个非奇异的协方差矩阵是正定的．协方差矩阵一定是对称的，因为 $\rho_{Y_i Y_j} = \rho_{Y_j Y_i}$，对每个 i 和 j 成立．

7.3.1 两个或更多随机变量的线性组合

更一般地,假定 $w_1^T Y$ 和 $w_2^T Y$ 是 Y 的分量的两个加权平均,例如,两个不同的投资组合的收益. 那么

$$\text{Cov}(w_1^T Y, w_2^T Y) = w_1^T \text{COV}(Y) w_2 = w_2^T \text{COV}(Y) w_1 \tag{7.8}$$

例 7.3 (接例 7.2).

假定随机向量 $Y = (Y_1\ Y_2\ Y_3)^T$ 的均值向量和协方差矩阵如前例中所使用,它包含了三个资产的收益. 求分配给每个资产 1/3 权重的投资组合和分配给前两个资产 1/2 权重的另一个投资组合之间的协方差. 也就是说,计算 $(Y_1+Y_2+Y_3)/3$ 和 $(Y_1+Y_2)/2$ 之间的协方差.

答案 令

$$w_1 = \left(\frac{1}{3}\quad \frac{1}{3}\quad \frac{1}{3}\right)^T$$

和

$$w_2 = \left(\frac{1}{2}\quad \frac{1}{2}\quad 0\right)^T$$

那么

$$\text{Cov}\left\{\frac{Y_1+Y_2}{2}, \frac{Y_1+Y_2+Y_3}{3}\right\} = w_1^T \text{COV}(Y) w_2$$

$$= (1/3\quad 1/3\quad 1/3)\begin{bmatrix} 2 & 1.47 & 0 \\ 1.47 & 3 & 0 \\ 0 & 0 & 5 \end{bmatrix}\begin{bmatrix} 1/2 \\ 1/2 \\ 0 \end{bmatrix}$$

$$= (1.157\quad 1.490\quad 1.667)\begin{bmatrix} 1/2 \\ 1/2 \\ 0 \end{bmatrix} = 1.323$$

令 W 是非随机的 $N \times q$ 矩阵,因此 $W^T Y$ 是 q 个 Y 的线性组合的随机向量. 那么式(7.7)可被推广为

$$\text{COV}(W^T Y) = W^T \text{COV}(Y) W \tag{7.9}$$

令 Y_1 和 Y_2 是两个维数分别为 n_1 和 n_2 的随机向量. $\Sigma_{Y_1,Y_2} = \text{Cov}(Y_1, Y_2)$ 定义为一个 $n_1 \times n_2$ 的矩阵,它的第 i,j 个元素是 Y_1 的第 i 个分量和 Y_2 的第 j 个分量之间的协方差,即 Σ_{Y_1,Y_2} 是随机向量 Y_1 和 Y_2 之间的协方差矩阵.

不难说明

$$\text{Cov}(w_1^T Y_1, w_2^T Y_2) = w_1^T \text{COV}(Y_1, Y_2) w_2 \tag{7.10}$$

对于长为 n_1 和 n_2 的常数向量 w_1 和 w_2 成立.

7.3.2 独立与和的方差

如果 $Y_1, \cdots, Y_d$ 是独立的,或者至少是不相关的,那么

$$\text{Var}(w^T Y) = \text{Var}\left(\sum_{i=1}^n w_i Y_i\right) = \sum_{i=1}^n w_i^2 \text{Var}(Y_i) \tag{7.11}$$

当 $w^T = (1/n, \cdots, 1/n)$,那么 $w^T Y = \overline{Y}$,然后我们得到

$$\text{Var}(\overline{Y}) = \frac{1}{n^2} \sum_{i=1}^n \text{Var}(Y_i) \tag{7.12}$$

特别地，如果对所有的 i，$\mathrm{Var}(Y_i)=\sigma^2$，那么我们有这个著名的结论：如果 $Y_1,\cdots,Y_d$ 不相关，并具有常数方差 σ^2，那么

$$\mathrm{Var}(\overline{Y})=\frac{\sigma^2}{n} \tag{7.13}$$

另一个从式(7.11)推出的有用事实是：若 Y_1 和 Y_2 不相关，那么

$$\mathrm{Var}(Y_1-Y_2)=\mathrm{Var}(Y_1)+\mathrm{Var}(Y_2) \tag{7.14}$$

7.4 散点图矩阵

相关系数仅仅是变量间的线性关系的一个概括．当只检查相关性时，有趣的特性，比如非线性或奇异值的联合行为还隐藏着．解决这个问题的方法就是所谓的散点图矩阵，它是散点图的矩阵，每对变量一个散点图．散点图的矩阵能够用诸如 R 这样的现代统计软件轻松创建．图 7-1 显示了数据集 CRSPday 的散点图矩阵．

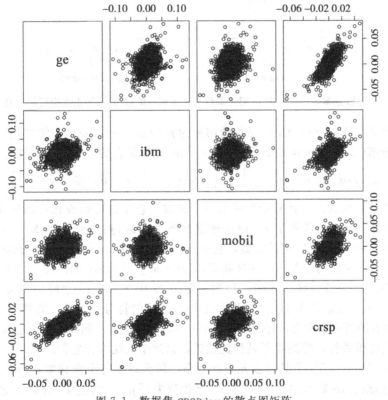

图 7-1 数据集 CRSPday 的散点图矩阵

从图 7-1 几乎看不出非线性关系的迹象．缺乏非线性性在股票收益上是典型的，但不应该认为它是理所当然的——相反，应该总是看看散点图矩阵．GE 和 crsp 之间很强的线性联系，前面已经由它们之间的较高相关系数所暗示，从它们的散点图上也可以看到．

一个投资组合，如果它的资产的大的负收益往往发生在同一天，那么它的风险就更大．为了研究是否极端值往往以这种方式聚集，就应该看看散点图．在 IBM 和 Mobil 的散点图上，一只股票的极端收益并不倾向于在同一天其他股票也有这样极端的收益，这可以通过注意到异常值往往沿着 x 轴和 y 轴来理解．GE 和 crsp 之间的极端值行为则不同，极端值更可

能一起发生；注意到异常值倾向于一起发生，即在右上角和左下角，而不是沿着轴集中.
IBM 和 Mobil 的散点图称为显示**尾部独立**(tail independence). 相比之下，GE 和 crsp 之间的散点图称为显示尾部依赖(tail dependence). 尾部依赖在第 8 章还要进一步探索.

7.5 多元正态分布

在第 5 章，我们看到了单变量分布参数族作为统计模型的重要性. 多元分布的参数族同样有用，并且多元正态族是它们之中最著名的.

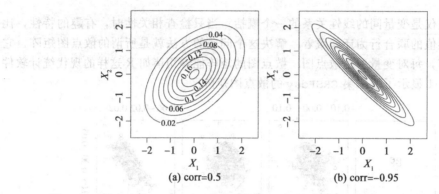

图 7-2 边缘分布为 $N(0,1)$，相关系数是 0.5 或 -0.95 的二元正态密度的等高线图

随机向量 $Y=(Y_1,\cdots,Y_d)^T$ 是均值向量为 $\mu=(\mu_1,\cdots,\mu_d)^T$，协方差矩阵为 Σ 的 d 维**多元正态分布**(multivariate normal distribution)，如果它的概率密度函数为

$$\phi_d(y|\mu,\Sigma)=\left[\frac{1}{(2\pi)^{d/2}|\Sigma|^{1/2}}\right]\exp\left\{-\frac{1}{2}(y-\mu)^T\Sigma^{-1}(y-\mu)\right\} \tag{7.15}$$

这里 $|\Sigma|$ 是 Σ 的行列式. 中括号中的量是一个常数，它使密度标准化，积分为 1. 密度仅通过 $(y-\mu)^T\Sigma^{-1}(y-\mu)$ 依赖于 y，因此密度在每个椭圆 $\{y:(y-\mu)^T\Sigma^{-1}(y-\mu)=c\}$ 上是常数. 这里 $c>0$ 是一个固定的常数，它决定椭圆的大小；c 的值越大，椭圆越小，每个椭圆的中心为 μ. 这样的密度称为**椭圆轮廓**(elliptically contoured). 图 7-2 是二元正态密度的等高线图. Y_1 和 Y_2 都是 $N(0,1)$ 的，图 7-2a 中 Y_1 和 Y_2 之间的相关系数是 0.5，图 7-2b 是 -0.95. 注意等高线的方向取决于相关系数的符号和大小. 在图 7-2a 中，我们看到椭圆上密度的高度是常数，并随着远离中心 $(0,0)$ 而下降. 同样的行为也发生在图 7-2b 上，但由于高度相关性，等高线图是如此贴近，以致于无法标记它们.

如果 $Y=(Y_1,\cdots,Y_d)^T$ 具有多元正态分布，那么对于每个常数集 $c=(c_1,\cdots,c_d)^T$，加权平均(线性组合) $c^TY=c_1Y_1+\cdots+c_dY_d$ 是均值为 $c^T\mu$、方差为 $c^T\Sigma c$ 的正态分布. 特别地，Y_i 的边缘分布是 $N(\mu_i,\sigma_i^2)$，其中 σ_i^2 是 Σ 的第 i 个对角元素——为了说明这一点，只要取 $c_i=1$，$c_j=0$，$j\neq i$.

多元正态的假定促进许多有用的概率计算. 如果一组资产的收益具有多元正态分布，那么由这些资产构成的任意投资组合的收益也具有正态分布. 这是因为投资组合的收益是这些资产收益的加权平均. 因此，正态分布可以被用于，例如求投资组合亏损一些利息(比如说 10% 或更多)的概率，这样的计算在计算风险价值中具有重要应用；参见第 19 章.

遗憾的是，在第 5 章中我们看到，单个收益通常不是正态分布的，这暗示着收益向量不会具有多元正态分布. 在 7.6 节，我们会看到一类重要的重尾多元分布.

7.6 多元 t 分布

我们已看到单变量 t 分布是单个资产收益的一个很好的模型. 因此，需要有一个收益向量模型，使得它的单变量边缘分布是 t 分布. 多元 t 分布具有这个性质. 随机变量 Y 具有一个多元 $t_\nu(\pmb{\mu}, \pmb{\Lambda})$ 分布，如果

$$Y = \pmb{\mu} + \sqrt{\frac{\nu}{W}} Z \tag{7.16}$$

这里 W 是自由度为 ν 的卡方分布，Z 是 $N_d(\pmb{0}, \pmb{\Lambda})$ 分布，并且 W 和 Z 是独立的. 这样，多元 t 分布是一个多元正态分布的连续尺度混合. Z 的极端值当 W 接近于 0 时易于发生. 由于 $W^{-1/2}$ 乘以 Z 的所有分量，一个分量有异常值往往其他分量也有异常值，即有尾部依赖.

对于 $\nu > 1$，$\pmb{\mu}$ 是 Y 的均值向量. 对于 $0 < \nu \leqslant 1$，Y 的期望不存在，但 $\pmb{\mu}$ 仍可视为 Y 的分布"中心"，因为对任意值 ν，向量 $\pmb{\mu}$ 包含了 Y 的分量的中位数，并且 Y 的密度的等高线是中心为 $\pmb{\mu}$ 的椭圆.

对于 $\nu > 2$，Y 的协方差矩阵存在并且是

$$\pmb{\Sigma} = \frac{\nu}{\nu - 2} \pmb{\Lambda} \tag{7.17}$$

我们称 $\pmb{\Lambda}$ 是**尺度矩阵**(scale matrix)，尺度矩阵对于所有的值 ν 都存在. 由于 Y 的协方差矩阵 $\pmb{\Sigma}$ 就是 Z 的协方差矩阵 $\pmb{\Lambda}$ 的倍数，那么 Y 和 Z 具有相同的相关矩阵，这里假定 $\nu > 2$，使得 Y 的相关矩阵存在. 如果 $\Sigma_{i,j} = 0$，那么 Y_i 和 Y_j 不相关，尽管如此，但它们不独立，因为它们的尾部依赖. 尾部依赖在图 7-3 上说明了. 图 7-3a 是来自于不相关的二元 t 分布的 2500 个观测的图形，边缘分布是 $t_3(0, 1)$. 为了比较，图 7-3b 是 $t_3(0, 1)$ 的独立随机变量对的 2500 个观测的图形，这些对不具有二元 t 分布. 注意在图 7-3b 中，Y_1 的异常值不与 Y_2 的异常值有关联，因为异常值集中在 x 轴和 y 轴附近. 与此相反，图 7-3a 中的异常值均匀分布在各个方向. 图 7-3a 和图 7-3b 中的单变量边缘分布相同.

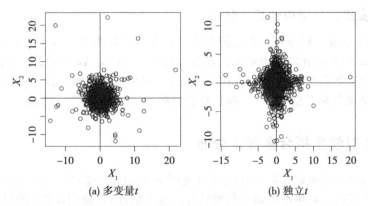

图 7-3 (a) 来自于二元 t 分布的随机样本图，其中 $\nu = 3$，$\pmb{\mu} = (0, 0)^T$ 以及单位协方差矩阵.
(b) 独立的 $t_3(0, 1)$ 随机变量对的随机样本图. 两个样本量都是 2500

尾部依赖在股票收益中是可预期的. 例如，在黑色星期一，几乎所有的股票都有非常大的负收益. 当然，黑色星期一即使在极端事件中也是极端事件. 我们不想只基于黑色星期一而得出任何一般的结论. 但是，在图 7-1 中，我们没有看到异常值沿轴集中的迹象，

可能除了 IBM 和 Mobil 的散点图. 作为另一个股票收益间依赖的例子, 图 7-4 中包含了一个 R 的 fEcofin 软件包中的 midcapD.ts 数据集中的 6 个中型股股票收益的散点图矩阵. 再一次可以看到尾部依赖. 这暗示着尾部依赖在股票收益中是常见的, 而多元 t 分布对于它们来说是一个有希望的模型.

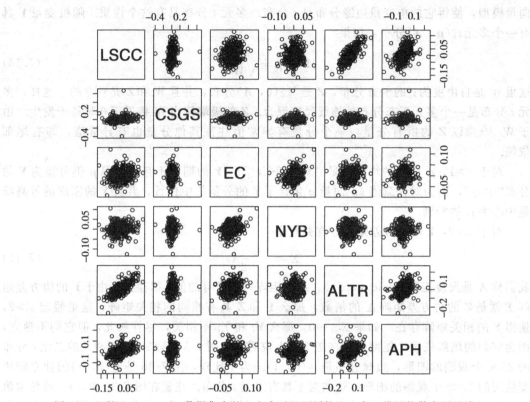

图 7-4 R 的 midcapD.ts 数据集中的 6 个中型股股票的 500 个日收益的散点图矩阵

7.6.1 在投资组合分析中使用 t 分布

如果 Y 具有 $t_\nu(\mu, \Lambda)$ 分布, 我们记得它的协方差矩阵为 $\Sigma = \{\nu/(\nu-2)\}\Lambda$, w 是一个加权向量, 那么 $w^T Y$ 具有均值为 $w^T \mu$、方差为 $\{\nu/(\nu-2)\} w^T \Lambda w = w^T \Sigma w$ 的单变量 t 分布. 当计算投资组合的风险度量时, 这个事实很有用. 如果资产的收益具有多元 t 分布, 那么投资组合的收益就是单变量 t 分布. 我们将会在第 19 章中利用这一结果.

7.7 用最大似然来拟合多元 t 分布

为了估计多元 t 分布的参数, 我们可以使用 R 的 MASS 包中的 cov.trob 函数. 这个函数计算当 ν 固定时, μ 和 Λ 的最大似然估计. 为了估计 ν, 我们计算 ν 的剖面对数似然并求出 $\hat{\nu}$, 即使得剖面对数似然达到最大值的 ν. 那么 μ 和 Λ 的 MLE 是当 ν 固定在 $\hat{\nu}$ 时, 来自于 cov.trob 函数的估计.

例 7.4 拟合 CRSPday 数据.

本例使用前面例 7.1 中分析过的 CRSPday 数据集. 在例 7.1 中有 4 个变量, GE、IBM、Mobil 和 CRSP 指数的收益. 剖面对数似然画在了图 7-5 中. 在那张图上, 我们看

到 ν 的 MLE 是 5.94,并且这个参数值有相对较少的不确定性——95% 的剖面似然置信区间是 (5.41, 6.55).

这个模型的 AIC 是 15.42 加上 64 000. 这里 AIC 是以偏离 64 000 的值来表达,以保持这些值很小. 当通过 AIC 来比较两个或更多模型时,这样做是有帮助的. 所有的 AIC 值减去同样的常数,当然不影响模型的比较.

均值向量和相关矩阵的最大似然估计分别称为 \$center 和 \$cor,在下面的输出结果中:

```
$center
[1] 0.0009424 0.0004481 0.0006883 0.0007693

$cor
       [,1]   [,2]   [,3]   [,4]
[1,] 1.0000 0.3192 0.2845 0.6765
[2,] 0.3192 1.0000 0.1584 0.4698
[3,] 0.2845 0.1584 1.0000 0.4301
[4,] 0.6765 0.4698 0.4301 1.0000
```

这些估计通过使 ν 固定在 6 时,用 cov.trob 计算的.

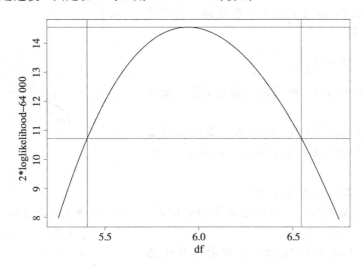

图 7-5 CRSPday 数据. ν 的剖面似然置信区间. 实曲线是 $2L_{\max}(\nu)$,这里 $L_{\max}(\nu)$ 是剖面似然减去 32 000. 32 000 从剖面似然中被减掉以简化 y 轴的标签. 与 y 轴相交的水平线位置在 $2L_{\max}(\hat{\nu}) - \chi^2_{\alpha,1}$,这里 $\hat{\nu}$ 是 MLE, $\alpha = 0.05$. 所有使得 $2L_{\max}(\nu)$ 位于水平线之上的 ν 值都在剖面似然的 95% 置信区间中. 与 x 轴相交的两条垂线位置在 5.41 和 6.55,也就是置信区间的终点

当数据为 t 分布时,最大似然估计在下面几个方面优于样本均值和协方差矩阵——MLE 更精确并且对异常值不那么敏感. 但是,在本例中最大似然估计与样本均值和协方差矩阵类似. 例如,样本相关矩阵是

```
        ge    ibm   mobil  crsp
ge    1.0000 0.3336 0.2972 0.7148
ibm   0.3336 1.0000 0.1587 0.4864
mobil 0.2972 0.1587 1.0000 0.4294
crsp  0.7148 0.4864 0.4294 1.0000
```

7.8 椭圆轮廓密度

多元正态和多元 t 分布具有椭圆轮廓(elliptically contoured)密度，本节中要讨论的一个属性。d 维多元密度 f 是椭圆轮廓的，如果它能被表示成

$$f(\boldsymbol{y}) = |\boldsymbol{\Lambda}|^{-1/2} g\{(\boldsymbol{y}-\boldsymbol{\mu})^{\mathrm{T}} \boldsymbol{\Lambda}^{-1}(\boldsymbol{y}-\boldsymbol{\mu})\} \tag{7.18}$$

这里 g 是一个非负值函数，使得 $1 = \int_{\mathbf{R}^d} g(\|\boldsymbol{y}\|^2) \mathrm{d}\boldsymbol{y}$，$\boldsymbol{\mu}$ 是一个 $d \times 1$ 向量，$\boldsymbol{\Lambda}$ 是一个 $d \times d$ 对称正定矩阵。通常，$g(x)$ 是 $x \geqslant 0$ 的一个单调减少的函数，我们假定这一点是成立的。同时假定它的二阶矩是有限的，在这种情况下，$\boldsymbol{\mu}$ 是均值向量，协方差矩阵 $\boldsymbol{\Sigma}$ 是 $\boldsymbol{\Lambda}$ 的数量倍。

对每个固定的 $c > 0$，

$$\mathcal{E}(c) = \{\boldsymbol{y} : (\boldsymbol{y}-\boldsymbol{\mu})^{\mathrm{T}} \boldsymbol{\Sigma}^{-1}(\boldsymbol{y}-\boldsymbol{\mu}) = c\}$$

是中心为 $\boldsymbol{\mu}$ 的一个椭圆，并且如果 $c_1 > c_2$，那么因为 g 是单调减少的，所以 $\mathcal{E}(c_1)$ 在 $\mathcal{E}(c_2)$ 内。f 的等高线是同心的椭圆，这可从图 7-6 中看到。图中显示 $\boldsymbol{\mu} = (0, 0)^{\mathrm{T}}$ 和

$$\boldsymbol{\Sigma} = \begin{pmatrix} 2 & 1.1 \\ 1.1 & 1 \end{pmatrix}$$

的二元 t_4 密度的等高线。椭圆的长轴是实线，短轴是虚线。

如何求椭圆的轴呢？从 A.20 节，我们知道 $\boldsymbol{\Sigma}$ 有**特征根-特征向量分解**(eigenvalue-eigenvector decomposition)

$$\boldsymbol{\Sigma} = \boldsymbol{O} \operatorname{diag}(\lambda_i) \boldsymbol{O}^{\mathrm{T}}$$

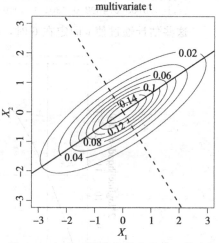

图 7-6 多元 t_4 密度的等高线图，其中 $\boldsymbol{\mu} = (0, 0)^{\mathrm{T}}$，$\sigma_1^2 = 2$，$\sigma_2^2 = 1$，$\sigma_{12} = 1.1$

这里 $\boldsymbol{O}$ 是一个正交矩阵，它的列是 $\boldsymbol{\Sigma}$ 的特征向量，$\lambda_1, \cdots, \lambda_d$ 是 $\boldsymbol{\Sigma}$ 的特征根。

$\boldsymbol{O}$ 的列决定了椭圆 $\mathcal{E}(c)$ 的轴，分解能在 R 中通过函数 eigen 来求得，本例中矩阵 $\boldsymbol{\Sigma}$ 的分解为

```
$values
[1] 2.708 0.292
```

它给出了特征根，并且

```
$vectors
        [,1]    [,2]
[1,] -0.841   0.541
[2,] -0.541  -0.841
```

每一列给出了所对应的特征向量，例如，$(-0.841, -0.541)$ 是特征根 2.708 的特征向量。特征向量除了符号改变外是确定的，因此第一个特征向量可取为 $(-0.841, -0.541)$，就像 R 的输出结果一样，或者 $(0.841, 0.541)$。

如果 $\boldsymbol{o}_i$ 是 $\boldsymbol{O}$ 的第 i 列，$\mathcal{E}(c)$ 的第 i 个轴穿过点 $\boldsymbol{\mu}$ 和 $\boldsymbol{\mu} + \boldsymbol{o}_i$。因此，轴是线

$$\{\boldsymbol{\mu} + k\boldsymbol{o}_i : -\infty < k < \infty\}$$

因为 $\boldsymbol{O}$ 是一个正交矩阵，所以轴是互相垂直的。轴可依据相应的特征根的大小来排序。在

二元的情况下，与最大（最小）特征根相联系的轴分别为长（短）轴．我们这里假定特征根各不相同．

由于 $\boldsymbol{\mu}=0$，在我们的例子中长轴是 $k(0.841, 0.541)$，$-\infty<k<\infty$，短轴是 $k(0.541, -0.841)$，$-\infty<k<\infty$．

当特征根中有重根时，特征向量不唯一，分析会略有些复杂，我们这里就不做细节上的讨论了，而是给出两个例子．在二元的情况时，如果 $\boldsymbol{\Sigma}=\boldsymbol{I}$，等高线是圆，轴的选择不是唯一的——任何一对相互垂直的向量都可作为轴．作为一个三元的例子，如果 $\boldsymbol{\Sigma}=\mathrm{diag}(1, 1, 3)$，那么第一主轴是特征根为 3 的 $(0, 0, 1)$，第二和第三主轴可以是任何第三个坐标等于 0 的垂直的向量对．R 的 eigen 函数返回 $(0, 1, 0)$ 和 $(1, 0, 0)$ 作为第二和第三个轴．

7.9 多元有偏 t 分布

Azzalini 和 Capitanio（2003）提出了把多元 t 分布延伸到有偏的情况．在 5.7 节中讨论了单变量的特殊情况．在多元的情况下，除了形状参数 ν 决定尾重，有偏 t 分布还有一个形状参数向量 $\boldsymbol{\alpha}=(\alpha_1, \cdots, \alpha_d)^\mathrm{T}$，它决定了分布的分量中偏度的量．如果 $\boldsymbol{Y}$ 具有有偏 t 分布，那么 Y_i 是左偏、对称或右偏取决于 $\alpha_i<0$、$\alpha_i=0$ 或 $\alpha_i>0$．图 7-7 是二元有偏 t 分布的等高线图，$\boldsymbol{\alpha}=(-1, 0.25)^\mathrm{T}$．注意到 α_1 相当大并且是负的，Y_1 具有相当大的左偏，同在等高线中看到的一样，与右边相比，图的左边排列的更稀疏．同时，Y_2 显示相对较少的右偏，这是预料之中的，由于 α_2 是正的并且绝对值相对较小．

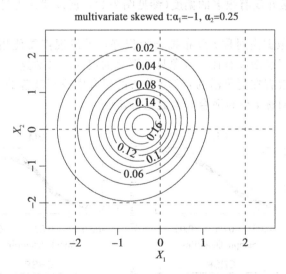

图 7-7 二元有偏 t 密度的等高线．与右边相比，等高线在左边排列的更稀疏，这是因为 X_1 是左偏的．类似地，与底部相比，等高线在顶部排列的更稀疏，因为 X_2 是右偏的，但 X_2 的偏度相对较小，不太容易看出来

例 7.5 对 CRSPday 拟合有偏 t 分布．

我们现在对 CRSPday 数据使用 R 的 sn 软件包的函数 mst.fit 拟合有偏 t 模型．此函数关于所有的参数对似然求最大值，因此不必像 cov.trob 那样使用剖面似然．这里要使用非缺省的控制参数值，否则算法不收敛．具体取 eval.max= 1000, iter.max= 500，它们比缺省值要大，得到估计如下：

```
$beta
                ge          ibm         mobil         crsp
[1,] -0.001233907 -0.001855562 -0.0004461505 0.001050890

$Omega
              ge           ibm          mobil         crsp
ge    1.289738e-04 5.219954e-05 3.604621e-05 4.512069e-05
ibm   5.219954e-05 1.860970e-04 2.491078e-05 3.756661e-05
mobil 3.604621e-05 2.491078e-05 1.163636e-04 2.754968e-05
crsp  4.512069e-05 3.756661e-05 2.754968e-05 3.657415e-05

$alpha
          ge          ibm         mobil         crsp
 0.4976872    0.3058549    0.2024128   -0.6142384

$df
[1] 5.915498
```

这里 dp$beta 是 μ 的估计，dp$Omega 是 Σ 的估计，dp$alpha 是 α 的估计，dp$df 是 ν 的估计。注意到 α 的所有分量的估计都接近于 0，这意味着即使数据有偏度，也是非常小的。

有偏 t 模型的 AIC 是 5.33 加上 64 000，比对称 t 模型的 7.45 小。因此，AIC 支持有偏 t 模型。但是，有偏 t 模型的 BIC 是 116.2，而对称 t 模型仅为 102.9。因此 BIC 支持对称 t 模型。这个数据集并没有很多的偏度（参见图 7-1），所以我认为对称 t 模型看起来是合理的。

总之，CRSPday 数据由对称 t 分布拟合得很好，没发现需要使用有偏 t 分布。同时，图 7-8 中 4 个变量的正态图没有任何迹象显示严重的偏性。虽然这并不能被视为一个否定的结果，因为我们还没有在更灵活的有偏 t 分布的拟合中找到改善的结果，但是这个结果确实使我们更加确信对称 t 分布适合对本数据集建模。

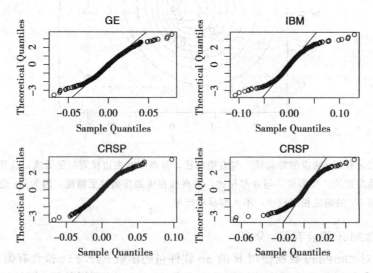

图 7-8 CRSPday 数据集中 4 个收益序列的正态图。参考线穿过第一和第三四分位数

7.10 Fisher 信息矩阵

在 5.10 节讨论 Fisher 信息时，假定 θ 是一维的. 若 $\boldsymbol{\theta}$ 是一个 m 维的参数向量，那么 Fisher 信息就是一个 $m\times m$ 的方阵 $\mathcal{I}$，等于负的 $\log\{L(\boldsymbol{\theta})\}$ 的二阶偏导数的数学期望矩阵⊖. 换句话说，Fisher 信息矩阵的第 i,j 个元素是

$$\mathcal{I}_{ij}(\boldsymbol{\theta}) = -E\left[\frac{\partial^2}{\partial\theta_i\,\partial\theta_j}\log\{L(\boldsymbol{\theta})\}\right] \tag{7.19}$$

标准误差为 Fisher 信息矩阵的逆阵的对角线元素的平方根. 这样，θ_i 的标准误差是

$$s_{\hat{\theta}_i} = \sqrt{\{\mathcal{I}(\hat{\theta})^{-1}\}_{ii}} \tag{7.20}$$

在单参数的情况下，式(7.20)减化为式(5.19). 5.10 节中 MLE 的中心极限定理可以推广到下面的多变量版本.

定理 7.6 在合适的假定下，对于足够大的样本量，最大似然估计量近似地服从均值为真实参数向量、协方差矩阵等于 Fisher 信息矩阵的逆的正态分布.

关键的一点是有一个显示法来计算最大似然估计量的标准误差. 最大似然估计量的标准误差的计算可以通过先计算并且然后求 Fisher 信息矩阵的逆阵获得，这些都是常规的统计软件的程序.

计算 $\mathcal{I}(\boldsymbol{\theta})$ 的数学期望可能是一个挑战. 对二阶导数编程也是困难的，尤其是对于复杂的模型. 实践中，经常使用观测 Fisher 信息矩阵，它的第 i,j 个元素是

$$\mathcal{I}_{ij}^{\text{obs}}(\boldsymbol{\theta}) = -\frac{\partial^2}{\partial\theta_i\,\partial\theta_j}\log\{L(\boldsymbol{\theta})\} \tag{7.21}$$

观测 Fisher 信息矩阵当然是式(5.21)的多变量类似物. 使用观测信息消除了计算期望的需要. 另外，Hessian 矩阵可以通过有限差分的方法做数值计算，例如，使用 R 的 nlme 软件包的 fdHess 函数.

用有限差分的方法来计算观测 Fisher 信息矩阵的逆是获取标准误差最常用的方法. 这种方法的优点是只需要计算似然，或对数似然，这当然只是计算 MLE 所必需的.

7.11 多元数据自助法

当再取样多元数据时，观测向量间的相关性需要被保留. 令向量 $Y_1,\cdots,Y_n$ 是 i.i.d. 多元数据样本. 在无模型再取样中，向量 $Y_1,\cdots,Y_n$ 被有放回抽取. 向量内的分量不进行再取样. 在向量内部再取样会使它们的分量间相互独立，这就不会模拟实际数据，因为实际数据的分量是不独立的. 换句话说，如果数据在电子表格(或矩阵)中，它的行对应观测，列对应变量，那么要抽取整个行的样本.

基于模型的再取样模拟来自于 Y_i 的多元分布向量，例如，来自于均值向量、协方差矩阵和自由度分别等于它们的 MLE 的多元 t 分布.

例 7.7 对 CRSPday 的自助法有偏 t 拟合.

在例 7.5 中，有偏 t 模型被拟合于 CRSPday 数据. 本例通过对 4 个收益序列中每个序

⊖ 一个函数的二阶偏导数矩阵称为它的 Hessian 矩阵，因此 Fisher 信息矩阵是负的对数似然的 Hessian 矩阵的数学期望.

列的自助法估计 α 来继续分析. 在图 7-9 中可看到 200 个 $\hat{\alpha}$ 自助抽样值的直方图. 4 只股票的 95% 百分位自助法置信区间都包含 0. 因此没有强有力的证据表明任意一个收益序列中有偏性.

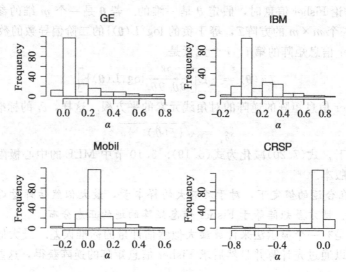

图 7-9　CRSPday 数据集中每个收益序列的 200 个 $\hat{\alpha}$ 的自助抽样值的直方图

尽管有 2528 这么大的样本量, 但 α 的估计量没有呈现出正态分布. 从图 7-9 中我们看到三只股票是右偏的, CRSP 收益是左偏的. $\hat{\alpha}$ 的分布也呈现出重尾. 4 个序列的 200 个 $\hat{\alpha}$ 的自助抽样值的超出峰度系数分别是 2.38, 1.33, 3.18 和 2.38.

MLE 的中心极限定理保证对于充分大的样本, $\hat{\alpha}$ 差不多是正态分布的, 但并没告诉我们多大的样本量算大. 从本例中我们看到, 在这样的情况下样本量一定要非常大才行, 因为 2528 的样本量还不够大. 这是我们宁愿使用自助法而不是正态近似来构造置信区间的一个主要原因.

使用下列的 R 代码来抽取收益的自助样本. 收益在矩阵 dat 中, yboot 是从 dat 的行中抽取的一个随机样本的自助样本, 当然是有放回抽取.

```
yboot = dat[sample((1:n),n,replace =T),]
```

7.12　文献注记

MLE 的多元中心极限定理在关于渐近理论的教材中有准确的表述和证明, 例如, Lehmann(1999) 和 van der Vaart(1998). 多元有偏 t 分布在 Azzalini 和 Capitanio (2003) 中.

7.13　参考文献

Azzalini, A., and Capitanio, A. (2003) Distributions generated by perturbation of symmetry with emphasis on a multivariate skew t distribution. *Journal of the Royal Statistics Society, Series B*, **65**, 367-389.

Lehmann, E. L. (1999) *Elements of Large-Sample Theory*, Springer-Verlag, New York.

van der Vaart, A. W. (1998) *Asymptotic Statistics*, Cambridge University Press, Cambridge.

7.14 R 实验室

7.14.1 股票收益

本节使用 R 的 fEcofin 软件包的 berndtInvest 数据集. 这个数据集包含了从 1987 年 1 月 1 日到 1987 年 12 月 1 日的 16 只股票的月收益. 有 18 列. 第一列是日期, 最后一列是无风险利率.

在实验室里我们只使用前 4 只股票. 下列代码计算这些收益的样本协方差和相关矩阵.

```
library("fEcofin")
Berndt = as.matrix(berndtInvest[,2:5])
cov(Berndt)
cor(Berndt)
```

如果需要, 你也可以用下列的 R 代码绘制散点图矩阵.

```
pairs(Berndt)
```

问题 1 假定要用到的 4 个变量记为 $X_1, \cdots, X_4$. 使用样本协方差矩阵来估计 $0.5X_1 + 0.3X_2 + 0.2X_3$ 的方差. 把用于估计这个协方差的 R 代码也包含到你的成果中. (有用的 R 事实: "t(a)"是一个向量或矩阵 a 的转置, "a%*%b"是矩阵 a 和 b 的乘积.)

使用 MASS 软件包的 cov.trob 函数对数据拟合一个多元 t 模型. 此函数对固定的 ν 值计算均值和协方差矩阵的 MLE. 为了求 ν 的 MLE, 下列代码计算 ν 的剖面对数似然.

```
library(MASS)   # needed for cov.trob
library(mnormt) # needed for dmt
df = seq(2.5,8,.01)
n = length(df)
loglik_max = rep(0,n)
for(i in 1:n)
{
fit = cov.trob(Berndt,nu=df[i])
mu = as.vector(fit$center)
sigma =matrix(fit$cov,nrow=4)
loglik_max[i] = sum(log(dmt(Berndt,mean=fit$center,
    S=fit$cov,df=df[i])))
}
```

问题 2 使用上面的代码所产生的结果, 求 ν 的 MLE 和一个 90% 的剖面似然置信区间. 把 R 代码包含到你的成果中. 同时, 绘制剖面对数似然并且在图上标示 MLE 和置信区间. 把图包含到你的成果中.

7.14.3 节演示了如何直接用 optim 函数来拟合一个多元 t 模型的 MLE, 而不是使用剖面似然.

7.14.2 拟合多元 t 分布

下列代码生成并绘制 4 个二元样本. 每个样本具有标准 t_3 分布的一元边缘分布. 但相关性不同.

```
library(MASS)   # need for mvrnorm
par(mfrow=c(1,4))
```

```
N = 2500
nu = 3

set.seed(5640)
cov=matrix(c(1,.8,.8,1),nrow=2)
x= mvrnorm(N, mu = c(0,0), Sigma=cov)
w = sqrt(nu/rchisq(N, df=nu))
x = x * cbind(w,w)
plot(x,main="(a)")

set.seed(5640)
cov=matrix(c(1,.8,.8,1),nrow=2)
x= mvrnorm(N, mu = c(0,0), Sigma=cov)
w1 = sqrt(nu/rchisq(N, df=nu))
w2 = sqrt(nu/rchisq(N, df=nu))
x = x * cbind(w1,w2)
plot(x,main="(b)")

set.seed(5640)
cov=matrix(c(1,0,0,1),nrow=2)
x= mvrnorm(N, mu = c(0,0), Sigma=cov)
w1 = sqrt(nu/rchisq(N, df=nu))
w2 = sqrt(nu/rchisq(N, df=nu))
x = x * cbind(w1,w2)
plot(x,main="(c)")

set.seed(5640)
cov=matrix(c(1,0,0,1),nrow=2)
x= mvrnorm(N, mu = c(0,0), Sigma=cov)
w = sqrt(nu/rchisq(N, df=nu))
x = x * cbind(w,w)
plot(x,main="(d)")
```

注意这些 R 命令的使用：set.seed 设置随机数生成器的种子，mvrnorm 生成多元正态分布向量，rchisq 生成 χ^2 分布的随机数，cbind 把向量结合起来作为一个矩阵的列，matrix 从一个向量创建一个矩阵。在 R 中，"a * b"是相同大小的矩阵 a 和 b 的对应元素相乘，"a % * % b"执行矩阵 a 和 b 的矩阵乘积。

问题 3 哪个样本有独立变量？解释你的答案。

问题 4 哪个样本的变量是相关的，但没有尾部依赖？解释你的答案。

问题 5 哪个样本的变量是不相关的，但是有尾部依赖？解释你的答案。

问题 6 假定$(X, Y)d$是两个资产的收益，服从自由度、均值向量和协方差矩阵分别为

$$\nu = 5, \mu = \begin{bmatrix} 0.001 \\ 0.002 \end{bmatrix}, \Sigma = \begin{bmatrix} 0.10 & 0.03 \\ 0.03 & 0.15 \end{bmatrix}$$

的多元 t 分布。那么 $R=(X+Y)/2$ 是两个资产的等权重的投资组合收益。

(a) R 的分布是什么？

(b) 写一个 R 程序来生成来自于 R 的分布的样本量为 10 000 的一个随机样本。你的程序还要计算这个样本的 0.01 上分位数，以及超过这个分位数的所有收益的样本均值。这个分位数和平均值在我们以后研究风险分析时将是有用的。

7.14.3 拟合一个二元 t 分布

当运行下面这段 R 代码时,会计算一个拟合于 CRSP 收益数据的二元 t 分布的 MLE. 当拟合一个多元分布时,一个挑战是要强制执行尺度矩阵(或协方差矩阵)必须是正定的约束条件. 满足这个挑战的一种方法是令尺度矩阵为 $A^{\mathrm{T}}A$, 这里 A 是一个上三角矩阵. (容易说明若 A 是任意方阵, $A^{\mathrm{T}}A$ 是半正定的. 因为尺度矩阵或协方差矩阵是对称的, 只有主对角线以及其上面的元素是自由参数. 为了使 A 与协方差矩阵具有相同数量的自由参数, 我们限制 A 是一个上三角矩阵.)

```
library(mnormt)
data(CRSPday,package="Ecdat")
Y = CRSPday[,c(5,7)]
loglik = function(par)
{
mu = par[1:2]
A = matrix(c(par[3],par[4],0,par[5]),nrow=2,byrow=T)
scale_matrix = t(A)%*%A
df = par[6]
f = -sum(log(dmt(Y, mean=mu,S=scale_matrix,df=df)))
f
}
A=chol(cov(Y))
start=as.vector(c(apply(Y,2,mean),A[1,1],A[1,2],A[2,2],4))
fit_mvt = optim(start,loglik,method="L-BFGS-B",lower=c(-.02,-.02,
    -.1,-.1,-.1,2),
    upper=c(.02,.02,.1,.1,.1,15),hessian=T)
```

问题 7 令 $\boldsymbol{\theta}=(\mu_1, \mu_2, A_{1,1}, A_{1,2}, A_{2,2}, \nu)$, 这里 μ_j 是第 j 个变量的均值, $A_{1,1}$, $A_{1,2}$ 和 $A_{2,2}$ 是 A 的非零元素, ν 是自由度参数.

(a) 代码 `A= chol(cov(Y))` 做什么?

(b) 求 $\boldsymbol{\theta}$ 的 MLE, 即 $\hat{\boldsymbol{\theta}}_{\mathrm{ML}}$.

(c) 求 $\boldsymbol{\theta}$ 的 Fisher 信息矩阵. (提示: Hessian 是 `fit_mvt` 的一部分. 同时, R 函数 `solve` 对一个矩阵求逆.)

(d) 使用 Fisher 信息矩阵来求 $\hat{\boldsymbol{\theta}}_{\mathrm{ML}}$ 的分量的标准误差.

(e) 求收益的协方差矩阵的 MLE.

(f) 求 ρ 的 MLE, 即两个收益之间的相关系数 (Y_1 和 Y_2).

7.15 习题

1. 假定 $E(X)=1$, $E(Y)=1.5$, $\mathrm{Var}(X)=2$, $\mathrm{Var}(Y)=2.7$, 以及 $\mathrm{Cov}(X,Y)=0.8$.
   (a) $E(0.2X+0.8Y)$ 和 $\mathrm{Var}(0.2X+0.8Y)$ 等于?
   (b) w 取何值时, $\mathrm{Var}\{wX+(1-w)Y\}$ 达到最小? 假定 X 是一个资产的收益, Y 是第二个资产的收益. 为什么最小化 $\mathrm{Var}\{wX+(1-w)Y\}$ 是有用的?

2. 令 X_1, X_2, Y_1 和 Y_2 是随机变量.
   (a) 说明 $\mathrm{Cov}(X_1+X_2, Y_1+Y_2)=\mathrm{Cov}(X_1, Y_1)+\mathrm{Cov}(X_1, Y_2)+\mathrm{Cov}(X_2, Y_1)+\mathrm{Cov}(X_2, Y_2)$.
   (b) 把 (a) 的结果推广到任意多的 X_i 和 Y_i 上.

3. 验证式 (A.24)~(A.27).

4. (a) 说明
$$E\{X - E(X)\} = 0$$
对任意随机变量 X 成立.
(b) 使用(a)中的结果和方程(A.31)来说明如果两个随机变量是独立的,那么它们不相关.
5. 说明如果 X 服从 $[-a, a]$ 上的均匀分布,对任意 $a>0$;如果 $Y=X^2$,那么 X 和 Y 不相关,但它们并不独立.
6. 验证以下在 7.3 节中阐述的结果:
$$E(\boldsymbol{w}^T \boldsymbol{X}) = \boldsymbol{w}^T \{E(\boldsymbol{X})\}$$
和
$$\mathrm{Var}(\boldsymbol{w}^T \boldsymbol{X}) = \sum_{i=1}^{N} \sum_{j=1}^{N} w_i w_j \mathrm{Cov}(X_i, X_j) = \mathrm{Var}(\boldsymbol{w}^T \boldsymbol{X}) \boldsymbol{w}^T \mathrm{COV}(\boldsymbol{X}) \boldsymbol{w}$$

第 8 章 copula

8.1 引言

copula 是用来对多元分布进行建模的一种流行方法. copula 对多元分布的变量间的依赖性进行建模,并且仅仅对依赖性进行建模,可以和任何边缘分布的一元分布相结合. 因此,copula 可以让我们利用已有的广泛的一元分布模型.

copula 是一个多元累积分布函数,其边缘分布都是 0 和 1 之间的均匀分布. 假设 $Y = (Y_1, \cdots, Y_d)$ 具有多元累积分布函数 F_Y,其边缘分布函数为连续的一元累积分布函数 $F_{Y_1}, \cdots, F_{Y_d}$. 那么由附录 A.9.2 节的式(A.9)可知,每一个 $F_{Y_1}(Y_1), \cdots, F_{Y_d}(Y_d)$ 都服从 0 到 1 之间的均匀分布. 因此随机向量 $\{F_{Y_1}(Y_1), \cdots, F_{Y_d}(Y_d)\}$ 累积分布函数是一个 copula. 这个累积分布函数称为 Y 的 copula,记为 C_Y. C_Y 包含 Y 的所有成分之间的相依信息,但是不含有 Y 的边缘累积分布函数的信息.

我们可以容易地求出 C_Y 的公式. 为了避免技术上的问题,本节假设所有随机变量具有连续的、严格递增的累积分布函数. 更精确地说,累积分布函数在它们的支撑集合上是递增的. 例如,指数累积分布函数

$$F(y) = \begin{cases} 1 - e^{-y}, & y \geqslant 0 \\ 0, & y < 0 \end{cases}$$

的支撑集合为 $[0, \infty]$,并且在该集合上严格递增. 累积分布函数为连续、严格递增的这一假设在多数高级数学教程中都是避免的,参见 8.8 节.

因为 C_Y 是 $\{F_{Y_1}(Y_1), \cdots, F_{Y_d}(Y_d)\}$ 的累积分布函数,根据累积分布函数的定义,我们有

$$\begin{aligned} C_Y(u_1, \cdots, u_d) &= P\{F_{Y_1}(Y_1) \leqslant u_1, \cdots, F_{Y_d}(Y_d) \leqslant u_d\} \\ &= P\{Y_1 \leqslant F_{Y_1}^{-1}(u_1), \cdots, Y_d \leqslant F_{Y_d}^{-1}(u_d)\} \\ &= F_Y\{F_{Y_1}^{-1}(u_1), \cdots, F_{Y_d}^{-1}(u_d)\} \end{aligned} \tag{8.1}$$

接下来,设 $u_j = F_{Y_j}(y_j)$,$j = 1, \cdots, d$,在式(8.1)中,我们有

$$F_Y(y_1, \cdots, y_d) = C_Y\{F_{Y_1}(y_1), \cdots, F_{Y_d}(y_d)\} \tag{8.2}$$

式(8.2)是 Sklar 著名定理的一部分,该定理声明 F_Y 可以分解为含有变量 $(Y_1, \cdots, Y_d)$ 之间相依性的 copula C_Y 和包含所有一元边缘分布信息的边缘累积分布函数 $F_{Y_1}, \cdots, F_{Y_d}$.

设

$$c_Y(u_1,\cdots,u_d) = \frac{\partial^d}{\partial u_1 \cdots \partial u_d} C_Y(u_1,\cdots,u_d) \tag{8.3}$$

为 C_Y 的密度. 对式(8.2)求导, 得到 Y 的密度为

$$f_Y(y_1,\cdots,y_d) = c_Y\{F_{Y_1}(y_1),\cdots,F_{Y_d}(y_d)\} f_{Y_1}(y_1)\cdots f_{Y_d}(y_d) \tag{8.4}$$

copula 的一个重要性质就是变量的严格递增变换的不变性. 更准确地说, 假设 g_j 是严格递增的, 并且 $X_j = g_j(Y_j)$, $j=1,\cdots,d$. 那么 $\boldsymbol{X}=(X_1,\cdots,X_d)$ 和 $\boldsymbol{Y}$ 有相同的 copula. 简单证明如下, 注意到 $\boldsymbol{X}$ 的累积分布函数为

$$\begin{aligned}F_X(x_1,\cdots,x_d) &= P\{g_1(Y_1) \leqslant x_1,\cdots,g_d(Y_d) \leqslant x_d\} \\ &= P\{Y_1 \leqslant g_1^{-1}(x_1),\cdots,Y_d \leqslant g_d^{-1}(x_d)\} \\ &= F_Y\{g_1^{-1}(x_1),\cdots,g_d^{-1}(x_d)\} \end{aligned} \tag{8.5}$$

因此 X_j 的累积分布函数为

$$F_{X_j}(x_j) = F_{Y_j}\{g_j^{-1}(x_j)\}$$

因此,

$$F_{X_j}^{-1}(u) = g_j\{F_{Y_j}^{-1}(u)\} \tag{8.6}$$

把式(8.1)代入到 $\boldsymbol{X}$, 在 $\boldsymbol{Y}$ 上应用式(8.5)、式(8.6)和式(8.1), 得到 $\boldsymbol{X}$ 的 copula 为

$$\begin{aligned} C_X(u_1,\cdots,u_d) &= F_X\{F_{X_1}^{-1}(u_1),\cdots,F_{X_d}^{-1}(u_d)\} \\ &= F_Y[g_1^{-1}\{F_{X_1}^{-1}(u_1)\},\cdots,g_d^{-1}\{F_{X_d}^{-1}(u_d)\}] \\ &= F_Y\{F_{Y_1}^{-1}(u_1),\cdots,F_{Y_d}^{-1}(u_d)\} \\ &= C_Y(u_1,\cdots,u_d) \end{aligned}$$

为了应用 copula 来对多变量的相依性进行建模, 我们需要 copula 的参数族. 下面几节将讨论 copula 参数族.

8.2 特殊 copula

我们对 3 个特殊的 copula 感兴趣, 它们分别代表完全独立关系和两个极端的相依关系.

d 维独立 copula 是 d 个相互独立的 $(0,1)$ 上均匀分布的随机变量的 copula. 它等于

$$C^{\text{ind}}(u_1,\cdots,u_d) = u_1 \cdots u_d \tag{8.7}$$

并且它的密度函数是区域 $[0,1]^d$ 上的均匀分布, 即它的密度函数是定义在区域 $[0,1]^d$ 上的 $c^{\text{ind}}(u_1,\cdots,u_d) = 1$.

d 维共单调 copula(co-monotonicity copula) C^M 是完全正相依的. 设 U 是 0 到 1 之间的均匀分布, 那么共单调 copula 是 $\boldsymbol{U}=(U,\cdots,U)$ 的累积分布函数, 即 $\boldsymbol{U}$ 包含 U 的 d 个副本, 使得 $\boldsymbol{U}$ 的每个元素是相等的. 那么

$$\begin{aligned} C^M(u_1,\cdots,u_d) &= P(U \leqslant u_1,\cdots,U \leqslant u_d) = P\{Y \leqslant \min(u_1,\cdots,u_d)\} \\ &= \min(u_1,\cdots,u_d) \end{aligned}$$

二维反单调 copula(counter-monotonicity copula) C^M 是随机变量 $(U, 1-U)$ 的累积分布函数, 它们具有完全负相依性. 因此,

$$\begin{aligned} C^{CM}(u_1,\cdots,u_d) &= P(U \leqslant u_1 \& 1-U \leqslant u_2) \\ &= P(1-u_2 \leqslant U \leqslant u_1) = \max(u_1+u_2-1,0) \end{aligned} \tag{8.8}$$

我们可以很容易推导出式(8.8)的最后一个等式. 如果 $1-u_2 > u_1$, 那么事件 $\{1-u_2 \leqslant U \leqslant$

u_1}不可能发生,因此概率为0;否则,概率值为区间$(1-u_2, u_1)$的长度,即u_1+u_2-1. 在$d>2$时,不可能有反单调copula. 例如,如果U_1和U_2单调性相反,U_2和U_3单调性相反,那么U_1和U_3单调性将相同,而不是相反.

8.3 高斯copula和t-copula

多元正态分布和t分布方便地给出了产生一族copula的方式. 设$Y=(Y_1, \cdots, Y_d)$服从多元正态分布,因为C_Y仅取决于Y的内部相依性,而不是单个变量的边缘分布,所以C_Y仅依赖于Y的相关系数矩阵,该矩阵记为Ω. 因此在相关系数矩阵和高斯copula间有一一对应关系. 相关系数矩阵为相关Ω的高斯copula将记为$C^{\text{Gauss}}(\cdot \mid \Omega)$.

如果随机向量Y有一个高斯copula,那么将称Y具有元高斯分布(meta-Gaussian distribution). 当然这并不意味着Y有多元高斯分布,因为随机向量Y的一元边缘分布实质上可以为任何分布. d维高斯copula的相关矩阵为单位矩阵,因此所有的相关系数都为0,它是d维独立copula. 如果所有的Ω收敛到1,那么高斯copula将收敛到共单调copula. 在二元变量情况下,由于相关系数收敛到-1,copula将收敛到反单调copula.

类似地,让$C(\cdot \mid \nu, \Omega)$是相关系数矩阵为$\Omega$、自由度为$\nu$的多元$t$分布的copula[⊖]. 形状参数$\nu$既影响到一元边缘分布,也影响到copula. 因此ν是copula的一个参数. 在之后的8.6节将看到,ν将决定在t-copula中决定尾部依赖性的程度. 具有t-copula的分布称为元t分布(t-meta distribution).

8.4 阿基米德copula

具有严格生成元的阿基米德copula的形式为
$$C(u_1,\cdots,u_d) = \phi^{-1}\{\phi(u_1) + \cdots + \phi(u_d)\} \tag{8.9}$$
其中函数ϕ是copula的生成元,并要求满足下列条件:

1. ϕ是连续严格递减的凸函数,定义域为$[0, 1]$,值域为$[0, \infty]$.
2. $\phi(0) = \infty$.
3. $\phi(1) = 0$.

图8-1是生成元的图形,它展示了这些性质. 条件2可以放松,但是生成元不再是严格的,构建这样的copula将更加复杂. 有许多阿基米德copula族,我们这里只涉及其中的三种,即Clayton、Frank和Gumbel类型的copula.

注意到在式(8.9)中,如果重新排列$u_1, \cdots, u_d$,函数$C(u_1, \cdots, u_d)$的值不变. 具有这种性质的分布称为可交

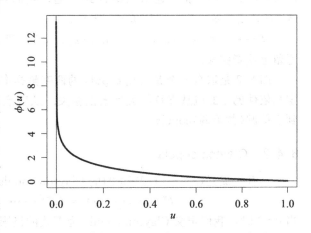

图8-1 参数$\theta=1$时的弗兰克copula生成元

⊖ 这里若$\nu \leqslant 2$,存在一个小的技术问题. 在这种情况下,t分布没有协方差和相关矩阵. 但是仍有一个尺度矩阵,我们将假设尺度矩阵为某个相关矩阵Ω.

换性(exchangeable)分布. 可交换性的一个性质是将在 8.5 节介绍的肯德尔(Kendall)和斯皮尔曼(Spearman)秩相关对所有变量对都是一样的. 阿基米德 copula 在两变量情况下和当期盼所有变量对都有类似的相依性时特别有用.

8.4.1 弗兰克 copula

弗兰克 copula 的生成元为

$$\phi^{\mathrm{Fr}}(u) = -\log\left\{\frac{\mathrm{e}^{-\theta u}-1}{\mathrm{e}^{-\theta}-1}\right\}, \quad -\infty < \theta < \infty$$

逆生成元为:

$$(\phi^{\mathrm{Fr}})^{-1}(y) = -\frac{\log[\mathrm{e}^{-y}\{\mathrm{e}^{-\theta}-1\}+1]}{\theta}$$

因此, 由式(8.9), 两变量的弗兰克 copula 为

$$C^{\mathrm{Fr}}(u_1,u_2) = -\frac{1}{\theta}\log\left\{1+\frac{(\mathrm{e}^{-\theta u_1}-1)(\mathrm{e}^{-\theta u_2}-1)}{\mathrm{e}^{-\theta}-1}\right\} \tag{8.10}$$

当 $\theta \to 0$ 时要特别注意, 因为这时代入式(8.10)将导致 0/0. 事实上, 当 $\theta = 0$ 时需要估计式(8.10)的极限. 当 $x \to 0$ 时应用近似式 $\mathrm{e}^x - 1 \approx x$ 和 $\log(1+x) \approx x$, 可以证明当 $\theta \to 0$ 时, $C^{\mathrm{Fr}}(u_1, u_2) \to u_1 u_2$, 即两变量独立 copula. 因此当 $\theta = 0$ 时, 我们定义弗兰克 copula 为独立 copula.

研究 $\theta \to \pm\infty$ 时 $C^{\mathrm{Fr}}(u_1, u_2)$ 的极限是有意义的. 当 $\theta \to -\infty$ 时, 二元弗兰克 copula 收敛到反单调 copula. 为了说明这点, 注意到当 $\theta \to -\infty$ 时,

$$C^{\mathrm{Fr}}(u_1,u_2) \sim -\frac{1}{\theta}\log\{1+\mathrm{e}^{-\theta(u_1+u_2-1)}\} \tag{8.11}$$

如果 $u_1 + u_2 - 1 > 0$, 那么当 $\theta \to -\infty$ 时, 式(8.11)中的指数 $-\theta(u_1+u_2-1)$ 收敛到 ∞.

$$\log\{1+\mathrm{e}^{-\theta(u_1+u_2-1)}\} \sim -\theta(u_1+u_2-1)$$

并且 $C^{\mathrm{Fr}}(u_1, u_2) \to u_1 + u_2 - 1$. 如果 $u_1 + u_2 - 1 < 0$, 那么 $-\theta(u_1+u_2-1) \to -\infty$ 并且 $C^{\mathrm{Fr}}(u_1, u_2) \to 0$. 把上述结论结合到一起, 我们看到当 $\theta \to -\infty$ 时, $C^{\mathrm{Fr}}(u_1, u_2)$ 收敛到 $\max(0, u_1+u_2-1)$, 即反单调 copula.

当 $\theta \to \infty$ 时, $C^{\mathrm{Fr}}(u_1, u_2) \to \min(u_1, u_2)$, 即共单调 copula. 这一结论的证明作为练习留给读者完成.

图 8-2 是取自 9 个弗兰克 copula 的两变量样本的散点图, 每一个样本大小为 200, 决定相依性的 θ 的值从强负相关到强正相关. 从散点图中可以看出当 $\theta \to -\infty(\infty)$ 时, 收敛到反单调(共单调) copula.

8.4.2 Clayton copula

具有生成元 $(t^{-\theta}-1)/\theta (\theta > 0)$ 的 Clayton copula 为

$$C^{\mathrm{Cl}}(u_1,\cdots,u_d) = (u_1^{-\theta}+\cdots+u_d^{-\theta}-d+1)^{-1/\theta}$$

当 $\theta = 0$ 时, 我们定义 Clayton copula 为下式的极限:

$$\lim_{\theta \to 0} C^{\mathrm{Cl}}(u_1,\cdots,u_d) = u_1\cdots u_d$$

它是独立的 copula. 另外有一种得到该定义的方式. 当 $\theta \downarrow 0$ 时, 洛必达法则证明生成元 $(t^{-\theta}-1)/\theta$ 收敛到 $\phi(t) = -\log(t)$, 其逆为 $\phi^{-1}(t) = \exp(-t)$. 因此,

$$C^{\mathrm{Cl}}(u_1,\cdots,u_d) = \phi^{-1}\{\phi(u_1)+\cdots+\phi(u_d)\}$$

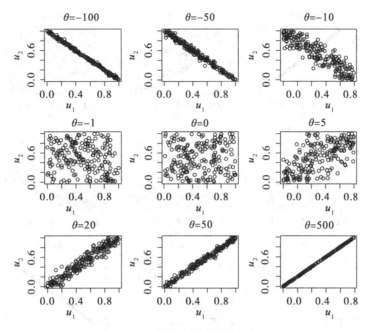

图 8-2　从弗兰克得到的随机样本

$$= \exp\{-(-\log u_1 - \cdots - \log u_d)\} = u_1 \cdots u_d$$

可以扩展 θ 的范围以包含 $-1 \leqslant \theta < 0$，但是生成元 $(t^{-\theta}-1)/\theta$ 在 $t=0$ 时违反了严格生成元的条件 2. 因此，当 $\theta < 0$ 时，生成元是不严格的．因此，当 u_i 较小时，定义 $C^{Cl}(u_1, \cdots, u_d)=0$ 是有必要的．为了理解这一点，考虑二元情况．如果 $-1 \leqslant \theta < 0$，那么当 u_1 和 u_2 都很小时，就有 $u_1^{-\theta} + u_2^{-\theta} - 1 < 0$．这时，$C^{Cl}(u_1, u_2)$ 设为 0．因此在 $u_1^{-\theta} + u_2^{-\theta} - 1 < 0$ 这一区域没有概率．就极限而言，当 $\theta \to -1$，在区域 $u_1 + u_2 < 1$ 上没有概率．

当 $\theta < -1$ 时，二元的 Clayton copula 收敛到反单调 copula，当 $\theta < \infty$ 时，Clayton copula 收敛到共单调 copula.

图 8-3 是对给出从反单调相依到共单调相依的 θ 值，取样本容量为 200 的二元 Clayton copula 样本，然后绘制得到的散点图．比较图 8-2 和图 8-3 可以看出，当相依性位于两个极端之间时，弗兰克 copula 和 Clayton copula 是相当不同的．特别是当 Clayton copula 的 $\theta < 0$ 很明显时，Clayton copula 不包含区域 $u_1^{-\theta} + u_2^{-\theta} - 1 < 0$，尤其是在 $\theta = -0.7$ 的例子中．而弗兰克 copula 在整个单位矩形中的概率为正．弗兰克 copula 关于从 $(0, 1)$ 到 $(1, 0)$ 的对角线对称，而 Clayton copula 不具有这种对称性．

8.4.3　Gumbel copula

Gumbel copula 的生成元为 $\{-\log(t)\}^\theta$，$\theta \geqslant 1$，它的公式为

$$C^{Gu}(u_1, \cdots, u_d) = \exp[-\{(\log u_1)^\theta + \cdots + (\log u_d)^\theta\}^{1/\theta}]$$

当 $\theta = 1$ 时，Gumbel copula 为独立 copula；当 $\theta \to \infty$ 时，Gumbel copula 为共单调 copula，但是 Gumbel copula 不能具有负相依性．

图 8-4 是对给出从接近独立到强正相依的 θ 值，取样本容量为 200 的二元 Gumbel copula 样本，然后绘制得到的散点图．

在应用中，不同的 copula 族具有不同性质这一点是很有用的，因为这将提升找到适合数据的 copula 的可能性．

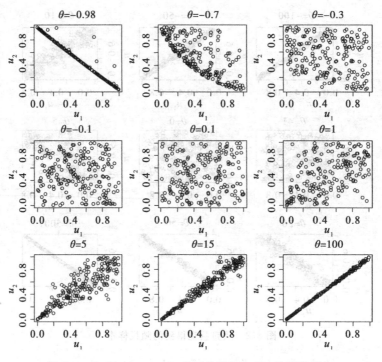

图 8-3 从 Clayton copula 抽取的容量为 200 的随机样本

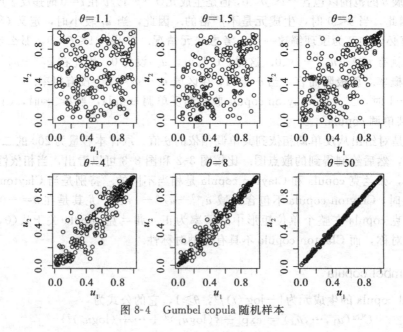

图 8-4 Gumbel copula 随机样本

8.5 秩相关

由于在式(4.3)中定义的皮尔逊相关系数既依赖于一元边缘分布，也依赖于copula，因此不适用于拟合copula数据．而秩相关系数则克服了这一问题，它仅仅依赖于copula．

对于每一个变量，变量的秩通过对观测值从小到大排序得到，最小的数值给秩1，次小额给秩 2，依次类推. 换句话说，如果 $Y_1, \cdots, Y_n$ 为一个样本，那么如果 Y_i 在样本中为最小的值，则其秩为 1，如果 Y_2 是次最小值，则其秩为 2，等等. 更数学化一点，Y_i 的秩由下式定义：

$$\text{rank}(Y_i) = \sum_{j=1}^{n} I(Y_j \leqslant Y_i) \tag{8.12}$$

它表示小于等于 Y_i 的值的个数(包含 Y_i 本身). 秩统计量只通过秩来依赖于数据. 秩的一个关键特性是单调变换下秩不变. 特别地，秩在它的累积分布函数(CDF)变换下不变. 因此任何秩统计量的分布仅仅依赖于 copula 数据，而不依赖于一元边缘分布.

我们考虑能够衡量一对变量的统计相关性的秩统计量. 这些统计量称为秩相关. 有两个广泛应用的秩相关系数，即肯德尔的 tau 和斯皮尔曼的 rho 相关系数.

8.5.1 肯德尔的 tau 相关系数

设 (Y_1, Y_2) 为二元随机向量，(Y_1^*, Y_2^*) 为 (Y_1, Y_2) 的独立副本. 如果 Y_1 的秩相对于 Y_1^* 和 Y_2 的秩相对于 Y_2^* 是一样的，那么 (Y_1, Y_2) 和 (Y_1^*, Y_2^*) 称为一致对(concordant pair)，也就是说，或者 $Y_1 > Y_1^*$ 和 $Y_2 > Y_2^*$，或者 $Y_1 < Y_1^*$ 和 $Y_2 < Y_2^*$. 任何一种情况下，都有 $(Y_1 - Y_1^*)(Y_2 - Y_2^*) > 0$. 类似地，如果 $(Y_1 - Y_1^*)(Y_2 - Y_2^*) > 0$，则称 (Y_1, Y_2) 和 (Y_1^*, Y_2^*) 为不一致对(discordant pair). 肯德尔的 tau 就是一致对的概率减去不一致对的概率. 因此，(Y_1, Y_2) 的肯德尔 tau 为

$$\begin{aligned}\rho_\tau(Y_1, Y_2) &= P\{(Y_1 - Y_1^*)(Y_2 - Y_2^*) > 0\} - P\{(Y_1 - Y_1^*)(Y_2 - Y_2^*) < 0\} \\ &= E[\text{sign}\{(Y_1 - Y_1^*)(Y_2 - Y_2^*)\}]\end{aligned} \tag{8.13}$$

其中，符号函数的定义为

$$\text{sign}(x) = \begin{cases} 1, & x > 0, \\ -1, & x < 0, \\ 0, & x = 0. \end{cases}$$

容易验证：如果 g 和 h 是递增函数，那么

$$\rho_\tau\{g(Y_1), h(Y_2)\} = \rho_\tau(Y_1, Y_2) \tag{8.14}$$

也就是说，肯德尔 tau 在单调递增变换下是不变的. 如果 g 和 h 分别是 Y_1 和 Y_2 的边缘累积分布函数，那么式(8.14)的左边是 (Y_1, Y_2) 的 copula 的肯德尔 tau 值. 这说明，肯德尔 tau 仅仅依赖于一个二元随机向量的 copula. 对于一个随机向量 $\boldsymbol{Y}$，定义肯德尔 tau 相关矩阵，该矩阵的第 (j, k) 位置的元素为 $\boldsymbol{Y}$ 的第 j 个元素和第 k 个元素的肯德尔 tau 值.

如果有二元样本 $\boldsymbol{Y}_i = (Y_{i,1}, Y_{i,2})$，$i = 1, \cdots, n$，那么样本肯德尔 tau 为

$$\hat{\rho}_\tau(Y_1, Y_2) = \binom{n}{2}^{-1} \sum_{1 \leqslant i < j \leqslant n} \text{sign}\{(Y_{i,1} - Y_{j,1})(Y_{i,2} - Y_{j,2})\} \tag{8.15}$$

8.5.2 斯皮尔曼相关系数

对于一个样本，斯皮尔曼相关系数就是从数据的秩来计算皮尔逊相关系数. 对于一个分布而言(即无限总体而不是有限样本)，两个变量都应用它们的累积分布函数进行变换，然后从变换后的变量计算皮尔逊相关系数. 随机变量的累积分布函数变换类似于计算有限样本的变量的秩.

也就是说，对于一个二元随机向量 (Y_1, Y_2)，它的斯皮尔曼相关系数，有时候称为

斯皮尔曼 rho,记为 $\rho_S(Y_1, Y_2)$,定义为 $\{F_{Y_1}(Y_1), F_{Y_2}(Y_2)\}$ 的皮尔逊相关系数:

$$\rho_S(Y_1, Y_2) = \mathrm{Corr}\{F_{Y_1}(Y_1), F_{Y_2}(Y_2)\}$$

因为 $\{F_{Y_1}(Y_1), F_{Y_2}(Y_2)\}$ 是 (Y_1, Y_2) 的 copula,斯皮尔曼的 rho,像肯德尔的 tau 一样,反依赖于 copula.

样本斯皮尔曼相关系数可以从二元样本 $\boldsymbol{Y}_i = (Y_{i,1}, Y_{i,2})$ $(i=1,\cdots,n)$ 的秩来计算,即

$$\hat{\rho}_S(Y_1, Y_2) = \frac{12}{n(n^2-1)} \sum_{i=1}^{n} \left\{ \mathrm{rank}(Y_{i,1}) - \frac{n+1}{2} \right\} \left\{ \mathrm{rank}(Y_{i,2}) - \frac{n+1}{2} \right\} \tag{8.16}$$

任何变量的秩集合都是从 1 到 n 的整数,秩的均值为 $(n+1)/2$. 可以证明 $\hat{\rho}_S(Y_1, Y_2)$ 为 $Y_{i,1}$ 的秩和 $Y_{i,2}$ 的秩的样本皮尔逊相关系数⊖.

如果 $\boldsymbol{Y}=(Y_1,\cdots,Y_d)$ 为一个随机向量,那么 $\boldsymbol{Y}$ 的斯皮尔曼相关矩阵为 $\{F_{Y_1}(Y_1),\cdots,F_{Y_d}(Y_d)\}$ 的相关矩阵,它包含 $\boldsymbol{Y}$ 的所有坐标对的斯皮尔曼相关系数. 样本斯皮尔曼相关矩阵可以类似的定义.

8.6 尾部相关

尾部相关用来衡量两个随机变量的极端值之间的相关性,它仅仅依赖于它们的 copula. 我们将从下尾部相关性开始,它用到下尾部的极端值. 假设 $\boldsymbol{Y}=(Y_1, Y_2)$ 为一个二元随机向量,copula 为 C_Y,那么下尾部相关系数记为 λ_l,其定义为

$$\lambda_l := \lim_{q \downarrow 0} P\{Y_2 \leqslant F_{Y_2}^{-1}(q) \,|\, Y_1 \leqslant F_{Y_1}^{-1}(q)\} \tag{8.17}$$

$$= \lim_{q \downarrow 0} \frac{P\{Y_2 \leqslant F_{Y_2}^{-1}(q) \text{ 且 } Y_1 \leqslant F_{Y_1}^{-1}(q)\}}{P\{Y_1 \leqslant F_{Y_1}^{-1}(q)\}} \tag{8.18}$$

$$= \lim_{q \downarrow 0} \frac{P\{F_{Y_2}(Y_2) \leqslant q \text{ 且 } F_{Y_1}(Y_1) \leqslant q\}}{P\{F_{Y_1}(Y_1) \leqslant q\}} \tag{8.19}$$

$$= \lim_{q \downarrow 0} \frac{C_Y(q,q)}{q} \tag{8.20}$$

单独分析上述公式是有益的. 和本章中其他地方一样,为了简便起见,假设 F_{Y_1} 和 F_{Y_2} 在它们的支撑集上为严格递增函数,因此它们的逆存在.

首先,式(8.17)定义 λ_l 为一个 $q \downarrow 0$ 时在给定 Y_1 小于等于其 q 分位数的条件下,Y_2 小于等于其 q 分位数的条件概率的极限. 由于我们需要的是,它是 $q \downarrow 0$ 时的条件概率的极限,我们观测左尾部的极端值. 如果 Y_1 和 Y_2 独立,将怎样呢?此时,对于所有 y_1 和 y_2,有 $P(Y_2 \leqslant y_2 \,|\, Y_1 \leqslant y_1) = P(Y_2 \leqslant y_2)$. 因此,在式(8.17)中的条件概率将等于 $P(Y_2 \leqslant F_{Y_2}^{-1}(q))$ 这一无条件概率,该概率值在 $q \downarrow 0$ 时收敛到 0. 因此,$\lambda_l = 0$ 意味着在极端的左尾部,Y_1 和 Y_2 的行为和它们独立时的表现是一致的.

式(8.18)是条件概率的定义. 式(8.19)是对两个变量应用概率变换后的式(8.18).

式(8.20)的分子是 copula 的定义,分母是当 $F_{Y_1}(Y_1)$ 为 0 到 1 上的均匀分布的结果. 参见式(A.9).

⊖ 如果有并列情况,就把并列的观测值的秩进行平均. 例如,若有两个观测值并列最小,则它们每一个的秩为 1.5. 当有并列情况时,这些结果必须进行修改.

推导高斯 copula 和 t-copula 的 λ_l 公式是更高级的内容，这里只是给出结果，参见 8.8 节的参考书目。除了完全正相关这一极端情况外，对于任意 $\rho \neq 1$ 的高斯 copula，$\lambda_l = 0$，即高斯 copula 不具有尾部相关性。对于自由度为 v 和相关系数为 ρ 的 t-copula，有

$$\lambda_l = 2F_{t,v+1}\left\{-\sqrt{\frac{(v+1)(1-\rho)}{1+\rho}}\right\} \tag{8.21}$$

这里 $F_{t,v+1}$ 是自由度为 $v+1$ 的 t 分布的累积分布函数。

由于 $F_{t,v+1}(-\infty)=0$，可知当 $v \to \infty$ 时，$\lambda_l \to 0$。这是有意义的，因为当 $v \to \infty$ 时，t-copula 收敛到高斯 copula。另外，当 $\rho \to -1$ 时，有 $\lambda_l \to 0$。这里也不是很特殊，因为当 $\rho = -1$ 时为完全负相关，而 λ_l 则衡量正的尾部相关性。

上尾部相关性系数 λ_u 定义为

$$\lambda_u := \lim_{q \uparrow 1} P\{Y_2 \geqslant F_{Y_2}^{-1}(q) | Y_1 \geqslant F_{Y_1}^{-1}(q)\} \tag{8.22}$$

$$= 2 - \lim_{q \uparrow 1} \frac{1 - C_Y(q,q)}{1-q} \tag{8.23}$$

这里可知，λ_u 的定义和 λ_l 的定义类似；λ_u 是当 $q \uparrow 1$ 时在给定 Y_1 大于等于其 q 分位数的条件下，Y_2 大于等于其 q 分位数的条件概率的极限。有兴趣的读者可以自行推导公式 (8.23)。

对高斯 copula 和 t-copula，$\lambda_u = \lambda_l$，因此对任意高斯 copula 有 $\lambda_u = 0$；对于 t-copula，λ_l 由式 (8.21) 右侧给出。图 8-5 绘制的是 t-copula 的尾部相关性。我们可以看出，$\lambda_l = \lambda_u$ 强烈地依赖于 ρ 和 v。

对于独立 copula，λ_l 和 λ_u 都为 0，对于共单调 copula，二者都等于 1。

在风险管理中，知道是否有尾部相关性是很重要的。如果一个投资组合的资产收益

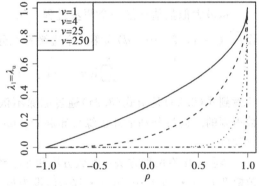

图 8-5 当 $v=1, 4, 25, 250$ 时，尾部相关的 t-copula 的相关系数是 ρ 的函数

中没有尾部相关性，那么大的负收益聚集的风险就较小，组合具有极端的负收益的风险将很低。相反，如果具有尾部相关性，那么组合中几个资产同时具有极端的负收益的可能性将会很高。

8.7 计算 copula

假设有独立同分布的样本 $\boldsymbol{Y}_i = (Y_{i,1}, \cdots, Y_{i,d}), i=1,\cdots,n$，需要估计 $\boldsymbol{Y}_i$ 的 copula 和边缘分布。

一个重要的任务是选择一个 copula 模型。各种 copula 模型相互之间是显著不同的。例如，有些 copula 有尾部相关性，而其他则没有。Gumbel 类型的 copula 只允许有正相关性或者独立性。而具有负相关的 Clayton 类型的 copula 则排除了 u_1 和 u_2 同时小的区域。本节将看到，可以通过图形技巧或者 AIC 准则来选择合适的 copula 模型。

8.7.1 最大似然

假设边缘累积分布函数有参数模型 $F_{Y_1}(\cdot | \boldsymbol{\theta}_1), \cdots, F_{Y_d}(\cdot | \boldsymbol{\theta}_d)$，copula 密度也有

参数模型 $c_Y(\cdot \mid \theta_C)$. 对式(8.4)取对数，那么对数似然函数为

$$L(\theta_1,\cdots,\theta_d,\theta_C) = \sum_{i=1}^{n} \Big(\log[c_Y\{F_{Y_1}(Y_{i,1}\mid\theta_1),\cdots,F_{Y_d}(Y_{i,d}\mid\theta_d)\mid\theta_C\}]$$
$$+\log\{f_{Y_1}(Y_{i,1}\mid\theta_1)\}+\cdots+\log\{f_{Y_d}(Y_{i,d}\mid\theta_d)\}\Big) \quad (8.24)$$

最大似然估计可以在整个参数集$(\theta_1,\cdots,\theta_d,\theta_C)$中找出 $L(\theta_1,\cdots,\theta_d,\theta_C)$的最大值.

这里最大似然估计有两个潜在的问题. 第一，由于参数很多，尤其是对于较大的 d 值，极大化函数 $L(\theta_1,\cdots,\theta_d,\theta_C)$是一个很有挑战的数值问题. 这很难通过选取靠近最大似然估计的初始值来克服. 下一节讨论的拟最大似然估计比最大似然估计容易计算，它可以用作最大似然估计的替代，或者作为最大似然估计的起始值. 第二，最大似然估计需要 copula 和边缘分布的参数模型. 如果任何一个边缘分布不能够由一个常见的参数族来较好的拟合，那么边缘分布和 copula 的估计参数将有可能是有偏的. 拟最大似然估计的半参数方法用非参数方法来估计边缘分布，它提供了这个问题的一个解决方法.

8.7.2 拟最大似然估计

拟最大似然估计是一个两步过程. 第一步中，每次估计 d 个边缘分布函数中的一个. 设 $\hat{F}_{Y_j}(j=1,2,\cdots,d)$为第 j 个边缘累积分布函数的估计. 第二步中，在 θ_C 下估计

$$\sum_{i=1}^{n}\log[c_Y\{\hat{F}_{Y_1}(Y_{i,1}),\cdots,\hat{F}_{Y_d}(Y_{i,d})\mid\theta_C\}] \quad (8.25)$$

注意到式(8.25)是由式(8.24)通过删除不依赖于 θ_C 的项并用估计值替代边缘累积分布函数得到的. 通过分别估计边缘分布和 copula 中的参数，拟最大似然估计方法避免了高维优化问题.

步骤 1 中有两种方法：参数方法和非参数方法. 在参数方法中，边缘累积分布函数的参数模型 $F_{Y_1}(\cdot\mid\theta_1),\cdots,F_{Y_d}(\cdot\mid\theta_d)$假设为最大似然估计. 第 j 个变量的数据 $Y_{1,j},\cdots,Y_{n,j}$用于估计 θ_j，它通常用第 5 章讨论的最大似然估计方法. 那么，$\hat{F}_{Y_j}(\cdot)=F_{Y_j}(\cdot\mid\hat{\theta}_j)$. 对于非参数方法，除式(4.1)中的分母 n 变为 $n+1$ 以外，$\hat{F}_{Y_j}$由 $Y_{1,j},\cdots,Y_{n,j}$的经验累积分布函数来估计.

$$\hat{F}_{Y_j}(y) = \frac{\sum_{i=1}^{n}I\{Y_{i,j}\leqslant y\}}{n+1} \quad (8.26)$$

对于修改的分母，$\hat{F}_{Y_j}(Y_{i,j})$的最大值为 $n/(n+1)$，而不是 1. 如果有些 $u_1,\cdots,u_d$ 为 1 的情况下，$c_Y(u_1,\cdots,u_d\mid\theta_C)=\infty$，这经常发生，因此避免取值为 1 是必须的.

当两步都是参数方法时，估计方法称为参数拟最大似然估计. 如果步骤 1 中为非参数方法，步骤 2 中为参数方法，则估计方法称为半参数拟最大似然估计.

在第二步的拟最大似然估计中，当 θ_C 为高维时，极大化可能很困难. 例如，如果应用高斯 copula 或者 t-copula，将有 $d(d-1)/2$ 个相关参数. 一种解决方法是假设该相关参数具有某种结构. 一个极端的情况是等相关模型，此时相关矩阵的所有非对角线元素为一个共同值，称为 ρ. 如果不能假设该矩阵的特殊结构，那么最大化式(8.25)时，相关系数矩阵必需有一个好的起始值. 对于高斯 copula 和 t-copula，可以用下一节中讨论的秩相关来获取起始值.

由于 $\hat{F}_{Y_j}(Y_{i,j})(i=1,\cdots,n$ 且 $j=1,\cdots,d)$ 近似服从 0 到 1 上的均匀分布，因此称为均匀转换变量．均匀转换变量的多元经验累积分布函数[参见式(A.38)]称为经验 copula，它是 copula 的非参数估计．经验 copula 可以用于检查参数 copula 模型拟合的好坏，参见例 8.2.

8.7.3 计算元高斯分布和元 t 分布

高斯 copula

秩相关对估计 copula 参数是有用的．设 $\boldsymbol{Y}_i=(Y_{i,1},\cdots,Y_{i,d})(i=1,\cdots,n)$，为取自元高斯分布的独立同分布样本．对于某个相关矩阵 $\boldsymbol{\Omega}$，它的 copula 为 $C^{\text{Gauss}}(\cdot|\boldsymbol{\Omega})$．为了估计 $\boldsymbol{Y}$ 的分布，我们需要估计一元边缘分布和 $\boldsymbol{\Omega}$．可以用第 5 章讨论的方法来估计边缘分布．下面定理中的结果式(8.28)说明可以用样本斯皮尔曼相关矩阵来估计 $\boldsymbol{\Omega}$．

定理 8.1 设 $\boldsymbol{Y}=(Y_1,\cdots,Y_d)$ 服从具有连续边缘分布的元高斯分布，它的 copula 为 $C^{\text{Gauss}}(\cdot|\boldsymbol{\Omega})$．设 $\Omega_{i,j}$ 为 $\boldsymbol{\Omega}$ 的第 i 和 j 位置的元素．那么，

$$\rho_\tau(Y_i,Y_j)=\frac{2}{\pi}\arcsin(\Omega_{i,j}) \tag{8.27}$$

$$\rho_S(Y_i,Y_j)=\frac{6}{\pi}\arcsin(\Omega_{i,j}/2)\approx \Omega_{i,j} \tag{8.28}$$

假设 $\boldsymbol{Y}_i(i=1,\cdots,n)$ 服从具有连续边缘分布的元 t 分布，它的 copula 为 $C^{t}(\cdot|\nu,\boldsymbol{\Omega})$．那么式(8.27)仍然成立，但是式(8.28)不成立．

这里式(8.28)中的近似应用结果

$$\frac{6}{\pi}\arcsin(x/2)\approx x,\ |x|\leqslant 1 \tag{8.29}$$

当 $x=-1,0,1$ 时，公式(8.29)的左边和右边相等，在区间 $-1\leqslant x\leqslant 1$ 上二者的最大差为 0.018．然而，相对误差为 $\left\{\frac{6}{\pi}\arcsin(x/2)-x\right\}\bigg/\frac{6}{\pi}\arcsin(x/2)$ 可能较大，大约大到 0.047，当 $x=0$ 时达到最大值．

根据式(8.28)，样本斯皮尔曼秩相关矩阵 $\boldsymbol{Y}_i(i=1,\cdots,n)$ 可以作为 $C^{\text{Gauss}}(\cdot|\boldsymbol{\Omega})$ 的相关矩阵 $\boldsymbol{\Omega}$ 的估计．该估计可以用作最终的估计值，或者作为最大似然估计或者拟最大似然估计的起始值．

t-copula

如果 $\{\boldsymbol{Y}_i=(Y_{i,1},\cdots,Y_{i,d}),i=1,\cdots,n\}$ 为取自 t-copula 为 $C^{t}(\cdot|\nu,\boldsymbol{\Omega})$ 的一个分布的样本，那么我们可以应用式(8.27)和样本肯德尔 tau 来估计 $\boldsymbol{\Omega}$．设 $\hat{\rho}_\tau(Y_j,Y_k)$ 为应用第 j 个变量和第 k 个变量的样本 $\{Y_{1,j},\cdots,Y_{n,j}\}$ 和 $\{Y_{1,k},\cdots,Y_{n,k}\}$ 来计算的样本肯德尔 tau，设 $\widetilde{\boldsymbol{\Omega}}^{**}$ 矩阵的第 j 行 k 列的元素为 $\left\{\frac{\pi}{2}\hat{\rho}_\tau(Y_j,Y_k)\right\}$．那么，$\widetilde{\boldsymbol{\Omega}}^{**}$ 将具有相关矩阵三个性质中的两个，它是对称的，对角线元素为 1．然而，由于该矩阵的某些特征值可能为负值，它可能不是正定的，甚至不是半正定的．

如果所有的特征值为正值，我们将用 $\widetilde{\boldsymbol{\Omega}}^{**}$ 来估计 $\boldsymbol{\Omega}$．否则，我们将稍微修改矩阵 $\widetilde{\boldsymbol{\Omega}}^{**}$，使得它为正定矩阵．根据式(A.47)，有

$$\widetilde{\boldsymbol{\Omega}}^{**}=\boldsymbol{O}\,\text{diag}(\lambda_i)\boldsymbol{O}^{\text{T}}$$

这里 O 为正交矩阵，其列为矩阵 $\widetilde{\boldsymbol{\Omega}}^{**}$ 的特征向量，λ_1, $\cdots$, λ_d 为特征值．我们定义

$$\widetilde{\boldsymbol{\Omega}}^* = O \operatorname{diag}\{\max(\varepsilon,\lambda_i)\} O^{\mathrm{T}}$$

这里 ε 是某些较小的正值，例如 $\varepsilon = 0.001$．现在，$\widetilde{\boldsymbol{\Omega}}^*$ 为对称正定的，它的对角线元素 $\widetilde{\boldsymbol{\Omega}}^*_{i,i}$ ($i=1$, $\cdots$, p) 可能不等于 1．这可以很容易修正，只要在矩阵 $\widetilde{\boldsymbol{\Omega}}^*$ 的第 i 行和第 i 列乘以 $(\widetilde{\boldsymbol{\Omega}}^*_{i,i})^{-1/2}$ ($i=1$, $\cdots$, d) 就可以了．最后得到的结果记为 $\widetilde{\boldsymbol{\Omega}}$，它是真正的相关性矩阵，即它是对称正定的，并且所有对角线元素为 1．

用 $\widetilde{\boldsymbol{\Omega}}$ 估计出 $\boldsymbol{\Omega}$ 后，还需要估计 ν．可以把 $\widetilde{\boldsymbol{\Omega}}$ 代入到式 (8.25) 中的对数似然中，然后对 ν 进行最大化．

例 8.2 管道流．

在本例中，我们将继续分析例 4.3 中的管道流数据．这里只用到前两个管道的流数据．

在完全参数拟似然分析中，将对流 1 和流 2 应用一元有偏的 t 分布模型．设 $U_{1,j}$, $\cdots$, $U_{n,j}$ 为管道 j ($j=1$, 2) 中的流经过估计的有偏 t 累积分布函数变换后的数值．这里称 $U_{i,j}$ 为均匀变换流．定义 $Z_{i,j} = \Phi^{-1}(U_{i,j})$，这里 Φ^{-1} 为标准正态分布的分位数函数．那么 $Z_{i,j}$ 应该近似服从 $N(0,1)$ 分布，我们称它为正态变换流．

两个均匀变换流应该为 0 到 1 之间的均匀分布．图 8-6 给出了两个均匀变换流的样本的直方图和散点图．直方图说明有些偏离均匀分布，这表明有偏的 t 分布可能不是最好的拟合，可以尝试半参数的拟最大似然估计方法，下面将进行尝试．然而，这里的偏离也有可能是由于随机波动造成的．

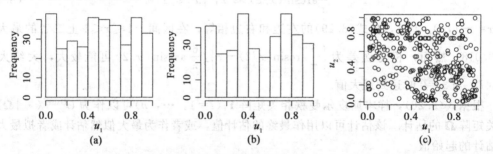

图 8-6 水管数据．均匀变换流的直方图 (a) 和 (b) 及散点图 (c)，其中的经验 copula 为 (c) 中数据的经验累积分布函数

图 8-6 中的散点图说明当数据聚集在从左上角到右下角的对角线上时，有一些负的相关性．因此，我们不能期望 Gumbel copula 能够有好的拟合，它不能有负相关性．同时，由于散点图表明在 u_1 和 u_2 都很小的区域有数值，而具有负相关的 Clayton copula 正好排除了该区域，因此 Clayton copula 也不能有好的拟合．我们将看到，AIC 和从图形分析得到的结论一致．和高斯 copula、t-copula 和弗兰克 copula 模型相比，Clayton 和 Gumbel 模型的 AIC 值更高（这是模型不好的迹象）．

如期望的那样，图 8-7 给出的正态变换流大致为线性正态图，它的散点图同样说明负相关性．

我们假设两个流具有元高斯分布．有三种方式来估计它们的高斯 copula 的相关性．第一，斯皮尔曼的样本秩相关系数为 -0.357．第二，应用式 (8.27)，得到 $\sin(\pi\hat{\tau}/2)$，这里

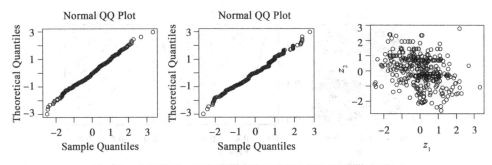

图 8-7 水管数据. 正态变换流的正态图(a)和(b)及散点图(c)

$\hat{\tau}$ 为样本肯德尔秩相关系数,其值为 -0.359. 第三,正态变换流的皮尔逊相关系数,其值为 -0.335. 特别是对于它们相对的不确定性而言,这三种方法得到的值很相近,例如正态变换流的皮尔逊相关系数的95%的置信区间为 $(-0.426,-0.238)$,另外两种方法的估计值都很好地落在该区间中.

5种参数copula用于拟合均匀变换的流:t、高斯、Gumbel、弗兰克和Clayton. 由于用参数估计来变换流,我们这里应用参数拟最大似然估计来拟合copula. 结果如表 8-1 所示. 从极大化的对数似然值看出,Gumbel copula 的拟合很差,这是可以理解的,因为它只允许正相关性,而数据则是负相关的. 弗兰克 copula 拟合最好,因为它最小化了AIC,t 和高斯 copula 的拟合也是合理的. 图 8-8 给出了 5 个 copula 的均匀变换的流图和分布函数的轮廓图:经验 copula 和 4 个估计出的参数 copula. 由于 $\hat{v}$ 较大,为 22.3,因此 t-copula 和高斯 copula 类似,所以图中没有包含 t-copula. 弗兰克 copula 的轮廓图和经验 copula 轮廓最接近,在这个意义上,它的拟合最好. 这也和AIC值相一致.

表 8-1 使用均匀变换的水管流数据来估计 copula 参数

Copula 族	估计	极大化对数似然	AIC
t	$\hat{\rho}=-0.34$	21.0	-38.0
	$\hat{v}=22.3$		
高斯	$\hat{\rho}=-0.331$	20.4	-38.8
Gumbel	$\hat{\theta}=0.988$	1.06	-0.06
弗兰克	$\hat{\theta}=-2.25$	23.1	-44.1
Clayton	$\hat{\theta}=-0.167$	9.87	-17.7

对于用经验分布函数变换的流重复上面的分析. 这可以得到半参数拟最大似然估计. 由于得到的结果和参数拟最大似然估计的结果很相似,这里就不给出最终结果了.

8.8 文献注记

关于非严格生成元的阿基米德 copula 的讨论,参见 McNeil、Frey 和 Embrechts (2005). 这几位作者详细讨论了许多这里没有详细介绍的主题. 它们讨论了定义非交换阿基米德copula 的方法. 在他们书中的 5.2 节,推导了高斯 copula 和 t-copula 的尾部相关系数. 在5.5节讨论了 8.7.3 节介绍的定理和计算方法.

Cherubini、Luciano 和 Vecchiato (2004) 讨论了 copula 在金融中的应用. Joe (1997) 和 Nelsen (2007)是有关 copula 的标准参考书籍.

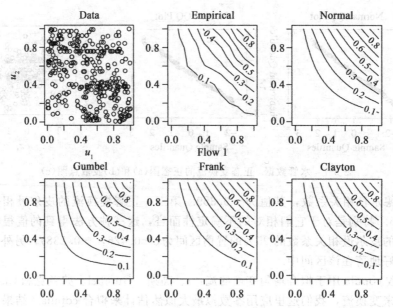

图 8-8 均匀变换的水管流数据. 散点图、经验 copula 和用 4 种参数方法拟合的 copula

Li(2000)的文章给出了一个有名的但也有争议的信用风险模型,它用违约时间服从指数分布的高斯 copula. 在《Wired》杂志的一篇文章指出 Li 的高斯 copula 模型是一个"快速且有致命缺陷的估计风险的方法"(Salmon, 2009). Duffie 和 Singleton(2003)的 10.4 节讨论了基于 copula 方法来对违约时间建模的方法.

8.9 参考文献

Cherubini, U., Luciano, E., and Vecchiato, W. (2004) *Copula Methods in Finance*, John Wiley, New York.

Duffie, D., and Singleton, K. J. (2003) *Credit Risk*, Princeton University Press, Princeton and Oxford.

Joe, H. (1997) *Multivariate Models and Dependence Concepts*, Chapman & Hall, London.

Li, D (2000) On default correlation: A copula function approach, *Journal of Fixed Income*, **9**, 43–54.

McNeil, A., Frey, R., and Embrechts, P. (2005) *Quantitative Risk Management*, Princeton University Press, Princeton and Oxford.

Nelsen, R. B. (2007) *An Introduction to Copulas,* 2nd ed., Springer, New York.

Salmon, F. (2009) Recipe for Disaster: The Formula That Killed Wall Street, *Wired* http://www.wired.com/techbiz/it/magazine/17-03/wp_quant?currentPage=all

8.10 R 实验室

8.10.1 模拟 copula

运行下面的代码来生成来源于某个 copula 的数据. 第一行代码载入 copula 库. 第二行代码定义该 copula. 此时, 该 copula 什么也没有做, 只是定义了它. 该 copula 被用于第四行来生成一个随机变量. 剩余的代码将绘制样本的散点图矩阵并打印样本相关矩阵. 你可以参考 R 的帮助页面来更多地了解函数 tCopula 和 rCopula.

```
library(copula)
cop_t_dim3 = tCopula(c(-.6,.75,0), dim = 3, dispstr = "un",
    df = 1)
set.seed(5640)
rand_t_cop = rcopula(cop_t_dim3,500)
pairs(rand_t_cop)
cor(rand_t_cop)
```

问题 1 (a)抽样的是哪种类型的 copula?(给出 copula 族、相关系数矩阵以及任何指定该 copula 的其他参数.)

(b)样本容量是多大?

问题 2 观察散点图矩阵并回答下列问题. 在你的解答中包含散点图矩阵.

(a)Var 2 和 Var 3 是不相关的. 它们看起来是独立的吗? 为什么?

(b)你观察到有尾部相关的迹象吗? 如果有, 在何处有体现?

(c)在图形中相关性的影响是什么?

(d)在 copula 中的非零相关系数和相应的样本相关系数值不同. 你认为这是由随机波动造成的, 还是其他什么原因造成的呢? 如果有随机波动以外的原因, 可能是什么原因呢? 为了回答这个问题, 你可以先获取相关系数的置信区间, 例如:

```
cor.test(rand_t_cop[,1],rand_t_cop[,2])
```

将给出变量 Var 1 和变量 Var 2 之间相关系数的置信区间. 该置信区间包含 -0.6 吗?

下面的 R 代码的第一行定义了一个正态 copula. 第二行通过指定 copula 和边缘分布来定义一个多元分布. 第四行生成该分布的一个容量为 1000 的随机样本, 变量的标签为 "Var 1"、"Var 2" 和 "Var 3". 剩余的代码行创建散点图矩阵和边缘密度的核估计.

```
cop_normal_dim3 = normalCopula(c(-.6,.75,0), dim = 3, dispstr = "un")
mvdc_normal <- mvdc(cop_normal_dim3, c("exp", "exp","exp"),
                    list(list(rate=2), list(rate = 3), list(rate=4)) )
set.seed(5640)
rand_mvdc = rmvdc(mvdc_normal,1000)
pairs(rand_mvdc)
par(mfrow=c(2,2))
plot(density(rand_mvdc[,1]))
plot(density(rand_mvdc[,2]))
plot(density(rand_mvdc[,3]))
```

运行上面的代码生成随机样本.

问题 3 (a)在 rand_mvdc 中的三个变量的边缘分布是什么?

(b)第二个和第三个变量独立吗? 为什么?

8.10.2 对收益数据拟合 copula

在本节中, 你将拟合由 IBM 和 CRSP 股票指数组成的二元收益数据集的 copula.

首先, 你将用一元 t 分布和 t-copula 来拟合模型. 该模型有 3 个自由度参数, 其中有两个是两个一元分布模型的参数, 第三个参数是用于 copula. 这意味着一元分布可以有不同的尾部权重, 并且尾部权重独立于 copula 的尾部相关性.

运行下列 R 代码载入必要的数据和 R 库，拟合两个变量的一元 t 分布，把估计的尺度变量转换为标准差估计：

```
library(Ecdat)      #  need for the data
library(copula)     #  for copula functions
library(fGarch)     #  need for standardized t density
library(MASS)       #  need for fitdistr and kde2d
library(fCopulae)   #  additional copula functions (pempiricalCopula
                    #  and ellipticalCopulaFit)
data(CRSPday,package="Ecdat")
ibm = CRSPday[,5]
crsp = CRSPday[,7]
est.ibm = as.numeric(fitdistr(ibm,"t")$estimate)
est.crsp = as.numeric(fitdistr(crsp,"t")$estimate)
est.ibm[2] = est.ibm[2]*sqrt(est.ibm[3]/(est.ibm[3]-2))
est.crsp[2] = est.crsp[2]*sqrt(est.crsp[3]/(est.crsp[3]-2))
```

当一元 t 分布由最大似然估计来拟合时，一元估计将被用作起始点。你也需要估计 t-copula 的相关系数。可以应用肯德尔 tau。运行下面的代码，完成第二行，那么 omega 是基于肯德尔 tau 的相关系数估计值。

```
cor_tau = cor(ibm,crsp,method="kendall")
omega =
```

问题 4 你如何完成第 2 行的代码？计算出的 omega 的值是多少？

接下来，用 omega 的值作为相关系数参数来定义 t-copula，自由度参数取值为 4。

```
cop_t_dim2 = tCopula(omega, dim = 2, dispstr = "un", df = 4)
```

现在对均匀变换的数据拟合 copula。

```
n = length(ibm)
data1 = cbind(pstd(ibm,mean=est.ibm[1],sd=est.ibm[2],nu=est.ibm[3]),
    pstd(crsp,mean=est.crsp[1],sd=est.crsp[2],nu=est.crsp[3]))
data2 = cbind(rank(ibm)/(n+1), rank(crsp)/(n+1))
ft1 = fitCopula(cop_t_dim2, data1, optim.method="L-BFGS-B", method="ml",
    start=c(omega,5),lower=c(0,2.5),upper=c(.5,15) )
ft2 = fitCopula(cop_t_dim2,data2, optim.method="L-BFGS-B", method="ml",
    start=c(omega,5),lower=c(0,2.5),upper=c(.5,15) )
```

问题 5 (a)解释用于得到估计 ft1 和 ft2 的方法间的不同之处。

(b)(从实际意义上看)两个估计看起来显著不同吗？

下一步是通过指定 t-copula 和它的一元边缘分布来定义一个元 t 分布。同时也指定了一元边缘分布的参数值。copula 的参数值已经在前面的步骤中给出了。

```
mvdc_t_t = mvdc( cop_t_dim2, c("std","std"),
        list(list(mean=est.ibm[1],sd=est.ibm[2],nu=est.ibm[3]),
        list(mean=est.crsp[1],sd=est.crsp[2],nu=est.crsp[3]) ) )
```

下面拟合元 t 分布。这里需要有耐心，它要运行一会儿，例如在我的笔记本电脑上，它用了 4 分钟。所需的时间将会打印出来。

```
start=c(est.ibm,est.crsp,ft1@est)
objFn = function(param)
{
-loglikMvdc(param, cbind(ibm,crsp), mvdc_t_t)
```

```
}
t1 = proc.time()
fit_cop = optim(start,objFn,method="L-BFGS-B",
    lower = c(-.1,.001,2.5, -.1,.001,2.5,  .2,2.5),
    upper = c(.1,.03,15,     .1,.03,15,    .8,15)
    )
t2 = proc.time()
total_time = t2-t1
total_time[3]/60
```

这里,下界和上界用来限定对数似然的定义域所在的范围,该区域是有限的. copula 包中的函数 fitMvdc 不允许给出下界和上界,该函数在这个问题中不收敛.

问题 6 (a) fit_cop 中 copula 参数的估计值是多少?

(b) 一元边缘分布中的参数的估计值是多少?

(c) 估计方法是最大似然估计、参数拟最大似然估计,还是半参数拟最大似然估计?

(d) 估计该 copula 的下尾部相关性系数.

现在,对数据拟合正态、Gumbel、弗兰克和 Clayton copula.

```
fnorm = fitCopula(data=data1,copula=normalCopula(-.3,dim=2),method="mpl",
    optim.method="BFGS",start=.5)
fgumbel = fitCopula(data=data1,optim.method="BFGS",method="mpl",
    copula=gumbelCopula(3,dim=2))
ffrank = fitCopula(data=data1,optim.method="BFGS",method="mpl",
    copula=frankCopula(3,dim=2),start=1)
fclayton = fitCopula(data=data1,optim.method="BFGS",method="mpl",
    copula=claytonCopula(1,dim=2),start=1)
```

估计出的 copula(CDF) 将和经验 copula 进行比较.

```
u1 = data1[,1]
u2 = data1[,2]
dem = pempiricalCopula(u1,u2)
par(mfrow=c(3,2))
contour(dem$x,dem$y,dem$z,main="Empirical")
contour(tCopula(param=ft2@estimate[1],df=ft2@estimate[2]),
    pcopula,main="t")
contour(normalCopula(fnorm@estimate),pcopula,main="Normal")
contour(gumbelCopula(fgumbel@estimate,dim=2),pcopula,
    main="Gumbel")
contour(frankCopula(ffrank@estimate,dim=2),pcopula,main="Frank")
contour(claytonCopula(fclayton@estimate,dim=2),pcopula,
    main="Clayton")
```

问题 7 你看到 copula 的参数估计之间的不同了吗? 如果有不同,哪一个估计更接近经验 copula? 在你的解释中包含图形.

一个 copula 密度函数的二维 KDE 将和参数密度估计进行比较.

```
par(mfrow=c(3,2))
contour(kde2d(u1,u2),main="KDE")
contour(tCopula(param=ft2@estimate[1],df=ft2@estimate[2]),
    dcopula,main="t",nlevels=25)
contour(normalCopula(fnorm@estimate),dcopula,
```

```
            main="Normal",nlevels=25)
contour(gumbelCopula(fgumbel@estimate,dim=2),
        dcopula,main="Gumbel",nlevels=25)
contour(frankCopula(ffrank@estimate,dim=2),
        dcopula,main="Frank",nlevels=25)
contour(claytonCopula(fclayton@estimate,dim=2),
        dcopula,main="Clayton",nlevels=25)
```

问题 8 你看到 copula 密度的参数估计之间的不同了吗？如果有不同，哪一个估计更接近 KDE？在你的解释中包含图形.

问题 9 对 t-copula、正态、Gumbel、弗兰克和 Clayton copula，哪一个 copula 可以最好由 AIC 来拟合？（提示：函数 `fitCopula` 返回对数似然比.）

8.11 习题

1. X 和 Y 的肯德尔 tau 秩相关系数为 0.55. X 和 Y 都为正值. 那么 X 和 $1/Y$ 的肯德尔 tau 秩相关系数是多少？$1/X$ 和 $1/Y$ 的肯德尔 tau 秩相关系数是多少？
2. 假设有变量 X，Y^2，其中 X 服从 0 到 1 上的均匀分布. 那么 X 和 Y 的斯皮尔曼秩相关系数和肯德尔 tau 都是 1，但是 X 和 Y 的皮尔逊相关系数小于 1. 解释为什么.
3. 证明：弗兰克 copula 的生成元

$$\phi^{Fr}(u) = -\log\left\{\frac{e^{-\theta u}-1}{e^{-\theta}-1}\right\}, \quad -\infty < \theta < \infty$$

满足严格生成元的条件 $1\sim 3$.

4. 证明：当 $\theta \to \infty$ 时，$C^{Fr}(u_1, u_2) \to \min(u_1, u_2)$，即共单调 copula.

第 9 章

时间序列模型：基础知识

9.1 时间序列数据

时间序列(time series)是按时间顺序排列的一个观测序列，例如，一只股票的日对数收益或消费者物价指数(CPI)的月度值．在本章中，我们研究时间序列的统计模型．这些模型被广泛用于计量经济学、商业预测和许多科学应用中．

随机过程(stochastic process)是一个随机变量序列，可被视为时间序列的"理论"或"总体"上的类似物，反之，时间序列可以视为来自随机过程的一个样本．"Stochastic"是random 的一个同义词．

获取时间序列模型简约性的一个最实用的方法就是假定平稳性(stationarity)，这是稍后要讨论的一个性质．

9.2 平稳过程

当我们观察一个时间序列，波动看起来是随机的，但常常从一个时间周期到下一个时间周期，具有相同类型的随机行为．例如，股票收益或利率的变化可能与前一年区别很大，但均值、标准差和其他统计性质从这一年到下一年常常是相似的㊀．类似地，许多消费品的需求，例如防晒霜、冬装和电，它们具有随机以及季节性变化，但每个夏天类似于去年的夏天，每个冬天类似于去年的冬天，至少短时间内是这样．平稳随机过程(stationary stochastic processes)是带有时间不变行为的时间序列的概率模型．

如果一个行为的所有方面随着时间推移不变，那么这个过程称为严平稳的(strictly stationary)．数学上，平稳被定义为：要求对每个 m 和 n，$Y_1, \cdots, Y_n$ 的分布与 $Y_{1+m}, \cdots, Y_{n+m}$ 的分布相同，即 n 个观测序列的概率分布不依赖于它们的时间起始点．严平稳是一个非常强的假定，因为它要求"所有方面"的行为依时间是常数．通常，我们可以假设得少一点，来获得弱平稳性．如果一个过程的均值、方差和协方差随着时间推移不变，那么称这个过程是弱平稳的(weakly stationary)．更确切地说，$Y_1, Y_2 \cdots$ 是一个弱平稳过程(weakly stationary process)，如果

㊀ 具有时间不变行为的是收益，而不是股价．股价本身倾向于随着时间增加，因此今年的股价往往会比 10 年或 20 年前高并且更富于变化．

- $E(Y_i)=\mu$（常数）对所有的 i 成立；
- $\mathrm{Var}(Y_i)=\sigma^2$（常数）对所有的 i 成立；并且
- $\mathrm{Corr}(Y_i, Y_j)=\rho(|i-j|)$ 对所有的 i、j 以及某个函数 $\rho(h)$ 成立.

因此，均值和方差不随时间而改变，两个观测之间的相关仅仅依赖于间隔（lag），即它们之间的时间距离．例如，如果过程是弱平稳的，那么 Y_2 和 Y_5 之间的相关与 Y_7 和 Y_{10} 之间的相关相同，因为每对相隔三个时间单位．"弱平稳"中的形容词"弱"是指只假定均值、方差和协方差是平稳的这个事实，而没有诸如分位数、偏度和峰度这样的分布特征的平稳性．平稳这个词有时被用于严平稳的缩写．

函数 ρ 称为这个过程的自相关函数（autocorrelation function）．注意 $\rho(h)=\rho(-h)$．为什么？

Y_t 和 Y_{t+h} 之间的协方差记为 $\gamma(h)$，$\gamma(\cdot)$ 称为自协方差函数（autocovariance function）．注意 $\gamma(h)=\sigma^2\rho(h)$，$\gamma(0)=\sigma^2$．同时，$\rho(h)=\gamma(h)/\sigma^2=\gamma(h)/\gamma(0)$．

正如前面提到的，许多金融时间序列不是平稳的，但是通常改变它们，可能经过对数变换之后就是平稳的．由此，平稳时间序列模型比它们看起来更适用．从统计建模的角度来看，是时间序列本身还是经过变化后的时间序列是平稳的这个问题并不重要，因为无论如何我们得到了一个简约模型．

平稳过程的美在于它能够用相对少的参数来建模．例如，我们对每个 Y_t 不需要不同的期望，而是它们都有一个共同的期望 μ．这意味着 μ 可由 $\bar{Y}$ 来准确地估计．如果我们没有平稳性的假定，每个 Y_t 有自己独一无二的期望 μ_t，那么就不可能来准确地估计 μ_t——μ_t 可能仅由单个观测 Y_t 自己来估计了．

当一个时间序列被观测到时，一个自然的问题是，它是否看起来是平稳的．这不是一个容易表达的问题，我们永远不会有绝对肯定的答案．但是，目测时间序列以及转化时间序列可能是有帮助的．时间序列图（time series plot）是按照时间顺序排列的序列图．这个非常基本的图对于评估平稳行为是有用的，但它还可辅以其他的图，例如后面要介绍的样本自相关函数图．另外，还有平稳性检验，这些将在 9.10 节讨论．

平稳序列的时间序列图应该显示在某个固定水平振荡，这种现象称为均值-回复（mean-reversion）．如果序列游荡没有反复地回到某个固定水平，那么序列不应该被建模为一个平稳过程．

例 9.1 通货膨胀率和通货膨胀率变化——时间序列图．

一个月的通货膨胀率（以百分数，年率计）如图 9-1a 所示．数据来自于 R 的 Ecdat 软件包的 Mishkin 数据集．序列可能游荡而没有回复到一个固定的均值，如平稳时间序列所期望的那样，或者它可能会慢慢地回复到一个近似为 4% 的均值．在图 9-1b 中，一阶差分（即从一个月到下一个月的变化）绘制了出来．和原始的序列相对照，差分序列当然是围绕一个固定的均值（即 0%）振荡，或近似是这样．差分序列显然是平稳的，但原始序列是否平稳需要进一步的研究．以后还要再回过来看这个问题． ■

例 9.2 航空客运．

图 9-2 是从 1949 年到 1960 年的月度国际航空公司乘客总量的图形．数据来自 R 的 Datasets 软件包的 AirPassengers 数据集．图中可见三种类型的非平稳性．第一种是明显的上升趋势，第二种是季节变化性，第三种是季节性振荡的大小随着时间增加． ■

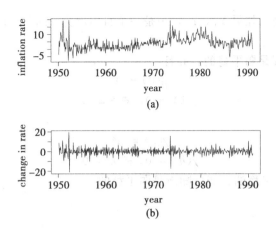

图 9-1 (a)一个月(以百分数,年率计)的通货膨胀率的时间序列图以及(b)通货膨胀率的一阶差分的时间序列图.(a)中的序列是否平稳目前尚不清楚,但(b)中的差分序列看起来适合以平稳的模型来建模

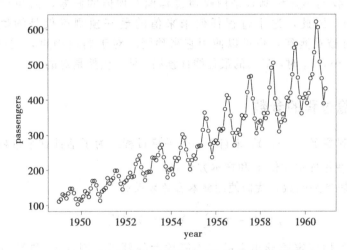

图 9-2 月度航空客运总量的时间序列图(以千计)

9.2.1 白噪声

白噪声是最简单的平稳过程的例子. 我们会定义几种具有渐增限制假设的白噪声.

序列 $Y_1, Y_2, \cdots$ 是均值为 μ、方差为 σ^2 的弱白噪声过程(weak white noise process),这将被简写为"弱 $\text{WN}(\mu, \sigma^2)$",如果
- $E(Y_i) = \mu$ 对所有的 i 成立;
- $\text{Var}(Y_i) = \sigma^2$(常数)对所有的 i 成立;和
- $\text{Corr}(Y_i, Y_j) = 0$ 对所有的 $i \neq j$ 成立.

如果均值未指定,那么就假定 $\mu = 0$.

若 $Y_1, Y_2, \cdots$ 是一个 i.i.d. 过程,那么称它为一个 i.i.d. 白噪声过程或简称为 i.i.d. $\text{WN}(\mu, \sigma^2)$. 一个 i.i.d. 白噪声过程也是一个弱白噪声过程,但反过来不成立.

此外,如果 $Y_1, Y_2, \cdots$ 还是一个具有特殊边缘分布的 i.i.d. 过程,那么这可能需要注意一下. 例如,如果 $Y_1, Y_2, \cdots$ 是一个 i.i.d. 正态随机变量,那么这个过程被称为高

斯白噪声过程. 类似地, 如果 Y_1, Y_2, … 是一个自由度为 ν 的 i.i.d. t 随机变量, 那么它被称为 t_ν 白噪声过程.

一个弱白噪声过程是弱平稳的, 并且

$$\rho(0) = 1$$
$$\rho(h) = 0, \text{ 若 } h \neq 0$$

所以

$$\gamma(0) = \sigma^2$$
$$\gamma(h) = 0, \text{ 若 } h \neq 0$$

i.i.d. 白噪声是严平稳的, 弱白噪声是弱平稳的.

9.2.2 预测白噪声

由于没有相关性, 一个白噪声过程过去的值不包含可以用来预测未来值的任何信息. 更确切地说, 假定…, Y_1, Y_2, … 是一个 i.i.d. WN(μ, σ^2) 过程. 那么对于所有的 $t \geq 1$,

$$E(Y_{i+t} | Y_1, \cdots, Y_i) = \mu \tag{9.1}$$

这个方程说的是我们不能预测未来白噪声过程偏离均值的偏差, 因为它的未来与过去及现在是独立的. 因此, 这个过程任何未来值的最好预测仅仅是均值 μ, 甚至即使 $Y_1, \cdots, Y_i$ 没有被观测到, 也可以使用它来预测. 对于弱白噪声, 式 (9.1) 不一定成立, 但给定 $Y_1, \cdots, Y_i$ 时, Y_{i+t} 的最佳线性预测⊖是 μ 仍然是对的.

9.3 估计平稳过程的参数

假定我们的观测 $Y_1, \cdots, Y_n$ 来自于一个平稳过程. 为了估计这个过程的均值 μ 和方差 σ^2, 我们可以使用样本均值 $\overline{Y}$ 和样本方差 s^2.

为了估计自协方差函数, 我们使用样本自协方差函数

$$\hat{\gamma}(h) = n^{-1} \sum_{j=1}^{n-h} (Y_{j+h} - \overline{Y})(Y_j - \overline{Y}) \tag{9.2}$$

式 (9.2) 是由平稳性假定诱导出来的实用简约性的例子. 因为 Y_t 和 Y_{t+h} 之间的相关不依赖于 t, 所有间隔为 h 时间单位的 $n-h$ 对数据点对都可以用来估计 $\gamma(h)$. 有些作者把式 (9.2) 中的 n^{-1} 替换成 $(n-h)^{-1}$ 来定义 $\hat{\gamma}(h)$, 这个变化对于 n 相当大并且 h 相对于 n 较小时几乎没有影响, 通常就是这种情况.

为了估计 $\rho(\cdot)$, 使用样本自相关函数 (样本 ACF), 定义为

$$\hat{\rho}(h) = \frac{\hat{\gamma}(h)}{\hat{\gamma}(0)}$$

9.3.1 ACF 图和 Ljung-Box 检验

大多数统计软件会绘制带有检验边界 (test bound) 的样本 ACF. 这些边界用于检验自相关系数为 0 的原假设. 当样本自相关超过边界时, 拒绝原假设. 通常的检验水平是 0.05, 因此可以期望在 20 个样本自相关中偶然看到大约 1 个样本自相关超过检验边界.

使用边界一次检验一个自相关的一种替代方法是使用同时检验. 同时检验 (simultane-

⊖ 最佳线性预测将在 14.10.1 节讨论.

ous test)用于检验一组原假设是否都是真的,对备择假设它们中至少有一个是假的. Ljung-Box 检验的原假设是 $H_0: \rho(1)=\rho(2)=\cdots=\rho(K)=0$ 对某个 K 成立,例如 $K=5$ 或 10. 如果 Ljung-Box 检验被拒绝,那么得出 $\rho(1)=\rho(2)=\cdots=\rho(K)$ 中的一个或几个不是 0 的结论.

事实上,如果从 1 到 K 的自相关都是 0,那只有 1/20 的机会会错误地得到它们不都是 0 的结论,假定水平为 0.05 的检验. 相反,如果一次检验一个自相关,那么会有更大的机会得出一个或多个非 0 的结论.

Ljung-Box 检验有时简称为 Box 检验,但前一个名字更可取,因为这个检验是基于 Ljung 和 Box 合作发表的论文.

例 9.3 通货膨胀率和通货膨胀率的变化——ACF 图和 Ljung-Box 检验.

我们回到例 9.1 中使用的通货膨胀率数据. 图 9-3 中包含一个月的通货膨胀率的样本 ACF 图和通货膨胀率的变化的样本 ACF 图. 在图 9-1a 中,我们看到样本 ACF 缓慢地衰减到 0. 这是一个迹象,表明要么非平稳,要么可能是具有长期记忆依赖的平稳性,这将在 10.4 节讨论. 相反,图 9-3b 的样本 ACF 很快地衰减到 0,清楚地表明差分序列是平稳的. 因此,样本 ACF 图与图 9-1 中通过检查时间序列图所得到的结论相一

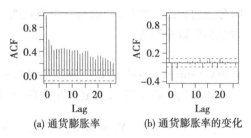

图 9-3 (a)一个月的通货膨胀率的样本 ACF 图和(b)通货膨胀率的变化图

致,特别是差分序列是平稳的而原始序列可能不是平稳的这一点. 在 9.10 节,我们会利用假设检验来进一步说明原始序列是否是平稳的这个问题.

几个通货膨胀率的变化序列的自相关落在检验边界的外面,这表明序列不是白噪声. 为了检验,应用 R 的 Box.test 函数来做 Ljung-Box 检验. Ljung-Box 检验取 $K=10$ 时有一个极小的 p 值,$6.665e^{-13}$,因此白噪声的原假设被强烈地拒绝了. 选择其他的 K 给出相似的结论. 当 Box.test 被调用时,K 被称为 lag 并且 df 也在输出结果中. ∎

虽然一个平稳过程有点节省参数,至少相对于一个一般的非平稳过程是这样,但是对于大多数目的来说,一个平稳过程还不是足够简约的. 问题是仍有无限多的参数,$\rho(1)$,$\rho(2)$,…. 我们所需要的是一类仅有有限的,最好是少量参数的平稳时间序列模型. 本章中的 ARIMA 模型恰恰是这样一类. 最简单的 ARIMA 模型是自回归(AR)模型,首先来看这些模型.

9.4 AR(1)过程

具有相关的时间序列模型可以由白噪声来建立. 最简单的相关的平稳过程是自回归过程(autoregressive process),这里 Y_t 建模为过去观测的加权平均加上一个白噪声"误差",这也被称为"噪声"或"扰动". 我们从 AR(1)过程开始,这是最简单的自回归过程.

令 $\epsilon_1, \epsilon_2, \cdots$ 是弱 $WN(0, \sigma_\epsilon^2)$. 我们说 $Y_1, Y_2, \cdots$ 是一个 AR(1)过程,如果对某个常数参数 μ 和 ϕ,

$$Y_t - \mu = \phi(Y_{t-1} - \mu) + \epsilon_t \tag{9.3}$$

对所有的 t 成立. 参数 μ 是这个过程的均值. 认为 $\phi(Y_{t-1}-\mu)$ 这一项代表"记忆"或过去对过程现值的"反馈". 过程 $\{Y_t\}_{t=-\infty}^{+\infty}$ 是相关的,因为 Y_{t-1} 偏离于均值的偏差被反馈到 Y_t. 参数 ϕ 决定反馈的量,ϕ 的绝对值越大会导致更多的反馈,$\phi=0$ 意味着 $Y_t=\mu+\epsilon_t$,因此

Y_t 是弱 WN(μ, σ_ϵ^2). 在金融实践中, 可以认为 ϵ_t 代表"新信息"的影响. 例如, 如果 Y_t 是一个资产在时间 t 的对数收益, 那么 ϵ_t 代表在时间 t 所表明的商业和经济信息的资产价格影响. 真正新的信息是无法预测的, 因此, 今天的新信息的影响应该独立于昨天的新闻的影响. 这就是为什么我们把新信息建模为白噪声.

如果 $Y_1, \cdots$ 是一个弱平稳过程, 那么 $|\phi|<1$. 为了明白这一点, 注意平稳意味着式(9.3)中$(Y_t-\mu)$和$(Y_{t-1}-\mu)$的方差相等, 即等于 σ_Y^2. 因此, $\sigma_Y^2=\phi^2\sigma_Y^2+\sigma_\epsilon^2$, 这就要求 $|\phi|<1$. 这个过程的均值为 μ. 简单的代数计算显示式(9.3)可被重写为

$$Y_t = (1-\phi)\mu + \phi Y_{t-1} + \epsilon_t \tag{9.4}$$

回忆一下统计课程中的线性回归模型 $Y_t=\beta_0+\beta_1 Y_{t-1}+\epsilon_t$, 或提前看一下第 12 章对回归分析的介绍. 式(9.4)就是一个截距为 $\beta_0=(1-\phi)\mu$、斜率为 $\beta_1=\phi$ 的线性回归模型, 因为模型可被重写为

$$Y_t = (1-\phi)\mu + \phi Y_{t-1} + \epsilon_t$$

自回归(autoregression)这个词是指过程对它自己过去值的回归.

如果 $|\phi|<1$, 那么重复使用式(9.3)得到

$$Y_t = \mu + \epsilon_t + \phi\epsilon_{t-1} + \phi^2\epsilon_{t-2} + \cdots = \mu + \sum_{h=0}^{\infty}\phi^h\epsilon_{t-h} \tag{9.5}$$

并假定 Y_t 和 ϵ_t 的时间参数 t 可被扩展为负值, 因此白噪声过程是$\cdots, \epsilon_{-2}, \epsilon_{-1}, \epsilon_0, \epsilon_1, \cdots$, 并且式(9.3)对所有的整数 t 为真. 式(9.5)称为无限滑动平均(infinite moving average), 用[MA(∞)]代表这个过程. 这个等式表明 Y_t 是白噪声过程的所有过去值的一个加权平均. 这个表示应该与 AR(1)的表示相比较, AR(1)的表示表明 Y_t 仅依赖于 Y_{t-1} 和 ϵ_t. 由于 $|\phi|<1$, 当 $h\to\infty$ 时, $\phi^h\to 0$. 因此, 分配给遥远的过去的权重很小. 事实上, 它们是非常小的. 例如, 如果 $\phi=0.5$, 那么 $\phi^{10}=0.00098$, 因此 ϵ_{t-10} 实际上对 Y_t 没有影响. 因此, 式(9.5)中的和可以在有限项处被截断, 所以不需要假定过程在无穷远的过去存在.

9.4.1 弱平稳 AR(1)过程的性质

当一个 AR(1)过程是平稳的, 这意味着 $|\phi|<1$, 那么

$$E(Y_t) = \mu \quad \forall t \tag{9.6}$$

$$\gamma(0) = \mathrm{Var}(Y_t) = \frac{\sigma_\epsilon^2}{1-\phi^2}, \quad \forall t \tag{9.7}$$

$$\gamma(h) = \mathrm{Cov}(Y_t, Y_{t+h}) = \frac{\sigma_\epsilon^2 \phi^{|h|}}{1-\phi^2}, \quad \forall t \text{ 和 } \forall h \tag{9.8}$$

和

$$\rho(h) = \mathrm{Corr}(Y_t, Y_{t+h}) = \phi^{|h|}, \quad \forall t \text{ 和 } \forall h \tag{9.9}$$

牢记式(9.6)~式(9.9)仅对于 $|\phi|<1$ 以及 AR(1)过程才成立是很重要的. 此外, 为了使 Y_t 是平稳的, Y_0 一定起始于这个平稳分布, 因此 $E(Y_0)=\mu$, $\mathrm{Var}(Y_0)=\sigma_\epsilon^2/(1-\phi^2)$. 否则, Y_t 不平稳, 虽然它最终会收敛于平稳.

这些公式可由式(9.5)得到证明. 例如, 使用 7.3.2 节的式(7.11),

$$\mathrm{Var}(Y_t) = \mathrm{Var}\left(\sum_{h=0}^{\infty}\phi^h\epsilon_{t-h}\right) = \sigma_\epsilon^2 \sum_{h=0}^{\infty}\phi^{2h} = \frac{\sigma_\epsilon^2}{1-\phi^2} \tag{9.10}$$

这证明了式(9.7). 在式(9.10)中用到了几何级数求和公式. 这个公式为

$$\sum_{i=0}^{\infty} r^i = \frac{1}{1-r}, \ 若 |r|<1 \tag{9.11}$$

同是,对于 $h>0$,

$$\mathrm{Cov}\Big(\sum_{i=0}^{\infty} \varepsilon_{t-i}\phi^i,\ \sum_{j=0}^{\infty} \varepsilon_{t+h-j}\phi^j\Big) = \frac{\sigma_\varepsilon^2 \phi^{|h|}}{1-\phi^2} \tag{9.12}$$

这就验证了式(9.8). 然后式(9.9)可由式(9.8)除以式(9.7)而得到.

一定要区分 σ_ε^2(白噪声过程 $\varepsilon_1, \varepsilon_2, \cdots$ 的方差)和 $\gamma(0)$(AR(1)过程 $Y_1, Y_2, \cdots$ 的方差). 从式(9.7)可见,除了 $\phi=0$ 外, $\gamma(0)$ 比 σ_ε^2 要大,在 $\phi=0$ 时, $Y_t = \mu + \varepsilon_t$,因此 Y_t 和 ε_t 有相同的方差.

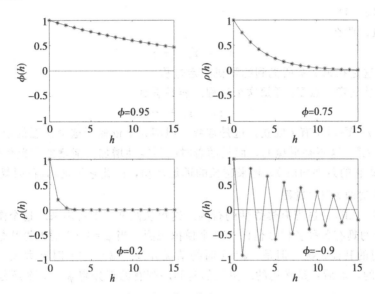

图 9-4 AR(1)过程的自相关函数,其中 $\phi=0.95, 0.75, 0.2$ 和 -0.9

一个 AR(1)过程的 ACF(自相关函数)只依赖于一个参数 ϕ. 这是一个惊人的节约量, 但却是有代价的. 一个 AR(1)过程的 ACF 仅有有限范围的图形,就像图 9-4 中所见到的一样. 它的 ACF 的大小以几何速度衰减到 0, 或者以 $\phi=0.95$ 时的速度缓慢地衰减,或者以 $\phi=0.75$ 时的速度适度缓慢地衰减,或者以 $\phi=0.2$ 时的速度快速衰减. 如果 $\phi<0$, 那么 ACF 的符号交替变化,同时它的大小以几何速度衰减. 如果数据的样本 ACF 不像这几种方式之中任何一个那样表现,那么 AR(1)模型就是不适合的. 补救方法是使用更多的 AR 参数切换到另外一类模型,例如滑动平均(MA)或自回归滑动平均(ARMA)模型. 我们在本章中要研究这些模型.

9.4.2 收敛到平稳分布

假定 Y_0 是任意一个不是从平稳分布中选择的起始值,式(9.3)对于 $t=1, \cdots$ 成立. 那么这个过程不是平稳的,但是它满足式(9.6)~式(9.9), 当 $t \to \infty$ 时, 收敛于平稳分布⊖. 例如,由于 $Y_t - \mu = \phi(Y_{t-1} - \mu) + \varepsilon_t$, $E(Y_1) - \mu = \phi\{E(Y_0) - \mu\}$, $E(Y_2) - \mu =$

⊖ 但是,这里有一个技术上的问题. 必须假定 Y_0 具有有限的均值和方差,否则对任意的 $t>0$, Y_t 不会有有限的均值和方差.

$\phi^2\{E(Y_0)-\mu\}$,等等,因此对于所有的 $t>0$,
$$E(Y_t) = \mu + \phi^t\{E(Y_0) - \mu\} \tag{9.13}$$
由于 $|\phi|<1$,当 $t\to\infty$ 时,$\phi^t\to 0$,$E(Y_t)\to\mu$。$\mathrm{Var}(Y_t)$ 收敛于 $\sigma_\epsilon^2/(1-\phi^2)$ 可以用某种类似的方法证明。当 $|\phi|$ 不是太接近于 1 时,收敛到平稳分布的速度是很快的。例如,如果 $\phi=0.5$,那么 $\phi^{10}=0.00097$,因此由式(9.13),如果 $E(Y_0)$ 不是极其远离于 μ,那么 $E(Y_{10})$ 将非常接近于 μ。

9.4.3 非平稳 AR(1) 过程

如果 $|\phi|\geqslant 1$,那么 AR(1) 过程是非平稳的,并且均值、方差和相关不是常数。

随机游走($\phi=1$)

如果 $\phi=1$,那么
$$Y_t = Y_{t-1} + \epsilon_t$$
过程不平稳。这是在第 2 章所见到的随机游走过程。

假定我们从任意一点 Y_0 开始这个过程。容易看到
$$Y_t = Y_0 + \epsilon_1 + \cdots + \epsilon_t$$
那么 $E(Y_t|Y_0)=Y_0$ 对所有 t 成立,这是常数,但却完全依赖于这个任意的起始点。另外,$\mathrm{Var}(Y_t|Y_0)=t\sigma_\epsilon^2$,这不是平稳的,而且随着时间而线性增加。渐增的方差使随机游走"漫步",Y_t 做远离它的条件均值 Y_0 越来越长的远足活动,因此它不是均值-回复的。

当 $|\phi|>1$ 时的 AR(1) 过程

当 $|\phi|>1$,AR(1) 过程有爆炸性的行为。这可从图 9-5 中看出来。这个图显示了来自于 AR(1) 过程的具有各种各样 ϕ 值的 200 个模拟观测。当 $\phi=1.01$ 时的爆炸情况明显地不同于 $|\phi|\leqslant 1$ 时的其他情况。但是,$\phi=1$ 时的情况并没与 $\phi=0.98$ 时有太大的不同,虽然前者是非平稳的,而后者是平稳的。更长的时间序列有助于分辨 $\phi=0.98$ 还是 $\phi=1$。

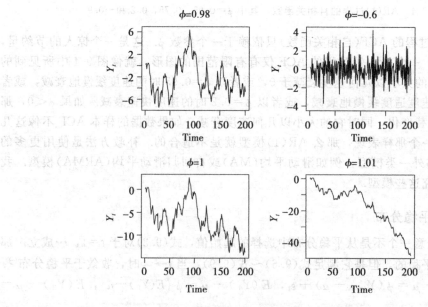

图 9-5 来自于 AR(1) 过程的具有各种各样 ϕ 值的 200 个模拟观测,并且 $\mu=0$。白噪声过程 $\epsilon_1, \epsilon_2, \cdots, \epsilon_{200}$ 对于所有 4 个 AR(1) 过程是相同的

9.5 AR(1)过程的估计

R 中有 arima 函数,可以拟合 AR 和其他时间序列模型. arima 和其他软件包中的类似函数具有两种估计方法:条件最小二乘和最大似然. 这两种方法在 9.5.2 节会解释. 它们是类似的,一般会给出几乎相同的估计. 在本书中,我们使用 R 的 arima 的缺省方法,也就是 MLE,它以条件最小二乘估计作为初始值,用非线性优化来计算 MLE.

9.5.1 残差与模型检验

一旦 μ 和 ϕ 被估计,就可以估计白噪声过程 $\epsilon_1, \cdots, \epsilon_n$ 了. 重新排列式(9.3),则有

$$\epsilon_t = (Y_t - \mu) - \phi(Y_{t-1} - \mu) \tag{9.14}$$

与式(9.14)类似,残差 $\hat{\epsilon}_2, \hat{\epsilon}_3, \cdots, \hat{\epsilon}_n$ 被定义为

$$\hat{\epsilon}_t = (Y_t - \hat{\mu}) - \hat{\phi}(Y_{t-1} - \hat{\mu}), \quad t \geq 2 \tag{9.15}$$

并估计 $\epsilon_2, \cdots, \epsilon_n$. 第一个噪声 ϵ_1 不能被估计,因为假定观测开始于 Y_1,所以 Y_0 不可用. 残差可用于检查 $Y_1, Y_2, \cdots, Y_n$ 是一个 AR(1)过程的假定;任何存在于残差中的自相关都违反 AR(1)过程的假定.

为了理解为什么残差自相关标明了模型的一个可能的问题,假定要拟合一个 AR(1)模型 $Y_t = \mu + \phi(Y_{t-1} - \mu) + \epsilon_t$,但是真实的模型是一个 AR(2)过程⊖,由下式给出:

$$(Y_t - \mu) = \phi_1(Y_{t-1} - \mu) + \phi_2(Y_{t-2} - \mu) + \epsilon_t$$

由于要拟合不正确的 AR(1)模型,估计 ϕ_2 是没有希望的,因为它不在模型中. 此外,因为模型的错误设定而导致的偏差使得 $\hat{\phi}$ 不一定估计 ϕ_1. 令 ϕ^* 是 $\hat{\phi}$ 的期望值. 出于演示的目的,假定 $\hat{\mu} \approx \mu$, $\hat{\phi} \approx \phi^*$. 如果样本量 n 足够大,那么这是一个明智的近似. 然后

$$\begin{aligned}\hat{\epsilon}_t &\approx (Y_t - \mu) - \phi^*(Y_{t-1} - \mu) \\ &= \phi_1(Y_{t-1} - \mu) + \phi_2(Y_{t-2} - \mu) + \epsilon_t - \phi^*(Y_{t-1} - \mu) \\ &= (\phi_1 - \phi^*)(Y_{t-1} - \mu) + \phi_2(Y_{t-2} - \mu) + \epsilon_t\end{aligned}$$

这样,残差没有像使用正确的 AR(2)模型那样来估计白噪声过程. 即使用 $\hat{\phi}$ 来估计 ϕ_1 是无偏的,所以 $\phi_1 = \phi^*$ 和 $(\phi_1 - \phi^*)(Y_{t-1} - \mu)$ 这一项没有了,残差中 $\phi_2(Y_{t-2} - \mu)$ 的存在导致它们是自相关的.

为了检验残差的自相关性,可以使用 ACF 图的检验边界. 任何超过检验边界的残差 ACF 值在 0.05 的水平下都显著区别于 0. 就像前面所讨论的,这里的危险是一些样本 ACF 值只不过是碰巧显著,为了警惕这个危险,可以用 Ljung-Box 检验同时检验所有的自相关都是 0,直到一个规定的时滞. 当 Ljung-Box 检验被用于残差时,需要一个修正,对使用 $\hat{\phi}$ 代替未知的 ϕ 做出解释. 一些软件自动做出这些修正. R 的修正不是自动的,而是通过在 Box.test 中将 fitdf 参数设置为要估计的参数数量,因此对于一个 AR(1)模型,fitdf 应该是 1.

例 9.4 BMW 对数收益——ACF 图和 AR 拟合.

图 9-6 是 R 的 evir 软件包的 bmw 数据集中的 BMW 对数收益的样本 ACF 图. 滞后为 1 的自相关系数完全在检验边界以外,因此序列有一些依赖. 同时,使用 R 的 Box.test

---

⊖ 我们很快要更详细地讨论高阶 AR 模型.

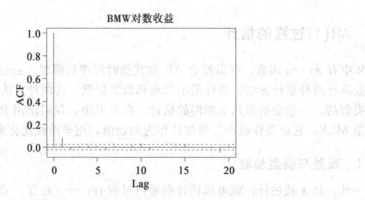

图 9-6 BMW 的对数收益的样本 ACF

函数做了第一个 df 自相关是 0 的 Ljung-Box 检验. 参数 df 指定要检验的自相关系数的数量, 被设定为 5, 但是其他选择给出类似的结果. 输出结果是

```
        Box-Ljung test
data:  bmw
X-squared = 44.987, df = 5, p-value = 1.460e-08
```

p 值非常小, 表明至少前 5 个自相关中有一个是非零的. 依赖的数量是否有任何现实意义是可争议的, 但 AR(1) 模型对小数量的相关来建模可能是合适的.

下面使用 R 中的 arima 命令来拟合一个 AR(1) 模型. 结果摘要在下面. 后面会解释 order 参数, 但对于一个 AR(1) 过程, 应该是 c(1, 0, 0).

```
Call:
arima(x = bmw, order = c(1, 0, 0))

Coefficients:
         ar1    intercept
      0.081116  0.000340
s.e.  0.012722  0.000205

sigma^2 estimated as 0.000216260:  log-likelihood = 17212.34,
aic = -34418.68
```

我们看到 $\hat{\phi} = 0.081$, $\hat{\sigma}^2 = 0.000\ 216$. 虽然 $\hat{\phi}$ 很小, 但它在统计上却是高度显著的, 因为它是它的标准误差的 6.4 倍, 所以它的 p 值接近于 0. 就像刚刚所提到的那样, 这种小的但非零的 $\hat{\phi}$ 值是否有实际意义则是另外一回事. 一个正的值 ϕ 意味着今天收益中的一些信息可以被用于预测明天的收益, 但是一个小的值 ϕ 意味着预测不会很精确. 潜在的利润可能被交易成本所否定.

残差的样本 ACF 图如图 9-7a 所示. 低滞后自相关中没有一个在检验边界外. 几个高阶滞后的自相关在边界之外, 但是这种类型的行为可能是偶然造成的, 或者是因为对大样本量, 非常小但非零的真正相关可以被检测到. df 等于 5, fitdf= 1 的 Ljung-Box 检验被应用到残差上, 结果是

```
        Box-Ljung test
data:  residuals(fitAR1)
X-squared = 6.8669, df = 5, p-value = 0.1431
```

大的 p 值表明我们应该接受残差不相关的原假设, 至少在小滞后处是这样. 这是 AR(1)

模型提供了一个合适拟合的迹象. 但是, Ljung-Box 检验对 df 等于 10, 15 和 20 重复检验后, p 值分别是 0.041, 0.045 和 0.040. 使用传统截点 0.05, 这些值是"统计显著"的. 样本量是 6146, 因此并不奇怪, 即使是小量自相关也可以是统计显著的. 这些自相关的实际意义很可疑.

我们断定 AR(1) 模型对于 BMW 日收益是合适的, 但在更长滞后处, 一些轻微数量的自相关看起来还残留在那里. 然而, 图 9-7b 和 c 中的 AR(1) 残差的正态图和时间序列图显示重尾和波动聚焦. 这些是经济数据的共同特性, 会在随后的章节中建模.

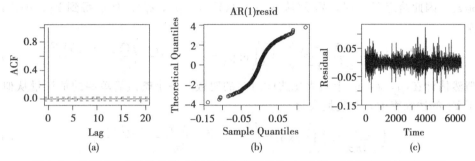

图 9-7 对 BMW 对数收益的 AR(1) 拟合的残差的 ACF 图、正态图和时间序列图

例 9.5 通货膨胀率——AR(1) 拟合和检验残差.

这个例子使用前面例 9.1 使用的通货膨胀率时间序列. 尽管关于此序列是否为平稳序列存在一些疑虑, 我们还是要拟合一个 AR(1) 模型. 残差的 ACF 如图 9-8 所示, 有相当大的残差自相关, 这表明 AR(1) 模型是不合适的. Ljung-Box 检验证实了这个结论.

```
           Box-Ljung test
data:  fit$resid
X-squared = 46.1752, df = 12, p-value = 3.011e-06
```

可以试着对通货膨胀率的变化拟合一个 AR(1) 模型, 因为这个序列明显是平稳的. 但是, AR(1) 模型也不适合通货膨胀率变化. 当统计工具箱中有一个更大的模型采集时, 我们会再回到这个例子.

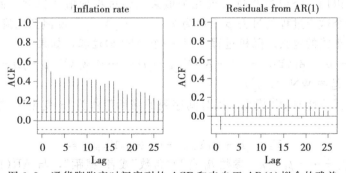

图 9-8 通货膨胀率时间序列的 ACF 和来自于 AR(1) 拟合的残差

9.5.2 最大似然和条件最小二乘

AR 过程的估计量可以由大多数统计软件包自动算得. 用户不需要知道软件的"引擎盖下面"是什么. 尽管如此, 对于对估计方法论感兴趣的读者, 我们提供了这一节.

为了求 $Y_1, \cdots, Y_n$ 的似然，使用式(A.41)和下面的事实：
$$f_{Y_k|Y_1,\cdots,Y_{k-1}}(y_k|y_1,\cdots,y_{k-1}) = f_{Y_k|Y_{k-1}}(y_k|y_{k-1}) \tag{9.16}$$
对于 $k=2, 3, \cdots, n$ 成立。具有性质(9.16)的随机过程称为马尔可夫过程。根据式(A.41)和式(9.16)，有
$$f_{Y_1,\cdots,Y_n}(y_1,\cdots,y_n) = f_{Y_1}(y_1) \prod_{i=2}^{n} f_{Y_i|Y_{i-1}}(y_i|y_{i-1}) \tag{9.17}$$
由式(9.7)和式(9.8)，我们知道 Y_1 服从 $N\{\mu, \sigma_\varepsilon^2/(1-\phi^2)\}$。给定 Y_{i-1}，Y_i 的唯一随机分量是 ε_i，因此给定 Y_{i-1} 时，Y_i 服从 $N\{\mu+\phi(Y_{i-1}-\mu), \sigma_\varepsilon^2\}$。然后得到 $Y_1, \cdots, Y_n$ 的似然是

$$\left(\frac{1}{\sqrt{2\pi}\sigma_\varepsilon^n}\right) \exp\left\{\frac{(Y_1-\mu)^2}{2\sigma_\varepsilon^2/(1-\phi^2)}\right\} \prod_{i=2}^{n} \exp\left(-\frac{[Y_i-\{\mu+\phi(Y_{i-1}-\mu)\}]^2}{2\sigma_\varepsilon^2}\right) \tag{9.18}$$

最大似然估计在 $(\mu, \phi, \sigma_\varepsilon)$ 上最大化式(9.18)的对数。一个略微简单些的估计量从似然中删除了 Y_1 的边缘密度，并且最大化

$$\left(\frac{1}{\sqrt{2\pi}\sigma_\varepsilon^{n-1}}\right) \prod_{i=2}^{n} \exp\left(-\frac{[Y_i-\{\mu+\phi(Y_{i-1}-\mu)\}]^2}{2\sigma_\varepsilon^2}\right) \tag{9.19}$$

的对数。

这个估计量称为条件最小二乘估计量。它是"条件的"，是因为它使用给定 Y_1 条件下 $Y_2, \cdots, Y_n$ 的条件密度。它是一个最小二乘估计量，是因为 μ 和 ϕ 的估计最小化

$$\sum_{i=2}^{n} [Y_i - \{\mu+\phi(Y_{i-1}-\mu)\}]^2 \tag{9.20}$$

R 的 arima 函数的缺省方法是使用条件最小二乘估计作为最大似然的初始值。MLE 被返回。缺省选项被用于本书中的例子。

9.6 AR(p)模型

我们已看到 AR(1)过程的 ACF 几何衰减到零，同时若 $\phi<0$，它的符号交替变化。这是一个有限区域内的行为，许多时间序列并不是这样。为了得到更灵活的，但仍旧简约的模型类，我们可以用一个以过程过去近几个值来回归过程现值的模型，而不只是最近的值。这样，我们令这个过程的过去 p 个值为 $Y_{t-1}, \cdots, Y_{t-p}$，反馈到现值 Y_t。

这里是一个正式的定义。随机过程 Y_t 是一个 AR(p)过程，如果
$$Y_t - \mu = \phi_1(Y_{t-1}-\mu) + \phi_2(Y_{t-2}-\mu) + \cdots + \phi_p(Y_{t-p}-\mu) + \varepsilon_t$$
这里 $\varepsilon_1, \cdots, \varepsilon_n$ 是弱 $WN(0, \sigma_\varepsilon^2)$。

这是一个多元线性回归⊖模型，以时间序列的滞后值作为"x 变量"。模型可以被重新表达为
$$Y_t = \beta_0 + \phi_1 Y_{t-1} + \cdots + \phi_p Y_{t-p} + \varepsilon_t$$
这里 $\beta_0 = \{1-(\phi_1+\cdots+\phi_p)\}\mu$。参数 β_0 称为"常数"或者"截距"，与 AR(1)模型一样。可以说明对于平稳过程，$\{1-(\phi_1+\cdots+\phi_p)\}>0$，因此 $\mu=0$ 当且仅当 β_0 是 0。

$p>1$ 时的 AR(p)过程的 ACF 公式比 AR(1)过程要复杂得多，可以在 9.15 节所列的时间序列的教材中找到。但是，有些软件可以用于计算并绘制任意 AR 过程的 ACF，以及

⊖ 参见第 12 章对多元回归的介绍。

即将介绍的 MA 和 ARMA 过程. 图 9-9 是三个 AR(2)过程的 ACF 图. ACF 是通过使用 R 的 ARMAacf 函数计算的. 注意对于两个 AR 参数, 各种各样的 ACF 都是可能的.

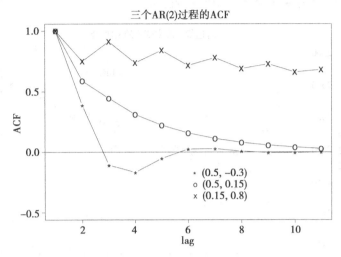

图 9-9 三个 AR(2)过程的 ACF. 图例给出了 ϕ_1 和 ϕ_2 的值

我们讨论的 AR(1)模型的大部分概念可以很容易推广到 AR(p)模型. 条件最小二乘或最大似然估计量可以使用软件(如 R 的 arima 函数)来计算. 残差被定义为

$$\hat{\epsilon}_t = Y_t - \{\hat{\beta}_0 + \hat{\phi}_1 Y_{t-1} + \cdots + \hat{\phi}_{t-p} Y_{t-p}\}, \quad t \geqslant p+1$$

如果 AR(p)模型对时间序列拟合得好, 那么残差应该看起来像白噪声. 残差自相关可通过检查残差的样本 ACF 以及使用 Ljung-Box 检验被检测到. 任何显著的残差自相关都是 AR(p)模型拟合得不好的迹象.

AR 模型的一个问题是: 它们经常需要一个相当大的值 p 来拟合一个数据集. 这个问题可以通过下面两个例子来说明.

例 9.6 通货膨胀率变化——AR(p)模型.

图 9-10 是用 AR(p)拟合通货膨胀率变化的 AIC 和 BIC 对 p 的图. 两个标准都建议 p 应该大. 当 p 从 1 增加到 19 时, AIC 平稳地下降, 但是在 8 处有一个局部极小值. 甚至保守的 BIC 标准也表明 p 应该达到 6. 这样, AR 模型对于这个例子不简约. 补救方法是使用一个 MA 或 ARMA 模型, 这是下一节的下一个主题.

许多统计软件包有自动搜索 AR 模型使 AIC 或其他标准达到最优的函数. R 的 forecast 软件包的 auto.arima 函数发现 $p=8$ 是 AIC 的第一个局部最小值:

```
> auto.arima(diff(x),max.p=20,max.q=0,ic="aic")
Series: diff(x)
ARIMA(8,0,0) with zero mean

Coefficients:
          ar1      ar2      ar3      ar4      ar5
      -0.6274  -0.4977  -0.5158  -0.4155  -0.3443
s.e.   0.0456   0.0536   0.0576   0.0606   0.0610

          ar6      ar7      ar8
      -0.2560  -0.1557  -0.1051
```

0.0581   0.0543   0.0459

```
sigma^2 estimated as 8.539:  log-likelihood = -1221.2
AIC = 2460.4    AICc = 2460.7    BIC = 2493.96
```

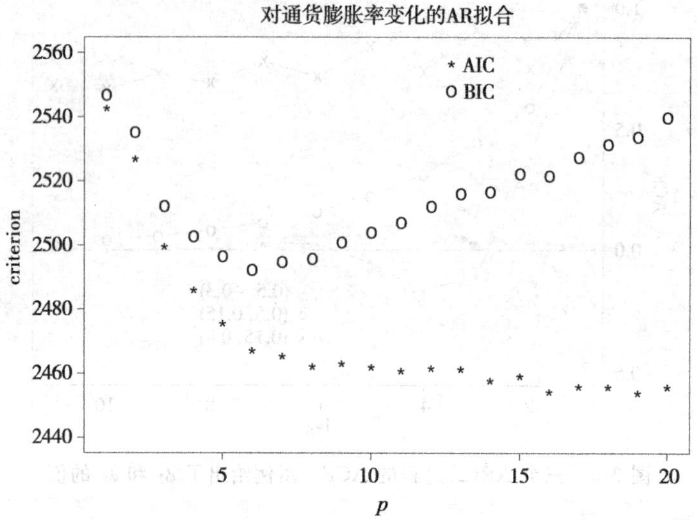

图 9-10 对一个月的通货膨胀率变化拟合 AR(p) 模型. AIC 和 BIC 对 p 作图

BIC 的第一个局部最小值在 6 取到：

```
> auto.arima(diff(x),max.p=10,max.q=0,ic="bic")
Series: diff(x)
ARIMA(6,0,0) with zero mean

Coefficients:
          ar1      ar2      ar3      ar4      ar5      ar6
       -0.6057  -0.4554  -0.4558  -0.3345  -0.2496  -0.1481
s.e.    0.0454   0.0522   0.0544   0.0546   0.0526   0.0457

sigma^2 estimated as 8.699:  log-likelihood = -1225.67
AIC = 2465.33   AICc = 2465.51   BIC = 2490.5
```

后面还会看到，超出 AR 模型之外，还可以获得一个更简约的拟合.

例 9.7 通货膨胀率——AR(p) 模型.

由于通货膨胀率是否平稳还不确定，你可以对通货膨胀率本身拟合一个 AR 模型，而不是它们的差. 一个 AR(p) 模型被拟合到通货膨胀率，这里 p 由 auto.arima 自动决定. BIC 标准选择了 $p=2$，AIC 标准选择了 $p=7$. 这里是 $p=7$ 时的结果.

```
Series: x
ARIMA(7,0,0) with non-zero mean

Coefficients:
         ar1    ar2     ar3    ar4    ar5    ar6    ar7   intercept
       0.366  0.129  -0.020  0.099  0.065  0.080  0.119     3.99
s.e.   0.045  0.048   0.048  0.048  0.049  0.048  0.046     0.78

sigma^2 estimated as 8.47:  log-likelihood = -1222
AIC = 2462    AICc = 2522    BIC = 2467
```

残差的 ACF 如图 9-11 所示.

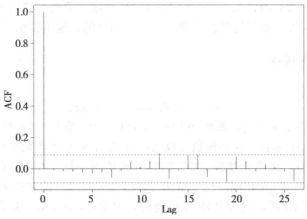

图 9-11 来自于对通货膨胀率拟合的 AR(7) 的残差的 ACF

9.7 滑动平均过程

同在例 9.6 中看到的那样,当拟合 AR 过程时,有一个潜在的对大的值 p 的需要. 对这个问题的补救方法是加入一个滑动平均分量到 AR(p) 过程中,结果得到了一个自回归滑动平均过程(autoregressive-moving average process),通常称为 ARMA 过程. 在介绍 ARMA 过程之前,我们先从纯滑动平均(MA)过程开始.

9.7.1 MA(1)过程

AR 过程背后的思想是把过去的数据反馈到过程的现值. 这就诱导出过去和现在的相关. 这个效应是在所有滞后处都至少有一些相关. 有时候数据仅在短滞后处显示出相关,例如,仅在滞后 1 或在滞后 1 和 2. 例如参见图 9-3b,那里通货膨胀率变化的样本 ACF 在滞后 1 处近似为 -0.4,但是在滞后 1 后大小近似为 0.1 或更小. AR 过程不会如此行事,并且如同在例 9.6 中所见到的那样,不会提供一个简约拟合. 在这种情形下,对 AR 模型的一个有用的替代就是滑动平均(MA)模型. 一个过程 Y_t 是滑动平均过程,如果 Y_t 可被表达为白噪声过程 ε_t 的过去值的一个加权平均(滑动平均).

MA(1)(1 阶滑动平均)过程是

$$Y_t - \mu = \varepsilon_t + \theta \varepsilon_{t-1} \tag{9.21}$$

这里同以前一样,ε_t 是弱 $WN(0, \sigma_\varepsilon^2)$⊖.

可以说明

$$E(Y_t) = \mu$$
$$\text{Var}(Y_t) = \sigma_\varepsilon^2 (1 + \theta^2)$$
$$\gamma(1) = \theta \sigma_\varepsilon^2$$
$$\gamma(h) = 0, \ |h| > 1$$
$$\rho(1) = \frac{\theta}{1 + \theta^2} \tag{9.22}$$

⊖ 一些教材和软件把 MA 模型写成与模型(9.21)的符号相反,因此模型(9.21)被写成 $Y_t - \mu = \varepsilon_t - \theta \varepsilon_{t-1}$. 我们已采用与 R 的 arima 函数的 MA 模型相同的形式. 这些说明也适用于由式(9.24)和式(9.25)所给出的一般的 MA 和 ARMA 模型.

$$\rho(h) = 0, \quad |h| > 1 \tag{9.23}$$

注意式(9.22)和式(9.23)的含义——一个 MA(1)模型除了滞后 1(当然还有滞后 0)外在所有其他滞后具有 0 相关. 推导这些公式相对来说是容易的, 这里留给读者作为练习.

9.7.2 一般的 MA 过程

MA(q)过程是

$$Y_t = \mu + \varepsilon_t + \theta_1 \varepsilon_{t-1} + \cdots + \theta_q \varepsilon_{t-q} \tag{9.24}$$

我们能够说明如果 $|h| > q$, 那么 $\gamma(h) = 0, \rho(h) = 0$. 当 $|h| \leqslant q$ 时, $\gamma(h)$ 和 $\rho(h)$ 的公式在时间序列的教材中都有, 这些函数可以通过 R 的 ARMAACF 函数来计算.

不像 AR(p)模型, 在那里模型中的 "常数" 与均值不一样, 在 MA(q)模型中, 过程的均值 μ 与模型中的 "常数" β_0 相同. 这个事实可以通过式(9.24)的右边来理解, 在那里 μ 是模型中的 "截距" 或 "常数", 同时也是 Y_t 的均值, 因为 $\varepsilon_t, \cdots, \varepsilon_{t-q}$ 具有均值 0.

MA(q)模型可以很容易用 R 的 arima 函数来拟合.

例 9.8 通货膨胀率的变化——MA 模型.

MA(q)模型被拟合到通货膨胀率的变化. 图 9-12 显示 AIC 和 BIC 对 q 的图. BIC 表明 MA(2)模型是合适的, 而 AIC 建议使用 MA(3)模型. 我们来拟合 MA(3)模型. Ljung-Box 检验被应用于 df 分别为 5, 10, 15 和 20 的残差时, 给出的 p 值分别为 0.97, 0.93, 0.54 和 0.15. MA(2)也提供了一个合适的拟合, 来自于 Ljung-Box 检验的 p 值都在 0.07 之上. MA(3)模型的输出是

```
Call:
arima(x = diff(x), order = c(0, 0, 3))

Coefficients:
         ma1       ma2       ma3    intercept
      -0.632950 -0.102734 -0.108172 -0.000156
s.e.   0.046017  0.051399  0.046985  0.020892
```

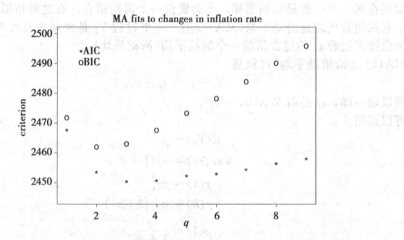

图 9-12 对一个月通货膨胀率变化拟合 MA(q)模型. AIC 和 BIC 对 q 作图

这样, 如果使用一个 MA 模型, 那么仅仅需要 2 或 3 个 MA 参数. 这是与 AR 模型的一个强烈的对比, AR 模型需要更多的参数, 也许多达 6 个.

9.8 ARMA 过程

具有复杂自相关行为的平稳时间序列，通常使用自回归和滑动平均(ARMA)过程的混合过程来建模比使用纯 AR 或纯 MA 过程会更简约. 例如，有时候就是一个 AR 参数和一个 MA 参数的模型这样的情形，称为 ARMA(1, 1)模型，会比一个纯 AR 或纯 MA 模型提供一个更简约的拟合. 本节介绍 ARMA 过程.

9.8.1 后向算子

后向算子(backwards operator)B 是一个具有花哨名字的简单记号. 它对于描述 ARMA 和 ARIMA 模型很有用. 后向算子被定义为

$$BY_t = Y_{t-1}$$

更一般地，

$$B^k Y_t = Y_{t-k}$$

因此，B 倒退一个时间单位而 B^k 重复作用，直到倒退 k 个时间单位. 注意对任意常数 c，$Bc=c$，因为常数不随时间而改变. 后向算子有时候也称为滞后算子(lag operator).

9.8.2 ARMA 模型

一个 ARMA(p, q)模型把 AR 和 MA 的项合并起来，定义为如下的方程：

$$(Y_t - \mu) = \phi_1(Y_{t-1} - \mu) + \cdots + \phi_p(Y_{t-p} - \mu) + \varepsilon_t + \theta_1 \varepsilon_{t-1} + \cdots + \theta_q \varepsilon_{t-q} \qquad (9.25)$$

这说明了 Y_t 如何依赖它本身的滞后值以及白噪声过程的滞后值. 式(9.25)可以使用后向算子写得更简洁：

$$(1 - \phi_1 B - \cdots - \phi_p B^p)(Y_t - \mu) = (1 + \theta_1 B + \cdots + \theta_q B^q)\varepsilon_t \qquad (9.26)$$

白噪声过程是 ARMA(0, 0)，因为如果 $p=q=0$，那么式(9.26)缩减为

$$(Y_t - \mu) = \varepsilon_t$$

9.8.3 ARMA(1,1)过程

ARMA(1,1)模型通常用于实践，从理论上研究它也是非常简单的. 在本节中，会导出它的方差和 ACF 的公式. 不失一般性，当计算方差和 ACF 时，可以假定 $\mu=0$. 把模型

$$Y_t = \phi Y_{t-1} + \theta \varepsilon_{t-1} + \varepsilon_t \qquad (9.27)$$

乘以 ε_t 并求数学期望，则有

$$\text{Cov}(Y_t, \varepsilon_t) = E(Y_t \varepsilon_t) = \sigma_\varepsilon^2 \qquad (9.28)$$

由于 ε_t 与 ε_{t-1} 和 Y_{t-1} 独立. 由式(9.27)和式(9.28)，

$$\gamma(0) = \phi^2 \gamma(0) + (1+\theta^2)\sigma_\varepsilon^2 + 2\phi\theta\sigma_\varepsilon^2 \qquad (9.29)$$

然后从式(9.29)中解出 $\gamma(0)$，则有公式

$$\gamma(0) = \frac{(1+\theta^2 + 2\phi\theta)\sigma_\varepsilon^2}{1-\phi^2} \qquad (9.30)$$

通过类似的计算，把式(9.27)乘以 Y_{t-1} 并取数学期望得到 $\gamma(1)$ 的公式. 把这个公式除以式(9.29)的右边，得到

$$\rho(1) = \frac{(1+\phi\theta)(\phi+\theta)}{1+\theta^2+2\phi\theta} \qquad (9.31)$$

对于 $k \geqslant 2$，把式(9.27)乘以 Y_{t-k} 并取数学期望，得到公式

$$\rho(k) = \phi\rho(k-1), \quad k \geq 2 \tag{9.32}$$

由式(9.32)，ARMA(1,1)过程的 ACF 在一步滞后之后和与它具有相同 ϕ 的 AR(1)过程的 ACF 以相同的方式衰减.

9.8.4 ARMA 参数估计

ARMA 模型的参数可由最大似然或条件最小二乘来估计. 这些方法对于 AR(1)过程已在 9.5 节中介绍过了. AR(p)模型的估计方法与 AR(1)模型的非常相似. 对于 MA 和 ARMA，因为噪声项 $\varepsilon_1, \cdots, \varepsilon_n$ 观测不到，具有复杂性，所以最好是在高级时间序列教材中介绍.

例 9.9 无风险收益的变化：ARMA 模型.

这个例子使用无风险收益的月变化，如图 4-3 所示. 表 9-1 中显示的是 $p, q=0, 1, 2$ 时 ARMA 模型的 AIC 和 BIC. 我们看到 AIC 和 BIC 都由 ARMA(1,1)模型最小化，虽然 MA(2)模型紧随其后. ARMA(1,1)模型和 MA(2)模型拟合得几乎一样好，很难在它们之间做决定.

表 9-1 拟合于无风险收益的月变化的 ARMA 模型的 AIC 和 BIC. 两个标准的最小值以黑体字显示. 为了改善表格的外观，1290 被加到所有的 AIC 和 BIC 值中

p	q	AIC	BIC
0	0	29.45	37.8
0	1	9.21	21.8
0	2	3.00	19.8
1	0	14.86	27.5
1	1	**2.67**	**19.5**
1	2	4.67	25.7
2	0	5.61	22.4
2	1	6.98	28.0
2	2	4.89	30.1

来自于 ARMA(1,1)模型的残差的 ACF 图、正态图和时间序列图如图 9-13 所示. ACF 图显示没有短期自相关，这是 ARMA(1,1)模型令人满意的另一个迹象. 但是，正态图显示重尾，时间序列图显示波动聚集. 这些问题会在后面章节中来说明.

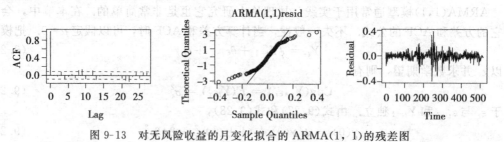

图 9-13 对无风险收益的月变化拟合的 ARMA(1, 1)的残差图

9.8.5 差分算子

差分算子(differencing operator)是另一个有用的记号，它定义为 $\Delta = 1-B$，这里 B 是后向算子，因此

$$\Delta Y_t = Y_t - BY_t = Y_t - Y_{t-1}$$

例如，如果 $p_t = \log(P_t)$ 是对数价格，那么对数收益是

$$r_t = \Delta p_t$$

差分可以迭代. 例如,
$$\Delta^2 Y_t = \Delta(\Delta Y_t) = \Delta(Y_t - Y_{t-1}) = (Y_t - Y_{t-1}) - (Y_{t-1} - Y_{t-2})$$
$$= Y_t - 2Y_{t-1} + Y_{t-2}$$
Δ^k 称为第 k 阶差分算子.

Δ^k 的一个一般公式可以由二项展开式导出:
$$\Delta^k Y_t = (1-B)^k Y_t = \sum_{\ell=1}^{k} \binom{k}{\ell} (-1)^\ell Y_{t-\ell} \tag{9.33}$$

9.9 ARIMA 过程

不平稳时间序列的一阶或者可能是二阶差分常常是平稳的. 例如, 随机游走(不平稳的)的一阶差分是白噪声(平稳的). 在本节中, 要介绍自回归整合滑动平均(autoregressive integrated moving average, ARIMA)过程. 它们既包括平稳的过程也包括不平稳的过程.

如果 $\Delta^d Y_t$ 是 ARMA(p,q)的, 那么时间序列 Y_t 称为 ARIMA(p,d,q)过程. 例如, 如果一个资产的对数收益是 ARMA(p,q), 那么对数价格是 ARIMA($p,1,q$). 一个 ARIMA(p,d,q)仅当 $d=0$ 时是平稳的. 否则, 就只有它的 d 阶或更高阶差分是平稳的.

注意, 一个 ARIMA($p,0,q$)模型与 ARMA(p,q)模型是相同的. ARIMA($p,0,0$)、ARMA($p,0$)和 AR(p)模型是相同的. 类似地, ARIMA($0,0,q$)、ARMA($0,q$)和 MA(q)模型是相同的. 一个随机游走是 ARIMA($0,1,0$)模型.

差分的逆运算是"整合". 过程 Y_t 的整和是过程 w_t, 这里
$$w_t = w_{t_0} + Y_{t_0+1} + \cdots + Y_t \tag{9.34}$$
这里 t_0 是一个任意起始时间点, w_{t_0} 是 w_t 过程的初始值. 容易检验
$$\Delta w_t = Y_t \tag{9.35}$$
因此整合与差分是互逆过程㊀.

如果一个过程经过 d 次差分后是平稳的, 就说它是 I(d) 的. 例如, 一个平稳过程是 I(0). 一个 ARIMA(p,d,q)过程是 I(d). 一个 I(d)过程被认为是"整合到 d 阶".

图 9-14 显示一个 AR(1)过程、它的整合以及它的二阶整合, 意思是它的整合的整合. 这三个过程分别是 I(0)、I(1)和 I(2)的. 这三个过程以完全不同的方式表现. AR(1)过程是平稳的并且在均值(也就是 0)周围随机变化; 我们说这个过程回复(revert)到均值. 这个过程的整合表现得很像一个随机游走, 没有回复到一个固定的水平. 第二个整合具有动量(momentum). 一旦过程开始向上或向下移动, 它往往在那个方向上继续. 如果数据显示像这样的动量, 那么动量是 $d=2$ 的一个迹象. AR(1)过程由 R 的 `arima.sim` 函数所生成. 这个过程用 R 的 `cumsum` 函数整合两次.

例 9.10 对 CPI 数据拟合一个 ARIMA 模型.

本例使用 R 的 `fEcofin` 软件包的 `CPI.dat` 数据集. CPI 是一个经季节调整的美国消费价格指数. 数据是月度的. 本例只用到从 1977 年 1 月到 1987 年 12 月的数据. 图 9-15 显示 log(CPI)的时间序列图以及这个序列的一阶和二阶差分. 原始序列显示出一个 I(2)序列的动量类型特征. 一阶差分没有显示出动量, 但它们看起来不是均值-回复的, 因此它们可能是 I(1). 二阶差分看起来是均值-回复的, 因此好像是 I(0). 图 9-16a、b 和

㊀ 当然, 一个类似情况是微积分中的微分和积分, 它们是互逆运算.

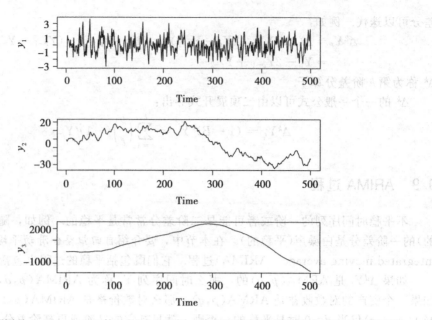

图 9-14 顶图是 $\mu=0$, $\phi=0.4$ 的 AR(1) 过程图. 中间和底图分别是这个 AR(1) 过程的整合和二阶整合. 这样, 从上到下, 序列分别是 I(0)、I(1) 和 I(2) 的

c 中的 ACF 图提供了额外的证据证明 log(CPI) 是 I(2) 的.

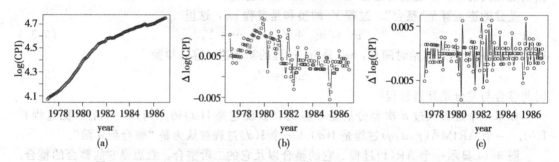

图 9-15 (a) log(CPI); (b) log(CPI) 的一阶差分; (c) log(CPI) 的二阶差分

注意, $\Delta^2 \log(\text{CPI})$ 的 ACF 在前两个滞后上有大相关, 那之后是小的自相关. 这暗示对 $\Delta^2 \log(\text{CPI})$ 使用 MA(2), 或者等价地, 对 log(CPI) 使用 ARIMA(0,2,2) 模型. 来自于这个拟合的残差的 ACF 如图 9-16d 所示. 残差的 ACF 在短滞后有小相关, 这表明模型 ARIMA(0,2,2) 拟合得很好. 同时, 残差对各种各样的 K 选择通过了 Ljung-Box 检验, 例如, $K=15$ 时的 p 值是 0.17.

例 9.11 对工业生产(IP)数据拟合一个 ARIMA 模型.

本例中使用 R 的 `fEcofin` 软件包的 `IP.dat` 数据集. 变量 IP 是经季节性因素调整后的美国工业生产指数. 图 9-17a 和 b 显示了 IP 和 ΔIP 的时间序列图, 图 9-17c 有 ΔIP 的 ACF. IP 看起来是 I(1) 的, 暗示我们应该对 ΔIP 拟合一个 ARMA 模型. AR(1)、AR(2) 和 ARMA(1, 1) 每个都把 ΔIP 拟合得相当不错, 使用 R 的 `auto.arima` 函数的 BIC 标准选择了 ARMA(1, 1) 模型. 图 9-17d 中的残差的 ACF 表明 ARMA(1,1) 模型是令人满意的, 因为它几乎没有短期自相关. 总之, IP 可由 ARIMA(1,1,1) 模型拟合得很好.

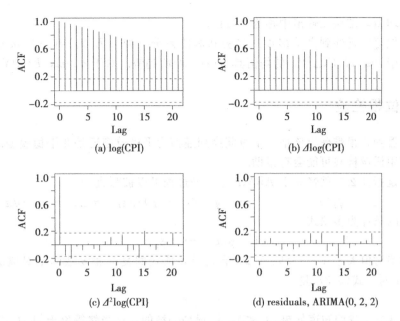

图 9-16 （a）log(CPI) 的 ACF；（b）log(CPI) 的一阶差分的 ACF；（c）log(CPI) 的二阶差分的 ACF；（d）来自于对 log(CPI) 拟合的 ARIMA(0,2,2) 模型的残差

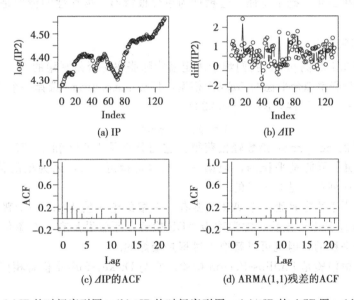

图 9-17 （a）IP 的时间序列图；（b）ΔIP 的时间序列图；（c）ΔIP 的 ACF 图；（d）对 ΔIP 拟合的 ARMA(1,1) 的残差的 ACF

9.9.1 ARIMA 过程的漂移

如果一个非平稳过程有一个常数均值，那么这个过程的一阶差分的均值为 0. 为此，经常假定一个差分过程的均值为 0. R 的 arima 函数就做这样的假定.

有时候一个非平稳过程的均值具有一个确定性的线性趋势，而不是一个常数均值，例如，$E(Y_t) = \beta_0 + \beta_1 t$. 那么 β_1 称为 Y_t 的漂移 (drift). 注意 $E(\Delta Y_t) = \beta_1$，因此，如果 Y_t 有非零漂移，则 ΔY_t 有非零均值. 在 9.11 节中讨论的 R 函数 auto.arima 允许一个差分过程具有非零均值，结果在输出中称为 drift.

这些思想可以延伸到高阶多项式趋势和高阶差分. 如果 $E(Y_t)$ 有一个 m 次多项式趋势，那么对于 $d \leq m$，$E(\Delta^d Y_t)$ 的均值具有 $(m-d)$ 阶趋势. 对于 $d > m$，$E(\Delta^d Y_t) = 0$.

9.10 单位根检验

我们已看到，很难确定该把一个时间序列建模为平稳模型还是非平稳模型. 为了帮助做决定，使用假设检验可能会有帮助.

单位根是指什么？回忆一下 ARMA(p, q) 过程可以被写成

$$(Y_t - \mu) = \phi_1(Y_{t-1} - \mu) + \cdots + \phi_p(Y_{t-p} - \mu) + \varepsilon_t + \theta_1 \varepsilon_{t-1} + \cdots + \theta_q \varepsilon_{t-q} \quad (9.36)$$

$\{Y_t\}$ 是平稳的条件为多项式

$$1 - \phi_1 x - \cdots - \phi_p x \quad (9.37)$$

的所有根的绝对值大于 1. (参见 A.21 节关于多项式的复根和复数的绝对值的知识.) 例如，当 $p=1$ 时，式(9.37)是

$$1 - \phi x$$

并有一个根 ϕ^{-1}. 我们知道如果 $|\phi| < 1$，过程是平稳的，这当然等价于 $|1/\phi| > 1$.

如果有一个单位根，即一个根的绝对值为 1，那么 ARMA 过程是非平稳的，并且表现的很像一个随机游走. 毫不奇怪，这被称为单位根情形. 爆炸性的情形是有一个根的绝对值小于 1.

例 9.12 通货膨胀率.

回忆一下例 9.1 和例 9.3，我们难于决定通货膨胀率是否是平稳的.

如果对通货膨胀率拟合平稳的 ARMA 模型，那么 auto.arima 选择一个 ARMA(2,1) 模型，AR 系数是 $\hat{\phi}_1 = 1.2074$，$\hat{\phi}_2 = -0.2237$.

$$1 - \hat{\phi}_1 x - \hat{\phi}_2 x^2$$

的根可以通过 R 的 polyroot 函数轻松获得，它们分别是 1.022 和 4.377. 两个根的绝对值都大于 1，表明了可能是平稳的，但第一个根非常接近于 1，因为根的估计带有误差，有理由怀疑这个序列可能是非平稳的. ■

单位根检验用于决定是否一个 AR 模型有一个根的绝对值为 1. 一个普遍的单位根检验是增强的 Dickey-Fuller 检验，常常称为 ADF 检验. 原假设是有一个单位根. 通常的备择假设为过程是平稳的，但也可以替换为过程是爆炸的.

另一个单位根检验是 Phillips-Perron 检验. 它与 Dickey-Fuller 检验相似，但细节上有区别.

第三个检验是 KPSS 检验. KPSS 检验的原假设是平稳的，备择假设是有一个单位根，正好与 Dickey-Fuller 检验和 Phillips-Perron 检验的假设相反.

例 9.13 通货膨胀率——单位根检验.

回忆一下，我们还没有决定通货膨胀率时间序列是否是平稳的这个问题. 单位根检验可能帮助我们解决这个问题，但遗憾的是，它们不提供明确的证据支持平稳性. 增强的 Dickey-Fuller 检验和 Phillips-Perron 检验，在 R 中分别用函数 adf.test 和 pp.test 来实现，两个都有小的 p 值，前者为 0.016，后者小于 0.01；参见下面的输出结果. 函数 pp.test、adf.test 和 kpss.test (下面被使用的) 在 R 的 tseries 软件包中. 因此，在 0.05 水平下，单位根的原假设被两个检验都拒绝了，支持平稳性的备择假设，即

adf.test 和 pp.test 的缺省备择假设.

```
> adf.test(x)

        Augmented Dickey--Fuller Test

data:  x
Dickey-Fuller = -3.87, Lag order = 7, p-value = 0.01576
alternative hypothesis: stationary

> pp.test(x)

        Phillips-Perron Unit Root Test

data:  x
Dickey-Fuller Z(alpha) = -249, Truncation lag parameter = 5,
  p-value = 0.01
alternative hypothesis: stationary

Warning message:
In pp.test(x) : p-value smaller than printed p-value
```

虽然 Dickey-Fuller 检验和 Phillips-Perron 检验暗示通货膨胀率序列是平稳的, 因为单位根的原假设被拒绝了, 但是 KPSS 检验把我们引向一个相反的结论. KPSS 的原假设是平稳的, 并且以一个小于 0.01 的 p 值被拒绝了. 下面是 R 的输出结果.

```
> kpss.test(x)

        KPSS Test for Level Stationarity

data:  x
KPSS Level = 2.51, Truncation lag parameter = 5, p-value = 0.01

Warning message:
In kpss.test(x) : p-value smaller than printed p-value
```

这样, 单位根检验有点自相矛盾. 可能通货膨胀率是具有长期记忆平稳的. 长期记忆过程会在 10.4 节中介绍.

9.10.1 单位根检验如何工作

单位根检验背后的理论的完整讨论超越了这本书的范围. 这里, 我们只提及基本思想, 更多的详细信息参见 9.14 节. Dickey-Fuller 检验基于 AR(1)模型

$$Y_t = \phi Y_{t-1} + \varepsilon_t \tag{9.38}$$

原假设(H_0)是有一个单位根, 即 $\phi=1$, 备择假设(H_1)是平稳性, 等价于 $\phi<1$, 假定 $\phi>-1$, 似乎是一样合理的. 模型(9.38)等价于 $\Delta Y_t = (\phi-1)Y_{t-1} + \varepsilon_t$, 或者

$$\Delta Y_t = \pi Y_{t-1} + \varepsilon_t \tag{9.39}$$

这里 $\pi=\phi-1$. 以 π 来表达, H_0 是 $\pi=0$, H_1 是 $\pi<0$. Dickey-Fuller 检验把 ΔY_t 回归到 Y_{t-1} 和检验 H_0 上. 因为在 H_0 下, Y_{t-1} 是非平稳的. π 的 t 统计量有一个非标准分布, 因此为了计算 p 值, 需要开发特殊的表.

增强的 Dickey-Fuller 检验通过增加一个时间趋势和 ΔY_t 的滞后值来扩展模型(9.39). 典型地, 时间趋势是线性的, 因此扩展的模型为

$$\Delta Y_t = \beta_0 + \beta_1 t + \pi Y_{t-1} + \sum_{j=1}^{p} \gamma_j \Delta Y_{t-j} + \varepsilon_t \tag{9.40}$$

检验仍然是 H_0：$\pi=0$ 和 H_1：$\pi<0$. 有好几种方法可以选择 p. adf.test 函数中，p 的缺省值等于 trunc((length(x)- 1)^(1/3))，这里 x 是输入序列(在我们的记法中为 Y_t).

9.11 自动选择一个 ARIMA 模型

拥有一个自动选取 ARIMA 模型的方法是很有用的. 虽然自动选择的模型总是不能盲目地被接受，但是快速根据客观标准选择一个模型是有意义的.

R 的函数 auto.arima 能够选择 ARIMA 模型的所有三个参数 p, d 和 q. 差分参数 d 通过 KPSS 检验来选择. 当 KPSS 用于原始时间序列时，如果接受了平稳性的原假设，那么 $d=0$；否则，就对序列进行差分，直到 KPSS 接受原假设. 在那之后，p 和 q 使用 AIC 或 BIC 来选择.

例 9.14 通货膨胀率——自动选择 ARIMA 模型.

在本例中，auto.arima 用于通货膨胀率. auto.arima 选择了 ARIMA(1,1,1)模型，由 KPSS 检验选择 $d=1$ 之后，使用 AIC 或者 BIC 选择了 p 和 q.

```
Series: x
ARIMA(1,1,1)

Coefficients:
        ar1     ma1
      0.238  -0.877
s.e.  0.055   0.027

sigma^2 estimated as 8.55:  log-likelihood = -1222
AIC = 2449    AICc = 2449    BIC = 2462
```

这是一个非常简约的模型，并且残差诊断(没有显示出来)显示它拟合得很好.

auto.arima 输出中的 AICc 是由式(5.34)所定义的修正 AIC 标准的值. 样本量为 491，因此不出意外，修正 AIC 等于 AIC，至少四舍五入至最近的整数位是这样.

9.12 预测

预测意思是使用当前的信息集(information set)，也就是时间序列的现在和过去值集来预测时间序列的未来值. 在某些情况下，信息集可能包含与时间序列有关的其他变量，但在本节中信息集仅包含要预测的时间序列的现在和过去值.

ARIMA 模型常常用于预测. 考虑使用一个 AR(1)过程来预测. 假定我们有数据 $Y_1, \cdots, Y_n$ 和估计 $\hat{\mu}$, $\hat{\phi}$. 我们知道

$$Y_{n+1} = \mu + \phi(Y_n - \mu) + \varepsilon_{n+1} \tag{9.41}$$

由于 ε_{n+1} 与过去和现在都独立，由 14.10.2 节中的结果 14.10.1，ε_{n+1} 的最好的预测量是它的期望值，也就是 0. 当然，我们知道 ε_{n+1} 不是 0，但 0 是我们对它的值的最好猜测. 另一方面，我们已知或已有式(9.41)中所有其他量的估计. 因此用

$$\hat{Y}_{n+1} = \hat{\mu} + \hat{\phi}(Y_n - \hat{\mu})$$

来预测 Y_{n+1}. 根据同样的理由，我们用

$$\hat{Y}_{n+2} = \hat{\mu} + \hat{\phi}(\hat{Y}_{n+1} - \hat{\mu}) = \hat{\mu} + \hat{\phi}\{\hat{\phi}(Y_n - \hat{\mu})\} \qquad (9.42)$$

来预测 Y_{n+2},等等. 注意在式(9.42)中,没有用 Y_{n+1},因为它在时间 n 时是未知的,用它的预测值 $\hat{Y}_{n+1}$. 以这种方式,我们获得向前 k 步预测的一般公式:

$$\hat{Y}_{n+k} = \hat{\mu} + \hat{\phi}^k(Y_n - \hat{\mu}) \qquad (9.43)$$

如果 $|\hat{\phi}| < 1$,就像平稳过程那样,然后当 k 增加时,预测会以指数速度收敛到 $\hat{\mu}$.

式(9.43)仅仅对 AR(1) 过程是有效的,但预测其他的 AR(p) 过程是类似的. 对于 AR(2) 过程,

$$\hat{Y}_{n+1} = \hat{\mu} + \hat{\phi}_1(Y_n - \hat{\mu}) + \hat{\phi}_2(Y_{n-1} - \hat{\mu})$$

和

$$\hat{Y}_{n+2} = \hat{\mu} + \hat{\phi}_1(\hat{Y}_{n+1} - \hat{\mu}) + \hat{\phi}_2(Y_n - \hat{\mu})$$

等等.

预测 ARMA 和 ARIMA 过程与预测 AR 过程是类似的. 考虑 MA(1) 过程,$Y_t - \mu = \epsilon_t + \theta\epsilon_{t-1}$. 那么下一个观测是

$$Y_{n+1} = \mu + \epsilon_{n+1} + \theta\epsilon_n \qquad (9.44)$$

在式(9.44)右边,我们用估计来替换 μ 和 θ,用残差 $\hat{\epsilon}_n$ 来替换 ϵ_n. 同时,由于 ϵ_{n+1} 与观测数据是独立的,用它的均值 0 来替换. 那么预测是

$$\hat{Y}_{n+1} = \hat{\mu} + \hat{\theta}\hat{\epsilon}_n$$

$Y_{n+2} = \mu + \epsilon_{n+2} + \theta\epsilon_{n+1}$ 的两步向前预测可简化为 $\hat{Y}_{n+2} = \hat{\mu}$,由于 ϵ_{n+1} 和 ϵ_{n+2} 与观测数据独立. 类似地,$\hat{Y}_{n+k} = \hat{\mu}$ 对所有的 $k > 2$ 成立.

为了预测 ARMA(1, 1) 过程

$$Y_t - \mu = \phi(Y_{t-1} - \mu) + \epsilon_t + \theta\epsilon_{t-1}$$

我们使用

$$\hat{Y}_{n+1} = \hat{\mu} + \hat{\phi}(Y_n - \hat{\mu}) + \hat{\theta}\hat{\epsilon}_n$$

与向前一步预测一样,使用

$$\hat{Y}_{n+k} = \hat{\mu} + \hat{\phi}(\hat{Y}_{n+k-1} - \hat{\mu}), k \geq 2$$

作为两步或多步向前预测.

作为最后一个例子,假定 Y_t 是 ARIMA(1,1,0),因此 ΔY_t 是 AR(1). 为了预测 $Y_{n+k}, k \geq 1$,首先对 ΔY_t 过程拟合一个 AR(1) 模型并预测 $\Delta Y_{n+k}, k \geq 1$. 我们把预测记为 $\widehat{\Delta Y}_{n+k}, k \geq 1$. 然后,由于

$$Y_{n+1} = Y_n + \Delta Y_{n+1}$$

Y_{n+1} 的预测是

$$\hat{Y}_{n+1} = Y_n + \widehat{\Delta Y}_{n+1}$$

类似地,

$$\hat{Y}_{n+2} = \hat{Y}_{n+1} + \widehat{\Delta Y}_{n+2} = Y_n + \widehat{\Delta Y}_{n+1} + \widehat{\Delta Y}_{n+2}$$

等等.

大多数时间序列软件包提供自动预测函数. R 的 predict 函数使用由 arima 拟合函数返回的"目标"来预测.

9.12.1 预测误差和预测区间

当进行预测时，我们当然还想知道预测的不确定性．为此，首先计算预测误差的方差．那么一个$(1-\alpha)100\%$预测区间就是预测本身加减预测误差标准差的$z_{\alpha/2}$（正态上分位数）倍．使用$z_{\alpha/2}$是因为假定$\varepsilon_1,\cdots$是高斯白噪声．如果残差是重尾的，那么不勉强做高斯假定．避免这个假定的一种方法将在9.12.2节讨论．

预测误差方差和预测区间的计算可以由现代统计软件自动完成，因此不必描述预测误差方差的一般公式．但是，为了获得对一般原则的一些理解，我们会看两个特殊的情况：一个是平稳的，一个是非平稳的．

平稳 AR(1) 预测误差

首先，我们看一下当预测一个平稳 AR(1) 过程时所产生的误差．第一步预测的误差是

$$Y_{n+1} - \hat{Y}_{n+1} = \{\mu + \phi(Y_n - \mu) + \varepsilon_{n+1}\} - \{\hat{\mu} + \hat{\phi}(Y_n - \hat{\mu})\}$$
$$= (\mu - \hat{\mu}) + (\phi - \hat{\phi})Y_n - (\phi\mu - \hat{\phi}\hat{\mu}) + \varepsilon_{n+1} \quad (9.45)$$
$$\approx \varepsilon_{n+1} \quad (9.46)$$

这里式(9.45)是精确误差，式(9.46)是一个"大样本"近似．式(9.46)的基础是当样本量增加时，$\hat{\mu} \to \mu$，$\hat{\phi} \to \phi$，因此式(9.45)的前三项收敛到0，但最后一项保持不变．大样本近似简化了公式并帮助我们关注预测误差的主要部分．再一次使用大样本近似，因此$\hat{\mu}$由μ代替，$\hat{\phi}$由ϕ代替，两步向前预测的误差是

$$Y_{n+2} - \hat{Y}_{n+2} = \{\mu + \phi(Y_{n+1} - \mu) + \varepsilon_{n+2}\} - \{\mu + \phi(\hat{Y}_{n+1} - \mu)\}$$
$$= \phi(Y_{n+1} - \hat{Y}_{n+1}) + \varepsilon_{n+1}$$
$$= \phi\varepsilon_{n+1} + \varepsilon_{n+2} \quad (9.47)$$

以这种方式继续进行，我们获得 k 步向前预测的误差是

$$Y_{n+k} - \hat{Y}_{n+k} \approx \{\mu + \phi(Y_{n+k-1} - \mu) + \varepsilon_{n+k}\} - \{\mu + \phi(\hat{Y}_{n+k-1} - \mu)\}$$
$$= \phi^{k-1}\varepsilon_{n+1} + \phi^{k-2}\varepsilon_{n+2} + \cdots + \phi\varepsilon_{n+k-1} + \varepsilon_{n+k} \quad (9.48)$$

由有限项几何级数求和公式，式(9.47)右边的方差是

$$\{\phi^{2(k-1)} + \phi^{2(k-2)} + \cdots + \phi^2 + 1\}\sigma_\varepsilon^2 = \left(\frac{1-\phi^{2k}}{1-\phi^2}\right)\sigma_\varepsilon^2$$
$$\to \frac{\sigma_\varepsilon^2}{1-\phi^2}, \text{当 } k \to \infty \text{ 时} \quad (9.49)$$

这里重要的一点是预测误差的方差在$k \to \infty$时不发散，而是收敛到$\gamma(0)$，由式(9.7)给出的 AR(1) 过程的边缘方差．这个例子是对于任何平稳 ARMA 过程所适用的一般原则，预测误差的方差收敛到边缘方差．

预测随机游走

对于随机游走过程$Y_{n+1} = \mu + Y_n + \varepsilon_{n+1}$，刚刚对于 AR(1) 过程推导的许多公式仍然成立，然而是对于$\phi=1$的情况．一个例外是式(9.49)的最后一个结果不再成立，因为几何级数的求和公式当$\phi=1$时不能用．仍然成立的一个结果是

$$Y_{n+k} - \hat{Y}_{n+k} = \varepsilon_{n+1} + \varepsilon_{n+2} + \cdots + \varepsilon_{n+k-1} + \varepsilon_{n+k}$$

因此，k步向前预测误差的方差为$k\sigma_\varepsilon^2$，不像平稳 AR(1) 的情况，当$k \to \infty$时，预测误差方差发散到∞．

预测 ARIMA 过程

像前面所提到的那样，实际上不需要 ARIMA 过程预测误差方差的一般公式，因为统计软件能够计算方差．但是，值得重复一个一般的原则：对于平稳的 ARMA 过程，当 $k \to \infty$ 时，k 步向前预测误差的方差收敛到一个有限值，但对于一个非平稳 ARIMA 过程，方差收敛至 ∞．这个原则的结论是对于一个非平稳过程，当 $k \to \infty$ 时，预测限彼此偏离，但对于一个平稳过程，预测限收敛到平行的水平线．

例 9.15 预测一个月通货膨胀率．

在例 9.8 中，我们看到 MA(3) 模型对一个月通货膨胀率变化提供了一个简约的拟合．这意味着 ARIMA(0,1,3) 模型是通货膨胀率本身的一个好的拟合．这两个模型，当然是等价的，但它们预测不同的序列．第一个模型对通货膨胀率变化给出预测和置信限，而第二个模型对通货膨胀率本身给出预测和置信限．

图 9-18 和图 9-19 画出了来自两个模型的向前 100 步的预测和预测限．我们看到对于第二个模型，预测限发散；而对于第一个模型，收敛到平行的水平线．

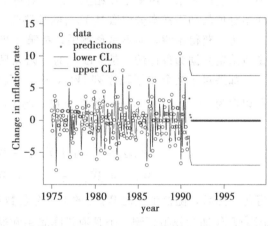

图 9-18 通货膨胀率变化的预测

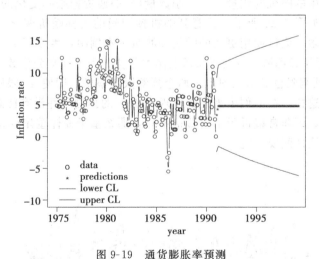

图 9-19 通货膨胀率预测

9.12.2 通过模拟计算预测限

模拟可以用于计算预测限．这是通过模拟随机预测并求它们的 $\alpha/2$ 上样本分位数和下样本分位数完成的．一个 ARMA 过程的向前 m 时间单位的随机预测集通过递归的方法来生成：

$$\hat{Y}_{n+t} = \hat{\mu} + \hat{\phi}_1(\hat{Y}_{n+t-1} - \hat{\mu}) + \cdots + \hat{\phi}_p(\hat{Y}_{n+t-p} - \hat{\mu})$$
$$+ \hat{\epsilon}_{n+t} + \hat{\theta}_1 \hat{\epsilon}_{n+t-1} + \cdots + \hat{\theta}_q \hat{\epsilon}_{n+t-q}, \quad t = 1, \cdots, m \tag{9.50}$$

这里

1. $\hat{\epsilon}_k$ 是当 $k \leqslant n$ 时的第 k 个残差,
2. $\{\hat{\epsilon}_k : k = n+1, \cdots, n+m\}$ 是从残差中的再抽样.

这样,$\hat{Y}_{n+1}$ 是从 $Y_{n+1-p}, \cdots, Y_n, \hat{\epsilon}_{n+1-q}, \cdots, \hat{\epsilon}_{n+1}$ 中生成的,然后 $\hat{Y}_{n+2}$ 是从 $Y_{n+2-p}, \cdots, Y_n, \hat{Y}_{n+1}, \hat{\epsilon}_{n+2-q}, \cdots, \hat{\epsilon}_{n+2}$ 中生成的,然后 $\hat{Y}_{n+3}$ 是从 $Y_{n+3-p}, \cdots, Y_n, \hat{Y}_{n+1}, \hat{Y}_{n+2}, \hat{\epsilon}_{n+3-q}, \cdots, \hat{\epsilon}_{n+3}$ 中生成的,等等.

一个很大的随机预测集(称之为 B)通过这种方式生成. 它们不同是因为它们在步骤 2 中所产生的未来噪声集是互相独立的. 对每个 $t=1, \cdots, m$,$\hat{Y}_{n+t}$ 的 B 个随机值的 $\alpha/2$ 上样本分位数和下样本分位数是 Y_{n+t} 的预测限.

为了获得预测,而不是预测限,在第 4 步中使用 $\hat{\epsilon}_k = 0$,$k = n+1, \cdots, n+m$. 预测是以给定数据为条件的,是非随机的,因此只需要计算一次.

如果对于某个非平稳序列 $\{W_1, \cdots, W_n\}$,$Y_t = \Delta W_t$,那么 $\{W_{n+1}, \cdots\}$ 的随机预测可以取为 $\{W_n, \hat{Y}_{n+1}, \cdots\}$ 的部分和. 例如,

$$\hat{W}_{n+1} = W_n + \hat{Y}_{n+1}$$
$$\hat{W}_{n+2} = \hat{W}_{n+1} + \hat{Y}_{n+2} = W_n + \hat{Y}_{n+1} + \hat{Y}_{n+2}$$
$$\hat{W}_{n+3} = \hat{W}_{n+2} + \hat{Y}_{n+3} = W_n + \hat{Y}_{n+1} + \hat{Y}_{n+2} + \hat{Y}_{n+3}$$

等等. 然后,随机生成的 $\hat{W}_{n+k}$ 的上下分位数可用作 W_{n+k} 的预测限.

例 9.16 通过模拟预测一个月通货膨胀率和通货膨胀率变化.

为了说明预测中的随机变化量,一个小数量(5)的通货膨胀率变化的向前 30 个月的随机预测集被生成,如图 9-20 所示. 注意到随机预测间的大幅随机变化. 由于这种大的变动,为了计算预测限,应该使用更大的随机预测量. 本例中,生成了 $B = 50\ 000$ 的随机预测集. 图 9-21 显示了预测限,这是 2.5% 上样本分位数和下样本分位数. 为了比较,由 R 的函数 ar 生成的预测限也显示在图上. 两个预测限集很像,即使 ar 限假定高斯噪声,而残差却是重尾的. 这样,在本例中重尾的出现以 95% 的预测限并没有使高斯限无效. 如果使用大的置信系数,即非常接近于 1 的置信系数,那么基于抽样重尾残差的预测区间会比基于高斯假定的预测区间要更宽.

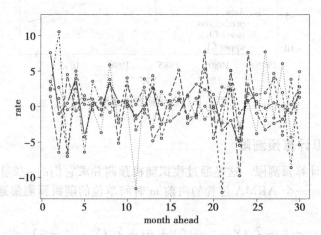

图 9-20 5 个通过模拟计算的通货膨胀率变化的随机预测集

像上面所描述的一样,未来通货膨胀率的预测通过求通货膨胀率变化的随机预测的部

分和来获得，预测限（上下分位数）如图 9-22 所示．就像对于非平稳过程所期望的那样，预测限发散．

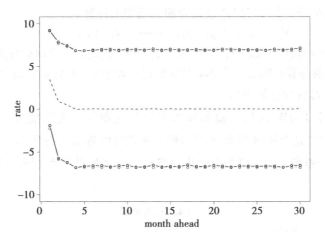

图 9-21　通过模拟计算的通货膨胀率变化的预测限（实线），由 arima 计算的预测限（点线）和预测的均值（虚线）．注意两个未来限集很像，几乎互相重叠，因此它们很难被明显地分辨出来

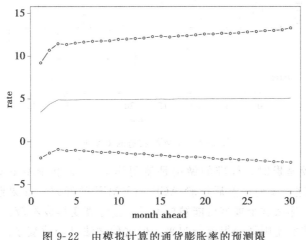

图 9-22　由模拟计算的通货膨胀率的预测限

使用模拟来预测有两个重要的优势：
1. 当标准的软件不计算预测限时可使用模拟，
2. 模拟不要求噪声序列是高斯的．

第一个优势在将来的一些例子中是很重要的，例如，由 R 的 ar 函数拟合的多变量 AR 过程．如果要生成 90% 或 95% 预测限，第二个优势就不太重要了，但是如果要生成更极端的分位数，例如 99% 预测限，那么第二个优势就很重要，因为在大多数应用中噪声序列比高斯序列的尾重．

9.13　偏自相关系数

偏自相关函数（PACF）可用于识别一个 AR 过程的阶．一平稳过程 Y_t 的第 k 个偏自相关，记为 $\phi_{k,k}$，是给定 $Y_{t+1}, \cdots, Y_{t+k-1}$ 条件下，Y_t 和 Y_{t+k} 之间的相关。对于 $k=1$，$Y_{t+1}, \cdots, Y_{t+k-1}$ 是一个空集，因此，偏自相关系数就等于自相关系数，即 $\phi_{1,1}=\rho(1)$。令 $\hat{\phi}_{k,k}$ 表示 $\phi_{k,k}$ 的估计。$\hat{\phi}_{k,k}$ 可以通过拟合回归模型来计算：

$$Y_t = \phi_{0,k} + \phi_{1,k} Y_{t-1} + \cdots + \phi_{k,k} Y_{t-k} + \varepsilon_{k,t}$$

如果 Y_t 是一个 AR(p) 过程，那么对于 $k>p$，$\phi_{k,k}=0$。因此，一个时间序列能够由 AR(p) 模型来拟合的一个迹象是直到第 p 个样本，PACF 都不等于 0，然后对于高阶滞后几乎等于 0。

例 9.17 BMW 对数收益的 PACF。

图 9-23 是一个 BMW 对数收益的样本 PACF 的例子。大的值 $\hat{\phi}_{1,1}$ 以及比较小的值 $\hat{\phi}_{k,k}(k=2, \cdots, 9)$ 是这个序列可由 AR(1) 模型来拟合的迹象，与例 9.4 中的结论相一致。注意对于 $k>9$ 的一些值，$\hat{\phi}_{k,k}$ 位于检验边界之外，特别是对于 $k=19$。这可能是由于随机变动引起的。

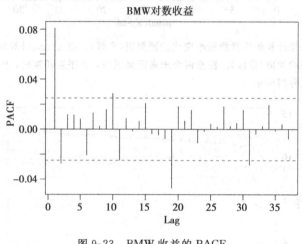

图 9-23　BMW 收益的 PACF

当计算资源比较昂贵时，标准的做法是使用样本 ACF 和 PACF 确定一个试验性的 ARMA 模型，拟合这个模型，然后检验 ACF 和 PACF 的残差。如果残差 ACF 和 PACF 揭示了缺乏拟合度，那么这个模型可能被放大了。当计算变得成本较低并且更快时，基于信息的模型选择标准的使用就变得流行起来，但这种做法已经改变了。现在许多数据分析师倾向于从一个相对较大的模型集开始，并用像 AIC 和 BIC 这样的选择标准来比较它们。这可以用 R 中的 auto.arima 或其他软件包中的类似函数自动完成。

例 9.18 通货膨胀率变化的 PACF。

图 9-24 是通货膨胀率变化的样本 PACF。对于一个 AR 过程，样本 PACF 慢慢地衰减到 0，而不是突然下降为 0。这是此时间序列不应由一个纯 AR 过程来拟合的迹象。MA 或 ARMA 过程应该更可取。事实上，我们以前看到 MA(2) 或 MA(3) 模型提供了一个简约的拟合。

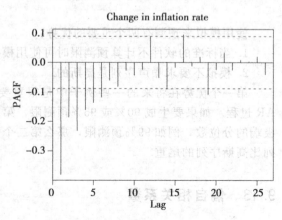

图 9-24　通货膨胀率变化的样本 PACF

9.14 文献注记

有许多关于时间序列分析的书，这里仅提几个．Box、Jenkins 和 Reinsel（2008）做了很大努力来普及 ARIMA 模型，这些经常被称为"Box-Jenkins 模型"．Hamilton（1994）全面地介绍了时间序列．Brockwell 和 Davis（1991）特别推荐给那些有很强的数学基础并想理解时间序列分析理论的人．Brockwell 和 Davis（2003）温和地介绍了时间序列，适合那些希望专注于应用的人．Enders（2004）和 Tsay（2005）是专注于经济和金融应用的时间序列教材；Tsay（2005）相比 Enders（2004）在内容层次上稍微高级一些．Gourieroux 和 Jasiak（2001）在金融计量学上有一章关于单变量时间序列的应用，Alexander（2001）有一章关于时间序列模型的介绍．Pfaff（2006）涵盖了单位根检验的理论和应用．

9.15 参考文献

Alexander, C. (2001) *Market Models: A Guide to Financial Data Analysis*, Wiley, Chichester.

Box, G. E. P., Jenkins, G. M., and Reinsel, G. C. (2008) *Times Series Analysis: Forecasting and Control*, 4th ed., Wiley, Hoboken, NJ.

Brockwell, P. J. and Davis, R. A. (1991) *Time Series: Theory and Methods*, 2nd ed., Springer, New York.

Brockwell, P. J. and Davis, R. A. (2003) *Introduction to Time Series and Forecasting*, 2nd ed., Springer, New York.

Enders, W. (2004) *Applied Econometric Time Series*, 2nd Ed., Wiley, New York.

Gourieroux, C., and Jasiak, J. (2001) *Financial Econometrics*, Princeton University Press, Princeton, NJ.

Hamilton, J. D. (1994) *Time Series Analysis*, Princeton University Press, Princeton, NJ.

Pfaff, B (2006) *Analysis of Integrated and Cointegrated Time Series with R*, Springer, New York.

Tsay, R. S. (2005) *Analysis of Financial Time Series*, 2nd ed., Wiley, New York.

9.16 R 实验室

9.16.1 T-bill 比率

运行下列代码来输入 Ecdat 软件包中的 Tbrate 数据集，并且绘制本数据集中的三个季度时间序列以及它们的自相关和互相关函数．最后三行代码运行这三个序列的增强 Dickey-Fuller 检验．

```
data(Tbrate,package="Ecdat")
library(tseries)
#  r = the 91-day treasury bill rate
#  y = the log of real GDP
#  pi = the inflation rate
plot(Tbrate)
acf(Tbrate)
adf.test(Tbrate[,1])
adf.test(Tbrate[,2])
adf.test(Tbrate[,3])
```

问题 1

(a)描述在时间序列图和 ACF 图中所见的非平稳迹象.

(b)使用增强 Dickey-Fuller 检验来决定哪个序列是非平稳的. 检验证实了时间序列图和 ACF 图的结论了吗?

接下来使用下面的代码运行对差分序列的增强 Dickey-Fuller 检验并绘制差分序列图. 注意 pairs 函数创建散点图矩阵, 但应用到时间序列上的 plot 函数创建时间序列图. [如果数据在 data.frame 里而不是具有"class"时间序列(ts)时, plot 函数会创建一个散点图矩阵. 用 attr(diff_rate,"class")检验 diff_rate 的类别.]两类图都是有用的. 前者显示横截面关联, 而时间序列图在决定是否差分一次就足以诱导平稳性时是有帮助的. 你会发现一阶差分数据看起来是平稳的.

```
diff_rate = diff(Tbrate)
adf.test(diff_rate[,1])
adf.test(diff_rate[,2])
adf.test(diff_rate[,3])
pairs(diff_rate)          # scatterplot matrix
plot(diff_rate)           # time series plots
```

接下来看差分序列的自相关函数. 它们在 3×3 矩阵图的对角线上. 对角线外的图形是互相关函数, 这将在第 10 章来讨论, 现在先忽略它.

```
acf(diff_rate)            # auto- and cross-correlations
```

问题 2

(a)根据增强 Dickey-Fuller 检验, 差分序列看起来平稳吗?

(b)你看到差分序列中有自相关的迹象了吗? 如果看到了, 描述这些相关.

在这个实验室的剩余时间, 集中分析 91 天 T-bill 比率. 由于时间序列是季度的, 如果均值依赖于季度, 就很容易看出来. 检查这种效果的一种方法是比较这 4 个季度的箱形图. 下面的代码会实现它. 注意使用函数 cycle 来获得每个观测的季度周期; 这些信息被嵌入到数据中, cycle 只是用来提取它.

```
par(mfrow=c(1,1))
boxplot(diff_rate[,1] ~ cycle(diff_rate))
```

问题 3 从箱形图中你看到任何季节性差异了吗? 如果是, 描述它们.

不管季节性变动是否存在, 现在来看非季节性模型. 季节性模型会在 10.1 节中介绍. 然后, 使用 forecast 软件包中的 auto.arima 函数来求 T-bill 比率的一个"最佳拟合"非季节性 ARIMA 模型. 参数 max.P= 0 和 max.Q= 0 用来强制模型是非季节性的, 因为 max.P 和 max.Q= 0 是 AR 和 MA 成分的季节数.

```
library(forecast)
auto.arima(Tbrate[,1],max.P=0,max.Q=0,ic="aic")
```

问题 4

1. 选择了多少阶的差分? 这个结果与以前的结论相一致吗?
2. 根据 AIC, 选择了什么模型?
3. 这里使用了哪个拟合优度标准?
4. 把标准改为 BIC, 那么最佳拟合模型改变了吗?

最后，用下面的代码重新拟合最佳拟合模型并检查任何残差自相关．你需要把这三个问号替换为最佳拟合模型的合适的数值．

```
fit1 = arima(Tbrate[,1],order=c(?,?,?))
acf(residuals(fit1))
Box.test(residuals(fit1), lag = 10, type="Ljung")
```

问题 5 你认为有残差自相关吗？如果有，描述这些自相关并对 T-bill 序列建议一个更合适的模型．

GARCH 效果（即波动聚集）可通过寻找以均值为中心的平方残差的自相关来检测．另一个可能性是一些季度比其余的季度更加易变．这些可以通过检查季节性数据在时间滞后为 4 的倍数的平方残差的自相关．运行下列代码来看以均值为中心的平方残差的自相关．

```
resid2=|fit|$residual-mean(fit1$residual)^2
acf(resid2)
Box.test(resid2, lag = 10, type="Ljung")
```

问题 6 你看到 GARCH 效果的证据了吗？

9.16.2 预测

这个例子显示如何使用 R 来预测一个时间序列．运行下列代码对季度通货膨胀率拟合一个非季节性 ARIMA 模型．这个代码也使用 predict 函数来预测向前 36 季的通货膨胀率．预测的标准误差也由 predict 返回，可用于创建预测区间．注意，使用 col 来指定颜色．用使得 BIC 最小化的 ARIMA 模型的参数来替换 c(?,?,?)．

```
data(Tbrate,package="Ecdat")
dat = as.data.frame(Tbrate)
attach(dat)
library(forecast)
#   r = the 91-day Treasury bill rate
#   y = the log of real GDP
#   pi = the inflation rate
#   fit the nonseasonal ARIMA model found by auto.arima
auto.arima(pi,max.P=0,max.Q=0,ic="bic")
fit = arima(pi,order=c(?,?,?))
forecasts = predict(fit,36)
plot(pi,xlim=c(1980,2006),ylim=c(-7,12))
lines(seq(from=1997,by=.25,length=36),
    forecasts$pred,col="red")
lines(seq(from=1997,by=.25,length=36),
    forecasts$pred + 1.96*forecasts$se,
    col="blue")
lines(seq(from=1997,by=.25,length=36),
    forecasts$pred - 1.96*forecasts$se,
    col="blue")
```

问题 7 把图形包含到你的成果中．

(a) 为什么当向未来移动得更远时，预测区间（蓝色曲线）变宽？

(b) 什么导致预测（红）和预测区间衰减到 0？

9.17 习题

1. 这个问题和下一个问题使用 CRSP 日收益数据。首先，获取数据并以两种方法绘制 ACF：

   ```
   library(Ecdat)
   data(CRSPday)
   crsp=CRSPday[,7]
   acf(crsp)
   acf(as.numeric(crsp))
   ```

   (a) 解释一下这两个 ACF 图中"lag"的含义。为什么两个图的滞后不同？

   (b) 对于 CRSP 收益，在什么滞后值处有显著的自相关？你认为这些值中哪一个值的统计显著性可能是由于偶然性造成的？

2. 接下来，对 CRSP 收益拟合 AR(1) 和 AR(2) 模型：

   ```
   arima(crsp,order=c(1,0,0))
   arima(crsp,order=c(2,0,0))
   ```

   (a) 对于这个时间序列，你更喜欢 AR(1) 还是 AR(2) 模型？解释你的答案。

   (b) 求这个 AR(1) 模型关于 ϕ 的 95% 置信区间。

3. 考虑 AR(1) 模型

$$Y_t = 5 - 0.55 Y_{t-1} + \varepsilon_t$$

   并假定 $\sigma_\varepsilon^2 = 1.2$。

   (a) 这个过程是平稳的吗？为什么是或不是？

   (b) 这个过程的均值是什么？

   (c) 这个过程的方差是什么？

   (d) 这个过程的协方差函数是什么？

4. 假定 Y_1，Y_2，…是一 AR(1) 过程，$\mu=0.5$，$\phi=0.4$，$\sigma_\varepsilon^2=1.2$。

   (a) Y_1 的方差是什么？

   (b) Y_1 和 Y_2 之间的协方差是什么？Y_1 和 Y_3 的呢？

   (c) $(Y_1+Y_2+Y_3)/2$ 的方差是什么？

5. 一个 AR(3) 模型已被拟合于一个时间序列。估计为 $\hat{\mu}=104$，$\hat{\phi}_1=0.4$，$\hat{\phi}_2=0.25$，$\hat{\phi}_3=0.1$。最后 4 个观测分别是 $Y_{n-3}=105$，$Y_{n-2}=102$，$Y_{n-1}=103$，$Y_n=99$。使用这些数据和估计预测 Y_{n+1} 和 Y_{n+2}。

6. 令 Y_t 是一个 MA(2) 过程，

$$Y_t = \mu + \varepsilon_t + \theta_1 \varepsilon_{t-1} + \theta_2 \varepsilon_{t-2}$$

   求 Y_t 的自协方差和自相关函数公式。

7. 令 Y_t 是一个平稳 AR(2) 过程，

$$(Y_t - \mu) = \phi_1(Y_{t-1} - \mu) + \phi_2(Y_{t-2} - \mu) + \varepsilon_t$$

   (a) 说明 Y_t 的 ACF 满足等式

$$\rho(k) = \phi_1 \rho(k-1) + \phi_2 \rho(k-2)$$

   对所有的 $k>0$ 成立。(这是 Yule-Walker 方程的特殊情况。)[提示：$\gamma(k) = \text{Cov}(Y_t, Y_{t-k}) = \text{Cov}\{\phi_1(Y_{t-1}-\mu) + \phi_2(Y_{t-2}-\mu) + \varepsilon_t, Y_{t-k}\}$，并且如果 $k>0$，ε_t 和 Y_{t-k} 是独立的。]

   (b) 使用 (a) 的结果，说明 (ϕ_1, ϕ_2) 是下列方程系统的解：

$$\begin{pmatrix} \rho(1) \\ \rho(2) \end{pmatrix} = \begin{pmatrix} 1 & \rho(1) \\ \rho(1) & 1 \end{pmatrix} \begin{pmatrix} \phi_1 \\ \phi_2 \end{pmatrix}$$

   (c) 假定 $\rho(1)=0.4$，$\rho(2)=0.2$。求 ϕ_1，ϕ_2 和 $\rho(3)$。

8. 使用式 (9.11) 验证式 (9.12)。

9. 说明如果 ω_t 由式(9.34)定义，那么式(9.35)成立.
10. 图 9-14 的中间和底部的时间序列都是非平稳的，但很明显它们的表现方式不同. 底部的时间序列展现出"动量"，"动量"的含义是一旦它开始向上或向下运动，它经常一致地在那个方向上运动很多步. 相反，中间的序列没有这种类型的动量，在一个方向上的一步很可能跟着相反方向的一步. 你认为具有动量的时间序列模型是股票价格的一个好模型吗？为什么是或不是？
11. MA(2)模型 $Y_t = \mu + \varepsilon_t + \theta_1 \varepsilon_{t-1} + \theta_2 \varepsilon_{t-2}$ 被拟合于数据，估计是

参 数	估 计
μ	45
θ_1	0.3
θ_2	-0.15

观测时间序列的最后两个值和残差是

t	Y_t	$\hat{\varepsilon}_t$
$n-1$	39.8	-4.3
n	42.7	1.5

求 Y_{n+1} 和 Y_{n+2} 的预测.

12. ARMA(1，2)模型 $Y_t = \mu + \phi_1 Y_{t-1} + \varepsilon_t + \theta_1 \varepsilon_{t-1} + \theta_2 \varepsilon_{t-2}$ 被拟合于数据，估计是

参 数	估 计
μ	103
ϕ_1	0.2
θ_1	0.4
θ_2	-0.25

观测时间序列的最后两个值和残差是

t	Y_t	$\hat{\varepsilon}_t$
$n-1$	120.1	-2.3
n	118.3	2.6

求 Y_{n+1} 和 Y_{n+2} 的预测.

13. 为了确定时间序列 y 的 ARIMA(p,d,q)模型中的 d 值，使用 R 程序创建了图形：

```
par(mfrow=c(3,2))
plot(y,type="l")
acf(y)
plot(diff(y),type="l")
acf(diff(y))
plot(diff(y,d=2),type="l")
acf(diff(y,d=2))
```

输出结果是下列图形：

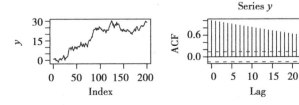

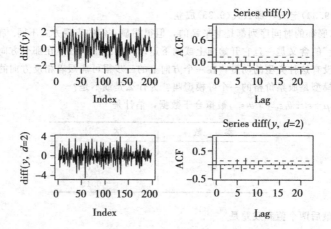

建议 d 取什么值？为什么？

14. 这个问题是对 Ecdat 软件包的 Mishkin 数据集中的对数月度一个月 T-bill 比率拟合一个 ARIMA 模型. 运行下列代码获取变量：

```
library(Ecdat)
data(Mishkin)
tb1 = log(Mishkin[,3])
```

(a) 使用时间序列图和 ACF 图来决定获得平稳序列需要的差分量.

(b) 接下来使用 auto.arima 来决定最佳拟合非季节性 ARIMA 模型. 使用 AIC 和 BIC, 并比较这些结果.

(c) 检查你所选择的模型的残差的 ACF. 你看到有任何问题了吗？

15. 假定你刚对一个时间序列 Y_t, $t=1,\cdots,n$, 拟合了一个 AR(2) 模型, 估计是 $\hat{\mu}=100.1$, $\hat{\phi}_1=0.5$, $\hat{\phi}_2=0.1$. 最后三个观测是 $Y_{n-2}=101.0$, $Y_{n-1}=99.5$, $Y_n=102.3$. Y_{n+1}, Y_{n+2}, Y_{n+3} 的预测是什么？

16. 在 9.9.1 节，阐明了"如果 $E(Y_t)$ 有 m 次多项式趋势，那么对于 $d \leq m$，$E(\Delta^d Y_t)$ 的均值有 $(m-d)$ 次趋势. 对于 $d>m$，$E(\Delta^d Y_t)=0$". 证明这些断言.

第 10 章
时间序列模型：更多主题

10.1 季节性 ARIMA 模型

经济时间序列经常展示出很强的季节性变化．例如，一个按揭证券的投资者可能对预测未来房屋开工率感兴趣，与一年中的其余月份比较，房屋开工率通常在冬天的月份较低．图 10-1a 是加拿大从 1960 年第一季度到 2001 年第四季度的季度城市房屋开工率对数的时间序列图．数据是 R 的 `Ecdat` 软件包中的 `Hstarts` 数据集．

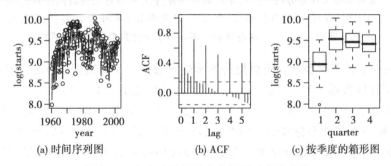

(a) 时间序列图　　(b) ACF　　(c) 按季度的箱形图

图 10-1　加拿大季度城市房屋开工率的对数

图 10-1 显示出一种或可能两种类型的非平稳性：(1)有很强的季节性，(2)还不清楚是否季节性子序列回复到一个固定的均值，如果不是，那么由于这个过程是整合的，这是第二种类型的非平稳性．这些效果也可以从图 10-1b 的 ACF 图中看到．在 4 的倍数的滞后，自相关很大，并且慢慢衰减到 0．在其他滞后，自相关要小一些，但也以稍微缓慢的速度衰减．图 10-1c 的箱形图给了我们一个更好的季节性效果图．房屋开工率在第一季度比其他季度低很多，跳到第二季度的一个峰值，并且之后在最后两季度略有下降．

其他的时间序列可能只有季节性非平稳性．例如，一个气候温和的城市的月平均温度会显示出很强的季节效果，但如果我们画出一年中任何单月的气温图，例如 7 月，我们将会看到均值-回复．

10.1.1 季节性和非季节性差分

非季节性差分是迄今为止我们一直使用的差分类型．如果差分是一阶的，序列 Y_t 换成 $\Delta Y_t = Y_t - Y_{t-1}$ 等对于高阶的差分．非季节性差分不会移除季节性非平稳性，也不会单独创建一个平稳序列；参见图 10-2 的顶行．

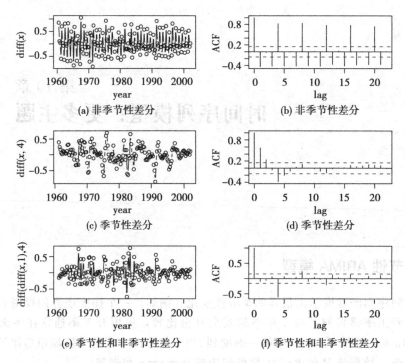

图 10-2 带有非季节性差分(顶行)的季度城市房屋开工率的对数的时间序列图(左列)和
ACF 图(右列)、季节性差分(中行),以及季节和非季节性差分(底行). 注意:
在 ACF 图中,lag=1 意味着滞后一年,对于季度数据就是 4 个观测

为了移除季节性非平稳性,可以使用季节性差分. 令 s 是周期. 例如,对于季节性数据 $s=4$,对于月度数据 $s=12$. 定义 $\Delta_s = 1-B^s$,因此 $\Delta_s Y_t = Y_t - Y_{t-s}$.

要仔细区分 $\Delta_s = 1-B^s$ 和 $\Delta_s = (1-B)^s$. $\Delta_s = 1-B^s$ 是一阶季节性差分算子而 $\Delta_s = (1-B)^s$ 是 s 阶非季节性差分算子. 例如,$\Delta_2 Y_t = Y_t - Y_{t-2}$ 而 $\Delta^2 Y_t = Y_t - 2Y_{t-1} + Y_{t-2}$.

序列 $\Delta_s Y_t$ 称为季节性差分序列. 参见图 10-2 中行的房屋开工率对数的季节性差分和它的 ACF.

我们可以使用,例如一阶差分,把季节性和非季节性差分合并
$$\Delta(\Delta_s Y_t) = \Delta(Y_t - Y_{t-s}) = (Y_t - Y_{t-s}) - (Y_{t-1} - Y_{t-s-a})$$
季节性和非季节性差分算子作用的顺序并不重要,因为可以说明
$$\Delta(\Delta_s Y_t) = \Delta_s(\Delta Y_t)$$

对于季节性时间序列,季节性差分是必要的,但是否也要使用非季节性差分依赖于特定的时间序列. 对于房屋开工率数据,季节性差分序列呈现平稳,因此只有季节性差分是完全需要的,但使用季节性和非季节性差分的组合可能会更好,因为这会导致更简化的模型.

10.1.2 乘法 ARIMA 模型

最简单的季节性模型是 ARIMA$\{(1,1,0) \times (1,1,0)_s\}$ 模型,它把非季节性 ARIMA$(1,1,0)$ 模型

$$(1-\phi B)(\Delta Y_t - \mu) = \epsilon_t \tag{10.1}$$

和一个纯季节性 ARIMA$(1,1,0)_s$ 模型

$$(1-\phi^* B^s)(\Delta_s Y_t - \mu) = \varepsilon_t \qquad (10.2)$$

放在一起来获得乘法模型

$$(1-\phi B)(1-\phi^* B^s)\{\Delta_s(\Delta Y_t) - \mu\} = \varepsilon_t \qquad (10.3)$$

模型(10.2)称为"纯季节性的",有一个下标"s",是因为它仅仅使用 B^s 和 Δ_s;它是通过 ARIMA(1,1,0) 把 B 和 Δ 换成 B^s 和 Δ_s 而得到的. 对于一个月度时间序列($s=12$),模型(10.2)给出 12 个独立的过程,第一个是 1 月的,第二个是 2 月的,等等. 模型(10.3) 使用来自于式(10.1)的成分把这 12 个序列结合在一起.

ARIMA$\{(p, d, q) \times (p_s, d_s, q_s)_s\}$ 过程是

$$(1-\phi_1 B - \cdots - \phi_p B^p)\{1-\phi_1^* B^s - \cdots - \phi_{p_s}^* (B^s)^{p_s}\}\{\Delta^d(\Delta_s^{d_s} Y_t) - \mu\}$$
$$= (1+\phi_1 B + \cdots + \theta_q B^q)\{1+\theta_1^* B^s + \cdots + \theta_{q_s}^* (B^s)^{q_s}\}\varepsilon_t \qquad (10.4)$$

这个过程把 AR 的成分和 MA 的成分,以及两个过程的差分成分乘起来:非季节性 ARIMA(p,d,q) 过程

$$(1-\phi_1 B - \cdots - \phi_p B^p)\{(\Delta^d Y_t) - \mu\} = (1+\theta_1 B + \cdots + \theta_q B^q)\varepsilon_t$$

和季节性 ARIMA$(p_s, d_s, q_s)_s$ 过程

$$\{1-\phi_1^* B^s - \cdots - \phi_{p_s}^* (B^s)^{p_s}\}\{(\Delta_s^{d_s} Y_t) - \mu\} = \{1+\theta_1^* B^s + \cdots + \theta_{q_s}^* (B^s)^{q_s}\}\varepsilon_t$$

例 10.1 房屋开工率 ARIMA$\{(1, 1, 1) \times (0, 1, 1)_4\}$ 模型.

我们回到房屋开工率数据. 第一个问题是是否仅仅做季节性差分,还是季节性和非季节性差分都做. 图 10-2 的中间行的季节性差分季度序列可能是平稳的,因此可能季节性差分是充分的. 但是,底行的季节性和非季节性差分序列的 ACF 比仅做季节性差分的数据具有更简化的 ACF. 通过两种差分方法,我们应该能够求出一个更加简约的 ARMA 模型. ■

试了两个具有季节性和非季节性差分的模型:ARIMA$\{(1, 1, 1) \times (1, 1, 1)_4\}$ 和 ARIMA$\{(1, 1, 1) \times (0, 1, 1)_4\}$. 两个都提供了很好的拟合,并且残差都通过了 Ljung-Box 检验. 选择两个模型中的第二个的原因是它比第一个少了一个参数,虽然另一个模型可能是一个合理的选择. 来自于所选模型的拟合结果为

```
Call:
arima(x = hst, order = c(1, 1, 1), seasonal
= list(order = c(0, 1, 1), period = 4))

Coefficients:
        ar1      ma1     sma1
      0.675   -0.890   -0.822
s.e.  0.142    0.105    0.051

sigma^2 estimated as 0.0261: log-likelihood = 62.9,
    aic = -118
```

因此,拟合模型为

$$(1-0.675B)Y_t^* = (1-0.890B)(1-0.822B_4)\varepsilon_t$$

这里 $Y_t^* = \Delta(\Delta_4 Y_t)$,$\varepsilon_t$ 是白噪声.

图 10-3 显示来自于这个模型的时间序列末尾接下来 4 年的预测.

当季节性振荡的量增加时,就像图 9-2 中的空客数据一样,差分之前需要某种类型的预处理. 取对数常常会稳定振荡的大小. 这可以从图 10-4 中看到. Box、Jenkins 和 Reinsol

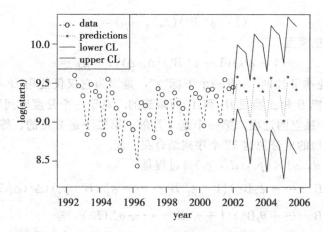

图 10-3 使用 ARIMA$\{(1,1,1)\times(0,1,1)_4\}$ 模型预测对数季度城市房屋开工率.虚线连接数据,点线连接预测,实线是预测限

(2008)以一个 ARIMA$\{(0,1,1)\times(0,1,1)_{12}\}$ 模型得到了对数乘客数据的一个简约拟合.

对于房屋开工率序列,在 Ecdat 软件包中数据以对数呈现.如果它们没有变换过,那么我们可能需要应用某种类型的变换.

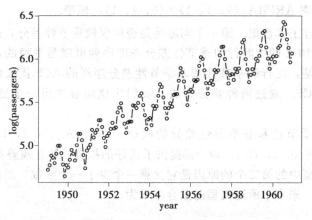

图 10-4 月空乘总量(以千记)对数的时间序列图

10.2 时间序列的 Box-Cox 变换

像刚刚讨论的一样,通过变换时间序列来稳定变动的大小是可取的,对于季节性和随机序列都是这样.虽然变换可以通过试错法来选择,另一个可能是使用模型

$$(\Delta^d Y_t^{(\alpha)} - \mu) = \phi_1(\Delta^d Y_{t-1}^{(\alpha)} - \mu) + \cdots + \phi_p(\Delta^d Y_{t-p}^{(\alpha)} - \mu)$$
$$+ \varepsilon_t + \theta_1 \varepsilon_{t-1} + \cdots + \theta_p \varepsilon_{t-p} \tag{10.5}$$

通过最大似然估计自动选择,这里 ε_1, ε_2, … 是高斯白噪声.模型(10.5)表明在 Box-Cox 变换之后,Y_t 服从一个具有常数方差的高斯噪声的 ARIMA 模型.变换参数 α 被认为是未知的,连同 AR 参数和 MA 参数以及噪声方差一起可由最大似然来估计.为了记号简化,式(10.5)使用一个非季节性模型,但季节性的 ARIMA 模型可能与已使用的模型一样简单.

例 10.2 对房屋开工率选择一个变换.

图 10-5 显示了房屋开工率序列(不是对数)的 α 的剖面似然. ARIMA 模型是 ARIMA $\{(1, 1, 1) \times (1, 1, 1)_4\}$. 图形由 R 的 `FitAR` 软件包的 `BoxCox.Arima` 函数创建. 这个函数把变换参数记为 λ. α 的 MLE 是 0.34, 95% 的置信区间大致从 0.15 到 0.55. 这样, 对数变换(α=0)有点超过置信区间, 但是平方根变换在区间中. 不过, 对数变换在例 10.1 中处理得令人满意, 可能要保留下来.

没有进一步的分析, 还不清楚为什么 α=0.34 比对数变换达到一个更好的拟合. 更好的拟合可能意味着 ARIMA 模型拟合的更好, 噪声变动更加接近于常数, 噪声更接近于高斯或这些效果的一些组合. 比较对数变换和平方根变换的预测可能是有趣的, 去看一看以何种方式, 如果存在的话, 平方根变换比对数变换预测的好. 为了使它们具有可比性, 预测需要反向变换回原始刻度. 可以使用最后一年作为测试数据来看一看房屋开工率在那一年的预测程度如何.

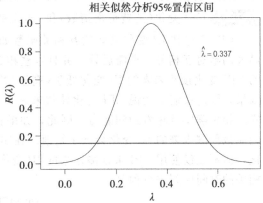

图 10-5 房屋开工率例子中 α 的剖面似然(图例中称为 λ). 在水平线之上的 $R(\lambda)$(剖面似然)的 λ 值位于 95% 置信限中

数据变换能够稳定时间序列中某种类型的变动, 但并不是所有类型. 例如, 图 9-2 中, 当序列本身增大时空客数量增加的季节性振荡, 以及在图 10-4 中我们看到对数变换稳定这些振荡. 相反, 在图 4-1 中, S&P500 收益显示低波动周期和高波动周期, 但是收益保持在 0 附近的均值. 变换不能够移除这种波动聚集类型. 这种波动变化应该由 GARCH 过程来建模; 这个问题将在第 18 章继续讨论.

10.3 多变量时间序列

假定对于每个 t, $Y_t = (Y_{1,t}, \cdots, Y_{d,t})$ 是一个 d 维随机向量, 表示在时间 t 的测量量, 例如, d 个股票的收益. 那么 $Y_1, Y_2\cdots$ 称为一个 d 维多变量时间序列.

多变量时间序列的平稳性的定义与以前给出的单变量时间序列的定义是相同的. 一个多变量时间序列是平稳的, 如果对于每个 n 和 m, $Y_1, \cdots, Y_n$ 和 $Y_{1+m}, \cdots, Y_{n+m}$ 具有相同的分布.

10.3.1 互相关函数

假定 Y_j 和 $Y_{j'}$ 是一个平稳多变量时间序列的两个分量序列. Y_j 和 $Y_{j'}$ 之间的互相关函数(Cross-Correlation Function, CCF)定义为

$$\rho_{Y_j, Y_{j'}}(k) = \mathrm{Corr}\{Y_j(t), Y_{j'}(t-k)\} \tag{10.6}$$

它是在时间 t 时, Y_j 和 k 个时间单位前 $Y_{j'}$ 之间的相关. 和自相关中一样, k 被称为滞后(lag). 但是, 不像 ACF, CCF 关于滞后变量 k 不对称, 即 $\rho_{Y_j, Y_{j'}}(k) \neq \rho_{Y_j, Y_{j'}}(-k)$. 相反, 作为定义(10-6)的一个直接推论, 我们有 $\rho_{Y_j, Y_{j'}}(k) = \rho_{Y_{j'}, Y_j}(-k)$.

CCF 可以用来定义非平稳的多变量时间序列, 但仅对于弱平稳的. 一个多变量时间序列 $Y_1, \cdots$ 称为弱平稳的, 如果 Y_t 的均值和协方差矩阵不依赖于 t, 并且式(10.6)的右边对

于所有的 j, j', k 都与 t 独立.

互相关可以暗示分量序列怎样互相影响或者被一个共同的因素所影响. 像所有的相关一样, 互相关仅仅说明统计关联, 而不是因果关系, 但是因果关系可能会从其他知识推导出来.

例 10.3 CPI 变化(消费价格指数)和 IP(工业生产)变化之间的互相关.

CPI 变化和 IP 变化之间的互相关函数如图 10-6 所示, 这是由 R 的 ccf 函数所创建. 最大的绝对互相关在负滞后处, 并且这些相关是负的. 这意味着一个高于均值(低于均值)的 CPI 变化预测未来的 IP 变化低于(高于)均值. 像刚才所强调的一样, 相关并不意味着因果, 因此我们不能说 CPI 变化导致未来 IP 相反的变化, 但这两个序列的行为好像是这样. 相关确实意味着预测能力. 因此, 如果我们观测到一个高于均值的 CPI 变化, 然后我们应该预测未来的 IP 变化会低于均值. 在实践中, 我们使用当前观测的 CPI 变化和 IP 变化, 而不仅仅使用 CPI 来预测未来的 IP 变化. 我们会在 10.3.4 节来讨论使用两个或多个相关的时间序列进行预测.

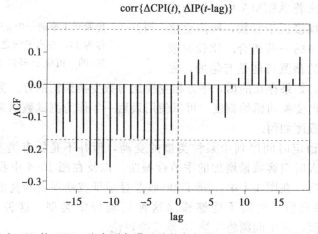

图 10-6 ΔCPI 和 ΔIP 的 CCF. 注意到负滞后处的负相关, 即 CPI 和 IP 的未来值之间的相关

10.3.2 多变量白噪声

一个 d 维多变量时间序列 ε_1, ε_2, $\cdots$ 是一个弱 WN(μ, Σ) 过程, 如果

1. 对于所有的 t, $E(\varepsilon_t) = \mu$,
2. 对于所有的 t, COV$(\varepsilon_t) = \Sigma$, 并且
3. 对于所有的 $t \neq t'$, ε_t 的所有分量与 $\varepsilon_{t'}$ 的所有分量不相关.

注意, 如果 Σ 不是对角矩阵, 那么 ε_t 的分量间有互相关, 因为 Corr$(\varepsilon_{j,t}, \varepsilon_{j',t}) = \Sigma_{j,j'}$; 换句话说, 可能有非零的同期(contemporaneous)相关. 但是, 对于所有的 $1 \leqslant j$, $j' \leqslant d$, 如果 $t \neq t'$, 那么 Corr$(\varepsilon_{j,t}, \varepsilon_{j',t'}) = 0$.

更进一步地, 如果除了条件 1~3, ε_1, ε_2, $\cdots$ 还是独立同分布的, 那么 ε_1, ε_2, $\cdots$ 是一个 i.i.d. WN(μ, Σ) 过程. 如果 ε_1, ε_2, $\cdots$ 还是多元正态分布的, 那么它们是高斯 WN(μ, Σ) 过程.

10.3.3 多变量 ARMA 过程

一个 d-维多变量时间序列 Y_1, $\cdots$ 是一个均值为 μ 的多变量 ARMA(p, q) 过程, 如果对于 $p \times p$ 矩阵 Φ_1, $\cdots$, Φ_p 和 Θ_1, $\cdots$, Θ_q,

$$Y_t - \boldsymbol{\mu} = \boldsymbol{\Phi}_1(Y_{t-1} - \boldsymbol{\mu}) + \cdots + \boldsymbol{\Phi}_p(Y_{t-p} - \boldsymbol{\mu}) + \boldsymbol{\Theta}_1 \boldsymbol{\varepsilon}_{t-1} + \cdots + \boldsymbol{\Theta}_q \boldsymbol{\varepsilon}_{t-q} + \boldsymbol{\varepsilon}_t \quad (10.7)$$

这里 $\varepsilon_1, \cdots \varepsilon_n$ 是一个多变量弱 WN$(0, \boldsymbol{\Sigma})$ 过程. 多变量 AR 过程($q=0$ 的情况)也称为向量 AR 或 VAR 过程, 并且在实践上被广泛应用.

作为一个例子, 一个两变量 AR(1) 过程可写为

$$\begin{pmatrix} Y_{1,t} - \mu_1 \\ Y_{2,t} - \mu_2 \end{pmatrix} = \begin{pmatrix} \phi_{1,1} & \phi_{1,2} \\ \phi_{2,1} & \phi_{2,2} \end{pmatrix} \begin{pmatrix} Y_{1,t-1} - \mu_1 \\ Y_{2,t-1} - \mu_2 \end{pmatrix} + \begin{pmatrix} \varepsilon_{1,t} \\ \varepsilon_{2,t} \end{pmatrix}$$

这里

$$\boldsymbol{\Phi} = \boldsymbol{\Phi}_1 = \begin{pmatrix} \phi_{1,1} & \phi_{1,2} \\ \phi_{2,1} & \phi_{2,2} \end{pmatrix}$$

因此,

$$Y_{1,t} = \mu_1 + \phi_{1,1}(Y_{1,t-1} - \mu_1) + \phi_{1,2}(Y_{2,t-1} - \mu_2) + \varepsilon_{1,t}$$

和

$$Y_{2,t} = \mu_2 + \phi_{2,1}(Y_{1,t-1} - \mu_1) + \phi_{2,2}(Y_{2,t-1} - \mu_2) + \varepsilon_{2,t}$$

所以 $\phi_{i,j}$ 是 $Y_{j,t-1}$ 对 $Y_{i,t}$ 的"影响"量. 类似地, 对于一个两变量 AR(p) 过程, $\phi_{i,j}^k$($\boldsymbol{\Phi}^k$ 的第 i, j 个分量)是 $Y_{j,t-k}$ 对 $Y_{i,t}$ ($k=1, \cdots, p$) 的影响.

对于一个 d-维 AR(1), 由式(10.7), 取 $p=1$ 和 $\boldsymbol{\Phi} = \boldsymbol{\Phi}_1$, 我们有

$$E(Y_t | Y_{t-1}) = \boldsymbol{\mu} + \boldsymbol{\Phi}(Y_{t-1} - \boldsymbol{\mu}) \quad (10.8)$$

$E(Y_t)$ 怎么依赖更远的过去, 比如说 Y_{t-2}? 为了回答这个问题, 我们可以推广公式(10.8). 为了使记号简单, 假定均值已从 Y_t 中减去, 因此 $\boldsymbol{\mu} = 0$. 那么

$$Y_t = \boldsymbol{\Phi} Y_{t-1} + \varepsilon_t = \boldsymbol{\Phi}\{\boldsymbol{\Phi} Y_{t-1} + \varepsilon_{t-1}\} + \varepsilon_t$$

并且, 由于 $E(\varepsilon_{t-1} | Y_{t-2}) = 0$, $E(\varepsilon_t | Y_{t-2}) = 0$,

$$E(Y_t | Y_{t-2}) = \boldsymbol{\Phi}^2 Y_{t-2}$$

通过类似的计算,

$$E(Y_t | Y_{t-k}) = \boldsymbol{\Phi}^k Y_{t-k}, \text{对所有的 } k > 0 \quad (10.9)$$

用式(10.9)能够说明, 如果 $\boldsymbol{\Phi}$ 的任何一个特征向量的大小大于 1, 均值就会爆炸. 事实上, 一个 AR(1) 过程是平稳的当且仅当 $\boldsymbol{\Phi}$ 的所有特征根的绝对值小于 1. R 的 eigen 函数可以用来求特征根.

例 10.4 ΔCPI 和 ΔIP 的两变量 AR 模型.

这个例子使用前面例子中讨论过的 CPI 和 IP 数据集. 两变量 AR 过程通过使用 R 的函数 ar 被拟合于 (ΔCPI, ΔIP). AIC 作为 p 的函数显示在下面. 两个最佳拟合模型是 AR(1) 和 AR(5), 后者根据 AIC 稍微要好一点. 虽然 BIC 不是 ar 的输出部分, 但是可以很容易算出来, 因为 BIC = AIC + $\{\log(n) - 2\}p$. 由于在本例中, $\{\log(n) - 2\} = 2.9$, 显然, AR(1) 模型比 AR(5) 模型的 BIC 要小很多. 由于这个原因, 并且因为 AR(1) 模型更易于分析, 我们使用 AR(1) 模型.

```
p              0       1       2       3       4
AIC          127.99   0.17    1.29    5.05    3.40

               5       6       7       8       9       10
             0.00    6.87    9.33   10.83   13.19   14.11
```

拟合 AR(1) 模型的结果是

$$\hat{\boldsymbol{\Phi}} = \begin{pmatrix} 0.767 & 0.0112 \\ -0.330 & 0.3014 \end{pmatrix}$$

和

$$\hat{\Sigma} = \begin{pmatrix} 5.68e-06 & 3.33e-06 \\ 3.33e-06 & 6.73e-05 \end{pmatrix} \quad (10.10)$$

ar 不估计 μ, 但 μ 可以由样本均值来估计, 也就是 $(0.00173, 0.00591)$.

看一下 $\hat{\boldsymbol{\Phi}}$ 的两个非对角元是有帮助的. 因为 $\Phi_{1,2} = 0.01 \approx 0$, $Y_{2,t-1}$ (滞后的 IP) 对 $Y_{1,t}$ (CPI) 几乎没有影响, 因为 $\Phi_{2,1} = -0.330$, $Y_{1,t-1}$ (滞后的 CPI) 对 $Y_{2,t}$ (IP) 有一个实质性的负面影响. 应该强调"影响"意味着统计关联, 不一定是因果. 这同我们在例 10.3 中看这些序列的 CCF 时所获得的结论相一致.

IP 在后面较远处的时间如何依赖 CPI? 为了回答这个问题, 我们来看下列 $\boldsymbol{\Phi}$ 的幂的元素 $(1, 2)$:

$$\hat{\boldsymbol{\Phi}}^2 = \begin{pmatrix} 0.58 & 0.012 \\ -0.35 & 0.087 \end{pmatrix}, \quad \hat{\boldsymbol{\Phi}}^3 = \begin{pmatrix} 0.44 & 0.010 \\ -0.30 & 0.022 \end{pmatrix},$$

$$\hat{\boldsymbol{\Phi}}^4 = \begin{pmatrix} 0.34 & 0.0081 \\ -0.24 & 0.0034 \end{pmatrix}, \quad \hat{\boldsymbol{\Phi}}^5 = \begin{pmatrix} 0.26 & 0.0062 \\ -0.18 & -0.0017 \end{pmatrix}$$

这里很有趣的是元素 $(1, 2)$, 即 -0.35, -0.30, -0.24 和 -0.18 缓慢地衰减到 0, 很像 CCF. 这帮助解释了为什么 AR(1) 模型对数据拟合得好. 这种互相关都是负的, 不过缓慢地衰减到 0 的行为与一个单变量 AR(1) 过程的 ACF 的行为很不同. 对于后者, 相关要么都是正的要么符号交替变化, 在无论哪一种情况下, 除了滞后 -1 相关几乎等于 1 外, 相关很快地衰减到 0.

与 ΔCPI 和未来 ΔIP 之间的这些负相关相对比, 由式 (10.10) 推出白噪声序列有一个正的, 虽然很小, $3.33/\sqrt{(5.68)(67.3)} = 0.17$ 的相关. 白噪声序列表示 ΔCPI 和 ΔIP 序列中的不可预测的变化, 因此我们看到不可预测变化具有正相关. 相比之下, ΔCPI 和未来 ΔIP 之间的负相关涉及可预测的变化.

图 10-7 显示 ΔCPI 和 ΔIP 残差的 ACF 以及这些残差的 CCF. 在非零滞后这些残差几乎没有自相关或互相关, 表明 AR(1) 有一个令人满意的拟合.

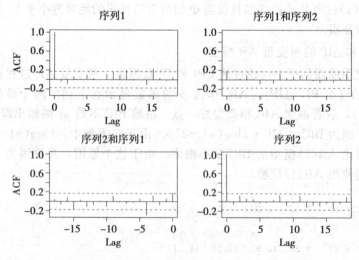

图 10-7 当拟合一个两变量 AR(1) 模型于 (ΔCPI, ΔIP) 时, 残差的 ACF 和 CCF. 左上: ΔCPI 残差的 ACF. 右上: 正滞后值处 ΔCPI 和 ΔIP 残差的 CCF. 左下: 负滞后值处 ΔCPI 和 ΔIP 残差的 CCF. 右下: ΔIP 残差的 ACF

图 10-7 由 R 的 acf 函数产生. 当应用于多元时间序列时, acf 创建矩阵图. 单变量 ACF 在主对角线上, 正滞后处的 CCF 在主对角线以上, 负滞后处的 CCF 位于主对角线以下.

10.3.4 使用多变量 AR 模型预测

使用多变量 AR 过程预测与单变量 AR 过程预测很像. 给定一个多变量 AR(p) 时间序列 $Y_1, \cdots Y_n$, Y_{n+1} 的预测为

$$\hat{Y}_{n+1} = \hat{\boldsymbol{\mu}} + \hat{\boldsymbol{\Phi}}_1(Y_n - \hat{\boldsymbol{\mu}}) + \cdots + \hat{\boldsymbol{\Phi}}_p(Y_{n+1-p} - \hat{\boldsymbol{\mu}})$$

Y_{n+2} 的预测为

$$\hat{Y}_{n+2} = \hat{\boldsymbol{\mu}} + \hat{\boldsymbol{\Phi}}_1(\hat{Y}_{n+1} - \hat{\boldsymbol{\mu}}) + \cdots + \hat{\boldsymbol{\Phi}}_p(Y_{n+2-p} - \hat{\boldsymbol{\mu}})$$

等等, 因此对于所有的 k,

$$\hat{Y}_{n+k} = \hat{\boldsymbol{\mu}} + \hat{\boldsymbol{\Phi}}_1(\hat{Y}_{n+k-1} - \hat{\boldsymbol{\mu}}) + \cdots + \hat{\boldsymbol{\Phi}}_p(Y_{n+k-p} - \hat{\boldsymbol{\mu}}) \quad (10.11)$$

这里我们使用惯例, 如果 $t \leqslant n$, $\hat{Y}_t = Y_t$. 对于一个 AR(1) 模型, 重复应用式 (10.11), 我们有

$$\hat{Y}_{n+k} = \hat{\boldsymbol{\mu}} + \hat{\boldsymbol{\Phi}}_1^k(Y_n - \hat{\boldsymbol{\mu}}) \quad (10.12)$$

例 10.5 使用两变量 AR(1) 模型预测 CPI 和 IP.

ΔCPI 和 ΔIP 序列是使用式 (10.12) 的预测, 估计由例 10.4 所求得. 图 10-8 显示 CPI 和 IP 直到向前 10 月的预测. 图 10-9 显示由使用在 9.12.2 节描述的推广于多元时间序列的技术通过模拟计算出来的预测限.

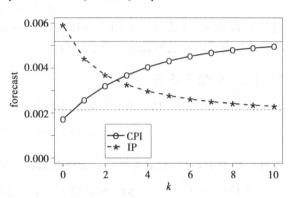

图 10-8 使用一个两变量 AR(1) 模型对 CPI(实线) 变化和 IP(虚线) 变化的预测. 向前的时间单位数为 k. 在 $k=0$, 时间序列的最后一个观测值画了出来. 两个水平线位于两个序列的均值处, 当 $k \to \infty$ 时, 预测以这些线为渐近线

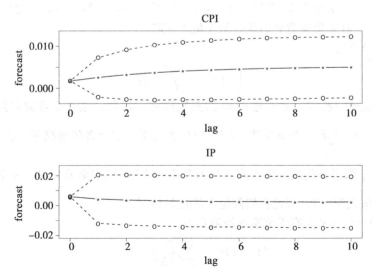

图 10-9 由模拟计算的 CPI 和 IP 变化的预测限(虚线)和预测(实线). 在 lag=0 处, 最后一个观测到的变化画在了图上, 因此预测区间的宽度是零

10.4 长记忆过程

10.4.1 长记忆平稳模型的需要

在第 9 章，ARMA 模型被用于平稳时间序列建模. 平稳 ARMA 过程只有短记忆，是由于它们的自相关函数以指数速度衰减到零，即存在一个 $D>0$ 和 $r<1$，使得

$$\rho(k) < D|r|^k$$

对所有 k 成立. 相反，许多金融时间序列表现出长记忆，因为它们的 ACF 以（缓慢的）多项式速度而不是（快的）指数速度衰减，即

$$\rho(k) \sim Dk^{-\alpha}$$

对某个 D 和 $\alpha>0$ 成立. 多项式速度衰减有时称为双曲速度. 在本节，我们会介绍分数 ARIMA 模型，这包括长记忆平稳过程.

10.4.2 分数阶差分

最广泛使用的平稳、长记忆过程模型使用分数阶差分. 对于整数值 d，我们有

$$\Delta^d = (1-B)^d = \sum_{k=0}^{d} \binom{d}{k}(-B)^k \tag{10.13}$$

在这一小节中，Δ^d 的定义扩充到非整数值 d. 对 d 的唯一限制是 $d>-1$.

令 $\Gamma(t) = \int_0^\infty x^{t-1}e^{-x}dx$，对任意 $t>0$，是前面由公式(5.13)所定义的伽马函数. 通过分部积分，我们有

$$\Gamma(t) = (t-1)\Gamma(t-1) \tag{10.14}$$

再简单积分我们得到 $\Gamma(1)=1$. 由此可见，对任意整数 t，有 $\Gamma(t+1)=t!$. 因此，如果对任何 $t>0$，$t!$ 定义为 $\Gamma(t+1)$，那么 $t!$ 的定义可被扩充到所有的 $t>0$. 另外，公式(10.14)允许 $\Gamma(t)$ 的定义被扩充到除了负整数外的所有的 t. 例如，$\Gamma(1/2)=-(1/2)\Gamma(-1/2)$，因此我们可以定义 $\Gamma(-1/2)$ 为 $-2\Gamma(1/2)$. 但是，如果 t 是 0 或一个负整数这个设计就失效了. 例如，$\Gamma(1)=0\Gamma(0)$ 无法定义 $\Gamma(0)$. 总之，$\Gamma(t)$ 对除了 0，-1，-2，…之外所有的实数 t 有定义，因此 $t!$ 对除负整数外的所有实值 t 有定义.

我们现在可以定义

$$\binom{d}{k} = \frac{d!}{k!(d-k)!} \tag{10.15}$$

对任意除负整数外的所有 d 和任意 $k\geqslant 0$ 的整数成立，如果 d 是一个整数并且 $k>d$ 除外，在这种情况下，$d-k$ 是一个负整数，$(d-k)!$ 无定义. 在后者的情况下，我们定义 $\binom{d}{k}$ 为 0，因此 $\binom{d}{k}$ 对于除了负整数外的所有 d 以及所有的 $k\geqslant 0$ 的整数有定义. 对长记忆过程建模只需要 d 的值大于 -1，因此我们限定关注这种情况.

函数 $f(x)=(1-x)^d$ 有无穷泰勒级数展开

$$(1-x)^d = \sum_{k=0}^{\infty} \binom{d}{k}(-x)^k \tag{10.16}$$

因为如果 $k>d$，并且 $d>-1$ 是整数，则 $\binom{d}{k}=0$，那么当 d 是整数时，我们有

$$(1-x)^d = \sum_{k=0}^{\infty} \binom{d}{k}(-x)^k = \sum_{k=0}^{d} \binom{d}{k}(-x)^k \qquad (10.17)$$

公式(10.17)的右边当 d 是一个非负整数时就是通常的有限项二项展开式,因此,公式(10.16)把二项式展开扩充到对所有的 $d>-1$ 成立. 因为 $(1-x)^d$ 对于所有的 $d>-1$ 有定义,我们能够对任意的 $d>-1$,定义 $\Delta^d=(1-B)^d$. 总之,如果 $d>-1$,那么

$$\Delta^d Y_t = \sum_{k=0}^{\infty} \binom{d}{k}(-1)^k Y_{t-k} \qquad (10.18)$$

10.4.3 FARIMA 过程

如果 $\Delta^d Y_t$ 是一个 ARMA(p, q) 过程,那么 Y_t 是一个分数 ARIMA(p, d, q) 过程,也称为 ARFIMA 或 FARIMA(p, d, q) 过程. 我们称 Y_t 是一个阶为 d 的分数整合过程,简记为 $I(d)$ 过程. 这当然是将前面 ARIMA 过程的定义扩充到 d 的非整数值情况. 通常,$d \geqslant 0$, $d=0$ 就是平凡的 ARMA 情况,但是 d 可以取负值. 如果 $-1/2<d<1/2$,那么过程是平稳的. 如果 $0<d<1/2$,那么它是一个长记忆平稳过程.

如果 $d>1/2$,那么 Y_t 可以被差分整数次而成为一个平稳过程,但是可能具有长记忆性. 例如,如果 $\frac{1}{2}<d<1\frac{1}{2}$,那么 ΔY_t 是阶为 $d-1 \in \left(-\frac{1}{2}, \frac{1}{2}\right)$ 的分数整合,并且如果 $1<d<1\frac{1}{2}$,那么 $d-1 \in \left(0, \frac{1}{2}\right)$,则 ΔY_t 具有长记忆.

图 10-10 显示了模拟的 FARIMA(0, d, 0) 过程的时间序列图和样本 ACF 图,$n=2500$,$d=-0.35$,0.35 和 0.7. 最后一个情况是非平稳的. Longmemo 软件包中的 R 函数 simARMA0 被用于模拟这个平稳序列. 对于 $d=0.7$ 的情况,simARMA0 被用于拟合 FARIMA(0, -0.3, 0) 序列,并且经过整合创建了一个 FARIMA(0, d, 0),$d=-0.3+1=0.7$. 像 9.9 节所解释的那样,整合通过取部分和来执行,这里用的是 R 的 cumsum 函数.

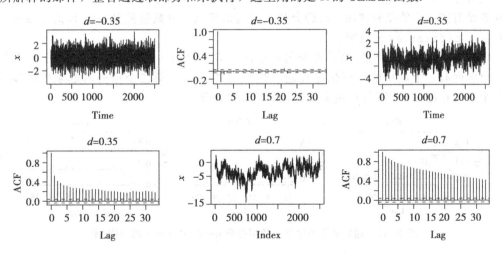

图 10-10 模拟的 FARIMA(0, d, 0) 的时间序列图(左)和样本 ACF 图(右). 上面的序列是短记忆平稳的. 中间的序列是长记忆平稳的. 下面的序列是非平稳的

FARIMA(0, 0.35, 0) 过程有一个样本 ACF 几乎立即下降到 0.5 以下,但是然后在超过 30 个滞后都持续得很好. 这种行为对于长记忆平稳过程是典型的. 一个短记忆平稳过程不会有持续得那么长久的自相关,非平稳过程不会有一个样本 ACF 这么快地下降到 0.5 以下.

注意图 10-10 中 $d=-0.35$ 的情况,在它的 ACF 中,有一个负的滞后 -1 自相关,并且几乎没有其他的自相关. 这种 ACF 当时间序列被差分一次时是常见的. 在差分之后,一个 MA 项需要来容纳这个负滞后 -1 自相关. 如果差分是分数的,有时候使用一个更简约的模型. 例如,考虑图 10-10 中的第三个序列. 如果它被差分一次,那么结果是 $d=-0.3$ 的序列. 但是,如果差分 $d=0.7$,那么结果是白噪声. 这可从图 10-11 中的 ACF 图上看出来.

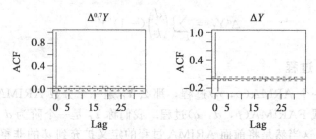

图 10-11 图 10-10 中模拟的 FARIMA(0, 0.7, 0) 序列在使用差分 $d=0.7$ 和 1 之后的 ACF 图

例 10.6 通货膨胀率——FARIMA 建模.

本例使用第 9 章曾经研究过的通货膨胀率数据. 从那一章的分析中我们还不清楚是要把序列建模为 $I(0)$ 还是 $I(1)$. 也许我们要在这些方案上做一些妥协. 现在,有了分整这个新的工具,我们可以试一下 d 在 0 和 1 之间的差分. 有理由相信分数阶差分适合本例,因为图 9-3 中的 ACF 图与图 10-10 中 $d=0.35$ 的图相似.

R 的 `fracdiff` 软件包中的函数 `fracdiff` 会拟合 FARIMA(p, d, q) 过程. 必须输入 p, d 和 q 的值;我还不知道任何 R 函数可以通过使用 `auto.arima` 在完成 ARIMA 过程(即 d 限制为一个整数)时会自动选择 p, d 和 q. 首先,使用 `fracdiff`,在缺省值 $p=q=0$ 时选一个试验值 d. 估计为 $\hat{d}=0.378$. 然后,通货膨胀率使用这个值 d 进行分数阶差分并且对分数差分序列应用 `auto.arima` 函数. 结论是 BIC 选择了 $p=q=d=0$. 值 $d=0$ 意味着没有进一步的差分被用于已经分数差分过的序列. 分数阶差分是由 R 的 `fracdiff` 软件包的 `diffseries` 函数完成的.

图 10-12 有原始序列的 ACF 图和用差分 $d=0$, 0.4(由 0.378 近似)和 1 后的 ACF 图. 第一个序列有一个典型的长记忆过程的缓慢衰减的 ACF,第二个序列看起来像白噪声,第三个序列在滞后 -1 有负自相关,这表明了过度差分.

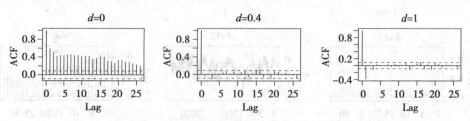

图 10-12 通货膨胀率序列,使用差分 $d=0$, 0.4 和 1 的 ACF 图

结论是白噪声过程看起来对于分数差分序列是一个合适的模型,而原始序列可以建模为 FARIMA(0, 0.378, 0),或者可能更简单为 FARIMA(0, 0.4, 0).

差分一个平稳过程会创建另一个平稳过程,但与原始过程相比差分过程常常有更复杂的自相关结构. 因此,我们不应该过度差分一个时间序列. 但是,如果 d 被限制为一个整数值,那么像这个例子一样,常常不可避免过度差分.

10.5 自助法时间序列

第 6 章中介绍的再取样方法是为 i.i.d. 单变量数据设计的,但可以很容易地扩充到多元数据上. 像 7.11 节所讨论的那样,如果 $Y_1, \cdots, Y_n$ 是一个向量样本,那么再取样 Y_i 本身,而不是它们的分量,用来保持再取样中数据的协方差结构.

是否可以再取样一个时间序列 $Y_1, Y_2, \cdots Y_n$ 并不明显. 一个时间序列本质上是一个样本量为 1 的随机过程. 以通常的方式再取样样本量为 1 的样本是徒劳无功的——每个再取样都是原始样本,因此再取样什么也学不到. 因此,再取样一个时间序列需要新思想.

基于模型的再取样很容易适应到时间序列上. 再取样可通过模拟时间序列模型而获得. 例如,如果模型为 ARIMA(p, 1, q),那么再取样从一个具有自回归和滑动平均系数以及噪声方差的 MLE(来自于差分序列)的 ARMA(p, q) 模型的模拟样本开始. 再取样是模拟的 ARMA(p, q) 过程的部分和序列.

无模型的时间序列再取样通过块再取样完成,也称为块自助法(block bootstrap),这可以使用 R 的 boot 软件包的 tsboot 函数来实现. 思想是把时间序列大概分成相等长度的连续观测,有放回地对块再取样,然后再把块粘到一起. 例如,如果时间序列的长度为 200,并且使用长度为 20 的 10 个块,那么前 20 个观测是一个块,下一个 20 是第二个块,等等. 一个可能的再取样是第四个块(观测 61~80),然后最后的块(观测 181~200),然后第二块(观测 21~40),然后又是第四个块,等等,直到再取样中有 10 个块.

主要的问题是怎么选择块的长度最好. 原始样本中的相关仅仅在块内被保留,因此长度大的块是可取的. 但是,可能的再取样的数量依赖于块的数量,因此大数量的块也是可取的. 显然,必须在块的大小和块的数量之间进行权衡. 块自助法的完整讨论超出了本书的范围,但进一步的阅读材料请参见 10.6 节.

10.6 文献注记

Beran(1994)是长记忆过程的标准参考,Beran(1992)是对这一专题的很好的介绍. 在 9.15 节所列的大部分时间序列教材讨论季节性 ARIMA 模型. Enders(2004)有一节自助法时间序列和一章多变量时间序列. Reinsel(2003)是多变量时间序列的深入处理;同时参见 Hamilton(1994)中的这一主题. 转化函数模型是另一个分析多变量时间序列的方法;参见 Box, Jenkins 和 Reinsel(2008). Davison 和 Hinkley(1997)讨论了时间序列的基于模型的再取样和块再取样,以及其他类型的相关数据. Lahiri(2003)提供了一个高级的综合的块再取样研究. Bühlmann(2002)是关于自助法时间序列的综述文章.

10.7 参考文献

Beran, J. (1992) Statistical methods for data with long-range dependence. *Statistical Science*, **7**, 404–427.

Beran, J. (1994) *Statistics for Long-Memory Processes*, Chapman & Hall, Boca Raton, FL.

Box, G. E. P., Jenkins, G. M., and Reinsel, G. C. (2008) *Times Series Analysis: Forecasting and Control*, 4th ed., Wiley, Hoboken, NJ.

Bühlmann, P. (2002) Bootstraps for time series. *Statistical Science*, **17**, 52–72.

Davison, A. C. and Hinkley, D. V. (1997) *Bootstrap Methods and Their Applications*, Cambridge University Press, Cambridge.

Enders, W. (2004) *Applied Econometric Time Series*, 2nd ed., Wiley, New York.

Hamilton, J. D. (1994) *Time Series Analysis*, Princeton University Press, Princeton, NJ.

Lahiri, S. N. (2003) *Resampling Methods for Dependent Data*, Springer, New York.

Reinsel, G. C. (2003) *Elements of Multivariate Time Series Analysis*, 2nd ed., Springer, New York.

10.8 R 实验室

10.8.1 季节性 ARIMA 模型

本节使用英国的收入和消费的季节性非调整的季度数据. 运行下列代码加载数据并绘制变量 consumption 的图形.

```
library("Ecdat")
data(IncomeUK)
consumption = IncomeUK[,2]
plot(consumption)
```

问题 1 描述 consumption 的行为. 你会推荐什么类型的差分, 季节性、非季节性或者两者都有? 你推荐对具有或不具有对数变换的数据拟合一个季节性 ARIMA 模型吗? 同时考虑使用 ACF 图来帮助回答这些问题.

问题 2 无论在问题 1 中你的答案是什么, 求一个对 log(consumption) 拟合的好的 ARIMA 模型. 你选择什么阶模型?(给出非季节和季节性分量的阶.)

问题 3 检查来自于问题 2 中你选择的模型的残差的 ACF. 你看到任何残差自相关了吗?

问题 4 使用 BIC 把 auto.arima 应用到 log(consumption). 什么模型被选择?

问题 5 使用在问题 2 和 4 中求得的模型来预测 log(consumption) 的接下来 8 个季的数据. 并排画出两组预测图, 使它们在 x-轴和 y-轴具有相同的界限. 描述两组预测之间的任何差异.

注意: 为了预测 arima 的对象(通过 arima 函数返回的一个对象), 使用 predict 函数. 为了学习预测函数如何作用于 arima 对象, 使用?predict.Arima. 为了预测由 auto.arima 返回的对象, 使用 forecast 软件包中的 forecast 函数. 例如, 下列代码会使用由 auto.arima 返回的对象预测向前 8 个季度的数据, 然后绘制预测.

```
fitAutoArima = auto.arima(logConsumption,ic="bic")
foreAutoArima = forecast(fitAutoArima,h=8)
plot(foreAutoArima,xlim=c(1985.5,1987.5),ylim=c(10.86,11))
```

10.8.2 VAR 模型

本节使用的数据是关于 91 天国库券、真实的 GDP 和通货膨胀率. 运行下列的 R 代码来读取数据, 对三个序列的变化求最佳拟合多元 AR, 并检查残差的相关.

```
data(Tbrate,package="Ecdat")
#  r = the 91-day Treasury bill rate
```

```
#   y = the log of real GDP
#   pi = the inflation rate
del_dat = diff(Tbrate)
var1 = ar(del_dat,order.max=4,aic=T)
var1
acf(var1$resid[-1,])
```

问题 6 对于这个问题，使用方程(10.7)中的记号，其中 $q=0$.

(a) p 是什么，估计 $\boldsymbol{\Phi}_1, \cdots, \boldsymbol{\Phi}_p$ 是什么？

(b) $\boldsymbol{\varepsilon}_t$ 的估计的协方差矩阵是什么？

(c) 如果模型拟合的充分，那么应该没有残差自相关或互相关. 你相信模型拟合的充分吗？

问题 7 下面给出了 r, y 和 pi 的最后三个变化. 这些序列的下一个变化集的预测值是什么？

```
    r        y         pi
-1.41  -0.019420    2.31
-0.48   0.015147   -1.01
 0.66   0.003303    0.31
```

10.8.3 长记忆过程

本节使用消费者价格指数的平方根变化数据. 下列代码创建这个时间序列.

```
data(Mishkin,package="Ecdat")
cpi = as.vector(Mishkin[,5])
DiffSqrtCpi = diff(sqrt(cpi))
```

问题 8 绘制 DiffSqrtCpi 和它的 ACF. 你看到任何长记忆迹象了吗？如果看到了，描述它们.

运行下列代码来估计分数差分量，适当地分数差分 DiffSqrtCpi, 并检查分数差分序列的 ACF.

```
library("fracdiff")
fit.frac = fracdiff(DiffSqrtCpi,nar=0,nma=0)
fit.frac$d
fdiff = diffseries(DiffSqrtCpi,fit.frac$d)
acf(fdiff)
```

问题 9 你在分数差分序列中看到任何短期或长期自相关了吗？

问题 10 使用 auto.arima 对分数差分序列拟合一个 ARIMA 模型. 使用 AIC 和 BIC 比较所选模型.

10.8.4 一个 ARIMA 过程的基于模型的自助法

本例使用冰冻桔子汁价格数据. 运行下列代码来拟合一个 ARIMA 模型.

```
library(AER)
library(forecast)
data("FrozenJuice")
price = FrozenJuice[,1]
plot(price)
auto.arima(price,ic="bic")
```

在基于模型的自助法上，要用到来自于 auto.arima 的输出，是

```
Series: price
ARIMA(2,1,0)

Coefficients:
         ar1     ar2
      0.2825  0.0570
s.e.  0.0407  0.0408

sigma^2 estimated as 9.989:   log likelihood = -1570.11
AIC = 3146.23    AICc = 3146.27    BIC = 3159.47
```

下面，我们要用到基于模型的自助法来研究 BIC 如何选择"正确的"模型，也就是 ARIMA(2，1，0). 由于我们将要看到每个拟合模型的输出，所以只使用少量的再取样. 尽管再取样的量很小，我们会摸清 BIC 如何在这里很好地起作用的. 为了模拟 10 个来自于 ARIMA(2，0，0)模型的基于模型的再取样，运行

```
n=length(price)
sink("priceBootstrap.txt")
set.seed(1998852)
for (iter in 1:10)
{
eps = rnorm(n+20)
y = rep(0,n+20)
for (t in 3:(n+20))
{
y[t] = .2825 *y[t-1] + 0.0570*y[t-2] + eps[t] }
y = y[101:n+20]
y = cumsum(y)
y = ts(y,frequency=12)
fit=auto.arima(y,d=1,D=0,ic="bic")
print(fit)
}
sink()
```

结果发送到了文件 priceBootstrap.txt. y 的前两个值是独立的并被用于初始化这个过程. 一个 20 的预烧期被用于移除初始化的影响. 注意使用 cumsum 整合模拟的 AR(2) 过程，使用 ts 把一个向量转化为月度时间序列.

问题 11 是否经常选择"正确的"AR(2)模型？

现在我们要在已知正确的模型 AR(2)时执行自助法，并研究估计量的精度. 因为正确的模型是已知的，可以由 arima 来拟合. 估计会被存储在名为 estimates 的矩阵中. 与前面当模型选择由再取样来研究时相反，现在可以利用大量的自助法样本，因为 arima 运行很快并且只有估计被存储. 运行下列代码：

```
set.seed(1998852)
niter=250
estimates=matrix(0,nrow=niter,ncol=2)
for (iter in 1:niter)
{
eps = rnorm(n+20)
y = rep(0,n+20)
for (t in 3:(n+20))
```

```
{
y[t] = .2825 *y[t-1] + 0.0570*y[t-2] + eps[t] }
y = y[101:n+20]
y = cumsum(y)
y = ts(y,frequency=12)
fit=arima(y,order=c(2,1,0))
estimates[iter,]=fit$coef
}
```

问题 12 求两个系数估计的偏差、标准差和 MSE.

10.9 习题

1. 图 10-13 包含了 40 年的季度数据的 ACF 图, 以及一阶季节性和非季节性差分的所有可能的组合. 为了达到平稳性, 你推荐哪个组合?

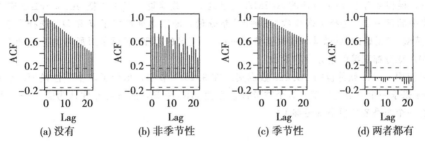

(a) 没有　　　(b) 非季节性　　　(c) 季节性　　　(d) 两者都有

图 10-13　没有差分、有非季节性差分、有季节性差分和既有季节又有非季节性差分的季度数据的 ACF 图

2. 图 10-14 包含了 40 年的季度数据的 ACF 图, 以及一阶季节性和非季节性差分的所有可能的组合. 为了达到平稳性, 你推荐哪个组合?

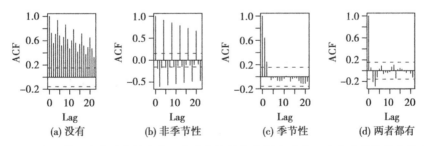

(a) 没有　　　(b) 非季节性　　　(c) 季节性　　　(d) 两者都有

图 10-14　没有差分、有非季节性差分、有季节性差分和既有季节又有非季节性差分的季度数据的 ACF 图

3. 图 10-15 包含了 40 年的季度数据的 ACF 图, 以及一阶季节和非季节性差分的所有可能的组合. 为了达到平稳性, 你推荐哪个组合?

4. 在例 10.4 中, 一个两变量 AR(1) 模型被拟合于 (ΔCPI, ΔIP), 以及

$$\hat{\boldsymbol{\Phi}} = \begin{pmatrix} 0.767 & 0.0112 \\ -0.330 & 0.3014 \end{pmatrix}$$

(ΔCPI, ΔIP) 的均值是 (0.00518, 0.00215), (ΔCPI, ΔIP) 的最后一个观测是 (0.00173, 0.00591). 预测 ΔIP 接下来的两个值. (预测如图 10-8 所示, 但你要计算数值.)

5. 对 income 拟合一个 ARIMA 模型, 它在 Ecdat 软件包的 IncomeUK 数据集的第一列. 解释为什么选择

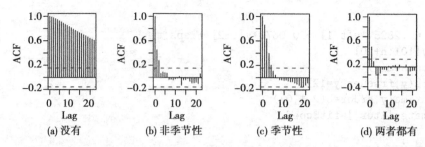

图 10-15 没有差分、有非季节性差分、有季节性差分和既有季节又有非季节性差分的季度数据的 ACF 图

所用的模型. 你的模型显示出任何残差相关了吗?

6. (a) 求一个 ARIMA 模型, 使它对 AER 软件包中的 USMacroG 数据集中的变量 unemp 提供一个好的拟合.

 (b) 现在做一个小的基于模型的自助法来看一下 auto.arima 在多大程度上选择真正的模型. 要做到这一点, 模拟来自于(a)中所选的 ARIMA 模型的 8 个数据集. 用 BIC 把 auto.arima 应用到这些数据集中的每一个. 选择了多少次"正确的"差分量, 即正确地选择了 d 和 D? 选择了多少次"正确的"模型? "正确的"意思是与模拟模型相一致. "正确的模型"意思是对所有的季节和非季节的 AR 和 MA 成分都正确的差分量和阶数.

7. 这个练习使用 Ecdat 软件包的 Tbrate 数据集. 在 9.16.1 节中, 拟合了非季节性模型. 现在使用 auto.arima 来求一个季节性模型. 哪个季节性模型由 AIC 和 BIC 所选择? 你认为需要一个季节性模型吗? 或者一个非季节性模型就足够了?

第 11 章
投资组合理论

11.1 权衡预期收益和风险

我们应该如何投资我们的财富？投资组合理论对于此问题的回答建立在以下两个原则之上：
- 我们要最大化预期收益.
- 我们要最小化风险，在本章中，我们将风险定义为收益的标准差，尽管我们最终关注的可能是大量亏损的概率.

这些目标有些不一致，原因是：由于投资者对于所承担风险要求补偿，所以风险较高的资产一般有较高的预期收益. 风险资产的预期收益率和无风险资产的收益率之间的差被称为风险溢价(risk premium). 如果没有风险溢价，很少有投资者会投资风险资产.

然而，在预期收益和风险之间有最佳补偿比例. 在本章中，我们将展示如何使得预期风险下收益最大化，或者预期收益下风险最小化. 我们讨论的一个关键概念是通过将投资组合多元化减少风险.

11.2 一种风险资产和一种无风险资产

我们从一种风险资产的简单例子开始，这可能是一个投资组合，例如共同基金. 假设预期收益为 0.15, 该组合收益率的标准差为 0.25. 假定有一个无风险资产，例如一个 90 天的短期国库债券，它的无风险利率为 6%, 无风险资产的收益率为 6%, 或 0.06. 无风险资产收益率的标准差是 0, 定义为"无风险". 这里的利率和收益均为年化收益率，尽管其必要条件是它们具有相同的时间间隔.

我们所面对的问题是构建一个能够持有一段时间的投资组合，这就是所谓的持有期(holding period), 它可以是一天，一个月，一个季度，一年，10 年，等等. 在持有期结束时，我们可能要重新调整投资组合，所以现在我们只是探究一个时间段里的收益. 假设我们财富的一个比例为 w 的部分投资于风险资产，而剩余 $1-w$ 部分投资于无风险资产. 预期收益为：

$$E(R) = w(0.15) + (1-w)(0.06) = 0.06 + 0.09w \tag{11.1}$$

收益的方差为：

$$\sigma_R^2 = w^2(0.25)^2 + (1-w)^2(0)^2 = w^2(0.25)^2$$

收益的标准差为：

$$\sigma_R = 0.25w \tag{11.2}$$

为了决定占有一个人财富多少比例的 w 投资于风险资产,他需要选择他想要的预期收益 $E(R)$,或是他能够承受的风险 σ_R。一旦 $E(R)$ 或 σ_R 被选择,w 就被确定了.

虽然 σ 是风险的一个估量,但更直接的测量风险的方式是实际货币损失. 在下面的例子中,通过选择 w 来控制最大的损失.

例 11.1 寻找 w 来达到目标风险价值.

假设一家公司计划投资 1 000 000 美元,并且有能够承受不大于 15 万美元损失的资本储备. 因此,该公司想确定,如果发生损失,则不能超过 15%,即 R 大于 -0.15. 假设 R 是正态分布的. 那么唯一保证的在概率为 1 时 R 大于 -0.15 的方法是全部投资于无风险资产. 该公司可能会更稳定,并且只需要 $P(R<-0.15)$ 很小,例如 0.01. 因此,该公司应该会找到的 w 值为:

$$P(R<-0.15) = \Phi\left(\frac{-0.15-(0.06+0.09w)}{0.25w}\right) = 0.01$$

解为:

$$w = \frac{-0.21}{0.25\Phi^{-1}(0.01)+0.9} = 0.4264$$

在第 19 章,15 万美元被称为风险价值(VaR),而 $1-0.01=0.99$ 称为置信系数. 这个例子是为了找到有一个在置信水平为 0.99 的条件下风险价值为 150 000 美元的投资组合.

更一般地,如果风险和无风险资产的预期收益是 μ_1 和 μ_f,风险资产的标准差是 σ_1,那么当投资组合收益的标准差是 $|w|\sigma_1$ 时,投资组合的预期收益率是 $w\mu_1+(1-w)\mu_f$.

这种模型很简单,但并不像初看那么无用. 正如稍后要讨论的,寻找最优投资组合可以由两个步骤实现:
1. 找到风险资产的最优组合,被称为切线资产组合.
2. 找到无风险资产和切线资产组合的适当混合.
所以我们现在知道该怎么做第二步. 我们还需要学习如何找到切线资产组合.

11.2.1 估计 $E(R)$ 和 σ_R

国债利率在一些提供金融信息的渠道被公开发布,因此无风险利率值 μ_f 也是已知的.

我们应该使用什么作为 $E(R)$ 和 σ_R 的值呢?如果该资产的收益被认为是平稳的,那么我们可以找到过去收益的时间序列并且使用其样本均值和标准差. 这个平稳假设是否现实永远值得商榷. 如果认为 $E(R)$ 和 σ_R 与过去不同,我们可根据我们的选择主观调大或者调小这些估计,但我们需要承担如果选择被证明是错误的后果.

另一个问题是所选用时间序列的长度,即我们需要收集多久前的时间数据. 一个长序列,比如 10 年或 20 年,将会给出较为平稳的变量估计. 然而,如果该序列是不平稳的,而是具有小幅波动的参数,那么一个较短的序列(也许是 1 年或 2 年)对未来更具有代表性. 几乎每一个收益的时间序列在足够短的时间周期内是近似平稳的.

11.3 两种风险资产

11.3.1 风险与预期收益

当只有两种风险资产时,混合风险资产的数学最容易理解. 我们从这里开始.

假设两种风险资产的收益率分别为 R_1 和 R_2，我们分别以比例 w 和 $1-w$ 组合. 投资组合的收益是 $R_p = wR_1 + (1-w)R_2$. 投资组合的预期收益是 $E(R_P) = w\mu_1 + (1-w)\mu_2$. 设 ρ_{12} 为两个风险资产收益的相关系数. 投资组合收益的方差是：

$$\sigma_R^2 = w^2\sigma_1^2 + (1-w)^2\sigma_2^2 + 2w(1-w)\rho_{12}\sigma_1\sigma_2 \tag{11.3}$$

注意到 $\sigma_{R_1,R_2} = \rho_{12}\sigma_1\sigma_2$.

例 11.2 有两种风险资产的投资组合的收益期望和方差.

如果 $\mu_1 = 0.14$，$\mu_2 = 0.08$，$\sigma_1 = 0.2$，$\sigma_2 = 0.15$，$\rho_{12} = 0$，那么
$$E(R_P) = 0.08 + 0.06w$$
并且，因为在这个例子中 $\rho_{12} = 0$，
$$\sigma_{R_P}^2 = (0.2)^2 w^2 + (0.15)^2 (1-w)^2$$
多次计算可得，该组合风险最小时 $w = 0.045/0.125 = 0.36$. 该组合 $E(R_P) = 0.08 + (0.06)(0.36) = 0.1016$ 并且 $\sigma_{R_P} = \sqrt{(0.2)^2 (0.36)^2 + (0.15)^2 (0.64)^2} = 0.12$.

当 $0 \leqslant w \leqslant 1$ 时，在图 11-1 的有些抛物曲线是 $(\sigma_R, E(R))$ 的轨迹值○. 轨迹上最左边的点达到风险和最低值，它被称为最小方差组合(minimum variance perfolio). 轨迹上至少与最小方差组合一样大的预期收益的点称为有效边界(efficient frontier). 有效边界上的投资组合称为有效投资组合(efficient portfolios)，或者更精确地，均值-方差有效投资组合○. 标有 R_1 和 R_2 的点分别相当于 $w=1$ 和 $w=0$. 这个图中的其他特点会在 11.4 节中解释.

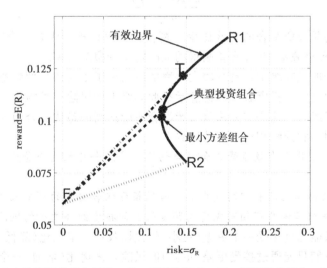

图 11-1 例 11.2 的预期收益与风险. $F=$ 无风险资产. $T=$ 切线资产组合. R_1 表示第一种风险资产. R_2 表示第二种风险资产

在实践中，收益的平均值和标准差可以由 11.2.1 节中所讨论的而估计出来，并且相关系数可以由样本相关系数估计. 可选地，在第 17 章中的因子模型用于估计预期收益和收益的协方差矩阵.

○ 事实上，在图 11-1 中，如果在 x 轴上用 σ_R^2 代替 σ_R，那么得到的曲线就是抛物线.
○ 当存在一种无风险资产时，有效投资组合不再在有效边界上，而是由结果 11.4.1 表示.

11.4 结合两种风险资产与一种无风险资产

我们的最终目标是找到结合多种风险资产与一种无风险资产的最佳投资组合. 然而, 当最初只有两种风险资产时, 这个任务涉及的许多概念很容易理解.

11.4.1 两种风险资产的切线资产组合

在 11.3.1 节中提到, 图 11-1 中有效边界上的每个点是对应于某个给定的在 0 和 1 之间的 ω 值所确定的数对 $(\sigma_{R_P}, E(R_P))$. 如果取定 ω, 那么我们就得到一个有两种风险资产的固定投资组合. 现在, 让我们把风险资产的投资组合和无风险资产混合在一起. 在图 11-1 中的 F 点给 $(\sigma_{R_P}, E(R_P))$ 无风险资产; 即在 F 点 $\sigma_{R_P}=0$. 由两种风险资产和这种无风险资产的投资组合组成的一个投资组合的 $(\sigma_{R_P}, E(R_P))$ 可能值是一个连接点 F 和有效边界上的点的直线, 例如虚线. 点划线连接 F 和 R_2 使无风险资产与第二风险资产混合配置.

注意到点划线(连接点 F 与标记为 T 的点)在虚线(连接 F 和典型的投资组合)的上面. 这意味着对 σ_{R_P} 的任何值, 比虚线给出了一个点划线更高的预期收益. 每条线的斜率称为夏普比率(sharpe's ratio), 以威廉·夏普命名, 我们会在第 16 章再碰到这个名字. 如果 $E(R_P)$ 和 σ_{R_P} 是一个投资组合收益的预期收益和标准差, 而 μ_f 为无风险利率, 那么

$$\frac{E(R_P)-\mu_f}{\sigma_{R_P}} \tag{11.4}$$

该公式表示的是投资组合的夏普比率. 夏普比率可以被认为是一个"报酬风险"比例. 它是一个由"过度预期收益"和标准差测得的风险定义的报酬比率.

对于一个给定的风险级别, 具有较大斜率的线给出了更高的预期收益和较大的夏普比率, 因此夏普比率越大, 投资者就越愿意承担此等级上的风险. 抛物线上的点 T 代表有最高夏普比率的投资组合. 这是与无风险资产混合所能达到的最优投资组合. 这个组合称为切线资产组合, 因为它的线相切于有效边界.

结果 11.4.1 最优或有效投资组合混合切线资产组合与无风险资产. 每个有效投资组合有两个属性:
- 它具有比任何其他具有相同或更小风险的投资组合更高的预期收益.
- 它具有比任何其他具有相同或更高预期收益的投资组合更小的风险.

因此, 我们只能通过接受一个更差(更小)的预期收益, 来优化(降低)一个有效投资组合的风险, 并且我们只能通过接受更差(更高)的风险, 来优化(增加)一个有效投资组合的预期收益.

注意到所有的有效投资组合使用相同的两个风险资产组合, 即切线资产组合. 只有切线资产组合与无风险资产的分配比例会变化.

由于切线资产组合的重要性, 你可能想知道"我们要怎么找到它"? 同样, 让 μ_1, μ_2, 和 μ_f 分别为两种风险资产的预期收益和无风险资产收益. 让 σ_1 和 σ_2 代表两种风险资产的收益标准差, 让 ρ_{12} 作为风险资产的收益之间的相关系数.

定义 $V_1=\mu_1-\mu_f$ 和 $V_2=\mu_2-\mu_f$ 为超额预期收益. 那么切线资产组合使用权重

$$w_T = \frac{V_1\sigma_2^2 - V_2\rho_{12}\sigma_1\sigma_2}{V_1\sigma_2^2 + V_2\sigma_1^2 - (V_1+V_2)\rho_{12}\sigma_1\sigma_2} \tag{11.5}$$

为第一风险资产，权重$(1-w_T)$为第二风险资产.

令R_T，$E(R_T)$和σ_T分别为切线资产组合的收益、预期收益和收益的标准差. 那么$E(R_T)$和σ_T可以通过使用式(11.5)和以下公式找到w_T：

$$E(R_T) = w_T\mu_1 + (1-w_T)\mu_2$$

以及

$$\sigma_T = \sqrt{w_T^2\sigma_1^2 + (1-w_T)^2\sigma_2^2 + 2w_T(1-w_T)\rho_{12}\sigma_1\sigma_2}$$

例 11.3 两种风险资产的切线资产组合.

像之前描述的，假设$\mu_1=0.14$，$\mu_2=0.08$，$\sigma_1=0.2$，$\sigma_2=0.15$以及$\rho_{12}=0$. 同样，假设$\mu_f=0.06$. 那么$V_1=0.14-0.06=0.08$而$V_2=0.08-0.06=0.02$. 将这些值代入式(11.5)，我们得到$\omega_T=0.693$和$(1-\omega_T)=0.307$. 因此，

$$E(R_T) = (0.693)(0.14) + (0.307)(0.08) = 0.122$$

并且

$$\sigma_T = \sqrt{(0.693)^2(0.2)^2 + (0.307)^2(0.15)^2} = 0.146$$

11.4.2 结合切线资产组合和无风险资产

让R_P作为把投资的一部分ω分配给切线资产组合以及$1-\omega$分配给无风险资产的投资组合的收益. 那么$R_p=\omega R_t+(1-\omega)\mu_f=\mu_f+\omega(R_t-R_f)$，从而使

$$E(R_p) = \mu_f + \omega\{E(R_T) - \mu_f\}, \quad \sigma_{R_p} = \omega\sigma_T$$

例 11.4 (续例 11.2).

$\sigma_{R_p}=0.05$时的最佳投资是什么？

答：$\sigma_{R_p}=0.05$时的最大预期收益与$\sigma_{R_p}=0.05$时的切线资产组合和无风险资产混合. 由于$\sigma_T=0.146$，我们得到$0.05=\sigma_{R_p}=\omega\sigma_T=0.146\omega$，所以$\omega=0.05/0.146=0.343$以及$1-w=0.657$.

因此，投资组合的65.7%应该是无风险资产，而34.3%应该是切线资产组合. 因此$(0.343)(69.3\%)=23.7\%$应该是第一风险资产而$(0.343)(30.7\%)=10.5\%$应该是第二风险资产. 因为四舍五入，所以总和不是100%. 分配如表11-1所示.

表 11-1 两种风险资产的最佳分配和无风险资产实现$\sigma_R=0.05$

资产	分配(%)
无风险	65.7
风险 1	23.7
风险 2	10.5
总计	99.9

例 11.5 (续例 11.2).

现在假设你想有10%的预期收益. 试比较：

(1) 只有风险资产的最佳投资组合和

(2) 风险资产和无风险资产的最佳投资组合.

答：只有风险资产的最佳组合使用w解$0.1=w(0.14)+(1-w)(0.08)$，这意味着$w=1/3$. 这是$w_T E(R_p)=0.1$风险资产的唯一组合，所以默认情况下它是最好的. 那么

$$\sigma_{R_p} = \sqrt{w^2(0.2)^2 + (1-w)^2(0.15)^2} = \sqrt{(1/9)(0.2)^2 + 4/9(0.15)^2} = 0.120$$

两种风险资产和无风险资产的最佳投资组合如下. 首先，$0.1=E(R)=\mu_f+w\{E(R_T)-\mu_f\}=0.06+0.062w=0.06+0.425\sigma_R$，又由于$\sigma_{R_p}=\omega\sigma_T$，即$w=\sigma_{R_p}/\sigma_T=\sigma_{R_p}/0.146$. 这意味着$\sigma_{R_p}=0.04/0.425=0.094$并且$w=0.04/0.062=0.645$. 因此，结合无风险资产与两

种风险资产将 σ_{R_p} 从 0.120 减少为 0.094,同时保持 $E(R_p)$ 在 0.1. 减少的风险是 (0.120 − 0.094)/0.094 = 28%,这意义重大.

11.4.3 ρ_{12} 的效果

两种风险资产的正相关性增加了风险. 由于正相关,两种资产往往一起变化,从而增加了投资组合的波动性. 相反,负相关因为可以降低风险,所以是有利的. 如果资产是负相关的,一个资产的负收益往往会导致另一个资产的正收益,因此投资组合的波动性减小. 图 11-2 显示了 $\mu_1=0.14$, $\mu_2=0.09$, $\sigma_1=0.2$, $\sigma_2=0.15$ 以及 $\mu_f=0.03$ 时的有效边界和切线资产组合. ρ_{12} 的值在 0.7 到 −0.7 之间变化. 注意到切线资产组合的夏普比率随着 ρ_{12} 减少而增加. 这意味着当 ρ_{12} 很小时,那么和 ρ_{12} 很大时相比,有效组合对于一个给定预期收益的投资组合具有更低的风险.

表 11-2　σ_R 的最小值作为可用资产的函数. 在所有的情况下,预期收益是 0.1. 当只有无风险资产和第二风险资产是可用时,则只有允许凭保证金额度买进时,收益 0.1 才可以实现

可用资产	σ_R 最小值
第一风险,无风险	0.1
第二风险,无风险	0.3
两种风险	0.12
所有三种	0.094

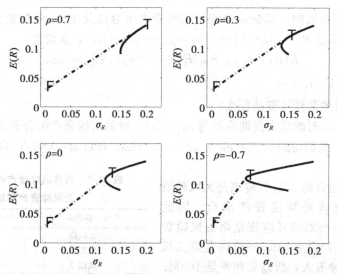

图 11-2　当 $\mu_1=0.14$, $\mu_2=0.09$, $\sigma_1=0.2$, $\sigma_2=0.15$ 以及 $\mu_f=0.03$ 时的有效边界和切线资产组合. ρ_{12} 的值在 0.7 到 −0.7 之间变化

11.5 卖空

往往在一个有效组合中一些权重是负的. 一个资产的负权重意味着该资产卖空. 卖空是一种当股票价格下跌时盈利的方法. 为了卖空股票,人们在没有拥有股份的情况下卖股票. 股票必须从经纪人或经纪人的其他客户那里借来. 在稍后的时间点,再买来股票返还给经纪人,即为平仓.

假设一只股票的售价在 25 美元/股,你卖空 100 股. 这给你盈利 2500 美元. 如果股价下跌至 17 美元/股,你可以用 1700 美元买到 100 股并平仓. 因为股票下跌 8 元,你盈利了 800 美元(忽略交易成本). 如果股票上涨,那么你将有亏损.

现在假设你有 100 美元，存在两种风险资产．用你的资产可以购买 150 美元的风险资产 1 并且卖空 50 美元的风险资产 2．净成本正好为 100 美元．如果 R_1 和 R_2 分别是风险资产 1 和 2 的收益，那么你的投资组合的收益将会是：

$$\frac{3}{2}R_1 + \left(-\frac{1}{2}\right)R_2$$

你的投资组合权重为 $w_1 = 3/2$ 和 $w_2 = -1/2$．因此，你希望风险资产 1 价格上涨和风险资产 2 的价格下降．在这里，我们再次忽略交易成本．

如果一个人卖空股票，就称为股票空头，而持有股票则称为多头．

11.6 N 个风险资产投资组合的风险有效

在本节中，我们使用二次规划来寻找任意数量资产的有效投资组合．二次规划的优点是它允许一个强加限制，如限制卖空．

假设有 N 个风险资产，而第 i 个风险资产的收益为 R_i 和预期值为 μ_i．定义

$$\mathbf{R} = \begin{pmatrix} R_1 \\ \vdots \\ R_N \end{pmatrix}$$

作为如下收益的随机向量：

$$E(\mathbf{R}) = \boldsymbol{\mu} = \begin{pmatrix} \mu_1 \\ \vdots \\ \mu_N \end{pmatrix}$$

而 $\boldsymbol{\Sigma}$ 是 $\mathbf{R}$ 的协方差矩阵．

令

$$\mathbf{w} = \begin{pmatrix} w_1 \\ \vdots \\ w_N \end{pmatrix}$$

作为一个投资组合权重的向量，满足 $w_1 + \cdots + w_N = \mathbf{1}^T \mathbf{w} = 1$，其中：

$$\mathbf{1} = \begin{pmatrix} 1 \\ \vdots \\ 1 \end{pmatrix}$$

是一列 N 个 1．该投资组合的预期收益是：

$$\sum_{i=1}^{N} w_i \mu_i = \mathbf{w}^T \boldsymbol{\mu} \tag{11.6}$$

假设有一个投资组合预期收益的目标值 μ_P．当 $N = 2$ 时，目标预期收益只有一个投资组合可以达到，而 w_1 值由方程 $\mu_P = w_1\mu_1 + w_2\mu_2 = \mu_2 + w_1(\mu_1 - \mu_2)$ 解得．对于 $N \geqslant 3$，达到目标 μ_P 的投资组合有无穷个．具有最小方差的投资组合称为有效投资组合．我们的目标是找到有效投资组合．

该权重为 w 的投资组合下的收益方差是：

$$\mathbf{w}^T \boldsymbol{\Sigma} \mathbf{w} \tag{11.7}$$

因此，给定一个目标 μ_P，有效投资组合是对式(11.7)在约束(11.8)和(11.9)下求极小值：

$$\mathbf{w}^T \boldsymbol{\mu} = \mu_P \tag{11.8}$$

并且
$$w^T \mathbf{1} = 1 \tag{11.9}$$

二次规划(quadratic programming)被用于线性约束下最小化二次目标函数. 在投资组合优化的实际应用中, 目标函数是投资组合收益的方差. 目标函数是一个有 N 个变量(例如, N 个资产的权重)的函数, N 个变量以 $N \times 1$ 向量 x 表示. 假设需要求最小值的二次目标函数为:

$$\frac{1}{2} x^T D x - d^T x \tag{11.10}$$

其中 D 是一个 $N \times N$ 矩阵, 而 d 是一个 $N \times 1$ 向量. $1/2$ 的因子不是必需的, 但用在这里是为了使我们的符号与 R 一致. 这里有 x 的两种类型的线性约束, 不等式约束和等式约束. 线性不等式约束为:

$$A_{neq}^T x \geqslant b_{neq} \tag{11.11}$$

其中 A_{neq} 是一个 $m \times N$ 矩阵, b_{neq} 是一个 $m \times 1$ 向量, 而 m 是不等式约束的数目. 等式约束为:

$$A_{eq}^T x = b_{eq} \tag{11.12}$$

其中 A_{eq} 是一个 $n \times N$ 矩阵, b_{eq} 是一个 $n \times 1$ 向量, 而 n 是等式约束的数目. 二次规划在线性不等式约束(11.11)和线性等式约束(11.12)下最小化二次目标函数(11.10).

为了应用二次规划找到一个有效投资组合, 我们使用 $x = w$, $D = 2\Sigma$, 而 d 等于一个 $N \times 1$ 的零向量, 使投资组合的收益方差(11.10)为 $w^T \Sigma w$. 存在两个等式约束, 其中一个的权重之和等于1, 另一个的投资组合的收益是一个特定的目标 μ_P. 所以, 我们定义:

$$A_{eq}^T = \begin{pmatrix} \mathbf{1}^T \\ \boldsymbol{\mu}^T \end{pmatrix}$$

并且

$$b_{eq} = \begin{pmatrix} 1 \\ \mu_P \end{pmatrix}$$

使得(11.12)变成

$$\begin{pmatrix} \mathbf{1}^T w \\ \boldsymbol{\mu}^T w \end{pmatrix} = \begin{pmatrix} 1 \\ \mu_P \end{pmatrix}$$

与约束(11.8)和(11.9)相同.

投资者往往希望施加额外的不等式约束. 如果一个投资者不能或不想卖空, 则可以使用约束

$$w \geqslant \mathbf{0}$$

这里 $\mathbf{0}$ 是零向量. 在这种情况下, A_{neq} 是 $N \times N$ 单位矩阵, 而 $b_{neq} = \mathbf{0}$.

为了避免投资组合集中在一只或几只股票, 投资者希望约束投资组合, 使得没有 ω_i 超过上界 λ, 例如, $\lambda = 1/4$ 意味着该投资组合不多于 $1/4$ 可以投资任何单只股票. 在这种情况下, $w \leqslant \lambda \mathbf{1}$ 或相当地 $-w \geqslant -\lambda \mathbf{1}$, 使得 A_{neq} 是负的 $N \times N$ 单位矩阵, 而 $b_{neq} = -\lambda \mathbf{1}$. 我们可以结合这些约束和禁止卖空的约束.

为了找到有效边界, 我们使用值为 μ_P 的网格并且找到相应的投资组合. 对于每个投资组合 σ_P^2 是可计算的目标函数的最小值. 然后我们能通过找到 σ_P^2 最小值的投资组合来找到最小方差投资组合. 有效边界是一组有效投资组合, 它具有的预期收益高于最小方差投资组合的预期收益. 我们也可以对有效边界上的每个投资组合计算夏普比率, 而切线资产

组合最大化夏普比率.

例 11.6 使用二次规划寻找有效边界、切线资产组合和最小方差组合.

下面的 R 程序显示三只股票的收益的数据, 在 Ecdat 数据包里的 CRSPday 数据集 GE、IBM 和 Mobil. quadprog 包中的函数 solve.QP 是用于二次规划的. solve.QP 通过将 A_{eq}^T 叠加在 A_{neq}^T 之上, 将两者结合为一个单个矩阵 Amat. 参数 meq 是 A_{eq}^T 的行数. b_{eq} 和 b_{neq} 用相似的方法处理. 在这个例子中, 不存在不等式约束, 所以不需要 A_{neq}^T 和 b_{neq}, 但在下一个例子中将运用它们.

为每个 μ_P 在 0.05 和 0.14 之间的 300 个目标值找到有效投资组合. 对每个投资组合, 找到夏普比率和表示投资组合是切线资产组合最大化夏普比率的逻辑向量. 同样, ind2 表示最小方差组合. 它假定无风险利率为 1.3%/年.

```
library(Ecdat)
library(quadprog)
data(CRSPday)
R = 100*CRSPday[,4:6]
mean_vect = apply(R,2,mean)
cov_mat = cov(R)
sd_vect = sqrt(diag(cov_mat))

Amat = cbind(rep(1,3),mean_vect)  # set the constraints matrix
muP = seq(.05,.14,length=300)  # set of 300 possible target values
                               # for the expect portfolio return
sdP = muP # set up storage for std dev's of portfolio returns
weights = matrix(0,nrow=300,ncol=3) # storage for portfolio weights

for (i in 1:length(muP))  # find the optimal portfolios for
                          # each target expected return
{
bvec = c(1,muP[i])  # constraint vector
result =
    solve.QP(Dmat=2*cov_mat,dvec=rep(0,3),Amat=Amat,bvec=bvec,meq=2)
sdP[i] = sqrt(result$value)
weights[i,] = result$solution
}
postscript("quad_prog_plot.ps",width=6,height=5)
plot(sdP,muP,type="l",xlim=c(0,2.5),ylim=c(0,.15),lty=3)  # plot
        # the efficient frontier (and inefficient portfolios
        # below the min var portfolio)
mufree = 1.3/253 # input value of risk-free interest rate
points(0,mufree,cex=4,pch="*")  # show risk-free asset
sharpe =( muP-mufree)/sdP # compute Sharpe's ratios
ind = (sharpe == max(sharpe)) # Find maximum Sharpe's ratio
options(digits=3)
weights[ind,]  # print the weights of the tangency portfolio
lines(c(0,2),mufree+c(0,2)*(muP[ind]-mufree)/sdP[ind],lwd=4,lty=2)
        # show line of optimal portfolios
points(sdP[ind],muP[ind],cex=4,pch="*") # show tangency portfolio
ind2 = (sdP == min(sdP)) # find the minimum variance portfolio
points(sdP[ind2],muP[ind2],cex=2,pch="+") # show min var portfolio
ind3 = (muP > muP[ind2])
lines(sdP[ind3],muP[ind3],type="l",xlim=c(0,.25),
    ylim=c(0,.3),lwd=2)  # plot the efficient frontier
text(sd_vect[1],mean_vect[1],"GE",cex=1.5)
```

```
text(sd_vect[2],mean_vect[2],"IBM",cex=1.5)
text(sd_vect[3],mean_vect[3],"Mobil",cex=1.5)
graphics.off()
```

以上代码产生的图如图11-3所示. 该代码输出了切线资产组合的权重:

```
> weights[ind,] # Find tangency portfolio
[1] 0.5512 0.0844 0.3645
```

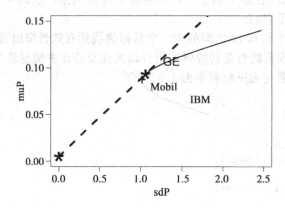

图11-3 有效边界(实线), 表示有效投资组合的线段(虚线)连接无风险资产和切线资产组合(星号), 以及三只股票(GE、IBM和Mobil)的最小方差组合(加号). 三只股票也被表现在收益-风险空间

例11.7 使用二次规划找到有效边界、切线资产组合, 以及无卖空的最小方差组合.

在这个例子中, 例11.6被调整为不允许卖空. 只有三行代码需要被改变. 当卖空行为被禁止, 投资组合的目标预期收益率必须介于最小和最大的股票预期收益之间. 这是由以下的变化强制执行的:

```
muP = seq(min(mean_vect)+.0001,max(mean_vect)-.0001,length=300)
```

为了不执行卖空, A_{neq} 矩阵是必要的, 并且被设置为等于一个 3×3 单位矩阵:

```
Amat = cbind(rep(1,3),mean_vect,diag(1,nrow=3))
                       # set the constraints matrix
```

同样, b_{neq} 被设置为三维零向量:

```
bvec = c(1,muP[i],rep(0,3))
```

新的图形如图11-4所示. 由于切线资产组合在例11.6中所有的权重为正, 切线资产组合在禁止卖空时不变. 预期收益高于GE的预期收益是不可能的, 因为该股票有最高预期收益. 相反, 当卖空是允许的, 预期收益(或风险)是没有上限的.

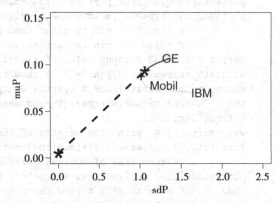

图11-4 有效边界(实线)、有效投资组合线(虚线)连接无风险资产和切线资产组合(星号), 以及禁止卖空的三只股票(GE、IBM和Mobil)的最小方差组合(加号)

11.7 再抽样和有效投资组合

当 N 较小时, 可以像前面例子的做法, 采用样本均值和样本协方差矩阵来使用优化

投资组合的理论. 然而, 受估计错误的影响, 特别是对于 N 的较大值, 可能导致投资组合中只出现有效的情况. 这个问题将在本节中进行研究.

例 11.8 全球资产配置的问题.

一个最优投资组合选择的应用是资本配置到不同的市场部分. 例如, Michaud(1998) 讨论了全球资产分配问题, 其中资产必须分配给"美国股票和政府/企业债券、欧元, 以及加拿大、法国、德国、日本和英国的股票市场."在这里我们看一个类似的例子, 我们将资本分配给 10 个不同国家/地区的股票市场. 这些市场的每月收益由摩根士丹利在中国香港、新加坡、巴西、阿根廷、英国、德国、加拿大、法国、日本的公司和 S&P 500 指数计算. "摩根士丹利"是"摩根士丹利资本国际". 数据包括从 1988 年 1 月至 2002 年 1 月, 所以有 169 个月的数据.

假设我们希望找到最大化夏普比率的切线资产组合. 切线资产组合如同例 11.6, 使用样本均值和样本协方差估计, 而它的夏普比率估计为 0.3681. 但是, 我们应该怀疑 0.3681 被高估了, 因为这个投资组合用估计的参数仅仅最大化了夏普比率, 而不是真正的均值和协方差矩阵. 为了评估高估的可能值, 我们可以使用自助法. 正如在第 6 章中讨论的, 在自助模拟实验中, 样本是"真实总体", 因此样本均值和协方差矩阵是"真实参数", 而再抽样模拟取样过程. 实际夏普比率由样本均值和协方差矩阵计算, 同时使用再抽样的均值和协方差矩阵估计夏普比率.

首先, 将 250 个重取样本纳入考虑, 并且估计每个切线资产组合. 正如 7.11 节讨论的, 再抽样通过抽样数据矩阵的行完成. 从再抽样估计 250 个切线资产组合, 计算夏普比率的真实值和估计值. 250 个夏普比率的真实值和估计值的箱形图如图 11-5a 所示. 在这个图中, 存在一条高为 0.3681 的水平虚线, 它是实际切线资产组合的夏普比率真实值. 我们可以看出所有 250 个估计出的切线资产组合的实际夏普比率在该值以下. 这是必然的, 因为从真实的切线资产组合得到的实际夏普比率是最大化的.

从箱形图 11-5a 的右侧, 我们可以看到, 估计夏普比率不仅高估了估计切线资产组合的实际夏普比率, 而且高估了实际(但未知的)切线资产组合的较大(而无法到达的)真实夏普比率. ∎

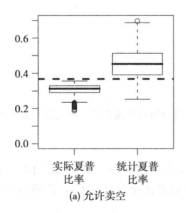 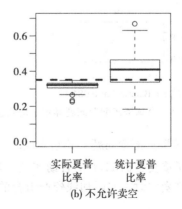

(a) 允许卖空　　　　　　　　　(b) 不允许卖空

图 11-5　切线资产组合的自助估计和它的夏普比率. (a)允许卖空. 左侧的箱形图是 250 个再抽样的估计切线资产组合的实际夏普比率. 右侧的箱形图包含了这些投资组合的估计夏普比率. 水平虚线表示真实切线资产组合的夏普比率. (b)与(a)相同, 但它不允许卖空

当试图找到一个切线资产组合时，有几种方法来减轻估计误差所引起的问题．一种方法是尝试找到更多的准确估计，第 17 章的因子模型和第 20 章的贝叶斯估计（参见例 20.12）就是使用这种方法．另一种方法是限制卖空．

卖空的投资组合积极尝试通过卖出具有最小估计平均收益的股票并且长期保留具有最高估计平均收益的股票来最大化夏普比率．这种方法的缺点是它对估计误差并不敏感．遗憾的是，预期收益由相对较大的不确定性估计．该问题可以在图 11-6 看出，它包含了 KDE 平均收益的自助分布，还能从表 11.3 看出，它是平均收益的 95% 的置信区间．百分数的方法用于置信区间，所以端点在自助分布的 2.5 和 97.5 百分位处．注意到新加坡和日本，它们的置信区间包括正值和负值．在图和表中，收益由收益的百分比表示．

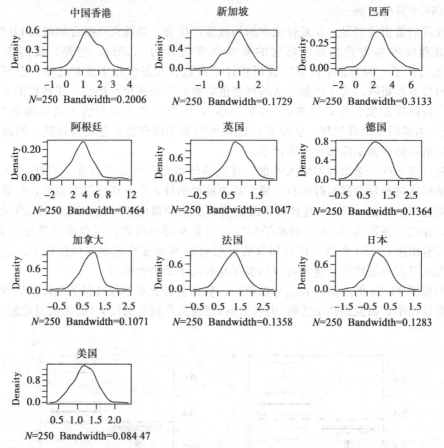

图 11-6 全球资产配置问题样本平均收益的自助分布核密度估计．收益以百分比表示

例 11.9 全球资产配置问题：禁止卖空．

这个例子重复了例 11.8 的自助实验，其中卖空通过如例 11.7 使用的不等式约束来禁止．当不允许卖空时，实际切线资产组合的实际夏普比率为 0.3503，仅略低于允许卖空时的情况．

实际和显著夏普比率的箱形图如图 11-5b 所示．比较图 11-5a 和 b，我们看到，禁止卖空有两个好处——没有卖空的夏普比率实际达到略高于没有任何限制卖空的情况．事实上，允许卖空的 250 个实际夏普比率的均值是 0.3060，禁止卖空时为 0.3169．此外，夏普比率的高估通过禁止卖空被降低了，允许卖空的平均显著夏普比率是 0.4524（估计误差为 0.4524－0.3681＝0.0843)，禁止卖空情况下只有 0.4038(估计误差为 0.4038－0.3503＝0.0535)。然而，这些结果，虽然是正的，只是平淡的方法，不能完全解决高估夏普比率的问题.

表 11-3 对 10 个国家/地区平均收益的 95％的百分数方法自助的置信区间

国家/地区	2.5％	97.5％	国家/地区	2.5％	97.5％
中国香港	0.186	2.709	德国	0.120	1.769
新加坡	－0.229	2.003	加拿大	0.062	1.580
巴西	0.232	5.136	法国	0.243	2.028
阿根廷	0.196	6.548	日本	－0.884	0.874
英国	0.071	1.530	美国	0.636	1.690

例 11.10 全球资产配置问题：收缩估计和禁止卖空.

例 11.9 中，我们看到的收缩估计可以提高估计切线资产组合的夏普比率，但改善的力度是温和的. 进一步的改善需要更精确的平均向量估计或收益的协方差矩阵.

该例子通过将 10 个估计均值"相互靠近"研究了可能的改进效果. 具体地，如果 $\overline{Y}_i$ 是第 i 个国家/地区的样本均值，$\overline{Y} = \left(\sum_{i=1}^{10} \overline{Y}_i\right)/10$ 是总平均(平均值的平均)，而 α 是在 0 到 1 之间的调整参数，那么第 i 个国家/地区的估计平均收益为：

$$\hat{\mu}_i = \alpha \overline{Y}_i + (1-\alpha)\overline{Y} \tag{11.13}$$

收缩的目的是要减少估计的方差，虽然减少的方差降低了一些偏倚. 由于它是 10 个平均值的平均，$\overline{Y}$ 比 $\overline{Y}_1, \cdots, \overline{Y}_{10}$ 中的任何一个都稳定. 因此，随着 α 减少到 0，$\mathrm{Var}(\hat{\mu}_i)$ 也减小. 然而，

$$E(\hat{\mu}_i) = \alpha\mu_i + \frac{1-\alpha}{10}\sum_{i=1}^{10}\mu_i \tag{11.14}$$

因此，对于任何 $\alpha \neq 1$，$\hat{\mu}_i$ 是有偏的，除了在可能的情况下 $\mu_1 = \cdots = \mu_{10}$. 参数 α 控制着有偏-方差权衡. 在这个例子中，$\alpha=1/2$ 将用于说明和卖空不被允许.

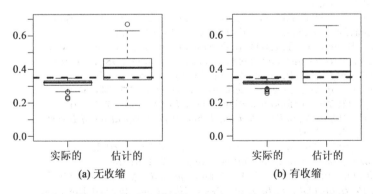

图 11-7 切线资产组合的自助估计和其夏普比率. 不允许卖空. (a)无收缩. 左侧的箱形图是 250 个再抽样的估计切线资产组合的实际夏普比率. 右侧的箱形图包含了这些投资组合的估计夏普比率. 水平虚线表示实际切线资产组合的夏普比率. (b)与(a)相同，但带有收缩

图 11-7 比较了收缩与无收缩的结果. 图 11-7a 包含了我们在图 11-5b 中 $\alpha=1$ 情况下

的箱形图. 图 11-7b 显示当切线资产组合使用 $\alpha=1/2$ 估计时有箱形图. 相比图 11-7a, 图 11-7b 中的实际夏普比率稍接近于虚线, 它表示了实际切线资产组合的夏普比率. 此外, 图 11-7b 中估计的夏普比率较小并且更接近真实的夏普比率, 所以存在更少的过量优化——收缩在两个方面都有成效.

下一步可能选择 α 以优化估计收缩的效果. 这并不难实现, 因为不同的 α 值可以通过自助比较. ■

改善均值向量的估计和协方差矩阵的估计还有其他的方法, 例如, 使用第 17 章中的因子模型或第 20 章中的贝叶斯估计. 此外, 我们可以但不必注重切线资产组合, 例如, 估计最小方差组合. 无论估计的重点是什么, 自助程序可以用于比较改善最优组合估计的各种策略.

11.8 文献注记

Markowitz(1952)是投资组合理论的原始论文, 并且扩展成后来的著作 Markowitz(1959). Bodie 和 Merton(2000)为投资组合选择理论提供了一个基本的介绍. Bodie、Kane、Marcus(1999)和 Sharpe、Alexander、Bailey(1999)给出了更全面的解释. 还可以参考 Merton(1972). 公式(11.5)来源于 Ruppert(2004)的例 5.10.

Jobson 与 Korkie(1980)以及 Britten-Jones(1999)讨论了估计有效边界的统计问题; 参见后者以求更多的近期参考资料. Britten-Jones(1999)显示了切线资产组合可以由回归分析估计, 并假设切线资产组合可以由回归 F 检验来检测. Jagannathan 和 Ma(2003)讨论了如何施加限制, 如无卖空可以降低风险.

11.9 参考文献

Bodie, Z., and Merton, R. C. (2000) *Finance*, Prentice-Hall, Upper Saddle River, NJ.

Bodie, Z., Kane, A., and Marcus, A. (1999) *Investments*, 4th ed., Irwin/McGraw-Hill, Boston.

Britten-Jones, M. (1999) The sampling error in estimates of mean-variance efficient portfolio weights. *Journal of Finance*, 54, 655–671.

Jagannathan, R. and Ma, T. (2003) Risk reduction in large portfolios: Why imposing the wrong constraints helps. *Journal of Finance*, 58, 1651–1683.

Jobson, J. D., and Korkie, B. (1980) Estimation for Markowitz efficient portfolios. *Journal of the American Statistical Association*, 75, 544–554.

Markowitz, H. (1952) Portfolio Selection. *Journal of Finance*, 7, 77–91.

Markowitz, H. (1959) *Portfolio Selection: Efficient Diversification of Investment*, Wiley, New York.

Merton, R. C. (1972) An analytic derivation of the efficient portfolio frontier. *Journal of Financial and Quantitative Analysis*, 7, 1851–1872.

Michaud, R. O. (1998) *Efficient Asset Management: A Practical Guide to Stock Portfolio Optimization and Asset Allocation*, Harvard Business School Press, Boston.

Ruppert, D. (2004) *Statistics and Finance: An Introduction*, Springer, New York.

Sharpe, W. F., Alexander, G. J., and Bailey, J. V. (1999) *Investments*, 6th ed., Prentice-Hall, Upper Saddle River, NJ.

11.10 R 实验室

11.10.1 高效股票投资组合

本节使用数据集 Stock_FX Bond.csv 中的每日股票价格数据，它在本书的网站上发布并且其中任何名称以"AC"结束的变量是调整的收市价．正如它的名字所暗示的，这些价格已为股利和股票分割调整，这样不做进一步调整也可计算收益．运行下面的代码可以读取数据，计算 6 只股票的收益，创建一个这些收益的散点图矩阵，并计算出均值向量、协方差矩阵和收益的标准偏差向量．注意收益将会以百分比形式出现．

```
dat = read.csv("Stock_FX_Bond.csv",header=T)
prices = cbind(dat$GM_AC,dat$F_AC,dat$CAT_AC,dat$UTX_AC,
    dat$MRK_AC,dat$IBM_AC)
n = dim(prices)[1]
returns =  100*(prices[2:n,]/prices[1:(n-1),] - 1)
pairs(returns)
mean_vect = apply(returns,2,mean)
cov_mat = cov(returns)
sd_vect = sqrt(diag(cov_mat))
```

问题 1 写一个 R 程序来找到有效边界、切线资产组合、最小方差组合，并在"收益-风险"图上画出 6 只股票的位置、有效边界、切线资产组合，以及有效投资组合线．对每只股票使用约束 $-0.1 \leqslant w_j \leqslant 0.5$．第一个约束限制卖空，但不完全排除它们．第二个限制对任何单个股票禁止超过 50% 的投资．假设每年的无风险率为 3%，并将它除以 365 转化为日率，因为在交易日和非交易日都有利息．

问题 2 如果投资者想要一个预期日收益为 0.07% 的有效投资组合，投资者应该如何将其资本分配到 6 只股票和无风险资产？假设投资者希望使用约束为 $-0.1 \leqslant w_j \leqslant 0.5$ 的切线资产组合计算，而不是不受约束的切线资产组合．

问题 3 这组数据中是否包括"黑色星期一"？

11.11 习题

1. 假设有两个风险资产 A 和 B，预期收益分别为 2.3% 和 4.5%．假设收益的标准偏差分别是 $\sqrt{6}$% 和 $\sqrt{11}$%，资产收益的相关系数为 0.17.
   (a) A 和 B 的什么投资组合能达到 3% 的预期收益率？
   (b) A 和 B 的什么投资组合能达到 $\sqrt{5.5}$% 的收益标准偏差？其中，哪个有最大的预期收益？
2. 假设有两个风险资产 C 和 D，切线资产组合为 65% C 和 35% D，切线资产组合的预期收益和收益标准偏差分别为 5% 和 7%．还假设无风险收益率是 1.5%．如果你希望收益标准偏差是 5%，那么投资于无风险资产、资产 C 和资产 D 的资金比例是多少？
3. (a) 假设 A 股票卖 75 美元，B 股票卖 115 美元．一个投资组合有 300 股 A 股票和 100 股 B 股票．在这个组合中股票 A 和 B 的权重 w 和 $1-w$ 分别为多少？
   (b) 更一般地，如果一个投资组合有 N 只股票，第 j 只股票的每股价格是 P_j，如果投资组合有股票 j 共 n_j 股，请找到一个 w_j 的公式以 $n_1, \cdots, n_N$ 和 $P_1, \cdots, P_N$ 表示．
4. 令 $\mathcal{R}_P$ 是某种类型投资组合的收益，让 $\mathcal{R}_1, \cdots, \mathcal{R}_N$ 是这个组合中同一类型资产的收益．

$$\mathcal{R}_P = w_1 \mathcal{R}_1 + \cdots + w_N \mathcal{R}_N$$

如果R_t是净收益，成立吗？如果R_t是总收益，等式成立吗？如果R_t是对数收益，等式成立吗？解释你的答案。

5. 假设有一个两只股票的月度对数收益样本，它们的样本均值分别为 0.0032 和 0.0074，样本方差分别为 0.017 和 0.025，样本协方差为 0.0059。以再抽样为目的，将样本看作"实际总体值"。自助重新取样的样本均值分别为 0.0047 和 0.0065，样本方差分别为 0.0125 和 0.023，样本协方差为 0.0058。

   (a)使用再抽样，估计这两只股票有一个 0.005 预期收益的有效投资组合，即给出这两个投资组合权重。

   (b)在(a)中使用再抽样的方差和协方差，投资组合收益的估计方差是多少？

   (c)当计算实际总体值时，(a)中投资组合收益的实际预期收益和方差是多少(例如，使用原始样本的均值、方差和协方差)？

6. 股票 1 和 2 的价格分别为 100 美元和 125 美元。你拥有 200 股股票 1 及 100 股股票 2。这些股票的每周收益均值分别为 0.001 和 0.0015，标准差分别为 0.03 和 0.04。它们每周收益的相关系数为 0.35。找到两只股票每周收益率的协方差矩阵、投资组合每周收益的均值和标准差。

第 12 章
回归：基础知识

12.1 引言

回归是所有统计方法中使用最广泛的方法之一．对于单变量回归，可用的数据是由一个因变量和 p 个预测变量构成的 n 个观测值．用 Y 表示因变量，用 $X_1, \cdots, X_p$ 表示预测变量．同时，对第 i 个观测值，Y_i 和 $X_{i,1}, \cdots, X_{i,p}$ 是这些变量的值．回归模型的研究目标包括：研究因变量 Y 是如何与 $X_1, \cdots, X_p$ 相联系的；给定预测变量 $X_1, \cdots, X_p$ 的值，估计 Y 的条件期望；以及给定相应的预测变量 $X_1, \cdots, X_p$ 值，预测未来 Y 的值．上述研究目标是紧密关联的.

多元线性回归模型将 Y 与预测变量或回归变量相关联，其模型为：

$$Y_i = \beta_0 + \beta_1 X_{i,1} + \cdots + \beta_p X_{i,p} + \varepsilon_i \tag{12.1}$$

其中，ε_i 称为噪声、干扰项或误差．这里的定语"多元"是指预测变量．而多变量回归，是指有多于一个的因变量，详情见第 17 章．当由 $\beta_0 + \beta_1 X_{i,1} + \cdots + \beta_p X_{i,p}$ 预测 Y_i 时，ε_i 是预测误差，所以它们经常称为"误差"．这里假设

$$E(\varepsilon_i | X_{i,1}, \cdots, X_{i,p}) = 0 \tag{12.2}$$

其中，式(12.1)蕴含着

$$E(Y_i | X_{i,1}, \cdots, X_{i,p}) = \beta_0 + \beta_1 X_{i,1} + \cdots + \beta_p X_{i,p}$$

参数 β_0 是截距．回归系数 $\beta_1, \cdots, \beta_p$ 是斜率．更准确地说，β_j 是相对于第 j 个预测变量的预期因变量的偏导数：

$$\beta_j = \frac{\partial E(Y_i | X_{i,1}, \cdots, X_{i,p})}{\partial X_{i,j}}$$

因此，β_j 是当 X_{ij} 变化一个单位时，Y_i 预期值的变化．假定白噪声是独立同分布的，满足：

$$\varepsilon_1, \cdots, \varepsilon_n \text{是独立同分布的，均值为 } 0, \text{方差为 } \sigma_\varepsilon^2 \tag{12.3}$$

通常情况下，假定 ε_i 服从正态分布，并且带有式(12.3)所表示的高斯白噪声.

考虑到读者的方便，线性回归模型的假设条件总结如下：
1. 条件期望的线性：$E(Y_i | X_{i,1}, \cdots, X_{i,p}) = \beta_0 + \beta_1 X_{i,1} + \cdots + \beta_p X_{i,p}$；
2. 独立噪声：$\varepsilon_1, \cdots, \varepsilon_n$ 是独立的；
3. 方差齐性：对所有 i，有 $\text{Var}(\varepsilon_i) = \sigma_\varepsilon^2$；
4. 高斯噪声：对所有 i，噪声 ε_i 服从正态分布．

本章以及接下来的两章讨论检查这些假设的方法、违背这些假设条件的后果以及它们不成立时的可能补救方法.

12.2 直线回归

直线回归是只有一个预测变量的线性回归. 该模型是

$$Y_i = \beta_0 + \beta_1 X_i + \varepsilon_i$$

其中，β_0 和 β_1 是回归直线的未知截距和斜率.

12.2.1 最小二乘估计

回归系数可以通过最小二乘法估计. 最小二乘估计是最小化下列式子的 $\hat{\beta}_0$ 和 $\hat{\beta}_1$ 的值：

$$\sum_{i=1}^{n} \{Y_i - (\hat{\beta}_0 + \hat{\beta}_1 X_i)\}^2 \tag{12.4}$$

几何学上，我们是最小化图 12-1 中垂线长度的平方和. 数据点以星号表示. 其中的垂线连接了数据点和线性方程的预测值. 预测值自身被称为"拟合值"或"帽子 y 值"(y-hat)，并表示为空心圆圈. Y 值和拟合值之间的差值称为残差. 利用微积分知识最小化式(12.4)，可以证明：

$$\hat{\beta}_1 = \frac{\sum_{i=1}^{n}(Y_i - \overline{Y})(X_i - \overline{X})}{\sum_{i=1}^{n}(X_i - \overline{X})^2} = \frac{\sum_{i=1}^{n} Y_i (X_i - \overline{X})}{\sum_{i=1}^{n}(X_i - \overline{X})^2} \tag{12.5}$$

并且，有

$$\hat{\beta}_0 = \overline{Y} - \hat{\beta}_1 \overline{X} \tag{12.6}$$

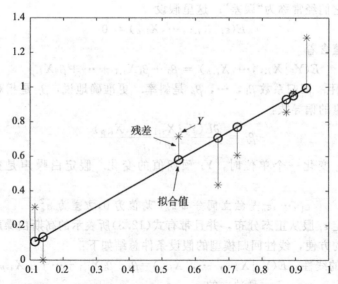

图 12-1 最小二乘估计. 连接数据(＊)和拟合值(o)的垂线表示残差. 最小二乘线定义为最小化残差平方和的直线

最小二乘线是

$$\hat{Y} = \hat{\beta}_0 + \hat{\beta}_1 X = \overline{Y} + \hat{\beta}_1(X - \overline{X}) = \overline{Y} + \left\{ \frac{\sum_{i=1}^{n}(Y_i - \overline{Y})(X_i - \overline{X})}{\sum_{i=1}^{n}(X_i - \overline{X})^2} \right\}(X - \overline{X})$$

$$= \overline{Y} + \frac{s_{XY}}{s_X^2}(X - \overline{X})$$

其中，$s_{XY} = (n-1)^{-1} \sum_{i=1}^{n}(Y_i - \overline{Y})(X_i - \overline{X})$ 是 X 和 Y 之间的样本协方差，而 s_X^2 是 X 的样本方差.

例 12.1 周利率——最小二乘估计.

1977 年 2 月 16 日至 1993 年 12 月 31 日的每周利率来源于芝加哥联邦储备银行. 图 12-2 是一个反映 10 年期国债到期价值的变化以及穆迪季节调整的企业 AAA 债券收益率变化曲线图. 曲线图看起来是线性的，所以使用 R 的 lm 函数尝试进行线性回归. 输出如图 12-2 所示.

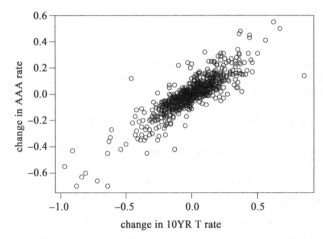

图 12-2 穆迪季节调整的企业 AAA 级债券收益率的变动与 10 年期国债的到期价值的变化.
数据来源于芝加哥联邦储备银行发布的 H.15，从芝加哥联邦银行的网站上收集

```
Call:
lm(formula = aaa_dif ~ cm10_dif)

Coefficients:
             Estimate Std. Error t value Pr(>|t|)
(Intercept) -0.000109   0.002221   -0.05     0.96
cm10_dif     0.615762   0.012117   50.82   <2e-16 ***
---
Signif. codes:  0 *** 0.001 ** 0.01 * 0.05 . 0.1   1

Residual standard error: 0.066 on 878 degrees of freedom
Multiple R-Squared: 0.746,     Adjusted R-squared: 0.746
F-statistic: 2.58e+03 on 1 and 878 DF,  p-value: <2e-16
```

从输出中我们可以看到，截距和斜率的最小二乘估计为 -0.000109 和 0.616. Residual

standard error 为 0.066，它是 σ_ε 的估计值，即所谓的 $\hat{\sigma}_\varepsilon$ 或者 s，详情参见 12.3 节。输出的其余项将简要给出说明。

例 12.2 食品行业和市场投资组合的超额收益。

证券或市场指数的超额收益是收益减去无风险利率的值。线性回归在金融中的一个重要应用是对整个市场的超额收益回归资产或市场部分的超额收益。这种类型的应用将在第 16 章中详细讨论。在这个例子中，我们将食品行业（rfood）的月超额收益与市场投资组合（rmrf）的月超额收益进行回归。数据来源于 R 的 Ecdat 数据包中的 Capm 数据集，图形绘制在图 12-3 中。数据以百分比的形式表示，本例中转换为分数。函数 lm 的输出是：

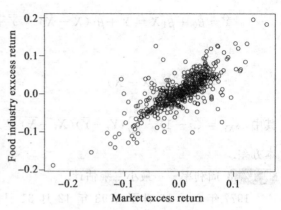

图 12-3 表示食品行业的超额收益与市场超额收益的图。数据来源于 R 的 Ecdat 数据包里数据集 Capm

```
Call:
lm(formula = rfood ~ rmrf)

Coefficients:
            Estimate Std. Error t value Pr(>|t|)
(Intercept)  0.00339    0.00128    2.66   0.0081 **
rmrf         0.78342    0.02835   27.63   <2e-16 ***
---
Signif. codes:  0 *** 0.001 ** 0.01 * 0.05 . 0.1   1

Residual standard error: 0.0289 on 514 degrees of freedom
Multiple R-Squared: 0.598,     Adjusted R-squared: 0.597
F-statistic:   763 on 1 and 514 DF,  p-value: <2e-16
```

因此，拟合的回归方程为：

$$\text{rfood} = 0.00339 + 0.78342 \text{ rmrf} + \varepsilon$$

且 $\hat{\sigma}_\varepsilon = 0.0289$。

12.2.2 $\hat{\beta}_1$ 的方差

包含公式中的估计量的方差将是很有用的，它可以说明估计值的精确度如何依赖于数据的逐个方面，例如样本大小和预测变量的值。幸运的是，推导 $\hat{\beta}_1$ 的方差的公式是很容易的。通过式(12.5)，可以把 $\hat{\beta}_1$ 写成因变量的加权平均形式：

$$\hat{\beta}_1 = \sum_{i=1}^n w_i Y_i$$

其中，w_i 为权重，由下式给出：

$$w_i = \frac{X_i - \overline{X}}{\sum_{i=1}^n (X_i - \overline{X})^2}$$

我们认为 $X_1, \cdots, X_n$ 是固定的，所以如果它们是随机的，我们将以它们的值为条件。根据回归模型的假设，我们可以看出 $\text{Var}(Y_i | X_1, \cdots, X_n) = \sigma_\varepsilon^2$ 和 $Y_1, \cdots, Y_n$ 是条件不相

关的. 因此,

$$\mathrm{Var}(\hat{\beta}_1 \mid X_1, \cdots, X_n) = \sigma_\epsilon^2 \sum_{i=1}^n w_i^2 = \frac{\sigma_\epsilon^2}{\sum_{i=1}^n (X_i - \overline{X})^2} = \frac{\sigma_\epsilon^2}{(n-1)s_X^2} \tag{12.7}$$

这里值得花费一些时间来研究这个公式. 首先, 分子 σ_ϵ^2 是 ϵ_i 的方差. 这不奇怪. 噪声中更多的变差意味着变量估计值的更多变差. 分母告诉我们, $\hat{\beta}_1$ 的方差与 $(n-1)$ 和 s_X^2 成反比. 所以当 σ_ϵ^2 减小、n 增加或 s_X^2 增加时, $\hat{\beta}_1$ 的精度增加. 为什么增加 s_X^2 会减小 $\mathrm{Var}(\hat{\beta}_1 \mid X_1, \cdots, X_n)$ 呢? 原因是增加 s_X^2 意味着 X_i 分布更广泛, 使得该直线的斜率更容易估计.

例 12.3 回归的最佳取样频率.

这里给出一个式(12.7)的重要应用. 假设有两个平稳时间序列 X_t 及 Y_t, 我们希望用 X_t 来回归 Y_t. 我们刚刚看到这方面的例子. 一个显著的实际问题是, 我们是否要使用天或周的数据, 甚至是月或季度的数据. 我们使用的取样频率重要吗? 答案是"重要", 而且尽可能高的取样频率提供了最精确的斜率估计. 要理解为什么是这样, 我们对天和周的数据进行比较. 假设 X_t 及 Y_t 是白噪声序列. 由于周对数收益是一周内 5 天的对数收益之和, 如果把日对数收益改成周对数收益, σ_ϵ^2 和 s_X^2 各会增加一个因子 5, 因此它们的比值 σ_ϵ^2/s_X^2 不变. 然而, 通过把日对数收益改成周对数收益, $(n-1)$ 减少因子约为 5. 所以, 使用日对数收益将使 $\mathrm{Var}(\hat{\beta}_1 \mid X_1, \cdots, X_n)$ 的值约是相应的周对数收益值的 $\frac{1}{5}$. 同样, 使用月对数收益得到的 $\mathrm{Var}(\hat{\beta}_1 \mid X_1, \cdots, X_n)$ 值将是相应的周对数收益值的 4 倍.

显而易见的结论是, 我们应该使用可用的最高取样频率, 通常是日收益. 为了简化计算, 假设 X_t 及 Y_t 是白噪声, 如果换作平稳且自相关的序列, 此结论仍然成立. ■

12.3 多元线性回归

多元线性回归模型为:

$$Y_i = \beta_0 + \beta_1 X_{i,1} + \cdots + \beta_p X_{i,p} + \epsilon_i$$

最小二乘估计值是最小化下式的参数值 $\hat{\beta}_0, \hat{\beta}_1, \cdots, \hat{\beta}_p$:

$$\sum_{i=1}^n \{Y_i - (\hat{\beta}_0 + \hat{\beta}_1 X_{i,1} + \cdots + \hat{\beta}_p X_{i,p})\}^2 \tag{12.8}$$

14.2 节讨论最小二乘估计的计算. 对于应用而言, 技术细节并不重要, 因为已经有了最小二乘估计的软件.

第 i 个拟合值是

$$\hat{Y}_i = \hat{\beta}_0 + \hat{\beta}_1 X_{i,1} + \cdots + \hat{\beta}_p X_{i,p} \tag{12.9}$$

它是 $E(Y_i \mid X_{i,1}, \cdots, X_{i,p})$ 的估计值. 第 i 个残差为:

$$\hat{\epsilon}_i = Y_i - \hat{Y}_i = Y_i - (\hat{\beta}_0 + \hat{\beta}_1 X_{i,1} + \cdots + \hat{\beta}_p X_{i,p}) \tag{12.10}$$

它是 ϵ_i 的估计值. 式(12.10)也可以表示成:

$$Y_i = \hat{Y}_i + \hat{\epsilon}_i \tag{12.11}$$

σ_ϵ^2 的一个无偏估计是:

$$\hat{\sigma}_\varepsilon^2 = \frac{\sum_{i=1}^{n}\hat{\varepsilon}_i^2}{n-1-p} \tag{12.12}$$

式(12.12)中的分母为样本量减去带估计的回归系数数量.

例 12.4 多元线性回归与利率.

作为一个例子,我们将继续周利率数据的分析,但现在把 30 年期国债利率(cm30_dif)和联邦基金利率(ff_dif)的变化作为额外预测变量. 因此 $p=3$. 图 12-4 是这 4 个时间序列的散点图矩阵. 在 aaa_dif、cm10_dif 和 cm30_dif 的所有对之间有很强的线性关系,但 ff_dif 与其他序列并不密切相关.

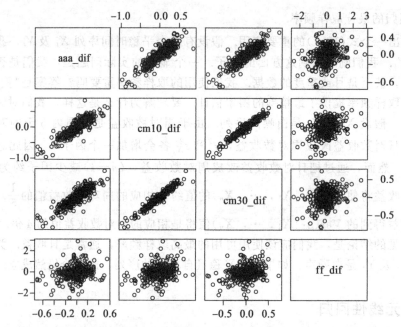

图 12-4　4 个周利率变化的散点图矩阵. 变量 aaa_dif 是例 12.4 中的因变量

该回归的 lm 输出为:

```
Call:
lm(formula = aaa_dif ~ cm10_dif + cm30_dif + ff_dif)
Coefficients:
            Estimate  Std. Error  t value  Pr(>|t|)
(Intercept) -9.07e-05  2.18e-03   -0.04    0.97
cm10_dif     3.55e-01  4.51e-02    7.86    1.1e-14 ***
cm30_dif     3.00e-01  5.00e-02    6.00    2.9e-09 ***
ff_dif       4.12e-03  5.28e-03    0.78    0.44
---
Signif. codes:  0 *** 0.001 ** 0.01 * 0.05 . 0.1   1

Residual standard error: 0.0646 on 876 degrees of freedom
Multiple R-Squared: 0.756,     Adjusted R-squared: 0.755
F-statistic:  906 on 3 and 876 DF,  p-value: <2e-16
```

我们可以看到 $\hat{\beta}_0 = -9.07\times 10^{-05}$,$\hat{\beta}_1 = 0.355$,$\hat{\beta}_2 = 0.300$ 和 $\hat{\beta}_3 = 0.00412$.　■

多元回归常用的一种特殊情况是多项式回归模型,它使用预测变量以及它的次方. 例如，如果有一个 X 变量，p 阶多项式回归模型是：
$$Y_i = \beta_0 + \beta_1 X_i + \cdots + \beta_p X_i^p + \varepsilon_i$$
作为另一个例子，两个预测变量的二次回归模型为：
$$Y_i = \beta_0 + \beta_1 X_{i,1} + \beta_2 X_{i,2}^2 + \beta_3 X_{i,1} X_{i,2} + \beta_4 X_{i,2} + \beta_5 X_{i,2}^2 + \varepsilon_i$$

12.3.1 标准误差、t 值和 p 值

本节将解释回归输出中的一些统计量．我们使用例 12.4 的输出来说明．

正如前面提到的，估计系数是 $\hat{\beta}_0 = -9.07 \times 10^{-5}$，$\hat{\beta}_1 = 0.355$，$\hat{\beta}_2 = 0.300$ 和 $\hat{\beta}_3 = 0.00412$．每个系数伴随着其他三个统计量．

- 标准误差(SE)，这是最小二乘估计值的标准差，它告诉我们估计值的精度．
- t 值，这是 t 统计量，用于检验回归系数是否为 0．t 值是估计值和其标准误差的比例．例如，对于 cm10_dif，t 值是 $7.86 = 0.355/0.0451$．
- p 值(在函数 lm 的输出中 Pr>|t|)用于检验系数是 0 的原假设或者系数不为 0 的备择假设．如果一个斜率参数的 p 值很小，正如这里 β_1 的 p 值，那么有证据说明相应的系数不为 0，这意味着预测变量与因变量具有线性关系．

重要的是记住，p 值只告诉我们是否存在线性关系．Y_i 和 $X_{i,j}$ 之间存在的线性关系只意味着 Y_i 的线性预测变量在 $X_{i,j}$ 处有非零的斜率，或者等价地 $\mathrm{Corr}(X_{i,j}, Y_i) \neq 0$．当 p 值很小(即线性关系存在)时，也可能存在如图 A-4g 所示的很强的偏离线性关系的非线性偏差．此外，当 p 值很大(即不存在线性关系)时，也可能存在图 A-4f 中很强的非线性关系．由于潜在的非线性关系在线性回归分析中未被发现，因此数据的图形分析(例如，图 12-4)和残差分析(参见第 13 章)是必不可少的．

β_1 和 β_2 的 p 值是非常小的，所以可以得出这样的结论：这些斜率不为 0．β_0 的 p 值很大(0.97)，所以不会拒绝截距是 0 的假设．

同样，也不会拒绝 β_3 是零的原假设．换句话说，可以接受原假设，即 cm10_dif、cm30_dif、aaa_dif 和 ff_dif 不是线性相关的．这个结果不应该解释成 aaa_dif 和 ff_dif 不相关，而应该解释为当 cm10_dif 和 cm30_dif 在回归模型中时，变量 ff_dif 对 aaa_dif 的预测没有作用(事实上，aaa_dif 和 ff_dif 的相关系数为 0.25，aaa_dif 和 ff_dif 的线性回归高度显著，检验斜率为零的 p 值是 5.158×10^{-14})．

由于联邦基金利率是一个短期(一夜)利率，因此无疑 ff_dif 没有用来预测 aaa_dif 的 10 年和 30 年期国债利率的变化那么有用．

对于只有一个预测变量的回归，通过式(12.7) $\hat{\beta}_1$ 的标准误差是 $\hat{\sigma}_\varepsilon / \sqrt{\sum_{i=1}^n (X_i - \overline{X})^2}$．当存在多于两个预测变量时，标准误差的公式更为复杂，并使用矩阵符号．由于标准误差可以由标准的软件(如 lm)计算，应用中并不需要该公式，因此推迟到 14.2 节中讨论它们．

12.4 方差分析、平方和以及 R^2

12.4.1 AOV 表

回归拟合的某些结果经常展示在一个方差分析表中，也称为的 AOV 或 ANOVA 表．AOV 表的目的在于描述当知道 $X_1, \cdots, X_p$ 时，Y 中有多少变化量是可预测的．

下面是例 12.4 中模型的 AOV 表．

```
> anova(lm(aaa_dif~cm10_dif+cm30_dif+ff_dif))
Analysis of Variance Table
Response: aaa_dif
          Df Sum Sq Mean Sq F value  Pr(>F)
cm10_dif   1  11.21   11.21 2682.61 < 2e-16 ***
cm30_dif   1   0.15    0.15   35.46 3.8e-09 ***
ff_dif     1 0.0025  0.0025    0.61    0.44
Residuals 876   3.66  0.0042
---
Signif. codes:  0 *** 0.001 ** 0.01 * 0.05 . 0.1  1
```

Y 中的总变化量可以划分成两部分：可由 $X_1, \cdots, X_p$ 预测的变差以及不能预测的变差。能够预测的变差由回归平方和测量：

$$回归平方和 = \sum_{i=1}^{n}(\hat{Y}_i - \overline{Y})^2$$

当模型中只有 cm10_dif 时，回归平方和在方差分析表的第一行中，并且值为 11.21。在第二行中的值 0.15，是当 cm30_dif 被添加到模型中时，回归平方和的增加量。同样，0.0025 是当 ff_diff 被添加到模型中时，回归平方和的增加量。因此，四舍五入到小数点后两位，11.36＝11.21＋0.15＋0.00 是当所有三个预测变量在模型中时，回归平方和的值。

Y 中不能被线性函数 $X_1, \cdots, X_p$ 预测的变化量由残差平方和测量，它等于残差平方的总和，即

$$残差平方和 = \sum_{i=1}^{n}(Y_i - \hat{Y}_i)^2$$

在方差分析表中，残差平方和在最后一行中，并且值为 3.66。总变化量由总平方和（total SS）测量，它等于 Y 偏离其均值的偏差平方总和，即

$$总平方和 = \sum_{i=1}^{n}(Y_i - \overline{Y})^2 \tag{12.13}$$

代数上，可以证明：

$$总平方和 = 回归平方和 + 残差平方和 \tag{12.14}$$

因此，在例 12.4 中，总平方和是 11.36＋3.66＝15.02。

R^2 的值为：

$$R^2 = \frac{回归平方和}{总平方和} = 1 - \frac{残差平方和}{总平方和}$$

它表示可以由 X 线性预测的 Y 中的总变化量的比例。在该例子中，如果只有 cm10_dif 在模型中，$R^2 = 11.21/15.02 = 0.746$，如果所有三个预测变量都在模型中，$R^2 = 11.36/15.02 = 0.756$。这个值可以在例 12.4 的输出中找到。

当只有一个 X 变量时，有 $R^2 = r_{XY}^2 = r_{\hat{Y}Y}^2$，其中 r_{XY} 和 $r_{\hat{Y}Y}$ 分别是 Y 与 X 之间的样本相关系数以及 Y 与其预测值之间的样本相关系数。换句话说，R^2 是 Y 和 X 以及 Y 和 $\hat{Y}$ 之间的相关系数的平方。当有多个预测变量时，仍然有 $R^2 = r_{\hat{Y}Y}^2$。由于 $\hat{Y}$ 是变量 X 的线性组合，因此 R 可以被看作是 Y 与多个 X 之间的"多重"相关系数。残差平方和也称为误差平方和，或者平方误差和，记为 SSE。

了解 AOV 表中的平方和取决于回归中预测变量的顺序是很重要的。因为任何变量的平方和是该变量加入到模型中已有的预测变量中后回归平方和的增量。

下表中的变量与上述讨论的相同，但预测变量的顺序是颠倒的. 现在，ff_dif 是第一个预测变量，其平方和远大于之前，它的 p 值是高度显著的；之前它是非显著的，其值为 0.44. cm30_dif 的平方总和比 cm10_dif 的平方和要大得多，这里和我们前面看到的颠倒了，这是由于 cm10_dif 和 cm30_dif 高度相关，在预测变量中排在第一的值会有更大的平方和.

```
> anova(lm(aaa_dif~ff_dif+cm30_dif+cm10_dif))
Analysis of Variance Table

Response: aaa_dif
           Df Sum Sq Mean Sq F value   Pr(>F)
ff_dif      1   0.94    0.94   224.8 < 2e-16 ***
cm30_dif    1  10.16   10.16  2432.1 < 2e-16 ***
cm10_dif    1   0.26    0.26    61.8 1.1e-14 ***
Residuals 876   3.66  0.0042
```

这里需要注意的是，AOV 表在评估以某种自然顺序加入预测变量的效果时是最有用的. 由于 AAA 级债券的到期日比 30 年接近 10 年，而且联邦基金利率是一隔夜利率，所以应该像最初那样将预测变量排序为 cm10_dif、cm30_dif 和 ff_dif.

12.4.2 自由度

每个变差源存在相对应的自由度(DF). 回归的自由度是 p，它是预测变量个数. 总自由度为 $n-1$. 残差的自由度为 $n-p-1$. 可以如下所述来理解自由度的概念. 起初，有 n 个自由度，对应于每个观测值. 一个自由度被分配到截距的估计值. 这使得估计预测变量 X 和 σ_ϵ^2 的效果的总自由度为 $n-1$. 每个回归参数使用一个估计自由度. 因此，存在 $(n-1)-p$ 个自由度，用来依靠残差估计 σ_ϵ^2. 有一个很好的回归的几何理论，它认为因变量处在一个 n 维向量空间中，而自由度是不同子空间的维度. 然而，我们没有足够的篇幅探讨这个话题.

12.4.3 均值平方和和 F 检验

正如上面所讨论的，在方差分析表中的每个平方和有一个对应的自由度. 平方和与自由度的比率是均值平方和：

$$均值平方和 = \frac{平方和}{自由度}$$

残差的均值平方和是由式(12.12)得出的 σ_ϵ^2 的无偏估计，即

$$\hat{\sigma}_\epsilon^2 = \frac{\sum_{i=1}^{n}(Y_i - \hat{Y}_i)^2}{n-1-p} = 残差均值平方和$$

$$= \frac{残差平方和}{残差自由度} \tag{12.15}$$

其他均值平方和用于检验. 假设有两个模型Ⅰ和Ⅱ，模型Ⅰ中的预测变量是模型Ⅱ的一个子集，所以模型Ⅰ是模型Ⅱ的子模型. 一个常见的原假设是数据由模型Ⅰ产生. 这等价于，对于不在模型Ⅰ中的变量，它们在模型Ⅱ中的斜率是 0. 为检验这个假设，使用模型Ⅱ相比模型Ⅰ的超额回归平方和：

$$SS(Ⅱ|Ⅰ) = 模型Ⅱ的回归平方和 - 模型Ⅰ的回归平方和$$
$$= 模型Ⅰ的残差平方和 - 模型Ⅱ的残差平方和 \tag{12.16}$$

式(12.16)成立是因为式(12.14)适用于所有模型，特别是对模型Ⅰ和模型Ⅱ. SS(Ⅱ|Ⅰ)的自由度是模型Ⅱ相比模型Ⅰ中超额预测变量的数量. 均值平方表示为 MS(Ⅱ|Ⅰ). 换句话说，

如果 p_{I} 和 p_{II} 分别是模型 I 和模型 II 的参数数量，那么 $\mathrm{df}_{\mathrm{II}|\mathrm{I}} = p_{\mathrm{II}} - p_{\mathrm{I}}$ 和 $\mathrm{MS}(\mathrm{II}|\mathrm{I}) = \mathrm{SS}(\mathrm{II}|\mathrm{I}) / \mathrm{df}_{\mathrm{II}|\mathrm{I}}$. 检验原假设的 F 统计量为：

$$F = \frac{\mathrm{MS}(\mathrm{II}|\mathrm{I})}{\hat{\sigma}_{\epsilon}^{2}}$$

其中 $\hat{\sigma}_{\epsilon}^{2}$ 是模型 II 的均值残差平方和. 在原假设下，F 统计量服从自由度为 $\mathrm{df}_{\mathrm{II}|\mathrm{I}}$ 和 $n - p_{\mathrm{II}} - 1$ 的 F 分布. 如果 F 统计量超过该 F 分布的 α 上分位数，那么原假设被拒绝.

例 12.5 每周利率——检验单预测变量和三个预测变量模型.

在这个例子中，原假设是：在三个预测变量模型中，cm30_dif 和 ff_dif 的斜率为 0. 可以使用 R 软件的 anova 函数计算该 F 检验. 输出为：

```
Analysis of Variance Table

Model 1: aaa_dif ~ cm10_dif
Model 2: aaa_dif ~ cm10_dif + cm30_dif + ff_dif
  Res.Df  RSS  Df  Sum of Sq    F   Pr(>F)
1    878 3.81
2    876 3.66   2       0.15 18.0 2.1e-08 ***
---
Signif. codes:  0 *** 0.001 ** 0.01 * 0.05 . 0.1  1
```

在最后一行，Df 列的条目"2"是两个模型间参数数量的差，而"Sum of Sq"列中的 0.15 是两个模型的残差平方和之差. 极小的 p 值 (2.1×10^{-8}) 使得我们拒绝原假设. ■

例 12.6 周利率——检验两个预测变量与三个预测变量模型.

在这个例子中，原假设是在这三个预测变量模型中，ff_dif 的斜率为 0. F 检验使用 R 软件的 anova 函数计算，输出为：

```
Analysis of Variance Table

Model 1: aaa_dif ~ cm10_dif + cm30_dif
Model 2: aaa_dif ~ cm10_dif + cm30_dif + ff_dif
  Res.Df  RSS  Df  Sum of Sq    F Pr(>F)
1    877 3.66
2    876 3.66   1     0.0025 0.61   0.44
```

大的 p 值 (0.44) 使得我们接受原假设. ■

12.4.4 调整 R^2

R^2 对大模型有偏，因为通过对模型增加更多预测变量，R^2 总是增加的，即使这些增加的变量是独立于因变量的. 回顾

$$R^2 = 1 - \frac{残差平方和}{总平方和} = 1 - \frac{n^{-1} 残差平方和}{n^{-1} 总平方和}$$

R^2 的有偏可以通过使用以下"调整"方式移除，它在有 n 的地方用适当的自由度代替：

$$调整 R^2 = 1 - \frac{(n-p-1)^{-1} 残差平方和}{总平方和} = 1 - \frac{残差均值平方}{总均值平方}$$

调整 R^2 中的 p 用于对预测变量数目的增加进行惩罚，所以当预测变量被加入模型时，调整 R^2 可以增加或者减少. 如果增加的变量导致残差平方和减少的程度足够弥补 p 的增量，调整 R^2 就增加了.

12.5 模型选择

当存在许多潜在的预测变量,我们常常希望找到它们的某个子集以提供一个简洁的回归模型. F 检验对模型选择不是很适合. 其中的一个问题是有许多可能的 F 检验,所有它们的联合统计行为是未知的. 对于模型选择,更适合使用一个模型选择准则,例如 AIC 或者 BIC. 对于线性回归模型,AIC 为:

$$\text{AIC} = n\log(\hat{\sigma}^2) + 2(1+p)$$

其中 $1+p$ 是有 p 个预测变量的模型的参数个数,截距是其中的最后一个参数. BIC 用 $\log(n)(1+p)$ 取代了在 AIC 中的 $2(1+p)$. 在第一项 $n\log(\hat{\sigma}^2)$ 中,是 -2 乘以最大似然估计(MLE)得到的对数似然值,且假设噪声是高斯噪声.

除了 AIC 和 BIC 之外,有两个特定的针对回归的模型选择准则. 一个是我们之前所见的调整 R^2,另一个是 C_p. C_p 是和 AIC 相关的,通常 C_p 和 AIC 在同一个模型上得到最小化值. 使用 C_p 而不是 AIC 准则的主要原因是某些回归软件只计算 C_p,而没有 AIC——下面例子中用到的 R 的添加包 leaps 中的函数 regsubsets 就是这样的.

为了定义 C_p,假设有 M 个预测变量. 设 $\hat{\sigma}^2_{\varepsilon,M}$ 是应用所有预测变量后模型 σ^2_ε 的估计值,而设 $SSE(p)$ 是一个有 $p \leqslant M$ 个预测变量子集的模型的残差平方和. 同样,n 是样本大小. 则 C_p 定义为:

$$C_p = \frac{SSE(p)}{\hat{\sigma}^2_{\varepsilon,M}} - n + 2(p+1) \tag{12.17}$$

当然,C_p 取决于所有含有 p 个预测变量的模型中的特定模型,所以符号"C_p"可能不是最理想的选择.

对于 C_p,AIC 以及 BIC,较小的值更好,但对于调整的 R^2,较大的值更好.

我们不应该盲目地使用模型选择准则. 模型的选择应该由经济理论和实际考虑为指导,同时应用模型选择准则. 最后的模型需要对用户有意义这一点是很重要的. 该问题的专家可能采用一个这样的模型,它从选择准则来看不是最佳的模型,但是它更加精简或者有着更好的经济原理解释.

例 12.7 周利率——通过 AIC 和 BIC 进行模型选择.

图 12-5 给出了模型预测变量数和某个选择准则最佳值的线图. 这里的"最佳值"是指在所有含有给定数目预测变量的模型中的最佳值. 对 BIC 和 C_p 准则,"最佳值"是指最小值;而对调整 R^2 则是指最大值. 其中的三个图形分别为 BIC、C_p 以及调整 R^2. 所有三个准则都在两个预测变量的模型上得到最佳值.

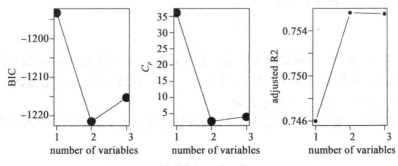

图 12-5 周利率的变化. 模型选择图

有三个模型可以含有这三个预测变量中的两个变量. 可以从函数 regsubsets 的输出中看出, 得到准则最佳值[一]的模型的预测变量为 cm10_dif 和 cm30_dif. 在这里"*"表示该变量在模型中, 而" "表示该变量不在模型中, 所以表中的三行表明最好的单变量模型是 cm10_dif, 而最佳的两变量模型是 cm10_dif 和 cm30_dif——第三行不包含任何实际信息, 因为本例只有三个预测变量, 只存在一个模型可以同时包含这三个变量.

```
Selection Algorithm: exhaustive
         cm10_dif cm30_dif ff_dif
1  ( 1 )  "*"      " "      " "
2  ( 1 )  "*"      "*"      " "
3  ( 1 )  "*"      "*"      "*"
```

12.6 共线性和方差膨胀

如果两个或多个预测变量彼此高度相关, 那么很难估计它们各自对因变量的效果. 例如, cm10_dif 和 cm30_dif 的相关系数为 0.96 并且图 12-4 的散点图显示它们高度相关. 如果用 cm10_dif 对 aaa_dif 进行回归, 那么调整 R^2 是 0.7460, 但如果增加 cm30_dif 作为第二个预测变量, 那么调整 R^2 仅仅增加到 0.7556. 这说明 cm30_dif 可能和 aaa_dif 不相关, 但事实并非如此. 事实上, 当 cm30_dif 是唯一的预测变量时, 调整后的 R^2 为 0.7376, 它表明 cm30_dif 是 aaa_dif 的很好的预测变量, 它几乎与 cm10_dif 一样好.

预测变量之间高度相关的另一个效果是每个变量的回归系数对其他变量是否在模型中是很敏感的. 例如, 当 cm10_dif 是唯一的预测变量时, cm10_dif 的系数是 0.616, 但当 cm30_dif 也被包含进模型时, 该系数只有 0.360.

这里的问题是由于 cm10_dif 和 cm30_dif 高度相关, 它们提供了冗余信息. 这个问题称为共线性, 或者, 在超过两个预测变量的情况下, 该问题称为多重共线性. 共线性增加了标准误差. 当只有 cm10_dif 在模型中时, cm10_dif 的 β 的标准误差是 0.01212; 但如果 cm30_dif 被加入模型时, 它会增加到 0.0451 时, 增加了 372%.

一个变量的方差膨胀因子(VIF)告诉我们当模型中加入另一个预测变量时, 该变量的平方标准误差(即 $\hat{\beta}$ 的方差)的增加量. 例如, 如果一个变量的 VIF 为 4, 那么它的 $\hat{\beta}$ 的方差会比剔除其他预测变量或者其他预测变量与其不相关的情况大 4 倍. 标准误差增加了 2 倍.

假设我们有预测变量 $X_1, \cdots, X_p$. 那么 X_j 的 VIF 可以通过用其他 $p-1$ 个预测变量来对 X_j 回归而得到. 设 R_j^2 为该回归的 R^2 值, 则 R_j^2 衡量由其他预测变量 X 预测 X_j 的好坏程度. 那么 X_j 的 VIF 为:

$$\text{VIF}_j = \frac{1}{1-R_j^2}$$

R_j^2 的值接近于 1, 表示一个较大的 VIF 值. 换句话说, X_j 越能被其他 X 精确地预测, 它的冗余度就越高, VIF 值也越高. 当 R_j^2 为 0 时, VIF_j 的最小值为 1. 遗憾的是, VIF_j 没有上界. 当 R_j^2 接近 1 时, 方差膨胀无限.

当解释 VIF 时, 重要的是要记住 VIF_j 没有告诉我们因变量和第 j 个预测变量之间的

[一] 当比较模型和相同数量的参数时, 所有三个标准由相同的模型最优化.

关系．相反，它只告诉我们第 j 个预测变量如何与其他预测变量关联．事实上，不知道因变量的值也可以计算 VIF．

通常解决共线性的方法是通过使用 12.5 节中讨论的模型选择准则之一来减少预测变量的数目．

例 12.8 周利率的方差膨胀因子．

在 R 的程序库 faraway 中的函数 vif 对周利率的变化返回下列 VIF 值：

```
cm10_dif cm30_dif   ff_dif
    14.4     14.1      1.1
```

由于它们之间的高相关性，cm10_dif 和 cm30_dif 有大 VIF 值．预测变量 ff_dif 与 cm30_dif 不相关并且 cm30_dif 有一个较小的 VIF．

VIF 值提供给我们预测变量之间线性关系的信息，但不是它们与因变量之间的关系．在这个例子中，ff_dif 有一个小的 VIF 值，但并不是重要的预测变量，因为它与因变量有较小的相关性．除了它们的高 VIF 值，cm10_dif 和 cm30_dif 是重要的预测变量．高 VIF 值只告诉我们 cm10_dif 和 cm30_dif 的回归系数不可能预测出高精确度．

问题在于 14.4 和 14.1 的 VIF 值如此大以至于预测变量的数目不能减少．回答是"可能不"，因为带有 cm10_dif 和 cm30_dif 的模型减少 BIC 值．BIC 通常选择一个变量少的模型，因为 BIC 值取决于预测变量的数量．因此，减少 BIC 的模型不需要进一步删除预测变量来减小 VIF 值．∎

例 12.9 纳尔逊-普洛瑟宏观经济变量．

为了说明模型选择，我们现在讨论一个带有更多预测变量的例子．我们将从 6 个预测变量开始但将会发现一个模型只有两个预测变量拟合得好．

这个例子使用著名的美国年宏观经济时间序列的纳尔逊-普洛瑟数据组的一个子集．这些数据在 R 的程序包 fEcofin 中．我们使用的变量为：

1. sp——股票价格，[指数；1941-43=100]，[1871-1970]．
2. gnp.r——国民生产总值，[1958 年数十亿美元]，[1909-1970]，
3. gnp.pc——人均国民生产总值，[1958 美元]，[1909-1970]，
4. ip——工业生产指数，[1967 = 100]，[1860-1970]，
5. cpi——消费者价格指数，[1967 = 100]，[1860-1970]，
6. emp——就业总人数，[数以千计]，[1890-1970]，
7. bnd——Basic30 年期公司债收益率，[% pa]，[1900-1970]．

由于两个时间序列开始于 1909 年，我们只使用 1909 年直到 1970 年的数据，共有 62 年．因变量为股票价格的指数收益，即 log(sp) 的差值．回归量是变量 2 到 7 的差值，在差分之前是变量 4 到 5 的指数变换．一个相减的对数序列包含原始变量的近似相对变化，同样，这个指数收益大约等于由价格变化求得的收益．

我们该如何决定是否差分原始序列，对数变换序列，或者其他的序列函数呢？通常目标是平稳差值序列的波动．图 12-6 的上图是 gnp.r、log(gnp.r) 以及 sqrt(gnp.r) 变化的时间序列图，下图是 ip 的相似图形．对于 ip，差分序列的波动随着时间推移变得平稳，但如果使用平方根或者序列对数的话就不成立了．这是因为 diff(log(ip)) 在这里作为回归量．对于 gnp.r，变化的波动更加平稳，而我们使用 diff(gnp.r) 而非 diff(log(gnp.r)) 作为回归量．在这个分析中，我们不考虑使用平方根变换，因为平方根的变化比原始数据以及其对数变化更不具解释性．但是，两个序列的平方根变化相对平稳，所以

平方根变换可以考虑. 另一个可能性是使用给出最佳拟合模型的变换. 例如, 我们可以将所有三个变量 diff(ip)、diff(log(ip))、diff(sqrt(ip))放入模型, 并且使用模型选择来决定哪个给出了最佳拟合. 同样的方法可以用于 gnp.r 和其他回归量.

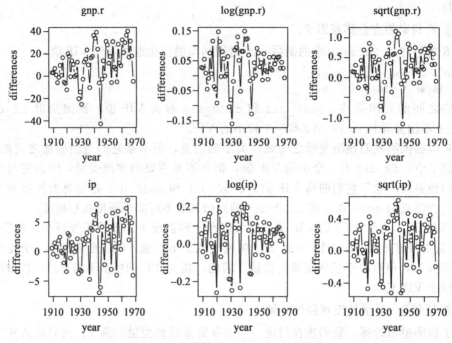

图 12-6 变换前后 gnp.r 和 ip 的差分

注意到变量先变换后差分. 如果先差分后做对数或者平方根变换会导致复值变量, 这将是难以解释的.

在这个数据集中有额外的变量可以尝试放入模型. 这里给出的分析只是一个实例, 在这个丰富的数据集中更多的探究是可能的.

时间序列和所有 8 个差值序列的正态图没有显示任何异常值. 正态图只是用来检查异常值, 而不是去检查正态分布. 在回归分析中没有假设回归量是正态分布或者因变量有边缘正态分布. 这只是给定假设正态的回归量时因变量的条件分布, 甚至可以削弱假设.

带有所有回归量的线性回归显示只有 diff(log(ip)) 和 diff(bnd) 在 0.05 置信水平下是统计显著的, 而且有非常大的 p 值:

```
Call:
lm(formula = diff(log(sp)) ~ diff(gnp.r) + diff(gnp.pc)
    + diff(log(ip)) + diff(log(cpi))
    + diff(emp) + diff(bnd), data = new_np)

Coefficients:
              Estimate  Std. Error  t value  Pr(>|t|)
(Intercept)  -2.766e-02  3.135e-02   -0.882   0.3815
diff(gnp.r)   8.384e-03  4.605e-03    1.821   0.0742
diff(gnp.pc) -9.752e-04  9.490e-04   -1.028   0.3087
diff(log(ip)) 6.245e-01  2.996e-01    2.085   0.0418
diff(log(cpi)) 4.935e-01 4.017e-01    1.229   0.2246
diff(emp)    -9.591e-06  3.347e-05   -0.287   0.7756
diff(bnd)    -2.030e-01  7.394e-02   -2.745   0.0082
```

这里一个可能的问题是多重共线性，因此计算方差膨胀因子：

```
diff(gnp.r)   diff(gnp.pc)  diff(log(ip))  diff(log(cpi)
    16.0         31.8            3.3             1.3
diff(emp)     diff(bnd)
    10.9          1.5
```

我们看到 diff(gnp.r) 和 diff(gnp.pc) 有高 VIF 值，这并不奇怪，因为它们预计是高度相关的。事实上，它们的相关系数是 0.96。

接下来，我们使用 stepAIC 寻找更简洁的模型，R 的变量选择过程始于一个用户指定的模型，循序地添加或删除变量。在每一步中，要么做添加要么做删除以改进 AIC。在这个例子中，stepAIC 将始于所有 6 个预测变量。

下面是第一步：

```
Start:  AIC=-224.92
diff(log(sp)) ~ diff(gnp.r) + diff(gnp.pc) + diff(log(ip)) +
    diff(log(cpi)) + diff(emp) + diff(bnd)

                 Df Sum of Sq      RSS      AIC
- diff(emp)       1     0.002    1.216  -226.826
- diff(gnp.pc)    1     0.024    1.238  -225.737
- diff(log(cpi))  1     0.034    1.248  -225.237
<none>                           1.214  -224.918
- diff(gnp.r)     1     0.075    1.289  -223.284
- diff(log(ip))   1     0.098    1.312  -222.196
- diff(bnd)       1     0.169    1.384  -218.949
```

列出的模型有零个或者一个变量移出带有所有回归量的原始模型。模型按 AIC 值的顺序列出。第一个模型已经删除了 diff(emp)（负号显示一个被移除变量），有最好的（最小）AIC 值。因此，在第一步中，diff(emp) 被删除。注意到第四个最佳模型没有变量删除。

第二步开始于没有 diff(emp) 的模型，并且检验移除多余变量的 AIC 的效果。diff(log(cpi)) 的移除导致最大 AIC 增加，所以在第二步这个变量被移除：

```
Step:  AIC=-226.83
diff(log(sp)) ~ diff(gnp.r) + diff(gnp.pc) + diff(log(ip)) +
    diff(log(cpi)) + diff(bnd)

                 Df Sum of Sq      RSS      AIC
- diff(log(cpi))  1     0.032    1.248  -227.236
<none>                           1.216  -226.826
- diff(gnp.pc)    1     0.057    1.273  -226.025
- diff(gnp.r)     1     0.084    1.301  -224.730
- diff(log(ip))   1     0.096    1.312  -224.179
- diff(bnd)       1     0.189    1.405  -220.032
```

第三步没有变量移除且过程停止：

```
Step:  AIC=-227.24
diff(log(sp)) ~ diff(gnp.r) + diff(gnp.pc) + diff(log(ip)) +
    diff(bnd)

                 Df Sum of Sq      RSS      AIC
<none>                           1.248  -227.236
- diff(gnp.pc)    1     0.047    1.295  -227.001
- diff(gnp.r)     1     0.069    1.318  -225.942
- diff(log(ip))   1     0.122    1.371  -223.534
- diff(bnd)       1     0.157    1.405  -222.001
```

注意到删除 diff(gnp.pc) 只导致非常小的 AIC 增加. 我们应该研究该变量是否被删除. 新模型重新拟合数据.

```
Coefficients:
              Estimate Std. Error t value Pr(>|t|)
(Intercept)  -0.018664   0.028723   -0.65   0.518
diff(gnp.r)   0.007743   0.004393    1.76   0.083
diff(gnp.pc) -0.001029   0.000712   -1.45   0.154
diff(log(ip)) 0.672924   0.287276    2.34   0.023
diff(bnd)    -0.177490   0.066840   -2.66   0.010

Residual standard error: 0.15 on 56 degrees of freedom
Multiple R-squared: 0.347,    Adjusted R-squared:  0.3
F-statistic: 7.44 on 4 and 56 DF,  p-value: 7.06e-05
```

现在 4 个变量中的 3 个都在 0.1 是统计显著的, 虽然 diff(gnp.pc) 有一个相当大的 p 值, 这似乎值得探索其他可能的模型.

在数据包 leaps 中的 R 函数 leaps 对所有可能的模型计算 C_p. 为了减少输出量, 只打印带有 k(k=1, $\cdots$, dim(β))个回归量的模型 nbest. nbest 的值由用户选择, 而在这个分析中 nbest 被设定为 1, 所以对于每个 k 的值最佳模型被给定. 下表给出了对于最佳 k 变量模型 C_p 的值(最后一列), k=1, $\cdots$, 6(k 在第一列). 其余列显示"1", 表示变量在这个模型中. 所有预测变量已经差分, 但为了节省空间, "diff" 从列首的变量名中省略.

	gnp.r	gnp.pc	log(ip)	log(cpi)	emp	bnd	Cp
1	0	0	1	0	0	0	6.3
2	0	0	1	0	0	1	3.8
3	1	0	1	0	0	1	4.6
4	1	1	1	0	0	1	4.5
5	1	1	1	1	0	1	5.1
6	1	1	1	1	1	1	7.0

我们看到, stepAIC 停止在四变量模型也许是过早发生的. 模型的选择过程停止在四变量模型, 因为三变量模型有一个稍大的 C_p 值. 然而, 如果我们继续研究最佳的两变量模型, 就会得到 C_p 的最小值. 下面是拟合最佳两变量模型:

```
Call:
lm(formula = diff(log(sp)) ~ +diff(log(ip)) + diff(bnd),
        data = new_np)

Residuals:
     Min       1Q   Median       3Q      Max
-0.44254 -0.09786  0.00377  0.10525  0.28136

Coefficients:
              Estimate Std. Error t value Pr(>|t|)
(Intercept)    0.0166    0.0210    0.79   0.43332
diff(log(ip))  0.6975    0.1683    4.14   0.00011
diff(bnd)     -0.1322    0.0623   -2.12   0.03792

Residual standard error: 0.15 on 58 degrees of freedom
Multiple R-squared: 0.309,    Adjusted R-squared: 0.285
F-statistic: 12.9 on 2 and 58 DF,  p-value: 2.24e-05
```

所有变量在 0.05 水平下显著. 然而, 所有的回归量在 0.05 水平或者在其他任何预先确定的水平下显著, 这不是至关重要的. 其他模型也可以使用, 特别是有良好的经济理由这样做时. 我们不能说两变量模型是最佳的, 除了在最小化 C_p 的狭义上, 选择最佳三个或四个预测变量的模型不会过多增加 C_p 值. 同时, 模型依赖于使用的准则. 相比最佳两个预测变量模型, 最佳四个预测变量模型具有更好的调整后 R^2 值.

12.7 偏残差图

偏残差图用于当移除其他预测变量的效果时, 可视化预测变量对因变量的作用. 第 j 个预测变量的偏残差为:

$$Y_i - \left(\hat{\beta}_0 + \sum_{j' \neq j} X_{i,j'} \hat{\beta}_{j'}\right) = \hat{Y} + \hat{\epsilon} - \left(\hat{\beta}_0 + \sum_{j' \neq j} X_{i,j'} \hat{\beta}_{j'}\right) = X_{i,j}\hat{\beta}_j + \hat{\epsilon}_i \quad (12.18)$$

其中第一个等式使用式(12.11)而第二个使用式(12.9). 注意到式(12.18)的左手边显示偏残差是除了第 j 个之外的所有预测变量效果的因变量. 式(12.18)的右手边显示了偏残差也等于第 j 个变量加入后的效果残差. 偏残差图是简单地画出因变量对于这些偏残差的图.

例 12.10 周利率例子的偏残差图.

周利率例子的偏残差图如图 12-7a 和 b 所示. 相比之下, cm10_dif 和 cm30_dif 对带有相应单变量拟合线的 aaa_dif 的散点图如图 12-7c 和 d 所示. 研究这些图得出的主要结论是图 12-7a 和 b 中的斜率比图 12-7c 和 d 中的斜率平稳. 这告诉了我们什么? 它说, 由于共线性, 当 cm30_dif 在模型中时(图 12-7a), cm10_dif 对 aaa_dif 的效果小于 cm30_dif 不在模型中时(图 12-7c), 当 cm10_dif 和 cm30_dif 的角色互换时, 情况类似.

通过查看估计回归系数, 可以得出同样的结论. 从例 12.1 和 12.4, 我们可以看到当 cm10_dif 是模型中唯一的变量时, cm10_dif 的系数是 0.615, 但当 cm30_dif 也在模型中时, 系数减小到 0.355. 当 cm10_dif 被加入模型时, cm30_dif 的系数也会发生相同的减小.

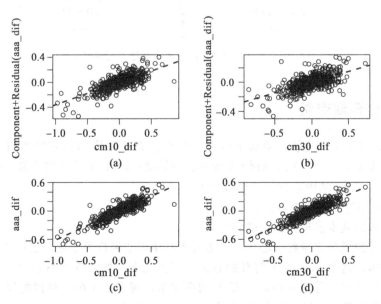

图 12-7　周利率的偏残差图(a 和 b)及预测变量和因变量的散点图(c 和 d)

例 12.11 纳尔逊-普洛瑟的宏观经济变量——偏残差图.

这个例子继续分析纳尔逊-普洛瑟的宏观经济变量. 例 12.9 中由 stepAIC 选择的四变量模型的偏残差图如图 12-8 所示. 我们可以看到所有变量有解释能力, 因为偏残差在变量中有个线性趋势.

该模型令人费解的一点是, gnp.pc 的斜率是负的. 然而, 回归量的 p 值很大而最小 C_p 模型不包含 gnp.r 和 gnp.pc. 通常, 一个与其他回归量高度相关的回归量有一个估计斜率, 它是违反规则的. 如果单独使用在模型中, gnp.r 和 gnp.pc 有正斜率. 只有当 gnp.r 在模型中时, gnp.pc 的斜率是负的.

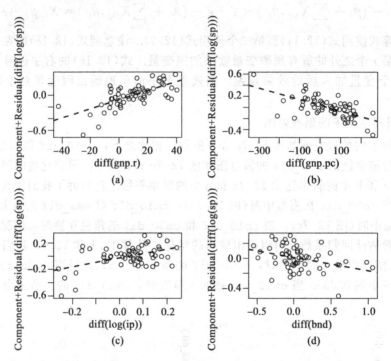

图 12-8 纳尔逊-普洛瑟美国经济时间序列的偏残差图

12.8 中心化预测变量

中心化, 或者更准确地说, 均值中心化一个变量意味着以偏离它的均值的形式表达它. 因此, 如果 $X_{1,k}, \cdots, X_{n,k}$ 是第 k 个预测变量的值, 而 $\overline{X}_k$ 是它们的均值, 那么 $(X_{1,k} - \overline{X}_k), \cdots, (X_{n,k} - \overline{X}_k)$ 是中心化预测变量的值.

中心化是有用的, 有两个原因:
- 中心化可以减少多项式回归的共线性.
- 如果所有的预测变量都中心化, 那么当所有预测变量都等于它们的均值时, β_0 是 Y 的期望值. 这给 β_0 一个可解释的意义. 相比之下, 如果变量不是中心化的, 那么当所有预测变量等于 0 时, β_0 是 Y 的期望值. 通常, 0 在一些预测变量的范围之外, 除非变量中心化, 否则 β_0 的解释没有现实意义.

12.9 正交多项式

正如之前讨论的,中心化可以减少多项式回归的共线性,因为,例如,如果 X 是正的,那么 X 和 X^2 将是高度相关的,但是 $X-\overline{X}$ 和 $(X-\overline{X})^2$ 将不相关.

正交多项式可以完全消除相关性,因为它们被定义为不相关的. 这是通过使用有关线性代数的教科书中讨论的格拉姆-史密特正交化程序完成的. 正交多项式能很容易在大多数软件包中创建,例如,通过使用 R 中的 poly 函数. 正交多项式对高于 2 维度的多项式回归尤其有用,其中心化降低共线性时并不成功. 然而,不推荐使用 4 维或者更高维多项式模型,而是推荐使用非参数回归(见第 21 章). 即使三次回归也可能是有问题的,因为三次多项式只有一个有限的形状.

12.10 文献注记

Harrell(2001)、Ryan(1997)、Neter、Kutner、Nachtsheim 和 Wasserman(1996)、Draper 和 Smith(1998)是 4 部优秀的回归著作. Faraway(2005)是一部优秀的用 R 处理线性回归的著作. 参见 Nelson 和 Plosser(1982)以了解它们的数据集.

12.11 参考文献

Draper, N. R. and Smith, H. (1998) *Applied Regression Analysis*, 3rd ed., Wiley, New York.
Faraway, J. J. (2005) *Linear Models with R*, Chapman & Hall, Boca Raton, FL.
Harrell, F. E., Jr. (2001) *Regression Modeling Strategies*, Springer-Verlag, New York.
Nelson C.R., and Plosser C.I. (1982) Trends and random walks in macroeconomic time series. *Journal of Monetary Economics*, 10, 139–162.
Neter, J., Kutner, M. H., Nachtsheim, C. J., and Wasserman, W. (1996) *Applied Linear Statistical Models*, 4th ed., Irwin, Chicago.
Ryan, T. P. (1997) *Modern Regression Methods*, Wiley, New York.

12.12 R 实验室

12.12.1 美国宏观经济变量

本节使用 R 中 AER 程序包中的 USMacroG 数据集. 这个数据集包含从 1950 年至 2000 年的 12 个美国宏观经济变量的季度时间序列. 我们将使用变量 consumption=实际的消费支出,dpi=个人可支配的实际收入,government=真实政府支出,unemp=失业率. 我们的目标是预测其他变量变化时的 consumption 的变化.

运行以下 R 代码加载数据,差分数据(因为我们希望使用这些变量的变化),并创建一个散点图矩阵.

```
library(AER)
data("USMacroG")
MacroDiff= apply(USMacroG,2,diff)
pairs(cbind(consumption,dpi,cpi,government,unemp))
```

问题 1 描述任何有趣的特性，比如，散点图矩阵的异常值．记住目标是预测 consumption 的改变．哪些变量似乎最适合这一目的呢？你认为将会有共线性问题吗？

接下来，运行下面的代码来对 consumption 拟合一个多元线性回归模型，使用其他四个变量作为预测变量．

```
fitLm1 = lm(consumption~dpi+cpi+government+unemp)
summary(fitLm1)
confint(fitLm1)
```

问题 2 从输出结果看出，哪个变量似乎对预测 consumption 的变化有用？

接下来，打印一个方差分析表．

```
anova(fitLm1)
```

问题 3 为了变量选择，方差分析表提供了任何输出结果中没有的有用信息了吗？

经 p 值的检验，我们可能会从回归模型移除一些变量，但是我们不会做，因为变量应该从一个模型中一次一个地移除．原因在于，由于预测变量间的相关性，当一个变量被移除，那么其他变量的显著性也会随之改变．按照顺便删除变量，我们将使用 MASS 程序包的函数 stepAIC．

```
library(MASS)
fitLm2 = stepAIC(fitLm1)
summary(fitLm2)
```

问题 4 哪些变量从模型中移除，以什么顺序？

现在通过 AIC 比较初始和最终模型．

```
AIC(fitLm1)
AIC(fitLm2)
AIC(fitLm1)-AIC(fitLm2)
```

问题 5 通过移除变量，AIC 能改进多少？变化大吗？如果是，你能表明为什么吗？如果不是，为什么不呢？

程序包 car 中的函数 vif 将计算方差膨胀因子．一个名称相同的类似函数在程序包 faraway 中．运行如下：

```
library(car)
vif(fitLm1)
vif(fitLm2)
```

问题 6 在最初的四个变量模型中有多少共线性？通过移除两个变量共线性降低了吗？

偏残差图，也称为部分残差图或 cr 图，可以通过使用程序包 car 中的函数 crPlot 来构建．运行如下：

```
par(mfrow=c(2,2))
sp = 0.8
crPlot(fitLm1,dpi,span=sp,col="black")
crPlot(fitLm1,cpi,span=sp,col="black")
crPlot(fitLm1,government,span=sp,col="black")
crPlot(fitLm1,unemp,span=sp,col="black")
```

除了最小二乘虚线，偏残差图有通过它们的局部加权散点光滑实线，除非这个特点通过设定 smooth=F 被关闭了，就像我们在图 12-8 中的做法．局部加权散点光滑是局部加权回归的早期版本. 局部加权散点曲线的光滑度取决于参数跨度, 跨度大给出更平滑的图. 默认跨度=0.5. 在上面的代码中, 跨度为 0.8, 但通过改变变量 sp 来改变所有四个图. 局部加权散点. 局部加权回归和跨度在 21.2.1 节讨论. 局部加权散点曲线从最小二乘线的显著偏离显示了预测变量的效果是非线性的. 图 cr.plot 默认的颜色是红色的, 但这可以通过上面的代码改变.

问题 7 从偏残差图你可以得出什么结论?

12.13 习题

1. 假设 $Y_i = \beta_0 + \beta_1 X_i + \varepsilon_i$, 其中 ε_i 是 $N(0, 0.3)$, $\beta_0 = 1.4$ 而 $\beta_1 = 1.7$.
   (a) 给定 $X_i = 1$, Y_i 的条件均值和标准差是什么? $P(Y_i \leq 3 \mid X_i = 1)$ 是什么?
   (b) 一个回归模型是给定 X_i 的 Y_i 条件分布的模型. 然而, 如果我们也有一个 X_i 的边缘分布模型, 那么可以找到 Y_i 的边缘分布. 假设 X_i 是 $N(1, 0.7)$. Y_i 的边缘分布是什么? $P(Y_i \leq 3)$ 是什么?

2. 证明: 如果 $\varepsilon_1, \cdots, \varepsilon_n$ 是独立同分布的 $N(0, \sigma_\varepsilon^2)$. 那么在直线回归中, β_0 和 β_1 的最小二乘估计也是最大似然估计.
   提示: 这个问题类似于 5.9 节中的例子. 唯一的不同是, 在该节中, $Y_1, \cdots, Y_n$ 是独立的 $N(\mu, \sigma^2)$, 而在这个练习中, $Y_1, \cdots, Y_n$ 是独立的 $N(\beta_0 + \beta_1 X_i, \sigma_\varepsilon^2)$.

3. 使用 (7.11)、(12.3) 和 (12.2) 来证明 (12.7) 成立.

4. 由 12.8 节所述, 中心化减少共线性. 作为示例, 考虑二次多项式回归的例子, 其中 X 为 1 到 15 的 30 个等距离的值.
   (a) X 和 X^2 之间的相关性是什么? X 和 X^2 的 VIF 值是多少?
   (b) 现在假设我们在调整前中心化 X. $(X - \overline{X})$ 和 $(X - \overline{X})^2$ 之间的相关性是什么? $(X - \overline{X})$ 和 $(X - \overline{X})^2$ 的 VIF 值是多少?

5. 一个带有三个预测变量的线性回归模型拟合一个 40 个观测值的数据集. Y 和 $\hat{Y}$ 之间的相关系数是 0.65. 总平方和为 100.
   (a) R^2 的值是多少?
   (b) 残差平方和的值是多少?
   (c) 回归平方和的值是多少?
   (d) s^2 的值是多少?

6. 一个数据集有 66 个观测值和 5 个预测变量. 我们将考虑三个模型. 一个模型带有所有 5 个预测变量, 另外两个模型带有的预测变量更少. 下面是所有三个模型的残差平方和. 总平方和是 48. 对三个模型计算 C_p 和 R^2. 基于这些信息, 我们应该使用哪个模型呢?

预测变量数	残差平方和
3	12.2
4	10.1
5	10.0

7. 二次多项式回归模型
$$Y_i = \beta_0 + \beta_1 X_i + \beta_2 X_i^2 + \varepsilon_i$$
拟合数据. β_1 的 p 值为 0.67, β_2 的 p 值是 0.84. 我们可以接受 β_1 和 β_2 都是 0 的假设吗? 给出讨论.

8. 有时我们相信 β_0 是 0, 因为我们认为 $E(Y \mid X=0) = 0$. 适当的模型为:
$$y_i = \beta_1 X_i + \varepsilon_i$$
这个模型通常称为"经过原点的回归", 因为回归线是强迫通过原点的. β_1 的最小二乘估计值最小化:

$$\sum_{i=1}^{n}\{Y_i - \beta_1 X_i\}^2$$

找到一个将 $\hat{\beta}_1$ 作为 Y_i 和 X_i 的函数的公式.

9. 完成以下模型 $Y_i = \beta_0 + \beta_1 X_{i,1} + \beta_2 X_{i,2} + \varepsilon_i$ 的方差分析表:

Source	df	SS	MS	F	P
Regression	?	?	?	?	0.04
Error	?	5.66	?		
Total	15	?			

R-sq = ?

10. 观察到随机变量对 (X_i, Y_i). 假定它们遵循一个 $E(Y_i | X_i) = \theta_1 + \theta_2 X_i$ 的线性回归但带有 t 分布噪声, 而不是通常的正常分布噪声. 更详细地说, 假定的模型是有条件的, 给定 (X_i, Y_i) 是均值为 $\theta_1 + \theta_2 X_i$、标准差为 θ_3、自由度为 θ_4 的 t 分布. 同样, 数对 $(X_i, Y_i), \cdots, (X_n, Y_n)$ 是相互独立的. 这个模型也可以表示为:

$$Y_i = \theta_1 + \theta_2 X_i + \varepsilon_i$$

其中, $\varepsilon_1, \cdots, \varepsilon_n$ 是独立同分布的. t 的均值为 0、标准差为 θ_3、自由度为 θ_4. 该模型由最大似然拟合. R 代码和输出为:

```
#(code to input x and y)
library(fGarch)
start = c(lmfit$coef,sd(lmfit$resid),4)
loglik = function(theta)
{
-sum(log(dstd(y,mean=theta[1]+theta[2]*x,sd=theta[3],
    nu=theta[4])))
}
mle = optim(start, loglik, hessian=T)
FishInfo = solve(mle$hessian)
mle$par
mle$value
mle$convergence
sqrt(diag(FishInfo))
qnorm(.975)

> mle$par
[1] 0.511 1.042 0.152 4.133
> mle$value
[1] -188
> mle$convergence
[1] 0
> sqrt(diag(FishInfo))
[1] 0.00697 0.11522 0.01209 0.93492
>
> qnorm(.975)
[1] 1.96
>
```

(a) Y_i 对 X_i 的斜率的最大似然估计是什么?

(b) 自由度参数最大似然估计的标准误差是什么?

(c) 找到一个噪声标准差的 95% 置信区间.

(d) optim 收敛吗? 为什么?

第13章
回 归 诊 断

13.1 回归诊断简介

当进行数据分析时,很多事情往往会出错. 也许是数据输入错误,也可能是数据不能如我们想象的那样来进行分析,变量可能被错误标签,等等. 后面将很快看到的例 13.5 中,其中一个周利率的时间序列开始的 371 周的值为 0,表示数据缺失. 然而,当我初次分析数据时,我不知道这个问题. 这里的教训是应该在开始分析它们之前对每个数据序列画图,但我却没有这么做. 幸运的是,本节中给出的诊断很快显示出了有几类严重的问题,并且对每个时间序列画图之后,我可以轻松地发现问题的本质.

除了数据的问题,假设模型可能不是实际问题的合理逼近. 通常的估计方法,如回归中的最小二乘法,是相当不稳健的,因此对数据或者模型的问题格外敏感.

有经验的数据分析师知道他们应该一直关注原始数据. 图形分析经常显示任何可能存在的问题,尤其是可能严重影响分析的误差的类型. 然而,一些问题只有在拟合回归模型并估计残差时才显现出来.

例 13.1 强影响点和残差异常值——模拟数据例子.

图 13-1 使用数据模拟来说明一些在回归中会出现的问题. 有 11 个观测值. 预测变量取值为 1,$\cdots$,10 和 50,而 $Y=1+X+\varepsilon$,其中 ε 服从 $N(0,1)$ 分布. 最后的观测值明显是 X 的极端值. 这样的点是高杠杆点. 然而,高杠杆点不一定是问题,只是一个潜在的问题. 在面板(a)中,数据被正确记录,这样 Y 是和 X 线性相关,而 X 的极端值,实际上,它有助于增加估计斜率的精度. 在面板(b)中,高杠杆点 Y 的值是被错误地记录为 5.254,而不是 50.254. 这个数据点称为残差异常值. 通过比较(a)和(b)中的最小二乘拟合线可以看出,高杠杆点对估计斜率有极端的影响. 在面板(c)中,高杠杆点 X 被错误地记录为 5.5,而不是 50. 因此,这个点不再是高杠杆点,现在它是一个残差异常值. 它现在的影响是使得截距的估计发生偏离.

我们也应该在模型拟合之后看看残差,因为残差可能会揭示在原始数据图中看不出来的问题. 然而,有几种类型的残差,就像之前解释的,一个类型被称为外部学生化残差(externally studentized residual)或者学生化残差(rstudent),它最有助于诊断问题. 最初的(或原始的)残差不一定有助于诊断问题. 例如,在图 13-1(b)中,没有一个原始残差值大,即使是残差异常值相应的原始残差值也不大. 问题是原始残差对异常值太敏感,特别是在高杠杆点,而当原始残差被画出时,问题可能还会隐藏下去.

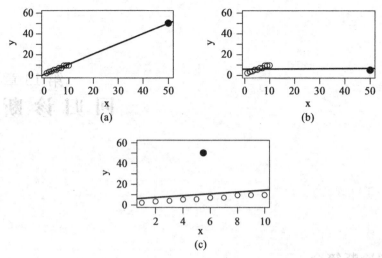

图 13-1 (a)带有不是残差异常值的高杠杆点的线性回归(实心圆圈). (b)带有是残差异常值的高杠杆点的线性回归(实心圆圈). (c)带有是残差异常值的低杠杆点的线性回归(实心圆圈). 最小二乘拟合显示为实线

为了诊断模型或数据的问题,三个重要的工具将被讨论:
- 杠杆;
- 外部学生化残差;
- 库克距离,它对每个观测值对拟合值的总影响进行量化.

13.1.1 杠杆值

第 i 个观测值的杠杆值,用 H_{ii} 表示,它测量 Y_i 对它自己的拟合值 $\hat{Y}_i$ 有多少影响. 我们在 14.2 节之前不会讨论代数细节. 在那节中一个重要的结果是,权重 H_{ij} 取决于预测变量的值而不是 $Y_1, \cdots, Y_n$:

$$\hat{Y}_i = \sum_{j=1}^{n} H_{ij} Y_j$$

特别是 H_{ii} 是决定 $\hat{Y}_i$ 时所采用的 Y_i 的权重. 如果 H_{ii} 很大,就会存在一个潜在的问题,因为 $\hat{Y}_i$ 过多地由 Y_i 本身决定,而不能足够地考虑到其他数据. 结果是残差 $\hat{\varepsilon}_i = Y_i - \hat{Y}_i$ 会很小,而不是 ε_i 的一个很好的估计. 同样,$\hat{Y}_i$ 的标准误差是 $\sigma_\varepsilon \sqrt{H_{ii}}$,所以 H_{ii} 的一个大的值意味着一个较不精确的拟合值.

当预测变量的第 i 个个案是数据值中的异常点时,杠杆值 H_{ii} 很大,例如,由于该个案的预测变量中的一个是离群的. 它可以由一些很漂亮的代数式表示,$H_{11}, \cdots, H_{nn}$ 的均值是 $(p+1)/n$,其中 $p+1$ 是参数的数量(一个截距和 p 个斜率),而 $0 < H_{ii} < 1$. 如果某个 H_{ii} 的值超过 $2(p+1)/n$,即超过均值的 2 倍多,通常被认为是太大了,因此是我们关注导致该问题的原因(Belsley、Kuh 和 Welsch,1980). H_{ii} 通常称为帽子对角线.

例 13.2 例 13.1 中的杠杆值.

图 13-2 画出了图 13-1 中三个情况的杠杆值. 因为杠杆值只取决于 X 值,在面板(a)和(b)中的杠杆值是相同的. 在这两个面板中,高杠杆点有一个杠杆值等于 0.960. 在这些例子中,高杠杆值的经验法则分界点只有 $2(p+1)/n = 2*2/11 = 0.364$,所以 0.960 是

一个大杠杆值并且接近 1 的最大可能值. 在面板(c)中, 没有杠杆值大于 0.364.

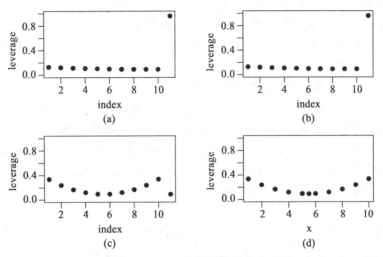

图 13-2 (a)~(c)描绘了杠杆值对图 13-1 中数据集的个案行号(索引 Index)的图. (a)和 (b)是相同的, 因为杠杆值不取决于因变量的值. (d)绘制了(c)中杠杆值对 X_i 的图

在 $p=1$ 的特殊情况下, 有一个杠杆的简单公式:

$$H_{ii} = \frac{1}{n} + \frac{(X_i - \overline{X})^2}{\sum_{i=1}^{n}(X_i - \overline{X})^2} \tag{13.1}$$

它在这种情况下很容易检验, $H_{11} + \cdots + H_{nn} = p + 1 = 2$, 所以帽子对角线的均值是 $(p+1)/n$. 式(13.1)显示了 $H_{ii} \geq 1/n$, 当且仅当 $X_i = \overline{X}$ 时 H_{ii} 等于 $1/n$, H_{ii} 随着 X_i 和 $\overline{X}$ 之间的距离的平方的增加而增加. 这种情况可以在图 13-2d 中看出. ∎

13.1.2 残差

原始残差是 $\hat{\epsilon} = Y_i - \hat{Y}_i$. 在理想的情况下, 比如一个相对大的样本并且没有异常值或者高杠杆点, 原始残差大约服从分布 $N(0, \sigma_\epsilon^2)$, 所以绝对值大于 $2\hat{\sigma}_\epsilon^2$ 的点是离群点, 大于 $3\hat{\sigma}_\epsilon^2$ 的点是极端离群点. 然而, 实际情况往往不是理想情况. 当残差异常值出现在强杠杆值点时, 它们可以扭曲最小二乘拟合, 从而它们看不出是异常值. 在这些情况下的问题是由于最小二乘拟合的偏差, 导致 $\hat{\epsilon}_i$ 不接近于 $\hat{\epsilon}_i$. 偏差是由于残差异常值本身. 这个问题可以在图 13-1b 中看到.

$\hat{\epsilon}_i$ 的标准误差是 $\hat{\sigma}_\epsilon \sqrt{1-H_{ii}}$, 所以原始残差没有常值方差, 那些带有接近于 1 的较大杠杆值的原始残差比其他残差的变化要小很多. 为了修正非常数方差的问题, 我们可以使用标准化残差, 有时被称为内部学生化残差(internally studentized residual)⊖, 它等于 $\hat{\epsilon}_i$ 除以它的标准误差, 即 $\hat{\epsilon}_i / \hat{\sigma}_\epsilon \sqrt{1-H_{ii}}$.

还有另一个标准化残差的问题. 一个极端残差异常值可以膨胀 $\hat{\sigma}_\epsilon^2$, 导致异常值的标准化残差很小. 解决方案是应用剔除第 i 个数据点的 σ_ϵ 的估计值来重新定义第 i 个学生化残差. 因此, 外部学生化残差, 通常被称为 rstudent, 被定义为 $\hat{\epsilon}_i / \{\hat{\sigma}_{\epsilon,(-i)} \sqrt{1-H_{ii}}\}$, 其中

⊖ 学生化指用标准误差除以一个统计量.

$\hat{\sigma}_{\varepsilon,(-i)}$ 是由删除第 i 个观测值后的数据拟合模型得到的 σ_ε 的估计值[⊖]. 为了诊断,学生化残差被认为是用于绘制的最好的残差,也是本书中使用的残差类型.

警告: 术语"标准化残差"和"学生化残差"在所有教科书和软件程序包中并没有相同的定义. 用于本书的定义与 R 函数 influence.measure 中的定义一致. 其他软件,例如 SAS 使用不同的定义.

例 13.3 例 13.1 中的外部学生化和原始残差.

图 13-3 的第一行显示了图 13-1 中三个模拟数据集中每个的外部学生化残差. 数据集(b)和(c)中的观测值♯11 被正确识别为残差异常值,并且在数据集(a)中也正确地识别出它为一个非残差异常值. 图 13-3 的底行显示了原始残差,而不是外部学生化残差. 观测值♯11 为残差异常值,它从数据集(b)中的原始残差图看是不明显的. 这说明原始残差识别异常值的不适合性,尤其当存在强影响点时.

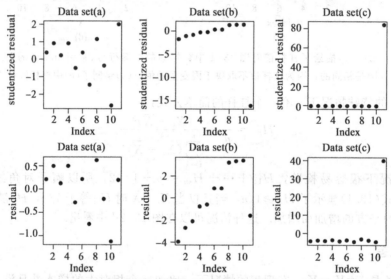

图 13-3　第一行: 图 13-1 中数据集的外部学生化残差; 数据集(a)是在图 13-1(a)的数据集,等等. 个例♯11 是数据集(b)和(c)而非(a)中的异常值.

最后一行: 与第一行相同的三个数据集的原始残差. 对于数据集(b),原始残差中看不出个案♯11 是异常值

13.1.3　库克距离

一个大杠杆值或一个大的绝对外部学生化残差标识了一个有潜在问题的数据点. 两者都不说明该数据点对于估计值有多少影响. 对于有多少影响这一信息,我们可以使用库克距离(Cook's distance),通常被称为库克 D(Cook's D),它衡量如果第 i 个观测值被删除时,拟合值的变化. 我们可以说库克距离测量数据点的影响,任何带有较大库克距离的个案被称为强影响个案. 单独的杠杆值和外学生化残差并不能测量数据点的影响.

设 $\hat{Y}_j(-i)$ 为使用删除第 i 个观测值后的 $\hat{\beta}$ 估计的第 j 个拟合值. 那么第 i 个观测值的

⊖ 标记 $(-i)$ 指删除第 i 个观测值.

库克距离为：

$$\frac{\sum_{j=1}^{n}\{\hat{Y}_j - \hat{Y}_j(-i)\}^2}{(p+1)s^2} \tag{13.2}$$

式(13.2)中的分子是当第 i 个观测值被删除时拟合值变化的平方和. 分母通过除以估计参数的数量和 σ_ϵ^2 的估计值来标准化这个平方和.

使用库克距离的一种方式是绘制库克距离的值和个案行号的散点图，然后寻找较大的值. 然而，即使库克距离有异常值，也很难决定哪个库克距离是异常值. 当然，有些库克距离值格外大，但大到令人担忧吗？要回答这个问题，一个库克距离值或者它们平方根的半正态图会起到作用. 无论是库克距离还是它的平方根都不是正态分布的，所以我们不能检验线性. 相反，我们寻找脱离其他值的值.

例 13.4 例 13.1 中模拟数据的库克距离.

图 13-4 的三列显示了在图 13-1 中的三个模拟数据例子的库克距离的平方根值. 在第一行中，库克距离值的平方根对应于个案行数（个案行索引）被绘制出来. 最后一行包含了库克距离值的平方根的半正态图. 在所有面板中，个案♯11 拥有最大的库克距离，表明我们应该检查这个个案看是否存在问题. 在数据集(a)中，个案♯11 是一个高杠杆值点，它具有较大的影响但不是一个残差异常值. 在数据集(b)中，个案♯11 既是一个高杠杆值点又是一个残差异常值，该个案的库克距离很大，大于数据集(a)中的值. 在数据集(c)中，个案♯11 有低的杠杆值，所有 11 个库克距离值相对较小，但是至少相比于数据集(a)和(b)，个案♯11 在某种程度上仍然是异常值.

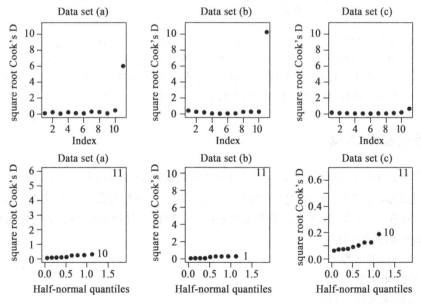

图 13-4　**第一行**：模拟数据的库克距离的平方根以及个案索引.
　　　　　底行：库克距离的平方根的半正态图. **数据集**(a)：个案♯11 具有较高的杠杆值. 它不是一个残差异常值，但有较高的影响. **数据集**(b)：个案♯11 有高杠杆值，它是一个残差异常值. 根据库克距离的测量，它比数据集(a)有更强的影响. **数据集**(c)：个案♯11 有较低的杠杆值，但是一个残差异常值. 它比数据集(a)和(b)中的影响要低得多. 注意：在第一行中，纵轴范围保持不变，它强调了三种不同的情况

例 13.5 带有记录为 0 的缺失值的周利率数据.

前面提到数据集中变量 cm30 开始的缺失值,它们被编码为零. 事实上,cm30 有 371 周的缺失数据. 我开始分析数据时没有意识到该问题. 当 cm30 从 0 变成非缺失值时,就造成了第 372 个观测值 cm30_dif(一阶差分)的异常值. 幸运的是,外学生化残差图、杠杆值和库克距离的图形都显示了第 300 个和第 400 个观测值之间有严重的问题,仔细观察该范围内的个案索引,这个问题就出现在个案♯372;参见图 13-5,虽然问题的本质在图形中不明显,但仍然存在问题. 所以我绘制了序列 aaa、cm10 和 cm30 的每个图. 在观察到最后一个序列开始的零值时,这个问题就显而易见了. 请记住这个教训:始终要观察数据. 另一个教训是最好的方法是对缺失值使用非数值型的数据. 例如,R 使用"NA"代表"数据不存在".

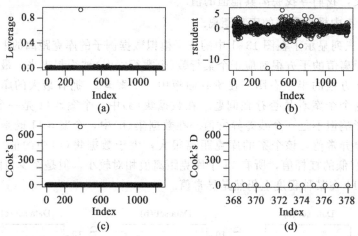

图 13-5 周利率数据. 用 cm10_dif 和 cm30_dif 对 aaa_dif 进行回归. 包括开始的 371 周数据的全部数据集,其中 cm30 缺失并赋值为 0. 这造成了在个案 372 中严重的问题,它由下列方式探测到:(a)中的杠杆值,(b)中的外学生化残差,(c)中的库克距离. 面板(d)放大离群个案所在的范围来识别出该个案为 372 号记录

13.2 检验模型假设

因为第 i 个残差 $\hat{\epsilon}_i$ 估计噪声 ϵ_i,残差可以用来检验回归背后的假设. 残差分析一般包含残差的不同图形,每个图都设计用于检验一个或者更多个回归假设. 回归软件会输出几个类型的残差,这在 13.1.2. 节讨论. 基于该节中讨论的理由,建议使用外部学生化残差.

需要检查的问题包括:
1. 误差的非正态性,
2. 误差的非常数方差,
3. 误差的相关性,以及
4. 预测变量非线性对因变量的效果.

13.2.1 非正态分布

误差(噪声)的非正态性可以由正态概率图、箱形图和残差的直方图探测. 这三者不是都会用到,这里强烈推荐查看正态分布图. 另外,经验不足的数据分析师对解释正态图有困难. 当学习解释正态概率图时，查看并列的正态图和直方图(或 KDE)是有帮助的.

残差经常显现出非正态的，因为有过多的偏离正态的异常值. 如果外学生化残差的绝对值超过 2，我们定义它为离群的，如果超过 3，我们定义它为极端离群的. 当然，界限 2 和 3 是任意的，只给出粗略的指导.

当有非正态性时，值得关注的问题是异常值的存在，尤其是极端异常值. 异常值的缺乏和正态分布相比就不是什么值得关注的问题了(如果这也算作问题的话). 有时异常值是由于误差，例如输入错误的数据，或者如在例 13.5 中那样，错误地把 0 作为一个真的数据值而不是一个缺失值的表示. 如果可能，由于错误导致的异常值当然应该被更正. 然而，在金融时间序列中，异常值经常是"好的观测值"，尤其是由于在某些日期市场的超额波动性导致的异常值.

另一个导致超额正或负异常值残差的可能原因是非常数的残差方差，下面将很快解释这个问题. 正态概率图假定所有观测值来自相同的分布，特别地，它们有相同的方差. 该图的目的是决定该共同的分布是否为正态. 如果没有共同分布，例如，因为非常数方差，那么正态图是不容易解释的. 因此，我们应该在付出更多努力解释一个正态图之前先检验方差是否为常数.

异常值可能是一个问题，因为它们对估计结果有过大的影响. 正如在 4.6 节讨论的一样，一个对于异常值问题常见的解决方案是因变量变换. 数据变换对处理异常值可能很有效，但它并不适用于所有情况. 此外，变换也可能导致异常值. 例如，如果一个对数变换应用于正的数据，那么十分接近于 0 的值可能被变换成负的异常值，因为当 x 趋向于 0 时，$\log(x)$ 趋向于负无穷.

检验异常值是否是由于数据错误而导致的是明智的，例如，输入错误或其他在数据收集和输入时的错误. 当然，如果可能，错误的数据应该被更正，否则就应该移除. 移除不知道是否有错误的异常值是危险的，常规统计实践中不建议这样处理. 然而，重新分析没有异常值的数据是一个不错的实践. 如果当异常值移除时，分析变化很大，那么我们知道这里出错了. 另一方面，如果异常值的移除不改变分析的结论，那么没有理由考虑异常值是否为错误的数据.

一定数量的误差为非正态不一定是问题. 即使不是正态的，最小二乘估计仍然是无偏的. 回归系数的标准误差也是正确的，而置信区间是接近正确的，因为最小二乘估计服从中心极限定理——即使误差不是正态分布的，估计仍然接近正态分布. 然而，由高度倾斜或者厚尾误差分布引起的异常值可能导致最小二乘估计高度变化，因而是不精确的. 当误差是偏斜分布时，通常使用对 Y 的变换，尤其当它们也有一个非常数方差时. 厚尾误差分布的一个普遍解决方案是稳健回归，参见 14.9 节.

13.2.2 非常数方差

非常数残差方差意味着给定预测变量的因变量条件方差不是标准回归模型所假定的常量. 非常数方差也被称为异方差(heterorkedasticity). 非常数方差可以由绝对残差图探测到，也就是说，通过绘制绝对残差对应于预测值($\hat{Y}_i$)的图形，或许可以同时绘制绝对残差对应于预测变量的图. 如果绝对残差显示有系统趋势，那么这是非常数方差的表现. 经济数据经常有这样的属性，大的因变量取值变化性更大. 一个更技术的表述方法是因变量(给定预测变量)的条件方差是因变量条件均值的递增函数. 这种特征可以通过绘制绝对残差对应于预测值的图形检测，同时寻找逐步增加的趋势.

通常，仅仅通过查看绘制点，很难检测出趋势，而增加一个所谓的散点图平滑线则很有帮助．散点图平滑线用光滑曲线拟合一个散点图．非参数回归估计量，例如局部加权回归和平滑样条，是统计软件包中常用的散点图平滑法．第 21 章有更多的讨论．

由非常数方差导致的一个潜在的严重问题是，通常的最小二乘估计无效率，即估计值变化太大．加权最小二乘估计通过最小化下式来有效的估计 β：

$$\sum_{i=1}^{n} w_i \{Y_i - f(\boldsymbol{X}_i; \hat{\boldsymbol{\beta}})\}^2 \tag{13.3}$$

其中，w_i 是给定 $\boldsymbol{X}_i$ 时 $\boldsymbol{Y}_i$ 的条件方差的逆（倒数）的估计，它给予变化大的观测值更小的权重．在 13.3 节中给出的更深入的教科书中讨论了决定 w_i 的条件方差函数的估计方法．带有 GARCH 误差项的回归加权最小二乘法在 18.12 节讨论．

另一个由异方差性导致的严重问题是，标准误差和置信区间的估计都假定方差为常数，所以如果有严重的非常数方差，它们的估计将是严重错误的．

因变量变换是非常数方差问题普遍的解决方案，参见 14.5 节．如果因变量可以被变换成常数方差，那么非加权最小二乘会很有效，标准误差和置信区间也是有效的．

13.2.3 非线性

如果残差对应预测变量的图显示了一个系统的非线性趋势，那么这是表明预测变量对因变量的影响是非线性的迹象．非线性引起有偏估计，以及模型预测性能较差．置信区间是在无偏性的假设下得到的，如果有非线性，那么该区间估计可能有严重的错误．值 $100(1-\alpha)\%$ 叫做信区间覆盖概率的标称值，而且只要所有模型的假设都符合，它肯定是真实的覆盖概率．

因变量变换、多项式回归和非参数回归（例如，样条曲线和局部加权回归，参见第 21 章）是解决非线性问题通常的方案．

例 13.6 探测非线性：一个模拟数据的例子．

现在用模拟数据来说明诊断问题的一些技术．在这个例子中有两个预测变量，X_1 和 X_2．假设模型是多元线性回归：$Y_i = \beta_0 + \beta_1 X_{i,1} + \beta_2 X_{i,2} + \varepsilon_i$．

图 13-6 显示了因变量对应于每个预测变量的图，它表明误差项是异方差的，因为有更多的点在图右侧垂直分散．除此之外，目前尚不清楚是否存在其他数据或者模型的问题．这里的要点是原始数据的图形经常不能揭示所有的问题．相反，残差的图形可以更好地探测异方差性、非正态以及其他难题．

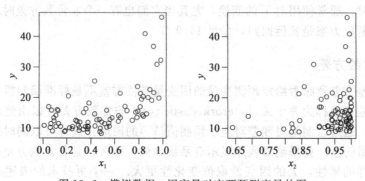

图 13-6　模拟数据．因变量对应两预测变量的图

图 13-7 包含一个残差的正态图和直方图——外部标准化残差（学生化残差）用于这一

章的所有例子中. 注意到图形的右偏, 它表明可以用因变量变换来移除右偏, 例如, 可以考虑平方根或对数变换.

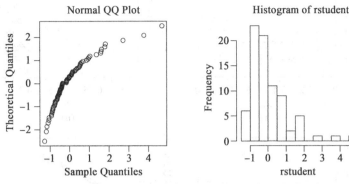

图 13-7　模拟数据. 学生化残差的正态图和直方图. 右偏是明显的, 也许 Y 的平方根或对数变换会有帮助

图 13-8a 是残差对应 X_1 的图. 残差有非线性趋势. 通过对残差添加局部加权回归曲线可以更好地显示. 局部加权回归拟合的曲率是显著的, 它表明 Y 与 X_1 不是线性的. 一个可能的方法是添加 X_1^2 作为第三个预测变量. 图 13-8a 是残差对应 X_2 的图形, 它显示随机的散点, 表明 Y 似乎和 X_2 是线性的. X_2 值聚集在右侧不是一个问题. 这个模式只表示 X_2 的分布是左偏的, 但回归模型并没有假设预测变量的分布.

在做任何更多的绘图之前, 模型已经通过添加 X_1^2 作为预测变量来改进了, 因此该模型现在是:

$$Y_i = \beta_0 + \beta_1 X_{i,1} + \beta_2 X_{i,2}^2 + \beta_3 X_{i,2} + \varepsilon_i \tag{13.4}$$

图 13-8c 是模型(13.4)中绝对残差和预测值的散点图. 注意到当拟合值最大时绝对残差也最大, 这是一个异方差性明确的信号. 添加一个局部加权回归平滑, 它使得异方差性更清晰.

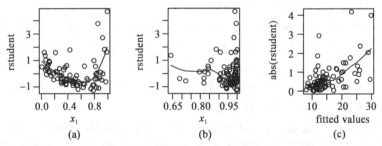

图 13-8　模拟数据. (a)外部学生化残差对应 X_1 的图. 该图显示 Y 与 X_1 不是线性相, 也许需要一个 X_1 二次方程式模型. (b)带有局部加权回归平滑的残差对应 X_2 的图. 该图表明 Y 与 X_2 是线性相, 使得模型部分 Y 和 X_2 相关是令人满意的. (c)使用 X_1 二次项的模型的绝对残差与预测值图. 该图揭示了异方差性. 局部加权回归平滑被添加到每个图中

为解决异方差性问题, Y_i 变换为 $\log(Y_i)$, 所以模型现在是:

$$\log(Y_i) = \beta_0 + \beta_1 X_{i,1} + \beta_2 X_{i,2}^2 + \beta_3 X_{i,2} + \varepsilon_i \tag{13.5}$$

图 13-9 显示了模型(13.5)的残差图. 图 13-9a 和 b 分别是残差对应 X_1 和 X_2 的图, 它们显示没有模式, 表明有 X_1 二次项的模型拟合得很好. 图 13-9c 是绝对残差对应拟合值的图, 它显示比以前减小的异方差性, 显示了对数变换的好处. 图 13-9d 中残差正态图

显示了比之前更少的偏离,这是对数变换的另一个好处.

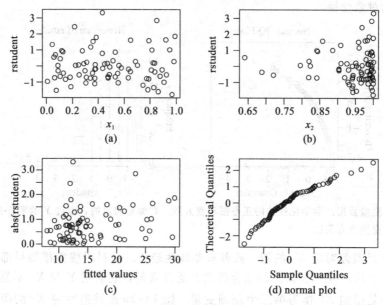

图 13-9 模拟数据. $\log(Y)$ 对 X_1, X_1^2 和 X_2 拟合的残差图

13.2.4 残差相关性和伪回归

如果数据 $\{(X_i, Y_i), i=1, \cdots, n\}$ 是一个多元时间序列,那么很可能噪声是相互关联的,这个问题我们称为残差相关.

残差相关导致标准误差和置信区间(它错误地假定噪声不相关)是不正确的. 特别地,置信区间的覆盖概率可以比标称值低很多. 这个问题的解决方法是在假定残差平稳的条件下对噪声作为 ARMA 过程建模,参见 14.1 节.

在残差是一个求和过程(integrated process)的极端情况下,最小二乘估计量是不一致的,这意味着当样本大小接近无穷时,它不会收敛到真实参数值. 如果 $I(1)$ 过程对另一个 $I(1)$ 过程回归,而两个过程是独立的(所以回归系数为 0),很可能获得一个非常显著的结果,即强烈拒绝真实的原假设,即回归系数为 0. 这叫做伪回归. 当然,这个问题是由于假设检验是基于独立误差这一错误假设之上的.

相关噪声的问题可以通过查看残差的样本 ACF 值来检测到. 有时候,存在的残差相关性是很明显的. 而在其他情况下,我们不太确定,所以可以借助于统计检验. Durbin-Watson 检验可用于检验无残差自相关性的原假设. 更准确地说,Durbin-Watson 检验的原假设是开始的 p 个自回归系数全为 0,其中 p 可以由用户选择. 计算 Durbin-Watson 检验的 p 值并不是微不足道的,而且不同的实现使用不同计算方法. 在 R 的程序包 car 中函数 durbin.watson,p 被称为 max.lag 并有一个默认值 1. 通过使用自助法,p 值由 durbin.watson 计算. R 的添加包 lmtest 有另一个函数 dwtest,它计算 Durbin-Watson 检验,但只有在 $p=1$ 的情况下. 函数 dwtest 使用正态近似值(默认)或者一个精确的算法来计算 p 值.

例 13.7 周利率变化的残差图.

图 13-10 包含了 aaa_dif 对 cm10_dif 和 cm30_dif 回归的残差图. 图 13-10a 中的正

态图显示了厚尾性. 一个 t 分布对残差拟合, 自由度的估计维度是 2.99, 再次表明厚尾性. 图 13-10b 显示了一个残差和带有 45°基准线的拟合 t 分布的分位数的 QQ 图. 这是数据和 t 分布的完美结合.

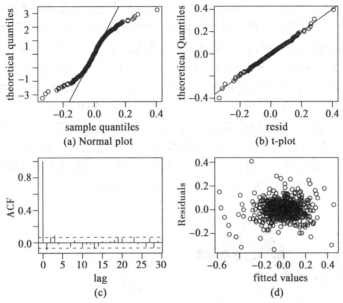

图 13-10　aaa_dif 对 cm10_dif 和 cm30_dif 回归的残差图

图 13-10c 是残差 ACF 图. 它表明有自相关现象. Durbin-Watson 检验执行了三次, 使用 R 的函数 durbin.watson, 设定 max.lag=1, 给定 p 值分别为 0.006, 0.004 和 0.012. 这表明应用 $B=1000$ 次再抽样默认值, 自助法有很大的随机变化. 使用更大的再抽样次数可以更准确地计算 p 值. 例如, 当再抽样的次数增加到 10 000, 三个 p 值分别为 0.0112, 0.0096 和 0.0106. 使用函数 dwtest, 近似 p 值是 0.01089, 而准确的 p 值无法计算. 尽管 p 值有些不确定性, 但是 p 值明显很小, 所以至少有一些残差自相关.

为了进一步调查自相关, 使用 R 中的函数 auto.arima 来对残差拟合 ARMA 模型, 自动选择模型阶数. 使用 BIC 准则, 选定的模型是 ARIMA(0, 0, 0), 即白噪声. 使用 AIC 准则, 选定的模型是 ARIMA(2, 0, 2) 模型, 其参数估计为:

```
> auto.arima(resid,ic="aic")
Series: resid
ARIMA(2,0,2) with zero mean

Coefficients:
         ar1     ar2     ma1    ma2
        0.54   -0.34   -0.63   0.47
s.e.    0.22    0.19    0.21   0.18

sigma^2 estimated as 0.00408:  log-likelihood = 1172
AIC = -2335    AICc = -2335    BIC = -2316
```

几个系数相比它们的标准误差是较大的. 有一些自相关的证据, 但不显著, 并且基于 BIC 准则选定的模型没有任何自相关性. 样本容量是 890, 所以有足够的数据来检验较小的自相关性. 这里的自相关性较小, 没有实际意义, 所以可以忽略不计.

图 13-10d 中的残差对拟合值的散点图没有显示任何异方差性.

例 13.8 没有差分的周利率残差图.

读者可能已经注意到例子中应用了差分时间序列. 这里有个很好的理由. 如果不是大多数的话, 也可以说许多金融时间序列是不平稳的, 或至少有非常高的和长期自相关性. 当一个非平稳的序列对另一个进行回归时, 经常出现残差非平稳. 这是对不相关噪声假设实质的违背, 并可能导致一个严重的问题. 如果样本容量增加到无穷, 一个估计量收敛于参数的真实值, 那么这个估计量称为是一致的. 当误差是一个求和过程时, 最小二乘估计量不是一致的.

作为一个例子, 我们用 cm10 和 cm30 对 aaa 回归. 它们分别是 AAA 的周时间序列、10 年期美国国债和 30 年期的国债利率, 当对它们差分时, 给出了用于之前例子的 aaa_dif、cm10_dif 和 cm30_dif. 图 13-11 包含了残差的时序图和 ACF 图. 残差是高度相关的而且可能是非平稳的. 单位根检验提供更多的证据表明残差是非平稳的. 改进的 Dickey-Fuller 检验的 p 值是在 0.05 的一边或其他一边, 这取决于阶数. 应用 R 中的函数 adf.test 的默认滞后阶数, p 值是 0.12, 所以在 0.05 的水平甚至 0.1 的水平下, 我们不能拒绝非平稳性的原假设. KPSS 检验也拒绝原假设中的平稳性.

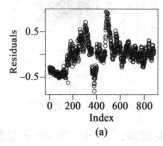
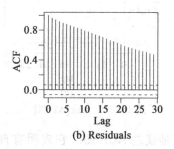

(a)   (b) Residuals

图 13-11 当 aaa 对 cm10 和 cm30 回归时的残差序列的时序图和 ACF 图. 该图表示残差是非平稳的

下面我们比较原始序列回归的估计值和差分序列的估计值. 首先, 当我们比较二者时应该期待什么结果? 假设 X_t 和 Y_t 是服从下列模型的时间序列:

$$Y_t = \alpha + \beta_0 t + \beta_1 X_t + \varepsilon_t \tag{13.6}$$

注意到线性时间趋势 $\beta_0 t$. 那么, 我们有差分序列的模型:

$$\Delta Y_t = \beta_0 + \beta_1 \Delta X_t + \Delta \varepsilon_t \tag{13.7}$$

所以原始序列模型中的截距 α 被移除, 在模型(13.6)中时间趋势的斜率 β_0 变为式(13.7)中的截距. 如果式(13.7)中的截距不是显著的, 那么在式(13.6)中的时间趋势可以省略, 这个例子中就是这种情况. 式(13.6)中的斜率 β_1 在式(13.7)中保持不变. 然而, 如果 ε_t 是 $I(1)$, 那么 X_t 对 Y_t 的回归不会提供 β_1 的一致估计, 但是 ΔX_t 对 ΔY_t 的回归则提供 β_1 的一致估计, 所以从这两个回归方程得到的估计是很不一样的. 这个例子就是这种情况.

原始序列的不带有时间趋势的回归结果为:

```
Call:
lm(formula = aaa ~ cm10 + cm30)

Coefficients:
            Estimate Std. Error t value Pr(>|t|)
(Intercept)  0.9803     0.0700   14.00  < 2e-16 ***
cm10         0.3183     0.0445    7.15  1.9e-12 ***
cm30         0.6504     0.0498   13.05  < 2e-16 ***
```

差分序列的估计结果是:

```
Call:
lm(formula = aaa_dif ~ cm10_dif + cm30_dif)


Coefficients:
             Estimate Std. Error  t value Pr(>|t|)
(Intercept) -9.38e-05   2.18e-03    -0.04     0.97
cm10_dif     3.60e-01   4.45e-02     8.09   2.0e-15 ***
cm30_dif     2.97e-01   4.98e-02     5.96   3.7e-09 ***
```

cm10 和 cm10_dif 的估计斜率是 0.3183 和 0.360，它们有些相似. 然而，cm30 和 cm30_dif 的估计斜率分别为 0.650 和 0.297，相对于它们的标准误差而言，这两个估计是很不同的. 如果使用差分序列的估计值不一致，这种情况是符合预期的；同样，它们的标准误差是无效的，因为它们是基于不相关噪声的假设. 在对差分数据的分析中，截距的 p 值是 0.97，所以我们可以接受截距为 0 的原假设；这证明了当使用非差分序列时，时间趋势项是可以忽略的. ■

例 13.9 模拟独立的 AR 过程.

为了进一步说明由非平稳序列回归或带有高度相关性的平稳序列回归引发的问题，我们拟合两个独立的 AR 过程，两者都有 $\phi=0.99$，序列长度为 200. 这些过程是平稳的但靠近不平稳的边界. 在模拟这些过程之后，用一个过程对另一个过程回归. 我们执行了 4 次回归过程. 由于两个过程是独立的，真正的斜率是 0. 在每种情况下，估计斜率远非真正的值 0，并且根据(不正确的) p 值，它们在统计学上是显著的. 估计结果为：

```
            Estimate Std. Error  t value  Pr(>|t|)
(Intercept) -8.3149   0.28923   -28.748  1.35e-72
x           -0.1081   0.03801    -2.844  4.92e-03

            Estimate Std. Error  t value  Pr(>|t|)
(Intercept)  4.4763   0.20287    22.065  2.953e-55
x            0.3634   0.03957     9.184  5.671e-17

            Estimate Std. Error  t value  Pr(>|t|)
(Intercept) -4.6991   0.3566   -13.176   7.053e-29
x           -0.4528   0.0897    -5.047   1.013e-06

            Estimate Std. Error  t value  Pr(>|t|)
(Intercept) 12.4714   0.22455    55.54  1.074e-122
x            0.5568   0.03386    16.44   7.120e-39
```

注意截距和斜率的估计是怎样在 4 个模拟中随机变化的. 标准误差和 p 值是基于无效的独立误差假设，它们是错误的并且非常有误导性，这就是称为伪回归的一种问题. 幸运的是，独立假设的违反可以很容易地通过绘制残差图发现.

我们也对差分序列进行回归，并且得到完全不同的结果：

```
            Estimate Std. Error  t value Pr(>|t|)
(Intercept) 0.08173   0.06949    1.1762   0.2409
diff(x)    -0.02337   0.06788   -0.3442   0.7310

            Estimate Std. Error  t value Pr(>|t|)
(Intercept) -0.02653  0.06446   -0.4116   0.6811
diff(x)    -0.02067   0.06258   -0.3303   0.7415

            Estimate Std. Error  t value Pr(>|t|)
(Intercept) -0.01498  0.07082   -0.2116   0.8326
```

```
diff(x)          -0.02206   0.07586  -0.2908   0.7715

              Estimate Std. Error t value Pr(>|t|)
(Intercept)   -0.02479   0.07660  -0.3236   0.7465
diff(x)        0.02187   0.07794   0.2806   0.7793
```

注意到现在斜率的估计都接近真实的值 0. 所有的 p 值是较大的, 并且给出一个正确的结论, 即真实的斜率是 0.

当噪声过程是平稳的, 差分的替代方法是对噪声过程使用一个 ARMA 模型, 参见 14.1 节. ■

13.3 文献注记

检验非常数方差的图形方法、双边变换回归和加权法都在 Carrol 和 Ruppert(1988) 中有讨论. 使用半正态图形的想法来检验库克距离的异常值是从 Faraway(2005) 借用而来的.

回归诊断的综合方法可以在 Belsley、Kuh 和 Welsch(1980) 以及 Cook 和 Weisberg(1982) 的著作中找到. 尽管方差膨胀因子可以检测共线性, 它们并不表明什么相关性造成了问题. 为了达到这一目的, 我们应该使用共线性诊断. 这些都在 Belsley、Kuh 和 Welsch(1980) 的著作中有所探讨.

13.4 参考文献

Belsley, D. A., Kuh, E., and Welsch, R. E. (1980) *Regression Diagnostics*, Wiley, New York.

Carroll, R. J., and Ruppert, D. (1988) *Transformation and Weighting in Regression*, Chapman & Hall, New York.

Cook, R. D., and Weisberg, S. (1982) *Residuals and Influence in Regression*, Chapman & Hall, New York.

Faraway, J. J. (2005) *Linear Models with R*, Chapman & Hall, Boca Raton, FL.

13.5 R 实验室

13.5.1 当前人口调查数据

本节使用来自于由美国人口普查局调查的 1988 年 3 月当前人口调查的数据集 CPS1988, 它在添加包 AER 中. 这些都是横截面数据, 意味着美国人口在一个时间点调查. 横截面数据应该区别于纵向数据, 纵向数据的对象随时间记录取值变化. 如果数据收集和分析分两个维度进行, 即交叉分段和纵向, 那么计量经济学家称其为**面板数据**.

在本节中, 我们将研究变量 wage(美元/星期) 是如何依赖于预测变量 education (年)、experience(潜在工作经验年数)和 ethnicity(白种人 = "caus" 或非裔美国人 = "afam"). 潜在经验(age-education-6)是在教育始于 6 岁的假定下的潜在工作经验年数. 实际工作经验不可获得, 潜在经验作为它的替代. 变量 ethnicity 对 "cauc" 和 "afam" 编码分别为 0 和 1, 所以它的回归系数是有着相同 education 和 experience 值的非裔美国人和白种人的预期 wage 值之差.

运行以下代码进行加载数据并运行一个多元线性回归.

```
library(AER)
data(CPS1988)
attach(CPS1988)
fitLm1 = lm(wage~education+experience+ethnicity)
```

接下来，使用以下代码创建残差图．在其中的一些图中，设置了 y 轴界限以消除异常值．这样做是为了关注大量数据．这是一个有着 28 155 个观测值的非常大的数据集，所以散点图的数据非常密集，并且几乎在图上表现为实心黑区域．因此，局部加权散点光滑被添加为加粗的红线以便它们被清楚地看到．同时，蓝色加粗基准线被适当添加．

```
par(mfrow=c(3,2))
resid1 = rstudent(fitLm1)
plot(fitLm1$fit,resid1,
   ylim=c(-1500,1500),main="(a)")
lines(lowess(fitLm1$fit,resid1,f=.2),lwd=5,col="red")
abline(h=0,col="blue",lwd=5)

plot(fitLm1$fit,abs(resid1),
   ylim=c(0,1500),main="(b)")
lines(lowess(fitLm1$fit,abs(resid1),f=.2),lwd=5,col="red")
abline(h=mean(abs(resid1)),col="blue",lwd=5)

qqnorm(resid1,datax=F,main="(c)")
qqline(resid1,datax=F,lwd=5,col="blue")

plot(education,resid1,ylim=c(-1000,1500),main="(d)")
lines(lowess(education,resid1),lwd=5,col="red")
abline(h=0,col="blue",lwd=5)

plot(experience,resid1,ylim=c(-1000,1500),main="(e)")
lines(lowess(experience,resid1),lwd=5,col="red")
abline(h=0,col="blue",lwd=5)
graphics.off()
```

问题 1 对你创建的图中(a)~(e)的每个面板，描述被绘制的内容以及从该图中可以得出的任何结论．描述存在的任何问题并讨论解决方案．

问题 2 现在拟合一个新模型，其中由 education 和 experience 对 wage 的对数进行回归．像绘制之前的第一个模型的残差那样绘制残差图．描述两个模型残差图之间的区别．你认为下一步应该尝试什么？

问题 3 实现你在问题 2 中建议下一步该尝试的任何方法．描述它如何起作用的．你对该模型满意吗？如果不满意，尝试进一步改进模型，直到得到你认为满意的模型．你最终得到的模型是什么？

问题 4 使用你最终的模型来描述 education、experience 和 ethnicity 对 wage 的效果．使用适合的图形．

通过应用下面的代码，检查帽子对角线和库克距离 D，检查数据和你最终模型中可能存在的问题或者不寻常的图形．对你的最终模型的 lm 对象的名字取代名称 fitLm4．

```
library(faraway)  #  required for halfnorm
par(mfrow=c(1,3))
plot(hatvalues(fitLm4))
plot(sqrt(cooks.distance(fitLm4)))
halfnorm(sqrt(cooks.distance(fitLm4)))
```

问题 5 你看到任何高杠杆点或者带有高库克距离值的点吗？如果看到了，它们有什么不寻常吗？

13.6 习题

1. Y 对 X 回归的残差图和其他诊断方法如图 13-12 所示．描述任何你看到的问题和可能的解决方案．

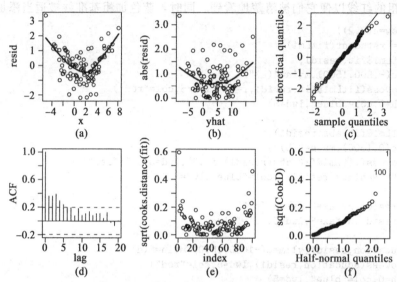

图 13-12 问题 1 中 Y 对 X 回归的残差图和诊断．该残差是外学生化残差值．(a)残差对 x 的散点图．(b)绝对残差对拟合值的图．(c)正态 QQ 残差图．(d)残差的 ACF 图．(e)库克距离平方根对行索引（＝观测值行号）的图形．(f)库克距离平方根的半正态图

2. Y 对 X 回归的残差图和其他诊断方法如图 13-13 所示．描述任何你看到的问题和可能的解决方案．

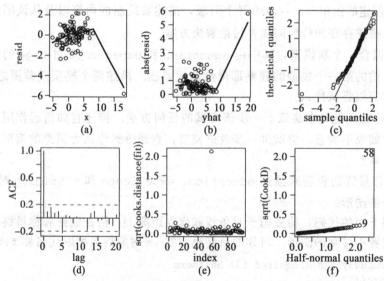

图 13-13 问题 2 中 Y 对 X 回归的残差图和诊断法．该残差是学生化残差值．(a)残差对应 x 的散点图．(b)绝对残差对拟合值的图．(c)正态 QQ 残差图．(d)残差的 ACF 图．(e)库克距离平方根对行索引（＝观测值行号）的图形．(f)库克距离平方根的半正态图

3. Y 对 X 回归的残差图和其他诊断方法如图 13-14 所示. 描述任何你看到的问题和可能的解决方案.

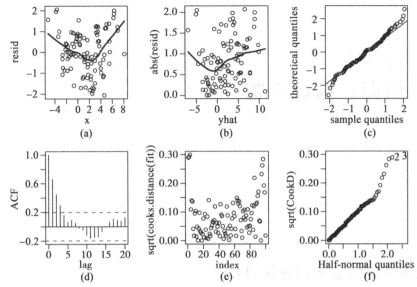

图 13-14　问题 3 中 Y 对 X 回归的残差图和诊断法. 该残差是学生化残差值. (a)残差对应 x 的散点图. (b)绝对残差对拟合值的图. (c)正态 QQ 残差图. (d)残差的 ACF 图. (e)库克距离平方根对行索引(=观测值行号)的图形. (f)库克距离平方根的 半正态图

4. Y 对 X 回归的残差图和其他诊断方法如图 13-15 所示. 描述任何你看到的问题和可能的解决方案.

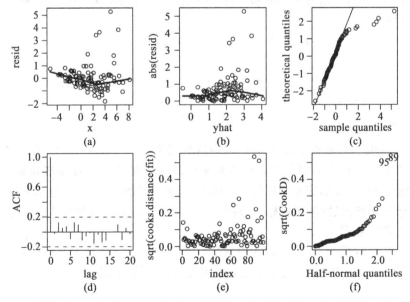

图 13-15　问题 4 中 Y 对 X 回归的残差图和诊断法. 该残差是学生化残差值. (a)残差对应 x 的散点图. (b)绝对残差对拟合值的图. (c)正态 QQ 残差图. (d)残差的 ACF 图. (e)库克距离平方根对行索引(=观测值行号)的图形. (f)库克距离平方根 的半正态图

5. 我们注意到某个观测值有很大的杠杆值(帽子对角线)但有很小的库克距离. 这是怎么发生的?

第 14 章
回归：高级主题

14.1 带有 ARMA 误差的线性回归

当残差分析表明残差相关时，说明线性模型关键的假设之一是不成立的，那么基于这个假设的检验和置信区间都是无效的，不能被信任. 幸运的是，这个问题有一个解决的办法：用一个更弱的假设取代独立噪声的假设，即噪声过程是平稳的但可能相关. 例如，我们可以假设噪声是一个 ARMA 过程. 我们在这节讨论这个方法.

带有 ARMA 误差的线性回归模型，对噪声结合了线性回归模型(12.1)和 ARMA 模型(9.26)，因此：

$$Y_i = \beta_0 + \beta X_{i,1} + \cdots + \beta_p X_{i,p} + \varepsilon_i \tag{14.1}$$

其中

$$(1 - \phi_1 B - \cdots - \phi_p B^p)\varepsilon_t = (1 + \theta_1 B + \cdots + \theta_q B^q)u_t \tag{14.2}$$

并且 $u_1, \cdots, u_n$ 是白噪声.

例 14.1 冰激凌的需求.

这个例子使用了 R 软件 Ecdat 程序包中的数据集 icecream. 该数据是 1951 年 3 月 18 日到 1953 年 7 月 11 日以 4 周为单位的观测值的 4 个变量，cons 是美国每人每品脱冰激凌的消费量；income 是家庭每周的平均收入(以美元计算)；price 是冰激凌的价格(每品脱)；temp 是平均温度(华氏温标). 共有 30 个观测值. 由于每年有 13 个 4 周时段，这里有略多于 2 年的数据.

首先，一个线性模型以 cons 作为因变量，而 income、price 和 temp 作为预测变量. 我们可以看到 income 和 temp 是显著的，尤其是 temp(毫无疑问).

```
Call:
lm(formula = cons ~ income + price + temp, data = Icecream)

Residuals:
     Min       1Q   Median       3Q      Max
-0.06530 -0.01187  0.00274  0.01595  0.07899

Coefficients:
```

```
              Estimate Std. Error t value Pr(>|t|)
(Intercept)   0.197315   0.270216    0.73    0.472
income        0.003308   0.001171    2.82    0.009 **
price        -1.044414   0.834357   -1.25    0.222
temp          0.003458   0.000446    7.76  3.1e-08 ***
---
Signif. codes:  0 *** 0.001 ** 0.01 * 0.05 . 0.1   1

Residual standard error: 0.0368 on 26 degrees of freedom
Multiple R-squared: 0.719,     Adjusted R-squared: 0.687
F-statistic: 22.2 on 3 and 26 DF,  p-value: 2.45e-07
```

Durbin-Watson 检验有一个非常小的 p 值, 所以我们可以拒绝零假设, 噪音是不相关的.

```
> durbin.watson(fit_ic_lm)
 lag Autocorrelation D-W Statistic p-value
   1            0.33          1.02       0
 Alternative hypothesis: rho != 0
```

其次, 拟合带有 AR(1) 误差的线性回归模型, AR(1) 的系数比它的标准误差大 3 倍, 表明统计显著. 这是通过使用 R 的函数 arima 完成的, 它指定回归模型参数为 xreg. 值得注意的是, income 的系数现在几乎等于 0, 不再显著. 尽管 temp 的标准误差现在较大, 但是 temp 的效果接近于线性模型拟合效果.

```
Call:
arima(x = cons, order = c(1, 0, 0), xreg = cbind(income,
    price, temp))

Coefficients:
         ar1  intercept  income   price   temp
       0.732      0.538   0.000  -1.086  0.003
s.e.   0.237      0.325   0.003   0.734  0.001

sigma^2 estimated as 0.00091:  log likelihood = 62.1,  aic = -112
```

最后, 拟合带有 MA(1) 误差的线性回归模型, MA(1) 的系数也比它的标准误差大 3 倍, 同样表明统计显著. 带有 AR(1) 误差的模型比带有 MA(1) 误差的模型有更小的 AIC 值, 但两模型的 AIC 值没有很大的差别. 然而, 两个模型暗示了不同类型的噪声自相关. MA(1) 模型滞后超过 1 没有相关性. 系数为 0.730 的 AR(1) 模型有延迟更长的自相关. 例如, 在滞后为 2 时, 自相关是 $0.730^2 = 0.533$, 在滞后为 3 时, 自相关是 $0.730^3 = 0.373$, 在滞后为 4 时, 自相关是 $0.730^4 = 0.279$.

```
Call:
arima(x=cons, order=c(0, 0, 1), xreg=cbind(income, price, temp))

Coefficients:
         ma1  intercept  income   price   temp
       0.503      0.332   0.003  -1.398  0.003
s.e.   0.160      0.270   0.001   0.798  0.001

sigma^2 estimated as 0.000957:  log likelihood = 61.6,  aic = -111
```

有趣的是, income 的估计效果很大而且是显著的, 这类似于它被带有独立误差项的线性模型估计时的效果, 但不像带有 AR(1) 误差的线性模型的结果.

线性模型和带有 AR(1)、MA(1) 误差的线性模型中残差的 ACF 值如图 14-1 所示. 线性模型中的残差估计(14.1)中的 $\varepsilon_1, \cdots, \varepsilon_n$ 并且表现出了一些自相关. 带有 AR(1)、MA(1)误差的线性模型的残差估计(14.2)中的 $u_1, \cdots, u_n$ 没有显示自相关性. 一个结论是带有 AR(1)和 MA(1)误差之一的线性模型拟合很好, 带有 AR(1)和 MA(1)项之一是必须的.

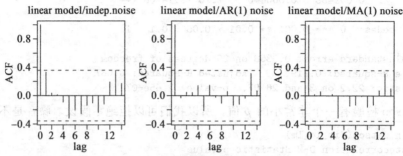

图 14-1 冰淇淋消费的例子. 带有独立噪声的线性模型的残差 ACF 图, 带有 AR(1)噪声的线性模型, 以及带有 MA(1)噪声的线性模型

为什么 income 的效果在噪声被假设为独立的或者 MA(1)时较大并且显著, 在噪声被假设为 AR(1)时较小而且不显著? 为了回答这个问题, 我们检查 4 个变量的时间序列图. 图形在图 14-2 中显示. 温度的强季节性趋势很明显, cons 遵循这一趋势. 在 cons 中存在轻微的增加趋势, 这似乎有两个可能的解释. 这一趋势可以解释为 income 中的增长趋势. 然而, 由于 AR(1)模型中隐含的强残差自回归, cons 中的趋势也可以解释为噪声自相关. 这里的一个问题是我们有很小的样本量, 只有 30 个观测值. 更多的数据或许可以区分冰激凌的收入消费和噪声自相关的影响.

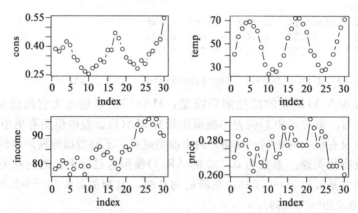

图 14-2 冰淇淋消费例子的时间序列图和用来预测消费的变量

总之, 冰淇淋消费有很强的季节性, 消费增加时, 正如所预期的, 温度更高. 冰淇淋消费并不需要太多地取决于 price, 虽然值得注意的是, 价格在这项研究中没有变化多少; 参见图 14-2. price 中更大的变化可能会导致 cons 更多地取决于 price. 最后, 还不确定冰淇淋消费增加是否伴随家庭收入的增加.

14.2 线性回归的理论

本节提供了一些关于线性最小二乘估计的理论结果. 线性回归的研究通过使用矩阵更加便捷. 方程(12.1)可以更简洁地写为:

$$Y_i = \boldsymbol{x}_i^T \boldsymbol{\beta} + \varepsilon_i, \ i=1,\cdots,n \tag{14.3}$$

其中 $\boldsymbol{x}_i = (1, X_{i,1}, \cdots, X_{i,p})^T$ 和 $\boldsymbol{\beta} = (\beta_0 \ \beta_1 \cdots \beta_p)^T$. 令

$$\boldsymbol{Y} = \begin{pmatrix} Y_1 \\ \vdots \\ Y_n \end{pmatrix}, \ \boldsymbol{X} = \begin{pmatrix} \boldsymbol{x}_1 \\ \vdots \\ \boldsymbol{x}_n \end{pmatrix}, \ \boldsymbol{\varepsilon} = \begin{pmatrix} \varepsilon_1 \\ \vdots \\ \varepsilon_n \end{pmatrix}$$

那么，在式(14.3)中的 n 个方程式可以表示为：

$$\underbrace{\boldsymbol{Y}}_{n\times 1} = \underbrace{\boldsymbol{X}}_{n\times(p+1)} \underbrace{\boldsymbol{\beta}}_{(p+1)\times 1} + \underbrace{\boldsymbol{\varepsilon}}_{n\times 1} \tag{14.4}$$

其中矩阵的维度由下括号表示.

$\boldsymbol{\beta}$ 的最小二乘估计最小化：

$$\|\boldsymbol{Y}-\boldsymbol{X}\boldsymbol{\beta}\|^2 = (\boldsymbol{Y}-\boldsymbol{X}\boldsymbol{\beta})^T(\boldsymbol{Y}-\boldsymbol{X}\boldsymbol{\beta}) = \boldsymbol{Y}^T\boldsymbol{Y} - 2\boldsymbol{\beta}^T\boldsymbol{X}^T\boldsymbol{Y} + \boldsymbol{\beta}^T\boldsymbol{X}^T\boldsymbol{X}\boldsymbol{\beta} \tag{14.5}$$

通过设置式(14.5)关于 $\beta_0, \cdots, \beta_p$ 的导数等于 0 并且简化结果方程式，我们发现最小二乘估计是：

$$\hat{\boldsymbol{\beta}} = (\boldsymbol{X}^T\boldsymbol{X})^{-1}\boldsymbol{X}^T\boldsymbol{Y} \tag{14.6}$$

使用式(7.9)，我们可以求 $\hat{\boldsymbol{\beta}}$ 的协方差矩阵：

$$\text{COV}(\hat{\boldsymbol{\beta}}|\boldsymbol{x}_1,\cdots,\boldsymbol{x}_n) = (\boldsymbol{X}^T\boldsymbol{X})^{-1}\boldsymbol{X}^T\text{COV}(\boldsymbol{Y}|\boldsymbol{x}_1,\cdots,\boldsymbol{x}_n)\boldsymbol{X}(\boldsymbol{X}^T\boldsymbol{X})^{-1}$$
$$= (\boldsymbol{X}^T\boldsymbol{X})^{-1}\boldsymbol{X}^T(\sigma_\varepsilon^2 \boldsymbol{I})\boldsymbol{X}(\boldsymbol{X}^T\boldsymbol{X})^{-1} = \sigma_\varepsilon^2(\boldsymbol{X}^T\boldsymbol{X})^{-1}$$

由于 $\text{COV}(\boldsymbol{Y}|\boldsymbol{x}_1,\cdots,\boldsymbol{x}_n) = \text{COV}(\boldsymbol{\varepsilon}) = \sigma_\varepsilon^2 \boldsymbol{I}$，其中 $\boldsymbol{I}$ 是 $n\times n$ 单位矩阵. 因此，$\hat{\beta}_j$ 的标准误差是 $\sigma_\varepsilon^2(\boldsymbol{X}^T\boldsymbol{X})^{-1}$ 的第 j 个对角线元素的平方根.

拟合值的向量是

$$\hat{\boldsymbol{Y}} = \boldsymbol{X}\hat{\boldsymbol{\beta}} = \{\boldsymbol{X}(\boldsymbol{X}^T\boldsymbol{X})^{-1}\boldsymbol{X}^T\}\boldsymbol{Y} = \boldsymbol{H}\boldsymbol{Y}$$

其中，$\boldsymbol{H} = \boldsymbol{X}(\boldsymbol{X}^T\boldsymbol{X})^{-1}\boldsymbol{X}^T$ 是帽子矩阵. 第 i 个观测值的杠杆是 H_{ii}，$\boldsymbol{H}$ 的第 i 个对角线元素.

14.2.1 相关噪声的影响和异方差性

如果 $\text{COV}(\boldsymbol{\varepsilon}) \neq \sigma_\varepsilon^2 \boldsymbol{I}$，但对于一些矩阵 $\boldsymbol{\Sigma}_\varepsilon$，$\text{COV}(\boldsymbol{\varepsilon}) = \boldsymbol{\Sigma}_\varepsilon$，那么

$$\text{COV}(\hat{\boldsymbol{\beta}}|\boldsymbol{x}_1,\cdots,\boldsymbol{x}_n) = (\boldsymbol{X}^T\boldsymbol{X})^{-1}\boldsymbol{X}^T\text{COV}(\boldsymbol{Y}|\boldsymbol{x}_1,\cdots,\boldsymbol{x}_n)\boldsymbol{X}(\boldsymbol{X}^T\boldsymbol{X})^{-1}$$
$$= (\boldsymbol{X}^T\boldsymbol{X})^{-1}\boldsymbol{X}^T\boldsymbol{\Sigma}_\varepsilon \boldsymbol{X}(\boldsymbol{X}^T\boldsymbol{X})^{-1} \tag{14.7}$$

这个结果让我们看到相关的效果或 $\varepsilon_1,\cdots,\varepsilon_n$ 的非常数的方差.

例 14.2 带有 AR(1) 误差的回归.

假设 $\varepsilon_1,\cdots,\varepsilon_n$ 是一个平稳的 AR(1) 过程，所以 $\varepsilon_t = \phi\varepsilon_{t-1} + u_t$，其中 $|\phi|<1$ 并且 $u_1,\cdots$ 服从弱 $\text{WN}(0,\sigma_u^2)$. 那么

$$\boldsymbol{\Sigma}_\varepsilon = \sigma_\varepsilon^2 \begin{pmatrix} 1 & \phi & \phi^2 & \cdots & \phi^{p-1} \\ \phi & 1 & \phi & \cdots & \phi^{p-2} \\ \vdots & \vdots & \vdots & \ddots & \vdots \\ \phi^{p-1} & \phi^{p-2} & \phi^{p-3} & \cdots & 1 \end{pmatrix} \tag{14.8}$$

作为例子，假设 $n=21$，$X_1,\cdots,X_n$ 是介于 -10 到 10 之间的等距离数，而 $\sigma_\varepsilon^2=1$. 把式(14.8)代入到式(14.7)给出了估计量 $(\hat{\beta}_0,\hat{\beta}_1)$ 的协方差矩阵，借助于对角元素的平方根给出标准误差. 条件为 $\phi=-0.75,-0.5,-0.25,0,0.25,0.5,0.75$.

图 14-3 画出了独立情形 $(\phi=0)$ 下的标准误差对于 ϕ 真实值的比值. 我们如果假设独

立，而实际情况不是这样的话，这些比值就是标准误差被错误计算的。注意到 ϕ 的负值导致一个较大的标准误差，但 ϕ 的正值给出一个较小的标准误差。在 $\phi=0.75$ 的情况下，假设独立给出的标准误差只有大约它的值的一半。正如 14.1 节中讨论的，这个问题可以通过（正确地）假设噪声过程是 AR(1) 来解决。

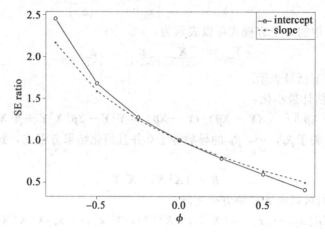

图 14-3 当 ϕ 对截距（实线）和斜率（虚线）偏离 0，标准误差改变了的因子

14.2.2 回归的最大似然估计

在本节中，我们假设一个带有噪声的线性回归模型，也许不是正态分布的和独立的。

例如，考虑独立同分布误差的特殊情况。把尺度参数加入回归模型是有用的，所以我们假设：

$$Y_i = \boldsymbol{x}_i^{\mathrm{T}} \boldsymbol{\beta} + \sigma \varepsilon_i$$

其中 $\{\varepsilon_i\}$ 是独立同分布的，它带有一个已知的密度 f，其方差等于 1，而 σ 是未知的噪声标准偏差。例如，f 可能是一个标准化的 t 密度。那么 $Y_1, \cdots, Y_n$ 的似然是：

$$\prod_{i=1}^{n} \frac{1}{\sigma} f\left\{\frac{Y_i - \boldsymbol{x}_i^{\mathrm{T}} \boldsymbol{\beta}}{\sigma}\right\}$$

最大似然估计量最大化对数似然函数：

$$L(\boldsymbol{\beta}, \sigma) = n \log(\sigma) + \sum_{i=1}^{n} \log\left[f\left\{\frac{Y_i - \boldsymbol{x}_i^{\mathrm{T}} \boldsymbol{\beta}}{\sigma}\right\} \right]$$

对于正态分布误差，$\log\{f(x)\} = -\frac{1}{2} x^2 - \frac{1}{2} \log(2\pi)$，对于最大化的目的，常数 $-\frac{1}{2}\log(2\pi)$ 可以被忽略。那么对数似然函数是：

$$L^{\mathrm{GAUSS}}(\boldsymbol{\beta}, \sigma) = n \log(\sigma) - \frac{1}{2} \sum_{i=1}^{n} \left(\frac{Y_i - \boldsymbol{x}_i^{\mathrm{T}} \boldsymbol{\beta}}{\sigma} \right)$$

显而易见，最小二乘估计量是 $\boldsymbol{\beta}$ 的最大似然估计。同样，对 σ 最大化 $L^{\mathrm{GAUSS}}(\boldsymbol{\beta}, \sigma)$ 是一个标准的微积分练习，其中 $\boldsymbol{\beta}$ 被最小二乘估计取代，它的结果是：

$$\hat{\sigma}_{\mathrm{MLE}}^2 = n^{-1} \sum_{i=1}^{n} (Y_i - \boldsymbol{x}_i^{\mathrm{T}} \hat{\boldsymbol{\beta}})^2$$

可以表明 $\hat{\sigma}_{\mathrm{MLE}}^2$ 是有偏的，但如果 n^{-1} 被 $\{n-(p+1)\}^{-1}$ 取代，其中 $p+1$ 是 $\boldsymbol{\beta}$ 的维数，有偏性就可以被排除。这给出了估计量(12.15)。

现在假设 $\boldsymbol{\varepsilon}$ 有一个协方差矩阵 $\boldsymbol{\Sigma}$，对于有些函数 f，密度为：
$$|\boldsymbol{\Sigma}|^{-1/2} f\{(\boldsymbol{Y}-\boldsymbol{X\beta})\}^{\mathrm{T}}\boldsymbol{\Sigma}^{-1}(\boldsymbol{Y}-\boldsymbol{X\beta})\}$$

那么对数似然函数为
$$-\frac{1}{2}\log|\boldsymbol{\Sigma}|+\log[f\{(\boldsymbol{Y}-\boldsymbol{X\beta})^{\mathrm{T}}\boldsymbol{\Sigma}^{-1}(\boldsymbol{Y}-\boldsymbol{X\beta})\}]$$

在重要的特殊情况下，$\boldsymbol{\varepsilon}$ 有一个零均值多元正态分布，$\boldsymbol{\varepsilon}$ 的密度是：
$$\left[\frac{1}{|\boldsymbol{\Sigma}|^{1/2}(2\pi)^{p/2}}\right]\exp\left\{-\frac{1}{2}\boldsymbol{\varepsilon}^{\mathrm{T}}\boldsymbol{\Sigma}^{-1}\boldsymbol{\varepsilon}\right\} \tag{14.9}$$

如果 $\boldsymbol{\Sigma}$ 是已知的，那么 $\boldsymbol{\beta}$ 的最大似然估计最小化
$$(\boldsymbol{Y}-\boldsymbol{X\beta})^{\mathrm{T}}\boldsymbol{\Sigma}^{-1}(\boldsymbol{Y}-\boldsymbol{X\beta})$$

它被称为广义最小二乘估计量（GLS 估计量）. 如果 $\varepsilon_1,\cdots,\varepsilon_n$ 是不相关的但可能带有不同的方差，那么 $\boldsymbol{\Sigma}$ 是这些方差的对角矩阵，而广义最小二乘估计量是加权最小二乘估计量（13.3）.

GLS 估计量为
$$\hat{\boldsymbol{\beta}}_{\mathrm{GLS}}=(\boldsymbol{X}^{\mathrm{T}}\boldsymbol{\Sigma}^{-1}\boldsymbol{X})^{-1}\boldsymbol{X}^{\mathrm{T}}\boldsymbol{\Sigma}^{-1}\boldsymbol{Y} \tag{14.10}$$

通常，$\boldsymbol{\Sigma}$ 是未知的，并且必须被一个估计量替换，例如，对误差来自一个 ARMA 模型的估计量.

14.3 非线性回归

我们经常可以获得一个与预测变量和因变量有关的理论模型，但我们推导的模型不是线性的. 特别地，来自经济理论的模型通常用于金融学，许多都不是线性的.

非线性回归模型是
$$Y_i=f(\boldsymbol{X}_i;\boldsymbol{\beta})+\varepsilon_i \tag{14.11}$$

其中 Y_i 是由第 i 个观测值计算的因变量，$\boldsymbol{X}_i$ 是对于第 i 个观测值观察的预测变量的向量，$f(\cdot;\cdot)$ 是已知的函数，$\boldsymbol{\beta}$ 是一个未知的参数向量，而 $\varepsilon_1,\cdots,\varepsilon_n$ 是均值为 0、方差为 σ_ε^2 的独立同分布. 最小二乘估计 $\hat{\boldsymbol{\beta}}$ 最小化
$$\sum_{i=1}^n\{Y_i-f(\boldsymbol{X}_i;\boldsymbol{\beta})\}^2$$

预测值是 $\hat{Y}_i=f(\boldsymbol{X}_i;\hat{\boldsymbol{\beta}})$，而残差是 $\hat{\varepsilon}_i=Y_i-\hat{Y}_i$.

由于模型是非线性的，最小二乘估计需要非线性优化. 由于非线性回归的重要性，几乎每个统计软件包都有非线性最小二乘估计的方法. 这意味着大多数困难的编程已经为我们做好了. 然而，我们确实需要编写一个方程来指定我们使用的模型[○]. 相反，当使用线性回归时，只有预测变量需要被指定.

例 14.3 模拟债券价格.

考虑由一个特定的借款人，也许是联邦政府或公司，发行的面值 1000 美元的零息债券的价格. 假设有几次到期，第 i 次被表示为 T_i. 假设到期收益率是一个常数，为 r. 对于所有的 T，假设 $Y_T=r$ 是不现实的，只用于保持这个例子简单化. 14.4 节将使用更多的现实模型.

○ 由于一些非线性回归软件有许多已经编程好的标准模型，这个工作有时可以避免.

利率 r 是由市场决定的，可以从价格估计. 在 r 的常值假设下，到期 T_i 的债券当前价格是：

$$P_i = 1000 \exp(-rT_i) \tag{14.12}$$

观察到的价格中有一些随机变化. 一个原因是债券的价格只能通过出售债券确定，所以观察价格尚未同时确定. 不再反映当前市场价值的价格称为过期价格. 每个债券的价格由最后一次到期的债券交易决定，那么 r 可能有一个不同的值. 只是作为一个到期时间的函数，假定 r 是常数，这样 r 可能随日历时间变化. 因此，我们通过包含一个噪声项来增强模型(14.12)，得到回归模型：

$$P_i = 1000 \exp(-rT_i) + \varepsilon_i \tag{14.13}$$

r 的一个估计量可以由最小二乘估计确定，即通过最小化 r 的平方和：

$$\sum_{i=1}^{n} \{P_i - 1000 \exp(-rT_i)\}^2$$

最小二乘估计量由 $\hat{r}$ 表示：

由于市场数据不太可能有常数 r，因此这个例子使用的是模拟数据. 产生的数据中的 r 设定为 0.06，在图 14-4 中画出. r 的非线性最小二乘估计通过使用 R 软件的 nls 函数找到：

```
Formula: price ~ 1000 * exp(-r * maturity)

Parameters:
   Estimate Std. Error t value Pr(>|t|)
r  0.05850    0.00149   39.3  1.9e-10 ***
---
Signif. codes:  0 *** 0.001 ** 0.01 * 0.05 . 0.1  1

Residual standard error: 20 on 8 degrees of freedom

Number of iterations to convergence: 4
Achieved convergence tolerance: 5.53e-08
```

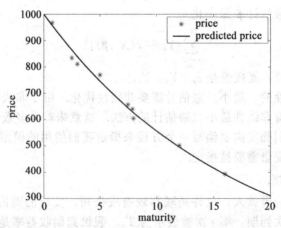

图 14-4 带有来自非线性最小二乘拟合的预期价格的债券价格对到期期限图

注意到 $\hat{r} = 0.0585$ 和该估计量的标准误差是 0.00149. 使用非线性回归的预测价格曲线如图 14-4 所示. ■

正如前面提到的，在非线性回归中，回归函数的形式是非线性但已知取决于几个未知参数. 例如, 回归函数在模型(14.13)中具有一个指数形式. 出于这个原因, 非线性回归最好被称为非线性参数回归, 以此来区别于非参数回归, 它的回归函数也是非线性的, 但参数形式未知. 非参数回归在第 21 章中讨论.

多项式回归可能是非线性的, 因为多项式是非线性函数. 例如, 二次回归模型

$$Y_i = \beta_0 + \beta_1 X_i + \beta_2 X_i^2 + \varepsilon_i \tag{14.14}$$

关于 X_i 是非线性的. 然而, 通过定义 X_i^2 作为第二预测变量, 这个模型对 (X_i, X_i^2) 是线性的, 因此是一个多元线性回归的例子. 使得模型(14.14)线性的是右手边为参数 β_0, β_1 和 β_2 的线性函数, 因此可以解释为一个带有变量适当定义的线性回归. 相比之下, 指数模型

$$Y_i = \beta_0 e^{\beta_1 X_i} + \varepsilon_i$$

关于参数 β_1 是非线性的, 所以它不能通过重新定义预测变量变为一个线性模型.

例 14.4 估计违约概率.

这个例子表明两个非线性回归和通过残差绘图察觉异方差性.

信用风险是借款人违约合同义务时出借人的风险, 例如, 贷款不会全额偿还. 用于确定信用风险的一个关键参数是违约概率. Bluhm、Overbeck 和 Wagner(2003)解释了我们该如何调整穆迪信用评级来估计违约概率. 作者使用 16 个穆迪信用评级中从 Aaa(最佳信用评级)到 B3(最差评级)的债券观测违约频率. 他们把信贷评级转换成一个 1 到 16 的量表(Aaa=1,…, B3=16). 图 14-5a 显示了默认频率(分数, 而不是百分比)对评级的图. 数据来自 Bluhm、Overbeck 和 Wagner(2003). 关系很明显是非线性的. 毫不奇怪, Bluhm、Overbeck 和 Wagner 使用一个非线性模型, 具体为:

$$\Pr\{违约 | 评级\} = \exp\{\beta_0 + \beta_1 评级\} \tag{14.15}$$

为了使用这个模型, 他们对默认频率的对数拟合一个线性函数. 这么做的一个困难是, 给定一个 $-\infty$ 的对数变换, 默认频率中的 6 个是 0.

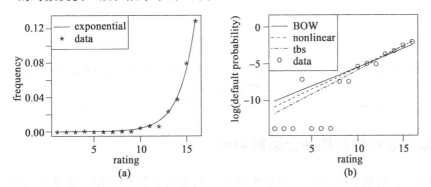

图 14-5 (a)带有指数拟合的违约频率. "评级"是一个穆迪评级的转换, 它转换为一个 1 到 16 的量表: 1 = Aaa, 2 = Aa1, 3 = Aa3, 4 = A1, …, 16 = B3. (b)由 Bluhm、Overbeck 和 Wagner(2003)的移除评级线性回归(无观测违约 BOW)和带有所有数据的非线性回归的违约概率估计. 由于一些违约频率为零, 当在一个半对数图中画出数据时, 10^{-6} 被加入违约频率. 这个常数在估计违约频率时不加入, 只有绘制原始数据时才加入. 沿着图中下方的 6 个观测值被 Bluhm、Overbeck 和 Wagner 移除. "TBS"是双边变换的估计, 稍后将会讨论

Bluhm、Overbeck 和 Wagner(2003)通过设定违约频率等于零(作为"未观察到的")来陈述这个问题, 而不在估计过程中使用它们. 这个问题使用的技巧是删除了最低观测违约频率数据. 向上偏离他们估计的违约概率. 我们可以看到这个偏差是可观的. Bluhm、

Overbeck 和 Wagner 提出零的可观测违约频率并不表示真正的违约概率是零. 这是正确的. 然而, 违约频率, 即使是零, 也是真实的违约概率的无偏估计. 这点在本书中是无可争议的, 它被充分阐明并且很有用. 然而, 我们可以通过使用非线性回归模型(14.15)来避免他们方法的有偏性. 通过非线性回归拟合式(14.15)的优势是它避免了使用对数变换, 因此允许使用所有的数据, 即使是带有零的违约频率的数据. Bluhm、Overbeck 和 Wagner 的方法和非线性回归模型(14.15)的拟合如图 14-5b 所示, 它在竖轴上带有对数刻度, 所以拟合函数是线性的. 注意到在良好的信用评级下使用非线性回归相比 Bluhm、Overbeck 和 Wagner 的有偏方法估计的违约概率较低. 估计违约概率的两个集合之差可能是巨大的. Bluhm、Overbeck 和 Wagner 估计 Aaa 债券的违约概率为 0.005%. 相比之下, 非线性回归的无偏估计只有这个数字的 40%, 明确来说, 0.0020%. 因此, Bluhm、Overbeck 和 Wagner 估计中的有偏性导致了 Aaa 债券信用风险的大量高估和在其他信用评级下的相似高估.

绝对残差对拟合值的图如图 14-6a 所示, 它给出了异方差性的明确指示. 异方差性不会引起偏倚但它确实引起了无效估计. 在 14.5 节, 这个问题由方差稳定变换解决. 图 14-6b 是残差的正态概率图. 可以看到带有正值和负值的异常值. 这些都是由于非常数的方差并且未必是非正态性的标志. 该图说明了当数据有一个非常数方差时, 尝试解释正态图的危险. 我们应该在检验正态性之前应用方差平稳变换.

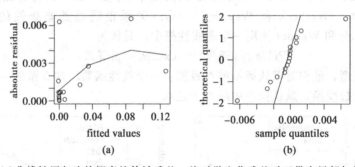

图 14-6 (a)非线性回归违约概率的估计残差. 绝对学生化残差对于带有局部加权回归平滑的拟合值的绘制. 由于左边的数据比其他地方的分散小, 实质异方差性被显示.
(b)残差的正态概率图. 注意到由于非恒量方差所引起的异常值

14.4 从零息债券价格估计远期利率

在实践中, 远期利率函数 $r(t)$ 是未知的. 只有债券价格已知. 如果零息债券的价格 $P(T_i)$ 在一个相对好的网格值 $T_1 < T_2 < \cdots < T_n$ 中, 那么使用式(3.24)我们可以估计在 T_i 时的远期利率曲线, 使用:

$$\frac{\Delta \log\{P(T_i)\}}{\Delta T_i} = \frac{\log\{P(T_i)\} - \log\{P(T_{i-1})\}}{T_i - T_{i-1}} \tag{14.16}$$

我们将调用这些经验远期利率估计. 图 14-7 显示了价格和经验远期利率估计, 它来自于将在例 14.5 中描述的数据. 如图所示, 当由于期限间隔紧密, 式(14.16)中的分母很小时, 经验远期利率估计可以是有噪声的. 如果期限间隔更宽, 那么偏倚而非方差将是主要的问题. 尽管有这些困难, 但经验远期利率估计给出远期利率曲线的大致印象, 对于比较参数模型中的估计是很有用的, 这点稍后讨论.

我们可以使用非线性回归从债券价格估计 $r(t)$. 估计 $r(t)$ 的一个例子在 14.3 节给出,

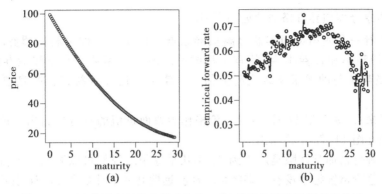

图 14-7 (a)美国本息分离债券价格. (b)价格的经验远期利率估计

假设 $r(t)$ 是常数,作为不同期限零息债券价格的数据使用. 在本节中,我们估计 $r(t)$ 时,不假设它是常数.

远期利率曲线的参数估计开始于一个远期利率的参数族 $r(t;\boldsymbol{\theta})$ 和对应的收益曲线

$$y_T(\boldsymbol{\theta}) = T^{-1}\int_0^T r(t;\boldsymbol{\theta})\mathrm{d}t$$

par-$1 债券的价格模型:

$$P_T(\boldsymbol{\theta}) = \exp\{-T_{yT}(\boldsymbol{\theta})\} = \exp\left(-\int_0^T r(t;\boldsymbol{\theta})\mathrm{d}t\right)$$

例如,假设 $r(t;\boldsymbol{\theta})$ 是一个 p 阶多项式,则对于一些未知参数 $\theta_0,\cdots,\theta_p$,

$$r(t;\boldsymbol{\theta}) = \theta_0 + \theta_1 t + \cdots + \theta_p t^p$$

那么

$$\int_0^T r(t;\boldsymbol{\theta})\mathrm{d}t = \theta_0 T + \theta_1 \frac{T_2}{2} + \cdots + \theta_p \frac{T^{p+1}}{p}$$

收益曲线为

$$y_T = T^{-1}\int_0^T r(t;\boldsymbol{\theta})\mathrm{d}t = \theta_0 + \theta_1 \frac{T}{2} + \cdots + \theta_p \frac{T^p}{p}$$

一个常用的模型是带有远期利率和收益曲线的 Nelson-Siegel 族:

$$r(t;\boldsymbol{\theta}) = \theta_0 + (\theta_1 + \theta_2 t)\exp(-\theta_3 t)$$

$$y_t(\boldsymbol{\theta}) = \theta_0 + \left(\theta_1 + \frac{\theta_2}{\theta_3}\right)\frac{1-\exp(-\theta_3 t)}{\theta_3 t} - \frac{\theta_2}{\theta_3}\exp(-\theta_3 t)$$

6 个参数的 Svensson 模型通过对远期利率加入项 $\theta_4 t\exp(-\theta_5 t)$ 扩展了 Nelson-Siegel 模型.

用以估计远期利率曲线的非线性回归模型表明样本中期限 T_i 的债券(由票面价值的分数表示)的第 i 个债券的价格是

$$P_i = D(T_i) + \varepsilon_i = \exp\left(-\int_0^{T_i} r(t;\boldsymbol{\theta})\mathrm{d}t\right) + \varepsilon_i \tag{14.17}$$

其中 D 是贴现函数而 ε_i 是一个由于类似于价格稍微过期和买卖差价的问题引起的"误差".⊖

⊖ 一个债券交易商以投标价格购买债券并且以卖价销售它们,它略高于投标价格. 差价被称为买卖差价,并且涵盖了交易员的管理成本和利润.

例 14.5 从本息分离债券价格估计远期利率.

现在我们看一个使用美国本息分离债券数据的例子,一种零利率债券. STRIPS 是"分离交易注册利率和证券本金"的首字母缩写. 短期国库券、本票和债券的利息与本金分别通过联邦储备的登录系统进行交易,事实上,通过重新打包附息票债券生成零息债券.⊖

这些数据来自 1995 年 12 月 31 日. 价格作为票面价值的百分比给出. 价格对于以年为单位的期限在图 14-7a 中绘制出.

存在 117 种价格而且期限是从 0 到 30 年几乎等距. 我们可以看到,价格随着期限平缓地下降,并且价格数据中没有许多噪声. 经验远期利率估计如图 14-7b 所示,比价格具有更多噪声.

远期曲线的三个模型拟合为:二次多项式,三次多项式,以及带有 $T=15$ 结点的二次多项式曲线. 后者将两个二次函数在 $T=15$ 时拼接在一起,使得结果曲线是连续的并且带有一个连续的一阶导数. 样条曲线的二阶导数在 $T=15$ 时跳跃. 编写该样条曲线的一种方式是:

$$r(t) = \beta_0 + \beta_1 t + \beta_2 t^2 + \beta_3 (t-15)_+^2 \tag{14.18}$$

其中,如果 $x \geqslant 0$,函数的正数部分是 $x_+ = x$,如果 $x < 0$,函数为 $x_+ = 0$. 同样,x_+^2 表示 $(x_+)^2$,即先处理正数部分. 更多关于样条曲线的内容参见第 21 章. 从式(14.18)中,我们可以得到:

$$\int_0^T r(t)\mathrm{d}t = \beta_0 T + \beta_1 \frac{T^2}{2} + \beta_2 \frac{T^3}{3} + \beta_3 \frac{(T-15)_+^3}{3} \tag{14.19}$$

因此收益曲线是:

$$y_T = \beta_0 + \beta_1 \frac{T}{2} + \beta_2 \frac{T^2}{3} + \beta_3 \frac{(T-15)_+^3}{3T} \tag{14.20}$$

从式(14.19),债券价格的模型(作为票面价值的百分比)为:

$$100 \exp\left\{-\left(\beta_0 T + \beta_1 \frac{T^2}{2} + \beta_2 \frac{T^3}{3} + \beta_3 \frac{(T-15)_+^3}{3}\right)\right\} \tag{14.21}$$

拟合二次样条曲线并绘出远期利率估计图的 R 代码为:

```
fitSpline = nls(price~100*exp(-beta0*T
    - (beta1*T^2)/2 - (beta2*T^3)/3
    - (T>15)*(beta3*(T-15)^3)/3 ),data=dat,
    start=list(beta0=.03,beta1=0,beta2=0,beta3=0) )
coefSpline = summary(fitSpline)$coef[,1]
forwardSpline = coefSpline[1] + (coefSpline[2]*t) +
    (coefSpline[3]*t^2)  + (t>15)*(coefSpline[4]*(t-15)^2)
plot(t,forwardSpline,lty=2,lwd=2)
```

代码中需要轻微改动来拟合二次或三次多项式模型.

图 14-8 包含了远期利率和经验远期利率的所有三个估计. 三次多项式和二次样条模型比起二次多项式模型,更多地遵循经验远期利率. 虽然样条有略小的残差平方和,但该三次多项式和二次样条拟合都使用 4 个参数,彼此类似. 样条模型的拟合总结为:

⊖ Jarrow(2002, p.15).

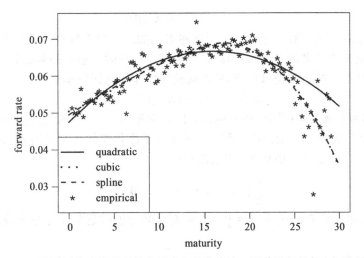

图 14-8 美国国债远期利率的多项式和样条估计. 经验远期利率也如图所示

```
> summary(fitSpline)

Formula: price ~ 100 * exp(-beta0 * T - (beta1 * T^2)/2
  - (beta2 * T^3)/3 - (T > 15) * (beta3 * (T - 15)^3)/3)

Parameters:
        Estimate Std. Error t value Pr(>|t|)
beta0  4.947e-02  9.221e-05  536.52   <2e-16 ***
beta1  1.605e-03  3.116e-05   51.51   <2e-16 ***
beta2 -2.478e-05  1.820e-06  -13.62   <2e-16 ***
beta3 -1.763e-04  5.755e-06  -30.64   <2e-16 ***
---
Signif. codes:  0 *** 0.001 ** 0.01 * 0.05 . 0.1   1

Residual standard error: 0.0667 on 113 degrees of freedom

Number of iterations to convergence: 5
Achieved convergence tolerance: 1.181e-07
```

注意到所有系数有非常小的 p 值. beta3 较小的 p 值进一步证明了样条模型比二次多项式模型拟合得更好，因为这两个模型的不同点只有对于二次模型 beta3 是 0.

R 的 nls 函数不能找到 Nelson-Siegel 模型的最小二乘估计量，但是最小二乘估计量可以使用带有平方和为目标函数的 optim 非线性优化函数找到. Nelson-Siegel 模型的拟合明显不如三次多项式和二次样条模型. 事实上，Nelson-Siegel 模型不如二次多项式模型拟合得好.

Svensson 模型可能比 Nelson-Siegel 模型拟合得好，但四参数三次多项式和二次样条模型拟合得很好，似乎并不值得再去尝试 6 个参数的 Svensson 模型. ∎

14.5 双边变换回归

假设我们有一个理论模型说明没有任何噪声的情况，
$$Y_i = f(\boldsymbol{X}_i; \beta) \tag{14.22}$$
模型(14.22)与以下模型相同：

$$h\{Y_i\} = h\{f(\mathbf{X}_i;\boldsymbol{\beta})\} \tag{14.23}$$

其中 h 是任何一对一的函数，比如一个严格递增函数。在没有噪声时，h 的任何选择都是很好的，我们应该严格遵循模型(14.22)，但当噪声存在时，事实并非如此。

当我们有噪声数据，方程(14.23)可以被转换成非线性回归模型：

$$h\{Y_i\} = h\{f(\mathbf{X}_i;\boldsymbol{\beta})\} + \varepsilon_i \tag{14.24}$$

模型(14.24)称为双边变换(TBS)回归模型，因为方程(14.23)的两边通过相同的函数 h 变换。通常，h 会是 Box-Cox 变换的一种，h 被选为平稳化变异性并且引入几乎正态分布的误差。为了对一个固定的 h 估计 $\boldsymbol{\beta}$，我们最小化

$$\sum_{i=1}^{n}[h\{Y_i\} - h\{f(\mathbf{X}_i;\hat{\boldsymbol{\beta}})\}]^2 \tag{14.25}$$

h 的不同选择可以用残差图比较。给出一个带有常数方差的近似正态分布残差的 h 被用于最终分析。

例 14.6 对违约频率数据的 TBS 回归。

TBS 回归被应用到违约频率数据。Box-Cox 变换 $h(y) = y^{(\alpha)}$ 尝试 α 的不同正值。发现 $\alpha = 1/2$ 给出带有一个常数方差的正态分布残差，所以使用平方根变换来估计，参见图 14-9。使用这个变换，$\boldsymbol{\beta}$ 通过最小化下式来估计：

$$\sum_{i=1}^{n}[\sqrt{Y_i} - \exp\{\beta_0/2 + (\beta_1/2)X_i\}]^2 \tag{14.26}$$

其中 Y_i 是第 i 个违约频率而 X_i 是第 i 评级。模型的平方根转换通过用 2 除以 β_0 和 β_1 来实现。使用 TBS 回归，Aaa 债券的估计违约概率为 0.0008%，只有估计的 16% 由 Bluhm、Overbeck 和 Wagner(2003)给出，而估计的 40% 由不转换的非线性回归给出。当然，估计风险的 84% 的减少是很大的变化。这表明适合的统计建模对金融风险分析有很大的影响，例如，使用所有的数据和适当的转换。TBS 允许我们使用所有数据(无偏)并且，正如接下来描述的，有效地通过方差的倒数高效率地加权数据。

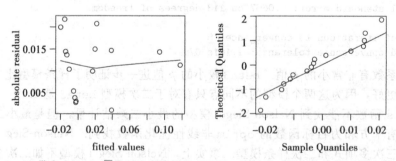

图 14-9 (a)带有 $h(y)=\sqrt{y}$ 的双边变换回归(TBS)。绘制绝对学生化残差对带有局部加权回归光滑的拟合值图。(b)学生化残差的正态图

14.5.1 TBS 的作用

TBS 实际上加权数据。为理解这一点，我们使用一个泰勒级数线性化来得到⊖：

⊖ 关于点 x 的函数 h 的泰勒级数线性化是 $h(y) \approx h(x) + h^{(1)}(x)(y-x)$，其中 $h^{(1)}$ 是 h 的一阶导数。参见微积分教材中泰勒级数的内容。

$$\sum_{i=1}^{n}[h(Y_i)-h\{f(\boldsymbol{X}_i;\hat{\boldsymbol{\beta}})\}]^2 = \sum_{i=1}^{n}[h^{(1)}\{f(\boldsymbol{X}_i;\hat{\boldsymbol{\beta}})\}]^2\{Y_i-f(\boldsymbol{X}_i;\hat{\boldsymbol{\beta}})\}^2$$

第 i 个观测值的权重是 $[h^{(1)}f(\boldsymbol{X}_i;\hat{\boldsymbol{\beta}})]^2$. 由于最佳权重是逆方差, 最适合的变换 h 解

$$\mathrm{Var}(Y_i|\boldsymbol{X}_i) \propto [h^{(1)}\{f(\boldsymbol{X}_i;\hat{\boldsymbol{\beta}})\}]^{-2} \tag{14.27}$$

例如, 如果 $h(y)=\log(y)$, 那么 $h^{(1)}(y)=1/y$ 而式(14.27)变为:

$$\mathrm{Var}(Y_i|\boldsymbol{X}_i) \propto \{f(\boldsymbol{X}_i;\hat{\boldsymbol{\beta}})\}^2 \tag{14.28}$$

所以因变量的条件标准差与它的条件均值成比例. 这种情况经常发生. 例如, 如果因变量是指数分布的, 那么式(14.28)肯定成立. 如果因变量是对数正态分布的而对数方差是常数, 那么等式(14.28)也成立. 在这个情况下, 毋庸置疑对数变换是最好的, 因为对数变换为独立同分布的正态噪声.

一个随机变量的变异系数是它的标准偏差和期望值的比率. 当式(14.28)成立时, 因变量有一个常数变异系数.

一个引起条件方差为常数的变换称为**方差平稳化变换**. 我们可以看到当方差的系数是常值时, 方差平稳化变换是对数.

例 14.7 泊松因变量.

假设 $Y_i|\boldsymbol{X}_i$ 是均值为 $f(\boldsymbol{X}_i;\boldsymbol{\beta})$ 的泊松分布, 例如, 如果 Y_i 是一年中宣称破产的公司数, 那么 $f(\boldsymbol{X}_i;\boldsymbol{\beta})$ 模型如何使得期望值依靠 $\boldsymbol{X}_i$ 的宏观经济指标. 方差等于泊松分布的均值, 所以

$$\mathrm{Var}(Y_i|\boldsymbol{X}_i) = f(\boldsymbol{X}_i;\boldsymbol{\beta})$$

使用之前例子同样的理由, 我们应该使用 $\alpha=1/2$; 平方根变换就是对泊松分布因变量的方差平稳化变换. ■

14.6 只变换因变量

所谓的 Box-Cox 变换模型是:

$$Y_i^{(\alpha)} = \beta_0 + X_{i,1}\beta_1 + \cdots + X_{i,p}\beta_p + \varepsilon_i \tag{14.29}$$

其中 $\varepsilon_1, \cdots, \varepsilon_n$ 是独立同分布, 对某个 σ_ε 服从 $N(0, \sigma_\varepsilon^2)$. 对比于 TBS 模型, 只有因变量被转换了. 变换因变量达到三个目的:

1. 一个简单的模型: 对于预测变量 $X_{i,1}, \cdots, X_{i,p}$ 和参数 $\beta_1, \cdots, \beta_p$, $Y_i^{(\alpha)}$ 线性;
2. 常数残差方差;
3. 高斯噪声.

相比之下, 2 和 3 而非 1 是 TBS 模型的目的.

模型(14.29)由 Box 和 Cox(1964)引入, 他们建议 α 用最大似然法来估计. R 程序包 MASS 中的函数 boxcox 会计算带有置信区间 α 的剖面对数似然. 通常, $\hat{\alpha}$ 为置信区间内的一些整数, 例如, -1, $-1/2$, 0, $1/2$, 或者 1. 选择这些数字之一的理由是变换可充分解释, 即它是平方根、对数、倒数, 或者一些其他熟悉的函数. 当然, 如果不涉及有相似的变换, 我们可以使用 α 的值最大化剖面对数似然. $\hat{\alpha}$ 用这种方式选择之后, $\beta_0, \cdots, \beta_p$ 和 σ_ε^2 可以通过对 $Y_i^{(\hat{\alpha})}$ 回归 $X_{i,1}, \cdots, X_{i,p}$ 来估计.

例 14.8 模拟数据——Box-Cox 变换.

该例子使用例 13.6 中介绍的模拟数据. 模型是

$$Y_i^{(\alpha)} = \beta_0 + \beta_1 X_{i,1} + \beta_2 X_{i,1}^2 + \beta_3 X_{i,2} + \varepsilon_i \tag{14.30}$$

α 的剖面似然由 R 函数 boxcox 产生，如图 14-10 所示．我们可以看到最大似然估计接近 -1，而 -1 在置信区间内；这个结果显示了我们使用 $-1/Y_i$ 作为因变量．

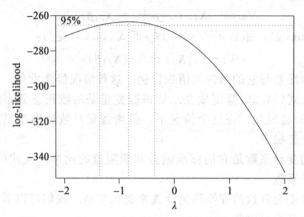

图 14-10　Box-Cox 模型应用于模拟数据的剖面似然

因变量 $-1/Y_i$ 的残差图如图 14-11 所示．我们可以看到在图 14-11a 中没有异方差性的征兆，因为残差的垂直分布从左到右没有改变．在图 14-11b 和 c 中，我们看到均匀的垂直分布，它显示了模型对 X_1 是二次的，对 X_2 线性，很好地拟合 $-1/Y_i$．最后，在图 14-11d，我们看到残差显示正态分布．

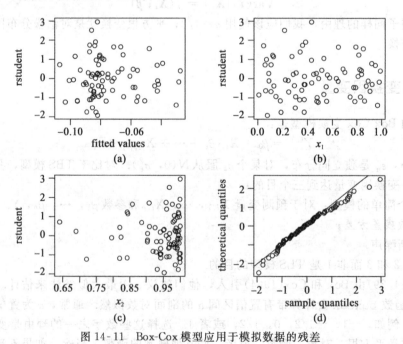

图 14-11　Box-Cox 模型应用于模拟数据的残差

14.7　二元回归

二元因变量 Y 可以取两个值，0 或者 1，它编译了两个可能的结果，例如，一家公司违约拖欠贷款或者不违约. 二元回归模拟了二元因变量是 1 的条件概率, 给出了预测变量 $X_{i,1}, \cdots, X_{i,p}$ 的值. 由于概率被限制为 0 和 1 之间, 因此线性模型不适合二元因变量. 然而, 线性模型是如此便利以至于我们希望一个模型有许多线性模型的特征. 这促进了广义线性模型 (也称为 GLM) 的发展.

二元因变量的广义线性模型的形式为:
$$P(Y_i = 1 \mid X_{i,1}, \cdots, X_{i,p}) = H(\beta_0 + \beta_1 X_{i,1} + \cdots + \beta_p X_{i,p}) = H(\boldsymbol{x}_i^\mathrm{T} \boldsymbol{\beta})$$

其中, $H(x)$ 是随着 x 从 $-\infty$ 到 ∞ 增长, 从 0 到 1 增长的函数, 即 $H(x)$ 是一个累积分布函数, 而最后的表达式使用了式 (14.3) 中的向量标识. 二元因变量最常见的 GLM 是机率单位回归, 其中 $H(x) = \Phi(x)$, 服从 $N(0, 1)$ 分布的累积分布函数, 以及逻辑回归, 其中 $H(x)$ 是逻辑累积分布函数, 即 $H(x) = 1/\{1 + \exp(-x)\}$. 参数向量 β 可以由最大似然估计. 假设在 $x_1, \cdots, x_n$ 的条件下, 二元因变量 $Y_1, \cdots, Y_n$ 是相互独立的. 那么, 使用 (A.8), 在 $x_1, \cdots, x_n$ 的条件下, 似然是:

$$\prod_{i=1}^{n} H(\boldsymbol{x}_i^\mathrm{T} \boldsymbol{\beta})^{Y_i} \{1 - H(\boldsymbol{x}_i^\mathrm{T} \boldsymbol{\beta})\}^{1-Y_i} \tag{14.31}$$

最大似然估计可以由标准软件求出, 例如 R 软件中的函数 glm.

例 14.9 谁得到了信用卡?

在这个例子中, 我们会分析 R 程序包 AER 中数据集 CreditCard 的数据. 以下变量包含在数据集中:

1. card=对一个信用卡的申请被允许吗?
2. reports=主要贬损报告的数量
3. income=年度收入 (单位为 10 000 美元)
4. age=年份数
5. owner=个人对他或她的房屋有所有权吗?
6. dependents=家属数量
7. months=在当前居住地的居住月份
8. share=月度信用卡支出对年度收入比
9. selfemp=个人是个体经营者吗?
10. majorcards=主要信用卡持卡数
11. active=活跃的信用卡账号数
12. expenditure=平均月度信用卡支出

第一变量 card 是二元的且是因变量. 变量 2~8 被用来做预测变量. 分析的目的是发现哪个预测变量影响申请被允许的概率. R 软件的文件提到变量 age 在一年中的几个值. 这些案例是错误的并且从分析中删除. 图 14-12 包含了预测变量的直方图. 变量 share 是高度右偏的, 所以使用 log(share) 进行分析. 变量 reports 也是极度右偏的; reports 的许多值是 0 或者 1 但最大值是 14. 为了减少偏度, 使用 log(reports+1) 而非 reports. "1" 被加入用于避免取 0 的对数. 在回归中没有假设关于预测变量的分布, 所以原则上可以使用有偏预测变量. 然而, 高度有偏的预测变量有高杠杆点而与因变量很少有线性关系. 至少考虑高有偏预测变量的转换是个好主意. 事实上, 逻辑模型也适用于不转换的 reports 和 share, 但这与使用转换的预测变量相比 AIC 增加了 3 倍.

首先, 逻辑回归模型拟合所有 7 个预测变量.

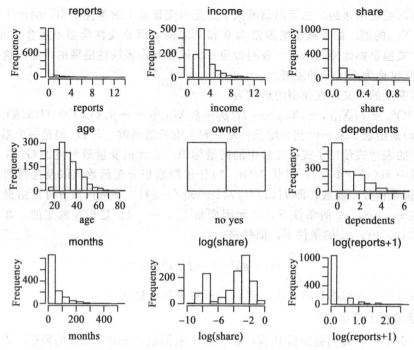

图 14-12 模型中可能用来预测信用卡申请是否被接受的变量直方图

```
Call:
glm(formula = card ~ log(reports + 1) + income + log(share) +
    age + owner + dependents + months, family = "binomial",
    data = CreditCard_clean)

Coefficients:
                  Estimate Std. Error z value Pr(>|z|)
(Intercept)      21.473930   3.674325   5.844 5.09e-09 ***
log(reports + 1) -2.908644   1.097604  -2.650  0.00805 **
income            0.903315   0.189754   4.760 1.93e-06 ***
log(share)        3.422980   0.530499   6.452 1.10e-10 ***
age               0.022682   0.021895   1.036  0.30024
owneryes          0.705171   0.533070   1.323  0.18589
dependents       -0.664933   0.267404  -2.487  0.01290 *
months           -0.005723   0.003988  -1.435  0.15130
---

(Dispersion parameter for binomial family taken to be 1)

    Null deviance: 1398.53  on 1311  degrees of freedom
Residual deviance:  139.79  on 1304  degrees of freedom
AIC: 155.79

Number of Fisher Scoring iterations: 11
```

回归量中的几个有较大的 p 值,所以 stepAIC 被用于找到一个更加精确的模型. 最后一步中没有更多的变量被删除:

```
Step:  AIC=154.22
card ~ log(reports + 1) + income + log(share) + dependents

       Df Deviance    AIC
```

```
<none>                    144.22  154.22
- dependents           1  150.28  158.28
- log(reports + 1)     1  164.18  172.18
- income               1  173.62  181.62
- log(share)           1 1079.61 1087.61
```

以下是使用 stepAIC 选择的模型拟合. 为了之后方便，每个回归量都是中心化的；"_c"附加到一个变量名表示中心化的变量.

```
glm(formula = card ~ log_reports_c + income_c + log_share_c +
    dependents_c, family = "binomial", data = CreditCard_clean)

Coefficients:
              Estimate Std. Error z value Pr(>|z|)
(Intercept)    9.5238     1.7213   5.533 3.15e-08 ***
log_reports_c -2.8953     1.0866  -2.664  0.00771 **
income_c       0.8717     0.1724   5.056 4.28e-07 ***
log_share_c    3.3102     0.4942   6.698 2.11e-11 ***
dependents_c  -0.5506     0.2505  -2.198  0.02793 *
---

(Dispersion parameter for binomial family taken to be 1)

    Null deviance: 1398.53  on 1311  degrees of freedom
Residual deviance:  144.22  on 1307  degrees of freedom
AIC: 154.22

Number of Fisher Scoring iterations: 11
```

重要的是理解逻辑回归模型告诉我们关于申请被允许的概率. 定性地说，我们看到申请允许的概率随着 income 和 share 而增加，随着 reports 和 dependents 而减少. 为了定量地理解这些效应，首先考虑截距. 由于预测变量有中心化，当所有变量在他们的均值时，申请被允许的概率为 $H(9.5238)=0.999927$. 由于 reports 和 dependents 是整数值并且不完全等于它们的均值，这个概率只是提供了截距 9.5238 表示什么的意思. 图 14-13 绘制了当函数包含 reports、income、log(share) 和 dependents 时信用卡申请被允许的概率. 在每个图中，其他变量在它们的均值固定. 显然，最大影响的变量是 share，月度信用卡支出对年度收入的比. 我们看到较少通过信用卡支出他们的收入的申请者很少被允许申请.

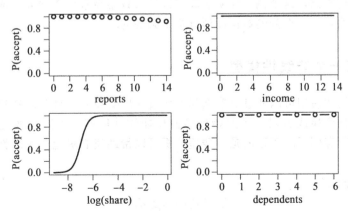

图 14-13 当作为单个预测变量以及其他预测变量为它们的均值时，一个信用卡申请被允许的概率图. 变量在数据范围内变化

在图 14-14 中，图 14-14a 是 card 对比 log(share) 的图，如果申请被拒绝，取 0，如果被接受，取 1. 应该强调的是图 14-14a 是数据的图，不是模型的拟合. 我们看到如果 log(share) 超过 -6，转化为 share 超过 0.0025，申请一直被允许. 因此，在这个数据集中，在月度信用卡支出超过年度收入的 0.25% 的申请者群体中，所有信用卡申请被允许. 这些申请人怎么看待其他的变量呢？图 14-14b~d 绘制 reports、income 和 majorcards 对比 log(share). 变量 majorcards 没有用在逻辑回归分析中，但包含在这里.

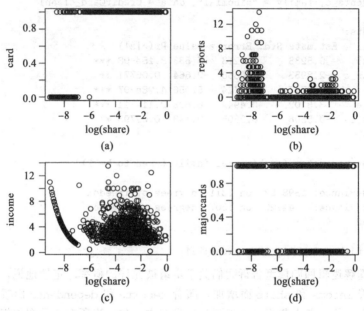

图 14-14 log(share) 对比其他变量的图

图 14-14c 的一个奇怪的地方在于一组点是一个平滑的曲线. 316 个申请者 share 乘以 income 等于 0.0012 的组，即乘积的最小值. 奇怪的是，share 永远不是 0. 也许因为一些编码违反事实，这 316 个申请人没有信用卡支出而不是报告中的值. 数据的另外一个有趣的特征是这 316 个申请者中，只有 21 个被允许了. 其他的 996 个申请都被允许了.

除了解释逻辑回归，这个例子证明了真实世界的数据经常包含误差，或者可能我们应该称它们为特异性，一个充分的数据图形分析是必要的.

14.8 线性化一个非线性模型

有时一个非线性模型可以通过对模型和因变量使用变换来线性化. 在这些例子中，我们应该使用线性化变换或者对一个原始模型使用非线性回归？答案是线性化有时是件好事，但不应用于所有例子. 幸运的是，残差分析可以帮助我们决定一个线性化变换是否应该被使用.

例如，考虑模型：

$$Y_i = \beta_1 \exp(\beta_2 X_i) \tag{14.32}$$

该模型"等价于"线性模型：

$$\log(Y_i) = \alpha + \beta_2 X_i \tag{14.33}$$

其中 $\alpha = \log(\beta_1)$. "等价于"用引号, 因为当存在噪声时, 两个模型不再等价.

假设式(14.32)是独立同分布的附加噪声, 使得
$$Y_i = \beta_e \exp(\beta_2 X_i) + \varepsilon_i \tag{14.34}$$
其中 $\varepsilon_1, \cdots, \varepsilon_n$ 是独立同分布. 那么对式(14.33)应用对数变换得到:
$$\log(Y_i) = \log\{\beta_1 \exp(\beta_2 X_i) + \varepsilon_i\} \tag{14.35}$$
带有非叠加的噪声. 因为噪声不是相加的, 关于模型 $\log\{\beta_1 \exp(\beta_2 X_i)\}$ 中 $\log(Y_i)$ 的偏差有非常数偏差和偏度, 即使当 $\varepsilon_1, \cdots, \varepsilon_n$ 是独立同分布的高斯分布.

例 14.10 线性化变换——模拟数据.

图 14-15a 显示了一个满足 $\beta_1 = 1$, $\beta_2 = -1$ 以及 $\sigma_\varepsilon = 0.02$ 的模型(14.32)的模拟样本. X_i 是从 -1 到 2.5 等距离以 0.025 为增幅. 图 14-15b 显示 $\log(Y_i)$ 对 X_i 的图. 我们可以看到这个变换线性化了变量间的关系但引入了非常数残差变异. 图 14-15c 和 d 显示了使用线性化模型的残差图. 注意到严非常数方差和非线性正态图.

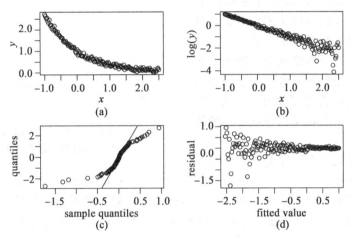

图 14-15 对数转换线性化模型但引起很大的异方差性和偏度的例子. (a)原始数据. (b)因变量对数转换后的数据. (c)线性化之后的残差正态图. (d)线性化后的绝对残差图

线性化不常为坏事. 假设噪声是相乘的和对数正态的, 使得式(14.32)成为
$$Y_i = \beta_1 \exp(\beta_2 X_i) \exp(\varepsilon_i) = \beta_1 \exp(\beta_2 X_i + \varepsilon_i) \tag{14.36}$$
其中 $\varepsilon_1, \cdots, \varepsilon_n$ 是独立同分布的高斯分布. 那么对数变换将式(14.36)转换为:
$$\log(Y_i) = \alpha + \beta_2 X_i + \varepsilon_i \tag{14.37}$$
是满足所有通常假设的线性模型.

总之, 一个线性化变换可能或者不可能导致数据更好地服从回归分析的假设. 残差分析可以帮助我们决定变换是否适合.

14.9 稳健回归

稳健回归估计量应该相对免疫于两种类型的异常值. 第一种是不良数据, 意味着不是总体一部分的值, 例如, 由于未被察觉的记录错误. 第二种是异常值, 由于带有重尾的噪声分布. 有许多稳健回归估计量, 他们的数量成为使用他们的障碍. 许多数据分析师对哪个稳健估计量最好感到困惑, 最后导致不愿意去使用它们. 与其描述这些有助于解决这个

问题的估计量，不如只介绍一种，最小截尾平方估计量和，也称为 LTS.

回忆截尾均值是对于一个单变量样本位置的稳健估计量. 截尾均值仅仅是样本的平均值，当一定比率百分数的最大观测值和相同比率的最小观测值被移除后. 截尾移除了一些非异常值，在一些无异常值的理想情况下，导致了精度的丢失，但不是不可接受的数量. 截尾也移除异常值，导致估计量是稳健的. 截尾对单变量样本很简单，因为我们知道哪个观测值应该被截掉，最大和最小的值. 在回归中不是这个情况. 考虑图 14-16 的数据. 有 26 个观测值很近地落在一条线上加上两个离线很远的残差异常值. 注意到残差异常值既没有极端 X 值也没有极端 Y 值. 他们离群仅仅相对于线性回归拟合的其他数据.

残差异常值在图 14-16 中很显著是因为只有一个预测变量. 当有许多预测变量时，异常值只有在我们有一个模型并且模型中的参数很好估计时才被识别出. 那么，困难是参数的估计需要异常值的识别，反之亦然. 我们可以从图中看到，最小二乘线通过包含数据中用于估计的残差异常值而改变. 在一些情况下，例如，在图 13.1b 中，一个残差异常值的影响可以是严重的，它彻底改变了最小二乘估计. 如果残差异常值出现在高杠杆点，这种情况可能发生.

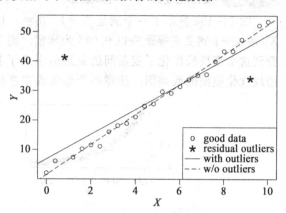

图 14-16　带有两个残差异常值的直线回归显示了有无异常值的最小二乘拟合

LTS 估计量同时识别残差异常值和稳健估计模型的参数. 令 $0 \leqslant \alpha \leqslant 1/2$ 为截断比例，k 等于 $n\alpha$ 四舍五入为整数. 关于回归参数的值域的截尾平方和定义为：从参数中形成残差，对残差平方，然后对平方后的残差排序，移除最大的 k，并且最终对剩余的平方残差求和. LTS 估计量是参数值域，它最小化截尾的平方和. LTS 估计量可以通过使用 R 软件 robust 程序包中的 ltsReg 函数计算.

如果噪声分布是厚尾的，那么稳健回归分析的另一种方法是使用厚尾分布作为对噪声的模型，然后通过最大似然估计参数. 例如，我们可能假设噪声有双指数或者 t 分布. 在后者的情况下，我们可以估计自由度或者把自由度设定在一个低的值，表示厚尾；参见 Lange、Little 和 Taylor(1989). 这种方法称为稳健建模而非稳健估计. 区别在于稳健估计中我们假设一个相当严格的模型，例如一个正态噪声分布，但找到一个最大似然的稳健方法. 在稳健建模中，我们使用一个更加灵活的模型，使得最大似然估计本身也是稳健的.

另一个可能是残差异常值是由于非常数标准差，带有更高噪声标准差的数据中的异常值. 这个问题的解决方法是应用一个残差平稳化变换或者建立一个非常数标准残差模型，在第 18 章 GARCH 模型中有讨论.

例 14.11　例 13.1 中的模拟数据——稳健回归.

图 14-17 比较最小二乘和 LTS 拟合例 13.1 中的模拟数据. 在不带残差异常值的图 14-17a 中，两种拟合一致. 在图 14-17b 和 c 中，LTS 拟合不被残差异常值影响，而很好地拟合了非异常值数据.

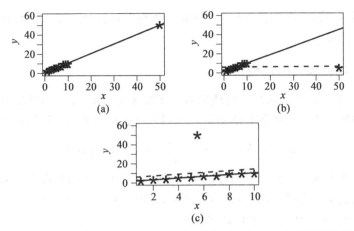

图 14-17 带有最小二乘拟合（虚线）和 LTS 拟合（实线）的例 13.1 中的模拟数据．在（a）中两种拟合彼此太近以至于不能区分它们

14.10 回归和最佳线性预测

14.10.1 最佳线性预测

通常我们观测一个随机变量 X，我们要预测一个未观测的随机变量 Y，它与 X 有关．例如，Y 可以是资产的未来价值，X 是最近的资产价值变化．预测有许多实用的应用，在理论学习中也很重要．

Y 的预测量最小化预期平方预测误差是 $E(Y|X)$（参见 A.19 节），但 $E(Y|X)$ 通常是 X 的非线性函数，并且很难计算．这个困难的一个常用的解决方案是只考虑 X 的线性函数作为可能预测值．这被称为线性预测．在本节中，我们将会展示线性预测与线性回归紧密联系．

Y 的线性预测量基于 X 是一个 $\beta_0 + \beta_1 X$ 函数，其中参数 β_0 和 β_1 是可选择的．最佳线性预测意味着找到 β_0 和 β_1 使得预期平方预测误差由下式给出：

$$E\{Y - (\beta_0 + \beta_1 X)\}^2 \tag{14.38}$$

是最小化的．这样做使得预测值的平均尽可能地接近 Y．预期平方预测误差可被改写为：

$$E\{Y - (\beta_0 + \beta_1 X)\}^2 = E(Y^2) - 2\beta_0 E(Y) - 2\beta_1 E(XY) + \beta_0^2 + 2\beta_0\beta_1 E(X) + \beta_1^2 E(X^2)$$

为了找到最小化，我们设定这个表达式的偏导数为 0，得到：

$$0 = -E(Y) + \beta_0 + \beta_1 E(X) \tag{14.39}$$

$$0 = -E(XY) + \beta_0 E(X) + \beta_1 E(X^2) \tag{14.40}$$

应用一些代数后我们发现：

$$\beta_1 = \sigma_{XY}/\sigma_X^2 \tag{14.41}$$

和

$$\beta_0 = E(Y) - \beta_1 E(X) = E(Y) - \sigma_{XY}/\sigma_X^2 E(X) \tag{14.42}$$

我们可以检验式（14.38）二阶导数的矩阵是正定的，使得式（14.39）和（14.40）的解（β_0，β_1）最小化式（14.38）．因此，Y 的最佳线性预测量是：

$$\hat{Y}^{\text{Lin}}(X) = \beta_0 + \beta_1 X = E(Y) + \frac{\sigma_{XY}}{\sigma_X^2}\{X - E(X)\} \tag{14.43}$$

事实上，式（14.43）不能直接使用，除非 $E(X)$，$E(Y)\sigma_{XY}$ 和 σ_X^2 是已知的，但通常不是这

种情况. 线性回归分析本质上是式(14.43)带有这些未知被最小二乘估计取代的参数的使用——参见14.10.3节.

14.10.2 最佳线性预测的预测误差

在本节中, 假设 $\hat{Y}$ 是 Y 的最佳线性预测. 预测误差是 $Y-\hat{Y}$. 容易证明 $E\{Y-\hat{Y}\}=0$, 因此预测是无偏的. 应用一些代数学知识, 我们可以表明预期平方预测误差是:

$$E\{Y-\hat{Y}\}^2 = \sigma_Y^2 - \frac{\sigma_{XY}^2}{\sigma_X^2} = \sigma_Y^2(1-\rho_{XY}^2) \tag{14.44}$$

X 如何帮助我们预测 Y? 为了回答这个问题, 注意到首先如果我们不观察 X, 那么必须用一个常数预测 Y, 我们标记为 c. 容易证明最佳预测量 c 等于 $E(Y)$. 注意到首先预期平方预测误差是 $E(Y-c)^2$. 一些代数学显示:

$$E(Y-c)^2 = \text{Var}(Y) + \{c-E(Y)\}^2 \tag{14.45}$$

由于 $\text{Var}(Y)$ 不依赖于 c, 显示预期平方预测误差由 $c=E(Y)$ 而达到最小. 因此, 当 X 是未观测的时, Y 的最佳预测量是 $E(Y)$, 预期平方预测误差是 σ_Y^2, 但当 X 是可观测的时, 预期平方预测误差较小, 为 $\sigma_Y^2(1-\rho_{XY}^2)$. 因此, ρ_{XY}^2 是当 X 已知时, 预测误差减小的部分. 这是我们将会再看到的一个重要事实.

结果 14.10.1 当 Y 独立于所有已有的信息时的预测:

如果 Y 独立于所有已有的信息, 即 Y 独立于所有被观测的随机变量, 那么 Y 的最佳预测是 $E(Y)$, 平方预测误差的期望值是 σ_Y^2. 我们说当不存在好于期望值的预测量时, Y "不能被预测".

14.10.3 回归是经验最佳线性预测

对于单个预测量的情况, 注意到它与最佳线性预测

$$\hat{Y} = E(Y) + \frac{\sigma_{XY}}{\sigma_X^2}\{X-E(X)\}$$

和最小二乘线

$$\hat{Y} = \overline{Y} + \frac{s_{XY}}{s_X^2}\{X-\overline{X}\}$$

之间的相似点.

最小二乘线是最佳线性预测量的样本版本. 同时, ρ_{XY}^2, X 和 Y 的平方相关性, 是关于 Y 的变异性的分数, 可以使用线性预测量来预测, ρ_{XY}^2 的样本版本是 $R^2 = r_{XY}^2 = r_{Y\hat{Y}}^2$.

14.10.4 多元线性预测

到目前为止, 我们假设只有一个随机变量 X 已知来预测 Y. 通常情况下, Y 使用观测随机变量 $X_1, \cdots, X_n$ 来预测.

令 $\boldsymbol{Y}$ 和 $\boldsymbol{X}$ 为 $p\times 1$ 和 $q\times 1$ 随机向量. 正如在 7.3.1 节讨论的, 定义:

$$\boldsymbol{\Sigma}_{Y,X} = E\{\boldsymbol{Y}-E(\boldsymbol{Y})\}\{\boldsymbol{X}-E(\boldsymbol{X})\}^T$$

$\boldsymbol{\Sigma}_{Y,X}$ 的第 i 和 j 元素是 Y_i 和 X_j 的协方差. 那么给定 $\boldsymbol{X}$, $\boldsymbol{Y}$ 的最佳线性预测量是:

$$\hat{\boldsymbol{Y}} = E(\boldsymbol{Y}) + \boldsymbol{\Sigma}_{Y,X}\boldsymbol{\Sigma}_X^{-1}\{\boldsymbol{X}-E(\boldsymbol{X})\} \tag{14.46}$$

注意到式(14.43)和式(14.46)的相似点, 一元和多元情况下的最佳线性预测量.

多元线性预测的样本类似于多元回归.

14.11 回归对冲

回归的一个有趣的应用是决定一个债券位置的最佳对冲. 造市者在一个投标价格买入证券, 通过以更高的卖盘价卖出它们. 假设造市者从一个养老基金买到债券. 理想情况下, 造市者会在买到债券后马上卖出. 然而, 许多债券是无流动资金的, 所以在债券被卖出之前有段持有时间. 在造市者持有债券的这段时间, 造市者承受债券价格因利息变动, 而可能下降的风险. 由于小的买卖差价, 改变会抹杀利润. 造市者更喜欢通过假设另一个风险(可能在相反的方向)来对冲这个风险. 为了对冲持有债券的利率风险, 造市者可以将其他流动性更强的债券卖空. 假设造市者决定卖空一个 30 年的国库债券, 它的流动性更强.

回归对冲决定了卖空 30 年国债来对冲刚买的债券风险的最佳数量. 目标是在第一个债券中长期的投资组合的价格在国库债券中短期的价格变化得尽可能像收益率一样小. 假设第一债券有 25 年到期. 我们可以使用 3.8 节中的结果来决定价格对收益变化的敏感度. 令 y_{30} 为 30 年债券的收益, 令 P_{30} 为 1 美元 30 年债券的票面价格, 令 DUR_{30} 为持续时间. 价格的改变 ΔP_{30} 和收益的改变 Δy_{30} 通过以下公式联系:

$$\Delta P_{30} \approx - P_{30} \text{DUR}_{30} \Delta y_{30}$$

对于 Δy_{30} 的小值. 一个相似的结果对 25 年债券成立.

考虑到持有面值为 F_{25} 的 25 年债券的投资组合, 卖空面值为 F_{30} 的 30 年债券. 投资组合的价值为:

$$F_{25} P_{25} - F_{30} P_{30}$$

如果 Δy_{25} 和 Δy_{30} 是收益的改变, 那么投资组合的价值改变大约为:

$$\{ F_{30} P_{30} \text{DUR}_{30} \Delta y_{30} - F_{25} P_{25} \text{DUR}_{25} \Delta y_{25} \} \tag{14.47}$$

假设 Δy_{30} 对 Δy_{25} 的回归为

$$\Delta y_{30} = \hat{\beta}_0 + \hat{\beta}_1 \Delta y_{25} \tag{14.48}$$

而 $\hat{\beta}_0 \approx 0$, 通常在利率变化回归的情况下, 正如例 12.1 所示. 把式(14.48)代入到式(14.47), 投资组合价格的变化近似于:

$$\{ F_{30} P_{30} \text{DUR}_{30} \hat{\beta}_1 - F_{25} P_{25} \text{DUR}_{25} \} \Delta y_{25} \tag{14.49}$$

对 Δy_{25} 的所有值, 这个变化近似于 0, 如果

$$F_{30} = F_{25} \frac{P_{25} \text{DUR}_{25}}{P_{30} \text{DUR}_{30} \hat{\beta}_1} \tag{14.50}$$

式(14.50)告诉我们 30 年债券的多少面值卖空, 以对冲 25 年债券 F_{25} 的面值. 式(14.50)右手边的所有数量都是已知或者已经计算出的: F_{25} 是 25 年债券的当前位置, P_{25} 和 P_{30} 是已知债券价格, DUR_{25} 和 DUR_{30} 的计算已在第 3 章中讨论, 而 $\hat{\beta}_1$ 是 Δy_{30} 对 Δy_{25} 回归的斜率.

回归中 R^2 越高, 对冲越起作用. 两个或多个流动性债券的对冲, 例如一个 30 年债券和一个 10 年债券, 可以由多元回归做出, 并且得到一个更好的对冲.

14.12 文献注记

Atkinson(1985)描述了变换、残差图, 并给出了许多好的例子. 关于非线性回归的更多信息, 请参见 Bates 和 Watts(1988)、Seber 和 Wild(1989). 探测一个非常数方差、双

边变换回归和权重的图方法在 Carroll 和 Ruppert(1988)中被讨论. Hosmer 和 Lemeshow(2000)对逻辑回归有较深入的研究. Faraway(2006)讨论了广义线性模型,包括逻辑回归. 更多关于回归对冲的讨论参见 Tuckman(2002).

Nelson-Siegel 和 Svensson 模型来自于 Nelson 和 Siegel(1985)以及 Svensson(1994).

14.13 参考文献

Atkinson, A. C. (1985) *Plots, Transformations and Regression*, Clarendon, Oxford.

Bates, D. M., and Watts, D. G. (1988) *Nonlinear Regression Analysis and Its Applications*, Wiley, New York.

Bluhm, C., Overbeck, L., and Wagner, C. (2003) *An Introduction to Credit Risk Modelling*, Chapman & Hall/CRC, Boca Raton, FL.

Box, G. E. P., and Dox, D. R. (1964) An analysis of transformations. *Journal of the Royal Statistical Society, Series B*, **26** 211–246.

Carroll, R. J., and Ruppert, D. (1988) *Transformation and Weighting in Regression*, Chapman & Hall, New York.

Chan, K. C., Karolyi, G. A., Longstaff, F. A., and Sanders, A. B. (1992) An empirical comparison of alternative models of the short-term interest rate. *Journal of Finance*, **47**, 1209–1227.

Faraway, J. J. (2006) *Extending the Linear Model with R*, Chapman & Hall, Boca Raton, FL.

Hosmer, D., and Lemeshow, S. (2000) *Applied Logistic Regression*, 2nd ed., Wiley, New York.

Jarrow, R. (2002) *Modeling Fixed-Income Securities and Interest Rate Options*, 2nd Ed., Stanford University Press, Stanford, CA.

Lange, K. L., Little, R. J. A., and Taylor, J. M. G. (1989) Robust statistical modeling using the t-distribution. *Journal of the American Statistical Association*, **84**, 881–896.

Nelson, C. R., and Siegel, A. F. (1985) Parsimonious modelling of yield curves. *Journal of Business*, **60**, 473–489.

Seber, G. A. F., and Wild, C. J. (1989) *Nonlinear Regression*, Wiley, New York.

Svensson, L. E. (1994) Estimating and interpreting forward interest rates: Sweden 1992–94, Working paper. International Monetary Fund, 114.

Tuckman, B. (2002) *Fixed Income Securities*, 2nd ed., Wiley, Hoboken, NJ.

14.14 R 实验室

14.14.1 带 ARMA 噪声的回归

本节使用 USMacroG 数据集,它在 12.12.1 节中使用过. 在之前的章节中,我们没有研究残差相关,但现在将会讨论. 模型将是 unemp=失业率的变化对 government=实际政府支出的变化和 invest=实际私人部门投资变化的回归. 运行以下 R 代码来读取数据,计算差异,然后拟合一个带有 AR(1)误差的线性回归模型.

```
library(AER)
data("USMacroG")
MacroDiff= as.data.frame(apply(USMacroG,2,diff))
attach(MacroDiff)
fit1 = arima(unemp,order=c(1,0,0),
   xreg=cbind(invest,government))
```

问题 1 使用 lm 来拟合一个线性回归模型，它假设不相关误差．通过 AIC 和残差 ACF 图来比较两个模型．哪个模型拟合得更好？

问题 2 带有不相关误差的模型和带有 AR(1)误差项的模型的 BIC 值是多少？如果我们使用 BIC 而不是 AIC，问题 1 的关于哪个模型拟合更好的结果会改变吗？

问题 3 带有 AR(2)噪声的模型或者带有 ARMA(1，1)噪声的模型比带有 AR(1)噪声的模型提供更好的拟合吗？

14.14.2 非线性回归

在本节中，你会拟合短期利率模型．让 r_t 作为在时间 t 的短期利率(短期借款的无风险利率)．假设短期利率满足随机微分方程

$$dr_t = \mu(t, r_t)dt + \sigma(t, r_t)dW_t \tag{14.51}$$

其中 $\mu(t, r_t)$ 是一个漂移函数，$\sigma(t, r_t)$ 是一个波动函数，而 W_t 是一个标准布朗运动．我们离散逼近式(14.51)：

$$(r_t - r_{t-1}) = \mu(t-1, r_{t-1}) + \sigma(t-1, r_{t-1})\varepsilon_{t-1} \tag{14.52}$$

其中 $\varepsilon_1, \cdots, \varepsilon_{n-1}$ 独立同分布且服从 $N(0, 1)$.

我们从 Chan、Karolyi、Longstaff 和 Sanders (1992)(CKLS)模型开始，它假设对于一些未知参数 a 和 θ，

$$\mu(t, r) = \mu(r) = a(\theta - r) \tag{14.53}$$

而对于某个 σ 和 γ，

$$\sigma(t, r) = \sigma r^\gamma \tag{14.54}$$

注意波动函数 $\sigma(t, r)$ 和常数波动参数 σ 的区别．

我们使用 Ecdat 程序包中的数据集 Irates. 该数据集有从 1 到 120 个月的到期利率. 我们使用第一列，它有 1 个月的到期利率，因为我们需要短期利率.

运行以下代码来输入数据，计算滞后和差分的短期利率序列，并且建立一些基本图形.

```
library(Ecdat)
data(Irates)
r1 = Irates[,1]
n = length(r1)
lag_r1 = lag(r1)[-n]
delta_r1 = diff(r1)
n = length(lag_r1)
par(mfrow=c(3,2))
plot(r1,main="(a)")
plot(delta_r1,main="(b)")
plot(delta_r1^2,main="(c)")
plot(lag_r1,delta_r1,main="(d)")
plot(lag_r1,delta_r1^2,main="(e)")
```

问题 4 第一列中的利率到期是？数据集的抽样频率是什么——每天、每周、每月、还是每季度？数据来自什么国家？利率由百分比还是分数(小数)表示？

在你刚创建的图中，图(a)、(b)和(c)分别显示了短期利率、短期利率的变化，以及短期利率的平方依赖于时间的变化．当短期利率的平方变化对选择波动性 $\sigma(t-1, r_{t-1})$ 有用时，短期利率变化图对于选择漂移 $\mu(t-1, r_{t-1})$ 是很有用的．

问题 5 模型(14.53)表明 $\mu(t, r) = \mu(r)$，即漂移不依赖于 t. 使用你的图来讨论这个假设

是否看似有效. 如果这个假设是有效的, 图(d)中的任何趋势应该给我们有关 $\mu(r)$ 形式的信息. 你看到趋势了吗?

现在运行以下代码来拟合模型(14.53), 并且填写图形的前两个图. 这个图接下来还会出现.

```
# CKLS (Chan, Karolyi, Longstaff, Sanders)

nlmod_CKLS = nls(delta_r1 ~ a * (theta-lag_r1),
    start=list(theta = 5,   a=.01),
    control=list(maxiter=200))
param = summary(nlmod_CKLS)$parameters[,1]
par(mfrow=c(2,2))
t = seq(from=1946,to =1991+2/12,length=n)
plot(lag_r1,ylim=c(0,16),ylab="rate and theta",
    main="(a)",type="l")
abline(h=param[1],lwd=2,col="red")
```

问题 6 a 和 θ 的估计以及它们的 95% 置信区间是什么?

注意到非线性回归分析估计的是 $\sigma^2(r)$, 而不是 $\sigma(r)$, 因为因变量是平方残差. 这里 $A=\sigma^2$ 而 $B=2\gamma$.

```
res_sq = residuals(nlmod_CKLS)^2
nlmod_CKLS_res <- nls(res_sq ~   A*lag_r1^B,
    start=list(A=.2,B=1/2) )
param2 = summary(nlmod_CKLS_res)$parameters[,1]
plot(lag_r1,sqrt(res_sq),pch=5,ylim=c(0,6),
    main="(b)")
attach(as.list(param2))
curve(sqrt(A*x^B),add=T,col="red",lwd=3)
```

问题 7 σ 和 γ 的估计以及它们的 95% 置信区间是什么?

最后, 使用加权最小二乘法重新拟合模型(14.53).

```
nlmod_CKLS_wt = nls(delta_r1 ~ a * (theta-lag_r1),
    start=list(theta = 5,   a=.01),
    control=list(maxiter=200),
    weights=1/fitted(nlmod_CKLS_res))
plot(lag_r1,ylim=c(0,16),ylab="rate and theta",
    main="(c)",type="l")
param3 = summary(nlmod_CKLS_wt)$parameters[,1]
abline(h=param3[1],lwd=2,col="red")
```

问题 8 显示在图(a)中的 θ 的未加权估计和图(d)中的加权估计有什么不同? 为什么?

14.14.3 因变量变换

本节使用程序包 AER 中的数据集 HousePrices. 这是一个关于房价和其他特征(例如安大略湖温莎地区房子的卧室数量)的跨季节数据. 数据在 1987 年夏天收集. 房价的准确建模对抵押贷款行业很重要. 运行以下代码来读取数据并对 price 和其他变量进行回归; 公式"price~."的右边指定了预测变量应该包含所有变量, 当然除了因变量.

```
library(AER)
data(HousePrices)
fit1 = lm(price~.,data=HousePrices)
summary(fit1)
```

以下建立了对于模型(14.29)的变换参数 α 的一个剖面对数似然图.

```
library(MASS)
fit2=boxcox(fit1,xlab=expression(alpha))
```

问题 9 α 的最大似然估计是多少？（提示：类型是什么？使用 boxcox 来得到这个函数的返回值.）

下面拟合一个带由 $\hat{\alpha}$（最大似然估计）变换而来的 price 的线性模型. 这里函数 box.cox 计算一个对给定值 α 的 Box-Cox 变换并且有别于 boxcox, 它对 α 计算了剖面对数似然.

```
library(car)
fit3=lm(box.cox(price,alpha)~.,data=HousePrices)
summary(fit3)
AIC(fit1)
AIC(fit3)
```

问题 10 Box-Cox 变换给出了一个比起带有未变换 price 的回归更好的拟合吗？

问题 11 值得进一步检验残差的相关吗？

14.14.4 二元回归：谁得到了空调

本节使用 14.14.3 节中的数据集 HousePrices. 这里的目标是调查空调存在与否与其他变量如何相关. 以下代码对所有潜在的预测变量拟合一个逻辑回归模型, 然后使用 stepAIC 来找到一个简约模型.

```
library(AER)
data(HousePrices)
fit1 = glm(aircon~.,family="binomial",data=HousePrices)
summary(fit1)
library(MASS)
fit2 = stepAIC(fit1)
summary(fit2)
```

问题 12 对于预测一个房子有无空调，什么变量最重要？定性地描述这些变量和变量 aircon 的关系. 在你认为应该放弃的由 stepAIC 选择的模型中有哪些变量？

问题 13 如果以下特征存在，估计一个房子有空调的概率：

```
price  lotsize bedrooms bathrooms stories driveway recreation
42000   5850      3         1        2      yes        no
fullbase gasheat garage prefer
  yes      no     1      no
```

（提示：使用 R 函数 plogis 来计算逻辑函数.）

14.15 习题

1. 给定 X, 当我们找到 Y 的最佳拟合预测值时, 我们得到
$$0 = -E(Y) + \beta_0 + \beta_1 E(X)$$
$$0 = -E(XY) + \beta_0 E(X) + \beta_1 E(X^2)$$

证明它们的解为：

$$\beta_1 = \frac{\sigma_{XY}}{\sigma_X^2}$$

和

$$\beta_0 = E(Y) - \beta_1 E(X) = E(Y) - \frac{\sigma_{XY}}{\sigma_X^2} E(X)$$

2. 假设某人在 20 年国库债券中有 F_{20} 面值的多头寸，并且想要用在 10 年和 20 年国库债券中的空头头寸来对冲它。10 年、20 年和 30 年国库债券的价格和期限分别为 P_{10}，DUR_{10}，P_{20}，DUR_{20}，P_{30} 和 DUR_{30}，并假设已知。20 年收益变化关于 10 年以及 30 年收益变化的回归是 $\Delta y_{20} = \hat{\beta}_0 + \hat{\beta}_1 \Delta y_{10} + \hat{\beta}_2 \Delta y_{30}$。$\hat{\beta}_0$ 的 p 值很大，并且假设 β_0 接近 0 可忽略不计。10 年和 30 年国库债券的面值 F_{10} 和 F_{30} 应该如何放空来对冲 20 年国库债券的多头寸？（根据已知数量 P_{10}，P_{20}，P_{30}，DUR_{10}，DUR_{20}，DUR_{30}，$\hat{\beta}_1$，$\hat{\beta}_2$ 和 F_{20} 来表示 F_{10} 和 F_{30}。）

3. 年度期限(T)以及美元计算的零息债券价格在本书网站的文件夹 ZeroPrices.txt 中。价格由票面价值的百分比表示。通常的模型是带有远期利率的 Nelson-Siegel 族。

$$r(T;\theta_1,\theta_2,\theta_3,\theta_4) = \theta_1 + (\theta_2 + \theta_3 T)\exp(-\theta_4 T)$$

通过使用 R 的 optim 函数用非线性回归来对价格拟合该远期利率。

(a) θ_1，θ_2，θ_3 和 θ_4 的估计为？

(b) 在同一图中绘制估计远期利率和估计收益曲线。

4. 最小二乘估计在线性模型中是无偏的，但在非线性模型中是有偏的。模拟研究（包含自助法再抽样）可以用于估计有偏的数量。在例 14.3 中，数据用 $r=0.06$ 和 $\hat{r}=0.585$ 来估计。你认为这是有偏的迹象还是只是由于随机变化呢？证明你的结论。

第 15 章
协　　整

15.1　引言

　　协整分析是在计量经济学中经常用到的技巧. 在金融中, 它可以基于均值-回复来找到交易策略.

　　假设能够找到一只股票, 其价格(或者对数价格)序列为平稳的, 因此也具有均值-回复性质. 这将是一个极好的投资机会, 当价格在均值以下时, 可以买入该股票; 当价格回到均值时, 可以锁定利润. 类似地, 当价格在均值以上时, 可以卖空该股票以获得利润. 遗憾的是, 收益是平稳的, 而价格不是. 我们已经看到对数价格是整合的. 这并不是说其他的都不是整合的. 有时我们发现两个或者多个资产的价格很相近, 它们价格的线性组合是平稳的. 那么用协整向量作为组合权重的投资组合将有平稳的价格. 协整分析是找到协整向量的一种方法.

　　如果两个时间序列 $Y_{1,t}$ 和 $Y_{2,t}$ 中每一个都是 $I(1)$, 并且存在一个 λ, 使得 $Y_{1,t} - \lambda Y_{2,t}$ 为平稳的. 例如, 通常的趋势模型为:

$$Y_{1,t} = \beta_1 W_t + \varepsilon_{1,t}$$
$$Y_{2,t} = \beta_2 W_t + \varepsilon_{2,t}$$

其中 β_1 和 β_2 是非零常数, 两个序列的趋势项 W_t 是 $I(1)$, 白噪声过程 $\varepsilon_{1,t}$ 和 $\varepsilon_{2,t}$ 都是 $I(0)$. 因为序列 $Y_{1,t}$ 和 $Y_{2,t}$ 以及它们的共同趋势是非平稳的, 但是存在这两个序列的一个线性组合是没有趋势的, 则这两个序列是协整的. 注意到如果 $\lambda = \beta_1/\beta_2$, 那么

$$\beta_2(Y_{1,t} - \lambda Y_{2,t}) = \beta_2 Y_{1,t} - \beta_1 Y_{2,t} = \beta_2 \varepsilon_{1,t} - \beta_1 \varepsilon_{2,t} \tag{15.1}$$

不具有趋势项 W_t, 因此是 $I(0)$.

　　协整的概念扩展到两个以上的时间序列. 如果一个 d 维的多元时间序列的每一个序列为 $I(1)$, 并且其中的 $r(0 < r \leqslant d)$ 个独立序列的线性组合为 $I(0)$, 那么该多元时间序列是 r 阶协整的. 有时候, 协整有多个不同的定义, 但是这里的定义是最适于本书的.

　　在 13.2.4 节我们看到当残差是整合时有伪回归的风险. 这个问题在非平稳时间序列的回归中要注意. 然而, 如果序列 Y_t 回归序列 X_t, 并且这两个序列为协整的, 那么残差将是 $I(0)$, 因此最小二乘将是一致的.

　　Phillips-Outliaris 协整检验用一个整合序列对另一个整合序列进行回归, 并对残差应用 Phillips-Perron 单位根检验. 原假设为残差是单位根非平稳的, 这意味着序列不是协整的. 因此, 一个小的 p 值意味着序列是平稳的, 所以适于进行回归分析. 残差仍然是相关

的，它们应该就此进行建模，参见14.1节.

例 15.1 债券收益的 Phillips-Outliers 测试.

本例应用3月、6月、1年、2年和3年债券从1990年1月2日到2008年10月31日的日收益率序列，共计4714个观测值. 图15-1是5个收益序列的图，从图中可知，这5个序列的走势相似. 这意味着这5个序列可能是协整的. 用其他几个序列对一年期序列进行回归，得到的残差和残差的ACF图如图15-1所示. 从两个残差图不能清楚地看出残差是否平稳，因此有必要进行协整检验.

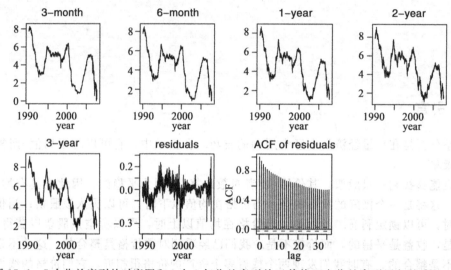

图 15-1　5个收益序列的时序图和1个1年收益序列关于其他4个收益序列回归的残差，以及残差序列的ACF图

下面用R程序包 `tseries` 中的函数 `po.test` 进行 Phillips-Outliars 检验.

```
            Phillips-Ouliaris Cointegration Test

data:  dat[, c(3, 1, 2, 4, 5)]
Phillips-Ouliaris demeaned = -323.546, Truncation lag
parameter = 47, p-value = 0.01

Warning message:
In po.test(dat[, c(3, 1, 2, 4, 5)]) : p-value smaller
than printed p-value
```

如果 p 值在 Phillips 和 Outliars(1990) 给出的表格的范围内，那么用插值法计算 p 值. 在该例中，p 值在表格的范围之外，我们仅仅知道其值小于表格的下限 0.01. 这个小的 p 值得出结论为残差是平稳的，因此这5个序列是协整的.

尽管残差协整，但是有一个较大的自相关值，所以可能有长期记忆性. 它们将用较长时间回到均值零. 从这些收益序列得到的盈利策略看起来是有问题的. ■

15.2　向量误差校正模型

因为必须选择一个序列作为因变量，而这个选择有时候必须是随机的，协整的回归方法有时候是非平稳的. 在例15.1中，按照到期时间排序得到的中间的收益序列被用作因变量，这里却没有令人信服的理由．另外，回归只是找到一个协整向量，但是可能有一个以上的向量存在．

另外一种处理协整的方法是用向量误差校正模型(VECM)来对称地对待每一个序列．在这些模型中，均值的偏离称为"误差"，当平稳线性组合偏离了均值时，它将被"推回"均值方向（因而误差被"校正"）．

当有两个序列 $Y_{1,t}$ 和 $Y_{2,t}$ 时，误差校正的想法是简单的，这时误差校正模型是

$$\Delta Y_{1,t} = \phi_1(Y_{1,t-1} - \lambda Y_{2,t-1}) + \varepsilon_{1,t} \tag{15.2}$$

$$\Delta Y_{2,t} = \phi_2(Y_{1,t-1} - \lambda Y_{2,t-1}) + \varepsilon_{2,t} \tag{15.3}$$

这里 $\varepsilon_{1,t}$ 和 $\varepsilon_{2,t}$ 是白噪声，从式(15.2)中减去 λ 乘以式(15.3)，得到

$$\Delta(Y_{1,t} - \lambda Y_{2,t}) = (\phi_1 - \lambda\phi_2)(Y_{1,t-1} - \lambda Y_{2,t-1}) + (\varepsilon_{1,t} - \lambda\varepsilon_{2,t}) \tag{15.4}$$

设 $\mathcal{F}_t$ 为 t 时刻的信息集合．如果 $(\phi_1 - \lambda\phi_2)<0$，那么 $E\{\Delta(Y_{1,t} - \lambda Y_{2,t})|\mathcal{F}_{t-1}\}$ 的符号和 $Y_{1,t} - \lambda Y_{2,t}$ 的符号相反．这将会对误差进行校正，因为当 $Y_{1,t} - \lambda Y_{2,t}$ 为正值时，它的期望为负值；反之亦然．

重新组织式(15.4)，可以看出 $Y_{1,t} - \lambda Y_{2,t}$ 是一个系数为 $1+\phi_1-\lambda\phi_2$ 的 AR(1)过程．因此当 $|1+\phi_1-\lambda\phi_2|$ 取值小于1、等于1和大于1时，序列 $Y_{1,t} - \lambda Y_{2,t}$ 分别是 $I(0)$、单位根非平稳或发散序列．

如果 $\phi_1-\lambda\phi_2>0$，那么 $1+\phi_1-\lambda\phi_2>1$，序列 $Y_{1,t} - \lambda Y_{2,t}$ 是发散的．如果 $\phi_1-\lambda\phi_2=0$，那么 $1+\phi_1-\lambda\phi_2=1$，序列 $Y_{1,t} - \lambda Y_{2,t}$ 是随机游走．如果 $\phi_1-\lambda\phi_2<0$，那么 $1+\phi_1-\lambda\phi_2<1$，序列 $Y_{1,t} - \lambda Y_{2,t}$ 是平稳的，除非 $\phi_1-\lambda\phi_2\leqslant-2$，使得 $1+\phi_1-\lambda\phi_2\leqslant-1$．

当 $\phi_1-\lambda\phi_2<-2$ 时，就发生了"过度校正"．序列 $Y_{1,t} - \lambda Y_{2,t}$ 的改变方向是正确的，但是改变太大，所以序列符号发生了转变，但是其大小向无穷发散．

例 15.2 模拟误差校正模型．

用参数 $\phi_1=0.5$，$\phi_2=0.55$ 和 $\lambda=1$ 来模拟模型(15.2)~(15.3)．一共模拟5000个记录值，为了清晰起见，每隔10个记录的数值在图15-2中进行绘制．序列 $Y_{1,t}$ 和序列 $Y_{2,t}$ 都不是平稳的，但是 $Y_{1,t} - \lambda Y_{2,t}$ 是平稳的．注意到序列 $Y_{1,t}$ 和序列 $Y_{2,t}$ 的走势是相似的． ■

为说明如何生成两个以上序列的误差校正，把式(15.2)和式(15.3)重新以向量形式表示．记 $\mathbf{Y}_t = (Y_{1,t}, Y_{2,t})^\mathrm{T}$，$\boldsymbol{\varepsilon}_t = (\varepsilon_{1,t}, \varepsilon_{2,t})^\mathrm{T}$，则有

$$\Delta \mathbf{Y}_t = \boldsymbol{\alpha}\boldsymbol{\beta}^\mathrm{T} \mathbf{Y}_{t-1} + \boldsymbol{\varepsilon}_t \tag{15.5}$$

这里

$$\boldsymbol{\alpha} = \begin{pmatrix} \phi_1 \\ \phi_2 \end{pmatrix}, \quad \boldsymbol{\beta} = \begin{pmatrix} 1 \\ -\lambda \end{pmatrix} \tag{15.6}$$

因此 $\boldsymbol{\beta}$ 是协整向量，$\boldsymbol{\alpha}$ 代表均值回归的速度并被称为载荷矩阵或者调整矩阵．

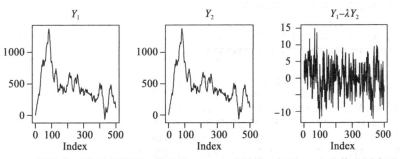

图 15-2 误差校正模型的模拟．模拟了5000个观测值，每隔10个的值在图中画出

模型(15.5)也适用于 d 维的时间序列. 此时, Y_t 和 ε_t 是 d 维的, 其中的 $\boldsymbol{\beta}$ 和 $\boldsymbol{\alpha}$ 都是 $d \times r$ 维的满秩矩阵, 其中 $r < d$ 是线性组合的独立协整向量的个数. $\boldsymbol{\beta}$ 的列向量是协整向量.

模型(15.5)是一个向量 AR(1)模型(即 VAR(1)模型). 为了增加灵活性, 可以有多种方法扩展到 VAR(p)模型. 我们将应用 R 程序包 urca 的函数 ca.jo 的第二种形式的 VECM 模型. 这个形式的 VECM 模型为:

$$\Delta Y_t = \boldsymbol{\Gamma}_1 \Delta Y_{t-1} + \cdots + \boldsymbol{\Gamma}_{p-1} \Delta Y_{t-p+1} + \boldsymbol{\Pi} Y_{t-1} + \boldsymbol{\mu} + \boldsymbol{\Phi} D_t + \boldsymbol{\varepsilon}_t \tag{15.7}$$

这里 $\boldsymbol{\mu}$ 是一个均值向量, D_t 是非随机的回归向量, 并且

$$\boldsymbol{\Pi} = \boldsymbol{\alpha} \boldsymbol{\beta}^T \tag{15.8}$$

和以前一样, 其中的 $\boldsymbol{\beta}$ 和 $\boldsymbol{\alpha}$ 都是 $d \times r$ 维的满秩矩阵, $\boldsymbol{\alpha}$ 被称为载荷矩阵或者调整矩阵.

容易证明, $\boldsymbol{\beta}$ 的列向量是协整向量. 因为 Y_t 是 $I(1)$, 式(15.7)左边的 ΔY_t 是 $I(0)$, 因此式(15.7)右边的 $\boldsymbol{\Pi} Y_{t-1} = \boldsymbol{\alpha} \boldsymbol{\beta}^T Y_{t-1}$ 也是 $I(0)$. 因此, $\boldsymbol{\beta}^T Y_{t-1}$ 的每个元素也是 $I(0)$.

例 15.3 债券收益的 VECM 测试.

通过 R 的 ca.jo 函数应用 VECM 来拟合债券收益. 输出如下, 特征根用来检验形如 $H_0: r \leqslant r_0$ 的原假设. 检验统计量的值和临界值(1%, 5% 和 10%)列出在特征值的下方. 当检验统计量的值大于临界值时将拒绝原假设. 在本例中, 不管用 1%, 5% 或者 10% 中哪个检验水平, r 的值都应该小于或者等于 3 并大于等于 2, 因此这里取 $r=3$. 尽管打印出来了 5 个协整向量, 但只有前 3 个是有意义的. 矩阵中标有"Eigenvectors, normalised to first column"的列是协整向量. 协整向量之间仅相差一个非零常数, 因此可以进行标准化, 使得它们的第一个元素为 1.

```
#######################
# Johansen-Procedure #
#######################

Test type: maximal eigenvalue statistic (lambda max),
with linear trend

Eigenvalues (lambda):
[1] 0.03436 0.02377 0.01470 0.00140 0.00055

Values of test statistic and critical values of test:

          test   10pct  5pct   1pct
r <= 4 |   2.59   6.5   8.18  11.6
r <= 3 |   6.62  12.9  14.90  19.2
r <= 2 |  69.77  18.9  21.07  25.8
r <= 1 | 113.36  24.8  27.14  32.1
r =  0 | 164.75  30.8  33.32  38.8

Eigenvectors, normalised to first column:
(These are the cointegration relations)

         X3mo.12  X6mo.12  X1yr.12  X2yr.12  X3yr.12
X3mo.12    1.000    1.00     1.00   1.0000    1.000
X6mo.12   -1.951    2.46     1.07   0.0592    0.897
X1yr.12    1.056   14.25    -3.95  -2.5433   -1.585
X2yr.12    0.304  -46.53     3.51  -3.4774   -0.118
X3yr.12   -0.412   30.12    -1.71   5.2322    1.938
```

```
Weights W:
(This is the loading matrix)
         X3mo.12    X6mo.12    X1yr.12    X2yr.12    X3yr.12
X3mo.d  -0.03441  -0.002440  -0.011528  -0.000178  -0.000104
X6mo.d   0.01596  -0.002090  -0.007066   0.000267  -0.000170
X1yr.d  -0.00585  -0.001661  -0.001255   0.000358  -0.000289
X2yr.d   0.00585  -0.000579  -0.003673  -0.000072  -0.000412
X3yr.d   0.01208  -0.000985  -0.000217  -0.000431  -0.000407
```

15.3 交易策略

如前文所讨论，具有协整的价格序列可以用于统计套利．和纯粹的套利不同，统计套利意味着具有盈利的机会，而不是说保证能盈利．配对交易是应用一对协整资产价格的流行统计套利技术．配对交易要求交易者找到具有协整价格的资产对，然后从这些对中选择除去交易成本后能够盈利的资产对，最后设计一个包含买卖信号的交易策略．详细介绍统计套利技术超出了本书的范围，可以参照 15.4 节来进一步学习相关知识．

尽管许多公司已经成功地应用统计套利，但是我们应该要注意风险．一个风险是模型风险：误差校正模型可能是不正确的．即使模型是正确的，我们必须基于过去的数据来估计模型参数，同时模型的参数也可能发生变化，甚至快速变化．如果统计套利机会存在，其他交易者可能已经发现该机会，他们的交易行为是导致参数发生变化的一个原因．另外一个风险是在平稳序列回复到均值前，交易者可能会破产．这个风险尤其大，因为进行统计套利的公司极有可能应用很大的杠杆．当一个过程在回复均值前较大地偏离了均值会导致一个较小的损失，而很大的杠杆可能放大这个小的损失．参见 2.5.2 节和 15.6.3 节．

15.4 文献注记

Alexander (2001)、Enders (2004) 和 Hamilton (1994) 中有关于协整的有用的讨论．Pfaff (2006) 很好地介绍了用 R 进行协整时间序列分析．

式 (15.7) 中的参数最大似然估计和似然比检验由 Johansen (1991，1995) 及 Johansen 和 Juselius (1990) 发明．

在 Vidyamurthy (2004) 及 Alexander、Giblin 和 Weddington (2001) 的文献中给出了应用协整理论进行统计套利的讨论．Pole (2007) 给出了不太技术化的统计套利的简介．

15.5 参考文献

Alexander, C. (2001) *Market Models: A Guide to Financial Data Analysis*, Wiley, Chichester.

Alexander, C., Giblin, I., and Weddington, W. III (2001) *Cointegration and Asset Allocation: A New Hedge Fund,* ISMA Discussion Centre Discussion Papers in Finance 2001–2003.

Enders, W. (2004) *Applied Econometric Time Series*, 2nd ed., Wiley, New York.

Hamilton, J. D. (1994) *Time Series Analysis*, Princeton University Press, Princeton, NJ.

Johansen, S. (1991) Estimation and hypothesis testing of cointegration vectors in gaussian vector autoregressive models. *Econometrica*, **59**, 1551-1580.

Johansen, S. (1995) *Likelihood-Based Inference in Cointegrated Vector Autoregressive Models*, Oxford University Press, New York.

Johansen, S., and Juselius, K. (1990) Maximum likelihood estimation and inference on cointegration – With applications to the demand for money. *Oxford Bulletin of Economics and Statistics*, **52**, 2, 169-210.

Pfaff, B. (2006) *Analysis of Integrated and Cointegrated Time Series with R*, Springer, New York.

Phillips, P. C. B., and Ouliaris, S. (1990) Asymptotic properties of residual based tests for cointegration. *Econometrica*, **58**, 165–193.

Pole, A. (2007) *Statistical Arbitrage*, Wiley, Hoboken, NJ.

Vidyamurthy, G. (2004) *Pairs Trading*, Wiley, Hoboken, NJ.

15.6 R 实验室

15.6.1 中等规模公司股票价格协整分析

R 程序包 fEcofin 的数据集 midcapD.ts 中第 2～21 列有 20 个中等规模公司的日收益数据. 第 1 列为日期，第 22 列为市场收益. 在本节中，我们将应用前 10 只股票的收益数据. 应用下面的公式可以从股票的收益求出股票价格:

$$P_t = P_0 \exp(r_1 + \cdots + r_t)$$

其中 P_t 和 r_t 分别为时刻 t 的价格和对数收益. 收益将被用作对数收益的近似值. 在时刻 0 的股票价格是未知的，因此设置每一只股票的 $P_0 = 1$. 这意味着我们应用的价格序列将偏离一个乘子. 这并不会影响协整向量的个数. 如果我们发现协整关系存在，那么有必要得到价格数据来探索交易策略.

将应用 R 程序包 urca 中的函数 ca.jo 对价格进行 Johansen 协整分析. 运行下列代码:

```
library(fEcofin)
library(urca)
x = midcapD.ts[,2:11]
prices= exp(apply(x,2,cumsum))
options(digits=3)
summary(ca.jo(prices))
```

问题 1 可以找到多少协整向量?

15.6.2 收益的协整分析

这个例子和 15.3 节中的例子类似，但是应用不同的收益数据. 数据存储在 R 程序包 fEcofin 中的数据集 mk.zero2 中. 有 55 个到期期限，它们存储在向量 mk.maturity 中. 我们将应用前 10 个收益数据. 运行下面代码:

```
library("fEcofin")
library(urca)
mk.maturity[2:11,]
summary(ca.jo(mk.zero2[,2:11]))
```

问题 2 应用了哪些到期期限? 它们是短期、中期、长期，还是短期和长期混合的到期期限?

问题 3 可以得到多少个协整向量. 应用 1% 的显著性水平.

15.6.3 模拟

本节将运行和 2.5.2 节中类似的模拟. 这里所不同的是价格序列是均值回复的.

假设一个共同基金的投资组合的头寸为 1 000 000 美元, 其中 50 000 美元为其自有资金, 950 000 美元是为进行买入而借入的资金. 如果在任何交易日结束时, 投资组合的价值降低到 950 000 美元以下, 该共同基金必须清算并还回借入的资金.

投资组合由协整分析来选择, 它的价格为一个 AR(1) 过程:
$$(P_t - \mu) = \phi(P_{t-1} - \mu) + \varepsilon_t$$
其中, P_t 为第 t 天结束后投资组合的价格, $\mu = 1\,030\,000$ 美元, $\phi = 0.99$. ε_t 的标准差为 5000 美元, 该基金知道价格将最终回复到 1 030 000 美元 (假设模型是正确的, 当然这是一个很大的假设). 当 $P_t \geqslant 1\,020\,000$ 美元时, 必须决定在第 t 天对仓位清算. 这将给出至少 20 000 美元的利润. 然而, 如果价格降低到 950 000 美元, 也必须清盘, 这将导致损失所有 50 000 美元投资, 再加上清算时的价格和 950 000 美元的差.

总之, 在第一次出现价格高于 1 020 000 美元或者低于 950 000 美元时的那一天结束后就将清盘. 第一种情况, 将获得至少 20 000 美元的利润; 而第二种情况将导致至少 50 000 美元的损失. 假设发生损失的概率很小, 我们将通过模拟来观察这个概率有多小.

运行和 2.5.2 节类似的模拟试验, 并回答下列问题. 应用 10 000 次模拟.

问题 4 期望利润是多少?

问题 5 共同基金由于损失而需要清算的概率是多少?

问题 6 到组合被清算的期望等待时间是多少?

问题 7 50 000 美元投资的期望年收益是多少?

15.7 习题

1. 证明: 式 (15.4) 蕴含 $Y_{1,t-1} - \lambda Y_{2,t-1}$ 是一个系数为 $1 + \phi_1 - \lambda \phi_2$ 的 AR(1) 过程.
2. 在式 (15.2) 和式 (15.3) 中没有常数, 因此 $Y_{1,t} - \lambda Y_{2,t}$ 是一个均值为 0 的平稳序列. 在式 (15.2) 和式 (15.3) 中引入常数, 说明它们是如何决定 $Y_{1,t} - \lambda Y_{2,t}$ 的均值的.
3. 证明: 例 15.2 中的 $Y_{1,t} - \lambda Y_{2,t}$ 是平稳的.
4. 假设 $Y_t = (Y_{1,t}, Y_{2,t})^T$ 为例 15.2 中的二元 AR(1) 过程. Y_t 是平稳的吗? (提示: 参阅 10.3.3 节.)

第16章
资本资产定价模型

16.1 CAPM 简介

CAPM 即资本资产定价模型，它有很多的应用．CAPM 为通过持有指数基金[1]进行消极投资的广泛应用提供了理论支持，也可以用来估计个人投资预期的收益率和建立关于有限公司或者基于成本加成[2]方法计算的公司的投资资本的"公平"收益率．

CAPM 起源于以下这个问题：如果下述假设是正确的，那么有价证券的风险溢价是什么？

1. 市场价格处于平衡当中．特别地，对每一资产，都有相同的要求．
2. 每个投资者对预期收益率和风险都有相同的预测．
3. 根据第 11 章中所讨论的有效多元化原则，所有的投资者会选择最优投资组合，这意味着每个投资者持有的都是风险资产和无风险资产的切线资产组合．
4. 市场会回报那些认为需要承担的不可规避的风险的人，而不会回报那些因为无效的投资组合选择而承担的不必要的风险的人．因此，单一的有价证券的风险溢价并不是由于它的独立风险，而在于它的切线资产组合风险的分布．这些多样风险的组成将在 16.4 节中具体讨论．

假设 3 说明市场投资组合和切线投资组合是一样的．因此，一个模拟市场投资组合的广义指数基金可以被当做切线投资组合的近似应用．

CAPM 的有效性只有在所有假设都成立的情况下能得到保证，当然，没有人认为假设中的任何一条是完全正确的．

假设 3 充其量是理想化的．而且，一些有关 CAPM 的结论是和金融市场行为相悖的，例子可见 17.4.1 节．尽管 CAPM 有缺陷，但是该模型在金融领域应用十分广泛，而且对一个金融专业的学生来说，理解这个模型是非常必要的．CAPM 的很多概念，比如说，资产的 β 值、系统风险和可分散风险都是很重要的．在第 17 章中，CAPM 被推广到更为广泛应用的因子模型．

---

[1] 一个指数基金和某些指标有一样的投资组合，比如，一个标准普尔 500 的指数基金拥有 500 股相同比例的标准普尔 500 指数．一些基金并不是完全复制指数，但是设计成能够追踪该指数，例如，通过协整该指数．

[2] 详见 Bodie and Merton(2000)．

16.2 资本市场线

资本市场线将一个有效投资组合的超额预期收益和风险联系在一起. 超额预期收益是预期收益减去无风险利率, 也叫做风险溢价. 资本市场线(CML)可用如下等式表示:

$$\mu_R = \mu_f + \frac{\mu_M - \mu_f}{\sigma_M}\sigma_R \tag{16.1}$$

其中 R 是给定的有效投资组合(混合的市场投资组合(=切线投资组合)和无风险资产)的收益, $\mu_R = E(R)$, μ_f 是无风险利率, R_M 是市场投资组合的收益, $\mu_M = E(R_M)$, σ_M 是 R_M 的标准差, σ_R 是 R 的标准差, 那么 R 的风险溢价就是 $\mu_R - \mu_f$, 市场投资组合的风险溢价就是 $\mu_M - \mu_f$.

在式(16.1)中, μ_f, μ_M 和 σ_M 都是常数. 变化的是 σ_R 和 μ_R. 当我们改变有效投资组合 R 时, σ_R 和 μ_R 这两个值就会发生变化. 资本市场线便显示了 μ_R 是如何取决于 σ_R 的.

资本市场线的斜率, 自然是

$$\frac{\mu_M - \mu_f}{\sigma_M}$$

该式可以被解释成风险溢价和市场投资组合的标准差的比率, 这就是夏普的"报酬-风险比率". 等式(16.1)就可以被重写成:

$$\frac{\mu_R - \mu_f}{\sigma_R} = \frac{\mu_M - \mu_f}{\sigma_M}$$

它说明了任意一个有效投资组合的报酬-风险比率等于市场投资组合报酬-风险比率.

例 16.1 资本市场线(CML).

假设无风险利率 $\mu_f = 0.06$, 市场投资组合的预期收益 $\mu_M = 0.15$, 风险 $\sigma_M = 0.22$. 那么资本市场线的斜率就是 $(0.15 - 0.06)/0.22 = 9/22$. 这个例子的 CML 详见图 16-1.

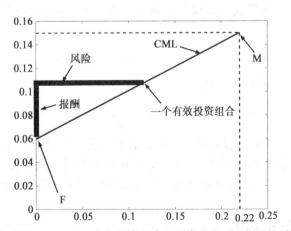

图 16-1 当无风险利率 $\mu_f = 0.06$, 市场投资组合的预期收益 $\mu_M = 0.15$, 风险 $\sigma_M = 0.22$ 时的 CML. 所有的有效投资组合都在这条线上, 将无风险的资产(F)和市场投资组合(M)联系在一起. 因此, 所有的有效投资组合, 包括市场投资组合, 它们的"报酬-风险比率"都是一样的. 这个事实可以被图中黑线所解释, 这些黑线的长度是典型的有效投资组合的风险和收益

CML 很容易推导, 考虑一个有效投资组合, 分为 $w\%$ 的市场投资组合资产和 $(1-w)\%$

的无风险资产,那么

$$R = wR_M + (1-w)\mu_f = \mu_f + w(R_M - \mu_f) \tag{16.2}$$

因此,将期望代入式(16.2),得到

$$\mu_R = \mu_f + w(\mu_M - \mu_f) \tag{16.3}$$

同样,从式(16.2)可以推出

$$\sigma_R = w\sigma_M \tag{16.4}$$

或者

$$w = \frac{\sigma_R}{\sigma_M} \tag{16.5}$$

将式(16.5)替换到式(16.3)中,就可以给出 CML 的表达式.

CAPM 说明了最佳的投资方式是:

1. 取决于你能承受的风险 σ_R, $0 \leqslant \sigma_R \leqslant \delta_M$ [⊖];
2. 计算 $w = \sigma_R/\sigma_M$;
3. 用 $w\%$ 的投资比例投资的一个指数基金,即一个追踪整体市场的基金;
4. 用 $(1-w)\%$ 的投资比例投资一个无风险国库券或货币市场基金.

或者:

1. 选择你想要的 $\mu_R - \mu_f$ 收益;唯一的限制就是 $\mu_f \leqslant \mu_R \leqslant \mu_M$,于是 $0 \leqslant w \leqslant 1$[⊖];
2. 计算

$$w = \frac{\mu_R - \mu_f}{\mu_M - \mu_f}$$

3. 按照上述的步骤 3 和 4 做.

除了明确规定预期收益或者收益的标准差,像例 11.1 中,可以通过找到最高预期收益的投资组合来确保在 $1-\alpha$ 的置信水平下最大损失低于市场决定的确定界限 M,也就是说,由一个公司的准备金决定. 如果这个公司投资总额为 C,那么若是损失大大超过 M,收益便会低于 $-M/C$. 如果我们假设收益服从正态分布,那么根据式(A.11)、(16.3)和(16.4),就可以推出

$$P\left(R < -\frac{M}{C}\right) = \Phi\left(\frac{-M/C - \{\mu_f + w(\mu_M - \mu_f)\}}{w\sigma_M}\right) \tag{16.6}$$

因此,我们可以根据 w 解出以下等式:

$$\Phi^{-1}(\alpha) = \frac{-M/C - \{\mu_f + w(\mu_M - \mu_f)\}}{w\sigma_M}$$

可以把 $w = \sigma_R/\sigma_M$ 看做是投资者对风险厌恶程度的一个指标,w 的值越小,投资者的风险厌恶程度越大. 如果投资者的 $w=0$,那么该投资者投资的就是 100% 的无风险资产. 同样,如果投资者的 $w=1$,那么他就是在完全投资风险资产的切线投资组合[⊖].

16.3 β 值和证券市场线

证券市场线(SML)将一种资产的超额收益和其市场投资组合的回归的斜率联系在一

⊖ 事实上,通过借入资金购买边际风险资产可以保证 $\sigma_R > \sigma_M$.
⊖ 如果客户被允许购买边际资产,那么限制就可以适当放松.
⊖ 一个投资者的 $w > 1$,意味着购买边际市场投资组合,即借钱来购买市场投资组合.

起. SML 和 CML 的不同在于 SML 可以适用于所有的资产而 CML 仅仅适用于有效投资组合.

假设有很多有价证券, 以 j 来编号. 定义 $\sigma_{jM}=$ 第 j 种有价证券和市场投资组合收益的协方差. 同时, 定义:

$$\beta_j = \frac{\sigma_{jM}}{\sigma_M^2} \tag{16.7}$$

该等式是由 14.10.1 节提到的最佳线性预测理论得到的, 即 β_j 是将市场投资组合的收益作为预测变量的第 j 种有价证券收益的最佳线性预测的斜率. 这个事实由等式(14.41)——最佳线性预测等式的斜率, 推导而来. 实际上, 基于 R_M 的 R_j 的最佳线性预测量是:

$$\hat{R}_j = \beta_{0,j} + \beta_j R_M \tag{16.8}$$

其中式(16.8)中的 β_j 和式(16.7)中是一样的.

另一个领会 β_j 的重要性的方法是线性回归. 在 14.10 节曾讨论过, 线性回归是一种基于数据估计最佳线性预测量系数的方法. 为了运用线性回归, 假设我们有一个关于第 j 种证券和市场投资组合的收益的二元时间序列 $(R_{j,t}, R_{M,t})_{t=1}^n$, 那么, $R_{j,t}$ 关于 $R_{M,t}$ 线性回归的斜率的估计值是:

$$\hat{\beta}_j = \frac{\sum_{t=1}^n (R_{j,t} - \overline{R}_j)(R_{M,t} - \overline{R}_M)}{\sum_{t=1}^n (R_{M,t} - \overline{R}_M)^2} \tag{16.9}$$

在分子和分母同时乘以因子 n^{-1} 后, 该式变成了对 σ_{jM}(分解为式(16.7)中 β_j 和 σ_M^2 的估计)的估计.

令 μ_j 是第 j 种有价证券的预期收益, 那么 $\mu_j - \mu_f$ 就是该有价证券的风险溢价(或是关于风险的回报, 或是超额预期收益). 利用 CAPM 模型, 就可以得到如下公式:

$$\mu_j - \mu_f = \beta_j (\mu_M - \mu_f) \tag{16.10}$$

这个等式, 又被称为 SML, 是在 16.5.2 节推导出来的, 在式(16.10)中, β_j 是线性等式的变量, 而不是斜率; 更准确地说, μ_j 是关于 β_j 的线性函数, 其斜率为 $\mu_M - \mu_f$. 这一点要牢记, 否则, 这会造成一些疑惑, 因为 β_j 在之前的回归模型中被作为斜率来定义. 换句话说, β_j 在特定的上下文中作为斜率, 而在 SML 中却是一个独立的变量. 我们可以通过式(16.9)来估计 β_j 的值, 再代入到式(16.10).

SML 同样说明了第 j 种资产的风险溢价是它的 β 值(β_j)和市场投资组合的风险溢价($\mu_M - \mu_f$)共同作用的结果. 因此, β_j 既度量了第 j 种资产的风险, 也度量了假定这种风险后的收益. 根据定义, 市场投资组合的 β 值是 1, 即 $\beta_M = 1$. 这暗示了如下的经验原则:

$$\beta_j > 1 \Rightarrow \text{"进攻型股票"}$$
$$\beta_j = 1 \Rightarrow \text{"中性股票"}$$
$$\beta_j < 1 \Rightarrow \text{"防御型股票"}$$

图 16-2 说明了 SML 和一种不在 SML 上的资产 J. 该资产不符合 CAPM, 因为根据 CAPM, 所有的投资组合都在 SML 上, 而不存在这样的资产.

思考一下, 如果像 J 这样的资产存在会发生什么. 投资者不会去购买该资产, 因为, 既然它位于 SML 下方, 它的风险溢价就太低了(风险的 β 值已知). 他们几乎不会投资 J 资产, 而更多地投资其他有价证券. 因此, J 的价格就会下降, 下降之后, 它的预期收益就会上升. 上升之后, J 就会位于 SML 上, 和理论的推测是一样的.

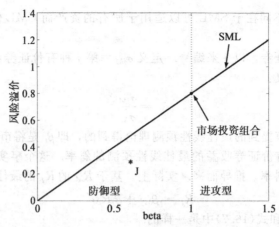

图 16-2 该证券市场线(SML)展示了一种资产的风险溢价是它的 β 值的线性函数. J 是一种有价证券,不在这条线上,是 CAPM 的一个矛盾. 理论预测 J 的价格会不断减少直到 J 到了 SML 上. 这条垂直的虚线区分了防御型和进攻型区域

16.3.1 有关 β 值的例子

表 16-1 中有一些从 Salomon、Smith、Barney 网页上得到的"5 年期 β 值",从 2001 年的 2 月 27 到 3 月 5 日. 标准普尔 500 指数的 β 值为 1,为什么呢?

表 16-1 已选定的股票和其所在的产业. 每只股票(Stock's β)和产业(Ind's β)的 β 值已经给定. β 值来自 Salomon、Smith、Barney 网页上从 2001 年的 2 月 27 到 3 月 5 日的数据.

股票(符号)	产业	股票的 β 值	产业的 β 值
Celanese (CZ)	Synthetics	0.13	0.86
General Mills (GIS)	Food—major diversif	0.29	0.39
Kellogg (K)	Food—major, diversif	0.30	0.39
Proctor & Gamble (PG)	Cleaning prod	0.35	0.40
Exxon-Mobil (XOM)	Oil/gas	0.39	0.56
7-Eleven (SE)	Grocery stores	0.55	0.38
Merck (Mrk)	Major drug manuf	0.56	0.62
McDonalds (MCD)	Restaurants	0.71	0.63
McGraw-Hill (MHP)	Pub—books	0.87	0.77
Ford (F)	Auto	0.89	1.00
Aetna (AET)	Health care plans	1.11	0.98
General Motors (GM)	Major auto manuf	1.11	1.09
AT&T (T)	Long dist carrier	1.19	1.34
General Electric (GE)	Conglomerates	1.22	0.99
Genentech (DNA)	Biotech	1.43	0.69
Microsoft (MSFT)	Software applic.	1.77	1.72
Cree (Cree)	Semicond equip	2.16	2.30
Amazon (AMZN)	Net soft & serv	2.99	2.46
Doubleclick (Dclk)	Net soft & serv	4.06	2.46

16.3.2　CML 和 SML 的比较

CML 仅仅适用于有效投资组合的收益 R. 它可以被设定，从而将该投资组合和市场投资组合的超额预期收益联系在一起.

$$\mu_R - \mu_f = \left(\frac{\sigma_R}{\sigma_M}\right)(\mu_M - \mu_f) \tag{16.11}$$

就像 CML 将该投资组合和市场投资组合的超额预期收益联系起来一样，SML 适用于任意资产：

$$\mu_j - \mu_f = \beta_j(\mu_M - \mu_f) \tag{16.12}$$

如果我们选择一个有效投资组合，并认为它是一种资产，那么 μ_R 和 μ_j 都对这个投资组合（资产）的预期收益有影响. 结合式(16.11)和(16.12)，可以推出：

$$\frac{\sigma_R}{\sigma_M} = \beta_R$$

16.4　证券特征线

令 R_{jt} 是第 j 种资产在 t 时刻的收益. 同时，令 $R_{M,t}$ 和 $\mu_{f,t}$ 分别是市场投资组合和无风险资产在 t 时刻的收益. 证券特征线（有时候简称为特征线）是一个回归模型：

$$R_{j,t} = \mu_{f,t} + \beta_j(R_{M,t} - \mu_{f,t}) + \varepsilon_{j,t} \tag{16.13}$$

其中 $\varepsilon_{j,t}$ 服从 $N(0, \sigma_{\varepsilon,j}^2)$. 通常假设 $\varepsilon_{j,t}$ 都不相关，即当 $j \neq j'$ 时，$\varepsilon_{j,t}$ 和 $\varepsilon_{j',t}$ 不相关. 这个假设对通过多元化降低风险有着重要的作用，详见 16.4.1 节.

令 $\mu_{j,t} = E(R_{j,t})$，$\mu_{M,t} = E(R_{M,t})$，将期望值代入式(16.13)，我们得到：

$$\mu_{j,t} = \mu_{f,t} + \beta_j(\mu_{M,t} - \mu_{f,t})$$

其实就是等式(16.10)(SML)，尽管在式(16.10)中并没有明确指出预期收益依赖于 t，SML 给了我们关于预期收益的信息，而不是关于收益的变量. 对于后者，我们需要引入特征线. 特征线被认为是收益生成的过程，因为它提供给我们一个计算收益的概率模型，而不仅仅是它们预期值的模型.

SML 和特征线的区别类比如下：回归线 $E(Y|X) = \beta_0 + \beta_1 X$ 给出了在 X 已知的条件下，Y 的预期值，而不是 Y 的条件概率分布. 回归模型为：

$$Y_t = \beta_0 + \beta_1 X_t + \varepsilon_t, \quad \varepsilon_t \sim N(0, \sigma^2)$$

该等式并没有提供这个条件概率的分布.

而特征线却说明了条件概率分布：

$$\sigma_j^2 = \beta_j^2 \sigma_M^2 + \sigma_{\varepsilon,j}^2$$

那么

$$\sigma_{jj'} = \beta_j \beta_{j'} \sigma_M^2$$

当 $j \neq j'$ 时，

$$\sigma_{Mj} = \beta_j \sigma_M^2$$

则第 j 种资产的总风险为：

$$\sigma_j = \sqrt{\beta_j^2 \sigma_M^2 + \sigma_{\varepsilon,j}^2}$$

风险的平方值有两部分：$\beta_j^2 \sigma_M^2$ 称为市场风险或系统风险；而 $\sigma_{\varepsilon,j}^2$ 称为特有风险、非市场风险或者非系统风险.

16.4.1 通过多元化降低特有风险

市场风险的部分不能通过多元化来降低,但是特有风险可以,甚至可以通过充分地多元化消除掉.

假设有 n 种资产,收益分别为 $R_{1,t}$,…,$R_{N,t}$,持有 t 时段.如果我们建立一个权重为 w_1,…,w_N 投资组合,那么该投资组合的收益为:

$$R_{P,t} = w_1 R_{1,t} + \cdots + w_N R_{N,t}$$

令 $R_{M,t}$ 为市场投资组合的收益,根据特征线模型 $R_{j,t} = \mu_{f,t} + \beta_j(R_{M,t} - \mu_{f,t}) + \varepsilon_{j,t}$,则

$$R_{P,t} = \mu_{f,t} + \left(\sum_{j=1}^{N} \beta_j w_j\right)(R_{M,t} - \mu_{f,t}) + \sum_{j=1}^{N} w_j \varepsilon_{j,t}$$

因此,该投资组合的 β 值为:

$$\beta_P = \sum_{j=1}^{N} w_j \beta_j$$

于是,该投资组合的"epsilon"的值为:

$$\varepsilon_{P,t} = \sum_{j=1}^{N} w_j \varepsilon_{j,t}$$

现在,我们假设 $\varepsilon_{1,t}$,…,$\varepsilon_{N,t}$ 都是不相关的,因此,通过等式(7.11),可以得到:

$$\sigma_{\varepsilon,P}^2 = \sum_{j=1}^{N} w_j^2 \sigma_{\varepsilon,j}^2$$

例 16.2 通过多元化降低风险.

假设一个投资组合中的资产都是等权重的,即对于所有的 j,$w_j = 1/N$,那么

$$\beta_P = \frac{\sum_{j=1}^{N} \beta_j}{N}$$

且

$$\sigma_{\varepsilon,P}^2 = \frac{N^{-1}\sum_{j=1}^{N}\sigma_{\varepsilon,j}^2}{N} = \frac{\overline{\sigma_\varepsilon^2}}{N}$$

其中 $\overline{\sigma_\varepsilon^2}$ 是 $\sigma_{\varepsilon,j}^2$ 的均值

如果 $\sigma_{\varepsilon,j}^2$ 是常数,对于所有的 j,便可以简记为 σ_ε^2,那么

$$\sigma_{\varepsilon,P} = \frac{\sigma_\varepsilon}{\sqrt{N}} \tag{16.14}$$

举个例子,假设 $\sigma_\varepsilon = 5\%$,若 $N=20$,则根据式(16.14),$\sigma_{\varepsilon,P} = 1.12\%$. 若 $N=100$,则 $\sigma_{\varepsilon,P} = 0.5\%$. NYSE(纽约证券交易所)大概有 1600 只股票,若 $N=1600$,则 $\sigma_{\varepsilon,P} = 0.125\%$. ∎

16.4.2 假设合理吗

通过多元化消除非市场风险的一个关键假设就是 $\varepsilon_{1,t}$,…,$\varepsilon_{N,t}$ 都是不相关的. 这个假设说明资产收益横截面⊖中的所有关联是由于一个单一的因素,并且这个因素是由市场指

⊖ 收益的"横截面"指的是这些资产的收益是发生在单一的持有期内.

数来衡量的. 也正是这个原因, 特征线被称为"单因子"模型或"单指数"模型, 其中的"因子"就是 $R_{M,t}$.

举个例子, 由于市场指数, 两只能源类的股票是密切相关的, 那么 $\epsilon_{j,t}$ 不相关的假设便无法成立. 在这个案例中, 特有风险就不能通过持有一个大的包含所有能源类股票的投资组合来消除. 然而, 如果有很多市场领域, 而且这些领域是互不相关的, 那么就可以通过多元化, 持有不相关领域的股票来消除非市场风险. 我们所需要做的就是将那些领域当做是标的资产, 然后应用 CAPM 理论.

市场领域中股票的相关性可以通过因子模型来建模, 详见第 17 章.

16.5 一些投资组合理论

在本节, 我们用投资组合理论来说明第 j 种资产对市场投资组合风险的量化贡献为 $\sigma_{j,M}$. 同样, 也可以推导出 SML.

16.5.1 对市场投资组合风险的贡献

假设市场由 N 种风险资产组成, 这些资产在市场投资组合中的权重分别是 $w_{1,M}, \cdots, w_{N,M}$, 那么

$$R_{M,t} = \sum_{i=1}^{N} w_{i,M} R_{i,t}$$

该公式意味着第 j 种资产的收益和市场投资组合收益的协方差是:

$$\sigma_{j,M} = \mathrm{Cov}\bigl(R_{j,t}, \sum_{i=1}^{N} w_{i,M} R_{i,t}\bigr) = \sum_{i=1}^{N} w_{i,M} \sigma_{i,j} \tag{16.15}$$

所以

$$\sigma_M^2 = \sum_{j=1}^{N}\sum_{i=1}^{N} w_{j,M} w_{i,M} \sigma_{i,j} = \sum_{j=1}^{N} w_{j,M} \bigl(\sum_{i=1}^{N} w_{i,M} \sigma_{i,j}\bigr) = \sum_{j=1}^{N} w_{j,M} \sigma_{j,M} \tag{16.16}$$

等式(16.16)说明第 j 种资产对市场投资组合风险的贡献是 $w_{j,M}\sigma_{j,M}$, 其中 $w_{j,M}$ 是第 j 种资产在市场投资组合中所占的权重, 而 $\sigma_{j,M}$ 是第 j 种资产的收益和市场投资组合收益的协方差.

16.5.2 SML 的推导

SML 的推导是投资组合理论、微积分学和几何推理的一个很好的应用. 它是基于一个好的思想, 构造一个投资组合, 它包含两种资产, 即市场投资组合和第 i 种风险资产, 然后观察当该投资组合中第 i 种风险资产的权重变化时, "报酬-风险"图形中点的变化.

考虑一个投资组合 P, 给定第 i 种风险资产的权重是 w_i, 同时市场投资组合的权重是 $1 - w_i$, 则这个投资组合的收益是:

$$R_{P,t} = w_i R_{i,t} + (1 - w_i) R_{M,t}$$

预期收益是:

$$\mu_P = w_i \mu_i + (1 - w_i) \mu_M \tag{16.17}$$

风险是:

$$\sigma_P = \sqrt{w_i^2 \sigma_i^2 + (1 - w_i)^2 \sigma_M^2 + 2 w_i (1 - w_i) \sigma_{i,M}} \tag{16.18}$$

当 w_i 变化时, 我们就可以得到一组点 (σ, μ) 的轨迹, 如图 16-3 中的虚曲线所示.

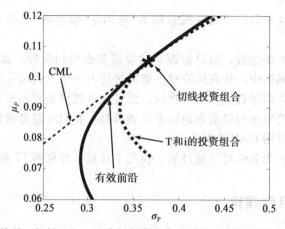

图 16-3 SML 的推导. 根据 CAPM，市场投资组合和切线投资组合是相等的. 虚曲线就是将市场投资组合和资产 i 结合得到的投资组合的轨迹. 虚曲线就在有效前沿右侧，并和有效前沿 (efficient frontier) 相交于切线投资组合. 因此，虚曲线在切线投资组合处的导数等于 CML 的斜率，因为该曲线和 CML 相切于切线投资组合

从几何上可以很容易看出，切线投资组合（切点处 $w_i = 0$）估计的这些点处的导数等于 CML 的斜率. 我们可以计算导数，并将它等同于 CML 的斜率，看看我们能得到什么. 这个结果就是 SML.

由式 (16.17) 得到：

$$\frac{d\mu_P}{dw_i} = \mu_i - \mu_M$$

又由式 (16.18) 得到：

$$\frac{d\sigma_P}{dw_i} = \frac{1}{2}\sigma_P^{-1}\{2w_i\sigma_i^2 - 2(1-w_i)\sigma_M^2 + 2(1-2w_i)\sigma_{i,M}\}$$

因此

$$\frac{d\mu_P}{d\sigma_P} = \frac{d\mu_P/dw_i}{d\sigma_P/dw_i} = \frac{(\mu_i - \mu_M)\sigma_P}{w_i\sigma_i^2 - \sigma_M^2 + w_i\sigma_M^2 + \sigma_{i,M} - 2w_i\sigma_{i,M}}$$

接下来，

$$\left.\frac{d\mu_P}{d\sigma_P}\right|_{w_i=0} = \frac{(\mu_i - \mu_M)\sigma_M}{\sigma_{i,M} - \sigma_M^2}$$

还记得曾提过当 $w_i = 0$ 时就是切线投资组合，也就是图 16-3 中的虚曲线与 CML 相切的那一点. 所以

$$\left.\frac{d\mu_P}{d\sigma_P}\right|_{w_i=0}$$

必等于 CML 的斜率，即 $(\mu_M - \mu_f)/\sigma_M$，因此，

$$\frac{(\mu_i - \mu_M)\sigma_M}{\sigma_{i,M} - \sigma_M^2} = \frac{\mu_M - \mu_f}{\sigma_M}$$

即通过代入，可以得到：

$$\mu_i - \mu_f = \frac{\sigma_{i,M}}{\sigma_M^2}(\mu_M - \mu_f) = \beta_i(\mu_M - \mu_f)$$

于是 SML 就如已给出的式 (16.10) 所示.

16.6 β值的估计和CAPM的检验

16.6.1 用回归估计β值

回想证券特征线：
$$R_{j,t} = \mu_{f,t} + \beta_j(R_{M,t} - \mu_{f,t}) + \varepsilon_{j,t} \tag{16.19}$$

令 $R_{j,t}^* = R_{j,t} - \mu_{f,t}$ 为第 j 种有价证券的超额收益，令 $R_{M,t}^* = R_{M,t} - \mu_{f,t}$ 为市场投资组合的超额收益. 那么式(16.19)可以被写成：
$$R_{j,t}^* = \beta_j R_{M,t}^* + \varepsilon_{j,t} \tag{16.20}$$

等式(16.20)是一个没有截距的回归模型，斜率是 β_j. 更完善的模型为：
$$R_{j,t}^* = \alpha_j + \beta_j R_{M,t}^* + \varepsilon_{j,t} \tag{16.21}$$

该模型包含了截距. CAPM 中 $\alpha_j = 0$，但是如果令 $\alpha_j \neq 0$，我们得意识到错误定价的可能性.

给出时间序列 $R_{j,t}$，$R_{M,t}$ 和 $\mu_{f,t}$，其中 $t=1$，…，n，我们就可以计算 $R_{j,t}^*$ 和 $R_{M,t}^*$，并通过 $R_{j,t}^*$ 对 $R_{M,t}^*$ 的回归来估计 α_j，β_j 和 $\sigma_{\varepsilon,j}^2$. 通过检验原假设 $\alpha_j = 0$，我们可以根据 CAPM，检验第 j 种资产是否被错误定价.

在 12.2.2 节有一个讨论，当符合模型(16.20)或(16.21)时，应该使用可得到的日数据，而不是周数据或月数据. 更大的难题就是应该使用多久的时间序列数据. 长时间的时间序列需要更多的数据，这是自然的，但同时模型(16.20)和(16.21)又假定 β_j 是一个常数，那么这对一个长时间序列来说并不一定正确.

例 16.3 对微软的 α 和 β 的估计.

来看这样的一个例子，这里有 1993 年 11 月 1 日到 2003 年 4 月 3 日的微软和标普 500 指数日收益数据. 标普 500 作为市场价格，3 个月的国债利率作为无风险收益⊖. 那超额收益就是收益减去国债利率.

```
Call:
lm(formula = EX_R_msft ~ EX_R_sp500)

Residuals:
      Min        1Q    Median        3Q       Max
-0.152863 -0.011146 -0.000764  0.010887  0.151599

Coefficients:
             Estimate Std. Error t value Pr(>|t|)
(Intercept) 0.000914   0.000409    2.23    0.026 *
EX_R_sp500  1.247978   0.035425   35.23   <2e-16 ***
---
Signif. codes:  0 *** 0.001 ** 0.01 * 0.05 . 0.1   1

Residual standard error: 0.0199 on 2360 degrees of freedom
Multiple R-squared: 0.345,     Adjusted R-squared: 0.344
F-statistic: 1.24e+03 on 1 and 2360 DF,  p-value: <2e-16
```

⊖ 利息率就是收益率. 所以，我们把国债利率作为无风险收益. 这里不对短期国债利率取对数和差分，就好像它们是价格一样. 但是国债利率要除以 100，从百分数形式转变过来，然后再除以 253，转化成日利率.

对微软来说，我们发现 $\hat{\beta}=1.25$, $\hat{\alpha}=0.0009$. α 的估计值很小，尽管它的 p 值是 0.026，但我们可以为了实际目的，得出 α 必然是 0 这样的结论. σ_ε 的估计值就是 MSE 的平方根，为 0.0199.

要注意的是，回归的 R^2 的值是 34.5%. 对 R^2 的解释是微软的超额收益的方差占市场超额收益的比例. 换句话说，风险的 34.5% 是因为系统风险或者市场风险 ($\beta_j^2 \sigma_M^2$). 剩下的 65.5% 是因为特有风险或者非市场风险 (σ_ε^2).

如果假设 $\alpha=0$，我们就可以用一个无截距的回归模型来改善这个模型.

```
Call:
lm(formula = EX_R_msft ~ EX_R_sp500 - 1)

Residuals:
      Min       1Q   Median       3Q      Max
-0.151945 -0.010231 0.000148 0.011803 0.152476

Coefficients:
           Estimate Std. Error t value Pr(>|t|)
EX_R_sp500   1.2491     0.0355    35.2   <2e-16 ***
---
Signif. codes:  0 *** 0.001 ** 0.01 * 0.05 . 0.1   1

Residual standard error: 0.0199 on 2361 degrees of freedom
Multiple R-squared: 0.345,     Adjusted R-squared: 0.344
F-statistic: 1.24e+03 on 1 and 2361 DF,  p-value: <2e-16
```

尽管没有截距，但 $\hat{\beta}$, $\hat{\sigma}_\varepsilon$ 和 R^2 和之前的模型的估计值差不多，即截距趋向于 0 和等于 0 其实对模型没有多大的影响.

16.6.2 检验 CAPM

检验 α 是否等于 0 仅仅是 CAPM 的其中一个结论. 接受这个原假设只是意味着 CAPM 通过了一个检验，而不是我们必须接受它是正确的.⊖ 为了全面检验 CAPM，它的其他结论也要接受检验. 17.3 节中的因子模型将用来检验 CAPM，而且一个强有力的与 CAPM 相悖的证据已经被发现. 幸运的是，这些因子模型实实在在提供了 CAPM 模型在做金融决策时十分有用的一个推广.

同样，用超额收益做回归也是一种方法，资产收益是关于市场收益的回归. 当这一步完成，一个有截距的模型就能被应用. 在微软公司的数据中，当用收益代替超额收益做回归时，改变 β 的估计值几乎是不可能的.

16.6.3 α 值的解释

α 若是个非 0 数，有价证券就会被错误定价，至少根据 CAPM 是这样的. 如果 $\alpha>0$，有价证券的价格就会被低估，收益会远大于平均值. 这就说明这个资产值得购买. 当然，投资者也得小心行事. 如果我们拒绝 $\alpha=0$ 的原假设，我们所做的都是为了证明该有价证券在过去是被错误定价的. 比如对微软公司的数据来说，我们接受了原假设 $\alpha=0$，那就没有证据说明它被错误定价.

注意：如果我们用的是收益，而不是超额收益，那么回归方程的截距就不是对 α 的估

⊖ 事实上，原假设的接受决不能解释成一个证据证明了原假设的正确性.

计，所以我们不能通过检验截距来检验 α 是否等于 0.

16.7 CAPM 在投资组合分析中的应用

假设我们已经估计出了一种投资组合中每一资产 β 值和 σ_ϵ^2，也估计出了市场组合的 σ_M^2 和 μ_M. 然后，又因为 μ_f 已知，我们可以通过以下公式计算所有资产的收益的期望、方差和协方差.

$$\mu_j = \mu_f + \beta_j(\mu_M - \mu_f)$$
$$\sigma_j^2 = \beta_j^2 \sigma_M^2 + \sigma_{\epsilon,j}^2$$
$$\sigma_{jj'} = \beta_j \beta_{j'} \sigma_M^2 \text{ for } j \neq j'$$

这里有一个容易犯错的地方：这些估计值很大程度上取决于 CAPM 假设的有效性. 任意或者所有的 β 值，σ_ϵ^2，σ_M^2，μ_M 和 μ_f 的值都取决于时间 t. 但是通常假设资产的 β 值和 σ_ϵ^2 以及市场组合的 σ_M^2 和 μ_M 与时间 t 是相互独立的，从而这些参数便可以在时间序列收益是平稳的假定条件下得到估计值.

16.8 文献注记

CAPM 理论是 Sharpe（1964）、Lintner（1965a，b）和 Mossin（1966）创立的. 对 CAPM 的介绍可以在 Bodie、Kane 和 Marcus（1999）、Bodie 和 Merton（2000），以及 Sharpe、Alexander 和 Bailey（1999）中找到. 我第一次学习到 CAPM 是通过以下 3 本教材：Campbell，Lo 和 MacKinlay（1997）讨论了 CAPM 的实证检验；16.5.2 节对 SML 的推导则是从 Sharpe、Alexander 和 Bailey（1999）改编而来的；对因子模型的讨论可以在 Sharpe、Alexander 和 Bailey（1999），Bodie、Kane 和 Marcus（1999），以及 Campbell，Lo 和 MacKinlay（1997）中找到.

16.9 参考文献

Bodie, Z., and Merton, R. C. (2000) *Finance*, Prentice-Hall, Upper Saddle River, NJ.

Bodie, Z., Kane, A., and Marcus, A. (1999) *Investments*, 4th ed., Irwin/McGraw-Hill, Boston.

Campbell, J. Y., Lo, A. W., and MacKinlay, A. C. (1997) *The Econometrics of Financial Markets*, Princeton University Press, Princeton, NJ.

Lintner, J. (1965a) The valuation of risky assets and the selection of risky investments in stock portfolios and capital budgets. *Review of Economics and Statistics*, **47**, 13–37.

Lintner, J. (1965b) Security prices, risk, and maximal gains from diversification. *Journal of Finance*, **20**, 587–615.

Mossin, J. (1966) Equilibrium in capital markets. *Econometrica*, **34**, 768–783.

Sharpe, W. F. (1964) Capital asset prices: A theory of market equilibrium under conditions of risk. *Journal of Finance*, **19**, 425–442.

Sharpe, W. F., Alexander, G. J., and Bailey, J. V. (1999) *Investments*, 6th ed., Prentice-Hall, Upper Saddle River, NJ.

16.10 R 实验室

在本节，我们将通过 R 软件实现模型(16.19)．选取标普 500 指数作为市场投资组合的代表，90 天的国债利率作为无风险利率．

该实验所用的数据集是 Stock_FX_Bond_2004_to_2006.csv，可以在该书提供的网址中找到．该数据集包括其他地方用到过的 Stock_FX_Bond.csv 的数据子集．

实现模型(16.19)的 R 指令将会以一小段的形式呈现，这样就可以更好地解释 R 指令．首先，运行以下指令，读取数据，从中提取价格，并找到观测值的个数．

```
dat = read.csv("Stock_FX_Bond_2004_to_2006.csv",header=T)
prices = dat[,c(5,7,9,11,13,15,17,24)]
n = dim(prices)[1]
```

接下来，运行以下指令，使无风险利率转变成日利率，计算净收益，提取国债利率，计算市场和 7 只股票的超额收益．无风险利率以百分数的形式给出，这样收益也以百分数的形式计算：

```
dat2 =  as.matrix(cbind(dat[(2:n),3]/365,
   100*(prices[2:n,]/prices[1:(n-1),] - 1)))
names(dat2)[1] = "treasury"
risk_free = dat2[,1]
ExRet = dat2[,2:9] - risk_free
market = ExRet[,8]
stockExRet = ExRet[,1:7]
```

现在可以将模型(16.19)应用到各只股票中，计算残差，观察残差的散点图矩阵，提取出估计的 β 值．

```
fit_reg = lm(stockExRet~market)
summary(fit_reg)
res = residuals(fit_reg)
pairs(res)
options(digits=3)
betas=fit_reg$coeff[2,]
```

问题 1 你会拒绝 7 只股票中任何一只股票的原假设($\alpha=0$)吗？为什么？

问题 2 用模型(16.19)来估计 7 只股票的超额收益，把这些结果与用超额收益的样本均值估计的这些参数进行比较．（假设该实验余下的实验中 $\alpha=0$．）（注意：因为这个假设，人们可能会考虑重新估计 β 值和无截距模型的残差．但是，既然估计的 α 值接近于 0，就取 $\alpha=0$，这样不会改变估计的 β 值和残差太多．因此，为了简化，不用重新估计．）

问题 3 计算残差的相关系数矩阵，是不是任何残差的相关系数看起来都很大？你能给出一个相关系数这么大的原因吗？（该数据集中的公司信息在雅虎财经和其他一些网站都可以得到．）

问题 4 利用模型(16.19)来估计 7 家公司超额收益的协方差矩阵．

问题 5 由于市场风险，UTX 的超额收益的方差的百分比是多少？

问题 6 一个分析师预测了下一年的市场预期超额收益会是 4%．假设这里估计出的 β 值用的是 2004 年到 2006 年的数据，这些数据适合用来估计下一年的 β 值，请预测下一年 7 只股票的预期超额收益.

16.11 习题

1. 如果 $E(R_p)=16\%$，$\mu_f=5.5\%$，$E(R_M)=11\%$，求该投资组合的 β 值.
2. 假设无风险利率是 0.03，市场投资组合的预期收益率是 0.14，标准差是 0.12，求：
   (a) 根据 CAPM，要得到预期收益率为 0.11 的有效投资方式是什么？
   (b) (a) 中的投资组合的风险（标准差）.
3. 假设无风险利率是 0.023，市场投资组合的预期收益 $\mu_M=0.10$，风险 $\sigma_M=0.12$，求：
   (a) 若 $\sigma_R=0.05$，有效投资组合的预期收益是多少？
   (b) 股票 A 收益和市场收益的协方差是 0.004，那么股票 A 的 β 值是多少？
   (c) 股票 B 的 $\beta=1.5$，$\sigma_\epsilon=0.08$，股票 C 的 $\beta=1.8$，$\sigma_\epsilon=0.10$，求：
       i：一半是股票 B，一半是股票 C 的投资组合的预期收益是多少？
       ii：假设所有的股票 B 和 C 的 ϵ 都是独立的，那么一半是股票 B，一半是股票 C 的投资组合的风险是多少？
4. 证明：根据等式 (7.8) 推导等式 (16.15).
5. 判断以下说法是否正确：CAPM 说明了投资者要求一个更高的收益来持有更多的风险有价证券. 解释你的答案.
6. 假设低风险收益是 4%，预期市场收益是 12%，市场收益的标准差是 11%，同时假设股票 A 的收益和市场收益的协方差是 $165\%^2$ ⊖，求：
   (a) 股票 A 的 β 值是多少？
   (b) 股票 A 的预期收益是多少？
   (c) 若股票 A 收益的方差是 $220\%^2$，则由于市场风险，方差的百分比是多少？
7. 假设有 3 个风险资产，β 值和 $\sigma_{\epsilon_j}^2$ 已经给出，如下表所示：

j	β_j	$\sigma_{\epsilon_j}^2$
1	0.9	0.010
2	1.1	0.015
3	0.6	0.011

   假设 $R_{Mt}-\mu_{ft}$ 的方差是 0.014. 求：
   (a) 由同比重的这 3 个资产组成的投资组合的 β 值是多少？
   (b) (a) 中投资组合的超额收益的方差是多少？
   (c) 由于市场风险，资产 1 的风险占总风险的百分比是多少？
8. 假设有两个风险资产 C 和 D. 切线投资组合是 60% 的 C 和 40% 的 D. C 和 D 的预期年收益分别是 4%，6%，年收益标准差分别是 10%，18%. C 和 D 收益之间的相关系数为 0.5. 无风险的年利率是 1.2%. 求：
   (a) 切线投资组合的预期年收益是多少？
   (b) 切线投资组合的年收益的标准差是多少？
   (c) 如果你想有一个有效的投资组合，其年收益的标准差是 3%，那么你的股票在无风险资产中的比例是多少？如果不止一种解决方法，采用年收益更高的一个投资组合.
   (d) 如果你想有一个有效的投资组合，其年收益的标准差是 7%，那么你的资产在资产 C、资产 D 和无风险资产中所占的比例分别是多少？

⊖ 如果收益表示成百分数的形式，那么方差和协方差的单位就是百分数的平方，即 $165\%^2=165/10\,000$.

9. 如果某个投资组合的预期收益 $E(R_p)=15\%$，无风险利率 $\mu_f=6\%$，市场预期收益 $E(R_M)=12\%$，求该投资组合的 β 值；当 $\alpha=0$ 时做出通常的 CAPM 的假设.

10. 假设无风险利率是 0.07，市场投资组合的预期收益率是 0.14，标准差是 0.12. 求：
   (a) 根据 CAPM，要得到预期收益率为 0.11 的有效投资途径是什么？
   (b) (a) 中的投资组合的风险 (标准差).

11. 假设有 3 个风险资产，β 值和 $\sigma_{\epsilon_j}^2$ 已经给出，如下表所示：

j	β_j	$\sigma_{\epsilon_j}^2$
1	0.7	0.010
2	0.8	0.025
3	0.6	0.012

假设 $R_M-\mu_f$ 的方差是 0.02，求：
(a) 由同比重的这 3 个资产组成的投资组合的 β 值是多少？
(b) (a) 中投资组合的超额收益的方差是多少？
(c) 由于市场风险，资产 1 的风险占总风险的百分比是多少？

第 17 章
因子模型和主成分

17.1 降维

高维数据对数据分析来说是具有挑战性的,其难点在于很难可视化,需要占用大量的计算机资源,并且往往需要特定的统计方法. 幸运的是,在许多实际应用中,可以使用降维技术找到集中主要波动的低维空间. 降维的方法有很多种,在本章中,我们将研究两种密切相关的方法:因子分析和主成分分析. 主成分分析通常称为 PCA.

主成分分析分析协方差矩阵或相关矩阵的结构,并使用此结构来设计含有数据的大部分波动的低维子空间.

因子分析用较少的被称为因子或风险因子的基本变量来解释收益. 因子分析模型,可以根据因子变量的类型进行分类——宏观经济因子分析模型或基本的因子分析模型,也可以根据估计方法进行分类——时间序列回归因子分析模型、截面回归因子分析模型或统计因子分析模型.

17.2 主成分分析

主成分分析从均值为 μ、协方差阵为 Σ 的 d 维随机样本 $Y_i = (Y_{i,1}, \cdots, Y_{i,d})$ ($i=1, \cdots, n$)开始. 主成分分析的一个目标是从协方差阵 Σ 中寻找"结构".

我们从一个简单的例子开始来说明主成分分析的主要思想. 设 $Y_i = \mu + W_i o$,其中 $W_1, W_2, \cdots, W_n$ 是独立同分布零均值随机变量,o 是模长为 1 的确定向量. Y_i 位于过点 μ 且方向为 o 的直线上,因此,均值-中心向量 $Y_i - \mu$ 的所有波动都在由 o 张成的一维空间内. Y_i 的协方差阵为

$$\Sigma = E\{W_i^2 o o^T\} = \sigma_W^2 o o^T$$

向量 o 被称为 Σ 的第一主轴,也是 Σ 的唯一具有非零特征根的特征向量,因此,o 可以用协方差阵估计的特征值分解(见 A.20 节)来估计.

一个更接近真实情况的例子是 $Y_i = \mu + W_i o + \varepsilon_i$,其中 ε_i 是一个与 W_i 不相关的且有"小"协方差矩阵的随机向量. 向量 $Y_i - \mu$ 大部分的波动包含在由向量 o 所张成的空间中,但由于 ε_i,向量 $Y_i - \mu$ 在其他方向上有一小部分的波动. 我们看了一些简单的特定例子,现在来看一般情况.

PCA 可以应用到样本协方差矩阵或样本相关矩阵. 我们将用 Σ 来代表任何被选择的

矩阵. 当然, 相关矩阵是单位向量的协方差矩阵, 所以矩阵的选择等价于在 PCA 之前是否对变量进行标准化. 后面将讨论这个问题. 为了记号的简单, 即使数据没有被标准化, 我们也假定每一个 Y_i 已经减去平均值 $\overline{Y}$. 由式(A.47),

$$\boldsymbol{\Sigma} = \boldsymbol{O} \operatorname{diag}(\lambda_1, \cdots, \lambda_d) \boldsymbol{O}^{\mathrm{T}} \tag{17.1}$$

其中, 矩阵 $\boldsymbol{O}$ 是正交矩阵, 其列是由矩阵 $\boldsymbol{\Sigma}$ 与特征根 $\lambda_1 > \cdots > \lambda_d$ 相对应的特征向量所组成的. 矩阵 $\boldsymbol{O}$ 的列是按照特征值从大到小排列的. 这种排列不是必需的, 但是方便的. 我们还假设在特征根中没有结, 在实际应用中, 该假定几乎是可以肯定的.

Y_i(标准化或没有标准化)的一个赋范线性组合是 $\boldsymbol{\alpha}^{\mathrm{T}} \boldsymbol{Y}_i = \sum_{j=1}^{p} \alpha_j Y_{i,j}$, 其中 $\|\boldsymbol{\alpha}\| = \sum_{j=1}^{p} \alpha_j^2 = 1$. 第一主成分是具有最大方差的赋范线性组合. 当 $\boldsymbol{\alpha}$ 是任意模长为 1 的确定向量时, 方向 $\boldsymbol{\alpha}$ 上的波动为

$$\operatorname{Var}(\boldsymbol{\alpha}^{\mathrm{T}} \boldsymbol{Y}_i) = \boldsymbol{\alpha}^{\mathrm{T}} \boldsymbol{\Sigma} \boldsymbol{\alpha} \tag{17.2}$$

第一主成分是使式(17.2)最大化的赋范线性组合. 最大值解是 $\boldsymbol{\alpha} = \boldsymbol{o}_1$, 它是与最大特征值相对应的特征向量, 也被称为第一主轴. 在该向量上的投影 $\boldsymbol{o}_1^{\mathrm{T}} \boldsymbol{Y}_i (i=1, \cdots, n)$ 称为第一主成分. 固定 $\boldsymbol{\alpha}$ 的模是必须的, 否则式(17.2)是无界的, 进而没有最大值解.

在找到第一主成分后, 我们需要寻求与第一主轴(特征向量)相垂直且使得波动最大的方向. 也就是说, 在 $\|\boldsymbol{\alpha}\| = 1$ 与 $\boldsymbol{\alpha}^{\mathrm{T}} \boldsymbol{o}_1 = 0$ 的条件下最大化式(17.2). 最大值解是 $\boldsymbol{o}_2$, 称之为第二主轴, 在该轴上的投影 $\boldsymbol{o}_2^{\mathrm{T}} \boldsymbol{Y}_i (i=1, \cdots, n)$ 就是第二主成分. 你或许可以看出我们将要做的工作. 在 $\|\boldsymbol{\alpha}\| = 1$, $\boldsymbol{\alpha}^{\mathrm{T}} \boldsymbol{o}_1 = 0$ 且 $\boldsymbol{\alpha}^{\mathrm{T}} \boldsymbol{o}_2 = 0$ 的条件下最大化式(17.2)即得第三主成分 $\boldsymbol{o}_3^{\mathrm{T}} \boldsymbol{Y}_i$, 依此类推, 因此, $\boldsymbol{o}_1, \cdots, \boldsymbol{o}_d$ 是主轴, 在第 j 个特征向量上的投影 $\boldsymbol{o}_j^{\mathrm{T}} \boldsymbol{Y}_i (i=1, \cdots, n)$ 就是第 j 主成分. 此外,

$$\lambda_i = \boldsymbol{o}_i^{\mathrm{T}} \boldsymbol{\Sigma} \boldsymbol{o}_i$$

是第 i 主成分的方差, $\lambda_i / (\lambda_1 + \cdots + \lambda_d)$ 是该主成分的方差贡献率, $(\lambda_1 + \cdots + \lambda_i) / (\lambda_1 + \cdots + \lambda_d)$ 是前 i 个主成分的方差累积贡献率. 主成分之间是不相关的, 这是因为, 当 $j \neq k$ 时, 根据式(A.49), 有

$$\operatorname{Cov}(\boldsymbol{o}_j^{\mathrm{T}} \boldsymbol{Y}_i, \boldsymbol{o}_k^{\mathrm{T}} \boldsymbol{Y}_i) = \boldsymbol{o}_j^{\mathrm{T}} \boldsymbol{\Sigma} \boldsymbol{o}_k = 0$$

设

$$Y = \begin{bmatrix} \boldsymbol{Y}_1^{\mathrm{T}} \\ \vdots \\ \boldsymbol{Y}_n^{\mathrm{T}} \end{bmatrix}$$

为原始数据矩阵, 设

$$S = \begin{bmatrix} \boldsymbol{o}_1^{\mathrm{T}} \boldsymbol{Y}_1 & \cdots & \boldsymbol{o}_d^{\mathrm{T}} \boldsymbol{Y}_1 \\ \vdots & \ddots & \vdots \\ \boldsymbol{o}_1^{\mathrm{T}} \boldsymbol{Y}_n & \cdots & \boldsymbol{o}_d^{\mathrm{T}} \boldsymbol{Y}_n \end{bmatrix}$$

为主成分矩阵. 则

$$S = YO$$

Y 右乘 O 得到 S 是对数据进行正交旋转. 正是这个原因, 特征向量有时被称为旋转, 例如, 在 R 中 pca 函数的输出中特征向量就称为旋转.

前几个较少的主成分, 如前三至前五, 在许多应用中, 几乎包含所有的波动, 并且, 对于大多数实用场合而言, 可以单独使用这些主成分而丢弃其余的主成分. 这是对维度的

一个相当大的缩减. 请参见例 17.2.

到目前为止, 我们尚未回答如何决定使用原始变量还是使用标准化变量的问题. 如果 Y_i 的分量具有可比性, 例如, 如果 Y_i 的分量都是股市的日回报率或债券的收益率, 那么使用原始变量应该不会有问题. 但是, 如果变量是没有可比性的, 比如, 一个分量是失业率, 另一个分量是单位为美元的国内生产总值, 那么一些变量可能会比其他变量有较大的数量级. 在这种情况下, 较大数量级的变量可以完全支配 PCA, 使得第一主成分的方向是具有最大的标准差的变量方向. 为了消除这个问题, 变量应该标准化.

例 17.1 变量未标准化的 PCA 与变量标准化的 PCA.

作为说明使用标准化变量和非标准化变量之间差异的一个简单例子, 假设有相关系数为 0.9 的两个变量($d=2$). 其相关矩阵为

$$\begin{pmatrix} 1 & 0.9 \\ 0.9 & 1 \end{pmatrix}$$

其特征向量为 $(0.71, 0.71)$ 与 $(-0.71, 0.71)$[或 $(0.71, -0.71)$]①, 特征值为 1.9 与 0.1. 大部分的波动在方向 $(1, 1)$, 这与两个变量之间的高度相关性是一致的.

然而, 假设的第一个变量的方差为 1 000 000 和第二变量的方差为 1. 协方差矩阵是

$$\begin{pmatrix} 1\,000\,000 & 900 \\ 900 & 1 \end{pmatrix}$$

在四舍五入后, 它的特征向量为 $(1.0000, 0.0009)$ 和 $(-0.0009, 1)$, 特征值为 1 000 000 与 0.19. 第一个变量完全支配了在协方差矩阵基础上的主成分分析. 该主成分分析正确地反映了波动几乎都是在变量 1 中, 但是这种正确仅仅是相对于原始单位. 假设变量 1 由原始单位美元改为现在的百万美元, 则它的方差等于 10^{-6}, 所以, 现在基于协方差矩阵的主成分分析反映了波动几乎都是在变量 2 中. 与此相反, 基于相关系数矩阵的主成分分析就不会随着变量单位的改变而改变. ■

例 17.2 收益率曲线的主成分分析.

这个例子分析 11 种期限的国债收益率, 其中 $T=1, 3, 6$ 月和 $1, 2, 3, 5, 7, 10, 20, 30$ 年. 日收益率采集自美国财政部网站, 时间段为 1990 年 1 月 2 日至 2008 年 10 月 31 日, 例 15.1 曾分析该数据集中的一部分. 图 17-1a 显示的是三种不同日期的收益率曲线. 请注意, 收益率曲线可以有各种各样的形状. 在这个例子中, 我们将通过主成分分析法, 研究回报率曲线随着时间的变化规律.

为了分析收益率每天的变化, 对所有 11 个时间序列进行差分. 由于某些因素缺失了一些期限 T 的日收益率值, 例如, 由于"财政部在 1986 年年底停止了 20 年固定期限收益率序列, 并于 1993 年 10 月 1 日恢复."(引自美国财政部网站), 而差分也导致一些额外的日期有日回报率的缺失. 在分析中, 所有因差分而数据缺失的日期都被省略. 这样从 2001 年 7 月 31 日到 2008 年 10 月 31 日还剩下 819 天的数据, 其中不包含 30 年期国债中断期限: 2002 年 2 月 19 日到 2006 年 2 月 2 日. 若所研究数据不包含 1 月期和 30 年期的国债, 就可以使用更长的数据.

此处使用了协方差矩阵, 而不是相关矩阵, 这是因为在此例中变量具有可比性, 并有相同的单位.

---

① 原文为"[or 0.71, 0.71)]", 疑似有误. ——译者注

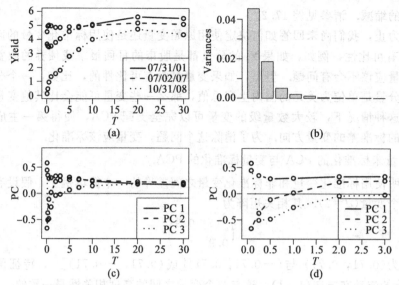

图 17-1 (a) 三种日期的国债收益率. (b) 国债收益率变化的碎石图, 需要注意的是前三个主成分包含大部分的波动, 而前五个主成分几乎包含所有的波动. (c) 国债收益率的前三个主成分的变化. (d) 当 $0 \leqslant T \leqslant 3$ 时, 国债收益率的前三个主成分的变化

首先, 我们将考虑 11 个特征根. R 函数 prcomp 所给的结果是

```
Importance of components:
                          PC1   PC2    PC3    PC4    PC5    PC6
Standard deviation        0.21  0.14   0.071  0.045  0.033  0.0173
Proportion of Variance    0.62  0.25   0.070  0.028  0.015  0.0041
Cumulative Proportion     0.62  0.88   0.946  0.974  0.989  0.9932

PC7     PC8     PC9     PC10     PC11
0.0140  0.0108  0.0092  0.00789  0.00610
0.0027  0.0016  0.0012  0.00085  0.00051
0.9959  0.9975  0.9986  0.99949  1.00000
```

第一行给出了 $\sqrt{\lambda_i}$ 的值, 第二行给出了 $\lambda_i/(\lambda_1+\cdots+\lambda_d)$ 的值, 第三行给出了 $(\lambda_1+\cdots+\lambda_i)/(\lambda_1+\cdots+\lambda_d)$ 的值. 例如, 我们可以看到第一主成分的标准差为 0.21, 它代表了总方差的 62%. 此外, 前三个主成分代表了总方差的 94.6%, 当主成分增加到前 4 个主成分时, 它们占总方差的比例增加到 97.4%, 当主成分增加到前 5 个主成分时, 它们占总方差的比例增加到 98.9%. 图 17-1b 中绘制了方差 (第一行的平方) 的图像. 这种图像就是所谓的 "碎石图", 因为它看起来像碎石——在山脚积累的落下来的岩石.

因为前三个主成分所张成的空间包含了收益率大约 95% 的波动, 所以我们将主要分析前三个主成分. 标签为 "PC" 的特征向量如图 17-1c 和 d 所示, 图 17-1d 详细显示出 $T \leqslant 3$ 时的情况. 特征向量的有意义解释: 第一, 第一特征向量 o_1 的所有分量都是正值⊖. 沿着第一特征向量 o_1 的方向变化, 所有的收益率同时增加或同时减少大致相同的值. 人们可以把这种变化称之为收益率曲线的 "平行移动", 虽然它们只近似平行. 图 17-2a 图示了这种平移, 其中平均收益率是粗实线, 平均收益率加上第一特征向量 o_1 是虚划线, 而平均收益率减去第一特征向量 o_1 是虚点线. 该图只显示了 $T \leqslant 7$ 的部分, 这是因为在这一点之

⊖ 只要改变一下符号, 特征向量就被确定, 因为乘以 −1 不会改变它所张成的空间, 也不改变它的模. 因此, 我们不说特征向量只有负值, 但这不会改变特征向量的解释.

后，曲线变化较少. 由于第一主成分的标准差只有 0.21，一个单位正向平移或负向平移对单独一天来讲是巨大的，因此，这种正(负)向平移只用于更好的图形演示.

第二特征向量 o_2 的曲线是递减的，且沿着第二特征向量 o_2 的变化要么增加要么减少收益率曲线的斜率. 其结果是，平均收益率加上 PC2 的曲线和平均收益率减去 PC2 的曲线大约在 $T=1$ 处相交于平均收益率曲线，该处第二特征向量 o_2 等于零，如图 17-2b 所示.

第三特征向量 o_3 的曲线，先降后增，且沿着第三特征向量 o_3 的变化要么增加或减少收益率曲线的凸性. 其结果是，根据图 17-2c，平均收益率加上 PC3 的曲线和平均收益率减去 PC3 的曲线都与平均收益率曲线相交 2 次. 重复与第一主成分 PC1 的联系是有意义的，而且在这里是更重要的. 在第二主成分 PC2 和第三主成分 PC3 的方向的标准差分别只有 0.14 和 0.071，因此在这些方向上所能观察到的变化，将远小于图 17-2b 及 c 所示的那些. 此外，平移将大于斜率的变化，斜率的变化将大于凸性的变化.

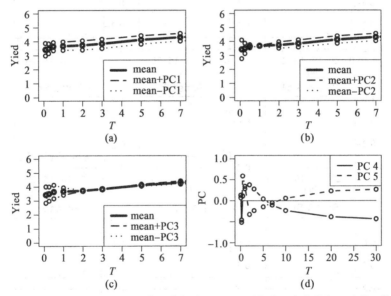

图 17-2 (a) 平均收益率曲线加、减第一特征向量. (b) 平均收益率曲线加、减第二特征向量. (c) 平均收益率曲线加、减第三特征向量. (d) 国债收益率的第四、五特征向量的变化

图 17-2d 画的是第四和第五特征向量. 其图形是复杂的，不容易解释的. 幸运的是，第四和第五特征向量所张成的空间的波动实在是太小了，因此显得不是很重要.

债券投资组合经理人感兴趣于收益率随着时间变化的规律. 基于 11 种收益的时间序列分析是有用的，但一个更好的方法是使用前三个主成分. 前三个主成分的时间序列及自相关系数和互相关系数分别画在图 17-3 和 17-4 中. 后者显示出可以建立 ARMA 模型的中度短期自相关性，尽管自相关性足够小，以致可能会被忽略. 注意到滞后 0 的互相关系数等于 0，这不是一个巧合，而是由于主成分的定义方式——它们被定义彼此是不相关的，所以滞后 0 的互相关系数精确等于 0. 非零滞后互相关系数不为零，但在这个例子中它们是小的. 在实际意义是平移、斜率的变化、凸性的变化几乎是不相关的，可以分别进行分析. 时间序列图显示了大幅波动聚类性，它可以用第 18 章的 GARCH 模型建模.

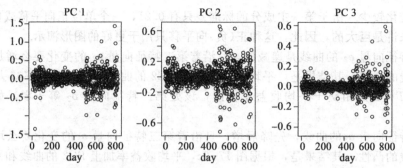

图 17-3 国债收益率时间序列图的前三个主成分. 819 天的数据, 但不连续, 因为有缺失数据, 参见正文

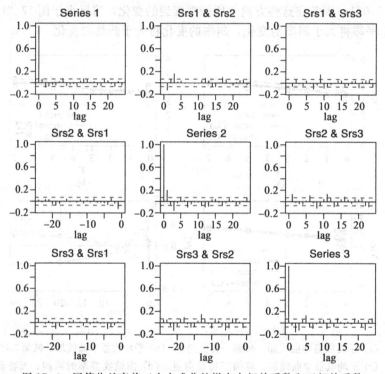

图 17-4 国债收益率前三个主成分的样本自相关系数和互相关系数

例 17.3 股票型基金的主成分分析.

这个例子使用 R 语言的 `fEcofin` 程序包中的 `equityFunds` 数据. 变量是 2002 年 1 月 1 日至 2007 年 5 月 31 日 8 只股票型基金的日回报率, 8 只股票型基金是 EASTEU、LATAM、CHINA、INDIA、ENERGY、MINING、GOLD 和 WATER. 特征值如前文所述. 这里的结果是不同于国债收益率, 因为在这个例子中的波动不是集中在最初的几个主成分中. 例如, 相对于国债收益率的 95%, 前三个主成分只占总方差 75%. 对于股票型基金, 需要 6 个主成分才达到 95%. 图 17-5a 是其碎石图.

```
Importance of components:
                          PC1   PC2   PC3   PC4   PC5
Standard deviation       0.026 0.016 0.013 0.012 0.0097
Proportion of Variance   0.467 0.168 0.117 0.097 0.0627
Cumulative Proportion    0.467 0.635 0.751 0.848 0.9107
```

```
     PC6    PC7    PC8
   0.0079 0.0065 0.0055
   0.0413 0.0280 0.0201
   0.9520 0.9799 1.0000
```

图 17-5b 绘制的是前三个特征向量, 第一特征向量只有正值, 在这个方向上, 对所有的基金, 其回报率要么都是正的, 要么都是负的. 第二特征向量对 mining 基金和 gold 基金(基金 6 和基金 7)是负的, 对其他的基金都是正的. 沿着该特征向量的波动, 对 mining 基金和 gold 基金有一个与其他基金的相反移动. gold 基金和 mining 基金与股市上的其他基金有相反的表现, 这是一个普遍的现象, 因此, 对于第二主成分有 17% 的波动就一点也不奇怪. 第三主成分是不太容易理解, 但其 India 基金(基金 4)的负荷高于其他基金, 这可能表明, 关于 India 基金有一些不同于其他基金的特点.

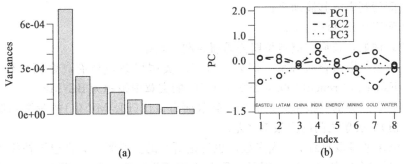

图 17-5　(a)股票型基金碎石图.(b)股票型基金的前三主成分

例 17.4 道琼斯 30 种股票的主成分分析.

作为进一步的例子中, 我们将研究道琼斯 30 种股票的平均回报率. 数据是在 R 软件的 fEcofin 程序包中的 DowJone30 数据集, 数据涵盖的时间是从 1991 年 1 月 2 日至 2002 年 1 月 2 日. 前 5 个主成分占总波动的比例超过 97%:

```
Importance of components:
                         PC1    PC2    PC3    PC4    PC5
Standard deviation      88.53  24.967 13.44  10.602 8.2165
Proportion of Variance  0.87   0.069  0.02   0.012  0.0075
Cumulative Proportion   0.87   0.934  0.95   0.967  0.9743
```

相对于股票型基金需要 6 个主成分才能达到 95% 的方差, 而在该例中只需前三个主成分就超过了 95% 的方差. 为什么道琼斯股票与股票型基金表现不一样? 因为都是美国的大公司, 30 种道琼斯股票是彼此相似的, 因此, 我们可以期望它们的回报率将会彼此高度相关, 进而较少的主成分将解释较多的波动.

17.3 因子模型

股票超额回报率因子模型如下:

$$R_{j,t} = \beta_{0,j} + \beta_{1,j}F_{1,t} + \cdots + \beta_{P,j}F_{P,t} + \varepsilon_{j,t} \tag{17.3}$$

其中 $R_{j,t}$ 是第 j 个资产在时刻 t 的回报率或超额回报率. $F_{1,t}, \cdots, F_{p,t}$ 表示在 t 时刻"金融市场和世界经济的状态"的因子或风险因子变量, $\varepsilon_{1,t}, \cdots, \varepsilon_{n,t}$ 是各个股票的不相关、0 均值的随机变量, 称之为每只股票的特有风险. 假设特有风险是不相关的, 这意味着所有回报率之间的互相关关系是由因子引起的. 注意到因子并不依赖于 j, 因为它们对所有回报率都是一样的. 参数 $\beta_{i,j}$ 被称为因子载荷, 它表征的是第 j 回报率对第 i 个因子的敏感性. 根据因子模型的类型, 要么荷载, 要么因子或两者都是未知的而且必须估计.

CAPM 模型(资本资产定价模型)是一个因子模型, 其中 $p=1$ 时, $F_{1,t}$ 是市场投资组合的超额回报率. 在 CAPM 模型中, 除了每个资产的特有风险, 市场风险因子是风险的唯一来源. 因为任何两种资产共享的唯一风险是市场风险因子, 它是资产回报率之间的相互关系的唯一来源. 因子模型推广了 CAPM 模型, 因子模型允许有更多的因子, 不再仅仅是简单的市场风险和每个资产的独有风险. 一个因子可以是任何会影响资产回报率的变量. 因子的例子如下:

1. 市场投资组合的回报率;
2. GDP 的增长率;
3. 短期国债利率或其波动率;
4. 通货膨胀率或其波动率;
5. 息差, 例如, 长期国债与长期公司债券利率之差;
6. 某些股票投资组合回报率, 例如, 所有的美国股票或所有高账面市值比的股票, 这个比率在 Fama 和 French(1992, 1995, 1996)的文章中被称为 BE/ME;
7. 两个投资组合的回报率差, 例如, 高账面市值比(BE/ME 值)的股票和低账面市值比(BE/ME 值)的股票之间的回报率之差.

模型中应该包含足够多的因子, 大多数, 也许是所有的资产间的共性应该被模型解释. 那么 $\epsilon_{j,t}$ 将表示单个资产的真正特有因子, 因此正如假设所言, 对于不同 j(不同资产), $\epsilon_{j,t}$ 之间是不相关的.

使用宏观经济变量作为因子的因子模型, 如 1-5, 被称为宏观经济因子模型. 使用资产的可观测特征为因子的因子模型, 如 6 和 7, 被称为基本因子模型. 这两种类型的因子模型可以用时间序列回归拟合, 这是下一节的主题. 正如在 17.5 节所讲, 通过截面回归也可以拟合基本因子模型.

17.4 用时间序列回归拟合因子模型

等式 (17.3) 是一个回归模型. 若 j 取定, 则该等式是一个单因素多元回归模型, "单因素"是指只有一个响应(第 j 个资产的回报率), "多元"是指有多个预测变量(因子). 如果把不同的 j 所代表的模型结合起来, 就是多因素多元回归模型——多于一个响应的回归模型. 在拟合一组因子回报率时使用多因素多元回归模型.

正如 16.6 节所示, 当拟合时间序列回归模型时, 应该采用可得的最高抽样频率数据, 这往往是每天或每周的数据, 虽然下一个例子只是月度数据.

例 17.5 宏观经济因子模型.

有效市场假说意味着只要有新的信息股票价格就变化. 虽然关于市场是有效的问题有相当大的争议, 我们还可以预期股票回报率将受到变化莫测的宏观经济变量的影响. 因此, 在宏观经济模型中因子不是宏观经济变量本身, 而是利用时间序列模型(如多元 AR 模型)预测宏观经济变量的残差.

在这个例子中, 我们研究一个被其他作者研究过案例的子问题, 请参阅 17.7 节的文献注记. 在这个例子中, 宏观经济变量是 CPI(居民消费价格指数)的对数和 IP(工业生产指数)的对数. 例 9.10、例 9.11 和例 10.4 曾分析过这两个变量, 在最后一个例子中, 使用二元 AR 模型拟合这两个变量, AR(5)模型的 AIC 值达到最小, 但是 AR(1)模型的 AIC 值几乎和 AR(5)模型的 AIC 值一样小.

在本例中, 我们将使用 AR(5)模型的残差作为因子. 分析的数据取自 R 软件 fEcofin 程序包 berndtInvest 数据集中 9 只股票月回报率(从 1978 年 1 月至 1987 年 12 月). 使用从 1977 年 7 月至 1987 年 12 月的 CPI 和 IP 序列, 然而由于差分, 丢失了 1977 年 7 月份的数据, 但这仍然留下足够的数据(从 1977 年 8 月至 1977 年 12 月的五个月数据)来预测 1978 年 1 月(股票月回报率序列开始的时候)的 CPI 和 IP.

图 17-6 中绘制了 9 只股票的回报率关于 CPI 残差和 IP 残差的回归方程的 R^2 和斜率. 注意到 R^2 非常小, 因此, 宏观因子只有很低的解释能力. 解释能力低的问题在宏观经济因子模型中是很常见的, 这一点已经被其他研究者注意到. 出于这个原因, 基本因子模型的应用比宏观经济因子模型的应用更广泛.

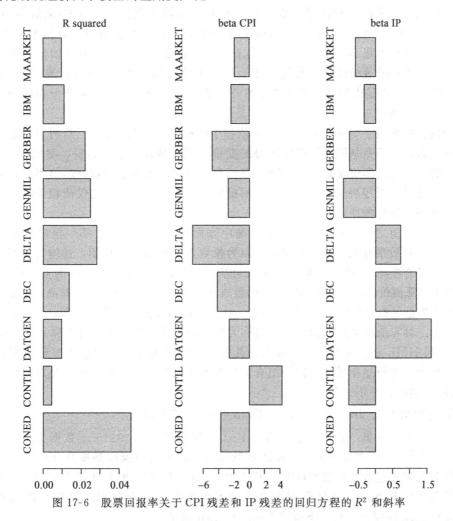

图 17-6 股票回报率关于 CPI 残差和 IP 残差的回归方程的 R^2 和斜率

17.4.1 Fama 和 French 三因子模型

Fama 和 French (1995) 提出一个有三个风险因子的基本因子模型. 第一个风险因子

是市场投资组合的超额回报率，在资本资产定价模型（CAPM 模型）中，这是唯一的因子．第二个风险因子是小型股票投资组合和大型股票投资组合的回报率之差，即所谓的小减大（SML）．这里的"小"和"大"指的是股票市值的规模，股票市值是指每股的价格乘以流通在外的股数．第三个风险因子是投资组合中的高账面市值比（BE/ME）股票和低账面市值比股票组合的回报率之差，即所谓的高减低（HML）．账面值是公司根据其会计资产负债表的净资产．Fama 和 French 认为，资本资产定价模型（CAPM 模型）中大多数的定价异常在三因子模型中消失．在 Fama 和 French 的模型中，第 j 个资产在第 t 个持有期的回报率模型为

$$R_{j,t} - \mu_{f,t} = \beta_{0,j} + \beta_{1,j}(R_{M,t} - \mu_{f,t}) + \beta_{2,j}\text{SML}_t + \beta_{3,j}\text{HML}_t + \varepsilon_{j,t}$$

其中 SML_t、HML_t 和 $\mu_{f,t}$ 分别是第 t 持有期 SML、HML 和无风险利率的值．投资组合的回报率有很小的自相关性，因此，回报率本身就可以使用，而不需使用时间序列模型的残差．

注意到该模型并没有利用第 j 资产的规模和其账面市值比（BE/ME）来解释回报率．系数 $\beta_{2,j}$ 与 $\beta_{3,j}$ 是第 j 资产在 SML 和 HML 上的载荷．这些载荷有可能，但不是必须的，与第 j 资产的规模和账面市值比（BE/ME）有关．无论如何，载荷是通过回归而不是通过直接测量第 j 资产的规模或账面市值比（BE/ME）来估计的．如果第 j 资产在 SML 上的载荷 $\beta_{2,j}$ 是高的，也许因为第 j 资产是小型资产或者尽管资产是大型资产但在回报率方面却与小型资产相类似．

我们再次强调因子 SML_t 和 HML_t 不依赖于指标 j，这是因为它们是两个固定投资组合回报率之差，而不是从第 j 资产所测得的变量．只有载荷，也就是说，参数 $\beta_{k,j}$ 是依赖于资产 j 的，该结论不仅仅对 Fama-French 模型而且对一般因子与载荷的模型（17.3）也是正确的．因子是宏观经济变量、投资组合回报率的线性组合或者其他仅依赖于将金融市场和经济作为一个整体的变量．

账面值与市值之间背离的原因很多．确定账面价值的会计方法不一定反映了市场价值．此外，一只股票有低账面市值比也许因为投资者的高回报率预期，这增加市场价值和账面价值之间的背离．相反，高账面市值比可能表明公司处于麻烦中，因为其市值降低了．一个相对于其账面价值而言，市场价值低的股票是一个"廉价"股票，而具有高市值账面值比的股票被认为是成长型股票，对于该类股票，由于更高的未来回报率的预期，投资者愿意为之支付溢价．具有低市值账面值比的股票称为价值型股票，投资该类股票称为价值投资．

SML 和 HML 是投资组合的回报率，其中投资组合为在一个组合上进行长期投资而在另一个组合上进行短期投资．这样组合被称为对冲投资组合，因为它们是对整体市场变化的对冲（虽然也许并不完美）．

例 17.6 对股票 GE、IBM 和 Mobil 的 Fama-French 模型拟合．

该例用两个数据集．第一个是 R 语言 Ecdat 程序包中的 `CRSPmon` 数据集．该数据集和前面例子中使用的 `CRSPday` 数据集是相类似的，除了其回报率是按月计的而不是按日计的．该数据集中包含三只股票（GE、IBM 和 Mobil）从 1969 年 1 月到 1998 年 12 月的回报率以及其 CRSP 均值，虽然我们在这里并不使用最后一个数据．第二个数据集是从 Kenneth French 教授的主页上下载的 Fama-French 因子．

图 17-7 是 GE、IBM、Mobil 三只股票的超额回报率和因子的散点图矩阵．对于 GE 股票，我们将看到的是——正如所预料的那样——GE 的超额回报率与市场超额回报率高度相关．GE 回报率与因子 HML 是负相关的，这将表明 GE 表现为价值型股票．然而，

这是由于缺乏调整 GE 超额回报率和其他因子之间的关联而导致的一个假象. 稍后, 我们将使用回归分析来说明这个问题. 因为 SMB 是正的而 HML 与市场超额回报率负相关, 两个 Fama-French 因子并不是真正的对冲投资组合. 但是, 这些关联是远远弱于股票的超额回报率和市场超额回报率之间的关联. 此外, SMB 和 HML 彼此之间的关联不大, 所以是没有多重共线性的问题.

使用 R 语言中的 lm 函数, 对三只股票的超额回报与三个因子进行回归分析. 估计的系数是

```
Call:
lm(formula = cbind(ge, ibm, mobil) ~ Mkt.RF + SMB + HML)

Coefficients:
              ge       ibm      mobil
(Intercept)   0.3443   0.1460   0.1635
Mkt.RF        1.1407   0.8114   0.9867
SMB          -0.3719  -0.3125  -0.3753
HML           0.0095  -0.2983   0.3725
```

从图 17-7 可以注意到股票 GE 现在与 HML 有一个正相关关系而不是负相关关系. 三只股票回报率与 SMB 都有负相关关系, 因此, 毫不奇怪, 它们的表现与大型股一致.

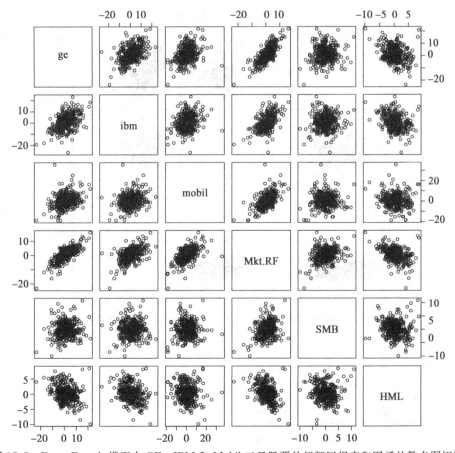

图 17-7 Fama-French 模型中 GE、IBM 和 Mobil 三只股票的超额回报率和因子的散点图矩阵

式(17.3)中的 $\varepsilon_{j,t}$ 不相关是因子模型的一个重要假设. 当用因子模型估计股票回报率

之间的相关性时,若违反这一假设,即对 $j \neq j'$, $\varepsilon_{j,t}$ 与 $\varepsilon_{j',t}$ 存在互相关性,这将导致偏差,这个问题将在下一节中解释. 对于多元回归模型,互相关性假设的缺失不会导致回归系数或 $\varepsilon_{j,t}$ 方差的估计偏差. 偏差只在估计股票回报率间的协方差时才出现.

我们将使用多元回归的残差来检验互相关性. 样本相关系数矩阵如下:

```
             ge       ibm      mobil
ge     1.000000  0.070824  -0.25401
ibm    0.070824  1.000000  -0.10153
mobil -0.254012 -0.101532   1.00000
```

股票 GE 和 Mobil 之间的相关系数是远离 0 的,检验其相关性是有价值的. GE 的超额回报率和 Mobil 的超额回报率残差相关系数的 95% 置信区间不包含 0,所以拒绝相关性为 0 的原假设. 其他的相关系数不显著. 由于 GE-Mobil 的相关系数是大负的,因此使用 Fama-French 模型估计股票回报率的协方差矩阵应该小心. 一如往常,看看散点图矩阵与相关性是个好习惯,这是因为散点图矩阵可能含有影响相关性的异常点或非线性关系. 图 17-8 包含了残差的散点图矩阵. 可以看到有一些异常点. 虽然没有非常极端的异常点,但计算相关性的稳健估计并与普通的样本相关矩阵进行比较看起来是值得. 可以利用 R 软件的 robust 程序包的函数 covRob 求稳健估计. 我们可以发现稳健估计都比非稳健估计接近 0,但 GE 与 Mobil 的相关系数的稳健估计仍然具有较大的负值.

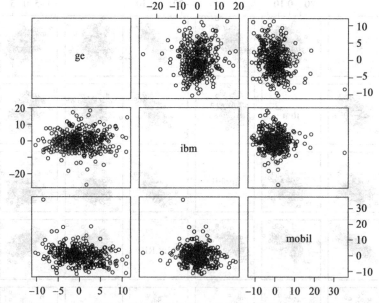

图 17-8 Fama-French 模型中 GE、IBM、Mobil 三只股票残差的散点图矩阵

```
Call:
covRob(data = fit$residuals, corr = T)

Robust Estimate of Correlation:
             ge       ibm      mobil
ge     1.000000  0.035966  -0.247884
ibm    0.035966  1.000000  -0.068716
mobil -0.247884 -0.068716   1.000000
```

这个例子仅供说明模型用途,不是典型的实际应用,因为该例只考虑了三只股票的回报率,而在实际管理投资组合中股票数将会很大,并可能达到数百个.

17.4.2 资产回报率的期望和协方差的估计

16.7 节讨论了 CAPM 模型（资本资产定价模型）如何简化资产回报率的期望和协方差的估计. 然而, 为此目的而使用 CAPM 是危险的, 这是因为估计依赖于 CAPM 模型的有效性. 幸运的是, 可以用一个更加现实的因子模型, 而不是 CAPM 模型, 估计回报率的期望和协方差.

为简单起见, 我们从两个因子的模型开始. 在式(17.3)中, 现在 p=2, 于是
$$R_{j,t} = \beta_{0,j} + \beta_{1,j}F_{1,t} + \beta_{2,j}F_{2,t} + \varepsilon_{j,t} \tag{17.4}$$

由式(17.4), 有
$$E(R_{j,t}) = \beta_{0,j} + \beta_{1,j}E(F_{1,t}) + \beta_{2,j}E(F_{2,t}) \tag{17.5}$$

以及
$$\mathrm{Var}(R_{j,t}) = \beta_{1,j}^2 \mathrm{Var}(F_1) + \beta_{2,j}^2 \mathrm{Var}(F_2) + 2\beta_{1,j}\beta_{2,j}\mathrm{Cov}(F_1,F_2) + \sigma_{\varepsilon,j}^2$$

此外, 由于 $R_{j,t}$ 和 $R_{j',t}$ 是风险因子的两个线性组合, 对于任意 $j \neq j'$, 从式(7.8)可得
$$\mathrm{Cov}(R_{j,t}, R_{j',t}) = \beta_{1,j}\beta_{1,j'}\mathrm{Var}(F_1) + \beta_{2,j}\beta_{2,j'}\mathrm{Var}(F_2)$$
$$+ (\beta_{1,j}\beta_{2,j'} + \beta_{1,j'}\beta_{2,j})\mathrm{Cov}(F_1,F_2) \tag{17.6}$$

更一般地, 设
$$\boldsymbol{F}_t^\mathrm{T} = (F_{1,t}, \cdots, F_{p,t}) \tag{17.7}$$

是 p 个因子在时刻 t 的向量, 并假设 $\boldsymbol{\Sigma}_F$ 是 $\boldsymbol{F}_t$ 的 $p \times p$ 协方差矩阵. 设截距向量为
$$\boldsymbol{\beta}_0^\mathrm{T} = (\beta_{0,1}, \cdots, \beta_{0,n})$$

载荷矩阵为
$$\boldsymbol{\beta} = \begin{pmatrix} \beta_{1,1} & \cdots & \beta_{1,j} & \cdots & \beta_{1,n} \\ \vdots & \ddots & \vdots & \ddots & \vdots \\ \beta_{p,1} & \cdots & \beta_{p,j} & \cdots & \beta_{p,n} \end{pmatrix}$$

定义
$$\boldsymbol{\varepsilon}^\mathrm{T} = (\varepsilon_{1,t}, \cdots, \varepsilon_{n,t}) \tag{17.8}$$

并设 $\boldsymbol{\Sigma}_\varepsilon$ 是 $\boldsymbol{\varepsilon}$ 的 $n \times n$ 对角协方差矩阵:
$$\boldsymbol{\Sigma}_\varepsilon = \begin{pmatrix} \sigma_{\varepsilon,1}^2 & \cdots & 0 & \cdots & 0 \\ \vdots & \ddots & \vdots & \ddots & \vdots \\ 0 & \cdots & \sigma_{\varepsilon,j}^2 & \cdots & 0 \\ \vdots & \ddots & \vdots & \ddots & \vdots \\ 0 & \cdots & 0 & \cdots & \sigma_{\varepsilon,n}^2 \end{pmatrix}$$

最后, 设
$$\boldsymbol{R}_t^\mathrm{T} = (R_{1,t}, \cdots, R_{n,t}) \tag{17.9}$$

是在 t 时刻所有回报率的向量. 则模型(17.3)可以用矩阵记号重新表示为
$$\boldsymbol{R}_t = \boldsymbol{\beta}_0 + \boldsymbol{\beta}^\mathrm{T} \boldsymbol{F}_t + \boldsymbol{\varepsilon}_t \tag{17.10}$$

因此, $\boldsymbol{R}_t$ 的 $n \times n$ 协方差矩阵为
$$\boldsymbol{\Sigma}_R = \boldsymbol{\beta}^\mathrm{T} \boldsymbol{\Sigma}_F \boldsymbol{\beta} + \boldsymbol{\Sigma}_\varepsilon \tag{17.11}$$

特别地, 若 $\boldsymbol{\beta}_j = (\beta_{1,j}, \cdots, \beta_{p,j})^\mathrm{T}$ 是 $\boldsymbol{\beta}$ 的第 j 列, 则第 j 个回报率的方差为
$$\mathrm{Var}(R_j) = \boldsymbol{\beta}_j^\mathrm{T} \boldsymbol{\Sigma}_F \boldsymbol{\beta}_j + \sigma_{\varepsilon_j}^2 \tag{17.12}$$

第 j 与 j' 回报率的协方差为

$$\text{Cov}(R_j, R'_j) = \boldsymbol{\beta}_j^T \boldsymbol{\Sigma}_F \boldsymbol{\beta}_{j'} \tag{17.13}$$

为了使用式(17.11)、式(17.12)或式(17.13)，我们需要估计 $\boldsymbol{\beta}$，$\boldsymbol{\Sigma}_F$ 和 $\boldsymbol{\Sigma}_\epsilon$. $\boldsymbol{\beta}$ 可以用回归系数估计，$\boldsymbol{\Sigma}_F$ 可以用因子样本协方差矩阵估计，$\hat{\boldsymbol{\Sigma}}_\epsilon$ 可以取回归残差平方和的平均值所组成的对角矩阵，请参见式(12.12).

为什么用因子模型来估计 $\boldsymbol{\Sigma}_R$，而不简便地用样本协方差矩阵估计？其中一个原因是估计的精确性. 这是方差-偏差平衡的另一个例子. 样本协方差矩阵是无偏的，但它需要估计 $n(n+1)/2$ 个值，即每个协方差和每个方差都要估计. 这些参数的每一个的估计都有误差，随着误差的积累，可能会导致一个相当大的精度损失. 与此相反，因子模型对于参数 $\boldsymbol{\beta}$ 只需 $n\times p$ 个估计值，对 $\boldsymbol{\Sigma}_F$ 只需 p^2 个估计值，而对角阵 $\boldsymbol{\Sigma}_\epsilon$ 只需 n 个估计值，总计需要估计 $np+n+p^2$ 个参数. 在通常情况下，回报率的个数 n 是比较大的而因子数 p 是非常小的，因此 $np+n+p^2$ 比 $n(n+1)/2$ 小很多. 例如，设有 200 个回报率，5 个因子，则 $n(n+1)/2=20\,100$，而 $np+n+p^2$ 仅有 1225. 因子模型的缺点是：如果因子模型假设是错误的，特别是若 $\boldsymbol{\Sigma}_\epsilon$ 不满足因子模型的对角性假设，则 $\boldsymbol{\Sigma}_R$ 的估计是有偏的.

因子模型的另一个优点是其方便性. 其一是只要估计较少的参数，其二是便于修正模型. 假设一位投资组合经理对 n 只股票建立了因子模型，现在需要添加其他股票. 如果经理使用样本协方差矩阵，那么必须计算新添股票回报率的时间序列与原股票回报率之间的 n 个样本协方差. 这就需要 n 个原股票回报率序列. 相比较而言，对于因子模型，投资组合经理只需要求新股票回报率的时间序列对因子的回归. 只需要 p 个因子的时间序列.

例 17.7 GE、IBM 和 Mobil 超额回报率的协方差矩阵的估计.

续例 17.6. 注意到回报率的个数已被人为压低，因为若有更多的回报率，简单明了地展示结果将不再可能. 因此，这个例子仅仅用来演示计算过程，而不是一个典型的因子建模应用案例.

$\boldsymbol{\Sigma}_F$ 的因子样本协方差矩阵估计是：

```
        Mkt.RF    SMB      HML
Mkt.RF  21.1507   4.2326  -5.1045
SMB      4.2326   8.1811  -1.0760
HML     -5.1045  -1.0760   7.1797
```

参数 β 的回归系数矩阵(无截距项)估计：

```
        Mkt.RF    SMB       HML
ge      1.14071  -0.37193   0.009503
ibm     0.81145  -0.31250  -0.298302
mobil   0.98672  -0.37530   0.372520
```

$\boldsymbol{\Sigma}_\epsilon$ 的回归残差误差平方和的平均值所组成的对角矩阵估计：

```
       [,1]    [,2]    [,3]
[1,]  16.077   0.000   0.000
[2,]   0.000  31.263   0.000
[3,]   0.000   0.000  27.432
```

因此，$\boldsymbol{\beta}^T \boldsymbol{\Sigma}_F \boldsymbol{\beta}$ 的估计是

```
         ge      ibm    mobil
ge     24.960  19.303  19.544
ibm    19.303  15.488  14.467
mobil  19.544  14.467  16.155
```

$\boldsymbol{\beta}^T \boldsymbol{\Sigma}_F \boldsymbol{\beta} + \boldsymbol{\Sigma}_\epsilon$ 的估计是

```
         ge     ibm    mobil
ge     41.036 19.303  19.544
ibm    19.303 46.752  14.467
mobil  19.544 14.467  43.587
```

为了比较，股票回报率的样本协方差矩阵为

```
         ge     ibm    mobil
ge     40.902 20.878  14.255
ibm    20.878 46.491  11.518
mobil  14.255 11.518  43.357
```

$\boldsymbol{\beta}^{\mathrm{T}}\boldsymbol{\Sigma}_F\boldsymbol{\beta}+\boldsymbol{\Sigma}_\epsilon$ 的估计与样本协方差矩阵的最大不同在于 GE 和 Mobil 的超额回报率的协方差. 导致这种比较大的差异的原因是因子模型中假设这两个变量的残差是不相关的，但是数据表明它们有一个 -0.25 的负相关. ∎

17.5 截面因子模型

模型 (17.3) 是时间序列因子模型. 它利用时间序列数据（在一个时间只有一个资产）估计载荷.

正如刚刚所讨论的，时间序列因子模型并没有利用诸如股息收益率、账面市值比或其他只与第 j 只股票有关的变量. 一个替换模型是截面因子模型，该模型是对来自一个持有期的多只股票数据进行回归分析. 例如，设 R_j，$(B/M)_j$ 和 D_j 分别是第 j 只股票在时刻 t 的股息收益率、账面市值比和股息. 由于 t 是确定的，它将不在记号中体现. 一个合理的截面因子模型是

$$R_j = \beta_0 + \beta_1 (B/M)_j + \beta_2 D_j + \varepsilon_j$$

参数 β_1 和 β_2 是时刻 t 的账面市值比的风险因子和股息收益率风险因子的未知值. 通过回归估计它们.

时间序列因子模型与截面因子模型有两个根本性的差异：第一，时间序列模型估计参数时，一次处理一只股票的多个持有期数据；而截面因子模型估计参数时，一次处理多只股票在单个持有期的数据. 另一个主要差异是，在时间序列模型中，因子是直接测量的，未知的载荷通过回归估计；而截面因子模型正好相反，载荷是直接测量的，因子是通过回归估计.

例 17.8 一个工业截面因子模型.

本例使用 R 软件 fEcofin 程序包中的 berndtInvest 数据集. 该数据是从 1978 年到 1987 年的 10 年间 15 只股票的月回报率. 15 只股票被分为三类："Tech"（高科技），"Oil"（石油）和 "Other"（其他），具体如下：

```
         tech oil other
CITCRP    0    0    1
CONED     0    0    1
CONTIL    0    1    0
DATGEN    1    0    0
DEC       1    0    0
DELTA     0    1    0
GENMIL    0    0    1
GERBER    0    0    1
IBM       1    0    0
MOBIL     0    1    0
PANAM     0    1    0
```

```
PSNH     0   0   1
TANDY    1   0   0
TEXACO   0   1   0
WEYER    0   0   1
```

我们用"tech"和"oil"的示性变量作为载荷,并拟合模型

$$R_j = \beta_0 + \beta_1 \text{tech}_j + \beta_2 \text{oil}_j + \epsilon_j \tag{17.14}$$

其中 R_j 是第 j 只股票的回报率,若第 j 只股票是科技股,则 tech_j 等于 1,否则等于 0,oil_j 的定义类似. 分别对 120 个月拟合模型 (17.14). 每个月 $\hat{\beta}_0$, $\hat{\beta}_1$ 和 $\hat{\beta}_3$ 的估计是三因子在该月的值. 荷载分别为已知的值 tech_j 和 oil_j.

$\hat{\beta}_0$ 影响了所有 15 只股票的回报率,所以因子 1,即 $\hat{\beta}_0$ 可以看作整体市场因子. 因子 2 和因子 3 分别是技术因子和石油因子. 例如,如果在每个月,因子 2 的值都是正的,那么表明科技股的回报率高于当月股市平均回报率. 图 17-9 中包含三个因子序列的时序图,图 17-10 显示了它们的自相关和互相关函数. 最大的互相关系数是科技股因子和石油股因子在滞后 0 的互相关系数,这表明,石油股的回报率与科技股的回报率同时高于(或低于)股市平均回报率.

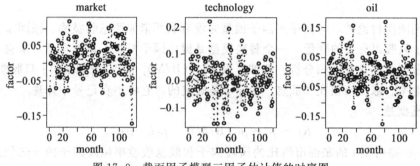

图 17-9 截面因子模型三因子估计值的时序图

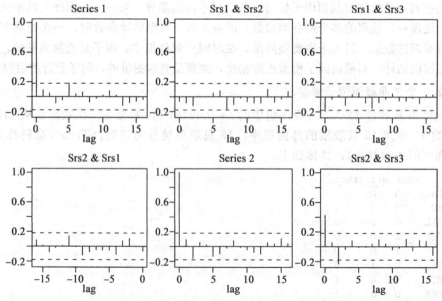

图 17-10 截面因子模型三因子估计值的自相关系数与互相关系数图
序列 1-3 分别是市场、科技和石油因子

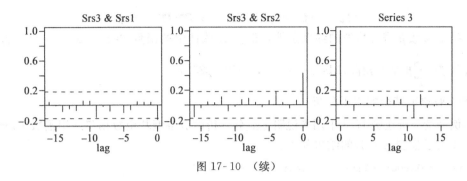

图 17-10 （续）

三因子的标准差是

```
     market      tech        oil
0.04924626  0.06856372  0.05334319
```

因子的定义还有其他方法. 例如，Zivot 和 Wang（2006）使用无截距模型

$$R_j = \beta_1 \mathbf{tech}_j + \beta_2 \mathbf{oil}_j + \beta_3 \mathbf{other}_j + \varepsilon_j \tag{17.15}$$

其中 other$_j$ 是第三个变量. 在此模型中，没有市场因子，取而代之的是这三个行业的总因子. ■

自从 BARRA 公司发展了截面因子模型并将模型推荐给财务经理们，截面因子模型有时也就被称为 BARRA 模型.

17.6 统计因子模型

在统计因子模型中，因子值和载荷都不能直接观测. 所能得到的仅是样本 $Y_1, \cdots, Y_n$，或者有可能只是样本协方差阵. 所获得数据的结构与主成分分析（PCA）模型相同，我们将看到统计因子模型与 PCA 的一些共同特征. 和主成分分析一样，统计因子模型既可以处理标准化后的变量，也可以处理没有标准化的变量. R 软件的 factanal 函数自动标准化变量.

我们考虑以矩阵(17.10)和回报率的协方差矩阵(17.11)所表示的多因子模型，为方便起见，将模型重写如下：

$$\boldsymbol{R}_t = \boldsymbol{\beta}_0 + \boldsymbol{\beta}^T \boldsymbol{F}_t + \boldsymbol{\varepsilon}_t \tag{17.16}$$

和

$$\boldsymbol{\Sigma}_R = \boldsymbol{\beta}^T \boldsymbol{\Sigma}_F \boldsymbol{\beta} + \boldsymbol{\Sigma}_\varepsilon \tag{17.17}$$

式(17.17)中唯一可以直接从数据估计出来的项是 $\boldsymbol{\Sigma}_R$. 可以利用该估计求 $\boldsymbol{\beta}$，$\boldsymbol{\Sigma}_F$ 和 $\boldsymbol{\Sigma}_\varepsilon$ 的估计. 然而，所有这三个矩阵都要由 $\boldsymbol{\Sigma}_R$ 单独来确定的要求是过分的. 现在的问题是：设 $\boldsymbol{A}$ 是任意 $p \times p$ 可逆矩阵，用 $\boldsymbol{\beta}^T \boldsymbol{A}^{-1}$ 代替 $\boldsymbol{\beta}^T$，$\boldsymbol{AF}_t$ 代替 $\boldsymbol{F}_t$，则式(17.16)中的回报率向量 $\boldsymbol{R}_t$ 不变. 因此，回报率最多只确定参数 $\boldsymbol{\beta}$ 和 $\boldsymbol{F}_t$ 的一个非奇异的线性变换，并因此需要一组约束条件来确定参数. 通常约束条件是因子的互不相关和标准化，即

$$\boldsymbol{\Sigma}_F = \boldsymbol{I} \tag{17.18}$$

其中 $\boldsymbol{I}$ 是 $p \times p$ 单位阵. 在这些假设下，式(17.17)的统计因子模型可以简化为

$$\boldsymbol{\Sigma}_R = \boldsymbol{\beta}^T \boldsymbol{\beta} + \boldsymbol{\Sigma}_\varepsilon \tag{17.19}$$

然而，即使采用这种简化，仅能确定 $\boldsymbol{\beta}$ 的一个旋转，即乘以一个正交矩阵. 为了理解这一点，设 $\boldsymbol{P}$ 是任意正交矩阵，即 $\boldsymbol{P}^T = \boldsymbol{P}^{-1}$，若用 $\boldsymbol{P\beta}$ 替换 $\boldsymbol{\beta}$，则式(17.19)不变，这是因为

$$(P\beta)^{\mathrm{T}}(P\beta) = \beta^{\mathrm{T}}P^{\mathrm{T}}P\beta = \beta^{\mathrm{T}}P^{-1}P\beta = \beta^{\mathrm{T}}\beta$$

因此，确定参数 β 需要另外的约束条件，根据 R 软件中的函数 factanal，一个可行的约束条件是 $\beta^{\mathrm{T}}\sum_{\varepsilon}^{-1}\beta$ 是对角阵(Mardia et al., 1979, p258).

例 17.9 股票型基金的因子分析.

本例继续分析在例 17.3 中用来说明主成分分析的股票型基金数据集. 用函数 factanal 拟合的 4 因子模型 ($p=4$) 的结果如下：

```
> factanal(equityFunds[,2:9],4,rotation="none")

Call:
factanal(x = equityFunds[, 2:9], factors = 4,
    rotation = "none")

Uniquenesses:
EASTEU  LATAM  CHINA  INDIA ENERGY MINING   GOLD  WATER
 0.735  0.368  0.683  0.015  0.005  0.129  0.005  0.778

Loadings:
       Factor1 Factor2 Factor3 Factor4
EASTEU  0.387   0.169   0.293
LATAM   0.511   0.167   0.579
CHINA   0.310   0.298   0.362
INDIA   0.281   0.951
ENERGY  0.784                   0.614
MINING  0.786           0.425  -0.258
GOLD    0.798                  -0.596
WATER   0.340           0.298   0.109

               Factor1 Factor2 Factor3 Factor4
SS loadings      2.57    1.07    0.82    0.82
Proportion Var   0.32    0.13    0.10    0.10
Cumulative Var   0.32    0.46    0.56    0.66

Test of the hypothesis that 4 factors are sufficient.
The chi square statistic is 17 on 2 degrees of freedom.
The p-value is 2e-04
```

输出结果中的"loadings"(载荷)项是 $\hat{\beta}$ 的估计. 按照惯例，绝对值小于阈值参数 cutoff 的载荷不输出，而默认阈值 cutoff 为 0.1. 因为第一个因子的所有载荷有相同的符号，所以它是 8 个基金的一个综合因子. 第二个因子在四个地区基金 (EASTEU、LATAM、CHINA、INDIA) 上有较大的载荷，而在四个行业板块基金 (ENERGY、MINING、GOLD、WATER) 上有较小的载荷. 这四个地区都是新兴市场，所以第二个因子可以被解释为一个新兴市场因子. 第四个因子是 MINING 基金、GOLD 基金与 ENERGY 基金、WATER 基金的对比，是一个对 ENERGY 基金、WATER 基金长期操作而对 GOLD 基金和 MINING 基金短期操作的对冲投资组合的模拟. 第三个因子没有很好的解释. "uniquenesses"是 $\hat{\Sigma}_\varepsilon$ 估计的对角元素.

输出给出一个用于检验至少有四个因子原假设的 p 值. 该 p 值是小的，应拒绝原假设. 然而，当只有 8 个回报率时，用 factanal 函数最多只能得到四个因子. 我们是否需要担心没有使用足够的因子？回想一下在这本书中一直强调的统计显著性和实际显著性的重要区别．评价实际显著性的一种方法是看因子模型再现样本相关系数矩阵的效果．由于 factanal 函数标准化了变量，因子模型相关系数矩阵的估计就是协方差矩阵的估计，即

$$\hat{\boldsymbol{\beta}}^T\hat{\boldsymbol{\beta}}+\hat{\boldsymbol{\Sigma}}_\epsilon \tag{17.20}$$

该估计与样本协方差矩阵之差是一个 8×8 的矩阵．我们希望其所有元素接近于 0．遗憾的是，它们不是如我们所希望的那样小．对于这种规模的矩阵，有许多方法检验它是否"小"．最小的元素是 -0.063，最大的元素是 0.03．对于相关系数矩阵来说，这么大的差异是相当大的．此外，差矩阵的特征值是

```
-7.5e-02 -6.0e-03 -3.4e-15 -2.0e-15
-1.3e-15  3.0e-15  7.7e-03  7.3e-02
```

检验两个估计之间差异是否小的另一种方法是看同样加权投资组合（标准化的回报率）的方差估计，即

$$\boldsymbol{\omega}^T\boldsymbol{\Sigma}_R\boldsymbol{\omega}$$

其中 $\boldsymbol{\omega}^T=(1/8,\cdots,1/8)$．由因子模型和样本相关系数矩阵计算出的结果分别为 0.37 与 0.47．相对于这两个估计，0.07 的绝对差是比较大的．得出的结论是，因子模型中所缺失的部分可能是真正重要的．

17.6.1 因子的方差最大旋转

如前文所讨论的，当载荷 β 乘以正交矩阵，即旋转载荷 β 时，协方差矩阵的估计不变．旋转可以增加载荷的可解释性．在某些应用中，最好是每个载荷要么接近 0，要么比较大，这使得一个变量将只加载几个因子，甚至只有一个因子．通过最大化因子荷载方差，方差最大旋转试图使每一个载荷要么很小，要么比较大．在 R 软件的 factanal 函数中，是默认方差最大旋转的，但这也是可以改变的．在例 17.9，就没有进行方差最大旋转．在金融领域，把变量只加载在一个或几个因子上不是那么重要，甚至可能是不可取的，所以方差最大旋转可能没有什么优势．

我们再次强调旋转没有改变 $\boldsymbol{\Sigma}_\epsilon$ 的估计．uniquenesses 也保持不变．只有载荷改变．

例 17.10 股票型基金的因子分析：方差最大旋转．

这里重复例 17.9 的统计因子分析，但这里进行方差最大旋转．

```
Call:
factanal(x = equityFunds[, 2:9], factors = 4,
      rotation = "varimax")

Uniquenesses:
EASTEU  LATAM  CHINA  INDIA ENERGY MINING   GOLD  WATER
 0.735  0.368  0.683  0.015  0.005  0.129  0.005  0.778

Loadings:
       Factor1 Factor2 Factor3 Factor4
EASTEU 0.436   0.175   0.148   0.148
LATAM  0.748   0.174           0.180
CHINA  0.494           0.247
INDIA  0.243           0.959
ENERGY 0.327   0.118   0.934
MINING 0.655   0.637           0.168
GOLD   0.202   0.971
WATER  0.418           0.188
```

```
                Factor1  Factor2  Factor3  Factor4
SS loadings      1.80    1.45     1.03     1.00
Proportion Var   0.23    0.18     0.13     0.12
Cumulative Var   0.23    0.41     0.54     0.66

Test of the hypothesis that 4 factors are sufficient.
The chi square statistic is 17 on 2 degrees of freedom.
The p-value is 2e-04
```

与没有进行方差最大旋转的载荷相比，最显著的变化是，现在所有的绝对值超过0.1的载荷是正的．因此，因子都代表多头头寸，而在此之前，因子更像是对冲投资组合．然而，与没有旋转的因子相比，旋转因子似乎不那么好解释，所以金融分析师可能更喜欢没有旋转的因子．

17.7 文献注记

Fama 和 French(1993)引入 Fama-French 三因子模型，而 Fama 和 French (1995, 1996)做了进一步讨论．Connor(1995)比较了三种类型的因子模型，认为宏观经济因子模型比其他因子模型有较少解释能力．例 17.5 摘自 Zivot 和 Wang (2006)．Sharpe、Alexander 和 Bailey(1999)有一个关于 BARRA 因子模型的简要说明．

17.8 参考文献

Connor, G. (1995) The three types of factor models: a comparison of their explanatory power. *Financial Analysts Journal*. 42–46.

Fama, E. F., and French, K. R. (1992) The cross-section of expected stock returns. *Journal of Finance*, **47**, 427–465.

Fama, E. F., and French, K. R. (1993) Common risk factors in the returns on stocks and bonds. *Journal of Financial Economics*, **33**, 3–56.

Fama, E. F., and French, K. R. (1995) Size and book-to-market factors in earnings and returns. *Journal of Finance*, **50**, 131–155.

Fama, E. F., and French, K. R. (1996) Multifactor explanations of asset pricing anomalies. *Journal of Finance*, **51**, 55–84.

Sharpe, W. F., Alexander, G. J., and Bailey, J. V. (1999) *Investments*, 6th ed., Prentice-Hall, Upper Saddle River, NJ.

Zivot, E., and Wang, J. (2006) *Modeling Financial Time Series with S-PLUS*, 2nd ed., Springer, New York.

17.9 R 实验室

17.9.1 主成分分析

在本次实验的第一部分，你将对数据文件 yeilds.txt 中的日收益率做主成分分析 (PCA)．随后，我们将看到，R 软件有函数可以自动进行主成分分析，但"从头开始"做主成分分析是简单的，而且这样做是有益的．首先加载数据，绘制天数为 1, 101, 201, 301, ⋯, 1101 的收益率曲线以便得到收益率曲线的直观印象．数据中有 1352 个收益率曲线，因此，你将看到的是代表性样本．收益率曲线的变化缓慢，这就是为什么在研究收益率曲线时时间间隔要相当远(100 天)．

```
yieldDat = read.table("yields.txt",header=T)
maturity = c((0:5),5.5,6.5,7.5,8.5,9.5)
pairs(yieldDat)
par(mfrow=c(4,3))
for (i in 0:11)
{
plot(maturity,yieldDat[100*i+1,],type="b")
}
```

接下来计算协方差矩阵特征根和特征向量,输出结果,并绘制特征根的碎石图.

```
eig = eigen(cov(yieldDat))
eig$values
eig$vectors
par(mfrow=c(1,1))
barplot(eig$values)
```

下面的 R 代码绘制了前四个特征向量.

```
par(mfrow=c(2,2))
plot(eig$vector[,1],ylim=c(-.7,.7),type="b")
abline(h=0)
plot(eig$vector[,2],ylim=c(-.7,.7),type="b")
abline(h=0)
plot(eig$vector[,3],ylim=c(-.7,.7),type="b")
abline(h=0)
plot(eig$vector[,4],ylim=c(-.7,.7),type="b")
abline(h=0)
```

问题 1 一般建议将主成分分析(PCA)应用于平稳的时间序列. 绘制数据集 yieldDat 的第一列时序图(你也可以看一下其他列,你将会发现,它们非常相似.)该时序图平稳吗?为什么是平稳的或不平稳的? 在你的解答中附上时序图.

ADF 单位根检验是另一种检验平稳性的方法. 其代码如下:

```
library("tseries")
adf.test(yieldDat[,1])
```

问题 2 基于 ADF 单位根检验,数据集 yieldDat 的第一列是否平稳? 其原因什么?

运行下面的代码来计算收益率曲线的变化. 注意用[- 1,]来删除第一行,[- n,]的用法类似.

```
n=dim(yieldDat)[1]
delta_yield = yieldDat[-1,] - yieldDat[-n,]
```

绘制数据集 delta_yield 的第一列时序图,并用 ADF 单位根检验其平稳性.

问题 3 数据集 delta_yield 的第一列是否平稳? 其原因是什么?

运行下列代码,通过函数 princomp 演示主成分分析(PCA). 虽然函数 princomp 有一个选项是对相关系数矩阵进行主成分分析,但在默认情况下,函数 princomp 对协方差矩阵进行主成分分析. 此处将使用协方差矩阵. 第二行的代码将输出主成分的变量名. 正如你将所见,函数 names 在查看程序输出时很有用. 你还可以通过键入?princomp 得到此信息.

```
pca_del = princomp(delta_yield)
names(pca_del)
summary(pca_del)
plot(pca_del)
```

问题 4 （a）names 函数输出如下：

[1] "sdev"   "loadings"   "center"   "scores"

用数学术语说明每个主成分. 要回答这部分的问题, 你可以通过输出和绘制的主成分来看其所包含的内容, 并使用 R 的帮助来进一步了解.

（b）协方差矩阵的前两个特征根是什么？

（c）与最大特征根对应的特征向量是什么？

（d）若你想"解释"收益率曲线中至少 95% 的方差, 应该使用多少主成分？

17.9.2 时间序列回归拟合因子模型

在本节中, 我们将从第 16 章的一个因子 CAPM 模型出发, 推广至三因子的 Fama-French 模型. 我们将使用本书网站上包含 2004 年至 2005 年的股票价格和其他金融时间序列的数据集 Stock_FX_Bond_2004_to_2005.csv. Fama-French 因子数据可以在 Kenneth French 教授的网站上找到.

http://mba.tuck.dartmouth.edu/pages/faculty/ken.french/
data_library.html#Research

其中 RF 是无风险利率, Mkt.RF、SMB 和 HML 是 Fama-French 因子.

到 French 教授网站上下载 2004—2005 年每天 RF、Mkt.RF、SMB 和 HML 的值. 此处假设你把数据放在文本文件 FamaFrenchDaily.txt 中. 该网站上的回报率以百分比表示.

现在用命令 lm 对 4 只股票来拟合 CAPM. 该代码分别对 4 个响应拟合回归模型. 在每一个模型中, 独立变量都是 Mkt.RF.

```
# Uses daily data 2004-2005

stocks = read.csv("Stock_FX_Bond_2004_to_2005.csv",header=T)
stocks_subset=as.data.frame(cbind(GM_AC,F_AC,UTX_AC,MRK_AC))
stocks_diff = as.data.frame(100*apply(log(stocks_subset),
    2,diff) - FF_data$RF)
names(stocks_diff) = c("GM","Ford","UTX","Merck")

FF_data = read.table("FamaFrenchDaily.txt",header=T)
FF_data = FF_data[-1,] # delete first row since stocks_diff
                      # lost a row due to differencing

fit1 = lm(as.matrix(stocks_diff)~FF_data$Mkt.RF)
summary(fit1)
```

问题 5 CAPM 预测 4 个截距都是 0. 当显著性水平 $\alpha=0.025$ 时, 对每一只股票能否不拒绝截距为零的原假设？请说明理由. 在你的解答中请附上 p 值.

问题 6 CAPM 还预测 4 个残差不相关. 请计算残差的相关矩阵. 计算 6 个相关系数的 95% 置信区间. 你能不拒绝这 6 个相关系数为 0 的假设吗？

问题 7 不考虑你的第 6 题结果, 现在假设残差是不相关的. 使用 CAPM 估计 4 只股票超额回报率的协方差矩阵并与样本协方差矩阵相比较. 你能否看到两者之间有无较大的差异？

接下来, 将拟合 Fama-French 三因子模型. 运行下面的 R 代码, 除了回归模型有两个外加的预测变量 SMB 与 HML, 该代码很像前文的代码.

```
fit2 = lm(as.matrix(stocks_diff)~FF_data$Mkt.RF +
    FF_data$SMB + FF_data$HML)
summary(fit2)
```

问题 8 CAPM 预测每只股票的 SMB 和 HML 的系数(beta)将为零. 请解释为什么有如此预测. 你能不拒绝这个原假设吗? 为什么不拒绝或者为什么拒绝呢?

问题 9 如果 Fama-French 模型解释了所有的回报率之间的协方差, 残差的相关矩阵应该是对角阵. 相关矩阵的估计是什么? 你会不拒绝相关性都是零的假设吗?

问题 10 对于 CAPM 和 Fama-French 模型, 哪一个模型具有较小的 AIC 值? 哪一个模型具有较小的 BIC 值? 为什么?

问题 11 三因子 Fama-French 模型的协方差矩阵是什么?

问题 12 在本问题中, 股票 1 和 2 是任意两只股票, 不一定是数据集 Stock_FX_Bond_2004_to_2005.csv 中的股票. 假设股票 1 在因子 Fama-French 模型中的系数分别为 0.5, 0.4 和 -0.1, 残差方差为 23.0. 同时假设股票 2 在因子 Fama-French 模型中的系数分别为 0.6, 0.15 和 0.7, 残差方差为 37.0. 在做这个问题时不考虑你对问题 9 的答案, 假设这三个因子解释所有协方差.

(a) 使用 Fama-French 模型估计股票 1 超额收益率的方差.
(b) 使用 Fama-French 模型估计股票 2 超额收益率的方差.
(c) 使用 Fama-French 模型估计股票 1 与股票 2 之间超额收益率的协方差.

17.9.3 统计因子模型

本节使用统计因子模型分析数据集 Stock_FX_Bond.csv 中 10 只股票回报率的对数. 该数据集包含股票的调整成本(AC)价格, 并且我们在这里不会使用每天的交易量和其他的信息.

下面的 R 代码将读取数据, 计算对数回报率, 并拟合一个双因子模型. 需要注意的是函数 factanal 作用于相关矩阵, 或等价地, 标准化的变量.

```
dat = read.csv("Stock_FX_Bond.csv")
stocks_ac = dat[,c(3,5,7,9,11,13,15,17)]
n = length(stocks_ac[,1])
stocks_returns = log(stocks_ac[-1,] / stocks_ac[-n,])
fact = factanal(stocks_returns,factors=2,,rotation="none")
print(fact)
```

小于参数 cutoff 的载荷没有输出, 默认 cutoff 是 0.1, 但你可以在"print(fact, cutoff=.01)"或"print(fact, cutoff= 0)"中改变它.

问题 13 求因子载荷, 以及 Ford 和 General Motors 的特有风险的方差.

问题 14 似然比检验能表明两个因子是足够的吗? 如果不足够, 最低要多少因子才是足够的呢?

下面的代码将提取载荷和特殊方差.

```
loadings = matrix(as.numeric(loadings(fact)),ncol=2)
unique = as.numeric(fact$unique)
```

问题 15 不考虑你的第 6 题结果, 使用双因子模型估计 Ford 和 IBM 两股票对数回报率的相关性.

17.10 习题

1. 本书网站上的文件 yields2009.csv 包含 2009 年美国国债日收益率。对该收益率进行主成分分析。详细说明你的结果。需要多少主成分来解释 98% 的波动？
2. 对 fEcofin 包中的回报率数据集 mid-capD.ts 进行统计因子分析。你选择几个因子？利用式(17.20)估计回报率的协方差矩阵。
3. 验证式(17.6)。

第 18 章
GARCH 模型

18.1 引言

在前面的章节中看到,金融市场的数据常常呈现波动聚类,时间序列在有的时期波动很大,而有的时期波动很小,例如,如图 18-1 所示. 事实上,在经济数据和金融数据中随时间变化的波动比固定波动更加常见,准确地对随时间变化的波动建模在金融工程中是很重要的.

如在第 9 章中所介绍的,给定序列的过去值,ARMA 模型用于对一个过程的条件期望建模,在该模型中,给定过去序列的条件下,条件方差是常数. 这对于股票收益的建模意味着什么呢? 假设我们注意到日收益发生了不正常的波动,我们可能期望明天的收益比平常的波动更大. 然而,由于 ARMA 的条件方差为常数,它不能获取这种类型的行为. 因此,如果需要对这种非常数的波动建模,我们需要更好的时间序列模型. 在本章中,我们学习 GARCH 时间序列模型,这种模型有随机变化的波动,它在计量经济学和金融中有广泛的应用.

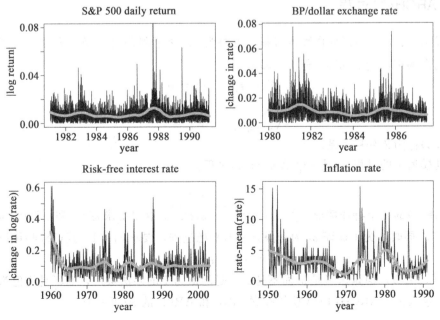

图 18-1

ARCH 是自回归条件异方差（AutoRegressive Conditional Heteroscedasticity）的简称. 在 ARCH 模型中，条件方差的结构和 AR 模型中条件期望的结构很相似. 我们首先学习 ARCH(1)模型，它是最简单的 GARCH 模型，和 AR(1)模型类似. 然后我们学习 ARCH(p) 模型，它和 AR(p)模型进行类比. 最后，我们学习 GARCH 模型（广义 ARCH），它对条件方差的建模和 ARMA 模型对条件期望的建模类似.

18.2 估计条件均值和方差

在学习 GARCH 模型前，先学习对非常数条件方差建模的一些通用原则.

考虑具有常数条件方差的回归模型 $\mathrm{Var}(Y_t|X_{1,t},\cdots,X_{p,t})=\sigma^2$. 那么 Y_t 对 $X_{1,t},\cdots,X_{p,t}$ 的回归的一般形式为：

$$Y_t = f(X_{1,t},\cdots,X_{p,t}) + \epsilon_t \tag{18.1}$$

这里 ϵ_t 独立于 $X_{1,t},\cdots,X_{p,t}$，它的期望为 0，条件方差为常数 σ_ϵ^2. 函数 f 是给定 $X_{1,t},\cdots,X_{p,t}$ 的条件下 Y_t 的条件期望. 同时，Y_t 的条件方差为 σ_ϵ^2.

可以修改式(18.1)用于条件异方差. 设 $\sigma^2(X_{1,t},\cdots,X_{p,t})$ 是给定 $X_{1,t},\cdots,X_{p,t}$ 条件下 Y_t 的条件方差. 那么模型

$$Y_t = f(X_{1,t},\cdots,X_{p,t}) + \sigma(X_{1,t},\cdots,X_{p,t})\epsilon_t \tag{18.2}$$

给出了正确的 Y_t 的条件均值和方差，其中 ϵ_t（给定 $X_{1,t},\cdots,X_{p,t}$）的条件均值为 0，条件方差为常数 1.

函数 $\sigma^2(X_{1,t},\cdots,X_{p,t})$ 为标准差，因此应该为非负的. 如果函数 $\sigma(\cdot)$ 是线性的，那么它的系数必须确保函数值为非负值. 这个限制常常很难实施，因此通常用非线性非负函数代替. 对条件方差建立的模型通常称为方差函数模型. 本章的 GARCH 模型就是一类重要的方差函数模型.

18.3 ARCH(1)过程

假设 $\epsilon_1, \epsilon_2, \cdots$ 是高斯白噪声过程，方差为 1. 之后将假设白噪声为独立的可能为正态分布的白噪声，例如标准 t 分布. 那么

$$E(\epsilon_t|\epsilon_{t-1},\cdots) = 0$$

和

$$\mathrm{Var}(\epsilon_t|\epsilon_{t-1},\cdots) = 1 \tag{18.3}$$

性质(18.3)称为条件同方差.

下列模型中的过程 a_t 是一个 ARCH(1)过程，

$$a_t = \sqrt{\omega + \alpha_1 a_{t-1}^2}\,\epsilon_t \tag{18.4}$$

它是式(18.2)的一个特殊情况，$f=0, \sigma=\sqrt{\omega+\alpha_1 a_{t-1}^2}$. 这里要求 $\omega>0$ 和 $\alpha_1 \geqslant 0$，因此 $\omega+\alpha_1 a_{t-1}^2>0$. 同时，为了保证 a_t 为有限方差的平稳过程，要求 $\alpha_1<1$. 式(18.4)可以写为：

$$a_t^2 = (\omega + \alpha_1 a_{t-1}^2)\epsilon_t^2$$

这和 AR(1)类似，但是这里是 a_t^2 而不是 a_t，是均值为 1 的乘法噪声，而不是均值为 0 的加法噪声. 事实上，ARCH(1)模型中 a_t^2 的 ACF 和 AR(1)的 ACF 一样.

定义

$$\sigma^2 = \mathrm{Var}(a_t | a_{t-1}, \cdots)$$

为给定过去值的 a_t^2 的条件方差。由于 ε_t 和 a_{t-1} 独立,并且 $E(\varepsilon_t^2) = \mathrm{Var}(\varepsilon_t) = 1$。

$$E(a_t | a_{t-1}, \cdots) = 0 \tag{18.5}$$

和

$$\sigma_t^2 = E\{(\omega + \alpha_1 a_{t-1}^2)\varepsilon_t^2 | a_{t-1}, a_{t-2}, \cdots\} = (\omega + \alpha_1 a_{t-1}^2) E\{\varepsilon_t^2 | a_{t-1}, a_{t-2}, \cdots\}$$
$$= \omega + \alpha_1 a_{t-1}^2 \tag{18.6}$$

式(18.6)对于理解 GARCH 过程如何工作是很重要的。如果 a_{t-1} 的绝对值非同寻常得大,那么 σ_t 也会大于通常情况;因此 a_t 也会有非同寻常的大值。这个波动会进行传播,因为当 a_t 有大的偏离时,它会使得 σ_{t+1}^2 变大,因此 a_{t+1} 也变大,以此类推。类似地,如果 a_{t-1}^2 较通常小,那么 σ_t^2 也会较小,a_t^2 也会期望较小,等等。因为这种行为,通常 a_t 的波动倾向于持续,尽管不是永远持续。如果 $\alpha_1 < 1$,条件方差倾向于返回无条件方差,因此该随机过程是具有有限方差的平稳过程。

无条件方差,即 a_t 的边缘方差记为 $\gamma_a(0)$,通过对式(18.6)取期望得到,即

$$\gamma_a(0) = \omega + \alpha_1 \gamma_a(0)$$

如果 $\alpha_1 < 1$,该方程有一个正解:

$$\gamma_a(0) = \omega/(1 - \alpha_1)$$

如果 $\alpha_1 = 1$,那么 $\gamma_a(0)$ 将是无限的,但是 a_t 却无论如何都是平稳的,称为整合 GARCH 模型(I-GARCH)过程。

用式(18.5)直接计算说明,a_t 的 ACF 为:

$$\rho_a(h) = 0, h \neq 0$$

事实上,给定任何过去为常数的随机过程,其当前值的条件期望是一个不相关的过程。在统计学导论课程中,经常讲到独立意味着相关系数为0,反之不成立。像 GARCH 过程一样,一个条件均值为常数但是条件方差不是常数的过程是不相关但不是独立的过程。条件方差依赖于过去值,导致该过程不独立。条件均值独立于过去值是该过程不相关的原因。

尽管 a_t 是不相关的,但随机过程 a_t^2 具有很有趣的 ACF——如果 $\alpha_1 < 1$,那么

$$\rho_{a^2}(h) = \alpha_1^{|h|}, \forall h$$

如果 $\alpha_1 \geq 1$,那么 a_t^2 要么是非平稳的,要么是方差无限,因此它不具有 ACF。

例 18.1 模拟 ARCH(1)过程。

图 18-2 是一个模拟的 ARCH(1)过程。图 18-2a 中是独立同分布的白噪声过程 ε_t,图 18-2b 中是条件标准差过程,即 $\sigma_t = \sqrt{1 + 0.95 a_{t-1}^2}$,图 18-2c 是 ARCH(1)过程,即 $a_t = \sigma_t \varepsilon_t$。下一节将讨论,ARCH(1)过程可以用作一个 AR(1)过程的噪声项。该过程在图 18-2d 中给出。AR(1)过程的参数 $\mu = 0.1$,$\phi = 0.8$,a_t 的方差为 $\gamma_a(0) = 1/(1 - 0.95) = 20$,因此标准差为 $\sqrt{20} = 4.47$。图 18-2e~h 为 ARCH 和 AR/ARCH 过程,以及平方过程的 ACF 图。注意到,ARCH 过程是不相关的,但是平方过程是相关的。所有的过程都是从0开始,模拟了100个观测值。最初的10个观测值作为周期的开始,在绘图中被舍弃了。

18.4 AR(1)/ARCH(1)模型

我们已经看到,AR(1)过程有一个非常数的条件均值和一个常数条件方差,而 ARCH(1)

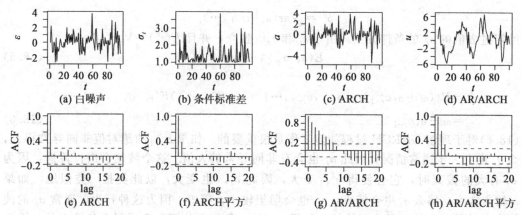

图 18-2 模拟 100 个观测值的 ARCH(1)过程和 AR(1)/ARCH(1)过程. 参数为 $\omega=1$, $\alpha_1=0.95$, $\mu=0.1$, $\phi=0.8$

则正好相反. 如果数据的条件均值和方差都依赖于过去值, 那么可以把这两个模型结合在一起. 事实上, 我们可以把任何 ARMA 模型和 18.6 节的 GARCH 模型结合在一起. 在本节中, 我们把 AR(1)模型和 ARCH(1)模型结合在一起.

设 a_t 为一个 ARCH(1)过程, 因此 $a_t=\sqrt{\omega+\alpha_1 a_{t-1}^2}\,\varepsilon_t$, 这里 ε_t 为独立同分布的 $N(0,1)$ 过程, 并假设

$$\mu_t - \mu = \phi(\mu_{t-1}-\mu) + a_t$$

除了噪声项 a_t 为一个 ARCH(1)的白噪声过程, 而不是独立同分布白噪声外, 上述随机过程 u_t 为一个 AR(1)过程.

因为 a_t 为一个不相关的过程, a_t 作为独立白噪声有相同的 ACF, 因此 u_t 和具有独立白噪声的 AR(1)过程具有相同的 ACF:

$$\rho_u(h) = \phi^{|h|} \quad \forall\, h$$

同时, a_t^2 具有 ARCH(1)ACF:

$$\rho_{a^2}(h) = \alpha_1^{|h|} \quad \forall\, h$$

为了保证 u 为方差有限的平稳过程, 我们需要假设 $|\phi|<1$ 和 $\alpha_1<1$. 当然也需要假设 $\omega>0$ 和 $\alpha_1 \geqslant 0$.

给定过去的信息, 随机过程 u_t 的条件均值和方差都不是常数, 因此它可以用来对更广泛的时间序列建模.

例 18.2 模拟 AR(1)/ARCH(1)过程.

图 18-2d 是一个模拟的 AR(1)/ARCH(1)过程, 图 18-2g 和 h 是该过程的 ACF 和平方过程. 注意到, 这二者的 ACF 都显示出了自相关性.

18.5 ARCH(p)模型

和以前一样, 设 ε_t 为具有单位方差的高斯白噪声. 如果

$$a_t = \sigma_t \varepsilon_t$$

那么 a_t 为 ARCH(p)过程, 这里

$$\sigma_t = \sqrt{\omega + \sum_{i=1}^p \alpha_i a_{t-i}^2}$$

是给定该过程的过去值 a_{t-1}, a_{t-2}, … 条件下 a_t 的条件标准差. 和 ARCH(1) 过程类似, ARCH(p) 过程也是不相关过程, 它的均值(条件均值和无条件均值)为常数, 无条件方差为常数, 但是条件方差不是常数. 事实上, a_t^2 的 ACF 和一个 AR(p) 过程的 ACF 一样, 参照 18.9 节.

18.6 ARIMA(p_A, d, q_A)/GARCH(p_G, q_G)模型

ARCH(p)模型的不足之处在于它的条件标准差过程具有高频率的振荡, 并且在短时间的波动值很大. 可以从图 18-2b 中看到这种行为. GARCH 模型能刻画更广范围的行为, 特别是更持久的波动. GARCH(p, q)模型的定义为

$$a_t = \sigma_t \varepsilon_t$$

这里

$$\sigma_t = \sqrt{\omega + \sum_{i=1}^{p} \alpha_i a_{t-i}^2 + \sum_{i=1}^{q} \beta_i \sigma_{t-i}^2} \tag{18.7}$$

由于 σ_t 过程的过去值用于描述当前的值, 它的条件标准差表现出比 ARCH 过程更持久的大波动或者小波动. 过程 a_t 是不相关的, 具有平稳的均值和方差; a_t^2 的 ACF 和 ARMA 过程的 ACF 类似(参见 18.9 节). ARCH 模型是 GARCH 模型的一个特例, 我们用 GARCH 这一术语来指代 ARCH 和 GARCH 模型.

对于一个非常一般的时间序列模型, 一般用 a_t 代表 GARCH(p_G, q_G)过程, 它用作一个 ARIMA(p_A, d, q_A)过程的噪声项. p 和 q 的下标用于区分 GARCH(G) 和 ARIMA(A) 的参数. 我们把这样的模型称为一个 ARIMA(p_A, d, q_A)/GARCH(p_G, q_G)模型.

图 18-3 是一个模拟的 GARCH(1,1)过程. 它模拟了 100 个 GARCH(1,1)观测值, 形成了一个 AR(1)/GARCH(1,1)过程. GARCH 过程的参数为 $\omega = 1$, $\alpha_1 = 0.08$, $\beta_1 = 0.9$. 较大的 β_1 值导致 σ_t 和 σ_{t-1} 高度相关, 至少和 ARCH 模型的行为相比, GACH 过程的条件标准差过程就有一个相对长的持久性. 特别地, 注意到条件标准差没有图 18-2 中的 ARCH(1)过程那样大的瞬间波动.

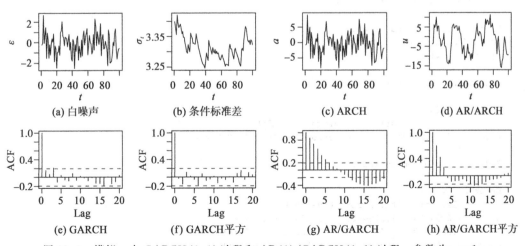

图 18-3 模拟一个 GARCH(1,1)过程和 AR(1)/GARCH(1,1)过程. 参数为 $\omega = 1$, $\alpha_1 = 0.08$, $\beta_1 = 0.9$, $\phi = 0.8$

18.6.1 ARIMA(p_A, d, q_A)/GARCH(p_G, q_G)模型的残差

当对一个时间序列 Y_t 拟合 ARIMA(p_A, d, q_A)/GARCH(p_G, q_G)模型时，有两类残差。通常的残差记为 $\hat{a}_t$，是 Y_t 和条件期望值的差值，$\hat{a}_t$ 为 a_t 的估计。而标准残差 $\hat{\varepsilon}_t$ 是通常残差除以条件标准差 $\hat{\sigma}_t$ 得到的，它是 ε_t 的估计值。标准残差应该被用于模型的检查。如果模型拟合很好，那么 $\hat{\varepsilon}_t$ 和 $\hat{\varepsilon}_t^2$ 都不应该有序列相关性。同时，ε_t 假设具有正态分布，可以用标准残差的正态图来检查这一假设。

$\hat{a}_t$ 是 ARIMA 过程的残差，当用式(9.12)中的方法预测时需要用到它。

18.7 具有厚尾的 GARCH 过程

研究人员很久就注意到股票的收益具有"厚尾"或者"离群倾向"的概率分布，在前面的章节中我们已经观察到这一现象。具有异常值可能是由于条件方差不是常数，和 5.5 节中的混合正态例子类似，当方差变大时就有异常值出现。事实上，即使 $\{\varepsilon_t\}$ 为高斯分布，GARCH 过程还是有厚尾现象。当然，当应用 GARCH 模型时，我们可以对金融市场数据的条件异方差和厚尾分布进行建模。总之，许多金融时间序列的尾部要比具有服从高斯分布的 $\{\varepsilon_t\}$ 的 GARCH 过程的要厚。为了处理这类数据，可以假设 $\{\varepsilon_t\}$ 是具有厚尾分布的独立同分布白噪声，而不是高斯白噪声。

18.8 拟合 ARMA/GARCH 模型

例 18.3 用 AR(1)/GARCH(1, 1)模型拟合 BMW 收益数据。

本例应用 BMW 的日对数收益数据。应用 R 软件包 fGarch 中的 garchFit 函数对这些收益拟合一个 AR(1)/GARCH(1, 1)模型。尽管 garchFit 函数允许噪声为非高斯分布，但我们指定本例中的白噪声为高斯白噪声(默认值)。结果包括：

```
Call: garchFit(formula = ~arma(1, 0) + garch(1, 1), data = bmw,
       cond.dist = "norm")

Mean and Variance Equation:
 data ~ arma(1, 0) + garch(1, 1)
 [data = bmw]

Conditional Distribution: norm

Coefficient(s):
        mu         ar1       omega      alpha1       beta1
4.0092e-04  9.8596e-02  8.9043e-06  1.0210e-01  8.5944e-01

Std. Errors: based on Hessian

Error Analysis:
         Estimate  Std. Error  t value  Pr(>|t|)
mu      4.009e-04   1.579e-04    2.539    0.0111 *
ar1     9.860e-02   1.431e-02    6.888  5.65e-12 ***
omega   8.904e-06   1.449e-06    6.145  7.97e-10 ***
alpha1  1.021e-01   1.135e-02    8.994   < 2e-16 ***
beta1   8.594e-01   1.581e-02   54.348   < 2e-16 ***
---
```

```
Signif. codes:  0 *** 0.001 ** 0.01 * 0.05 . 0.1   1

Log Likelihood: 17757    normalized:  2.89

Information Criterion Statistics:
  AIC   BIC   SIC   HQIC
 -5.78 -5.77 -5.78 -5.77
```

在输出中，ϕ 被记为 ar1，均值为 mean，ω 被记为 omega. 注意到 $\hat{\phi}=0.0986$，它在统计上是显著的，这说明这是一个较小的正自相关. α_1 和 β_1 都是高度显著的，$\hat{\beta}_1=0.859$，这说明它具有相当持久的波动聚类. R 还给出了两个额外的信息准则值，SIC(Schwarz 信息准则)和 HQIC(Hannan-Quinn 信息准则)，这两个值的应用没有 AIC 和 BIC 广泛，所以这里不讨论它们.⊖

在 garchFit 的输出中，标准化的对数似然比是似然比除以 n. AIC 和 BIC 也除以 n 进行了标准化，所以这两个值都要乘以 $n=6146$ 以得到它们的常用值. 特别地，乘以 6146 后，AIC 和 BIC 的值就不那么靠近了.

输出中也给出了对标准残差和平方残差的下列检验：

```
Standardised Residuals Tests:
                         Statistic p-Value
Jarque-Bera Test   R   Chi^2  11378    0
Ljung-Box Test     R   Q(10)  15.2    0.126
Ljung-Box Test     R   Q(15)  20.1    0.168
Ljung-Box Test     R   Q(20)  30.5    0.0614
Ljung-Box Test     R^2 Q(10)  5.03    0.889
Ljung-Box Test     R^2 Q(15)  7.54    0.94
Ljung-Box Test     R^2 Q(20)  9.28    0.98
LM Arch Test       R   TR^2   6.03    0.914
```

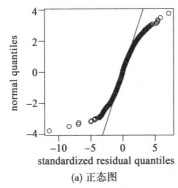
(a) 正态图

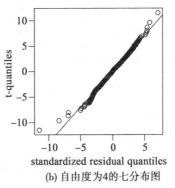
(b) 自由度为4的 t 分布图

图 18-4 AR(1)/GARCH(1,1)模型拟合 BMW 日对数收益数据的标准残差的 QQ 图，参考线穿过第一个和第三个四分位数

Jarque-Bera 正态性检验强烈地拒绝了白噪声过程 $\{\varepsilon_t\}$ 为高斯过程的原假设. 图 18-4 给出了标准残差的 QQ 图、正态图和自由度为 4 的 t 分布图. 除了左尾部的 4 个异常值以外，t 分布图几乎为一条直线. 样本容量为 6146，异常值只占该数据的极小的比例. 因此，看来用 t 模型拟合白噪声是合适的.

⊖ 有时候更容易混淆的是，因为 BIC 由 Schwarz 提出，一些作者把 SIC 作为 BIC 的同义词. 另外，文献中也用术语 SBIC (Schwarz 的贝叶斯信息准则)，有时作为 BIC 和 SIC 的同义词，有时候作为第三项准则. 另外，BIC 对不同的作者可能并不意味着相同的东西. 这里不进行进一步讨论. 幸运的是，多个版本的 BIC、SIC 和 SBIC 是类似的. 本书中，BIC 即为式(5.30)中的定义，函数 garchFit 也用这里的 BIC 的定义.

输出结果的 Ljung-Box 检验部分的第 2 列有 R 标记的用于残差的检验(这里 R 代表残差而不是指 R 软件),而第 2 列有 R^2 标记的表示用于平方残差的检验. 这里的所有检验都不显著,说明除了前面提到的 $\{\varepsilon_t\}$ 不是正态以外,模型很好地拟合了数据.

这里应用 R 函数 fitdistr,通过最大似然估计来用 t 分布拟合标准残差. 最大似然估计的自由度参数为 4.1. 这确认了从图 18-4 看到的这个分布较好地拟合了数据. 假定残差服从 t 分布,然后重新拟合 AR(1)/GARCH(1,1)模型,参数设置为 cond.dist= "std",得到结果如下:

```
Call:
 garchFit(formula = ~arma(1, 1) + garch(1, 1), data = bmw,
     cond.dist = "std")

Mean and Variance Equation:
 data ~ arma(1, 1) + garch(1, 1) [data = bmw]

Conditional Distribution: std

Coefficient(s):
         mu            ar1            ma1          omega         alpha1
 1.7358e-04    -2.9869e-01     3.6896e-01     6.0525e-06     9.2924e-02
       beta1          shape
 8.8688e-01     4.0461e+00

Std. Errors: based on Hessian

Error Analysis:
         Estimate   Std. Error   t value   Pr(>|t|)
mu      1.736e-04    1.855e-04     0.936    0.34929
ar1    -2.987e-01    1.370e-01    -2.180    0.02924 *
ma1     3.690e-01    1.345e-01     2.743    0.00608 **
omega   6.052e-06    1.344e-06     4.502   6.72e-06 ***
alpha1  9.292e-02    1.312e-02     7.080   1.44e-12 ***
beta1   8.869e-01    1.542e-02    57.529    < 2e-16 ***
shape   4.046e+00    2.315e-01    17.480    < 2e-16 ***
---
Signif. codes:  0 *** 0.001 ** 0.01 * 0.05 . 0.1  1

Log Likelihood:
 18159    normalized:  2.9547

Standardised Residuals Tests:
                            Statistic  p-Value
 Jarque-Bera Test    R    Chi^2   13355     0
 Shapiro-Wilk Test   R    W       NA        NA
 Ljung-Box Test      R    Q(10)   21.933    0.015452
 Ljung-Box Test      R    Q(15)   26.501    0.033077
 Ljung-Box Test      R    Q(20)   36.79     0.012400
 Ljung-Box Test      R^2  Q(10)   5.8285    0.82946
 Ljung-Box Test      R^2  Q(15)   8.0907    0.9201
 Ljung-Box Test      R^2  Q(20)   10.733    0.95285
 LM Arch Test        R    TR^2    7.009     0.85701

Information Criterion Statistics:
     AIC      BIC      SIC     HQIC
 -5.9071  -5.8994  -5.9071  -5.9044
```

残差的 Ljung-Box 检验的 p 值很小. 这是因为自相关很小,在实际中并不重要. 毫不奇怪,样本容量为 6146,小的自相关也会在统计上显著.

18.9 作为 ARMA 模型的 GARCH 模型

本章中的 GARCH 模型和 ARMA 模型的相似性不是偶然的. 如果 a_t 是一个 GARCH 过程, 那么 a_t^2 就是一个 ARMA 过程, 其噪声项是弱白噪声, 而不是独立同分布的白噪声. 为了说明这点, 我们从 GARCH(1, 1)模型开始, 这里 $a_t = \sigma_t \varepsilon_t$. ε_t 是独立同分布的白噪声, 并且

$$E_{t-1}(a_t^2) = \sigma_t^2 = \omega + \alpha_1 a_{t-1}^2 + \beta_1 \sigma_{t-1}^2 \tag{18.8}$$

其中, E_{t-1} 是在给定时间 $t-1$ 时的信息集合条件下的期望值. 定义 $\eta_t = a_t^2 - \sigma_t^2$. 因为 $E_{t-1}(\eta_t) = E_{t-1}(a_t^2) - \sigma_t^2 = 0$, 根据式(A.33), η_t 为不相关过程, 即弱白噪声过程. η_t 继承了 a_t 的条件异方差性, 即 η_t 不是独立同分布的白噪声.

经过简单的代数运算, 有

$$\sigma_t^2 = \omega + (\alpha_1 + \beta_1) a_{t-1}^2 - \beta_1 \eta_{t-1} \tag{18.9}$$

因此有

$$a_t^2 = \sigma_t^2 + \eta_t = \omega + (\alpha_1 + \beta_1) a_{t-1}^2 - \beta_1 \eta_{t-1} + \eta_t \tag{18.10}$$

假设 $\alpha_1 + \beta_1 < 1$. 如果 $\mu = \omega / \{1 - (\alpha_1 + \beta_1)\}$, 那么有

$$a_t^2 - \mu = (\alpha_1 + \beta_1)(a_{t-1}^2 - \mu) + \beta_1 \eta_{t-1} + \eta_t \tag{18.11}$$

从式(18.11), 我们可知 a_t^2 是一个均值为 μ 的 ARMA(1, 1)过程. 应用式(9.25)中的记号, AR(1)的系数为 $\phi_1 = \alpha_1 + \beta_1$, MA(1)的系数为 $\theta_1 = -\beta_1$.

对于一般情况, 假设 σ_t 满足式(18.7), 因此

$$\sigma_t^2 = \omega + \sum_{i=1}^{p} \alpha_i a_{t-i}^2 + \sum_{i=1}^{q} \beta_i \sigma_{t-i}^2 \tag{18.12}$$

不失一般性, 这里假设 $p \geqslant q$, 因为如果 $q > p$, 可以通过定义 $\alpha_i = 0 (i = p+1, \cdots, q)$ 来提高 p. 定义 $\mu = \omega / \{1 - \sum_{i=1}^{p} (\alpha_i + \beta_i)\}$. 和 GARCH(1, 1)过程类似, 经过简单的代数运算, 证明

$$a_t^2 - \mu = \sum_{i=1}^{p} (\alpha_i + \beta_i)(a_{t-i}^2 - \mu) - \sum_{i=1}^{q} \beta_i \eta_{t-i} + \eta_t \tag{18.13}$$

因此 a_t^2 是一个均值为 μ 的 ARMA(p, q)过程. 作为上述计算的副产品, 得到 a_t 是平稳的必要条件为

$$\sum_{i=1}^{p} (\alpha_i + \beta_i) < 1 \tag{18.14}$$

18.10 GARCH(1, 1)过程

过程 GARCH(1, 1)是应用最广泛的 GARCH 过程, 因此有必要仔细研究该过程. 如果 a_t 是一个 GARCH(1, 1)过程, 如我们所看到的, a_t^2 为 ARMA(1, 1). 所以 a_t^2 的 ACF 可以由式(9.31)和式(9.32)得到. 经过一些运算, 得到

$$\rho_{a^2}(1) = \frac{\alpha_1(1 - \alpha_1 \beta_1 - \beta_1^2)}{1 - 2\alpha_1 \beta_1 - \beta_1^2} \tag{18.15}$$

和

$$\rho_{a^2}(k) = (\alpha_1 + \beta_1)^{k-1} \rho_{a^2}(1), \quad k \geqslant 2 \tag{18.16}$$

根据式(18.15)，有无穷多个(α_1, β_1)具有同一个$\rho_{a^2}(1)$。根据式(18.16)，较大的$\alpha_1 + \beta_1$值意味着第一个滞后之后的ρ_{a^2}衰减较慢。这个特征可以从图18-5中看出，图中给出了具有1阶滞后自相关值为0.5的三个GARCH(1, 1)过程的a_t^2的ACF。实线具有最大的$\alpha_1 + \beta_1$值，ACF衰减很慢。虚线是一个纯AR(1)过程，它的衰减速度最快。

在例18.3中，用一个AR(1)/GARCH(1, 1)模型来拟合BMW的日对数收益。GARCH参数估计值为$\hat{\alpha}_1 = 0.10$，$\hat{\beta}_1 = 0.86$。由式(18.15)可知，该过程的$\rho_{a^2}(1) = 0.197$，较高的$\hat{\beta}_1$说明衰减较慢。在图18-6中给出了(AR(1)模型的)样本平方残差的ACF。从图中可知，一阶滞后自回归值略微小于0.2，一阶滞后之后的ACF如所期望的那样缓慢衰减。

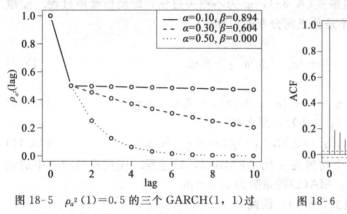

图18-5 $\rho_{a^2}(1) = 0.5$的三个GARCH(1, 1)过程的ACF

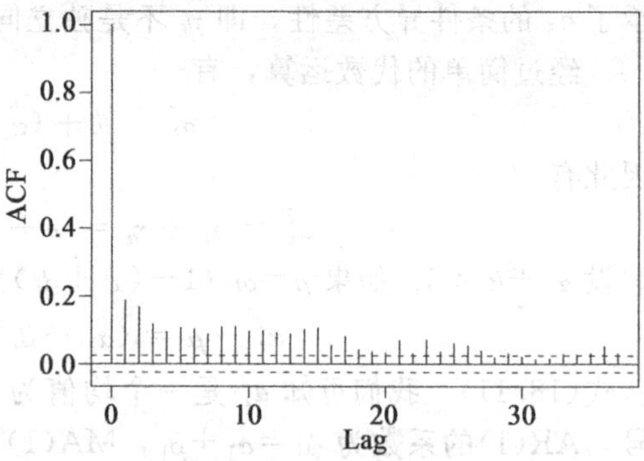

图18-6 拟合BMW对数收益的AR(1)过程的平方残差的ACF

GARCH(1, 1)模型分别拟合一阶滞后自相关和相随的衰减率的能力在实践中是很重要的。这似乎是GARCH(1, 1)模型用于拟合如此多的金融时间序列的主要原因。

18.11 APARCH模型

在某些金融时间序列中，大的负收益看起来比同样大小的正收益更增加波动性。这被称为杠杆效应。式(18.7)给出的标准GARCH模型不能拟合这种杠杆效应，因为它们用a_t^2的过去值来拟合σ_t，并不考虑a_t的过去值的正负。这里的问题是平方函数x^2关于x是对称的。解决的方法是用一类灵活的包含非对称函数的非负函数来代替平方函数。APARCH模型(非对称幂ARCH)可以做到这一点。它们对σ_t^δ建模，这里δ是另一个参数，该模型比GARCH模型更加灵活。

条件标准差的APARCH(p, q)模型的定义为：

$$\sigma_t^\delta = \omega + \sum_{i=1}^p \alpha_i (|a_{t-i}| - \gamma_i a_{t-i})^\delta + \sum_{j=1}^q \beta_j \sigma_{t-j}^\delta \tag{18.17}$$

这里$\delta > 0$，$-1 < \gamma_j < 1$，$j = 1, \cdots, p$。注意到，当$\delta = 2$和$\gamma_1 = \cdots = \gamma_p = 0$时，就是标准的GARCH模型。

a_{t-i}通过函数g_{γ_i}对σ_t产生影响，这里$g_\gamma(x) = |x| - \gamma x$。图18-7给出了多个不同$\gamma$值的函数$g_\gamma(x)$的图形。当$\gamma > 0$时，对于任何$x > 0$函数$g_\gamma(-x) > g_\gamma(x)$，因此具有杠杆效应。如果$\gamma < 0$时，如所预料的，将有一个相反方向的杠杆效应——$a_t$的正的过去值要比同样大小的负的过去值更能增加波动性。

例 18.4 用 AR(1)/APARCH(1, 1) 模型拟合 BMW 收益.

在本例中, 应用一个误差为 t 分布的 AR(1)/APARCH(1, 1) 模型来拟合 BMW 对数收益. 函数 garchFit 的输出如下所示. δ 的估计值为 1.46, 标准误差为 0.14, 因此有很充足的理由认为 δ 的值不等于标准 GARCH 模型的值 2. 同时 $\hat{\gamma}_1=0.12$, 标准误差为 0.0045, 因此具有统计上显著的杠杆效应, 因为我们拒绝了原假设 $\gamma_1=0$. 然而, 杠杆效应是较小的, 这可以从图 18-7 中 $\gamma=0.12$ 的图形中看出. 杠杆效应在实际中可能不是太重要.

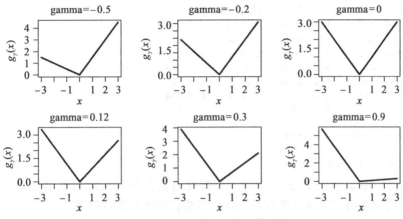

图 18.7 $g_\gamma(x)$ 对于不同 γ 值的图

```
Call:
 garchFit(formula = ~arma(1, 0) + aparch(1, 1), data = bmw,
    cond.dist = "std",  include.delta = T)

Mean and Variance Equation:
 data ~ arma(1, 0) + aparch(1, 1)
 [data = bmw]

Conditional Distribution:
 std

Coefficient(s):
         mu          ar1       omega       alpha1       gamma1
 4.1696e-05   6.3761e-02  5.4746e-05   1.0050e-01   1.1998e-01
      beta1        delta       shape
 8.9817e-011.4585e+00   4.0665e+00
Std. Errors:
 based on Hessian

Error Analysis:
        Estimate  Std. Error  t value  Pr(>|t|)
mu     4.170e-05   1.377e-04    0.303   0.76208
ar1    6.376e-02   1.237e-02    5.155  2.53e-07 ***
omega  5.475e-05   1.230e-05    4.452  8.50e-06 ***
alpha1 1.005e-01   1.275e-02    7.881  3.33e-15 ***
gamma1 1.200e-01   4.498e-02    2.668   0.00764 **
beta1  8.982e-01   1.357e-02   66.171   < 2e-16 ***
delta  1.459e+00   1.434e-01   10.169   < 2e-16 ***
shape  4.066e+00   2.344e-01   17.348   < 2e-16 ***
---
Signif. codes:  0 *** 0.001 ** 0.01 * 0.05 . 0.1    1
```

```
Log Likelihood:
 18166    normalized:  2.9557

Description:
 Sat Dec 06 09:11:54 2008 by user: DavidR

Standardised Residuals Tests:
                            Statistic  p-Value
Jarque-Bera Test    R   Chi^2  10267     0
Shapiro-Wilk Test   R   W      NA        NA
Ljung-Box Test      R   Q(10)  24.076    0.0074015
Ljung-Box Test      R   Q(15)  28.868    0.016726
Ljung-Box Test      R   Q(20)  38.111    0.0085838
Ljung-Box Test      R^2 Q(10)  8.083     0.62072
Ljung-Box Test      R^2 Q(15)  9.8609    0.8284
Ljung-Box Test      R^2 Q(20)  13.061    0.87474
LM Arch Test        R   TR^2   9.8951    0.62516

Information Criterion Statistics:
     AIC     BIC     SIC    HQIC
  -5.9088 -5.9001 -5.9088 -5.9058
```

前面提到，在 garchFit 的输出中，标准化对数似然比是对数似然比除以 n 得到的. AIC 和 BIC 值也是通过除以 n 进行标准化，尽管在输出中没有指明.

模型的标准化 BIC（为 -5.9001）和具有 t 分布误差的 GARCH 的标准化 BIC 很接近（-5.8994），但是乘以 $n=6146$ 之后，BIC 的差值为 4.3. 两个标准化的 AIC 值，-5.9088 和 5.9071，乘以 n 之后它们之间的差距更大，为 10.4. 因此 AIC 和 BIC 都支持应用 APARCH 模型，而不是 GARCH 模型.

标准化残差和它们的平方的 ACF 图（没有给出）都显示出很少的相关性，因此用 AR(1) 模型拟合条件均值，用 APARCH(1，1) 拟合条件方差都拟合得很好.

参数 shape 是估计出的 t 分布的自由度，其值为 4.07，且标准误差较小，因此有很强的证据表明条件分布是厚尾的.

18.12 具有 ARMA/GARCH 误差的回归

当应用时间序列回归时，经常观测到自相关的残差. 因此，在 14.1 节介绍了具有 ARMA 扰动的线性回归. 模型为

$$Y_i = \beta_0 + \beta_1 X_{i,1} + \cdots + \beta_p X_{i,p} + \epsilon_i \tag{18.18}$$

这里

$$(1 - \phi_1 B - \cdots - \phi_p B^p)(\epsilon_t - \mu) = (1 + \theta_1 B + \cdots + \theta_q B^q) u_t \tag{18.19}$$

其中 $\{u_t\}$ 是独立同分布的白噪声. 这个模型就它本身而言是不错的，然而它不适用于残差中常见的波动聚集. 因此，我们不是假设 $\{u_t\}$ 为独立同分布的白噪声，而是假设为一个 GARCH 过程，因此

$$u_t = \sigma_t v_t \tag{18.20}$$

这里

$$\sigma_t = \sqrt{\omega + \sum_{i=1}^p \alpha_i u_{t-i}^2 + \sum_{i=1}^q \beta_i \sigma_{t-i}^2} \tag{18.21}$$

并且$\{v_t\}$是独立同分布的白噪声. 式(18.18)到(18.21)给出的模型称为具有 ARMA/GARCH 扰动的线性回归模型.

一些软件可以在一步中拟合具有 ARMA/GARCH 扰动的线性回归模型. 如果你没有这种软件, 可以应用下面的三步估计法:

1. 用最小二乘法来估计式(18.18)中的参数.
2. 对通常最小二乘残差拟合模型(18.19)到(18.21).
3. 用加权最小二乘来重新估计式(18.18)中的参数, 权重为步骤 2 中的条件方差的倒数.

例 18.5 Nelson-Plosser 数据的 ARMA/GARCH 误差的回归分析.

在例 12.9 中, 我们看到用 diff(log(ip)) 和 diff(bnd) 作为预测变量的年度读书收益的精简模型. 图 18-8a 是残差的 ACF 图, 图 18-8b 是平方残差. 这里用的是外学生化残差, 但是原始残差的图形类似. 从图中可知残差有自相关性, 当然有 GARCH 效果. R 的函数 auto.arima 为残差选择了 ARIMA(0, 0, 1)模型.

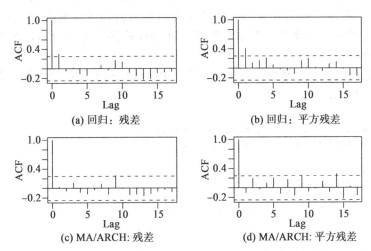

图 18-8 (a) 线性模型的外学生化残差的 ACF 和(b)它们的平方值. (c)用 MA(1)/ARCH(1)拟合回归残差得到的残差的 ACF 和(d)它们的平方值

接下来用 MA(1)/ARCH(1)模型来拟合回归模型的原始残差. 结果如下:

```
Call:
 garchFit(formula = ~arma(0, 1) + garch(1, 0),
    data = residuals(fit_lm2))

Mean and Variance Equation:
 data ~ arma(0, 1) + garch(1, 0)
 [data = residuals(fit_lm2)]
Conditional Distribution: norm

Error Analysis:
        Estimate  Std. Error  t value  Pr(>|t|)
mu     -2.527e-17  2.685e-02  -9.41e-16  1.00000
ma1     3.280e-01  1.602e-01   2.048    0.04059 *
omega   1.400e-02  4.403e-03   3.180    0.00147 **
alpha1  2.457e-01  2.317e-01   1.060    0.28897
---
Signif. codes:  0 *** 0.001 ** 0.01 * 0.05 . 0.1   1

Log Likelihood:
```

```
    36    normalized: 0.59

Standardised Residuals Tests:
                           Statistic  p-Value
Jarque-Bera Test    R   Chi^2   0.72    0.7
Shapiro-Wilk Test   R   W       0.99    0.89
Ljung-Box Test      R   Q(10)   14      0.18
Ljung-Box Test      R   Q(15)   25      0.054
Ljung-Box Test      R   Q(20)   28      0.12
Ljung-Box Test      R^2 Q(10)   11      0.35
Ljung-Box Test      R^2 Q(15)   18      0.26
Ljung-Box Test      R^2 Q(20)   25      0.21
LM Arch Test        R   TR^2    11      0.5

Information Criterion Statistics:
  AIC  BIC  SIC HQIC
 -1.0 -0.9 -1.1 -1.0
```

图 18-8c 和 d 是从 MA(1)/ARCH(1) 模型得到的标准化残差的 ACF 图. 可以看出 ARMA/GARCH 标准化残差或者平方残差没有短期的自相关, 它表明 ARMA/GARCH 模型拟合的回归残差较为满意. 正态图说明标准化残差接近正态分布, 对于年度收益而言, 这并不意外.

接下来, 把条件方差的倒数作为权重, 重新拟合线性模型. 估计的回归系数以及标准误差和 p 值如下所示.

```
Call:
lm(formula = diff(log(sp)) ~ diff(log(ip)) + diff(bnd),
   data = new_np, weights = 1/nelploss.garch@sigma.t^2)

Coefficients:
              Estimate Std. Error t value Pr(>|t|)
(Intercept)    0.0281     0.0202    1.39   0.1685
diff(log(ip))  0.5785     0.1672    3.46   0.0010 **
diff(bnd)     -0.1172     0.0580   -2.02   0.0480 *
---
Signif. codes:  0 *** 0.001 ** 0.01 * 0.05 . 0.1   1

Residual standard error: 1.1 on 58 degrees of freedom
Multiple R-squared: 0.246,    Adjusted R-squared: 0.22
F-statistic: 9.46 on 2 and 58 DF,  p-value: 0.000278
```

这些结果和例 12.9 中没有权重的结果的差别不是特别突出. 对残差应用 GARCH 模型的主要原因在于当模型用于预测时可以给出更加精确的预测区间. 参见 18.13 节. ∎

18.13 ARMA/GARCH 过程的预测

预测 ARMA/GARCH 过程某种程度上和预测 ARMA 过程类似. 因为 GARCH 过程是一个弱白噪声过程, 故此预测是类似的. 预测 ARMA/GARCH 过程和预测 ARMA 过程不同的是预测区间的行为. 在有大的波动的时间, 用 ARMA/GARCH 模型预测的区间考虑到了高度的不确定性, 区间变宽. 类似地, 在波动较小的时间, 预测区间较窄. 应用没有异方差的 ARMA 模型的预测不能适应这种预测方式.

为了说明这点, 我们比较一个高斯白噪声过程的预测和一个 GARCH(1, 1) 的高斯噪声预测. 两个都对条件均值用 ARMA(0, 0) 模型, 因此边缘均值的预测是相等的, 这里记为 μ. 对于高斯白噪声, 预测极限为 $\mu \pm z_{a/2}\sigma$, 这里 σ 是边缘标准差. 对于 GARCH(1, 1) 过

程 $\{Y_t\}$，对时间原点 n 的 k 步超前预测为 $\mu \pm z_{\alpha/2} \sigma_{n+k|n}$。这里，$\sigma_{n+k|n}$ 是给定时刻 n 所得到的信息的条件下 Y_{n+k} 的条件标准差。当 k 增大时，$\sigma_{n+k|n}$ 收敛到 σ，所以对于较长的超前预测，两个模型的预测是类似的。对于较短期的预测，预测极限可能相差很大。

例 18.6 预测 BMW 对数收益。

在本例中，我们用前面几个例子中的 BMW 对数收益。在例 18.3 中知道，AR(1)/GARCH(1，1) 模型较好地拟合了收益。同时估计的 AR(1) 系数较小，小于 0.1。因而，应用 GARCH(1，1) 模型进行预测是合理的。

图 18-9 绘制了 1986 年到 1992 年的收益。图中也给出了两个时间点：1987 年 11 月 15 日和 1988 年 9 月 8 日的预测极限，第一个时间是"黑色星期一"之后不久，市场的波动很大。预测区间一开始很宽，随着条件标准差收敛到边缘标准差，预测极限变窄。在第二个时间点，市场的波动较平时要小，预测区间一开始较窄，之后变宽。理论上，两组预测极限应该收敛到同一组值，即 $\mu \pm z_{\alpha/2} \sigma$，这里 σ 是边缘标准差。在这个例子中，由于两个时间点的 σ 的估计不同，它们并不相互收敛。 ∎

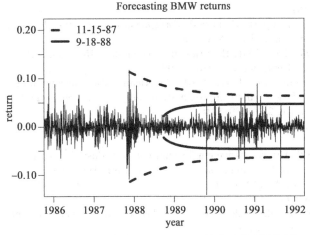

图 18-9 在两个时间点预测 BMW 对数收益的预测极限

18.14 文献注记

关于回归中对非常数的条件方差建模，在 Carroll 和 Ruppert (1988) 的书中有详细的描述。从 Engle (1982) 开始有大量关于 GARCH 过程的文献。在 Hamilton (1994)、Enders (2004)、Pindyck 和 Rubinfeld (1998)、Gourieroux 和 Jasiak (2001)、Alexander (2001)，以及 Tsay (2005) 的书中都有关于 GARCH 模型的章节。也有许多综述性的文章，包括 Bollerslev (1986)、Bera 和 Higgins (1993)、Bollerslev、Engle 和 Nelson (1994)，以及 Bollerslev、Chou 和 Kroner (1992)。Jarrow (1998) 和 Rossi(1996) 的书中有大量关于金融市场波动率的文章。Duan (1995)、Ritchken 和 Trevor (1999)、Heston 和 Nandi(2000)、Hsieh 和 Ritchken (2000)、Duan 和 Simonato (2001) 等研究了在期权定阶中 GARCH 误差的影响。Bollerslev、Engle 和 Wooldridge (1988) 把 GARCH 模型应用到 CAPM 中。

18.15 参考文献

Alexander, C. (2001) *Market Models: A Guide to Financial Data Analysis*, Wiley, Chichester.

Bera, A. K., and Higgins, M. L. (1993) A survey of Arch models. *Journal of Economic Surveys*, **7**, 305–366. [Reprinted in Jarrow (1998).]

Bollerslev, T. (1986) Generalized autoregressive conditional heteroskedasticity. *Journal of Econometrics*, **31**, 307–327.

Bollerslev, T., and Engle, R. F. (1993) Common persistence in conditional variances. *Econometrica*, **61**, 167–186.

Bollerslev, T., Chou, R. Y., and Kroner, K. F. (1992) ARCH modelling in finance. *Journal of Econometrics*, **52**, 5–59. [Reprinted in Jarrow (1998)]

Bollerslev, T., Engle, R. F., and Nelson, D. B. (1994) ARCH models, In *Handbook of Econometrics, Vol IV*, Engle, R.F., and McFadden, D.L., Elsevier, Amsterdam.

Bollerslev, T., Engle, R. F., and Wooldridge, J. M. (1988) A capital asset pricing model with time-varying covariances. *Journal of Political Economy*, **96**, 116–131.

Carroll, R. J., and Ruppert, D. (1988) *Transformation and Weighting in Regression*, Chapman & Hall, New York.

Duan, J.-C. (1995) The GARCH option pricing model. *Mathematical Finance*, **5**, 13–32. [Reprinted in Jarrow (1998).]

Duan, J-C., and Simonato, J. G. (2001) American option pricing under GARCH by a Markov chain approximation. *Journal of Economic Dynamics and Control*, **25**, 1689–1718.

Enders, W. (2004) *Applied Econometric Time Series*, 2nd ed., Wiley, New York.

Engle, R. F. (1982) Autoregressive conditional heteroskedasticity with estimates of variance of U.K. inflation. *Econometrica*, **50**, 987–1008.

Engle, R. F., and Ng, V. (1993) Measuring and testing the impact of news on volatility. *Journal of Finance*, **4**, 47–59.

Gourieroux, C. and Jasiak, J. (2001) *Financial Econometrics*, Princeton University Press, Princeton, NJ.

Hamilton, J. D. (1994) *Time Series Analysis*, Princeton University Press, Princeton, NJ.

Heston, S., and Nandi, S. (2000) A closed form GARCH option pricing model. *The Review of Financial Studies*, **13**, 585–625.

Hsieh, K. C., and Ritchken, P. (2000) An empirical comparison of GARCH option pricing models. working paper.

Jarrow, R. (1998) *Volatility: New Estimation Techniques for Pricing Derivatives*, Risk Books, London. (This is a collection of articles, many on GARCH models or on stochastic volatility models, which are related to GARCH models.)

Pindyck, R. S. and Rubinfeld, D. L. (1998) *Econometric Models and Economic Forecasts*, Irwin/McGraw Hill, Boston.

Ritchken, P. and Trevor, R. (1999) Pricing options under generalized GARCH and stochastic volatility processes. *Journal of Finance*, **54**, 377–402.

Rossi, P. E. (1996) *Modelling Stock Market Volatility*, Academic Press, San Diego.

Tsay, R. S. (2005) *Analysis of Financial Time Series*, 2nd ed., Wiley, New York.

18.16 R 实验室

18.16.1 拟合 GARCH 模型

运行下面的代码来载入 Tbrate 数据，该数据有 3 个变量：为期 91 天的国库券利率、真实 GDP 的对数和通胀率．本实验中，你仅应用到国库券利率．

```
data(Tbrate,package="Ecdat")
library(tseries)
library(fGarch)
#   r = the 91-day treasury bill rate
#   y = the log of real GDP
#   pi = the inflation rate
Tbill = Tbrate[,1]
Del.Tbill = diff(Tbill)
```

问题 1 绘制 Tbill 和 Del.Tbill 这两个时间序列和它们的 ACF 图．在这两个序列上进行 ADF 和 KPSS 检验．你认为哪一个序列是平稳的？为什么？在序列 Del.Tbill 中，你看到哪种类型的异方差？为什么？

在下面的代码中，如果你认为 Tbill 是平稳的，那么可以应用变量 Tbill；否则，用 Del.Tbill 替换 Tbill．这些代码将对时间序列拟合一个 ARMA/GARCH 模型．

```
garch.model.Tbill = garchFit(formula= ~arma(1,0) + garch(1,0),Tbill)
summary(garch.model.Tbill)
garch.model.Tbill@fit$matcoef
```

问题 2 (a)被拟合的是哪一个 ARMA/GARCH 模型？用 R 输出中相同的参数名来写出模型．

(b)模型中每个参数的估计值是多少？

下一步，用下面的代码通过多种方式来绘制残差（通常残差或原始残差）和标准化残差．标准化残差最适于模型的检查，这个残差对于查看序列是否有 GARCH 影响也是有用的．

```
res = residuals(garch.model.Tbill)
res_std = res / garch.model.Tbill@sigma.t
par(mfrow=c(2,3))
plot(res)
acf(res)
acf(res^2)
plot(res_std)
acf(res_std)
acf(res_std^2)
```

问题 3 (a)描述代码 acf(res)绘制的是什么？如果图形可以告诉你模型拟合程度，那么拟合程度如何？

(b)描述代码 acf(res^2)绘制的是什么？如果图形可以告诉你模型拟合程度，那么拟合程度如何？

(c)描述代码 acf(res_std^2)绘制的是什么？如果图形可以告诉你模型拟合程度，那么拟合程度如何？

(d)变量 garch.model.Tbill@ sigma.t 中包含的是什么？

(e) 代码 plot(res_std) 绘制的图形中有任何有价值的信息吗？

问题 4 现在对序列 del.log.-tbill 拟合一个 ARMA/GARCH 模型，该序列由代码 diff(log(Tbill)) 定义。你能看出这里不直接应用前面的 Tbill 的差分，而应用国库券利率对数的差分的好处吗？

18.17 习题

1. 设 Z 服从 $N(0,1)$ 分布。证明：
$$E(|Z|) = \int_{-\infty}^{\infty} \frac{1}{\sqrt{2\pi}} |z| e^{-z^2/2} dz = 2\int_{0}^{\infty} \frac{1}{\sqrt{2\pi}} z e^{-z^2/2} dz = \sqrt{\frac{2}{\pi}}$$

提示：$\dfrac{d}{dz} e^{-z^2/2} = -z e^{-z^2/2}$.

2. 假设如果 $|x|<1$ 有 $f_X(x)=1/4$，如果 $|x|\geqslant 1$ 有 $f_X(x)=1/(4x^2)$。证明：
$$\int_{-\infty}^{\infty} f_X(x) dx = 1$$
因此，f_X 是一个密度函数，但是
$$\int_{-\infty}^{0} x f_X(x) dx = -\infty$$
且
$$\int_{0}^{\infty} x f_X(x) dx = \infty$$
所以具有这种密度的随机变量的期望不存在。

3. 假设 ε_t 为独立同分布 WN(0,1) 过程，
$$a_t = \varepsilon_t \sqrt{1 + 0.35 a_{t-1}^2}$$
和
$$u_t = 3 + 0.72 u_{t-1} + a_t$$
(a) 求 μ_t 的均值。
(b) 求 μ_t 的方差。
(c) 求 μ_t 的自相关函数。
(d) 求 a_t^2 的自相关函数。

4. 设 u_t 为 AR(1)/ARCH(1) 模型
$$a_t = \varepsilon_t \sqrt{\omega + \alpha_1 a_{t-1}^2}$$
$$(u_t - \mu) = \phi(u_{t-1} - \mu) + a_t$$
这里 ε_t 是独立同分布 WN(0,1)。假设 $\mu=0.4, \phi=0.45, w=1, \alpha_1=0.3$。
(a) 求 $E(u_2 | u_1=1, u_0=0.2)$。
(b) 求 $\mathrm{Var}(u_2 | u_1=1, u_0=0.2)$。

5. 假设 ε_t 是均值为 0、方差为 1 的白噪声，$a_t = \varepsilon_t \sqrt{7 + a_{t-1}^2/2}$ 并且 $Y_t = 2 + 0.67 Y_{t-1} + a_t$。
(a) 求 Y_t 的均值。
(b) 求 Y_t 的 ACF。
(c) 求 a_t 的 ACF。
(d) 求 a_t^2 的 ACF。

6. 设 Y_t 为某股票在时间 t 的收益率，设 X_t 为该时期的通胀率。假设模型
$$Y_t = \beta_0 + \beta_1 X_t + \delta_t + a_t \qquad (18.22)$$
其中
$$a_t = \varepsilon_t \sqrt{1 + 0.5 a_{t-1}^2} \qquad (18.23)$$

这里 ε_t 是服从 $N(0,1)$ 的独立随机变量。模型(18.22)和(18.23)称为均值 GARCH 模型，或者 GARCH-M 模型。假设 $\beta_0=0.06$，$\beta_1=0.35$，$\delta=0.22$。

(a) 求 $E(Y_t | X_t=0.1, a_{t-1}=0.5)$

(b) 求 $\mathrm{Var}(Y_t | X_t=0.1, a_{t-1}=0.5)$

(c) 给定 X_t 和 a_{t-1}，Y_t 的条件分布为正态吗？为什么？

(d) Y_t 的边缘分布为正态吗？为什么？

7. 假设 $\varepsilon_1, \varepsilon_2, \cdots$ 是均值为 0、方差为 1 的高斯白噪声过程，a_t 和 u_t 为平稳过程，满足
$$a_t = \sigma_t \varepsilon_t, \quad \sigma_t^2 = 2 + 0.3 a_{t-1}^2$$
和
$$u_t = 2 + 06 u_{t-1} + a_t$$

(a) a_t 为什么类型的随机过程？

(b) u_t 为什么类型的随机过程？

(c) a_t 是高斯过程吗？如果不是，它的尾部比高斯分布厚还是薄？

(d) 求 a_t 的 ACF。

(e) 求 a_t^2 的 ACF。

(f) 求 u_t 的 ACF。

8. 在黑色星期一，标普 500 的收益为 -22.8%。这个练习想知道"达到黑色星期一这样小或者更小的收益的条件概率是多少"的答案。"条件"指的是给定前一交易日可获得的信息。运行下面的 R 代码：

```
library(Ecdat)
library(fGarch)
data(SP500,package="Ecdat")
returnBlMon = SP500$r500[1805]
x = SP500$r500[(1804-2*253+1):1804]
plot(c(x,returnBlMon))
results = garchFit(~arma(1,0)+garch(1,1),data=x,cond.dist="std")
dfhat = as.numeric(results@fit$par[6])
forecast = predict(results,n.ahead=1)
```

标普 500 收益数据是在程序包 Ecdat 的数据集 SP500 中。变量 r500 为收益(也是该数据集中唯一的变量)。该数据集的第 1805 个收益是黑色星期一。这段代码对黑色星期一之前的最后两年数据拟合一个 AR(1)/GARCH(1, 1) 模型，假设一年 253 个交易日。白噪声的条件分布设为 t 分布(在函数 garchFit 中称为"std")。代码也绘制这两年期间和黑色星期一的收益。从图中可知，黑色星期一是极其不正常的。参数估计的结果是在变量 results@ fit$ bar 中，第 6 个参数是 t 分布的自由度。函数 predict 用于进行一步超前预测，即预测黑色星期一的收益。输入变量 n.ahead 用于指定超前预测几天，因此 n.head=5 表示预测接下来的 5 天。对象 forecast 包含 meanForecast，它是黑色星期一的条件期望收益，meanError 应该忽略，standardDeviation 是黑色星期一的收益的条件标准差。

(a) 应用上面的信息，计算黑色星期一的收益小于或者等于 -0.228 的条件概率。

(b) 计算并绘制标准残差。绘制标准残差和它们的平方的 ACF 图。在你的解答中包含这三幅图形。标准残差能表明 AR(1)/GARCH(1, 1) 模型的拟合足够好吗？

(c) AR(1)/GARCH(1)模型能给出满意的拟合吗？(注意：如果对 fGarch 对象应用 summary 函数，得到的 AIC 值是除以样本容量后的标准化值。你需要乘以样本容量得到 AIC 值。)

(d) 具有高斯条件分布的 AR(1)模型能给出满意的拟合吗？用函数 arima 来拟合 AR(1)模型。这个函数仅允许高斯条件分布。

9. 这里应用程序包 Ecdat 的数据集 Irates，我们仅应用两个月的收益数据，即 Y_T 中的 T 等于两个月。利率经过对数变换以得到稳定的方差。为了应用 GARCH 模型来拟合对数利率的变化，运行下面的 R 代码。

```
library(fGarch)
library(Ecdat)
data(Irates)
r = as.numeric(log(Irates[,2]))
n = length(r)
lagr = r[1:(n-1)]
diffr = r[2:n] - lagr
garchFit(~arma(1,0)+garch(1,1),data=diffr, cond.dist = "std")
```

(a) 用什么模型来拟合 r 的变化？详细描述该模型.
(b) 模型参数的估计是什么？
(c) Δr_t 的 ACF 的估计值是多少？
(d) a_t 的 ACF 的估计值是多少？
(e) a_t^2 的 ACF 的估计值是多少？

第 19 章

风 险 管 理

19.1 风险管理的必要性

金融界始终是有风险的,诸如衍生产品市场的发展、抵押贷款的打包等金融创新产品的风险管理比以往任何时候都更重要也更困难.

有许多不同类型的风险. 市场风险是由于价格的变化而导致的风险. 信用风险是指交易对手不履行合同义务(例如不支付债券利息或本金)而导致的风险. 流通风险是指由于没有买家导致的潜在额外头寸清算费用. 经营风险是因欺诈、管理不善、人为错误等类似的问题而导致的风险.

衡量风险的早期方法,如在 3.8.1 节中讨论并用于估计固定收益市场风险的久期分析,是有些原始的且只有有限的适用范围. 相反,由于风险价值(VaR)与期望损失(ES)可以适用于所有类型的风险和证券,包括复杂的投资组合,因此风险价值(VaR)和期望损失(ES)被广泛使用.

VaR 的参数有两个: 分别以 T 和 $1-\alpha$ 表示的持有期与置信系数. 给定这两个参数, VaR 是在一定置信系数下, VaR 在持有期上的最大可能损失. 例如持有期为一周,置信系数为 99%(或 $\alpha=0.01$), VaR 为 500 万美元,则在下一周损失超过 500 万美元的机会只有 1%. 有时,我们用 $\mathrm{VaR}(\alpha)$ 或 $\mathrm{VaR}(\alpha, T)$ 表示 VaR 对参数 α 或对参数 α 和持有期 T 的依赖关系. 通常,当 T 已知时,只用 $\mathrm{VaR}(\alpha)$ 表示.

如果在持有期 T 上的损失为 $\mathcal{L}$, 那么 $\mathrm{VaR}(\alpha)$ 是 $\mathcal{L}$ 的上 α 分位点. 等价地,若 $\mathcal{R}=-\mathcal{L}$ 是收入,则 $\mathrm{VaR}(\alpha)$ 是 $\mathcal{R}$ 的 α 分位点的相反数. 对于连续损失分布, $\mathrm{VaR}(\alpha)$ 满足

$$P\{\mathcal{L} > \mathrm{VaR}(\alpha)\} = P\{\mathcal{L} \geqslant \mathrm{VaR}(\alpha)\} = \alpha \tag{19.1}$$

对任意损失分布,不管连续还是不连续的都有,

$$\mathrm{VaR}(\alpha) = \inf\{x : P(\mathcal{L} > x) \leqslant \alpha\} \tag{19.2}$$

正如后面将要讨论的, $\mathrm{VaR}(\alpha)$ 有一个严重的缺陷,它不鼓励多元化,正是基于此原因,它正被新的风险度量所取代. 这些新风险度量之一是超过 VaR 的损失的期望损失,它有众多的名字: 期望损失(expected shortfall)、尾事件的期望损失(expected loss given a tail event)、尾损失(tail loss), 以及损失(shortfall). 此处使用期望损失及其缩写 ES.

对任意连续或不连续的损失分布,

$$\mathrm{ES}(\alpha) = \frac{\int_0^\alpha \mathrm{VaR}(u)\,\mathrm{d}u}{\alpha} \tag{19.3}$$

它是在 u 小于等于 α 的区间上 $\text{VaR}(u)$ 的平均值。若 $\mathcal{L}$ 是连续分布，则
$$\text{ES}(\alpha) = E\{\mathcal{L}|\mathcal{L} > \text{VaR}(\alpha)\} = E\{\mathcal{L}|\mathcal{L} \geqslant \text{VaR}(\alpha)\} \tag{19.4}$$

例 19.1 正态分布损失的 VaR。

设股票的年回报率是均值为 0.04、标准差为 0.18 的正态分布。如果某人购买了价值 100 000 美元的该种股票，当持有期 T 为一年时，VaR 是多少？

为了回答该问题，需要注意到有如下事实：损失分布是均值为 -4000、标准差为 18 000 的正态分布，所有单位为美元。因此，VaR 是
$$-4000 + 18\ 000 z_\alpha$$
其中 z_α 是标准正态分布的上 α 分位点。在图 19-1 中，$\text{VaR}(\alpha)$ 是 α 的函数。VaR 在很大程度上依赖于 α，在该图上，当 α 从 0.025 变化到 0.25 时，VaR 从 46 527 变到 8226。

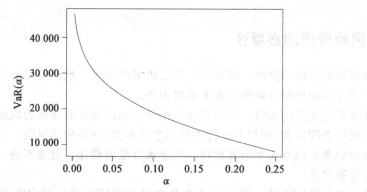

图 19-1 当损失分布是均值为 -4000、标准差为 18 000 的正态分布时，$\text{VaR}(\alpha)$ 的值（$0.025 < \alpha < 0.25$）

在实际应用中，风险度量很少，如果有，像这些简单例子一样是已知的。相反，需要估计风险度量，估计误差是另一个不确定性的来源。这种不确定性是可以利用风险度量的置信区间来量化。我们接下来将讨论这些主题。

19.2 一个资产的 VaR 和 ES 的估计

为了说明估计 VaR 和 ES 技术，我们从单一资产的简单情况开始。在本节中，使用历史数据估计回报率分布，进而估计这些风险度量。假设回报率至少在持有期内是平稳的。这通常是一个合理的假设。还假设所得到的回报率是独立的。由于波动性聚类，独立性假设的合理性稍差，后面将在 GARCH 模型中删除此假设。

对回报率分布将考虑如下两种情况：首先考虑非参数模型，然后考虑参数模型。

19.2.1 VaR 与 ES 的非参数估计

VaR 与 ES 的非参数估计是指其损失分布不再假设是正态分布或 t 分布这样的参数分布族。

若要求风险度量的置信度为 $1-\alpha$ 的置信区间，则需要估计回报率分布的 α 分位点，该分位点也是损失分布的上 α 分位点。在非参数方法中，分位点是通过对历史回报率的样本 α 分位点（记作 $\hat{q}(\alpha)$）来估计的。若 S 是当前投资持有量，则 VaR 的非参数估计为

$$\widehat{\text{VaR}}^{\text{np}}(\alpha) = -S \times \hat{q}(\alpha)$$

其中的负号把收入(回报率乘以初始投资)转换为损失. 本章有时将在 VaR 与 ES 上添加上下标来提供某些信息. 在这里, 上标"np"表示"非参数估计".

为了估计 ES, 设 $R_1, \cdots, R_n$ 是历史回报率, 并定义 $\mathcal{L}_i = -S \times R_i$. 则

$$\widehat{\text{ES}}^{\text{np}}(\alpha) = \frac{\sum_{i=1}^{n} \mathcal{L}_i I\{\mathcal{L}_i > \widehat{\text{VaR}}(\alpha)\}}{\sum_{i=1}^{n} I\{\mathcal{L}_i > \widehat{\text{VaR}}(\alpha)\}} = -S \times \frac{\sum_{i=1}^{n} R_i I\{R_i < \hat{q}(\alpha)\}}{\sum_{i=1}^{n} I\{R_i < \hat{q}(\alpha)\}} \tag{19.5}$$

是所有大于 $\widehat{\text{VaR}}^{\text{np}}(\alpha)$ 的 $\mathcal{L}_i$ 的平均值. 此处的 $I\{\mathcal{L}_i > \widehat{\text{VaR}}^{\text{np}}(\alpha)\}$ 是大于 $\widehat{\text{VaR}}^{\text{np}}(\alpha)$ 的 $\mathcal{L}_i$ 的示性函数, $I\{R_i > \hat{q}^{\text{np}}(\alpha)\}$ 类似.

例 19.2 一个标准普尔 500 投资的 VaR 和 ES 非参数估计.

作为一个简单的例子, 设在标准普尔 500 有一个 20 000 美元的投资, 则回报率就是标准普尔 500 的回报率, 需要求 24 小时的 VaR. 用标准普尔 500 的在 1991 年 4 月结束的 1000 个日回报率估计 VaR. 这些回报率的对数包含在 R 软件 Ecdat 程序包中标准普尔 500 数据集. 全部时间序列绘制在图 4-1 中. 对数回报率为 -0.23 的"黑色星期一"发生在这个例子中使用的缩短时间序列的起点附近.

假设置信度为 95%, 通过 R 软件的分位点函数计算出的回报率的 0.05 的分位点为 -0.0169. 换句话说, 在历史数据中日回报率为 -0.0169 或以下发生的时间只有 5%, 所以我们估计在接下来的 24 小时内发生这种规模回报率的概率为 5%. 回报率为 -0.0169 的 2 万美元的投资产生的收益为 -337.43 美元, 因此, $\widehat{\text{VaR}}(0.05, 24 \text{ 小时})$ 的估计为 337.43 美元.

通过所有低于 -0.0169 的回报率的平均值乘以 -20 000 即得 ES(0.05), 结果为 $\widehat{\text{ES}}^{\text{np}}(0.05) = 619.3$ 美元.

19.2.2 VaR 与 ES 的参数估计

VaR 与 ES 的参数估计有许多优点. 例如, 参数的估计允许使用 GARCH 模型调整风险度量以适应目前估计的波动性. 此外, 如果假设回报率有一个诸如多元 t 分布的联合参数分布, 则可以很容易地计算出投资组合的风险度量. 当样本容量和 α 是相当大时, 利用样本分位数的非参数估计的效果很好, 但随着较小的样品量或更小的 α 值, 参数估计效果更好. 在本节中, 我们来研究单个资产 VaR 和 ES 的参数估计.

设 $F(y|\boldsymbol{\theta})$ 是回报率分布的参数分布族, 并设 $\hat{\boldsymbol{\theta}}$ 是参数 $\boldsymbol{\theta}$ 的估计, 例如, 是从历史回报率计算出的最大似然估计(MLE). 则 $F^{-1}(\alpha|\hat{\boldsymbol{\theta}})$ 就是回报率分布的 α 分位点的估计, 且

$$\widehat{\text{VaR}}^{\text{par}}(\alpha) = -S \times F^{-1}(\alpha|\hat{\boldsymbol{\theta}}) \tag{19.6}$$

是 $\text{VaR}(\alpha)$ 的参数估计. 和前文一致, S 是当前投资持有量.

设 $f(y|\boldsymbol{\theta})$ 是 $F(y|\boldsymbol{\theta})$ 的密度函数. 则期望损失的估计为

$$\widehat{\text{ES}}^{\text{par}}(\alpha) = -\frac{S}{\alpha} \times \int_{-\infty}^{F^{-1}(\alpha|\hat{\boldsymbol{\theta}})} x f(x|\hat{\boldsymbol{\theta}}) \mathrm{d}x \tag{19.7}$$

上标"par"表示"参数估计." 该积分的计算并不简单, 但对于比较重要的正态分布和 t 分布情形有方便的计算公式.

设回报率分布是均值为 μ、尺度参数为 λ、自由度为 ν 的 t 分布. 设 f_ν 与 F_ν 分别表示

自由度为 ν 的 t 分布的密度函数与分布函数，则期望损失为

$$\widehat{ES}^t(\alpha) = S \times \left\{ -\mu + \lambda \left(\frac{f_\nu\{F_\nu^{-1}(\alpha)\}}{\alpha} \left[\frac{\nu + \{F_\nu^{-1}(\alpha)\}^2}{\nu - 1} \right] \right) \right\} \qquad (19.8)$$

直接计算或在式(19.8)中令 $\nu \to \infty$ 即可得到正态损失函数的期望损失。结果为

$$ES^{norm}(\alpha) = S \times \left\{ -\mu + \sigma \left(\frac{\phi\{\Phi^{-1}(\alpha)\}}{\alpha} \right) \right\} \qquad (19.9)$$

其中 μ 和 σ 分别是回报率的均值与标准差，ϕ 与 Φ 分别是标准正态密度函数与累积分布函数。上标"t"和"norm"分别表示估计假设是 t 分布与正态分布。

下面的例子将说明单个资产的参数估计问题。

例 19.3 一个标准普尔 500 投资的 VaR 和 ES 参数估计。

继续使用例 19.2 的数据集，以便对参数估计与非参数估计进行对比。设回报率独立同分布于 t 分布，在该假设下，VaR 为

$$\widehat{VaR}^t(\alpha) = -S \times \{\hat{\mu} + q_{\alpha,t}(\hat{\nu})\hat{\lambda}\} \qquad (19.10)$$

其中 $\hat{\mu}$、$\hat{\lambda}$ 与 $\hat{\nu}$ 分别是均值、尺度参数和自由度的估计。$q_{\alpha,t}(\hat{\nu})$ 是自由度为 $\hat{\nu}$ 的 t 分布的 α 分位点，进而 $\{\hat{\mu} + q_{\alpha,t}(\hat{\nu})\hat{\lambda}\}$ 是拟合分布的 α 分位点。

用 R 软件的 `fitdistr` 函数拟合 t 分布，其估计为 $\hat{\mu} = 0.000689$，$\hat{\lambda} = 0.007164$ 和 $\hat{\nu} = 2.984$。为了便于后文参考，标准差的估计为 $\hat{\sigma} = \hat{\lambda}\sqrt{\hat{\nu}/(\hat{\nu}-2)} = 0.01248$。

自由度为 2.984 的 t 分布的 0.05 分位点为 -2.3586。于是，由式(19.6)有，

$$\widehat{VaR}^t(0.05) = -20\,000 \times \{0.000689 - (2.3586)(0.007164)\} = \$323.42$$

注意到非参数估计，$\widehat{VaR}^{np} = \$337.55$，与参数估计 \$323.42 相近，但稍微大于参数估计。

把 $S = 20\,000$，$\alpha = 0.05$，$\hat{\mu} = 0.000689$，$\hat{\lambda} = 0.007164$ 和 $\hat{\nu} = 2.984$ 代入式(19.8)，即得 $ES^t(0.05)$ 的参数估计为 \$543.81。$ES^t(0.05)$ 的参数估计明显比非参数估计小。两个估计不同的原因是，回报率最左边尾部（大约1000个回报率中最小的10个回报率）是重于自由度为 2.984 的 t 分布的尾部，见图 19-2 的 t 曲线。

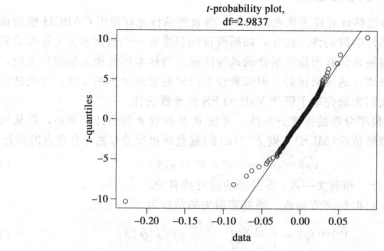

图 19-2 例 19.2 和例 19.3 中标准普尔 500 回报率的 t 曲线。尾部偏离线性，尤其是左尾部，表明 t 分布不适合两端的日期。基准线穿过 1/4 和 3/4 分位数。t 分位数中的 t 分布自由度为 2.9837(MLE)

19.3 用自助法计算 VaR 与 ES 的置信区间

VaR 与 ES 的估计恰恰就是一个估计,如果用不同历史数据的样本,将得到风险度量的不同估计. 我们只是计算了 VaR 和 ES 值的 5 位数字,但我们真的需要那么高的精度吗? 你可能已经(正确地)猜到了我们不需要这样做,但我们需要多高精度? 我们怎样才能得到真正精确的估计? 幸运的是,通过自助法,比较容易获得 VaR 或 ES 的置信区间. 在 6.3 节中使用的任一置信区间的程序都可以用来求 VaR 或 ES 的置信区间. 我们将看到,即使用 1000 个回报率估计 VaR 和 ES,所得到的风险度量也具有很大的不确定性.

现在,假设有一个独立同分布的历史回报率样本并使用无模型的再抽样技术. 而在 19.4 节中,将允许数据具有相关性(例如,GARCH 效应)并使用基于模型的再抽样技术.

假设有大数 B 个回报率数据的再抽样样本. 然后,从每个再抽样样本和原始样本计算 $\mathrm{VaR}(\alpha)(\mathrm{ES}(\alpha))$ 的估计. 置信区间可以基于 $\mathrm{VaR}(\alpha)(\mathrm{ES}(\alpha))$ 的参数或非参数估计. 假设区间的置信系数是 $1-\gamma$. 置信区间的置信系数不应该与以 $1-\alpha$ 表示的 VaR 置信系数混淆. $\mathrm{VaR}(\alpha)(\mathrm{ES}(\alpha))$ 的 $\gamma/2$ 下分位数和上分位数的自助法估计是基本百分位法置信区间的极限.

α 和 γ 的意义是值得重申的,这是因为很容易混淆这两个置信系数,但必须加以区分,因为它们有相当不同的解释. $\mathrm{VaR}(\alpha)$ 被定义为损失大于 $\mathrm{VaR}(\alpha)$ 的概率是 α. 另一方面, γ 是 $\mathrm{VaR}(\alpha)$ 和 $\mathrm{ES}(\alpha)$ 的置信区间的置信系数. 如果构造了很多的置信区间,那么不包含真正风险度量的概率大约为 γ. 因此, α 是投资损失概率而 γ 是置信区间不正确的概率. 另一种解释 α 和 γ 区别的方法是:假设已有损失函数的完备知识, $\mathrm{VaR}(\alpha)$ 和 $\mathrm{ES}(\alpha)$ 是未来损失不确定性的风险度量,而置信区间反映的是由于损失分布的不完备知识导致风险度量的不确定性.

例 19.4 一个标准普尔 500 投资的 VaR 和 ES 自助法置信区间.

在本例中,我们继续例 19.2 和例 19.3 的讨论,并求 $\mathrm{VaR}(\alpha)$ 和 $\mathrm{ES}(\alpha)$ 的置信区间. 和前文一样 $\alpha=0.05$, $\gamma=0.1$. 再抽样次数 $B=5000$.

$\mathrm{VaR}(0.05)$ 的基本百分位置信区间的非参数与参数估计分别为 $(297,352)$ 与 $(301,346)$. 对于 $\mathrm{ES}(0.05)$,相应的基本分位数置信区间分别为 $(487,803)$ 与 $(433,605)$. 我们看到,风险度量有相当大的不确定性,特别是对 $\mathrm{ES}(0:05)$,尤其是使用非参数估计.

R 程序的自助法计算花费了 33.3 分钟,在 Windows™ 系统下占用了 Pentium™ 处理器的 2.13GHz. 计算这么漫长是因为寻求最大似然估计的优化步骤比较占用计算时间,至少如果是重复 5000 次.

苦苦等待了半小时的置信区间可能不会是一个有吸引力的工作. 然而,自助法可以用少得多的重复次数得到一个合理的精度度量. 有人可能只要 50 次,这将只要不到一分钟的时间. 而用基本的分位数自助法置信区间方法,这么多的再抽样次数是不够的,但可以使用近似正态自助法置信区间(6.4). 作为一个例子,只需要前 50 个自助再抽样本,即可得到 $\mathrm{VaR}(0.05)$ 的非参数的近似正态区间估计是 $(301,361)$. 需要所有 5000 个再抽样本才能得到与上述的精度相同的基本分位数置信区间 $(297,352)$.

近似正态区间估计是假设 $\widehat{\mathrm{VaR}}(0.05)$ 近似服从正态分布. 由 $\widehat{\mathrm{VaR}}(0.05)$ 是样本分位数的倍数以及样本分位数的中心极限定理(4.3.1 节)可知该假设是合理的. 近似正态区间估计不需要假设回报率服从正态分布. 事实上,在参数估计时对回报率是用 t 分布进行建模的.

19.4 用 ARMA/GARCH 模型估计 VaR 与 ES

正如我们已经在第 9 章和第 18 章看到股票日回报率通常有少量的自相关性和更大的波动性聚类. 在计算风险度量时, 如果自相关足够小, 可以忽略, 但波动性聚类是不能忽略的. 在本节, 我们用 ARMA/GARCH 模型, 这样 VaR(α) 与 ES(α) 能够适应于高或低的波动期.

假设有 n 个回报率 $R_1, \cdots, R_n$, 需要估计下一个回报率 R_{n+1} 的 VaR 与 ES. 假设下一个回报率 R_{n+1} 在当前信息集(在此上下文中简记为$\{R_1, \cdots, R_n\}$)的条件下条件期望与条件方差为 $\hat{\mu}_{n+1|n}$ 与 $\hat{\sigma}_{n+1|n}$ 的估计. 也假设 R_{n+1} 服从自由度为 ν 的条件 t 分布. 拟合 ARMA/GARCH 模型后, 即有估计 $\hat{\nu}$, $\hat{\mu}_{n+1|n}$ 与 $\hat{\sigma}_{n+1|n}$. 条件尺度参数的估计为

$$\hat{\lambda}_{n+1|n} = \sqrt{(\hat{\nu}-2)/\hat{\nu}}\,\hat{\sigma}_{n+1|n} \tag{19.11}$$

VaR 与 ES 的估计如 19.2.2 节, 而 $\hat{\mu}$ 与 $\hat{\lambda}$ 用 $\hat{\mu}_{n+1|n}$ 与 $\hat{\lambda}_{n+1|n}$ 代替.

例 19.5 一个标准普尔 500 投资的 GARCH(1, 1) 模型 VaR 和 ES 估计.

用 AR(1)/GARCH(1, 1) 模型拟合标准普尔 500 的对数回报率. 由于 AR(1) 模型的系数小且不显著, 因此用 GARCH(1, 1) 模型估计 VaR 与 ES. GARCH(1, 1) 模型拟合如下:

```
Call: garchFit(formula = ~garch(1, 1), data = SPreturn,
    cond.dist = "std")

Error Analysis:
        Estimate  Std. Error  t value  Pr(>|t|)
mu      7.147e-04  2.643e-04   2.704    0.00685 **
omega   2.833e-06  9.820e-07   2.885    0.00392 **
alpha1  3.287e-02  1.164e-02   2.824    0.00474 **
beta1   9.384e-01  1.628e-02  57.633    < 2e-16 ***
shape   4.406e+00  6.072e-01   7.256    4e-13 ***
```

下一个回报率的条件均值与条件标准差的估计分别为 0.00071 与 0.00950. 为了估计 VaR 与 ES, 假设下一个回报率服从均值和标准差分别为 0.00071 与 0.00950、自由度为 4.406 的 t 分布. VaR 的估计为 277.21 美元, ES 的估计是 414.61 美元. GARCH 模型的 VaR 与 ES 估计显著小于例 19.2 的估计(323.42 美元与 543.81 美元), 这是因为此处的条件标准差(0.00950)比例 19.2 的边缘标准差(0.01248)小, 参见图 19-3. 图中水平虚线的高度是边缘标准差, 而下一个回报率的条件标准差是由一个大的星号表示. 在图 19-3 左侧的 1987 年 10 月(接近于黑色星期一)的高波动期内, 边缘标准差被夸大. ∎

19.5 一个投资组合的 VaR 与 ES 的估计

相对于对单一资产的 VaR 估计, 当对一个投资组合的 VaR 进行估计时, 基于回报率服从多元正态分布或 t 分布的假设, 参数估计是方便的, 这是因为投资组合的回报率将服从单变量正态分布或 t 分布. 第 11 章和第 17 章介绍的投资组合理论与因子模型可以用来估计投资组合回报率的均值和方差.

当投资组合包括股票、债券、期权、外汇头寸等资产时, VaR 的估计变得复杂. 然而, 当一个投资组合中只包含股票, VaR 的估计是相对简单的, 我们将主要考虑这种情况——更复杂的情况请见 19.10 节的文献.

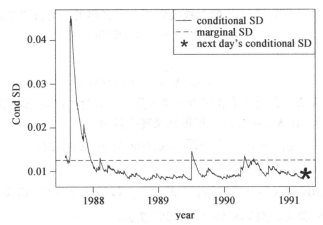

图 19-3　基于 GARCH(1，1) 模型标普 500 回报率的条件标准差. 表示下一天回报率条件标准差的大星号在条件标准差序列的末端，水平虚线的高度是边缘标准差

股票投资组合回报率的均值、方差、协方差可以如第 11 章所讨论一样直接从回报率的样本估计或用因子模型(在 17.4.2 节中讨论的)估计. 一旦得到这些估计,可以把它们代入式(11.6)和式(11.7),以获得投资组合回报率的期望值和方差的估计,这两个估计分别记作 $\hat{\mu}_P$ 与 $\hat{\sigma}_P^2$. 类似于式(19.10),若假设投资组合回报率服从正态分布(用下标 "P" 表示),则 VaR 的估计为

$$\widehat{\text{VaR}}_P^{\text{norm}}(\alpha) = -S \times \{\hat{\mu}_P + \Phi^{-1}(\alpha)\hat{\sigma}_P\} \tag{19.12}$$

其中 S 是投资组合的初始值. 此外,由式(19.9),期望损失的估计值是

$$\widehat{\text{ES}}_P^{\text{norm}}(\alpha) = S \times \left\{-\hat{\mu}_P + \hat{\sigma}_P\left(\frac{\phi\{\Phi^{-1}(\alpha)\}}{\alpha}\right)\right\} \tag{19.13}$$

如果股票回报率服从联合 t 分布,那么投资组合的回报率服从自由度相同的单变量 t 分布,投资组合的 VaR 与 ES 可以通过 19.2.2 节的等式计算. 如果投资组合的回报率服从均值为 μ_P、尺度参数为 λ_P、自由度为 ν 的 t 分布,那么 VaR 的估计为

$$\widehat{\text{VaR}}_P^{\text{t}}(\alpha) = -S\{\hat{\mu}_P + F_\nu^{-1}(\alpha)\hat{\lambda}_P\} \tag{19.14}$$

期望损失的估计是

$$\widehat{\text{ES}}_P^{\text{t}}(\alpha) = S \times \left\{-\hat{\mu}_P + \hat{\lambda}_P\left(\frac{f_{\hat{\nu}}\{F_{\hat{\nu}}^{-1}(\alpha)\}}{\alpha}\left[\frac{\hat{\nu} + \{F_{\hat{\nu}}^{-1}(\alpha)\}^2}{\hat{\nu} - 1}\right]\right)\right\} \tag{19.15}$$

例 19.6　数据集 CRSPday 中三只股票投资组合的 VaR 与 ES.

本例使用曾在例 7.1 和例 7.4 中分析的数据集 CRSPday. 该数据集包含四只股票(GE、IBM、Mobil 和 CRSP)的回报率,在例 7.4 中,我们发现对该数据集可以用自由度为 5.94 的多元 t 分布模型建模. 在本例中,我们将只分析除 CRSP 外的三只股票回报率,t 分布的参数进行了重新估计,$\hat{\nu}$ 微升至 5.81.

均值的估计是

$$\hat{\mu} = (0.0008584 \quad 0.0003249 \quad 0.0006162)^{\text{T}}$$

协方差矩阵的估计是

$$\hat{\Sigma} = \begin{pmatrix} 1.273\text{e}-04 & 5.039\text{e}-05 & 3.565\text{e}-05 \\ 5.039\text{e}-05 & 1.812\text{e}-04 & 2.400\text{e}-05 \\ 3.565\text{e}-05 & 2.400\text{e}-05 & 1.149\text{e}-04 \end{pmatrix}$$

对于权重为 $w=(1/3\ \ 1/3\ \ 1/3)^{\mathrm{T}}$ 的等权投资组合,其回报率均值的估计为
$$\hat{\mu}_P = \hat{\mu}^{\mathrm{T}} w = 0.0005998$$
标准差的估计为
$$\hat{\sigma}_P = \sqrt{w^{\mathrm{T}} \hat{\boldsymbol{\Sigma}} w} = 0.008455$$
投资组合的回报率服从具有此均值和标准差的 t 分布,其自由度与三只股票回报率的多元 t 分布的自由度相同. 代入 $\hat{\nu}=5.81$,可得其尺度参数为
$$\hat{\lambda}_P = \sqrt{(\hat{\nu}-2)/\hat{\nu}} \times 0.008455 = 0.006847$$
因此,
$$\widehat{\mathrm{VaR}}^t(0.05) = -S\{\hat{\mu}_P + \hat{\lambda}_P \hat{q}_{0.05,t}(\hat{\nu})\} = S \times 0.01278$$
例如,若 $S=20\,000$ 美元,则 $\widehat{\mathrm{VaR}}^t(0.05)=256$ 美元.

由式(19.8)和 $S=20\,000$ 美元,ES 的估计为
$$\widehat{\mathrm{ES}}^t(0.05) = S \times \left\{-\hat{\mu}_P + \hat{\lambda}_P \left(\frac{f_{\hat{\nu}}\{\hat{q}_{0.05,t}(\hat{\nu})\}}{\alpha}\left[\frac{\hat{\nu}+\{\hat{q}_{0.05,t}(\hat{\nu})\}^2}{\hat{\nu}-1}\right]\right)\right\} = 363 \text{ 美元} \quad\blacksquare$$

19.6 多项式尾部的 VaR 估计

对于 VaR 在 19.2.1 节完全非参数估计与 19.2.2 的参数估计之间,有一个较好的折中. 对于较大的 α,非参数估计是可行的,但对于较小的 α 则不行. 例如,如果有 1000 个回报率样本,精确估计 0.05 分位数是可行的,但对于 0.0005 分位数是不可行的. 对于任意 α,参数估计可以估计 VaR,但是当 α 较小时,VaR 的参数估计对尾部误设是敏感的. 因此,一个完全非参数估计方法和参数估计方法之间的折中是有吸引力的.

本节中所使用的方法假设回报率密度函数有一个多项式左尾,或等价地,损失密度函数有一个多项式右尾. 在此假设下,能够利用较大 α_0 的 $\mathrm{VaR}(\alpha_0)$ 非参数估计获得较小 α_1 的 $\mathrm{VaR}(\alpha_1)$ 的估计. 此处假设 $\mathrm{VaR}(\alpha_1)$ 与 $\mathrm{VaR}(\alpha_0)$ 有相同的持有期 T.

由于假定回报率的密度函数有一个多项式的左尾,因此回报率密度函数 f 满足
$$f(y) \sim A y^{-(a+1)}, \quad y \to -\infty \tag{19.16}$$
其中 $A>0$ 是常数,$a>0$ 是尾部指数. 因此,
$$P(R \leqslant y) \sim \int_{-\infty}^{y} f(\mu)\mathrm{d}\mu = \frac{A}{a} y^{-a}, \quad y \to -\infty \tag{19.17}$$
若 $y_1>0$ 且 $y_2>0$,则
$$\frac{P(R<-y_1)}{P(R<-y_2)} \approx \left(\frac{y_1}{y_2}\right)^{-a} \tag{19.18}$$
现在假设 $y_1=\mathrm{VaR}(\alpha_1)$, $y_2=\mathrm{VaR}(\alpha_0)$,其中 $0<\alpha_1<\alpha_0$. 则式(19.18)化为
$$\frac{\alpha_1}{\alpha_0} = \frac{P\{R<-\mathrm{VaR}(\alpha_1)\}}{P\{R<-\mathrm{VaR}(\alpha_0)\}} \approx \left(\frac{\mathrm{VaR}(\alpha_1)}{\mathrm{VaR}(\alpha_0)}\right)^{-a} \tag{19.19}$$
或
$$\frac{\mathrm{VaR}(\alpha_1)}{\mathrm{VaR}(\alpha_0)} \approx \left(\frac{\alpha_0}{\alpha_1}\right)^{1/a}$$
因此,现在去掉 α_1 的下标"1"并将近似等式改写为等式,则有
$$\mathrm{VaR}(\alpha) = \mathrm{VaR}(\alpha_0)\left(\frac{\alpha_0}{\alpha}\right)^{1/a} \tag{19.20}$$

当 VaR(α_0) 被一个非参数估计替换且尾部指数 a 被将要在 19.6.1 节讨论的一个估计替换时，等式 (19.20) 是 VaR(α) 的一个估计. 注意到式 (19.20) 的另一个优点：VaR(α) 不仅是单个 α 的估计，而且是所有 α 值的估计. 若需要对各种不同的 α 计算和比较 VaR(α)（正如在例 19.7 所说明的那样），这是很有用的. α_0 必须是充分大到 VaR(α_0) 能被精确估计，而 α 可以是比 α_0 小的任意值.

既有参数项又有非参数项的模型称为半参数模型，因为式 (19.20) 的尾部指数是由参数法确定的而分布却是不确定的，所以式 (19.20) 的估计是半参数估计.

为了推导 ES 的公式，进一步假设对某些 $c<0$，回报率密度函数满足

$$f(y) = A\,|y|^{-(a+1)}, \quad y \leqslant c \tag{19.21}$$

即当 $y \leqslant c$ 时，式 (19.16) 中的等式成立. 则对任意 $d \leqslant c$，

$$P(R \leqslant d) = \int_{-\infty}^{d} A\,|y|^{-(a+1)}\,\mathrm{d}y = \frac{A}{a}\,|d|^{-a} \tag{19.22}$$

在 $R \leqslant d$ 的条件下，R 的条件密度为

$$f(y\mid R \leqslant d) = \frac{Ay^{-(a+1)}}{P(R \leqslant d)} = a\,|d|^{a}\,|y|^{-(a+1)} \tag{19.23}$$

进而，对 $a>1$ 有

$$E(|R|\mid R \leqslant d) = a\,|d|^{a}\int_{-\infty}^{d}|y|^{-a}\,\mathrm{d}y = \frac{a}{a-1}|d| \tag{19.24}$$

(当 $a \leqslant 1$ 时，这个期望是 $+\infty$.) 若设 $d = -\text{VaR}(\alpha)$，则有

$$\text{ES}(\alpha) = \frac{a}{a-1}\text{VaR}(\alpha) = \frac{1}{1-a^{-1}}\text{VaR}(\alpha), \quad a>1 \tag{19.25}$$

利用 VaR(α) 和 a 的估计，可以由式 (19.25) 估计 ES(α).

19.6.1 估计尾部指数

在本节中，我们估计多项式左尾的尾部指数. 将推导出两种估计：回归估计和 Hill 估计.

尾部指数的回归估计

由式 (19.17) 可得

$$\log\{P(R \leqslant -y)\} = \log(L) - a\log(y) \tag{19.26}$$

其中 $L = A/a$.

若 $R_{(1)}, \cdots, R_{(n)}$ 是回报率的次序统计量，则小于或等于 $R_{(k)}$ 的回报率的数目等于 k，因此，$\log\{P(R \leqslant R_{(k)})\}$ 的估计是 $\log(k/n)$. 于是由式 (19.26) 有，

$$\log(k/n) \approx \log(L) - a\log(-R_{(k)}) \tag{19.27}$$

或者重新整理式 (19.27)，

$$\log(-R_{(k)}) \approx (1/a)\log(L) - (1/a)\log(k/n) \tag{19.28}$$

只有当 $-R_{(k)}$ 比较大，即 k 比较小，也许只有样本容量 n 的 5%，10% 或 20% 时，近似式 (19.28) 才有可能是精确的. 此时，如果绘制 $[\{\log(k/n),\ \log(-R_{(k)})\}]_{k=1}^{m}$ 的图像，即可发现这些点大致成一条直线，其中 m 等于 n 的比较小的百分比，比如 10%. 此外，若用最小二乘法拟合直线模型 (19.28)，记斜率的估计为 $\hat{\beta}_1$，则 $\hat{\beta}_1$ 即为 $-1/a$ 的估计. 因此，称 $-1/\hat{\beta}_1$ 为尾部指数的回归估计.

Hill 估计

回报率密度 f 的左尾指数 a 的 Hill 估计使用所有小于常数 c 的数据，其中 c 是足够小

的，以致于对小于 c 的 y，有

$$f(y) = A|y|^{-(a+1)} \quad (19.29)$$

c 的选择至关重要，这点将在下面讨论. 设 $Y_{(1)}, \cdots, Y_{(n)}$ 是回报率的次序统计量，$n(c)$ 是样本 $Y_{(1)}, \cdots, Y_{(n)}$ 中小于等于 c 的个数[注]. 由式(19.23)可得，在 $Y_i \leqslant c$ 的条件下，Y_i 的条件密度为

$$a|c|^a|y|^{-(a+1)} \quad (19.30)$$

因此，$Y_{(1)}, \cdots, Y_{(n(c))}$ 的似然比为[注]

$$L(a) = \left(\frac{a|c|^a}{|Y_1|^{a+1}}\right)\left(\frac{a|c|^a}{|Y_2|^{a+1}}\right)\cdots\left(\frac{a|c|^a}{|Y_{n(c)}|^{a+1}}\right)$$

对数似然为

$$\log\{L(a)\} = \sum_{i=1}^{n(c)}\{\log(a) + a\log(|c|) - (a+1)\log(|Y_{(i)}|)\} \quad (19.31)$$

在式(19.31)的右边对参数 a 求导，并令其导数等于 0，则有

$$\frac{n(c)}{a} = \sum_{i=1}^{n(c)} \log(Y_{(i)}/c)$$

因此，a 的 MLE，即所谓的 Hill 估计为

$$\hat{a}^{\text{Hill}}(c) = \frac{n(c)}{\sum_{i=1}^{n(c)} \log(Y_i/c)} \quad (19.32)$$

注意到 $Y_{(i)} \leqslant c < 0$，所以 $Y_{(i)}/c$ 是正的.

如何选择 c 呢？一般 c 等于 $Y_1, \cdots, Y_n$ 之一，即 $c = Y_{(n(c))}$，进而 c 的选择等价于 $n(c)$ 的选择. 该选择包含了偏差-方差权衡. 若 $n(c)$ 太大，则 $f(y) = A|y|^{-(a+1)}$ 将不会保证所有的值都满足 $y \leqslant c$，进而引起偏差；若 $n(c)$ 太小，则小于 c 的样本 Y_i 太少，进而由于使用的数据太少，$\hat{a}^{\text{Hill}}$ 将具有较大的方差和不稳定性. 但是，我们希望有一个 $n(c)$ 的范围，其中 $\hat{a}^{\text{Hill}}(c)$ 既没有太大的偏差，也没有太多的方差，即 $\hat{a}^{\text{Hill}}(c)$ 是相当稳定的.

Hill 图($\hat{a}^{\text{Hill}}(c)$ 与 $n(c)$ 的图形)可以寻找 $n(c)$ 的范围. 在一个 Hill 图中，寻找估计几乎是常数的 $n(c)$ 的范围，并从该范围中选择 $n(c)$.

例 19.7 估计标普 500 回报率左尾指数.

本例使用曾在例 19.2 和例 19.3 使用过的 1000 天标普 500 日回报率. 首先，计算尾部指数的回归估计. 对 m 等于 50, 100, 200 和 300，分别绘制 $[\{\log(k/n), \log(-R_{(k)})\}]_{k=1}^m$ 的图像，寻找使图形大致呈现线性最大的 m 值，因此，选择 $m=100$. 图 19-4 包含了点与最小二乘线. $m=100$ 时的斜率是 -0.506，因此，a 估计为 $1/0.506 = 1.975$.

假设已经在标普 500 指数基金投资 20 000 美元. 取 $\alpha_0 = 0.1$，VaR$(0.1, 24$ 小时$)$ 的估计是 $-20\,000$ 美元乘以 1000 个回报率的 0.1 分位数. 样本分位数为 -0.0117，则 $\widehat{\text{VaR}}^{\text{np}}(0.1, 24$ 小时$) = 234$ 美元. 由式(19.20)和 $a = 1.975(1/a = 0.506)$，有

$$\widehat{\text{VaR}}(\alpha) = 234\left(\frac{0.1}{\alpha}\right)^{0.506} \quad (19.33)$$

[注] 原文为 "$n(c)$ be the number of Y_1 less than or equal to c." 即 $n(c)$ 是 Y_1 小于等于 c 的个数，疑是有误. ——译者注

[注] 原文为：$L(a) = \left(\frac{a|c|^a}{|Y_1|^{a+1}}\right)\left(\frac{a|c|^a}{|Y_2|^{a+1}}\right)\cdots\left(\frac{a|c|^a}{|Y_n|^{a+1}}\right)$，疑是有误. ——译者注

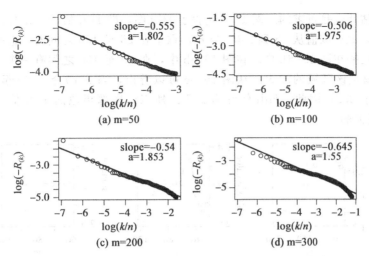

图 19-4　通过回归估计标普 500 回报率左尾指数的图像，"Slope"是斜率的最小二乘估计，"a"是 $-1/\text{slope}$

图 19-5 中的实曲线是 $\widehat{\text{VaR}}(\alpha)$（由式(19.33)确定，$0.0025 \leqslant \alpha \leqslant 0.25$）与 α 的回归估计图像；短横线曲线是 $\widehat{\text{VaR}}(\alpha)$ 与 α 的 Hill 估计（其值为 2.2，见下文）的图像；长横线曲线是假设回报率有如在 19.2.2 节所讨论的 t 分布时的图像，而虚曲线是假设正态回报率时的图像．回报率分布比正态分布具有更重的尾部，而此处绘制正态分布假设的曲线仅仅是为了说明模型假设错误的效应．基于 t 分布的参数估计与 α 不是十分小的多项式尾部的参数估计是类似的．而对于较小的 $\alpha (\alpha < 0.01)$，两估计之间的差异是明显的，这是因为尾部指数为 1.975 或 2.2 的多项式尾部比自由度 $\nu = a = 2.984$ 的 t 分布的尾部重．如果 α 在 $0.01 \sim 0.2$ 的范围，那么除了拟合效果不好的正态分布，$\widehat{\text{VaR}}(\alpha)$ 对模型的选择是相对不敏感的．这是我们更喜欢 $\alpha \geqslant 0.01$ 的一个很好的理由．

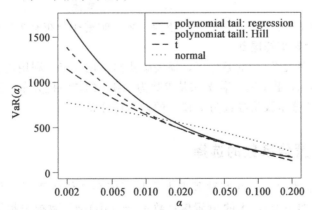

图 19-5　实线：由式(19.33)与尾部指数的回归估计量所确定的 $\text{VaR}(\alpha)$ 的估计；短横线：由式(19.33)与尾部指数的 Hill 估计量所确定的 $\text{VaR}(\alpha)$ 的估计；长横线：假设回报率服从 t 分布时的 $\text{VaR}(\alpha)$ 估计；虚线：假设回报率服从正态分布的 $\text{VaR}(\alpha)$ 估计．注意对 x 轴作了对数变换

利用 a 的回归估计 $\hat{a} = 1.975$，从式(19.25)可得

$$\widehat{\text{ES}}(\alpha) = \frac{1.975}{0.975} \widehat{\text{VaR}}(\alpha) = 2.026 \widehat{\text{VaR}}(\alpha) \tag{19.34}$$

a 的 Hill 估计也是可求的. 图 19-6 包含了 Hill 图,即 Hill 估计 $\hat{a}_{Hill}(c)$ 与 $n(c)$ 的图. 在图 19-6a 中,$n(c)$ 取值从 25 到 250. 当 $n(c)$ 取值在 25 至 120 之间时,似乎有一块平稳区域,这一点反映在图 19-6b 中. 在图 19-6b 中,在 60 至 100 之间有一个更加平稳的区域. 图 19-6c 就是该区域的放大. 从图 19-6c 可以看出,当 $n(c)$ 介于 60 至 100 之间时,Hill 估计接近于 2.2,因此,Hill 估计为 2.2. 所以,尾部指数的 Hill 估计与回归估计 (1.975) 是相近似的.

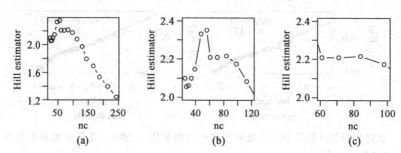

图 19-6　结束于 2003 年 3 月 4 日的 1000 个连续交易日标普 500 指数收益率尾部指数的 Hill 估计.
(a) 全部 n_c. (b) n_c 介于 25 与 120 之间的放大. (c) n_c 介于 60 与 100 之间的进一步放大

回归估计的优点是可以使用 $\{(\log(k/n), -R_{(k)})\}_{k=1}^{m}$ (不同的 m) 散点图的线性来选择 m,这一点与 $n(c)$ 类似,一个线性图提示一个多项式尾. 与之相反,Hill 图检验估计的稳定性而并没有直接给出是否有多项式尾部的结论.

19.7　帕雷托分布

位置参数 $c>0$、形状参数 $a>0$ 的帕雷托 (Pareto) 分布的密度函数为

$$f(y;a,c) = \begin{cases} ac^a y^{-(a+1)}, & y>c \\ 0, & \text{其他} \end{cases} \quad (19.35)$$

当 $a>1$ 时,期望为 $ac/(a-1)$,否则,期望为 $+\infty$. 帕雷托分布有多项式尾部,而事实上多项式尾部常常称为帕雷托尾部.

式 (19.30) 表明在大于 $|c|$ 的条件下,损失服从帕雷托分布. 利用前文帕雷托分布的一个性质 [见式 (19.23)],我们有:若 Y 服从参数为 a 和 c 的帕雷托分布,且 $d>c$,则在 $Y>d$ 的条件下 Y 的条件分布服从参数为 a 和 d 的帕雷托分布.

19.8　持有期与置信系数的选择

持有期与置信系数的选择在某种程度上是相互依存并依赖于最终使用的 VaR 估计. 对于较短的持有期 (如一天),大的 α (置信系数 $=1-\alpha$ 小) 会导致损失频繁地超过 VaR. 例如,$\alpha=0.05$ 将导致约每月有一次损失超过 VaR,这是因为在一个月内有略超过 20 个交易日,因此,我们可能希望使用较小的 α 与更短的持有期.

然而,每个人都应该谨慎使用值非常小的 α,如小于 0.01 的值. 当 α 非常小时,VaR,特别是 ES,是不可能被准确地估计的,并且对回报率分布的左尾部的假设是非常敏感的. 正如我们所看到的,用自助法置信区间来表示 VaR 和 ES 估计的精度是有用的. 同样重要的是比较基于不同的尾部假设的估计,例如,在图 19-5 中,随着 α 降低到低于 0.01,

VaR 的三个估计越来越不同.

当然，没有必要考虑只有一个持有期或置信系数的问题. 当用参数法估计 VaR 并假设回报率是独立同分布于正态分布，那么很容易重新估计出不同持有期的 VaR. 假设 $\hat{\mu}_P^{1\,\text{day}}$ 和 $\hat{\sigma}_P^{1\,\text{day}}$ 分别是一天回报率的均值和标准差的估计. 仅仅假设回报率是独立同分布，M 天的均值和标准差的估计分别为

$$\hat{\mu}_P^{M\,\text{days}} = M\hat{\mu}_P^{1\,\text{day}} \tag{19.36}$$

$$\hat{\sigma}_P^{M\,\text{days}} = \sqrt{M}\hat{\sigma}_P^{1\,\text{day}} \tag{19.37}$$

因此，如果进一步假设回报率服从正态分布，那么 M 天的 VaR 是

$$\text{VaR}_P^{M\,\text{day}} = -S \times \{M\hat{\mu}_P^{1\,\text{day}} + \sqrt{M}\Phi^{-1}(\alpha)\hat{\sigma}_P^{1\,\text{day}}\} \tag{19.38}$$

其中，S 是初始投资额. 例如，方程(19.38)允许持有期从日变化到周，而不需要重新估计周回报率的均值和标准差，相反，只需简便地把 $M=5$ 代入式(19.38). 但使用式(19.38)的风险是：它假定日回报率服从正态分布且没有自相关或 GARCH 效应（波动聚类）. 如果有正自相关，那么式(19.38)低估了 M 天的 VaR. 如果有 GARCH 效应，那么式(19.38)给出基于边缘分布的 VaR，但是，应该使用基于目前的信息的条件分布的 VaR.

如果回报率不服从正态分布，那么没有式(19.38)那么简单的类似公式. 例如，如果日回报率是独立同分布于 t 分布，不能简单地通过以 t 分布的分位数取代式(19.38)中正态的分位数 $\Phi^{-1}(\alpha)$. 这主要是因为独立同分布的 t 分布之和并不是 t 分布. 因此，若日回报率是 t 分布，则 M 日的回报率不是 t 分布. 然而，对于较大的 M 和独立同分布的回报率，根据中心极限定理，M 个独立的回报率之和将近似于正态分布，因此式(19.38)可以用于较大的 M 情形，即使回报率不是正态分布.

19.9 VaR 与多样化

VaR 的一个严重的问题是：它可能会妨碍多样化. Artzner、Delbaen、Eber 和 Heath (1997，1999) 研究过该问题. 他们提出如下问题：风险度量需要什么样的合理性质？他们列出任何风险度量应该有四个性质，若一个风险度量具有所有这四个性质，则称其为一致的风险度量.

在四个性质中，非常理想的一个性质是次可加性. 假设 $\Re(P)$ 是一个投资组合 P 的风险度量，例如，VaR 或 ES. 若对任意两个投资组合 P_1 与 P_2，$\Re(P_1+P_2) \leqslant \Re(P_1) + \Re(P_2)$，则 $\Re$ 具有次可加性. 次可加性表明两个投资组合联合风险最多是两个投资组合风险之和，这意味着，多样化降低了风险，或至少不会增加风险. 例如，如果银行有两名交易员，使用具有次可加性的风险度量，他们联合的风险是小于或等于其个别风险的总和. 将次可加性推广到两个以上的投资组合，如果 $\Re$ 是次可加的，那么对 m 个投资组合 P_1，$\cdots$，P_m，

$$\Re(P_1 + \cdots + P_m) \leqslant \Re(P_1) + \cdots + \Re(P_m)$$

假设一家公司有 100 名交易员并监控每名交易员投资组合的风险. 如果采用的是具有次可加性的风险度量，那么可以肯定，100 名交易员的总风险最多是 100 个单个风险的总和. 只要这个总和是可以接受的，就没有必要计算整个公司的风险度量. 如果该公司所使用的风险度量没有次可加性，那么就不能这样计算.

遗憾的是，正如下例所示，VaR 不具有次可加性，因此是不一致的. ES 具有次可加性，这是选择使用 ES 而不使用 VaR 的一个强有力的理由.

例 19.8 VaR 不具有次可加性的例子.

这个简单的例子用来说明 VaR 不具有次可加性，并且可能阻碍多样化. 一家公司销售面值 1000 美元、单利率为 5% 的一年期债券. 如果该公司没有违约，那么该债券每年末支付 50 美元；如果银行违约，那么将损失 1000 美元. 银行履行合约的概率是 0.96. 为了使损失分布连续，假设损失分别以 0.96 和 0.04 的概率取到 $N(-50,1)$ 与 $N(1000,1)$. 构造如此连续的损失分布主要是为了简化计算. 然而，该损失将是连续的，例如，如果该投资组合既包含债券也包含一些股票，且假设有独立的损失分布完全相同的第二家公司债券.

考虑两个投资组合. 组合 1 从第一家公司购买两份债券而组合 2 从两家公司各购买一份债券. 这两个投资组合有相同的损失期望，但第二个投资组合具有更多的多样化. 设 $\Phi(x;\mu,\sigma^2)$ 是均值为 μ、方差为 σ^2 的正态累积分布函数. 投资组合 1 的损失累积分布函数为

$$0.04\Phi(x;2000,4) + 0.96\Phi(x;-100,4)$$

而由于两家公司的独立性，投资组合 2 的损失分布的累积分布函数为

$$0.04^2\Phi(x;2000,2) + 2(0.96)(0.04)\Phi(x;950,2) + 0.96^2\Phi(x;-100,2)$$

我们期待的第二个投资组合风险较小，但 VaR(0.05) 正好相反. 具体来说，对于组合 1 与组合 2，VaR(0.05) 分别为 -95.38 和 949.53. 注意到一个负 VaR 意味着一个负损失（正收益）. 因此，投资组合 1 比投资组合 2 的风险比要小得多，至少是由 VaR(0.05) 度量的风险. 图 19-7 显示每个投资组合的 CDF 与 0.95 水平虚线相交处的损失是 VaR(0.05).

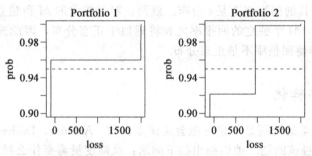

图 19-7　VaR 阻碍多样化的例子. 损失分布的 CDF 图. CDF 与 0.95 水平虚线相交处的损失是 VaR(0.05)

注意，具有 VaR(α) 最高值的投资组合在很大程度上取决于 α. 当 α 低于违约概率 0.04 时，投资组合 1 比投资组合 2 的风险高.

虽然 VaR 通常被认为是风险管理的行业标准，Artzner、Delbaen、Eber 和 Heath(1997) 发现一个有趣的现象. 他们指出，在设定保证金要求时，交易所应使用具有次可加性的风险度量，这样，所有客户的总风险一定是小于个别风险的总和. 显然，没有交易所使用损失分布的分位数来设定保证金要求. 因此，交易所可能会意识到 VaR 的缺点并且 VaR 不是交易所内部标准的风险度量.

19.10　文献注记

风险管理是一个庞大的主题，我们只提及几个方面，侧重于估计风险的统计方法. 我们没有考虑过债券、外汇头寸、利率衍生工具或信用衍生产品的投资组合，也没有考虑市场风险以外的其他风险或 VaR 与 ES 如何用于风险管理. 要全面涵盖风险管理，至少需要一本书的篇幅来介绍. 幸运的是，存在优秀的风险管理书籍，例如，Dowd(1998)、Crouhy、

Galai 和 Mark(2001)、Jorion(2001), 以及 McNeil、Frey 和 Embrechts(2005). 最后一本书强调了统计技术, 推荐沿本章的脉络进一步阅读. 这里没有讨论的广义帕雷托分布在 McNeil、Frey 和 Embrechts(2005)中有所讨论.

Alexander(2001)、Hull(2003)与 Gourieroux 和 Jasiak(2001)都有几章讨论 VaR 和风险管理. 基于多项式尾部的假设和式(19.20)的半参数估计方法来自于 Gourieroux 和 Jasiak(2001). 而 Drees、de Haan 和 Resnick(2000)与 Resnick(2001)较好地介绍了 Hill 图.

19.11 参考文献

Alexander, C. (2001) *Market Models: A Guide to Financial Data Analysis*, Wiley, Chichester.

Artzner, P., Delbaen, F., Eber, J.-M., and Heath, D. (1997) Thinking coherently. *RISK*, **10**, 68–71.

Artzner, P., Delbaen, F., Eber, J.-M., and Heath, D. (1999) Coherent measures of risk. *Mathematical Finance*, **9**, 203–238.

Crouhy, M., Galai, D., and Mark, R. (2001) *Risk Management*, McGraw-Hill, New York.

Drees, H., de Haan, L., and Resnick, S. (2000) How to make a Hill plot, *Annals of Statistics*, **28**, 254–274.

Dowd, K. (1998) *Beyond Value At Risk*, Wiley, Chichester.

Gourieroux, C., and Jasiak, J. (2001) *Financial Econometrics*, Princeton University Press, Princeton, NJ.

Hull, J. C. (2003) *Options, Futures, and Other Derivatives*, 5th ed., Prentice-Hall, Upper Saddle River, NJ.

Jorion, P. (2001) *Value At Risk*, McGraw-Hill, New York.

McNeil, A. J., Frey, R., and Embrechts, P. (2005) *Quantitative Risk Management*, Princeton University Press, Princeton, NJ.

Resnick, S. I. (2001) *Modeling Data Networks*, School of Operations Research and Industrial Engineering, Cornell University, Technical Report #1345.

19.12 R 实验室

19.12.1 多元 t 分布模型的 VaR

运行下列代码生成两只股票 DATGEN 和 DEC 的回报率数据集.

```
library("fEcofin")
library(mnormt)
Berndt = berndtInvest[,5:6]
names(Berndt)
```

问题 1 对数据 Berndt 拟合多元 t 分布模型; 拟合该模型的一个例子见 7.14.3 节. 求均值向量、自由度和尺度矩阵的估计. 你的结果中应包含 R 程序、代码和输出.

问题 2

(a) 10 万美元投资组合的 70% 投资于 DATGEN, 30% 投资于 DEC, 其回报率的分布是什么? 你的结果中应包含 R 代码和输出.

(b) 计算该投资组合的 $VaR^t(0.05)$ 与 $ES^t(0.05)$.

问题 3 使用无模型自助法求该投资组合 $VaR(0.05)$ 的一个基本百分比自助置信区间, 其中置信系数为 90%，使用 250 个自助再抽样本。这样的再抽样本容量是不足以得到高精度的置信区间，但会给出一个很好的合理的 VaR(0.05) 不确定性估计的指标——这是真正所需要的。

此外，绘出自由度(DF)与 $\text{VaR}^t(0.05)$ 自助分布的核密度估计图。该密度图是高斯的还是有偏的？若是高斯的，请进行正态性检验。

你的结果要包括 R 代码、图和输出。

问题 4 本题考虑变量 DEC。利用 Hill 估计来估计左尾部指数。利用 Hill 图选择 n_c。你选择的 n_c 是什么？你的结果包括 R 代码和图。

19.13 习题

1. 本题使用 fEcofin 包 bmwRet 数据集中 BMW 日回报率。虽然可能有一些自相关性和波动性聚类，但假设回报率是独立同分布的。假设一个投资者拥有 1000 美元的 BMW 股票。
   (a) 计算 VaR(0.01, 24 小时)和 ES(0.01, 24 小时)的非参数估计。
   (b) 假设回报率服从正态分布，计算 VaR(0.01, 24 小时)和 ES(0.01, 24 小时)的参数估计。
   (c) 假设回报率服从 t 分布，计算 VaR(0.01, 24 小时)和 ES(0.01, 24 小时)的参数估计。
   (d) 比较(a)、(b)和(c)中的估计。你觉得哪个最接近真实情况？
2. 假设损失分布有一个多项式的尾部且尾部指数 a 的估计是 3.1。如果 VaR(0.05) = \$252，那么 VaR(0.005)等于多少？
3. 在互联网上查一个至少 1000 天的股票日价格数据。
   (a) 假设损失分布为 t 分布，计算 VaR(0.025, 24 小时)的参数估计。
   (b) 计算 VaR(0.025, 24 小时)的非参数估计。
   (c) 使用 t 曲线来确定正态性假设是否合理。
   (d) 假设具有多项式尾部，估计尾部指数，然后利用(a)中 VaR(0.025, 24 小时)的估计来估计 VaR(0.0025, 24 小时)。
4. 本题使用 fEcofin 包中 msft.dat 数据集中的每日数据。使用收盘价计算日回报率。假设回报率是独立同分布的，虽然可能有一些自相关性和波动性聚类。假设投资者拥有 1000 美元的 MSFT 股票。假设回报率服从 t 分布，使用无模型自助法求 VaR(0.005, 24 小时)与 ES(0.005, 24 小时)参数估计的 95% 置信区间。
5. 假设 VaR(α)对于某些 α 的风险度量是 $\Re$。设 P_1 和 P_2 是两个投资组合，其回报率服从均值为 μ_1 与 μ_2、标准差为 σ_1 与 σ_2、相关系数为 ρ 的二元正态分布。设初始投资为 S_1 与 S_2。证明：$\Re(P_1+P_2) \leqslant \Re(P_1) + \Re(P_2)$。$^\ominus$
6. 本题使用本书网站上的文件 Stock_FX_Bond.csv 中的日股票价格数据。本题只是用每只股票的前 500 个价格。下面的 R 代码读取数据，并提取出 5 只股票前 500 个价格。变量名"AC"意思是"经调整收市"价格。

   ```
   dat = read.csv("Stock_FX_Bond.csv",header=T)
   prices = as.matrix(dat[1:500,c(3,5,7,9,11)])
   ```

   (a) 求这些股票的 499 个回报率的样本均值向量和协方差矩阵？
   (b) 若投资 5000 万美元在等权资产组合，则每只股票应买多少股？使用价格序列的最新价格，如 prices[, 500]。
   (c) 等权资产组合一天的 VaR(0.1)是多少？使用 VaR 的正态性参数假设。
   (d) 该资产组合 5 天的 VaR(0.1)是多少？使用 VaR 的正态性参数假设。你可以假设日回报率是不相关的。

$\ominus$ 这个结果表明 VaR 在一个回报率服从联合正态分布的投资组合集上是次可加的，或许只对包含股票的投资组合成立。然而，投资组合包含衍生品或债券，违约的非零概率一般也没有正态分布回报率。

第 20 章
贝叶斯数据分析和 MCMC

20.1 引言

贝叶斯统计是基于一个不同于其他统计推断方法的理念. 在贝叶斯统计中，所有未知数，特别是未知参数，都被认为是随机变量，且其概率分布指定我们对其可能值的信念. 通过使用贝叶斯定理更新我们的理念(视其为新的观测数据)来实现估计、模型选择和不确定性分析.

非贝叶斯统计区分两种类型的未知数：参数和隐变量. 对于非贝叶斯统计来说，参数是固定的没有概率分布的量，而隐变量是有概率分布的未知随机量. 例如，对于非贝叶斯统计，MA(q)过程的均值 μ、滑动平均系数 $\theta_1, \cdots, \theta_q$ 和白噪声的方差 σ_ϵ^2 是固定的参数，而未观测到的白噪声过程本身是隐变量. 相比之下，对于贝叶斯统计，参数和白噪声过程都是未知的随机量. 由于本章需要从贝叶斯角度分析，可以以同样的方式处理参数和隐变量，没有必要区分它们. 相反，设 $\boldsymbol{\theta}$ 表示所有未知数，并称之为"参数向量". 例如，在时间序列预测的上下文中，$\boldsymbol{\theta}$ 可包括未观测到的白噪声和该序列中预测的未来值.

贝叶斯统计的一个标志是必须首先指定参数值的先验信息. 因为从先验信息开始似乎过于主观，所以许多统计学家一直不愿意使用贝叶斯分析. 因此，在统计学的哲学基础上，贝叶斯统计学家和非贝叶斯统计学家之间有激烈的争论. 然而，许多主流的统计思想现在支持更务实的观念——应该使用任何应用良好的统计方法.

如果参数的先验信息很少，这个先验信息的缺乏可以采用所谓的无信息先验来克服. 相对于数据所提供的信息，无信息先验提供的参数信息非常少. 在实践中，当贝叶斯统计分析只能使用弱先验信息以致使参数的信息主要来自于数据时，贝叶斯统计和非贝叶斯统计分析数据经常得出类似的结论.

此外，在金融等诸多应用领域，分析师往往有大量的先验信息，并愿意使用它. 在商业和金融业，没有必要像科学研究一样力争客观. 需要指定一个先验可以看成是贝叶斯统计的一个优势，而不是劣势，因为它迫使分析师仔细想想有多少和什么样的先验是可利用的.

在过去的几十年里，贝叶斯统计的应用取得了巨大的增长，因为贝叶斯统计的理念越来越被广泛接受且贝叶斯估计的计算变得更加容易. 事实上，对于复杂模型，贝叶斯方法往往是最令人满意的估计计算方法.

对于本章，假设我们对参数向量 $\boldsymbol{\theta}$ 感兴趣. 贝叶斯统计分析开始于 $\boldsymbol{\theta}$ 的先验概率分布——包含了参数 θ 所有先验信息,"先验"是指在观测数据之前. 似然的定义与非贝叶斯统计相同, 但在贝叶斯统计中似然有不同的解释——似然是给定 θ 后数据的条件分布. 贝叶斯统计推断的关键步骤是利用贝叶斯定理, 综合 θ 的先验信息与数据信息. 这是通过计算给定数据后 θ 的条件分布(即所谓的后验分布)实现的. 在许多的(也许不是太多的)实际问题中, 计算解析后验是不可能的, 而只能用数值方法求解. 数值贝叶斯方法中的一个非常成功的方法是马尔可夫链蒙特卡罗(MCMC)方法, 它模拟了一个参数的后验分布是平稳分布的马尔可夫链. 从链中模拟出的数据用来计算贝叶斯估计和进行不确定性分析.

20.2 贝叶斯定理

贝叶斯定理既适用于离散随机变量也适用于连续随机变量. 此处将从离散随机变量开始介绍, 连续随机变量将于 20.3 节讨论.

设 $B_1, \cdots, B_K$ 是样本空间 S(所有可能结果的集合)的划分. "划分"的意思是任给 $i \neq j$, 有 $B_i \cap B_j = \varnothing$, 且 $B_1 \cup B_2 \cup \cdots \cup B_K = S$. 对任意集合 A, 有

$$A = (A \cap B_1) \cup \cdots \cup (A \cap B_K)$$

由于 $B_1, \cdots, B_K$ 互不相容, 因此,

$$P(A) = P(A \cap B_1) + \cdots + P(A \cap B_K) \tag{20.1}$$

由式(20.1)及条件概率定义有

$$P(B_j | A) = \frac{P(A | B_j) P(B_j)}{P(A)} = \frac{P(A | B_j) P(B_j)}{P(A | B_1) P(B_1) + \cdots + P(A | B_K) P(B_K)} \tag{20.2}$$

式(20.2)称为贝叶斯定理, 也称为贝叶斯准则或法则. 贝叶斯定理是一个简单得几乎微不足道的数学结果, 但它的影响是深远的. 贝叶斯定理的重要性来自于其对更新概率的使用. 下面是一个太简单以至于不现实的例子, 但是该例说明了如何应用贝叶斯定理.

例 20.1 离散情况下的贝叶斯定理.

假设一只股票的先验信息表明在任何给定的一天其价格将上涨的概率 θ 是 0.4 或 0.6. 根据过去的数据(可从类似股票得到), 我们认为 θ 等于 0.4 或 0.6 是等概率的. 因此, 我们有先验概率

$$P(\theta = 0.4) = 0.5 \quad \text{和} \quad P(\theta = 0.6) = 0.5$$

我们观测到连续 5 天的股票, 在 5 天其价格都上涨. 假设每天价格的变化是独立的, 所以在连续 5 天内价格上升的概率是 θ^5. 有了这个信息, 我们可能会怀疑 θ 为 0.6, 而不是 0.4. 因此, 在 5 天连续的价格上涨后, θ 是 0.6 的概率应该是大于 0.5 的先验概率, 但大多少? 令 A 是连续 5 天的价格上涨. 然后, 利用贝叶斯定理, 有

$$P(\theta = 0.6 | A) = \frac{P(A | \theta = 0.6) P(\theta = 0.6)}{P(A | \theta = 0.6) P(\theta = 0.6) + P(A | \theta = 0.4) P(\theta = 0.4)}$$

$$= \frac{(0.6)^5 (0.5)}{(0.6)^5 (0.5) + (0.4)^5 (0.5)} = \frac{(0.6)^5}{(0.6)^5 + (0.4)^5}$$

$$= \frac{0.07776}{0.07776 + 0.01024} = 0.8836$$

因此, 在观测到 5 天连续的价格上涨之前, θ 为 0.6 的概率是 0.5, 但在此事件之后, θ 为 0.6 的概率是 0.8836. 观测数据之前的概率称为先验概率, 在观测数据的条件下的概率称为后验概率, 所以 θ 等于 0.6 的先验概率是 0.5, 后验概率是 0.8836. ■

贝叶斯定理是非常重要的, 因为它揭示了如何根据新的信息更新信念. 没有数学的帮

助，接受额外信息后，人类很难更新信念[⊖]. 人们要么过少要么过多地把重点放在新信息，但通过使用贝叶斯定理，这个问题可以得到缓解.

20.3 先验分布和后验分布

假设 $\boldsymbol{\theta}$ 是连续的参数向量. 先验分布密度 $\pi(\boldsymbol{\theta})$ 表示在观测数据之前 $\boldsymbol{\theta}$ 的信息. 似然函数被解释为给定 $\boldsymbol{\theta}$ 条件下，数据 $\boldsymbol{Y}$ 的密度，记作 $f(\boldsymbol{y}|\boldsymbol{\theta})$. 由式(A.19)，$\boldsymbol{\theta}$ 与 $\boldsymbol{Y}$ 的联合密度等于先验密度与似然函数的乘积，即

$$f(\boldsymbol{y},\boldsymbol{\theta}) = \pi(\boldsymbol{\theta})f(\boldsymbol{y}|\boldsymbol{\theta}) \tag{20.3}$$

在联合密度中对 $\boldsymbol{\theta}$ 积分，即得 $\boldsymbol{Y}$ 的边际密度

$$f(\boldsymbol{y}) = \int \pi(\boldsymbol{\theta})f(\boldsymbol{y}|\boldsymbol{\theta})\mathrm{d}\boldsymbol{\theta} \tag{20.4}$$

给定 $\boldsymbol{Y}$ 条件下，$\boldsymbol{\theta}$ 的条件密度为

$$\pi(\boldsymbol{\theta}|\boldsymbol{Y}) = \frac{\pi(\boldsymbol{\theta})f(\boldsymbol{Y}|\boldsymbol{\theta})}{f(\boldsymbol{y})} = \frac{\pi(\boldsymbol{\theta})f(\boldsymbol{Y}|\boldsymbol{\theta})}{\int \pi(\boldsymbol{\theta})f(\boldsymbol{y}|\boldsymbol{\theta})\mathrm{d}\boldsymbol{\theta}} \tag{20.5}$$

式(20.5)是另一种形式的贝叶斯定理. 式(20.5)左边的密度称为后验密度，它是在观测数据 $\boldsymbol{Y}$ 之后 $\boldsymbol{\theta}$ 的概率密度.

注意，用 π 表示 $\boldsymbol{\theta}$ 的密度，因此 $\pi(\boldsymbol{\theta})$ 是先验密度，而 $\pi(\boldsymbol{\theta}|\boldsymbol{Y})$ 是后验密度. 相比之下，f 表示数据密度，因此 $f(\boldsymbol{y})$ 是数据的边际密度，而 $f(\boldsymbol{y}|\boldsymbol{\theta})$ 是给定 $\boldsymbol{\theta}$ 的条件下的条件密度.

贝叶斯估计和不确定性分析是基于后验的. 最常见的贝叶斯估计是众数和后验密度的均值(后验均值). 众数称为最大后验估计，或 MAP 估计. 后验均值是

$$E(\boldsymbol{\theta}|\boldsymbol{Y}) = \int \boldsymbol{\theta}\pi(\boldsymbol{\theta}|\boldsymbol{Y})\mathrm{d}\boldsymbol{\theta} = \frac{\int \boldsymbol{\theta}\pi(\boldsymbol{\theta})f(\boldsymbol{Y}|\boldsymbol{\theta})\mathrm{d}\boldsymbol{\theta}}{\int \pi(\boldsymbol{\theta})f(\boldsymbol{Y}|\boldsymbol{\theta})\mathrm{d}\boldsymbol{\theta}} \tag{20.6}$$

也称为后验期望.

例 20.2 由股票价格将上涨概率的先验信息进行更新.

续例 20.1，但把 θ 为 0.4 或 0.6 这样简单而不切实际的先验改为更合理的先验，即 θ 为区间[0,1]上的任意值，但其值接近 1/2 的可能性更大. 具体来说，使用 Beta(2,2)先验

$$\pi(\theta) = 6\theta(1-\theta), \quad 0 < \theta < 1$$

设 Y 是在连续 5 天内股价上涨的次数，则 Y 服从二项分布 Binomial(n,θ)且 Y 的概率密度是

$$f(y|\theta) = \binom{5}{y}\theta^y(1-\theta)^{5-y}, \quad y = 0, 1, \cdots, 5$$

因为观测到 $Y=5$，$f(Y|\theta) = f(5|\theta) = \theta^5$，所以后验密度是

$$\pi(\theta|5) = \frac{6\theta(1-\theta)\theta^5}{\int 6\theta(1-\theta)\theta^5 \mathrm{d}\theta} = 56\theta^6(1-\theta)$$

先验和后验密度如图 20-1 所示. 后验概率密度相对于先验密度向右偏移，这是因为连续 5 天股票价格上涨. 后验分布的 0.05 下分位数和上分位数分别为 0.529 和 0.953 并标示于图上. 因此，θ 在 0.529 和 0.953 之间的后验概率是 90%. 进而，区间[0.529,

---

⊖ 见 Edwards(1982).

0.953]称为90%的后验区间,该区间提供了 θ 的可能值集合. 后验区间是贝叶斯统计中类似于置信区间的概念,将在20.6节进一步讨论.

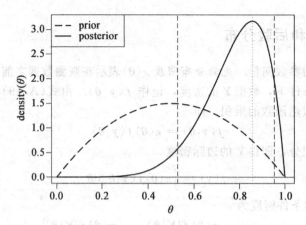

图 20-1 例 20.2 的先验密度与后验密度. 垂直虚线段是后验密度的上和下 0.05 分位数,因此,标示出一个 90% 等尾后验区间. 点垂线是后验众数的位置($\theta = 6/7 = 0.857$)

后验期望

$$\int_0^1 \theta \pi(\theta|5) d\theta = \int_0^1 56\theta^7 (1-\theta) d\theta = \frac{56}{72} = 0.778 \tag{20.7}$$

最大后验估计(MAP)为 6/7,在图 20-1 中,其位置由点垂线标示.

后验 CDF 是

$$F(\theta|Y=5) = \int_0^\theta \pi(x|t) dx = \int_0^\theta 56x^6 (1-x) dx = 56\left(\frac{\theta^7}{7} - \frac{\theta^8}{8}\right), 0 \leqslant \theta \leqslant 1$$

20.4 共轭先验

在例 20.2 中,先验密度和后验密度均服从 β 分布. 这是一个共轭先验分布族的例子. 若一个分布族的先验和后验统计模型(或者,等价地,似然函数)属于同一族,则称其为共轭先验分布族. 共轭分布族非常方便,这是因为其后验计算简单. 所需要做的就是更新先验的参数. 为了解如何做到这一点,我们将推广例 20.2.

例 20.3 计算股票价格将上涨的后验概率密度——共轭先验的一般情形.

现在假设 θ 的先验为 $\beta(\alpha, \beta)$,因此,先验密度为

$$\pi(\theta) = K_1 \theta^{\alpha-1} (1-\theta)^{\beta-1} \tag{20.8}$$

其中 K_1 是一个常数. 正如即将看到的,知道 K_1 的确切值并不重要,但从式(A.14)可知,$K_1 = \frac{\Gamma(\alpha+\beta)}{\Gamma(\alpha)\Gamma(\beta)}$. 先验密度的参数必须已知,因此,根据 θ 先验知识的数据分析,选择 α 和 β 值. 这些参数的选择将在后面讨论.

假设观测到 n 天的股票价格,其中有 Y 天上涨($n-Y$ 天没有上涨). 似然函数为

$$f(y|\theta) = K_2 \theta^y (1-\theta)^{n-y} \tag{20.9}$$

其中 $K_2 = \binom{n}{y}$ 是另一个常数. θ 和 Y 的联合密度为

$$\pi(\theta) f(Y|\theta) = K_3 \theta^{\alpha+Y-1} (1-\theta)^{\beta+n-Y-1} \tag{20.10}$$

其中 $K_3 = K_1 K_2$. 则后验密度为

$$\pi(\theta|Y) = \frac{\pi(\theta)f(Y|\theta)}{\int_0^1 \pi(\theta)f(Y|\theta)d\theta} = K_4 \theta^{\alpha+Y-1}(1-\theta)^{\beta+n-Y-1} \quad (20.11)$$

其中

$$K_4 = \frac{1}{\int_0^1 \theta^{\alpha+Y-1}(1-\theta)^{\beta+n-Y-1}d\theta} \quad (20.12)$$

后验分布是 $\beta(\alpha+Y, \beta+n-Y)$.

$K_1, \cdots, K_4$ 的值并不需要计算出来, 因为式(20.11)是正比于 $\beta(\alpha+Y, \beta+n-Y)$ 的密度, 且所有密度的积分都等于1, 所以可以推断出比例常数为1, 即后验分布为 $\beta(\alpha+Y, \beta+n-Y)$. 由式(A.14)可得

$$K_4 = \frac{\Gamma(\alpha+\beta+n)}{\Gamma(\alpha+Y)\Gamma(\beta+n-Y)}$$

值得注意的是, 寻找后验分布是多么容易. 只需把先验分布参数 α 和 β 分别更新为 $\alpha+Y$ 与 $\beta+n-Y$ 即可.

由 A.9.7 节有关 β 分布均值和方差的结果, 后验均值为

$$E(\theta|Y) = \frac{\alpha+Y}{\alpha+\beta+n} \quad (20.13)$$

后验方差为

$$\text{var}(\theta|\boldsymbol{Y}) = \frac{(\alpha+Y)(\beta+n-Y)}{(\alpha+\beta+n)^2(\alpha+\beta+n+1)} = \frac{E(\theta|Y)\{1-E(\theta|Y)\}}{(\alpha+\beta+n+1)} \quad (20.14)$$

由于 α 和 β 的值相对于 Y 和 n 是小的, $E(\theta|Y)$ 近似等于 θ 的最大似然估计值 Y/n. 如果我们只有很少的 θ 的先验信息, 也可以让 α 和 β 都接近 0. 然而, 由于 θ 是一个股票日回报率为正的概率, 因此我们有理由相信 θ 接近 1/2. 在这种情况下, 选择 $\alpha=\beta$ 并且两个相当大(因此, 先验精度是大的)是有意义的. 可以绘制几个 $\alpha=\beta$ 的 β 分布密度并看看哪一组先验是合理选择. 例如, 图 20-2 包括了 $\alpha=\beta=3, 20, 500$ 的 β 分布密度函数图像. 当 500 是 α 和 β 的共同值时, 先验是集中于 1/2. 当确信 θ 是接近 1/2 时, 可以使用该先验; 当不太确信时, 可以使用 $\alpha=\beta=20$, 其几乎所有的先验概率介于 0.3 和 0.6 之间. 而 $\alpha=\beta=3$ 将导致一个非常分散的先验, 如果 θ 的先验知识很少, 并希望"让数据自己说话", 此时选择该先验.

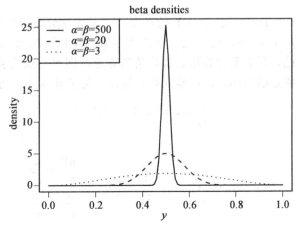

图 20-2 两参数相等($\alpha=\beta$)的 β 概率密度的例子

式(20.13)中的后验均值有一个有趣的解释:假设先验信息来自于有 α 天的股票价格上涨且样本容量为 $\alpha+\beta$ 的历史样本. 如果综合历史样本与普通样本,那么总样本容量是 $\alpha+\beta+n$,股票价格上涨的总天数为 $\alpha+Y$, θ 的最大似然估计(即式(20.13)给出的后验均值)为 $(\alpha+Y)/(\alpha+\beta+n)$. 先验可以看成是样本容量为 $\alpha+\beta$ 且有相同信息量的样本,而 $\alpha/(\alpha+\beta)$ 可以解释为在该样本下参数 θ 的 MLE. 因此,图 20-2 中的三个先验可以被看作与样本容量分别为 6,40 和 1000 的样本具有相同信息量. 从式(20.14)可以看出,对于给定的 $E(\theta|Y)$,当 α, β 或 n 增加时, θ 的后验方差变小,这是有道理的,因为 n 是样本容量,而 $\alpha+\beta$ 是先验信息的量化(历史样本容量).

由于不需要确切知道常数的大小,先前的计算中可以省略常数,例如,式(20.8)写为
$$\pi(\theta) \propto \theta^{\alpha-1}(1-\theta)^{\beta-1} \tag{20.15}$$
在随后的例子中,将以这种方式省略常数.

例 20.4 方差已知时,正态分布总体均值的后验分布.

设 $Y_1, \cdots, Y_n$ 是独立同分布 $N(\mu, \sigma^2)$, σ^2 已知. 之所以做如此不现实的假设是因为可以从简单情况开始,以后将删除该假设.

μ 的共轭先验是正态分布族. 为了说明这一点,假设 μ 的先验是 $N(\mu_0, \sigma_0^2)$,其中参数 μ_0 和 σ_0^2 已知. 由例 20.3 可知,没有必要知道与未知参数无关(但可能与数据或已知参数有关)的常数,因此,我们只需关注与 μ 有关的项.

经简单的代数运算,似然函数为
$$f(Y_1,\cdots,Y_n|\mu) = \prod_{i=1}^{n}\left[\frac{1}{\sqrt{2\pi}\sigma}\exp\left\{-\frac{1}{2\sigma^2}(Y_i-\mu)^2\right\}\right] \propto \exp\left\{-\frac{1}{2\sigma^2}(-2n\bar{Y}+n\mu^2)\right\} \tag{20.16}$$

先验密度为
$$\pi(\mu) = \frac{1}{\sqrt{2\pi}\sigma_0}\exp\left\{-\frac{1}{2\sigma_0^2}(\mu-\mu_0)^2\right\} \propto \exp\left\{-\frac{1}{2\sigma_0^2}(-2\mu\mu_0+\mu^2)\right\} \tag{20.17}$$

方差的倒数称为精度,设 $\tau=1/\sigma^2$ 为总体精度. 把式(20.16)与式(20.17)相乘,则后验密度为
$$\pi(\mu|Y_1,\cdots,Y_n) \propto \exp\left\{\left(\frac{n\bar{Y}}{\sigma^2}+\frac{\mu_0}{\sigma_0^2}\right)\mu - \left(\frac{n}{2\sigma^2}+\frac{1}{2\sigma_0^2}\right)\mu^2\right\}$$
$$= \exp\left\{(\tau_{\bar{Y}}\bar{Y}+\tau_0\mu_0)\mu - \frac{1}{2}(\tau_{\bar{Y}}+\tau_0)\mu^2\right\} \tag{20.18}$$

其中 $\tau_{\bar{Y}}=n\tau=n/\sigma^2$, $\tau_0=1/\sigma_0^2$,则 $\tau_{\bar{Y}}$ 是 $\bar{Y}$ 的精度, τ_0 是先验分布的精度.

可以看出 $\log\{\pi(\mu|Y_1,\cdots,Y_n)\}$ 是 μ 的二次函数,所以 $\pi(\mu|Y_1,\cdots,Y_n)$ 是一个正态分布密度函数. 因此,只需要计算出后验均值和方差,即可得到后验分布. μ 的后验均值是后验密度的极大值点横坐标,即后验众数,所以,为了计算后验均值,只需解方程
$$0 = \frac{\partial}{\partial \mu}\log\{\pi(\mu|Y_1,\cdots,Y_n)\} \tag{20.19}$$

其后验均值为
$$E(\mu|Y_1,\cdots,Y_n) = \frac{\tau_{\bar{Y}}\bar{Y}+\tau_0\mu_0}{\tau_{\bar{Y}}+\tau_0} = \frac{\frac{n\bar{Y}}{\sigma^2}+\frac{\mu_0}{\sigma_0^2}}{\frac{n}{\sigma^2}+\frac{1}{\sigma_0^2}} \tag{20.20}$$

由式(A.10)可知,正态密度 $f(y)$ 的精度是 $\log\{f(y)\}$ 中 y^2 项的系数的 -2 倍. 因此,后验精

度是式(20.18)中 μ^2 项的系数的 -2 倍. 进而, 后验精度为 $\tau_{\bar{Y}}+\tau_0=\dfrac{n}{\sigma^2}+\dfrac{1}{\sigma_0^2}$, 后验方差为

$$\operatorname{Var}(\mu|Y_1,\cdots,Y_n)=\dfrac{1}{\dfrac{n}{\sigma^2}+\dfrac{1}{\sigma_0^2}} \tag{20.21}$$

综上, 后验分布为

$$N\left(\dfrac{\dfrac{n\bar{Y}}{\sigma^2}+\dfrac{\mu_0}{\sigma_0^2}}{\dfrac{n}{\sigma^2}+\dfrac{1}{\sigma_0^2}},\dfrac{1}{\dfrac{n}{\sigma^2}+\dfrac{1}{\sigma_0^2}}\right)=N\left(\dfrac{\tau_{\bar{Y}}\bar{Y}+\tau_0\mu_0}{\tau_{\bar{Y}}+\tau_0},\dfrac{1}{\tau_{\bar{Y}}+\tau_0}\right) \tag{20.22}$$

可以发现后验精度($\tau_{\bar{Y}}+\tau_0$)是 $\bar{Y}$ 的精度与先验精度之和; 这是因为后验结合了数据与先验两者信息之和.

注意, 当 $n\to\infty$ 时, 样本精度[⊖] $\tau_{\bar{Y}}$ 收敛到 ∞, 后验分布近似于

$$N(\bar{Y},\sigma^2/n) \tag{20.23}$$

这结果告诉我们: 随着数据量的增加, 先验的效应变得可以忽略不计. 当 n 固定, $\sigma_0\to\infty$ 时, 即先验变得可以忽略不计(先验精度减小到0)时, 后验密度也收敛到式(20.23).

一个常见的贝叶斯估计是由式(20.20)的右边所给出的后验均值. 许多既不是贝叶斯学派也不是非贝叶斯学派的统计学家喜欢从这两个角度来寻找估计. 非贝叶斯学者通过检验偏差、方差和均方误差来分析后验均值. 在一般情况下, 我们将会看到, 贝叶斯估计是有偏的, 但方差比 $\bar{Y}$ 小, 偏差-方差权衡是由先验的选择控制的.

为了简化记号, 以 $\hat{\mu}$ 表示后验均值. 则

$$\hat{\mu}=\delta\bar{Y}+(1-\delta)\mu_0 \tag{20.24}$$

其中 $\delta=\tau_{\bar{Y}}/(\tau_{\bar{Y}}+\tau_0)$, $E(\hat{\mu}|\mu)=\delta\mu+(1-\delta)\mu_0$, 进而 $\hat{\mu}$ 的偏差{$E(\hat{\mu}|\mu)-\mu$}$=(\delta-1)(\mu-\mu_0)$, 于是除了在 $\delta=1$ 或 $\mu_0=\mu$ 时, $\hat{\mu}$ 都是有偏的. 只有当先验精度 τ_0 趋近于0时, 才有 $\delta=1$. 而 $\mu_0=\mu$ 表示先验均值与真参数完全相等, 但当然达不到这种理想状态, 这是因为 μ 未知.

$\hat{\mu}$ 的方差是

$$\operatorname{Var}(\hat{\mu}|\mu)=\dfrac{\delta^2\sigma^2}{n}$$

除了在极端 $\delta=1$ 的情况, 其值小于 $\operatorname{Var}(\bar{Y})=\sigma^2/n$. 比较小的 δ 值导致更大的偏差但较小的方差. 最好的偏差-方差权衡是最小化 $\hat{\mu}$ 的均方误差, 均方误差为

$$\operatorname{MSE}(\hat{\mu})=\operatorname{BIAS}^2(\hat{\mu})+\operatorname{Var}(\hat{\mu})=(\delta-1)^2(\mu-\mu_0)^2+\dfrac{\delta^2\sigma^2}{n} \tag{20.25}$$

当然, 最好 $\mu_0=\mu$, 但是只要 μ 未知, 这就是不可能的. 因为已知的只有 $\delta=\tau_{\bar{Y}}/(\tau_{\bar{Y}}+\tau_0)$ 以及 δ 是通过 τ_0 的选择来控制的.

图 20-3 绘制了在三种不同先验偏差 $\mu-\mu_0$ 下, MSE 关于 $\delta\in(0,1)$ 的函数图像, 所谓"先验偏差"是指参数真值与先验估计之差. 本图中 $\sigma^2/n=1/2$. 对于两个先验偏差比较大的 MSE 曲线都有一个 δ 区间, 在该区域间上时, 贝叶斯估计的 MSE 比 $\bar{Y}$ 的 MSE 小; 而小于该区间时, 贝叶斯估计的 MSE 比 $\bar{Y}$ 的 MSE 大. "好的" δ 值区间随着先验偏差的增大而缩小. 由于当 δ 趋近于0时, 贝叶斯估计的 MSE 将收敛到先验偏差的平方, 所以若

⊖ 原文为"posterior precision"即后验精度. ——译者注

先验偏差比较大，而 δ 太小，则贝叶斯估计的 MSE 将比较大。可参见式(20.25)或图 20-3。该结果表明要么有一个 μ 的好先验要么先验精度小，即 δ 比较大。然而，当 δ 比较大时，贝叶斯估计并不能比 $\bar{Y}$ 有多大改进，而事实上，当 $\delta \to 1$ 时，贝叶斯估计趋近于 $\bar{Y}$。

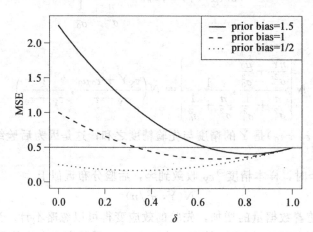

图 20-3　当 $\sigma^2/n=1/2$ 时，三种不同的"先验偏差"$(\mu-\mu_0)$ 的 MSE 与 δ 图像，水平线表示最大似然估计$(\bar{Y})$的 MSE

总的来说，选择一个能比 $\bar{Y}$ 有实质性改进的先验是具有挑战性的。要做到这一点，可以采用分层先验将几个相关的估计问题结合起来，请参见 20.8 节。当不可能将几个相关的估计问题结合起来也没有其他方法获得 μ 的信息时，稳健的数据分析将试图放弃改进 MLE，而选择较小的先验精度 τ_0。

例 20.5 正态精度的后验分布。

现在假设 $Y_1, \cdots, Y_n$ 独立同分布，其均值 μ 已知，方差 σ^2 未知，精度为 $\tau = 1/\sigma^2$。我们将证明 τ 的共轭先验是伽马分布并求 τ 的后验分布。σ^2 的 MLE 记为 $s^2 = n^{-1}\sum_{i=1}^{n}(Y_i-\mu)^2$。

经简单的代数运算，似然函数可以表示为

$$f(Y_1,\cdots,Y_n \mid \tau) \propto \exp\left(-\frac{1}{2}n\tau s^2\right)\tau^{n/2} \tag{20.26}$$

设先验分布是形状参数为 a、尺度参数为 b 的伽马分布，其密度为

$$\pi(\tau) = \frac{\tau^{a-1}}{\Gamma(a)b^a}\exp(-\tau/b) \propto \tau^{a-1}\exp(-\tau/b) \tag{20.27}$$

把式(20.26)与式(20.27)相乘，τ 的后验分布为

$$\pi(\tau \mid Y_1,\cdots,Y_n) \propto \tau^{n/2+a-1}\exp\{-(ns^2/2+b^{-1})\tau\} \tag{20.28}$$

这表明后验分布是形状参数为 $n/2+a$、尺度参数为 $(ns^2/2+b^{-1})^{-1}$ 的伽马分布，即

$$\pi(\tau \mid Y_1,\cdots,Y_n) = \text{Gamma}\{n/2+a,(ns^2/2+b^{-1})^{-1}\} \tag{20.29}$$

伽马分布的数学期望是形状参数与尺度参数的乘积，因此，τ 的后验均值为

$$E(\tau \mid Y_1,\cdots,Y_n) = \frac{\dfrac{n}{2}+a}{\dfrac{ns^2}{2}+b^{-1}}$$

注意，当 $n \to \infty$ 时，$E(\tau \mid Y_1,\cdots,Y_n)$ 收敛到 s^{-2}，这并不奇怪，因为 σ^2 的 MLE 是 s^2，进而 τ 的 MLE 是 s^{-2}。

20.5 后验中心极限定理

对于大样本情形下后验分布的中心极限定理,可以大致表述如下:

定理 20.6 在适当的条件和足够大的样本容量下,θ 的后验分布近似于正态分布,其均值为 θ 真值,方差为 Fisher 信息阵的逆.

此结果也称为 Bernstein-von Mises 定理. 该定理的确切表述请参阅 20.11 节的参考文献.

这个定理是重要的,有以下几个原因. 首先,与定理 5.2 相比可以发现贝叶斯估计和最大似然估计具有相同的大样本分布. 特别地,我们看到,对于大样本,先验的效应变得可以忽略不计,因为渐近分布不依赖于先验. 此外,该定理表明在下一节中讨论的置信区间和后验区间之间的联系.

这个定理的一个假设是,当样本容量增加时,先验保持不变,这样最终几乎所有的信息都来自于数据. 为了使后验分布接近它的渐近极限,先验信息越多,需要的样本容量越大.

20.6 后验区间

在本节将深入讨论曾在例 20.2 中提到的贝叶斯后验区间.

后验区间相对于置信区间有不同的概率解释. 置信区间的理论基于随机样本,其视参数为固定而区间为随机的. 因此,当我们说"置信区间将包含真参数的概率是…,"它是指区间的概率分布,而不是参数的概率分布. 此外,概率表达的是在数据收集之前对数据收集之后将要发生事件的似然. 例如,如果我们使用 95% 的置信度,那么我们将以 0.95 概率获得一个样本——它的区间能覆盖参数. 数据收集之后,其区间就是已知的了,非贝叶斯统计学者会说区间覆盖参数,或者区间没有覆盖参数,所以区间覆盖参数的概率是 1 或 0,虽然我们并不知道它的实际概率值.

在贝叶斯后验区间的理论中,却与之相反. 因为我们使用后验概率(即在数据已知的条件下的条件概率),样本被认为是固定的. 因此,后验区间被认为是一个固定的量. 但在贝叶斯统计中,参数都被视为是随机的. 当一个贝叶斯统计学者说"后验区间将包含真参数的概率是…"所考虑的概率分布是该参数的后验分布. 参数是随机的,区间是固定的,而概率是数据收集之后的概率.

尽管置信区间与后验区间有这些重大的哲学差异的,但在许多置信区间和后验区间的例子中,你会发现它们几乎是相等的. 当先验相对于数据而言是无信息时,这尤为常见,例如,在例 20.3 中,如果 $\alpha+\beta$ 比 n 小得多时.

根据中心极限定理,置信区间和后验区间在大样本条件下几乎相等是有坚实的理论基础. 由定理 20.6(后验中心极限定理),θ 的第 i 个分量的大样本后验区间为

$$E(\theta_i | \boldsymbol{Y}) \pm z_{a/2} \sqrt{\operatorname{var}(\theta_i | \boldsymbol{Y})} \qquad (20.30)$$

由定理 5.2 和定理 7.6(单变量和多变量的最大似然估计的中心极限定理),随着样本容量的增加,基于最大似然估计的大样本置信区间式(5.20)与大样本后验区间式(20.30)将彼此趋近. 因此,事实上,具有非贝叶斯统计思想的数据分析师常常乐于使用后验区间,并把它解释为置信区间的一个大样本近似. 除了在简单的问题中,所有置信区间都是基于大

样本近似的．该结论对于所有的主要构造置信区间的方法（如轮廓似然、最大似然估计的中心极限定理和 Fisher 信息或自助法）都是对的.

有两种主要类型的后验区间：最大后验概率区间与等尾后验概率区间．设 $\psi=\psi(\boldsymbol{\theta})$ 是参数向量 $\boldsymbol{\theta}$ 的尺度函数，$\pi(\psi|\boldsymbol{Y})$ 是 ψ 的后验密度．对一些常数 k，最大后验概率区间的形式为 $\{\psi: \pi(\psi|\boldsymbol{Y}) > k\}$．当 k 从 0 增加到 ∞ 时，这个区间的后验概率从 1 降到 0，选择 k 使得概率等于 $1-\alpha$．如果 $\pi(\psi|\boldsymbol{Y})$ 是多峰的，那么集合 $\{\psi: \pi(\psi|\boldsymbol{Y}) > k\}$ 可能不是一个区间，在这种情况下，将称之为后验集合或后验区域而不是后验区间．对于任一情形，该区域的解释是后验概率为 $1-\alpha$ 的最小的集合．当最大后验区域是一个区间，可以通过计算所有 $\pi(\psi|\boldsymbol{Y})$ 的 α_1 下分位数和 α_2 上分位数所组成的区间，并求其中最短的区间进而得到最大后验概率区间，其中 $\alpha_1+\alpha_2=\alpha$.

等尾后验概率区间的上、下限分别等于 $\pi(\psi|\boldsymbol{Y})$ 的上、下 $\alpha/2$ 分位数．当 $\pi(\psi|\boldsymbol{Y})$ 是对称单峰时，这两种区间一致．而由后验中心极限定理，对于大样本情形，这两种区间将至少近似一致.

用蒙特卡罗方法很容易计算后验区间，请参见 20.7.3 节.

例 20.7 方差已知的正态分布均值的后验区间.

续例 20.4．由式 (20.20) 与式 (20.21)，μ 的 $(1-\alpha)100\%$ 后验区间是

$$\frac{\tau_{\bar{Y}}\bar{Y}+\tau_0\mu_0}{\tau_{\bar{Y}}+\tau_0} \pm z_{\alpha/2}\sqrt{\frac{1}{\dfrac{n}{\sigma^2}+\dfrac{1}{\sigma_0^2}}} \tag{20.31}$$

其中 $z_{\alpha/2}$ 是标准正态分布的上 $\alpha/2$ 分位数.

若 $n\to\infty$ 或 $\sigma_0\to\infty$，则先验信息相对于数据信息是可以忽略不计的，这是因为 $\tau_{\bar{Y}}/\tau_0\to\infty$，后验区间收敛于常见的非贝叶斯置信区间

$$\bar{Y} \pm z_{\alpha/2}\frac{\sigma}{\sqrt{n}}$$

20.7 马尔可夫链蒙特卡罗方法

虽然在最近几节的简单例子中贝叶斯计算十分简单，但对于实际问题，这常常是不正确的．在通常情况下，后验概率密度 (20.5) 中分母的积分是不可能计算出解析表达式的．后验均值 (20.6) 中分母的积分同样是不可能计算出解析表达式的．由于计算困难，直到近期贝叶斯数据分析的应用都比现在要少得多．幸运的是，现在已经有可近似后验密度和后验期望的蒙特卡罗模拟方法．这是一个巨大的进步，不仅使贝叶斯方法走向实用，而且也使得此前不能解决的实际问题得到解决．

贝叶斯统计推断的蒙特卡罗方法是应用最广泛的，它模拟了一个马尔可夫链，其平稳分布是后验分布．从该链中抽取的样本用于贝叶斯统计推断．该技术被称为马尔可夫链蒙特卡罗方法，或 MCMC．相当容易使用的免费程序包 WinBUGS 可以实现 MCMC.

本节介绍 MCMC 和 WinBUGS．首先，我们将讨论最简单的 MCMC 方法——Gibbs 抽样．当 Gibbs 抽样适用时，其效果很好，但它仅适用于有限制的问题．接下来讨论 Metropolis-Hastings 算法．Metropolis-Hastings 算法几乎适用于所有类型的贝叶斯统计分析．WinBUGS 是一个成熟的程序，它是可以选择适用于一个特定模型的 MCMC 算法.

20.7.1 Gibbs 抽样

设参数向量 $\boldsymbol{\theta}$ 可以划分为 M 个子向量，即

$$\boldsymbol{\theta} = \begin{bmatrix} \boldsymbol{\theta}_1 \\ \vdots \\ \boldsymbol{\theta}_M \end{bmatrix}$$

设 $[\boldsymbol{\theta}_j | \boldsymbol{Y}, \boldsymbol{\theta}_k, k \neq j]$ 是 $\boldsymbol{\theta}_j$ 在给定数据 $\boldsymbol{Y}$ 和其他子向量条件下的条件分布；$[\boldsymbol{\theta}_j | \boldsymbol{Y}, \boldsymbol{\theta}_k, k \neq j]$ 被称为 $\boldsymbol{\theta}_j$ 的满条件分布. 若从每一个满条件分布都可以抽样，则 Gibbs 抽样是可行的.

Gibbs 抽样通过以下方式产生一个可重复抽取子向量 $\boldsymbol{\theta}_1, \cdots, \boldsymbol{\theta}_M$ 样本的马尔可夫链. 该链从参数向量 $\boldsymbol{\theta}$ 的任意初值 $\boldsymbol{\theta}^{(0)}$ 开始. 随后，从满条件分布 $[\boldsymbol{\theta}_1 | \boldsymbol{Y}, \boldsymbol{\theta}_k, k \neq 1]$（剩下的子向量 $\boldsymbol{\theta}_k (k \neq 1)$ 等于当前值，即 $\boldsymbol{\theta}_k^{(0)}$）抽取样本 $\boldsymbol{\theta}_1^{(1)}$. 接下来，从满条件分布 $[\boldsymbol{\theta}_2 | \boldsymbol{Y}, \boldsymbol{\theta}_k, k \neq 2]$（剩下的子向量 $\boldsymbol{\theta}_k (k \neq 2)$ 等于当前值，即当 $k=1$ 时，$\boldsymbol{\theta}_k^{(1)}$，当 $k \geq 2$ 时，$\boldsymbol{\theta}_k^{(0)}$）抽取样本 $\boldsymbol{\theta}_2^{(1)}$. 继续该步骤，直到 $\boldsymbol{\theta}_1, \cdots, \boldsymbol{\theta}_M$ 的每一个子向量都被更新，即有 $\boldsymbol{\theta}^{(1)}$.

然后以与从 $\boldsymbol{\theta}^{(0)}$ 开始抽取 $\boldsymbol{\theta}^{(1)}$ 的相同方法，从 $\boldsymbol{\theta}^{(1)}$ 开始抽取 $\boldsymbol{\theta}^{(2)}$. 继续下去，将获得序列 $\boldsymbol{\theta}^{(1)}, \cdots, \boldsymbol{\theta}^{(N)}$，该序列是一个马尔可夫链，该链具有一个显著的性质——其平稳分布为 $\boldsymbol{\theta}$ 的后验分布. 此外，不论初值 $\boldsymbol{\theta}^{(0)}$ 取何值，该链都会收敛到平稳分布. 收敛到平稳分布后，马尔可夫链将从后验分布抽样，而 MCMC 的样本将用来计算后验期望、分位数以及其他后验分布的数字特征.

由于 Gibbs 抽样并不是从平稳分布开始，第一个 N_0（选择适当的值）次迭代作为预迭代期（burn-in period）而被丢弃. 假定已完成这项工作，并且 $\boldsymbol{\theta}^{(1)}, \cdots, \boldsymbol{\theta}^{(N)}$ 是从预迭代期之后抽取的样本. 在 20.7.5 节，我们将讨论 N_0 的选择方法.

例 20.8 正态分布均值和精度的 Gibbs 抽样.

在例 20.7 中，对于精度已知的正态分布，已找到其均值的后验分布，在例 20.5 中，对于均值已知的正态分布，已找到其精度的后验分布. 由两个结果所确定的两个满条件分布使得 Gibbs 抽样可以应用于正态分布（均值和精度都是未知的）均值和精度的估计问题. 思路是简单的. 选择 τ 的一个初值 $\tau^{(0)}$. 例如，取最大似然估计为初值. 但是，使用带分散随机初值的多元马尔可夫链是有益的. 分散随机初值意味着其概率分布比后验分布更为分散，请参见 20.7.5 节. 然后，视 τ 为已知并等于 $\tau^{(0)}$，从正态满条件后验分布（20.22）随机抽取 $\mu^{(1)}$. 注意：总体精度 τ 的初始值 $\tau^{(0)}$ 不应混淆为均值 μ 的先验分布的精度 τ_0，$\tau^{(0)}$ 只能使用一次，以开始进行 Gibbs 抽样算法；在预迭代期后，Gibbs 抽样将不依赖于 $\tau^{(0)}$ 的实际值. 与此相反，τ_0 是固定的，是后验分布的一部分，所以 Gibbs 抽样样本应该并且将取决于 τ_0.

抽取到样本 $\mu^{(1)}$ 之后，μ 将被视为已知并等于 $\mu^{(1)}$，并从满条件分布（20.29）中抽取样本 $\tau^{(1)}$. Gibbs 抽样以这种方式继续，交替从 μ 和 τ 的满条件分布抽样. ∎

20.7.2 其他蒙特卡罗抽样方法

从后验的满条件分布直接抽样往往是很难或不可能的，进而 Gibbs 抽样是不可行的. 幸运的是，当 Gibbs 抽样不能使用时，有很多其他的抽样算法可用. 这些将在 20.11 节的参考文献中讨论. Gibbs 抽样的编程或其他"从零开始"的蒙特卡罗算法的编程已经超出了本书的范围，但会在这些文献中涉及. 20.7.4 节将讨论 WinBUGS 程序，它允许分析员使

用 MCMC 而不需经过费时且容易出错的编程过程. 然而, WinBUGS 不能处理所有的模型或先验, 所以有时 MCMC 编程是必要的. 因此, 本节将简要说明应用非常广泛的 Metropolis-Hastings MCMC 算法.

Metropolis-Hastings 算法不是直接从后验分布抽样, 而是从一个所谓的建议密度抽样, 它是另一种易于抽样的密度. 当然, 目标是从后验分布抽样, 而不是从建议密度抽样. 因此, 下面将要讨论的 Metropolis-Hastings 算法作了一个"聪明的修正", 以便其平稳分布是后验分布.

在算法的第 t 步, 设 $J_t(\cdot \mid \theta^{(t-1)})$ 为建议密度, 它取决于 $\theta^{(t-1)}$ 的当前值, 从该密度中抽样. 在 θ 的条件下, 建议密度被接受的概率为 $\min(r,1)$, 其中

$$r = \frac{\pi(\theta^* \mid Y)}{\pi(\theta^{(t-1)} \mid Y)} \frac{J_t(\theta^{(t-1)} \mid \theta^*)}{J_t(\theta^* \mid \theta^{(t-1)})} \tag{20.32}$$

若建议密度被接受, 则 $\theta^{(t)} = \theta^*$, 否则, $\theta^{(t)} = \theta^{(t-1)}$. 选择适当的接受概率 $\min(r,1)$, 使得马尔可夫链的平稳分布是后验分布. 这就是上文所提的"聪明的修正".

通常选择对称的 J_t, 即对任意的 θ 与 θ' 都有 $J_t(\theta \mid \theta') = J_t(\theta' \mid \theta)$. 则 r 可以简化为

$$r = \frac{\pi(\theta^* \mid Y)}{\pi(\theta^{(t-1)} \mid Y)} \tag{20.33}$$

而且 Metropolis-Hastings 算法更易于理解. 当 $\pi(\theta^* \mid Y) \geqslant \pi(\theta^{(t-1)} \mid Y)$ 时, $\min(1,r) = 1$, 则一定接受建议密度; 因此, 如果建议密度总以比当前值更大的后验概率移向 θ 的值, 那么建议密度常常被接受; 当 $\pi(\theta^* \mid Y) < \pi(\theta^{(t-1)} \mid Y)$ 时, 则建议密度不是一定被接受, 而且当 $\pi(\theta^* \mid Y)$ 显著小于 $\pi(\theta^{(t)} \mid Y)$ 时, 建议密度不可能被接受. 因此, 该算法被吸引到高后验密度区域. 然而, 该算法不限于高后验密度区域, 而是以正后验概率取到任何值, 当然必须如此——如果它是对整个后验分布进行抽样. 高斯分布和 t 分布的密度是常用的对称建议密度的例子.

调整 Metropolis-Hastings 算法意味着选择建议密度参数. 例如, 所谓的随机游走 Metropolis-Hastings 算法使用正态分布或其他均值等于 θ 的当前值 $\theta^{(t-1)}$ 的对称密度为建议密度, "调整"是指对建议密度的协方差矩阵的选择. 协方差矩阵可能会与 Fisher 信息矩阵的逆矩阵成正比, 那么唯一的"调整"参数就是比例常数. "调整"是一个复杂的话题, 也不会在这里讨论, 因为 WinBUGS 与类似贝叶斯统计软件会做自动"调整". 20.11 节引用的参考文献中讨论了"调整".

20.7.3 MCMC 输出的分析

通常的 MCMC 输出分析是检验参数向量 θ 的标量值函数. 应分析每个感兴趣的标量. 设 $\psi = \psi(\theta)$ 就是这样的一个函数. 假设 $\theta_1, \cdots, \theta_N$ 是从 θ 的后验分布中抽取的 MCMC 样本, 无论是从一个单一的马尔可夫链还是结合多个马尔可夫链, 并定义 $\psi_i = \psi(\theta_i)$. 我们将假定预迭代期和链长度是足够长的, 以至于 $\psi_1, \cdots, \psi_N$ 是 ψ 的后验分布的一个典型样本. 收敛性和蒙特卡罗样本容量充分性诊断的方法请见 20.7.5 节.

MCMC 样本均值 $\bar{\psi} = N^{-1} \sum_{i=1}^{N} \psi_i$ 估计后验期望 $E(\psi \mid Y)$——最常见的贝叶斯估计. MCMC 样本标准差 $S_{\bar{\psi}} = \{(N-1)^{-1} \sum_{i=1}^{N} (\psi_i - \bar{\psi})^2\}^{\frac{1}{2}}$ 估计 ψ 的后验标准差并称之为贝叶斯标准误差. 如果数据的样本容量充分大, 那么由定理 20.6 可知, 后验分布将近似正态, 并且 ψ

的近似 $(1-\alpha)$ 后验区间为

$$\bar{\psi} \pm z_{\frac{\alpha}{2}} s_{\bar{\psi}} \tag{20.34}$$

区间(20.34)是区间(20.30)的 MCMC 近似.

然而,并不需要使用正态的近似来求后验区间. 对于样本 $\psi_1, \cdots, \psi_N$,如果 $L(\alpha_1)$ 是样本 α_1 下分位数, $U(\alpha_2)$ 是样本 α_2 上分位数,那么 $(L(\alpha_1), U(\alpha_2))$ 就是一个 $1-(\alpha_1+\alpha_2)$ 后验区间. 对于一个等尾后验区间,只需 $\alpha_1 = \alpha_2 = \alpha/2$. 对于最大后验密度区间,可以在细网格 $\alpha_1 + \alpha_2 = \alpha$ 上最小化 $U(\alpha_2) - L(\alpha_1)$ 来选择 α_1 和 α_2. 应该使用核密度估计检验 ψ 的后验密度是否是单峰的. 如果它们之间有几个峰并有足够深的低谷,那么最大后验密度后验区间可能是几个区间的并集,而不是单一区间. 然而,即使在这个有点不寻常的情况下,$(L(\alpha_1), U(\alpha_2))$ 仍可能作为最短的 $1-\alpha$ 后验区间来使用.

核密度估计可用于后验密度形状的可视化. 作为一个例子,见在前面例 20.9 所讨论的图 20-4. 大多数核密度估计的自动窗宽选择器是基于独立样本. 当应用到 MCMC 输出时,它们可能不够光滑. 如果使用 R 中的 density 函数,那么通过调整参数的值(大于默认值 1)可能会修正此光滑不足. 然而,图 20-4 使用默认值并且光滑似乎是足够的,这可能是因为蒙特卡罗样本容量比较大,达到 10 000.

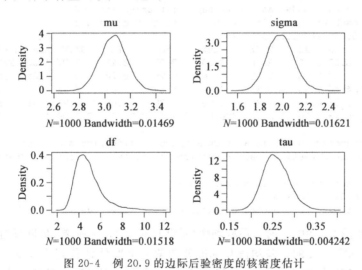

图 20-4 例 20.9 的边际后验密度的核密度估计

20.7.4 WinBUGS

WinBUGS 是一个 BUGS(基于 Gibbs 抽样的贝叶斯分析)程序的 Windows 实现. WinBUGS 可作一个独立的程序使用,或者在 R 中被调用(使用 R2WinBUGS 程序包中的函数 bugs). WinBUGS 和 R2WinBUGS 的文档可以在网上找到,还可见 20.11 节讨论的参考文献.

例 20.9 单样本 t 分布的 WinBUGS.

下面是一段从后验分布中抽样的 WinBUGS 程序,其中 $Y_1, \cdots, Y_n$ 独立同分布于 t 分布. 该程序包含了模型的描述和一个特定的先验. 这里所使用的数据是从均值为 2、尺度参数为 3、自由度为 5 的 t 分布中抽出的 500 个样本. 使用模拟数据是为了比较真参数值与贝叶斯估计值.

```
model{
for(i in 1:N){
y[i] ~ dt(mu,tau,df)
}
mu ~ dnorm(0.0,1.0E-6)
tau ~ dgamma(0.1,0.01)
df ~ dunif(2,50)
lambda <- sqrt(1/tau)
}
```

在 R 中用函数 bugs 运行这个程序,bugs 返回一个文件名为 univt.sim 的对象,它的输出在下面. 在 WinBUGS 中,dnorm(mu,tau) 是均值为 mu、精度为 tau 的正态分布. 此外,dt(mu, tau, df) 是均值为 mu、自由度为 df、尺度参数的倒数等于 tau 的平方根(所以 tau 是成比例于方差,而不是等于方差)的 t 分布. 在 WinBUGS 程序中,for 循环是给似然函数赋值,接下来的三行是给 mu、tau 和 df 的先验赋值. 代码 lambda <- sqrt(1/tau) 由 tau 计算尺度参数,该代码包含在 bugs 程序中,以便从具有该尺度参数的后验分布中抽取样本.

```
> print(univt.sim,digits=2)
Inference for Bugs model at "univt.bug", fit using WinBUGS,
 5 chains, each with 3000 iterations (first 1000 discarded)
 n.sims = 10,000 iterations saved
           mean   sd   2.5%    25%     50%     75%   97.5% Rhat n.eff
mu         3.07  0.10  2.86    3.00    3.07    3.13   3.27 1.00  2700
tau        0.26  0.03  0.20    0.24    0.26    0.28   0.32 1.01   280
df         4.86  1.20  3.19    4.02    4.64    5.44   7.98 1.02   230
lambda     1.98  0.11  1.76    1.90    1.98    2.05   2.21 1.01   280
deviance 2328.43 2.76 2325.00 2326.00 2328.00 2330.00 2336.00 1.00  1000

For each parameter, n.eff is a crude measure of effective sample size,
and Rhat is the potential scale reduction factor (at convergence, Rhat=1).

DIC info (using the rule, pD = Dbar-Dhat)
pD = 3.2 and DIC = 2331.6
DIC is an estimate of expected predictive error (lower deviance is better).
```

当从 R 中调用 WinBUGS 时,后验均值(贝叶斯估计)、标准差(贝叶斯标准误差)和分位数可用于参数检验. μ 的后验均值和标准差的蒙特卡罗估计分别是 3.07 与 0.10. μ 的后验 0.025 和 0.975 分位数分别是 2.86 与 3.27,因此 μ 的 95% 等尾后验区间是 (2.86, 3.27),该区间包含均值的真值 3.

deviance 是在当前参数值下偏差的估计. Rhat、n.eff、DIC 和 pD 将在下文进行说明.

图 20-4 包含 mu、sigma、df 和 lambda 的边际后验密度的核密度估计. 它们可以由 R 中的 density 函数产生. 从中心极限定理可知,除了 df,后验密度是对称的,并且接近于高斯分布,这是因为数据的样本容量(500)比较大. (中心极限定理中的样本容量是数据样本容量,而不是 MCMC 抽样的样本量,虽然 MCMC 样本量也应该是大的).

WinBUGS 只在 Windows 系统下运行,但有些类似于 JAGS (Just Another Gibbs Sampler) 的软件在 Windows、Mac Os、Linux 和 Unix 等系统下运行. 和 WinBUGS 与 R 一样,JAGS 也是免费软件.

20.7.5 MCMC 收敛性和混合的检验

预迭代期的长度 N_0 必须足够大才能使马尔可夫链在预迭代末期收敛到平稳分布. 马

尔可夫链的长度 N 必须有足够大以至于矩、分位数和其他的 MCMC 统计量是相应的后验分布数字特征的精确估计. 马尔可夫链是相依序列, 并且在 MCMC 中使用马尔可夫链通常有正自相关性. 由于自相关性, 为了实现精确估计, 马尔可夫链样本容量必须是较大的, 往往要比独立样本大得多. 在后验分布上慢慢来回移动后的链, 称为混合不佳. 链混合的越糟糕, 准确估计所需的样本容量越大.

原则上, 所有的需要就是从后验分布抽样一个长的马尔可夫链. 但是, 如果已有几个马尔可夫链, 那么可以对它们进行比较, 以决定预迭代期长度 N_0 和马尔可夫链的长度 N 是否足够长. 如果在链平均意义下, 链间方差大于链内方差, 那么这些链是混合不佳. 因此可以基于链间的方差与链内方差进行收敛性与混合性诊断.

如果马尔可夫链有相似的初值, 那么链间方差将会人为偏低. 正是这个原因, 建议初值随机地从一个比后验分布更离散的分布进行抽样. 例如, 可以利用均值等于 MLE、协方差矩阵等于 Fisher 信息阵逆的 $k(k>1)$ 倍的高斯分布或 t 分布.

例 20.10 混合充分与混合不佳.

图 20-5 对比了混合充分与混合不佳. 模型是有两个预测变量和独立同分布高斯噪声的线性回归模型. 有两个模拟数据集. 在图 20-5a 中预测变量是高度相关的(样本相关系数 = 0.996), 而在图 20-5b 中预测变量是相互独立的. 除了在共线性数量上的差异, 两组数据具有相同的分布. 在这两种情况下, 有三条链并且每条链有一个 $N_0=100$ 次的预迭代, 然后保留 1000 次迭代. 在 MCMC 分析中通常被称为样本路径图的时间序列图显示的是第一回归系数.

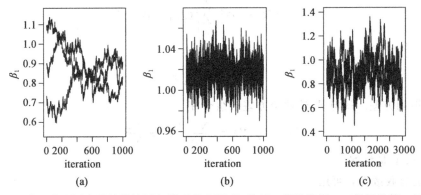

图 20-5 有两个预测变量的线性回归模型的 MCMC 分析. 模拟数据. 三条链的第一回归系数(β_1)的样本路径图. β_1 的真值为 1. (a)预迭代期是 100, 链的长度为 1000. 两个预测变量是高度相关的, 强共线性导致混合不佳. 注意到链没有收敛到平稳分布且链间方差大于链内方差. (b)与(a)中一样, 预迭代期为 100, 链的长度为 1000. 两个预测变量是独立的, 因为没有共线性, 所以有比较好的混合. 注意到链收敛到平稳分布且有比较小的链间方差. (c)与(a)的数据集相同, 但预迭代期为 5000 且链的长度为 30 000. 每 10 次迭代保留 1 次, 该链是稀疏的

在每一种情况下, 三条链的初值都是随机选择的. 概率分布集中于最小二乘且相对于后验分布是"过度分散"的. 具体来说, 具有高斯初值的回归系数集中于最小二乘估计且其协方差矩阵为最小二乘估计协方差矩阵的 1.5 倍. 噪声方差的初始分布是其最小二乘估计[例如, 式(12.15)中的 $\hat{\sigma}_\varepsilon^2$]的 0.25 倍和 4 倍之间的均匀分布. 使用 overdispersed 的初始值, 可以发现链从初值到达平稳分布的速度有多快. 情况(b)到达平稳分布的速度快, 但

情况(a)到达平稳分布的速度慢.

混合不佳的一个解决方案是增加预迭代期和链的长度. 图 20-5c 有与图 20-5a 相同的数据集但其预迭代期(5000 次)更多,链(30 000 次迭代)更长. 每 10 次迭代保留 1 次迭代,该链已经稀疏化. 稀疏化能减少蒙特卡罗样本量进而提高计算速度,并能改进样本路径图——一个含有 30 000 次迭代的 3 条链的样本路径图几乎全是黑色的. 这些链在预迭代期末似乎已经收敛到平稳分布并在 30 000(稀疏化后为 3000)次迭代后混合理想. ■

假设抽取了 M 条链,预迭代后每条链长度为 N. 设 $\theta_{i,j}$ 是第 j 链的 i 次迭代,对某标量值函数 ψ,设 $\psi_{i,j} = \psi(\theta_{i,j})$. 例如,为了提取第 k 个参数,将使用 $\psi(x) = x_k$,或可能计算 ψ 的标准差或精度的方差. 我们仍用 ψ 表示被估计量 $\psi(\theta)$.

设

$$\bar{\psi}_{\cdot,j} = N^{-1} \sum_{i=1}^{N} \psi_{i,j} \tag{20.35}$$

为第 j 链的均值,设

$$\bar{\psi}_{\cdot,\cdot} = M^{-1} \sum_{j=1}^{M} \bar{\psi}_{\cdot,j} \tag{20.36}$$

$\bar{\psi}$ 是链均值的平均,且 $\bar{\psi}$ 是 $E(\psi|Y)$ 的蒙特卡罗近似. 定义

$$B = \frac{N}{M-1} \sum_{j=1}^{M} (\bar{\psi}_{\cdot,j} - \bar{\psi}_{\cdot,\cdot})^2 \tag{20.37}$$

B/N 是链均值的样本方差. 定义第 j 链的方差

$$s_j^2 = (N-1)^{-1} \sum_{i=1}^{N} (\psi_{i,j} - \bar{\psi}_{\cdot,j})^2 \tag{20.38}$$

定义

$$W = M^{-1} \sum_{j=1}^{M} s_j^2 \tag{20.39}$$

W 汇集了链内方差. B 与 W 这两个方差被组合在

$$\widehat{\text{var}}^+(\psi|Y) = \frac{N-1}{N} W + \frac{1}{N} B \tag{20.40}$$

和前文一样,Y 是数据.

为了检验收敛性,可用

$$\hat{R} = \sqrt{\frac{\widehat{\text{var}}^+(\psi|Y)}{W}} \tag{20.41}$$

当链尚未达到平稳分布时,根式内的分子 $\widehat{\text{var}}^+(\psi|Y)$ 是 $\text{var}(\psi|Y)$ 的一个向上有偏估计,而分母 W 是一个向下有偏估计. 当预迭代期和蒙特卡罗样本容量增加时,这两种偏差收敛到 0. 因此,较大的 $\hat{R}$ 提示不收敛. 如果 $\hat{R}$ 近似等于 1,例如在 1.1 以下,那么可以认为链已经收敛到平稳分布,并可以用 $\widehat{\text{var}}^+(\psi|Y)$ 作为 $\text{var}(\psi|Y)$ 的估计. 一个较大的 $\hat{R}$ 提示需要一个较长的预迭代期.

链样本容量的效率度量为

$$N_{\text{eff}} = MN \frac{\widehat{\text{var}}^+(\psi|Y)}{B} \tag{20.42}$$

N_{eff} 的解释是马尔可夫链可以估计 ψ 的后验期望,其精度与从后验分布的一个样本容量为 N_{eff} 独立样本所得估计的精度近似相同. (当然,通常实际上不可能获得一个独立的样本,

这就是为什么需要使用 MCMC).

从马尔可夫链抽样所得 $\bar{\psi}_{..}$ 的蒙特卡罗方差与在独立抽样假设下的相同方差比较，可推导出 N_{eff}. 既然 $\bar{\psi}_{..}$ 是 M 个独立的链均值的平均，而 B/N 是这些链均值的样本方差，$\bar{\psi}_{..}$ 的蒙特卡罗方差的估计为

$$M^{-1}\frac{B}{N} \tag{20.43}$$

假设不是从长度为 N 的 M 个链抽样，而是从后验分布抽取 N^* 个独立样本. 该样本均值的蒙特卡罗方差为

$$\frac{\text{var}(\psi|Y)}{N^*}$$

其估计为

$$\frac{\widehat{\text{var}}^+(\psi|Y)}{N^*} \tag{20.44}$$

由定义 N_{eff} 是 N^* 使得式(20.43)等于式(20.44)的值，因此 N^* 由式(20.42)给出. 由于 B/N 是 M 个链的样本方差且因为 M 通常是相当小的，往往介于 2 至 5，B 具有相当的蒙特卡罗方差. 因此，N_{eff} 至多是一个样本容量效率的粗略估计.

WinBUGS 计算每个被检验参数的 $\hat{R}$ 与 N_{eff}，可以在 20.7.4 节看其输出.

N_{eff} 应该多大？当然，越大意味着越好的蒙特卡罗准确性，但是，N_{eff} 越大，就需要更多或更长的链，因此，N_{eff} 并不需要比必要的大. 可以通过把估计误差 $\psi - \bar{\psi}_{..}$ 分解为两个部分来研究 N_{eff} 对估计误差的影响，两个部分分别记为 E_1 与 E_2：

$$\psi - \bar{\psi}_{..} = \{\psi - E(\psi|Y)\} + \{E(\psi|Y) - \bar{\psi}_{..}\} = E_1 + E_2 \tag{20.45}$$

若 $E\{\psi|Y\}$ 能够被准确计算，进而它，而不是 $\bar{\psi}_{..}$，将是 ψ 的估计，则 E_1 将是唯一的误差. E_2 是由于蒙特卡罗方法用 $\bar{\psi}_{..}$ 近似 $E\{\psi|Y\}$ 而产生的误差. 这两种误差 E_1 与 E_2 是不相关的，因此

$$\text{var}\{(\psi - \bar{\psi}_{..})|Y\} = \text{var}(E_1|Y) + \text{var}(E_2|Y) = \text{var}(\psi|Y) + \frac{\text{var}(\psi|Y)}{N_{\text{eff}}}$$

$$= \text{var}(\psi|Y)\left(1 + \frac{1}{N_{\text{eff}}}\right)$$

由 $\text{var}(\psi|Y)$ 与 N_{eff} 的定义及近似式 $\widehat{\text{var}}^+(\psi|Y) \approx \text{var}(\psi|Y)$. 对所有小的 δ，由泰勒近似展开 $\sqrt{1+\delta} \approx 1 + \delta/2$，则有

$$\sqrt{\text{var}\{(\psi - \bar{\psi}_{..})|Y\}} \approx \sqrt{\text{var}(\psi|Y)}\left(1 + \frac{1}{2N_{\text{eff}}}\right) \tag{20.46}$$

注意到 $\sqrt{\text{var}\{(\psi - \bar{\psi}_{..})|Y\}}$ 是"贝叶斯标准误差." 若 $N_{\text{eff}} \geqslant 50$，则由式(20.46)可得标准误差被蒙特卡罗误差最多放大了 1%. 因此，人们可能会使用经验法则(拇指法则)：N_{eff} 至少应该是 50. 但是，请记住，N_{eff} 只粗略地估计，因为链的数量是小的. 因此，我们可能要为 N_{eff} 估计错误提供一些回旋余地，N_{eff} 至少有 100.

不同的 ψ 选择，N_{eff} 的值之间可以有很大变化. 在例 20.9 中，N_{eff} 对于 df 可以像 230 一样小，而对于 mu 可以像 2700 一样大. 由于即使是最小的 N_{eff} 也远高于 100，链的数量和长度是足够的，至少根据我们的经验法则(拇指法则). 还可以在例 20.9 看到，所有被检验的参数的 $\hat{R}$ 都小于 1.1，这是 MCMC 样本容量足够的另一种提示.

20.7.6 模型 DIC 和 p_D 的比较

DIC 是贝叶斯统计中类似于 AIC 的概念，而 p_D 是贝叶斯模型的参数个数.

注意到 5.12 节中的偏差(现在记作 $D(\boldsymbol{Y}, \boldsymbol{\theta})$)是对数似然的 -2 倍以及式(5.29)定义的 AIC 是[⊖]

$$\text{AIC} = D(\boldsymbol{Y}, \hat{\boldsymbol{\theta}}_{\text{ML}}) + 2p \tag{20.47}$$

其中 $\hat{\boldsymbol{\theta}}_{\text{ML}}$ 是 MLE，p 是 $\boldsymbol{\theta}$ 的维数. MLE 的贝叶斯类似概念是后验均值——平常的贝叶斯估计，将用 MCMC 来估计.

我们需要一个与参数的个数 p 相类似的贝叶斯概念. 起初，可能看起来很奇怪，在非贝叶斯统计分析中根本不使用 p. 毕竟，只是因为现在使用先验和贝叶斯估计，参数的数量并没有改变. 然而，贝叶斯统计分析中的先验信息对估计的参数有某些约束，这使得有效参数的个数小于 p. 要了解其原因，考虑一个例子，类似于股票的 d 个回报率. 假设回报率服从多元正态分布. 我们把注意力集中在 d 个回报率期望，记为 $\mu_1, \cdots, \mu_d$. 对于非贝叶斯统计，有两种方法来对 $\mu_1, \cdots, \mu_d$ 建模. 一种方法是假设它们都相等，比如都等于 μ，则只有一个参数(另需加上参数的方差和相关系数). 另一种方法是假设回报率期望不相等，所以有 d 个参数.

贝叶斯统计可以通过 $\mu_1, \cdots, \mu_d$ 的相类似而不等的先验来折中这两种极端情况. 例如，可以假设 $\mu_1, \cdots, \mu_d$ i.i.d. $N(\mu, \sigma_\mu^2)$，而 σ_μ^2 将表示相似度. 使用该先验信息的结果是 $\mu_1, \cdots, \mu_d$ 的有效参数个数大于 1 而小于 d.

有效参数的个数定义为

$$p_D = \hat{D}_{\text{avg}} - D(\boldsymbol{Y}, \bar{\boldsymbol{\theta}}) \tag{20.48}$$

其中

$$\bar{\boldsymbol{\theta}} = (NM)^{-1} \sum_{j=1}^{M} \sum_{i=1}^{N} \boldsymbol{\theta}_{i,j}$$

是 $\boldsymbol{\theta}_{i,j}$ 的 MCMC 样本均值，而

$$\hat{D}_{\text{avg}} = (NM)^{-1} \sum_{j=1}^{M} \sum_{i=1}^{N} D(\boldsymbol{Y}, \boldsymbol{\theta}_{i,j})$$

是

$$D_{\text{avg}} = E\{D(\boldsymbol{Y}, \boldsymbol{\theta}) | \boldsymbol{Y}\} \tag{20.49}$$

的 MCMC 估计. 类似于式(20.47)，DIC 定义为

$$\text{DIC} = D(\boldsymbol{Y}, \bar{\boldsymbol{\theta}}) + 2 p_D$$

正如下例所示，p_D 主要是 $\boldsymbol{\theta}$ 后验变异性一种度量，其随着 p 的增加而增加，或随着 $\boldsymbol{\theta}$ 先验信息量相对于样本信息减少而增加.

例 20.11 精度已知时正态均值估计的 p_D.

设 $\boldsymbol{Y} = (Y_1, \cdots, Y_n)$ i.i.d. $N(\mu, 1)$，则在该例中 $\boldsymbol{\theta} = \mu$. 对数似然为

$$\log\{L(\mu)\} = -\frac{1}{2} \sum_{i=1}^{n} (Y_i - \mu)^2 - \frac{n}{2} \log(2\pi)$$

$$= -\frac{1}{2} \left\{ \sum_{i=1}^{n} (Y_i - \bar{Y})^2 + n(\bar{Y} - \mu)^2 \right\} - \frac{n}{2} \log(2\pi)$$

[⊖] 原文为 AIC$=D(\boldsymbol{Y}, \boldsymbol{\theta}_{\text{ML}}) + 2p$，疑是有误. ——译者注

因此
$$D(Y,\mu) = \sum_{i=1}^{n}(Y_i - \bar{Y})^2 + n(\bar{Y}-\mu)^2 + n\log(2\pi) \quad (20.50)$$
当计算 p_D 时，不依赖于 μ 的量可由式(20.48)中的减法消去．因此，为了计算 p_D，可用
$$D(Y,\mu) = n(\bar{Y}-\mu)^2 \quad (20.51)$$
则
$$D\{Y,E(\mu|Y)\} = \{\bar{Y}-E(\mu|Y)\}^2 \quad (20.52)$$
且
$$\begin{aligned}D_{\mathrm{avg}} &= nE\{(\bar{Y}-\mu)^2|Y\} = n(\{\bar{Y}-E(\mu|Y)\}^2 + E[\{E(\mu|Y)-\mu\}^2|Y])\\ &= n[\{\bar{Y}-E(\mu|Y)\}^2 + \mathrm{Var}(\mu|Y)] = D\{Y,E(\mu|Y)\} + n\mathrm{Var}(\mu|Y) \quad (20.53)\end{aligned}$$
由于$\{\bar{Y}-E(\mu|Y)\}$与$\{E(\mu|Y)-\mu\}$是条件不相关的(在给定 Y 的条件下)．因此，
$$p_D = \hat{D}_{\mathrm{avg}} - D\{Y,E(\mu|Y)\}$$
$$\approx D_{\mathrm{avg}} - D\{Y,E(\mu|Y)\} = n\mathrm{Var}(\mu|Y) = \frac{n}{n+\tau_0} \quad (20.54)$$
其中最后一个等式使用了式(20.21)，τ_0 是 μ 的先验精度．当蒙特卡罗样本容量 N 增大到 ∞ 时，式(20.54)中的约等号("$\approx$")变成等号.

当 $\tau_0 \to 0$ 时，先验信息量可以忽略不计，等式(20.54)的右边收敛到 $p=1$. 相反，当 $\tau_0 \to \infty$ 时，先验信息量无限地增加，等式(20.54)的右边收敛到 0．这是一般现象的例子——越多的先验信息意味着越少的有效参数．

通常，当 p 比较小且先验信息少时，$p_D \approx p$. 在其他情况下，如当 d 被建模为来自于一个共同的正态分布，p_D 可以被认为小于 1——见例 20.12．

使用 DIC 比较模型时，DIC 越小越好，不过，与 AIC 和 BIC 一样，DIC 不应该被盲目使用．通常考虑标的物因素或简化模型会导致分析师选择最小化 DIC 以外的一个模型．可以在 20.7.4 节看 WinBUGS 计算 DIC 和 p_D.

20.8 多层先验

一种常见的情况是有一些被认为相似的，但不完全相同的参数．例如，几只股票的预期回报率可能被认为是类似的．在这种情况下，集聚参数的信息是有用的，可以提高先验标准，因为使用好的先验信息将提高估计精度．一种集聚信息的有效方法是多层先验贝叶斯分析，它允许一个向对方或向其他一些目标压缩估计．后者的一个例子是向资本资产定价模型(CAPM)或其他因子模型的估计压缩回报率样本协方差矩阵．这种压缩会达到样本协方差矩阵的高变异性与因子模型的样本协方差矩阵估计的偏差之间的权衡．

像以前一样，设似然函数为 $f(y|\boldsymbol{\theta})$. 似然函数是多层先验层次结构中的第一层(或阶段). 在本章中，到目前为止，第二层是 $\boldsymbol{\theta}$ 的先验密度 $\pi(\boldsymbol{\theta}|\boldsymbol{\gamma})$，其中参数向量 $\boldsymbol{\gamma}$ 在先验中是已知的，比如 $\boldsymbol{\gamma}_0$. 例如，在例 20.3 中先验是两个参数已知的 beta 分布．

在一个分层或多级先验中，$\boldsymbol{\gamma}$ 是未知的且有它自己的先验 $\pi(\boldsymbol{\gamma}|\boldsymbol{\delta})$(第三层). 通常情况下，$\boldsymbol{\delta}$ 有一个已知的值，虽然可以通过未知 $\boldsymbol{\delta}$ 的先验添加另外的层到层次结构中，等等．

这可能是最容易理解层次先验的例子．

例 20.12 中型股票的预期回报率估计．

本例使用 R 软件 fEcofin 程序包中的 midcapD.ts 数据集．该数据集包含 20 只中

型股票的 500 个日收益率与市场上的日收益率，本数据集曾在例 5.3 中使用.

该数据集将分为"训练数据"，其中包含前 100 天的回报率，而"测试"数据则包含后 400 天的回报率. 只有训练数据将被用于估计. 测试数据将用来比较从训练数据所得的估计. 由于测试数据样本容量比较大，测试数据的平均回报率就是 20 只股票的"真正的"预期回报率，虽然，这当然仅仅是一个近似值. "真正的"预期回报率将使用训练数据估计.

我们将比较三种可能的估计的"真正的"预期回报率.

(a) 样本均值(20 只中型股票前 100 天的平均回报率)；

(b) 集聚估计(总压缩，其中每一个预期回报率有相同的估计)；

(c) 多层先验的贝叶斯估计(压缩).

方法(a)是"正常"的非贝叶斯估计，其中每个预期收益是由该股票的样本均值估计的. 方法(b)中，每一个预期回报率有相同的估计，这是"均值的平均"，即(a)的 20 个均值的平均. 贝叶斯压缩(在这个例子中将解释)用多层先验把这 20 个均值向均值的平均值压缩. 贝叶斯压缩是(a)和(b)之间的一种折中方案. 压缩也曾在例 11.10 中使用，虽然在那里压缩率是任意选择的，因为当时尚未引入贝叶斯方法.

设 $R_{i,t}$ 是以百分比表示的股票 i 的第 t 个日回报率. 对于贝叶斯压缩，第一层是简单的模型

$$R_{i,t} = \mu_i + \varepsilon_{i,t}$$

其中 $\varepsilon_{i,t}$ i.i.d. $N(0, \sigma_\varepsilon^2)$. 此模型有几个不切实际的方面：(a)假设 $\varepsilon_{i,t}$ 的标准差不依赖于 i；(b)假设 $\varepsilon_{i,t}$ 和 $\varepsilon_{i',t}$ 是独立的(我们知道将有截面相关性)，(c)假设不存在 GARCH 效应；(d)假设 $\varepsilon_{i,t}$ 服从正态分布，而不是重尾分布. 不过，为了估计预期回报率，该模式应该是足够的. 请记住，"所有的模型都是错误的，但有些模型是有用的，"并且，当然，什么是"有用"依赖于分析的目标.

多层先验的第二层

$$\mu_i \sim \text{i.i.d.} \ N(\alpha, \sigma_\mu^2)$$

这里的假设是 20 只中型股票的预期回报率采样于一个大的总体，也许是所有中型股票，甚至更大的总体. 总体的均值为 α、标准差为 σ_μ.

如果我们使用非多层先验，那么就需要指定 α 和 σ_μ 的值. 这也正是例 20.4 中所做的，但在这个例子中 σ_ε^2 是已知的. 我们大概有一个 α 和 σ_μ 的粗略值，但它不可能有准确的信息，在例 20.4 看到为了提高样本均值的贝叶斯估计需要对先验有相当精确的信息. 事实上，如果先验选择不当，贝叶斯估计可以很容易比样本均值差.

第三层将是 α 和 σ_μ 的先验，并用数据来估计这些参数. 重要的是要明白为什么在这个例子中 α 和 σ_μ 可以被估计，但它们在例 20.4 中不能被估计. 原因是现在有 20 个预期回报率(μ_i)，都有相同的均值 α 和标准差 σ_μ. 与此相反，在例 20.4，只有一个 μ 并且它无法估计总体的均值和方差.

因为现在数据中有大量有关 α，σ_μ^2 和 σ_ε^2 的信息，我们可以使用它们，相当于使用无信息先验而"让数据自己说话."

σ_μ 和 σ_ε 后验均值分别为 0.146% 与 4.309%(回报率是百分数). 如果我们看一下精度，而不是标准差，我们发现 τ_μ 和 τ_ε 后验均值分别为 78.6 和 0.054. 使用式(20.24)的记号，在本例中 τ_Y 是 $100\tau_\varepsilon = 5.4$ 且 $\tau_0 = \tau_\mu = 78.6$. 因此，在式(20.24)中 δ 等于 $5.4/(5.4 + 78.6) = 0.064$. 回忆一下，在大幅压缩后，δ 接近 0(远离 1)的结果，所以 δ 等于 0.064 导致样本均值向均值的平均值大比率压缩(在图 20-6 中可以看出).

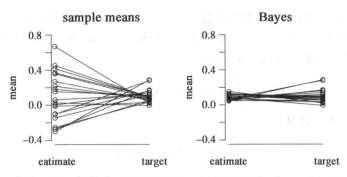

图 20-6 20 只中型股票的平均回报率的估计."目标"是被估计的数量,特别是 400 天试验数据的平均回报率."估计"是一个基于前 100 天的训练数据的估计. 在左边,是 20 个单个的样本均值估计. 在右边,是样本均值向它们均值压缩的估计. 在每一个图上,每只股票的估计和目标由一条线连接,在左侧,训练数据的样本均值有如此大的变异以至于在训练数据中有较小(较大)均值的股票往往在测试数据中有较大(较小)的均值. 右边的贝叶斯估计更接近于目标

为了比较估计量,我们使用如下定义的误差平方和(SSE)

$$\text{SSE} = \sum_{i=1}^{20} (\hat{\mu}_i - \mu_i)^2$$

其中 μ_i 是测试数据第 i 个"真正的"均值而 $\hat{\mu}_i$ 是训练数据的一个估计. 从表 20-1 可得 SSE 的值. 样本均值的 SSE 大约是贝叶斯估计的 SSE 的 11(1.9/0.17)倍. 很明显,在本例中压缩是非常成功的.

表 20-1 20 只中型股票的预期回报率三种估计的误差平方和(SSE)

估计	SSE
(a)样本均值	1.9
(b)集聚均值	0.12
(c)贝叶斯	0.17

有趣的是,甚至完全压缩到集聚均值是优于贝叶斯压缩. 贝叶斯压缩尝试估计最优的压缩量,但是,当然它不能做得这样完美. 虽然在这个例子中完全的压缩优于贝叶斯压缩,但一般完全压缩是危险的,因为在一些真正的均值比该例的均值相差要大的例子中它有一个大的 SSE. 如果有较强的先验信念认为真正均值是非常相似的,则应该取该先验作为 σ_μ 的先验. 在这个例子中,应该使用越接近于 0 越集中的先验而不是使用无信息先验. ∎

20.9 协方差矩阵的贝叶斯估计

在本节中,假设 $Y_1, \cdots, Y_n$ 是独立同分布的样本,其总体是一个 d 维的 $N(\mu, \Sigma)$ 分布或一个 d 维的 $t_\nu(\mu, \Lambda)$ 分布. 我们感兴趣的是协方差矩阵 Σ 或尺度矩阵 Λ 的估计,正态分布和 t 分布的精度矩阵分别定义为 Σ^{-1} 和 Λ^{-1}. 这个定义类似于单变量情形,即把精度定义为方差的倒数.

我们将从正态分布开始讨论.

20.9.1 多元正态分布的协方差阵估计

在多元正态的情况下,精度矩阵 Σ^{-1} 的共轭先验分布是 Wishart 分布. Wishart 分布

(记作 Wishart(ν, A))有一个单变量参数——自由度 ν，和一个可以是任意非奇异矩阵的参数——协方差矩阵 A. 当 ν 是一个整数时，Wishart(ν, A)分布有一个简化的定义. 设 $Z_1, \cdots, Z_n$ 独立同分布于 $N(\mu, A)$，则

$$\sum_{i=1}^{n} (Z_i - \mu)(Z_i - \mu)^{\mathrm{T}}$$

服从 Wishart(n, A). 而且

$$\sum_{i=1}^{n} (Z_i - \overline{Z})(Z_i - \overline{Z})^{\mathrm{T}} \tag{20.55}$$

服从 Wishart($n-1$, A). 由于式(20.55)中的和是样本协方差矩阵的 $n-1$ 倍，因此，Wishart 分布对于正态分布协方差矩阵的统计推断是重要的.

任给正数 ν，Wishart(ν, A)分布的密度函数为

$$f(W) = C(\nu, d) |A|^{-\nu/2} |W|^{(\nu-d-1)/2} \exp\left\{-\frac{1}{2}\mathrm{tr}(A^{-1}W)\right\} \tag{20.56}$$

其标准化常数

$$C(\nu, d) = \left\{ 2^{\nu d/2} \pi^{d(d-1)/4} \prod_{i=1}^{d} \Gamma\left(\frac{\nu+1-i}{2}\right) \right\}^{-1}$$

参数 W 是一个非奇异的协方差矩阵. 数学期望为 $E(W) = \nu A$. 在单变量的情况下($d=1$)，Wishart 分布是一个伽马分布.

若 W 服从 Wishart(ν, A)分布，则 W^{-1} 的分布称为逆 Wishart 分布，其参数为 ν 和 A^{-1}，记作 Inv-Wishart(ν, A^{-1}).

设数据为 $Y = (Y_1, \cdots, Y_n)$. 为了推导精度矩阵 Σ^{-1} 的满条件分布，假设 μ 已知. 从式(7.15)可知，似然函数为

$$f(Y|\Sigma^{-1}) = \prod_{i=1}^{n} \left[\frac{1}{(2\pi)^{d/2} |\Sigma|^{1/2}} \exp\left\{ -\frac{1}{2}(Y_i - \mu)^{\mathrm{T}} \Sigma^{-1} (Y_i - \mu) \right\} \right]$$

化简后，

$$f(Y|\Sigma^{-1}) \propto |\Sigma^{-1}|^{n/2} \exp\left\{ -\frac{1}{2} \sum_{i=1}^{n} (Y_i - \mu)^{\mathrm{T}} \Sigma^{-1} (Y_i - \mu) \right\}$$

定义

$$S = \sum_{i=1}^{n} (Y_i - \mu)(Y_i - \mu)^{\mathrm{T}}$$

则

$$\sum_{i=1}^{n} (Y_i - \mu)^{\mathrm{T}} \Sigma^{-1} (Y_i - \mu) = \mathrm{tr}\left\{ \sum_{i=1}^{n} (Y_i - \mu)^{\mathrm{T}} \Sigma^{-1} (Y_i - \mu) \right\} = \mathrm{tr}(\Sigma^{-1} S) \tag{20.57}$$

式(20.57)的第一个等号是一个简单的结果，其原理为：标量也是一个 1×1 的矩阵且等于其迹. 第二个等号的原理为：对任意矩阵 B 和 A 及其积 BA 是可定义的方阵，则 $\mathrm{tr}(AB) = \mathrm{tr}(BA)$. 因此有

$$f(Y|\Sigma^{-1}) \propto |\Sigma^{-1}|^{n/2} \exp\left\{ -\frac{1}{2}\mathrm{tr}(\Sigma^{-1} S) \right\} \tag{20.58}$$

假设精度矩阵 Σ^{-1} 的先验为 Wishart(ν_0, Σ_0^{-1}). 则先验密度为

$$\pi(\Sigma^{-1}) \propto |\Sigma^{-1}|^{(\nu_0 - d - 1)/2} \exp\left\{ -\frac{1}{2}\mathrm{tr}(\Sigma^{-1} \Sigma_0) \right\} \tag{20.59}$$

由于是后验密度正比于先验密度和似然函数的乘积，由式(20.58)与式(20.59)可得后验密度为

$$\pi(\boldsymbol{\Sigma}^{-1}|Y) \propto |\boldsymbol{\Sigma}^{-1}|^{(n+\nu_0-d-1)/2} \exp\left[-\frac{1}{2}\mathrm{tr}\{\boldsymbol{\Sigma}^{-1}(\boldsymbol{S}+\boldsymbol{\Sigma}_0)\}\right] \quad (20.60)$$

因此，$\boldsymbol{\Sigma}^{-1}$的后验分布是 Wishart$\{n+\nu_0, (\boldsymbol{S}+\boldsymbol{\Sigma}_0)^{-1}\}$. 后验期望为

$$E(\boldsymbol{\Sigma}^{-1}|Y) = (n+\nu_0)\{(\boldsymbol{S}+\boldsymbol{\Sigma}_0)^{-1}\} \quad (20.61)$$

若ν_0与$\boldsymbol{\Sigma}_0$都很小的，则

$$E(\boldsymbol{\Sigma}^{-1}|Y) \approx n\boldsymbol{S}^{-1} \quad (20.62)$$

$\boldsymbol{\Sigma}$的MLE是$n^{-1}\boldsymbol{S}$，因此$\boldsymbol{\Sigma}^{-1}$的MLE是$n\boldsymbol{S}^{-1}$. 进而，对于小的ν_0和$\boldsymbol{\Sigma}_0$，$\boldsymbol{\Sigma}^{-1}$的贝叶斯估计近似于 MLE.

$\boldsymbol{\Sigma}^{-1}$的满条件分布与$\boldsymbol{\mu}$的模型结合起来就可以估计这两个参数. 为了应用到资产回报率，如例 20.12 的$\boldsymbol{\mu}$的分层先验也许要用到.

20.9.2 多元 t 分布的尺度矩阵的估计

Wishart 分布不是多元 t 分布的尺度矩阵的共轭先验，尽管如此，但它可以被用作先验，这是因为 MCMC 不需要用共轭先验.

例 20.13 估计 CRSPday 数据的相关系数矩阵.

在例 7.4 中，通过 MLE 来估计 CRSPday 回报率的相关系数矩阵. 在本例中，会把 MLE 与贝叶斯估计相比较并发现这两个估计是非常相似的. 在这个例子中，使用的 BUGS 程序如下：

```
model{
for(i in 1:N)
{
y[i,1:m] ~ dmt(mu[],tau[,],df_likelihood)
}
mu[1:m] ~ dmt(mu0[],Prec_mu[,],df_prior)
tau[1:m,1:m] ~ dwish(Prec_tau[,],df_wishart)
lambda[1:m,1:m] <- inverse(tau[,])
}
```

在 BUGS 程序中，mu 是回报率的均值向量，tau 是回报率的精度矩阵，lambda 是回报率的尺度矩阵. 而 dmt 是多元 t 分布，dwish 是 Wishart 分布.

BUGS 程序输入的数据包含回报率矩阵 y，以及似然函数中的 t 分布的自由度 df_likelihood. 在理想的情况下，自由度应该是一个未知的参数，但 WinBUGS 不能估计该参数. 此处取该参数为例 7.4 计算出的 MLE(四舍五入至 6). 由于 WinBUGS 的限制，需要把参数取定为 MLE，而用 R 软件或其他软件(经过相当多努力)通过编写 MCMC 程序可以克服该限制.

该数据集包含 mu0，它是零向量并被作为 mu 的先验均值. 数据集也包含 df_prior 与 df_wishart，它们分别是 mu 的先验多元 t 分布[⊖]的自由度与 tau 先验 Wishart 分布的自由度. 它们分别取 4(变量的个数)和 3.

mu 的初值是从均值为 mu0、精度矩阵为 0.01 乘以单位阵的正态总体中抽样的. tau

⊖ 原文为"the degrees of freedom in the normal prior on mu". ——译者注

的初值是从自由度为4、参数矩阵为0.01乘以单位阵的Wishart分布中抽样的.

有5条链,每条链在200次预迭代后的长度为1000. 收敛到平稳分布和混合都相当迅速. 所有参数的N_{eff}至少为1300而$\hat{R}$至多为1.004,这表明预迭代和链长都是充分的.

贝叶斯估计的协方差矩阵被转换为相关系数矩阵,即为

```
      [,1]    [,2]    [,3]    [,4]
[1,]  1.0000  0.3192  0.2843  0.6760
[2,]  0.3192  1.0000  0.1584  0.4695
[3,]  0.2843  0.1584  1.0000  0.4295
[4,]  0.6760  0.4695  0.4295  1.0000
```

在例7.4中,相关系数矩阵的最大似然估计(MLE)为

```
$cor
      [,1]    [,2]    [,3]    [,4]
[1,]  1.0000  0.3192  0.2845  0.6765
[2,]  0.3192  1.0000  0.1584  0.4698
[3,]  0.2845  0.1584  1.0000  0.4301
[4,]  0.6765  0.4698  0.4301  1.0000
```

请注意贝叶斯估计和MLE之间的相似性. ■

20.9.3 协方差矩阵的非共轭先验

在例20.13中,我们看到无信息共轭先验的先验参数的选择或多或少是取最自大似然估计. 然而,我们往往希望向一些目标(也许是因子模型的一个估计)压缩协方差矩阵,这样做就需要使用非共轭先验,由于在WinBUGS中这是很难或不可能的,因此,这是一高级主题,超出了本书的范围. 进一步阅读请见20.11节中的参考文献.

20.10 一个平稳过程的采样

本节将讨论20.7.5节中的统计量B,W和$\widehat{\text{Var}}^+(\psi|Y)$检验MCMC收敛性和混合的理论.

假设$Y_1,\cdots,Y_n$是来自于均值为μ、自协方差函数为$\gamma(h)$的平稳分布的样本. 设样本均值为$\bar{Y}=n^{-1}\sum_{i=1}^{n}Y_i$. 则

$$\text{var}(\bar{Y}) = n^{-2}\sum_{i=1}^{n}\sum_{j=1}^{n}\text{Cov}(Y_i,Y_j) = n^{-2}\sum_{i=1}^{n}\sum_{j=1}^{n}\gamma(i-j)$$

$$= n^{-2}\left\{n\gamma(0)+2\sum_{h=1}^{n-1}\gamma(h)(n-h)\right\} = \frac{\gamma(0)}{n}R_n \qquad (20.63)$$

其中$R_n = \left\{1+2\sum_{h=1}^{n-1}\rho(h)\left(1-\frac{h}{n}\right)\right\}$. 若$Y_1,\cdots,Y_n$是一个不相关的过程(白噪声),则$R_n=1$,式(20.63)与式(7.13)一致.

大部分由MCMC生成的平稳过程对所有的h有$\rho(h)\geqslant 0$,因此R_n被自相关性放大了. 可能是严重的放大. 考虑平稳的AR(1)过程,$Y_n=\phi Y_{n_1}+\varepsilon_i$. AR(1)过程往往是MCMC过程的相当不错的近似. 对于一个AR(1)过程,R_n的近似为

$$R_n \approx \left\{1 + 2\sum_{h=1}^{\infty} \rho(h)\right\} = \left\{2\sum_{h=0}^{\infty} \phi^h - 1\right\} = \left\{\frac{2}{1-\phi} - 1\right\} = \frac{1+\phi}{1-\phi} \tag{20.64}$$

其中使用了 $T=\infty$ 时的几何级数求和公式(3.4). 注意到式(20.64)的右边随着 $\phi \to 1$ 而无限增加.

从等式

$$\sum_{i=1}^{n}(Y_i - \mu)^2 = \sum_{i=1}^{n}(Y_i - \overline{Y})^2 + n(\overline{Y} - \mu)^2$$

可得

$$E\left\{\sum_{i=1}^{n}(Y_i - \overline{Y})^2\right\} = \gamma(0)(n - R_n) \tag{20.65}$$

由定义可得 $\gamma(0) = E\{(Y_i - \mu)^2\}$ 与 $\gamma(0)R_n = E\{n(\overline{Y} - \mu)^2\}$. 因此,该过程方差 $\gamma(0)$ 的无偏估计为

$$\hat{\gamma}(0) = \frac{\sum_{i=1}^{n}(Y_i - \overline{Y})^2}{n - R_n} \tag{20.66}$$

当过程不相关时,$R_n = 1$,式(20.66)的右边是样本方差(A.7). 对于正自相关过程,$R_n > 1$ 且样本方差(用 1 替换 R_n)是偏小的.

为了得到 $\gamma(0)$ 的无偏估计,可以用

$$\frac{\sum_{i=1}^{n}(Y_i - \overline{Y})^2 + \widehat{\gamma(0)R_n}}{n} \tag{20.67}$$

其中 $\widehat{\gamma(0)R_n}$ 是 $\gamma(0)R_n$ 的无偏估计. 有几种方法估计 $\gamma(0)R_n$. 最简单的是用该过程的几个相互独立的实现. 设 $\overline{Y}_1, \cdots, \overline{Y}_M$ 是该过程 M 个独立实现的均值并假设 $\overline{Y} = M^{-1}\sum_{j=1}^{m}\overline{Y}_j$. 则

$$\widehat{\gamma(0)R_n} = \frac{\sum_{j=1}^{M}(\overline{Y}_j - \overline{Y})^2}{M - 1} \tag{20.68}$$

是 $\gamma(0)R_n$ 的无偏估计. 20.7.5 节中用来检验 MCMC 的统计量 $\widehat{\text{Var}}^+(\psi|Y)$ 是式(20.66)与式(20.68)的特殊情况.

20.11 文献注记

有很多优秀的贝叶斯统计书籍. Gelman、Carlin、Stern 和 Rubin(2004)以及 Carlin 和 Louis(2008)是几本数学水平与本书相近的介绍贝叶斯统计的书. Box 和 Tiao(1973)是一本有丰富实例的贝叶斯统计教材,尽管已经很老但仍然值得一读的经典之作. Berger(1985)是一个标准的贝叶斯分析和决策理论的参考书. Bernardo 和 Smith(1994)和 Robert(2007)是近期出版的贝叶斯理论书籍. Rachev、Hsu、Bagasheva 和 Fabozzi(2008)涵盖了贝叶斯统计的许多金融应用.

Albert(2007)是一个很好的介绍用 R 进行贝叶斯计算的书. Chib 和 Greenberg(1995)解释 Metropolis-Hastings 算法的工作原理和为什么它的平稳分布是后验分布. Congdon

(2001，2003)涵盖了最近的贝叶斯计算发展，其重点是 WinBUGS 软件．除了 MCMC，还有其他的贝叶斯蒙特卡罗抽样器，例如，再抽样器．Robert 和 Casella(2005)讨论这些问题以及 MCMC．Gelman、Carlin、Stern 和 Rubin(2004)在附录中有 R 和 WinBUGS 的贝叶斯计算的例子．Lunn、Thomas、Best 和 Spiegelhalter(2000)讲述 WinBUGS 的设计．

$\hat{R}$ 和 N_{eff} 的诊断归功于 Gelman 和 Rubin(1992)，虽然 20.7.5 节使用的符号略有不同于 Gelman、Carlin、Stern 和 Rubin(2004)．Spiegelhalter、Best、Carlin 和 van der Linde(2002)提出 DIC 与 p_D．

Chib 和 Ergashev 讨论了收益曲线模型的贝叶斯建模．Albert 和 Chib(1993)、Chib 和 Greenberg(1994)，以及 Kim、Shephard 和 Chib(1998)讨论了贝叶斯时间序列．前两篇文章有关 ARMA 过程，最后一篇讨论 ARCH 与随机波动模型．无共轭先验贝叶斯估计的协方差矩阵的重点和难点问题上有大量的文献．Daniels 和 Kass(1999)回顾一些文献并提供了他们自己的建议．

我们还没有讨论经验贝叶斯统计推断，而 Carlin 和 Louis(2000)是该领域的一个介绍．经验贝叶斯统计推断使用了多层先验进行贝叶斯统计分析，但在较低的层次以非贝叶斯方式估计参数，即把那些参数作为已知的和固定的处理．其结果是压缩估计很像贝叶斯统计分析的结果．经验贝叶斯统计分析的优点是它可以比完全贝叶斯统计分析的要简单一些．它的缺点是它低估了不确定性，因为在处理先验参数时把它们作为已知参数处理．有一些压缩估计不完全是贝叶斯估计甚至也不是经验贝叶斯估计．Ledoit 和 Wolf(2003)提出了一个股票收益率的协方差矩阵的压缩估计．压缩目标是一个因子模型，如(APM)的估计．压缩估计至少可以追溯到 Stein(1956)，通常被称为 Stein 估计．

Gelman、Carlin、Stern 和 Rubin(2004)、Lehmann(1983)，以及 van der Vaart(1998)讨论了后验中心极限定理，并且这些文献在技术水平上呈现递增顺序．

20.12 参考文献

Albert, J. (2007) *Bayesian Computation with R*, Springer, New York.

Albert, J. H. and Chib, S. (1993) Bayes inference via Gibbs sampling of autoregressive time series subject to Markov mean and variance shifts, *Journal of Business & Economic Statistics*, 11, 1–15.

Berger, J. O. (1985) *Statistical Decision Theory and Bayesian Analysis* 2nd ed., Springer-Verlag, Berlin.

Bernardo, J. M., and Smith, A. F. M. (1994) *Bayesian Theory*, Wiley, Chichester.

Box, G. E. P., and Tiao, G. C. (1973) *Bayesian Inference in Statistical Analysis*, Addison-Wesley, Reading, MA.

Carlin, B. P., and Louis, T. A. (2000) Empirical Bayes: Past, present and future. *Journal of the American Statistical Association*, 95, 1286–1289.

Carlin, B., and Louis, T. A. (2008) *Bayesian Methods for Data Analysis*, 3rd ed., Chapman & Hall, New York.

Chib, S., and Ergashev, B. (2009) Analysis of multifactor affine yield curve models. *Journal of the American Statistical Association*, 104, 1324–1337.

Chib, S., and Greenberg, E. (1994) Bayes inference in regression models with ARMA(p,q) errors. *Journal of Econometrics*, 64, 183–206.

Chib, S., and Greenberg, E. (1995) Understanding the Metropolis–Hastings algorithm. *American Statistician*, 49, 327–335.

Congdon, P. (2001) *Bayesian Statistical Modelling*, Wiley, Chichester.

Congdon, P. (2003) *Applied Bayesian Modelling*, Wiley, Chichester.

Daniels, M. J., and Kass, R. E. (1999) Nonconjugate Bayesian estimation of covariance matrices and its use in hierarchical models. *Journal of the American Statistical Association*, **94**, 1254–1263.

Edwards, W. (1982) Conservatism in human information processing. In *Judgement Under Uncertainty: Heuristics and Biases*, D. Kahneman, P. Slovic, and A. Tversky, ed., Cambridge University Press, New York.

Gelman, A., and Rubin, D. B. (1992) Inference from iterative simulation using multiple sequence (with discussion). *Statistical Science*, **7**, 457–511.

Gelman, A., Carlin, J. B., Stern, H. S., and Rubin, D. B. (2004) *Bayesian Data Analysis*, 2nd ed., Chapman & Hall, London.

Kass, R. E., Carlin, B. P., Gelman, A., and Neal, R. (1998) Markov chain Monte Carlo in practice: A roundtable discussion. *American Statistician*, **52**, 93–100.

Kim, S., Shephard, N., and Chib, S. (1998) Stochastic volatility: likelihood inference and comparison with ARCH models. *Review of Economic Studies*, **65**, 361–393.

Ledoit, O., and Wolf, M. (2003) Improved estimation of the covariance matrix of stock returns with an application to portfolio selection. *Journal of Empirical Finance*, **10**, 603–621.

Lehmann, E. L. (1983) *Theory of Point Estimation*, Wiley, New York.

Lunn, D. J., Thomas, A., Best, N., and Spiegelhalter, D. (2000) WinBUGS— A Bayesian modelling framework: Concepts, structure, and extensibility. *Statistics and Computing*, **10**, 325–337.

Rachev, S. T., Hsu, J. S. J., Bagasheva, B. S., and Fabozzi, F. J. (2008) *Bayesian Methods in Finance*, Wiley, Hoboken, NJ.

Robert, C. P. (2007) *The Bayesian Choice: From Decision-Theoretic Foundations to Computational Implementation*, 2nd ed., Springer, New York.

Robert, C. P., and Casella, G. (2005) *Monte Carlo Statistical Methods, 2nd ed.*, Springer, New York.

Spiegelhalter, D. J., Best, N. G., Carlin, B. P., and van der Linde, A. (2002) Bayesian measures of model complexity and fit. *Journal of the Royal Statistical Society, Series B, Methodological*, **64**, 583–616.

Stein, C. (1956) Inadmissibility of the usual estimator for the mean of a multivariate normal distribution. In *Proceedings of the Third Berkeley Symposium on Mathematical and Statistical Probability*, J. Neyman, ed., University of California, Berkeley, pp. 197–206, Volume 1.

van der Vaart, A. W. (1998) *Asymptotic Statistics*, Cambridge University Press, Cambridge.

20.13 R 实验室

20.13.1 MCMC 拟合 t 分布

在本节的实验中,你将利用 t 分布拟合 IBM 股票的月回报率,通过 MCMC 抽样,用 WinBUGS 估计后验分布. 虽然 WinBUGS 可作为一个独立的程序,在这个实验中,WinBUGS 从 R 的 `R2WinBUGS` 包中调用. 为了这样运行 WinBUGS,你不仅要在你的计算机上安装 WinBUGS,也必须安装 R 软件的 `R2WinBUGS` 程序包. WinBUGS 可从以下网址下载:

http://www.mrc-bsu.cam.ac.uk/bugs/winbugs/contents.shtml

你也可以在这个网站上找到 WinBUGS 文件. WinBUGS 手册可以在如下网址找到:

http://www.mrc-bsu.cam.ac.uk/bugs/winbugs/manual14.pdf

为了运行 WinBUGS,你需要从网站得到"密钥"并安装在电脑上. 参考网站安装.

运行下面的 R 代码,加载 R2WinBUGS,输入数据,并准备 WinBUGS 所使用的数据. 变量 ibm 有 ts 类,它会导致其在 WinBUGS 上出现问题. 因此,创建具有与 ibm 相同的数值但被剥离了月份和年份信息的变量 y. 输出这两个变量,看看它们有何不同.

```
library(R2WinBUGS)
data(CRSPmon,package="Ecdat")
ibm = CRSPmon[,2]
y = as.numeric(ibm)
N = length(y)
ibm_data=list("y","N")
```

接下来,把下面的 WinBUGS 代码放在一个文本文件中,并命名为 Tbrate_t.bug,但也可以使用其他名字,只要你在 R 代码中进行适当的修改. WinBUGS 类代码与 R 代码是有点类似,但不完全相同的. 例如,在 R 中"dt"是 t 分布密度,但在的 WinBUGS 中,它是 t 分布.

```
model{
for(i in 1:N){
y[i] ~ dt(mu,tau,nu)
}
mu ~ dnorm(0.0,1.0E-6)
tau ~ dgamma(0.1,0.01)
sigma <- 1/sqrt(tau)
nu ~ dunif(2,50)
}
```

WinBUGS 程序难以调试,所以要在代码应该出现的地方小心输入代码. 它已经过写测试和运行,但任何错误都将导致问题出现.

当你写 WinBUGS 程序时,最好是调用 WinBUGS 本身的程序,而不调用 R2WinBUGS 的程序. 在调试 WinBUGS 程序时,请打开 WinBUGS,进入"file"(文件)菜单,并新建一个文件. 复制你的程序到该窗口,进入"Model"(模型)菜单,打开"specification tool"(指定工具),然后单击"check model"(模型检验). 如果你在 WinBUGS 窗口的底部看到"the model is syntactically correct"(模型在语法上是正确的),这是好消息. 否则,我们将看到一个错误消息,在发生错误的位置会有虚垂直线.(虚垂直线可能是很弱的,很难看清.) 你可以在 WinBUGS 中编辑程序,在它已经调试通过后,可以复制到无差错的程序文件. 遗憾的是,无法保证语法正确的程序在 R 下运行或产生你想要的结论,因为,例如,当你从 R 中调用 WinBUGS 有可能是错误的,或 WinBUGS 程序可能在语法上是正确的,但并不是你想要的模型.

上面的 WinBUGS 代码提供了一个统计模型的描述,并指定先验分布. 该模型的数据是独立同分布于 t 分布. 符号~指定一个随机变量的分布,因此 y[i]~ dt(mu, tau, k) 给出数据的似然函数. 此处 mu、tau 和 k 分别为 t 分布的均值、精度和自由度. 对于 t 分布,精度 $\tau=1/\lambda^2$,其中 λ 为尺度参数. 此外,mu~ dnorm(0.0, 1.0E-6)给出均值 mu 的均值为 0、精度为 1.0E-6 的正态先验. 正态分布的精度是其方差的倒数,所以这里的先验方差为 1.0E6.

符号<- 是用来给一个变量赋值(而不是分布). 因此,sigma<- 1/sqrt(tau)使 sigma 等于数据 t 分布的尺度参数. 在 R 中,"="可以经常被用来代替"<-"赋值一个变量,但在 WinBUGS 中,这是不正确的. 参数 sigma 是没有必要的,但通过在 Win-BUGS 中定义这个变量就可以从它的后验分布抽取样本.

接下来，运行以下的 R 代码，该代码定义了一个函数 inits. 这个函数是用来产生链的随机初值.

```
inits=function(){ list(mu=rnorm(1,0,.3),tau=runif(1,1,10),
    nu=runif(1,1,30)) }
```

下一个代码包括调用 WinBUGS 和在 R2WinBUGS 包中使用 bugs 函数. 请详细说明数据、产生链初值的函数、含有 WinBUGS 程序的文件、被诊断以及被返回的参数、链的数目、每条链的迭代次数、丢弃的预迭代的次数、删失的量（这里，没有）以及 WinBUGS 在你的硬盘驱动器上的路径. WinBUGS 可以设定种子，每次运行该代码会得到相同的结果. （R 中的"set.seed"不影响 WinBUGS 中的种子）.

```
univt.mcmc = bugs(ibm_data,inits,
    model.file="Tbrate_t.bug",
    parameters=c("mu","tau","nu","sigma"),
    n.chains = 3,n.iter=2600,n.burnin=100,
    n.thin=1,
    bugs.directory="c:/Program Files/WinBUGS14/",
    codaPkg=F,bugs.seed=5640)
```

接下来输出和绘出结果

```
print(univt.mcmc,digits=4)
plot(univt.mcmc)
```

问题 1

(a) 根据 Rhat 和 n.eff 的输出，哪些参数混合得最好？

(b) 根据 Rhat 和 n.eff 的输出，哪些参数混合得最差？

(c) 给出参数自由度的 95% 后验区间.

这些链的结果是三维的 sims.array. 第一分量是链内迭代，第二分量是链，第三分量是参数. 参数是按照 parameters= c("mu","tau","k","sigma") 排序的. 因此，例如，univt.mcmc$ sims.array[, 2, 4] 是模拟 sigma 的整个第二条链.

下面的 R 代码把三条链的结果结合起来.

```
mu = matrix(univt.mcmc$sims.array[,,1],ncol=1)
tau = matrix(univt.mcmc$sims.array[,,2],ncol=1)
nu = matrix(univt.mcmc$sims.array[,,3],ncol=1)
sigma = matrix(univt.mcmc$sims.array[,,4],ncol=1)
```

接下来，绘图检验平稳性. 请注意，新的链是在迭代 2500 次后才开始，并再迭代 5000 次，所以在这两点间，你可能会看到一些有趣的行为. 这不是要担心的问题.

```
par(mfrow=c(2,2))
ts.plot(mu,xlab="iteration",ylab="",main="mu")
ts.plot(sigma,xlab="iteration",ylab="",main="sigma")
ts.plot(nu,xlab="iteration",ylab="",main="df")
```

绘制 ACF 能使我们对链是如何混合的有深入的了解. 自相关性越少，混合越好.

```
par(mfrow=c(2,2))
acf(mu,main="mu")
acf(sigma,main="sigma")
acf(nu,main="df")
```

问题 2

(a) 根据时间序列图，哪个参数混合得最好，哪个最差？解释你的答案.

(b) 根据 ACF，哪个参数混合得最好，哪个最差？解释你的答案.

(c) 求自由度参数的后验分布的偏度和峰度.

绘制的直方图提供了后验边缘密度参数的估计.

```
par(mfrow=c(2,2))
hist(mu,main="mu")
hist(sigma,main="sigma")
hist(nu,main="df")
```

估计边缘后验密度的另一种方法是使用函数 density 的核密度估计.

```
par(mfrow=c(2,2))
plot(density(mu),main="mu")
plot(density(sigma),main="sigma")
plot(density(nu),main="df")
```

问题 3 哪一个后验密度的偏度最大？答案应包含核密度估计图.

如果 $\nu \leq 4$, t 分布的峰度是 $3(\nu-2)/(\nu-4)$，如果 $\nu > 4$，峰度是 $+\infty$. R 中的变量可以具有无限大的值：Inf 是 $+\infty$ 和 -Inf 是 $-\infty$. 所以 R 可以处理无限的峰度值.

问题 4 写 R 的代码来计算 7500MCMC 的峰度值. 答案应包含代码.

(a) 计算 IBM 股票回报率分布峰度后验分布的 0.01, 0.05, 0.25, 0.5, 0.75, 0.95 和 0.99 分位数. (其中的一些可能是无限的).

(b) 估计 IBM 股票回报率分布有有限峰度的后验概率.

(c) 计算 IBM 股票回报率样本峰度自举分布的 0.01, 0.05, 0.25, 0.5, 0.75, 0.95 和 0.99 分位数. 分别使用无模型和基于模型的自助法，进行 1000 次再抽样. 并与(a)中的后验分位数比较.

(d) 比较峰度的 90% 的自助法基本百分比置信区间与 90% 的后验区间. 哪一个区间短？为什么它可能是最短的呢？

20.13.2 AR 模型

在这部分的实验中，你会拟合国内生产总值对数的 AR(1)模型. 首先，运行下面的代码来处理数据. 请注意，在拟合之前，已在 R 中对国内生产总值对数时间序列进行差分，并进行均值中心变换. 这些数据也可以从 ts 类转化为数值型以便与 WinBUGS 兼容.

```
library(R2WinBUGS)
data(Tbrate,package="Ecdat")
#   r = the 91-day treasury bill rate
#   y = the log of real GDP
#   pi = the inflation rate
del_dat = diff(Tbrate)
y = as.numeric(del_dat[,2])
y=y-mean(y)
N = length(y)
GDP_data=list("y","N")
```

接下来，创建一个名为 ar1.bug 包含以下 WinBUGS 代码的文件.

```
model{
for(i in 2:N){
y[i] ~ dnorm(mu[i],tau)
mu[i] <- y[i-1]*phi
}
phi ~ dnorm(0,.00001)
tau ~ dgamma(0.1,0.0001)
sigma <- 1/sqrt(tau)
}
```

最后，使用 WinBUGS 运行以下代码来拟合一个 AR(1) 模型，用 R 的 arima 函数计算 MLE，并将之与贝叶斯估计比较.

```
###### AR 1, GDP data #######
inits=function(){ list(phi=rnorm(1,0,.3),tau=runif(1,1,10)) }
ar1.mcmc = bugs(GDP_data,inits,model.file="ar1.bug",
    parameters=c("phi","sigma"),n.chains = 3,n.iter=2600,
    n.burnin=100,n.thin=1,
    bugs.directory="c:/Program Files/WinBUGS14/",codaPkg=F,
    bugs.seed=5460)
print(ar1.mcmc,digits=3)
plot(ar1.mcmc)
arima(y,order=c(1,0,0))
```

问题 5 构建参数 phi 与 sigma 的时间序列和 ACF 图. 答案应包含图和 R 输出.

(a) 3 个马尔可夫链都是在 100 次预迭代后迭代 2500 次，你认为它们的 MCMC 样本容量是足够的吗？足够或不足的原因是什么？若觉得不管是迭代次数还是预迭代期的长度都不充分，则构造一个较长的预迭代期和/或 MCMC 样本容量的马尔可夫链.

(b) 贝叶斯和 ML 估计，它们到底有多接近？你能解释它们之间的任何可能的分歧吗？

(c) WinBUGS 程序中的模型并不假定时间序列是平稳分布. 事实上，该模型甚至不假设存在平稳分布. 请解释原因.

(d) 利用 y_1 的边际分布修改 WinBUGS 程序，假设其过程开始于其平稳分布.

20.13.3 MA 模型

接下来，将用函数 arima.sim 创建一个模拟 MA(1) 模型的数据.

```
###### MA 1, simulated data #######
set.seed(5640)
N=600
y = arima.sim(n = N, list(ma = -.5), sd = .4)
y = as.numeric(y)
q=5
ma.sim_data=list("y","N","q")
```

将下面的 WinBUGS 程序放到文件 ma1.bug 中. 该程序不仅拟合 MA(1) 模型，而且还预测 q 步，q 是由用户输入的参数，而且从 WinBUGS 的观点看，q 是数据的一部分，并在上述代码中设为 5.

WinBUGS 程序其实不完全适合 MA(1) 模型，但它适合对 MA(1) 模型作微小变化的模型：

$$y_i = w_i + \theta w_{i-1} + \varepsilon_i$$

其中 ε_i 是方差非常小(精度非常大)的测量误差. 模型增加测量误差的原因是这样更易于在

WinBUGS 中编程.

实际上，对于任意目的，测量误差的方差非常小的模型与没有测量误差的模型是一样的．需要测量误差的技巧是由于 WinBUGS 的特殊性，而不是贝叶斯模型或 MCMC 所固有的．通过在 R(或其他语言)中而不是在 WinBUGS 中编程 MCMC 可以在模型中避免引入测量误差，但是，这将需要更多的工作．预测值将被包含在输出，记作 ypred．下面是程序 ma1.bug：

```
model{
for (i in 1:(N+q)){ w[i] ~ dnorm(0,tau) }
mu[1] <- w[1] + M
for(i in 2:N){
mu[i] <- w[i] + theta*w[i-1]
}
for (i in 1:N){
y[i] ~ dnorm(mu[i],10000)
}
theta ~ dnorm(0,0.00001)
tau ~ dgamma(0.01,0.01)
sigma <- 1/sqrt(tau)
M ~ dnorm(0,0.001)
for (i in 1:q){ypred[i] <- w[N+i] + theta*w[N+i-1]
}
}
```

现在运行这个 R 代码．

```
inits.ma=function(){ list(theta=rnorm(1,-.5,.1),tau=runif(1,5,8)) }
ma1.mcmc = bugs(ma.sim_data,inits.ma,model.file="ma1.bug",
    parameters=c("theta","sigma","ypred"),n.chains = 3,
    n.iter=3000,n.burnin=500,n.thin=1,
    bugs.directory="c:/Program Files/WinBUGS14/",codaPkg=F,bugs.seed=5460
)
print(ma1.mcmc,digits=3)
plot(ma1.mcmc)
```

问题 6

(a) 3 个马尔可夫链都是在 500 次预迭代后再迭代 2500 次，你认为它们的 MCMC 样本容量是足够的吗？足够或不足的原因是什么？若觉得不充分，则在 WinBUGS 中构造一个较长的 MCMC 样本容量的马尔可夫链．若使用的 MCMC 样本容量较大，则不妨使用 n.thin 大于 1 的值．预迭代期足够吗？

(b) 解释 WinBUGS 程序中 mu[1]<- w[1]+ M 与 M~ dnorm(0, 0.001)的目的．

(c) 构造参数 theta, sigma, ypred[1]和 ypred[2]的时间序列及其 ACF 图．从这些图中可以得到有关 MCMC 混合与收敛的什么信息？你的结果中应包含图与 R 的输出．

(d) 求观测数据的下一个观测的 90% 后验区间．

20.13.4 ARMA 模型

用下列 R 代码生成一个 ARMA(1, 1)过程的模拟样本．

```
set.seed(5640)
N=600
y = arima.sim(n = N, list(ar = .9, ma = -.5), sd = .4)
y = as.numeric(y)
```

问题 7 编写用 ARMA(1，1)模型拟合模拟数据的 WinBUGS 与 R 代码. 检验其结果以便确认 MCMC 样本容量是足够大的. 你的结果应包含 WinBUGS 与 R 代码, 以及任何相关的输出与图形.

(a) 讨论马尔可夫链是如何混合以及蒙特卡罗样本容量是否足够.

(b) 求 AR 模型与 MA 模型参数的 99% 后验区间.

20.14 习题

1. 证明: 例 20.2 中的 MAP 估计量是 6/7.
2. 验证式(20.26).
3. 推导式(20.53), 有人说: "$\{\bar{Y} - E(\mu|Y)\}$ 与 $\{E(\mu|Y) - \mu\}$ 关于 Y 条件不相关". 验证本论断.

第21章
非参数回归和样条函数

21.1 引言

如第12章所讨论的,回归分析在给定预测变量时估计因变量的条件期望.条件期望称为回归函数,它是基于预测变量的因变量的最佳预测量,因为它使期望平方预测误差达到最小.

回归有三种类型:线性回归、非线性参数回归和非参数回归.线性回归假定回归函数是参数的线性函数并估计截距和斜率(回归系数).14.3节讨论的是非线性参数回归,不假定线性,但却假定回归函数是一个已知的参数形式,例如,指数函数.在本章中,我们研究非参数回归,这里回归函数的形式也是非线性的,但不像非线性参数回归,非参数回归没有指定的模型,而是取决于数据.非参数回归用于当我们知道或怀疑回归函数是曲线,但我们没有这个曲线的模型时的情况.

有许多非参数回归技术,但是局部多项式回归和样条函数使用最为广泛,我们这里只讨论这些.局部多项式回归和样条函数一般拟合得很好,因为它们通常会给出相似的估计,很难推荐一个而舍弃另一个.局部多项式估计可能更容易理解.样条函数被用于数学的很多领域,例如,插值,因此值得通晓一下.同时,样条作为复杂模型的成分也很有用.本章最后的R实验给出了一个例子.

短期利率的演变模型在金融上是重要的,例如,利率衍生品的定价就需要它们.图21-1包含了R的Ecdat包的Capm数据集中月无风险收益的图形.这个数据集已经在前面的章节中为了不同的目的而多次使用.这里我们要用它来说明非参数回归.图21-1a和b是收益和收益变化的时间序列图.

短期利率变化的一个常见模型是

$$\Delta r_t = \mu(r_{t-1}) + \sigma(t_{t-1})\varepsilon_t \tag{21.1}$$

这里 $\Delta r_t = r_t - r_{t-1}$,$\mu(\cdot)$ 是漂移函数,$\sigma(\cdot)$ 是波动函数,也称为扩散函数,ε_t 是 $N(0,1)$ 噪声. 对于 $\mu(\cdot)$ 和 $\sigma(\cdot)$,有人提出了许多不同的参数模型,例如,由 Merton(1973)、Vasicek(1977)、Cox、Ingersoll 和 Ross(1985)、Yau 和 Kohn(2003),以及 Chan et al.(1992)所提出的模型.最简单的模型要属 Merton(1973),$\mu(\cdot)$ 和 $\sigma(\cdot)$ 是常数. Chan et al.(1992)假定 $\mu(r) = \beta(r-\alpha)$,$\sigma(r) = \theta r^\gamma$,这里 $\alpha > 0$,$\beta < 0$,$\theta > 0$,γ 是未知参数——这个过程回复到等于 α 的均值. Chan等人的模型在14.14.2节被用作非线性回归的一个例子. Yau 和 Kohn(2001)的方法在这里用于对 $\mu(\cdot)$ 和 $\sigma(\cdot)$ 的非参数建模.这样做允许我

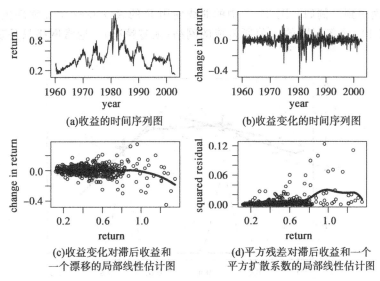

(a)收益的时间序列图　　(b)收益变化的时间序列图

(c)收益变化对滞后收益和　　(d)平方残差对滞后收益和一个
　一个漂移的局部线性估计图　　平方扩散系数的局部线性估计图

图 21-1　无风险月收益．收益是 1/12 的年利率

们检查哪一个参数模型匹配数据，如果有的话；并且当没有任何一个参数模型拟合得好的情况下，还有一个非参数的替换方法．

图 21-1c 和 d 中的实曲线是通过非参数回归方法局部线性回归估计的 $\mu(\cdot)$ 和 $\sigma^2(\cdot)$，是局部多项式回归的特殊情况．由式 (21.1)，$E(\Delta r_t) = \mu(r_{t-1})$ 和 $\mathrm{Var}(\Delta r_t) = \sigma^2(r_{t-1})$，因此 $\hat{\mu}(\cdot)$ 通过 Δr_t 对 r_{t-1} 的回归而得到，$\hat{\sigma}^2(\cdot)$ 通过 $\{\Delta r_t - \hat{\mu}(r_{t-1})\}^2$ 对 r_{t-1} 的回归而得到．后者是估计条件方差的一个例子；参见 18.2 节．

21.2　局部多项式回归

局部多项式回归是基于一个光滑函数可以在局部由一个低阶的多项式来近似的原理．假定有一个样本 (X_i, Y_i)，$i = 1, \cdots, n$，并且对于一个光滑函数 μ，$E(Y|X=x) = \mu(x)$．函数 μ 将在 x 值，$x_1, \cdots, x_M$ 所构成的网格上来估计．这些可以，但不需要像我们观测 Y 的时候一样，与 $X_1, \cdots, X_n$ 的值相同．

在 $x_1, \cdots, x_M$ 的网格上一次估计一个点．为了在 x_ℓ 点估计 μ，只使用 X_i 靠近 x_ℓ 的 (X_i, Y_i) 来拟合一个 p 阶多项式．这通过使用由核函数 K 所决定的权重来完成．K 是关于 0 对称的概率密度函数，因此当 $|x|$ 增加时，$K(x)$ 减少，例如，均值为 0 的正态密度．我们在 4.2 节已看到核被用于密度估计．

在 x_ℓ 点的回归函数由核-加权最小二乘法来估计，使

$$\sum_{i=1}^{n} [Y_i - \{\beta_0 + \beta_1(X_i - x_\ell) + \cdots + \beta_p(X_i - x_\ell)^p\}]^2 K\{(X_i - x_\ell)/h\} \qquad (21.2)$$

最小化．那么 $\hat{\mu}(x) = \hat{\beta}_0$，因为回归模型 $\beta_0 + \beta_1(x - x_\ell) + \cdots + \beta_p(x - x_\ell)^p$ 当 $x = x_\ell$ 时等于 β_0．当 $|X_i - x_\ell|$ 增加时，权重 $K\{(X_i - x_\ell)/h\}$ 减少，因此只使用 x_ℓ 点附近的数据．参数 h 称为带宽，它决定了多少数据用于估计；h 的值越大，用的数据越多．

局部线性估计，当 $p = 1$ 时的情况如图 21-2 所示．核函数在两点 $x_{25} = 0.32$ 和 $x_{75} = 0.72$ 处显示为虚曲线．在每个核的上部，显示了局部线性拟合，大的"+"号放置在 $\{x, \hat{\mu}(x)\}$．曲线 $\hat{\mu}$ 通过在 75 个 x_ℓ 值的网格上求局部拟合并在这个网格上对所有的 x_ℓ 绘制

$\{x_\ell, \hat{\mu}(x_\ell)\}$ 而得到. 例如, 图 21-2 中的曲线使用 R 的 KernSmooth 软件包的 locpoly 函数, 它具有 401 个等间隔的 x 值所构成的网格(缺省情况). 通常网格只是观测的 X 值, $X_1, \cdots, X_n$.

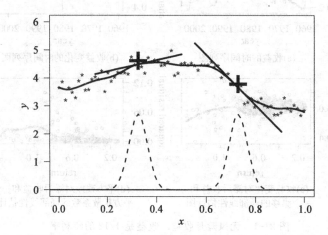

图 21-2 对 75 个数据点(星号)的局部线性拟合(实曲线), 带宽由直接插件法选择. 回归函数 μ 在 75 个点中的每个点给出了估计, 估计连起来创建了这条实曲线. 在 $x_{25}=0.32$ 和 $x_{75}=0.72$ 处插入了核函数图(虚曲线)、线性拟合(实线)和拟合点(大的 "+"号)

带宽 h 称为 "光滑参数" 是因为它决定了 $\hat{\mu}$ 的光滑度. 越大的 h 值给出越光滑的曲线. h 的选择很重要. 如果 h 太大, 那么多项式近似得不好, $\mu(x)$ 的估计会有严重的偏差. 相反, 如果 h 太小, 那么使用的数据太少, 从而会导致 μ 的估计变动得太大. 一个选择不错的带宽会使估计量的均方误差, 也就是方差加上平方偏差达到最小. 估计量的平方偏差和方差都是未知的, 必须来估计, 或者至少必须来估计它们的和. 自动带宽选择, 直接或者间接估计并最小化均方误差, 已经是一个热门的研究领域, 有大量的基于数据的带宽选择器可用. 图 21-2 中使用的是 Ruppert、Sheather 和 Wand (1995) 流行的直接插件(dpi)带宽选择器. dpi 选择器估计 $\hat{\mu}$ 的均值积分平方误差(MISE),

$$E\left[\int_{\min(X_i)}^{\max(X_i)} \{\mu(x)-\hat{\mu}(x)\}^2 dx\right] \tag{21.3}$$

并求使得估计的 MISE 达到最小的带宽.

非参数回归估计量也称为 "平滑器", 因为它们平滑数据中的噪声. 使用太小的带宽会导致过度拟合, 也就是低光滑. 相反, 太大的带宽会造成不充分拟合, 也就是过度光滑——参见 4.2 节在核密度估计情况下关于低光滑和过度光滑的进一步讨论.

图 21-3 举例说明了不同的带宽效果. 粗的实曲线使用 dpi 带宽, 虚曲线使用 3 倍 dpi 带宽, 细的实曲线使用 1/3 dpi 带宽. 虚曲线太光滑了而没有紧密地追随数据, 即不充分拟合, 而细的实曲线扭来扭去的是因为跟踪了数据中的随机噪声, 即过度拟合. 在本例中, 数据是模拟的, 因此真实的回归函数 $\mu(x)=3.6+0.1x+\sin(5x^{1.5})$ 是已知的, 可以对每个带宽计算均方误差 $\sum_{i=1}^{n}\{\hat{\mu}(X_i)-\mu(X_i)\}^2$. 与使用 dpi 相比, 使用 3 * dpi 和 dpi/3 的均方误差分别是它的 1.34 倍和 2.27 倍.

除了 dpi 带宽选择器, 带宽还可以通过最小化 AIC 或 GCV(广义交叉验证)标准来选择. 参数模型的 AIC 的定义要使用模型中的参数个数, 但是局部多项式估计不是参数的,

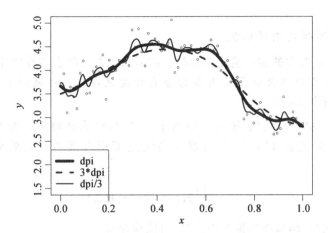

图 21-3 具有三个带宽的局部线性估计：dpi(直接插件)给出了一个合适的光滑程度；3 倍的 dpi 过度光滑(不充分拟合)；1/3 的 dpi 低光滑(过度拟合). 模拟数据

因此不能数参数个数. 不过, 可以定义"有效参数个数", 21.3.1 节就是这么处理的. GCV 的定义在 21.3.2 节给出.

21.2.1 局部加权散点光滑和局部加权回归

局部加权回归(Loess)以及它的早期版本局部加权散点光滑(Lowess)是局部多项式光滑器，它带有一个叫做 span 的参数控制的空间可变带宽. Span 是在每一点用于估计的数据比例. 带宽，称之为 $h(x, \text{span})$，在点 x 的估计是调整过的，因此 $K\{(x_i-x)/h(x, \text{span})\}$ 对于 span×100% 的 X_i 是非零的.

如果 span=1，那么在每个点所有的数据都用于估计，但是距离 X_i 最远的数据获得小的权重. 由于这些小权重, 对于小的数据集, 具有 span 为 1 的 lowess(或 loess)光滑可能不够光滑. 为了解决这个问题, span 由下面的式子定义为大于 1 的值：

$$h(x, \text{span}) = \text{span} \times h(x, 1)$$

当 span 增加到超过了 1, 权重 $K\{(X_i-x)/h(x, \text{span})\}$ 变得越来越相等. 当 span→∞, 权重收敛到一个常数 $K(0)$, lowess(或 loess)拟合收敛到多项式回归拟合.

21.3 线性光滑器

局部多项式回归以及马上要讲的惩罚样条回归都是线性光滑器的例子. 线性光滑器具有一个 $n\times n$ 平滑矩阵 $\boldsymbol{H}$, 它不依赖于 $\boldsymbol{Y}$, 我们有

$$\hat{\boldsymbol{Y}} = \boldsymbol{H}\boldsymbol{Y} \tag{21.4}$$

这里 $\boldsymbol{Y}=(Y_1, \cdots, Y_n)^\mathrm{T}$ 是响应向量, $\hat{\boldsymbol{Y}}=(\hat{Y}_1, \cdots, \hat{Y}_n)^\mathrm{T}$ 是拟合值向量. 方程(21.4)可以写成

$$\hat{Y}_i = \sum_{i=1}^{n} H_{ij} Y_j, \ i=1,\cdots,n \tag{21.5}$$

帽子矩阵依赖于平滑参数, 对于局部多项式回归就是带宽. 我们令 λ 表示平滑参数, 把平滑矩阵表示为 $\boldsymbol{H}(\lambda)$. 平滑矩阵与线性回归的帽子矩阵类似, 并且本身通常被称为帽子矩阵.

21.3.1 平滑矩阵和有效自由度

在参数模型中，参数的数量量化模型拟合数据的能力．在非参数估计中，拟合的潜力（和过度拟合）可由有效参数数量或有效拟合自由度来量化．在概念上有效参数数量与 20.7.6 节中的贝叶斯 p_D 类似．

由式(21.5)，帽子对角线 $H(\lambda)_{ii}$ 给出了 Y_i 的杠杆或自影响，因为它是计算 $\hat{Y}_i$ 时赋给 Y_i 的权重．大的值 $H(\lambda)_{ii}$ 意味着较高的过度拟合潜力．有效参数数量是杠杆的和：

$$p_{\text{eff}} = \sum_{i=1}^{n} H(\lambda)_{ii} = \text{tr}\{H(\lambda)\} \tag{21.6}$$

如果 p_{eff} 太小(太大)，那么数据拟合不充分(过度拟合)．

剩余均方和是

$$\sum_{i=1}^{n}(Y_i - \hat{Y}_i)^2 = \|Y - \hat{Y}\|^2 = \|\{I - H(\lambda)\}Y\|^2 \tag{21.7}$$

这里 I 是 $n \times n$ 单位矩阵．噪声方差由下式估计：

$$\hat{\sigma}(\lambda)^2 = \frac{\|\{I - H(\lambda)\}Y\|^2}{n - p_{\text{eff}}} \tag{21.8}$$

这是式(12.15)的直接模拟．

21.3.2 AIC 和 GCV

对于线性回归模型，AIC 是

$$\text{AIC} = n \log(\hat{\sigma}^2) + 2(1 + p)$$

这里 $1+p$ 是参数数量(截矩加上 p 个斜率)．对于一个线性平滑器，AIC 用 p_{eff} 代替 $p+1$，因此

$$\text{AIC}(\lambda) = n \log\{\hat{\sigma}^2(\lambda)\} + 2 p_{\text{eff}}$$

然后可以通过最小化 AIC 来选择 λ．

广义交叉验证统计量(GCV)是

$$\text{GCV}(\lambda) = \frac{\|Y - \hat{Y}(\lambda)\|^2}{(n - p_{\text{eff}})^2} \tag{21.9}$$

最小化 GCV 是选择 λ 的另一种方法．

AIC 和 GCV 都可以非常快地计算出来，它们通常给出基本相同的光滑量．事实上，理论上显示这两个标准应该给出相似的估计．因此，用哪一个并不重要，但是在非参数回归中 GCV 比 AIC 更常用．

21.4 多项式样条函数

在非参数回归中使用多项式样条函数，和数学的许多其他领域一样，是基于与局部多项式回归相同的原理——光滑函数可以在局部上由一个低阶的多项式精确地近似．P 阶多项式样条函数通过把 p 阶多项式拼凑起来来构造，所以它们连接的指定位置叫做结．多项式叠接起来，因此样条函数具有 $p-1$ 阶连续导数．样条函数的 p 阶导数在结之间是常数并且在结处有跳跃．

21.4.1 具有一个结的线性样条函数

我们先来看一个简单的、具有一个结的线性样条函数. 图 21-4a 演示了这样一个样条函数. 这个样条函数定义为

$$f(x) = \begin{cases} 0.5 + 0.2x, & x < 2 \\ -0.5 + 0.7x, & x \geqslant 2 \end{cases}$$

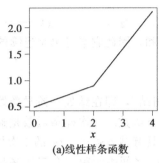
(a)线性样条函数

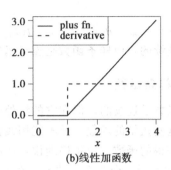
(b)线性加函数

图 21-4 (a)在点 2 处具有一个结的线性样条函数的例子. (b)在点 1 处具有一个结的线性加函数$(x-1)_+$ 以及它的一阶导数

因为当 $x=2$ 时, $0.5+0.2x=0.9=-0.5+0.7x$, 这两个线性成分在点 $x=2$ 处相等, 因此它们在那里连结.

样条函数从一个线性函数转换到另一个线性函数的点 $x=2$ 处称为结. 在点 t 处具有一个结的线性样条函数可以按如下方法构造. 样条函数定义为: 当 $x<t$ 时, $s(x)=a+bx$; 当 $x \geqslant t$ 时, $s(x)=c+dx$. 除了要满足下面的等式约束外, 参数 a, b, c, d 可以任意选择.

$$a + bt = c + dt \tag{21.10}$$

这保证了两条直线在 $x=t$ 处连结. 在式(21.10)中求解 c, 我们得到 $c=a+(b-d)t$. 把这个 c 的表达式代入到 $s(x)$ 的定义中并重新排列, 我们有

$$s(x) = \begin{cases} a+bx, & x<t \\ a+bx+(d-b)(x-t), & x \geqslant t \end{cases} \tag{21.11}$$

回忆一下对任意 y, 下面的定义:

$$(y)_+ = \begin{cases} 0, & y<0 \\ y, & y \geqslant 0 \end{cases}$$

由这个定义,

$$(x-t)_+ = \begin{cases} 0, & x<t \\ x-t, & x \geqslant t \end{cases}$$

我们称 $(x-t)_+$ 为结在 t 点的线性加函数. 它也被称为截线, 不过我们坚持用"加函数"这个名字. 式(21.11)中的样条函数 $s(x)$ 可以使用这个加函数重新写成

$$s(x) = a + bx + (d-b)(x-t)_+$$

加函数简化了保持样条函数在 t 点连续的问题. 图 21-4b 演示了在点 1 处有一个结的线性加函数和它的一阶导数. 注意

$$\frac{\mathrm{d}}{\mathrm{d}x}(x-t)_+ = \begin{cases} 0, & x<t \\ 1, & x \geqslant t \end{cases}$$

21.4.2 具有多个结的线性样条函数

加函数在定义具有多于一个结的线性样条函数时很方便,因为加函数把线性函数成分自动连接起来,使得样条函数是连续的. 例如,假定我们想要一个具有 K 个结的线性样条函数,$t_1<\cdots<t_K$;$x<t_1$ 时样条函数等于 $s(x)=\beta_0+\beta_1 x$,样条函数的一阶导数在结 t_k 处的跳跃量为 b_k,$k=1,\cdots,K$. 那么样条函数可从线性加函数构造用于每个结的一个函数

$$s(x)=\beta_0+\beta_1 x+b_1(x-t_1)_++b_2(x-t_2)_++\cdots+b_K(x-t_K)_+$$

因为加函数是连续的,而样条函数是连续函数的和,因此它本身也是连续的.

21.4.3 二次样条函数

线性样条函数是连续的,但在它的结处有"扭结",即在结处一阶导数跳跃. 如果我们想要一个没有这些扭结的函数,就不能用线性样条函数. 二次样条函数是通过把二次多项式连接起来而获得的函数. 更精确地说,$s(x)$ 是具有结 $t_1<\cdots<t_K$ 的二次样条函数,如果 $s(x)$ 在 t_1 的左边等于一个二次多项式,在 t_1 和 t_2 之间等于第二个二次多项式,等等. 把这些二次多项式连接起来,使样条函数是连续的,并且为了保证没有扭结,它的一阶导数也是连续的. 图 21-5a 显示了一个在 1 点有一个结的二次样条函数. 注意这个函数在结处没有扭结,而是在那里由凸函数变为凹函数.

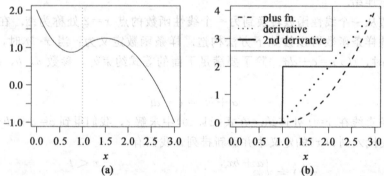

图 21-5 (a)结在 1 点处的二次样条函数. 垂直的点线标出了结的位置. (b)结在 1 点处的二次加函数 $(x-1)_+^2$ 以及它的一阶和二阶导数

与线性样条函数一样,连续可以通过使用加函数来执行. 定义二次加函数

$$(x-t)_+^2=\begin{cases}0, & x<t\\(x-t)^2, & x\geqslant t\end{cases}$$

注意 $(x-t)_+^2$ 等于 $\{(x-t)_+\}^2$,而不是 $\{(x-t)^2\}_+=(x-t)^2$.

图 21-5b 显示了一个二次加函数以及它的一阶和二阶导数. 我们可以看到

$$\frac{\mathrm{d}}{\mathrm{d}x}(x-t)_+^2=2(x-t)_+$$

以及

$$\frac{\mathrm{d}^2}{\mathrm{d}x^2}(x-t)_+^2=2(x-t)_+^0$$

这里,$(x-t)_+^0=\{(x-t)_+\}^0$,因此 $(x-t)_+^0$ 是 0 阶加函数

$$(x-t)_+^0 = \begin{cases} 0, & x < t \\ 1, & x \geq t \end{cases}$$

因此 $(x-t)_+^2$ 的二阶导数在结 t 处从 0 跳到 2.

具有结 $t_1 < \cdots < t_K$ 的二次样条函数可以写成

$$s(x) = \beta_0 + \beta_1 x + \beta_2 x^2 + b_1(x-t_1)_+^2 + b_2(x-t_2)_+^2 + \cdots + b_K(x-t_K)_+^2$$

s 的二阶导数在结 t_k 处的跳跃量是 $2b_k$, $k = 1, \cdots, K$.

21.4.4 p 阶样条函数

定义一般的具有结 $t_1 < \cdots < t_K$ 的 p 阶样条函数现在应该是显然的:

$$s(x) = \beta_0 + \beta_1 x + \cdots + \beta_p x^p + b_1(x-t_1)_+^p + \cdots + b_K(x-t_K)_+^p \tag{21.12}$$

这里,与我们在 $p=2$ 的特殊情况下一样,$(x-t)_+^p$ 等于 $\{(x-t)_+\}^p$. s 的前 $p-1$ 阶导数是连续的,而它的 p 阶导数在第 k 个结处有一个等于 $p! \, b_k$ 的跳跃.

21.4.5 其他的样条基

给定阶 p 和结 $\kappa_1, \cdots, \kappa_K$,多项式 $1, x, \cdots, x^p$ 和加函数 $(x-\kappa_1)_+^p, \cdots, (x-\kappa_K)_+^p$ 构成一个样条基. 这意味着任何具有结 $\kappa_1, \cdots, \kappa_K$ 的 p 阶样条函数都是这些基函数的线性组合. 多项式和加函数的基是容易理解的,但当结数大时,这个基在数值上是不稳定的. 因此,常常使用其他的基做数值计算. B 样条基就特别受欢迎. 这里假定读者不会从头开始对样条估计编程,而是使用样条软件. 因此,B 样条和其他的基在这里就不讨论了,但是关于它的更多内容请参见 21.6 节

21.5 惩罚样条函数

因为具有 K 个结的 p 阶样条函数具有 $1+p+K$ 个参数,普通的最小二乘拟合通常会过度拟合数据,除非 p 和 K 保持很小,例如,$1+p+K \leq 6$. (数字 6 没什么特别的,只是被用作经验法则,在 5 和 10 之间的任何数字都会同样好.)在例 14.5 中被用作远期利率曲线的具有一个结的二次样条函数就是一个例子(因此 $1+p+K=4$). 但是,p 和 K 都很小的样条函数本质上是一个参数模型. 为了具有非参数模型的灵活性,即广泛的潜在值 p_{eff},我们需要 K 很大,并寻求其他的方法避免过度拟合. 惩罚最小二乘估计可以做到这一点.

令 $\mu(x; \boldsymbol{\beta}) = \boldsymbol{B}(x)^T \boldsymbol{\beta}$ 是一个样条函数,这里 $\boldsymbol{\beta}$ 是系数向量,$\boldsymbol{B}(x) = (B_1(x), \cdots, B_{1+p+K}(x))^T$ 是样条基. 例如,如果我们使用模型 (21.12),$\boldsymbol{B}(x) = (1, x, \cdots, x_p, (x-\kappa_1)_+^p, \cdots, (x-\kappa_K)_+^p)$. 惩罚最小二乘估计关于 $\boldsymbol{\beta}$ 求惩罚平方和的最小值

$$\sum_{i=1}^n \{Y_i - \mu(X_i; \beta)\}^2 + \lambda \boldsymbol{\beta}^T \boldsymbol{D} \boldsymbol{\beta} \tag{21.13}$$

这里 $\boldsymbol{D}$ 是一个半正定矩阵,$\lambda > 0$ 是惩罚参数.

通常选择 $\boldsymbol{D}$ 的第 i, j 个元素等于

$$\int_a^b B_i^{(2)}(x) B_j^{(2)}(x) \mathrm{d}x \tag{21.14}$$

对于某个 $a < b$,例如 $a = \min(X_i)$, $b = \max(X_i)$. 这里 $B_i^{(2)}(x)$ 是 $B_i(x)$ 的二阶导数. 对于这个 $\boldsymbol{D}$,

$$\lambda\boldsymbol{\beta}^{\mathrm{T}}\boldsymbol{D}\boldsymbol{\beta} = \int_a^b \{\mu^{(2)}(x;\beta)\}^2 \mathrm{d}x \tag{21.15}$$

因为 $\mu^{(2)}(x)$ 是 μ 在 x 点处的弯曲程度,这个选择 $\boldsymbol{D}$ 惩罚扭动的函数,并且如果 λ 选择得合适就可以避免过度拟合. 如果 $\lambda=0$,那么无惩罚,有效的参数个数是 $1+p+K$. 对于这个 $\boldsymbol{D}$,当 $\lambda \to \infty$ 时取极限,任何曲率都收到一个无穷大惩罚,因此估计收敛于一个线性多项式拟合,有效参数个数收敛到 2. 通过取极端值 0 到 ∞ 之间的某个值 λ,可以取到 2 和 $1+p+K$ 之间的任何 p_{eff} 值.

令 $\boldsymbol{X}$ 是 $n \times (1+p+K)$ 矩阵,它的第 i,j 个元素是 $B_j(X_i)$,令 $\boldsymbol{Y}=(Y_1, \cdots, Y_n)^{\mathrm{T}}$. 惩罚最小二乘估计是

$$\hat{\boldsymbol{\beta}}(\lambda) = (\boldsymbol{X}^{\mathrm{T}}\boldsymbol{X} + \lambda\boldsymbol{D})^{-1}\boldsymbol{X}^{\mathrm{T}}\boldsymbol{Y} \tag{21.16}$$

这是通过设定式(21.13)的梯度等于 0 并求解而得到的. 拟合值为

$$\hat{\boldsymbol{Y}}(\lambda) = \boldsymbol{X}\hat{\boldsymbol{\beta}}(\lambda) = \{\boldsymbol{X}(\boldsymbol{X}^{\mathrm{T}}\boldsymbol{X} + \lambda\boldsymbol{D})^{-1}\boldsymbol{X}^{\mathrm{T}}\}\boldsymbol{Y} = \boldsymbol{H}(\lambda)\boldsymbol{Y} \tag{21.17}$$

这里 $\boldsymbol{H}(\lambda) = \{\boldsymbol{X}(\boldsymbol{X}^{\mathrm{T}}\boldsymbol{X} + \lambda\boldsymbol{D})^{-1}\boldsymbol{X}^{\mathrm{T}}\}$ 是平滑矩阵.

21.5.1 选择惩罚量

惩罚参数 λ 决定光滑量,可由 AIC 或 GCV 来选择. 另一个选择 λ 的流行方法是 REML (限制最大似然). REML 基于所谓的混合模型,一些样条系数是随机变量. 混合模型和限制最大似然的描述超出了这本书的范围,有兴趣的读者可查阅 21.6 节的参考文献.

例 21.1 估计无风险收益演变的漂移和波动.

在这个例子中,我们回过来估计无风险收益演变的漂移和平方波动函数. 要用到三个估计量:局部线性、局部二次和惩罚样条函数.

第一个估计量,局部线性样条函数由 R 的 `KernSmooth` 包中的函数 `locpoly` 来算得. dpi 插件带宽选择器由这个包中的 `dpill` 函数算得.⊖

在下列 R 代码中,无风险收益变化(`diffrf`)对滞后收益(`rf_lag`)回归来估计漂移. 局部线性估计在等距网格上来计算,为了计算残差函数,`spline` 用于把拟合插入到观测值 `rf_lag` 中. 最后,平方残差(`epsilon_sqr`)对滞后收益回归来估计平方波动函数. 估计的漂移函数在对象 `ll_mu` 中,估计的平方波动函数在 `ll_sig` 中.

```
ll_mu <- locpoly(rf_lag,diffrf, bandwidth = dpill(rf_lag,diffrf) )
muhat = spline(ll_mu$x,ll_mu$y,xout=rf_lag)$y
epsilon_sqr = (diffrf-muhat)^2
ll_sig <- locpoly(rf_lag,epsilon_sqr,
    bandwidth = dpill(rf_lag,epsilon_sqr) )
```

局部二次估计量用 R 的 `locfit` 包中的函数 `locfit` 算得. 这里不需要样条插值,因为用 `locfit` 时,拟合值可以用 `fitted` 函数算得.

```
locfit_mu = locfit(diffrf~rf_lag)
epsilon_sqr = (diffrf - fitted(locfit_mu))^2
locfit_sig = locfit(epsilon_sqr~rf_lag)
```

惩罚样条估计量由 `mgcv` 包中的函数 `gam` 算得. 参数 `bs= "cr"` 要求一个具有惩罚 (21.15)的三次样条拟合. REML 方法用于选择光滑量.

⊖ "dpill"意思是"直接插件,局部线性".

```
gam_mu = gam(diffrf~s(rf_lag,bs="cr"),method="REML")
epsilon_sqr = (diffrf-gam_mu$fit)^2
gam_sig = gam(epsilon_sqr~s(rf_lag,bs="cr"),method="REML")
```

所有三个估计的漂移函数如图 21-6a 所示, 平方波动函数估计如图 21-6b 所示.

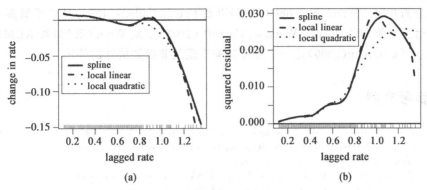

图 21-6 无风险月收益. (a)漂移函数的估计. (b)平方波动函数的估计

除了在大约 0.9~1.0 处有隆起, 并且样条函数和局部线性估计在隆起处略微偏正外, 漂移函数有一个总体下降的趋势, 在 0.51 的右侧是负的(近似地). 隆起可能是随机变动引起的, 当从左向右移动时, 这个隆起单调增加(参见图 21-1). 如果用局部二次拟合, 那么估计漂移在 0.51 的左侧为正, 在 0.51 的右侧为负. 漂移会导致向均值 0.51 回复, 也就是 6.12% = (12)(0.51)% 的年利率. Chan et al. (1992)漂移函数 $\mu(r) = \beta(r-\alpha)$ 也是均值-回复的, 但它是线性的. 相比之下, 图 21-6 中的局部二次估计的漂移函数是非线性的, 并且当利率很高时表现为更快地回复到均值.

平方波动估计显示波动随着利率而增加, 至少到一个点处是这样. 对于非常高的利率, 估计的波动函数变为递减. 没有足够的极端高利率数据来表明这种现象是"真实的"还是由于随机估计误差引起的. 极端高利率只发生在 20 世纪 80 年代早期的短暂期间; 参见图 21-1a.

标准化残差 $\{\Delta r_t - \hat{\mu}(r_{t-1})\}/\hat{\sigma}(r_{t-1})$ 显示负序列相关和 GARCH 型波动聚集; 参见图 21-7. 这些并不奇怪. 负的滞后 1 自相关在差分序列中是常见的, 波动聚集当然在任何金融时间序列中都是可预料的. 对这个案例的后续研究是对标准化残差拟合一个 ARMA/GARCH 模型.

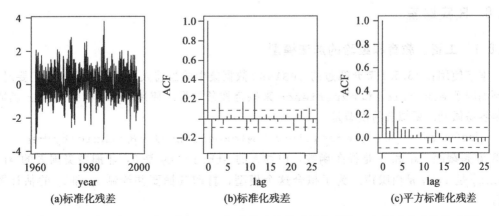

图 21-7 无风险月收益. 残差分析. (a)标准化残差的时间序列图. (b)标准化残差的 ACF. (c)平方标准化残差的 ACF

21.6 文献注记

Ruppert、Wand 和 Carroll (2003) 以及 Wood(2006) 提供了对非参数和半参数模型及其应用的全面介绍. Wand 和 Jones (1995) 以及 Fan 和 Gijbels(1996) 是关于局部多项式回归的最佳信息来源. Ruppert、Wand 和 Carroll (2003) 以及 Wood(2006) 对 REML 给出了详细讨论. Wasserman(2006) 是一个有趣的关于现代非参数估计的综述.

21.7 参考文献

Chan, K. C., Karolyi, G. A., Longstaff, F. A., and Sanders, A. B. (1992) An empirical comparison of alternative models of the short-term interest rate. *Journal of Finance*, **47**, 1209–1227.

Cox, J. C., Ingersoll, J. E., and Ross, S. A. (1985) A theory of the term structure of interest rates. *Econometrica*, **53**, 385–407.

Fan, J., and Gijbels, I. (1996) *Local Polynomial Modelling and Its Applications*, Chapman & Hall, London.

Merton, R. C. (1973) Theory of rational option pricing. *Bell Journal of Economics and Management Science*, **4**, 141–183.

Ruppert, D., Sheather, S., and Wand, M. P. (1995) An effective bandwidth selector for local least squares kernel regression, *Journal of the American Statistical Association*, **90**, 1257–1270.

Ruppert, D., Wand, M. P., and Carroll, R. J. (2003) *Semiparametric Regression*, Cambridge University Press, Cambridge.

Vasicek, O. A. (1977) An equilibrium characterization of the term structure. *Journal of Financial Economics*, **5**, 177–188.

Wand, M. P., and Jones, M. C. (1995) *Kernel Smoothing*, Chapman & Hall, London.

Wasserman, L. (2006) *All of Nonparametric Statistics*, Springer, New York.

Wood, S. (2006) *Generalized Additive Models: An Introduction with R*, Chapman & Hall, Boca Raton, FL.

Yau, P., and Kohn, R. (2003) Estimation and variable selection in nonparametric heteroskedastic regression. *Statistics and Computing*, **13**, 191–208.

21.8 R 实验室

21.8.1 工资、教育和经验的加法模型

本节使用在 13.5.1 节介绍过的 CPS1988 数据集中的当前人口调查数据. 我们要对两个预测因子 education 和 experience 来拟合样条效果. 使用 mgcv 包中的 gam 函数, 这很容易做到. 要拟合的模型是

$$\log(\texttt{wage}) = \beta_0 + s_1(\texttt{education}) + s_2(\texttt{experience}) + \beta_1 \texttt{ethnicity} + \varepsilon_i$$

这里 β_0 是截距, s_1 和 s_2 是样条函数, 白种人的 ethnicity 是 0, 非洲裔美国人的 ethnicity 是 1, ε_i 是白噪声. 为了拟合这个模型, 打印其摘要并绘制 s_1 和 s_2 的估计图, 运行

```
library(AER)
library(mgcv)
data(CPS1988)
```

```
attach(CPS1988)
fitGam = gam(log(wage)~s(education)+s(experience)+ethnicity)
summary(fitGam)
par(mfrow=c(1,2))
plot(fitGam)
```

问题 1 β_0 和 β_1 的估计是什么?

问题 2 描述 s_1 和 s_2 的形状.

21.8.2 短期利率的一个扩展 CKLS 模型

在本节中,我们通过令漂移参数 a 和 θ 随时间而变化,使用样条函数来扩展 14.14 节中的 CKLS 模型,因此

$$\mu(t,r) = a(t)\{\theta(t) - r\} \tag{21.18}$$

也可以令波动参数 σ 和 γ 也随着 t 变化,但为了简化,我们这里省去. 我们来拟合这样的模型,$a(t)$ 依时间是线性的,$\theta(t)$ 是分段线性样条函数. [令 $a(t)$ 和 $\theta(t)$ 都是样条函数会导致不稳定的估计,因此我们限定 $a(t)$ 为线性的.]首先,读取数据,然后创建结和截断的线基函数.

```
# CKLS, extended
library(Ecdat)
data(Irates)
r1 = Irates[,1]
n = length(r1)
lag_r1 = lag(r1)[-n]
delta_r1 = diff(r1)
n = length(lag_r1)
knots = seq(from=1950,to=1985,length=10)
t = seq(from=1946,to =1991+2/12,length=n)
X1 = outer(t,knots,FUN="-")
X2 = X1 * (X1>0)
X3 = cbind(rep(1,n), (t - 1946),X2)
m2 = dim(X3)[2]
m = m2 - 1
```

问题 3 这里使用了几个结? outer 函数在这里做什么? 语句 X2= X1* (X1>0) 做什么? 描述变量 X3 中是什么.

现在用时变漂移来拟合 CKLS 模型.

```
nlmod_CKLS_ext = nls(delta_r1 ~ X3[,1:2]%*%a *
   (X3%*%theta-lag_r1),
   start=list(theta = c(10,rep(0,m)),
   a=c(.01,0)),control=list(maxiter=200))
AIC(nlmod_CKLS_ext)
param4 = summary(nlmod_CKLS_ext)$parameters[,1]
par(mfrow=c(1,3))
plot(t,X3%*%param4[1:m2],ylim=c(0,16),ylab="rate",
   main="(a)",col="red",type="l",lwd=2)
lines(t,lag_r1)
legend("topleft",c("theta(t)","lagged rate"),lwd=c(2,1),
   col=c("red","black"))
plot(t,X3[,1:2]%*%param4[(m2+1):(m2+2)],ylab="a(t)",
   col="red",type="l",lwd=2,main="(b)")
```

```
res_sq = residuals(nlmod_CKLS_ext)^2
nlmod_CKLS_ext_res <- nls(res_sq ~ A*lag_r1^B,
    start=list(A=.2,B=1/2) )

plot(lag_r1,sqrt(res_sq),pch=5,ylim=c(0,6),ylab="",main="(c)")
lines(lag_r1,sqrt(fitted(nlmod_CKLS_ext_res)),
    lw=3,col="red",type="l")
legend("topleft",c("abs res","volatility fn"),lty=c(NA,1),
    pch=c(5,NA),col=c("black","red"),lwd=1:2)
```

问题 4 解释为什么 X3[, 1: 2]% * % a 是线性函数而 X3% * % theta 是样条函数.

问题 5 时变 θ 怎么解释？注意在图(a)中，θ 看起来追踪利率. 这是否有意义？为什么有或没有？

问题 6 你会接受或拒绝 $a(t)$ 是常数，即线性函数 $a(t)$ 的斜率为 0 的原假设吗？证明你的回答.

21.9 习题

1. 线性样条 $s(t)$ 在 1, 2, 3 处有结. 并且 $s(0)=1$, $s(1)=1.3$, $s(2)=5.5$, $s(4)=6$, $s(5)=6$.
   (a) $s(0.5)$ 是什么？
   (b) $s(3)$ 是什么？
   (c) $\int_2^4 s(t)dt$ 是什么？

2. 假设式(21.1)对于 $\mu(r)=0.1(0.035-r)$ 和 $\sigma(r)=2.3r$ 成立.
   (a) 给定 $r_{t-1}=0.04$ 时，r_t 的期望值是什么？
   (b) 给定 $r_{t-1}=0.02$ 时，r_t 的方差是什么？

3. 令样条函数定义为
$$s(x)=(x)_+ -3(x-1)_+ +(x-2)_+$$
   (a) $s(x)$ 是一个概率密度函数(pdf)还是一个累积分布函数(cdf)？给出解释.
   (b) 如果 X 是一个随机变量，s 是它的 pdf 或者 cdf [无论(a)中哪个答案正确]，那么 X 的第 90 百分位数是什么？

4. 令 s 是样条函数
$$s(x)=1+0.65x+x^2+(x-1)_+^2+0.6(x-2)_+^2$$
   (a) $s(1.5)$ 和 $s'(1.5)$ 是什么？
   (b) $s''(2.2)$ 是什么？

附录 A

来自于概率、统计和代数的事实

A.1 引言

假定读者已熟悉概率、统计和矩阵代数的基础知识以及本书中所需要的其他数学主题，因此本附录的目标仅仅是提供一个快速回顾并包含一些可能不太熟悉的更高级的主题.

A.2 概率分布

A.2.1 累积分布函数

Y 的累积分布函数(CDF)定义为
$$F_Y(y) = P\{Y \leqslant y\}$$
如果 Y 有 PDF f_Y，那么
$$F_Y(y) = \int_{-\infty}^{y} f_Y(u)\,\mathrm{d}u$$

许多 CDF 和 PDF 可由计算机软件包来计算，例如，R 的 `pnorm`、`pt` 和 `pbinom` 分别计算正态分布、t 分布和二项分布的 CDF. 类似地，`dnorm`、`dt` 和 `dbinom` 分别计算这些分布的 PDF.

A.2.2 分位数和百分位数

如果一个随机变量 Y 的 CDF $F(y)$ 是连续的并且严格单调增加，那么它有反函数 F^{-1}. 对于 0 和 1 之间的每个值 q，$F^{-1}(q)$ 称为 q 分位数或第 $100q$ 百分位数.

中位数是 50% 百分位数或 0.5-分位数. 25% 和 75% 百分位数(0.25-和 0.75-分位数)分别称为第一和第三四分位数，中位数是第二四分位数. 这三个四分位数把一个连续随机变量的取值范围划分成四组等概率区域. 类似地，20%，40%，60% 和 80% 百分位数分别称为五分位数，10%，20%，…，90% 百分位数称为十分位数.

对于任意 CDF F，无论可逆与否，伪逆定义为
$$F^{-}(x) = \inf(y : F(y) \geqslant x)$$
这里"inf"是一个集的下确界或最大下界；参见 A.5 节. 对于 0 和 1 之间的任意值 q，第 q 分位数定义为 $F^{-}(q)$. 如果 F 是可逆的，那么 $F^{-1} = F^{-}$，因此这个分位数定义与可逆的

CDF 的分位数定义相一致. F^- 经常被称为分位数函数.

$(1-\alpha)$-分位数有时候称为 α-上分位数, 以强调这个分位数上面的概率. 类似地, 分位数也可以指下分位数.

分位数在下列含义下是"尊重变换"的. 如果 Y 是一个随机变量, 它的 q-分位数等于 y_q, 如果 g 是一个严格增加的函数, 并且 $X=g(Y)$, 那么 $g(y_q)$ 是 X 的 q-分位数; 参见式(A.5).

A.2.3 对称和峰

一个概率密度函数(PDF) f 关于 μ 是对称的, 是指对所有的 y, $f(\mu-y)=f(\mu+y)$ 成立. PDF 的峰是一个局部最大值, 即使得对某个 $\varepsilon>0$, 如果 $y-\varepsilon<x<y$ 或 $y<x<y+\varepsilon$, $f(y)>f(x)$ 成立. 具有一个峰的 PDF 称为单峰的, 有两个峰的称为双峰的, 有两个及以上峰的称为多峰的.

A.2.4 分布的支撑

离散分布的支撑是具有正概率的所有 y 的集合. 更一般地, 点 y 是一个分布的支撑, 若对每个 $\varepsilon>0$, 区间 $(y-\varepsilon, y+\varepsilon)$ 具有正概率. 例如, 正态分布的支撑是 $(-\infty, +\infty)$, 伽马或对数正态分布的支撑是 $[0, \infty)$, 二项分布 $B(n, p)$ 的支撑是 $\{0, 1, 2, \cdots, n\}$, 假定 $p\neq 0, 1$.⊖

A.3 期望值和方差何时存在

一个随机变量的期望值可能是无穷大或根本不存在. 一个随机变量也不要求有一个定义明确并有限的方差. 为了理解这些事实, 令 Y 是一个具有密度 f_Y 的随机变量. Y 的期望是

$$\int_{-\infty}^{\infty} y f_Y(y) \mathrm{d}y$$

假定这个积分有定义. 如果

$$\int_{-\infty}^{0} y f_Y(y) \mathrm{d}y = -\infty \quad \text{和} \quad \int_{0}^{\infty} y f_Y(y) \mathrm{d}y = \infty \tag{A.1}$$

那么在形式上, 期望为 $-\infty+\infty$, 这是不定式, 因此期望不存在. 如果式(A.1)的两个积分都是有限的, 那么 $E(Y)$ 存在并等于这两个积分之和. 期望也可能存在但是为无穷大, 因为若

$$\int_{-\infty}^{0} y f_Y(y) \mathrm{d}y = -\infty \quad \text{和} \quad \int_{0}^{\infty} y f_Y(y) \mathrm{d}y < \infty$$

那么 $E(Y)=-\infty$, 如果

$$\int_{-\infty}^{0} y f_Y(y) \mathrm{d}y > -\infty \quad \text{和} \quad \int_{0}^{\infty} y f_Y(y) \mathrm{d}y = \infty$$

那么 $E(Y)=\infty$.

如果 $E(Y)$ 无定义或者是无穷大, 那么包含 $E(Y)$ 的方差也就无定义了. 如果 $E(Y)$ 有

⊖ 假定大多数读者已熟悉正态分布、伽马分布、对数正态分布和二项分布. 然而, 这些分布在后面还会给出详细讨论.

定义并且是有限的，那么方差也是有定义的．如果 $E(Y^2)<\infty$，那么方差有限；否则，方差是无穷大．

有限期望值和方差的不存在性对于金融市场数据建模是重要的，因为，例如，在第 18 章中讨论的流行的 GARCH 模型不需要具有有限的期望值和方差．还有 t 分布，如第 5 章中展示的一样，它对可能具有不存在均值或方差的股本收益能提供好的拟合．

可能有人会说来源于金融市场的任何随机变量 Y 都是有界的，即存在一个常数 $M<\infty$，使得 $P(|Y|\leqslant M)=1$．在这种情况下，事实上在多数 M 处，式(A.1)的积分都是有限的，$E(Y)$ 存在并有限．同时，$E(Y^2)\leqslant M^2$，因此 Y 的方差是有限的．因此我们究竟该为期望值和方差是否在数学上精密存在并有限而担心吗？答案是肯定的．一个随机变量的绝对值可能以一个非常大的数 M 为界，然而如果 M 足够大，它表现得就像一个没有期望值的随机变量或者有无穷大的期望值或者有有限的期望值而有无限方差的随机变量．这可以从 GARCH 过程的模拟中看到．来自于计算机模拟的结论以计算机中的最大的数字为界．然而这些模拟表现得犹如方差无限一样．

A.4 单调函数

如果 $x_1<x_2$ 时，$g(x_1)\leqslant g(x_2)$，那么称函数 g 是增加的；如果 $x_1<x_2$，$g(x_1)<g(x_2)$，那么 g 是严格增加的．减少和严格减少可以类似定义，如果 g(严格)增加或者(严格)减少，那称 g 是(严格)单调的．

A.5 集合的最小值、最大值、下确界和上确界

一个集合的最小值和最大值是它的最小的和最大的值，如果它们存在．例如，如果 $A=\{x:0\leqslant x\leqslant 1\}$，那么 A 的最小值和最大值是 0 和 1．但是，并不是所有的集合都有最小值和最大值，例如，$B=\{x:0<x<1\}$ 既没有最小值也没有最大值．每一个集合有一个下确界(inf)和一个上确界(sup)．一个集合 C 的下确界是小于等于 C 的所有元素的最大数．类似地，C 的上确界是大于等于 C 的所有元素的最小数．刚定义的集合 B 的下确界为 0，上确界为 1．下列是标准记号：$\min(C)$ 和 $\max(C)$ 分别是 C 的最小值和最大值，如果它们存在；$\inf(C)$ 和 $\sup(C)$ 分别是它的下确界和上确界．

A.6 随机变量的函数

假定 X 是一个具有 PDF $f_X(x)$ 的随机变量，$Y=g(X)$，g 是一个严格增加函数．由于 g 是严格增加的，它有反函数，记为 h．那么 Y 也是一个随机变量，它的 CDF 是

$$F_Y(y) = P(Y\leqslant y) = P\{g(X)\leqslant y\} = P\{X\leqslant h(y)\} = F_X\{h(y)\} \tag{A.2}$$

把式(A.2)微分，我们求出 Y 的 PDF：

$$f_Y(y) = f_X\{h(y)\}h'(y) \tag{A.3}$$

对 g 是严格减少的情况应用类似的方法证明，可以说明只要 g 是严格单调的，就有

$$f_Y(y) = f_X\{h(y)\}|h'(y)| \tag{A.4}$$

再由式(A.2)，如果 g 是严格增加的，那么

$$F_Y^{-1}(p) = g\{F_X^{-1}(p)\} \tag{A.5}$$

因此 Y 的第 p 分位数可以通过 g 作用到 X 的第 p 分位数上来求得. 当 g 是严格减少时, 它把 X 的第 p 分位数映射为 Y 的第 $1-p$ 分位数.

结论 A.6.1 假定对于某个常数 a 和 $b \neq 0$, $Y = a + bX$. 令 $g(x) = a + bx$, 因此 g 的反函数为 $h(y) = (y-a)/b$, $h'(y) = 1/b$. 那么

$$F_Y(y) = F_X\{b^{-1}(y-a)\}, \, b > 0$$
$$= 1 - F_X\{b^{-1}(y-a)\}, \, b < 0$$
$$F_Y(y) = |b|^{-1} f_X\{b^{-1}(y-a)\}$$

和

$$F_Y^{-1}(p) = a + b F_X^{-1}(p), \, b > 0$$
$$= a + b F_X^{-1}(1-p), \, b < 0$$

A.7 随机样本

我们称 $\{Y_1, \cdots, Y_n\}$ 是来自于一个概率分布的随机样本, 是指它们每一个都具有那个概率分布并且它们是互相独立的. 在这种情况下, 我们也称它们是独立同分布的或简称为 i.i.d.. 概率分布常常称为总体, 它的期望值、方差、CDF 和分位数分别称为总体均值、总体方差、总体 CDF 和总体分位数. 值得一提的是, 总体事实上是无穷的. 有一个统计的抽样理论, 通常是从有穷总体无放回地抽样, 但这种类型的抽样在这里我们不予考虑. 即使当总体是有穷总体时, 例如当抽样房屋价格时, 总体通常足够大, 因此可被当作无穷总体来对待.

如果 $Y_1, \cdots, Y_n$ 是来自于一个未知概率分布的样本, 那么总体均值可由如下样本均值来估计:

$$\overline{Y} = n^{-1} \sum_{i=1}^{n} Y_i \tag{A.6}$$

总体方差可以由如下样本方差来估计:

$$s_Y^2 = \frac{\sum_{i=1}^{n}(Y_i - \overline{Y})^2}{n-1} \tag{A.7}$$

分母是 $n-1$ 而不是 n 的原因在 5.9 节已讨论过. 样本标准差是 s_Y, 即 s_Y^2 的平方根.

A.8 二项分布

假定对于某个固定(非随机)的整数 n, 我们做 n 次实验. 每次实验都有两个可能的结果, 称为"成功"和"失败"; 成功的概率是 p, 失败的概率是 $q = 1 - p$. 假定对所有的 n 次实验, p 和 q 都是相同的. 令 Y 是成功的总次数, 因此 Y 等于 $0, 1, 2, \cdots,$ 或 n. 如果实验是独立的, 那么

$$P(Y = k) = \binom{n}{k} p^k q^{n-k}, \, k = 0, 1, 2, \cdots, n$$

这里

$$\binom{n}{k} = \frac{n!}{k!(n-k)!}$$

Y 的分布称为二项分布，并记为 Binomial(n, p). Y 的期望值是 np，它的方差是 npq. Binomial$(1, p)$ 分布也称为伯努利分布，它的密度是

$$P(Y = y) = p^y(1-p)^{1-y}, y = 0, 1 \tag{A.8}$$

注意，p^y 或者等于 p（当 $y=1$ 时）或者 1（当 $y=0$ 时），$(1-p)^{1-y}$ 的情况也类似.

A.9 一些常见的连续分布

A.9.1 均匀分布

区间 (a, b) 上的均匀分布记为 Uniform(a, b)，它的 PDF 在 (a, b) 上等于 $1/(b-a)$，在这个区间之外等于 0. 容易验证，如果 Y 是 Uniform(a, b)，那么它的期望是

$$E(Y) = \frac{1}{b-a}\int_a^b Y dY = \frac{a+b}{2}$$

它是区间的中点. 另外，

$$E(Y^2) = \frac{1}{b-a}\int_a^b Y^2 dY = \frac{Y^3\big|_a^b}{3(b-a)} = \frac{b^2+ab+a^2}{3}$$

因此，

$$\sigma_Y^2 = E(Y^2) - \{E(Y)\}^2 = \frac{b^2+ab+a^2}{3} - \left(\frac{a+b}{2}\right)^2 = \frac{(b-a)^2}{12}$$

重新参数化的意思是把一个分布的参数替换为一个等价的集合. 均匀分布可以使用 $\mu=(a+b)/2$ 和 $\sigma=(b-a)/\sqrt{12}$ 作为参数来重新参数化. 那么 μ 是位置参数，σ 是尺度参数. 使用哪一个分布参数化依赖于想要强调分布的哪一方面. 均匀分布的参数化 (a, b) 指出区间的端点，而参数化 (μ, σ) 给出了均值和标准差. 我们可以自由地穿梭于两个或更多参数化之间，使用在特定环境下最有用的那一个. 均匀分布没有形状参数，因为它的密度的形状总是矩形.

A.9.2 CDF 变换和 CDF 的反函数

如果 Y 有一个连续的 CDF F，那么 $F(Y)$ 具有均匀分布 Uniform$(0, 1)$. $F(Y)$ 经常称为 Y 的概率变换. 这个事实当 F 是严格增加函数时很容易理解，因为这时 F^{-1} 存在，因此

$$P\{F(Y) \leq y\} = P\{Y \leq F^{-1}(y)\} = F\{F^{-1}(y)\} = y \tag{A.9}$$

这个结论即使当 F 不是严格增加时也成立，但是证明略微复杂. 这里只有 F 连续是必需的.

如果 U 是 Uniform$(0, 1)$ 分布，F 是一个 CDF，那么 $Y = F^-(U)$ 的 CDF 是 F. 这里 F^- 是 F 的伪逆. 当 F 连续并且严格增加时证明很容易，因为这时 $F^{-1} = F^-$，并且

$$P\{Y \leq y\} = P\{F^{-1}(U) \leq y\} = P\{Y \leq F(y)\} = F(y)$$

事实上，这个结果对于任意 CDF F 都是成立的，但对于一般的情况证明起来较难. $F^-(U)$ 经常称为分位数变换，因为 F^- 是分位数函数.

A.9.3 正态分布

标准正态分布具有密度

$$\phi(y) = \frac{1}{\sqrt{2\pi}}\exp(-y^2/2), -\infty < y < \infty$$

标准正态的均值为 0，方差为 1. 如果 Z 是标准正态的，那么 $\mu + \sigma Z$ 的分布称为均值为 μ、

方差为 σ^2 的正态分布,并记为 $N(\mu,\sigma^2)$. 由结论 A.6.1, $N(\mu,\sigma^2)$ 的密度是

$$\frac{1}{\sigma}\phi\left(\frac{y-\mu}{\sigma}\right) = \frac{1}{\sqrt{2\pi}\sigma}\exp\left\{-\frac{(y-\mu)^2}{2\sigma^2}\right\} \tag{A.10}$$

参数 μ 是位置参数, σ 是尺度参数. 正态分布没有形状参数,因为它的密度总是相同的钟形曲线.⊖ 标准正态的 CDF 是

$$\Phi(y) = \int_{-\infty}^{y} \phi(u)\mathrm{d}u$$

Φ 可以用软件(比如 R 的 pnorm 函数)来计算. 如果 Y 是 $N(\mu,\sigma^2)$,那么由于 $Y=\mu+\sigma Z$,这里 Z 是标准正态的,由结论 A.6.1,

$$F_Y(y) = \Phi\{(y-\mu)/\sigma\} \tag{A.11}$$

正态分布也称为高斯分布,以伟大的德国数学家卡尔·弗里德里希·高斯的名字命名.

正态分位数

$N(0,1)$ 分布的 q-分位数是 $\Phi^{-1}(q)$,更一般地,$N(\mu,\sigma^2)$ 分布的 q-分位数是 $\mu+\sigma\Phi^{-1}(q)$. Φ 的 α-上分位数,即 $\Phi^{-1}(1-\alpha)$ 记为 z_α. 像后面所看到的一样,z_α 在置信区间中被广泛使用.

A.9.4 对数正态分布

如果 Z 的分布是 $N(\mu,\sigma^2)$,那么 $Y=\exp(Z)$ 的分布称为对数正态 Lognormal(μ,σ^2) 分布. 换句话说,如果 Y 的对数是正态分布的,那么 Y 是对数正态的. 我们称 μ 为对数均值,σ 为对数标准差. 另外,σ^2 称为对数方差.

Y 的中位数是 $\exp(\mu)$,Y 的期望值是 $\exp(\mu+\sigma^2/2)$.⊜ 期望值比中位数大是因为对数正态分布是右偏的,并且 σ 越大,偏度越极端. 偏度的进一步讨论在 5.4 节中. 几个对数正态分布的概率密度函数如图 A-1 所示.

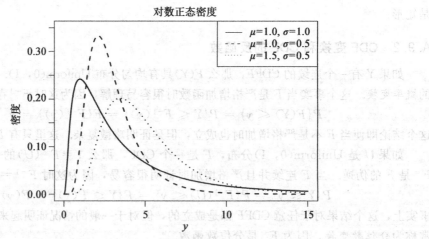

图 A-1 对数正态概率密度的例子. 这里 μ 和 σ 为对数均值和对数标准差,即对数随机变量的对数的均值和标准差

对数均值 μ 是一个尺度参数,对数标准差 σ 是一个形状参数. 对数正态分布没有位置

⊖ 相比之下,t 密度也是一种钟形曲线,但是钟形的确切形状取决于形状参数——自由度.

⊜ 记得 Y 是 lognormal(μ,σ) 的很重要,那么 μ 是 $\log(Y)$ 的期望值,而不是 Y 的期望值.

参数，因为它的支撑固定为从 0 开始.

A.9.5 指数和双指数分布

具有尺度参数 $\theta>0$ 的指数分布，我们把它记为 Exponential(θ)，它的 CDF 为
$$F(y) = 1 - e^{-y/\theta}, \ y > 0$$
Exponential(θ)分布的 PDF 为
$$f(y) = \frac{e^{-y/\theta}}{\theta} \tag{A.12}$$
期望值为 θ，标准差为 θ. CDF 的反函数是
$$F^{-1}(y) = -\theta \log(1-y), \ 0 < y < 1$$
具有均值 μ 和尺度参数 θ 的双指数或拉普拉斯分布的 PDF 为
$$f(y) = \frac{e^{-|y-\mu|/\theta}}{2\theta} \tag{A.13}$$
如果 Y 是均值为 μ 的双指数分布，那么 $|Y-\mu|$ 的分布为指数分布. 双指数分布的标准差为 $\sqrt{2}\theta$. 均值 μ 是位置参数，θ 是尺度参数.

A.9.6 伽马和逆-伽马分布

具有尺度参数 $b>0$、形状参数 $\alpha>0$ 的伽马分布的密度为
$$\frac{y^{\alpha-1}}{\Gamma(\alpha) b^\alpha} \exp(-y/b)$$
这里 Γ 是 5.5.2 节定义的伽马函数. 这个分布的均值、方差和偏度系数分别是 $b\alpha$，$b^2\alpha$ 和 $2\alpha^{-1/2}$. 图 A-2 显示的伽马密度的形状参数分别等于 0.75，3/2 和 7/2，并且每个的均值都为 1.

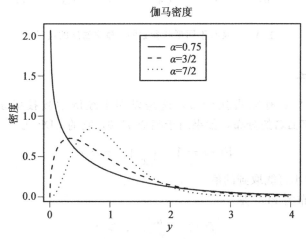

图 A-2 具有不同形状参数的伽马概率密度的例子. 在每种情况下，尺度参数选择为使得期望为 1 的数值

Γ 分布经常使用 $\beta=1/b$ 来参数化，因此密度为
$$\frac{\beta^\alpha y^{\alpha-1}}{\Gamma(\alpha)} \exp(-\beta y)$$
在这种参数化形式下，β 是逆-尺度参数，均值和方差分别是 α/β 和 α/β^2.

如果 X 是一个具有逆-尺度参数 β 和形状参数 α 的伽马分布，那么我们称 $1/X$ 为具有尺度参数 β 和形状参数 α 的逆-伽马分布．这个分布的均值是 $\beta/(\alpha-1)$，假如 $\alpha>1$；方差是 $\beta^2/\{(\alpha-1)^2(\alpha-2)\}$，假如 $\alpha>2$．

A.9.7 β 分布

具有形状参数 $\alpha>0$ 和 $\beta>0$ 的 β 分布的密度函数为

$$\frac{\Gamma(\alpha+\beta)}{\Gamma(\alpha)\Gamma(\beta)}y^{\alpha-1}(1-y)^{\beta-1},\ 0<y<1 \tag{A.14}$$

均值和方差是 $\alpha/(\alpha+\beta)$ 和 $(\alpha\beta)/\{(\alpha+\beta)^2(\alpha+\beta+1)\}$，如果 $\alpha>1$，$\beta>1$，那么众数是 $(\alpha-1)/(\alpha+\beta-2)$．

图 A-3 显示了几个不同的形状参数选择下的 β 密度．β 密度是右偏的、关于 $1/2$ 对称的或者是左偏的取决于是否 $\alpha<\beta$，$\alpha=\beta$，或者 $\alpha>\beta$．

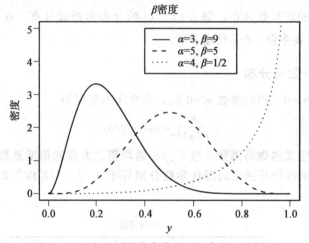

图 A-3　具有不同形状参数的 β 概率密度的例子

A.9.8 帕雷托分布

一个随机变量 X 具有帕雷托分布，这是以瑞士经济学教授维尔弗雷多·帕雷托（1848—1923）的名字命名的分布，如果对于某个 $\alpha>0$，它的 CDF 为

$$F(x)=1-\left(\frac{c}{x}\right)^\alpha,\ x>c \tag{A.15}$$

这里 $c>0$ 是 X 的最小可能取到的值．

式(A.15)中分布的 PDF 是

$$f(x)=\frac{ac^a}{x^{a+1}},\ x>c \tag{A.16}$$

因此帕雷托分布具有多项式尾部，并且 a 是尾部指数，也被称为帕雷托常数．

A.10 从正态分布中抽样

一个常见的情况是我们有一个来自于正态分布的样本，想要求均值和方差的置信区间或者关于这些参数的检验假设．那么，下列分布是非常重要的，因为它们是许多常用的置信区间和检验的基础.

A.10.1 卡方分布

假定 $Z_1, \cdots, Z_n$ 是 i.i.d. $N(0,1)$ 的. 那么, $Z_1^2 + \cdots + Z_n^2$ 的分布称为自由度为 n 的卡方分布. 这个分布的期望为 n, 方差为 $2n$. 这个分布的 $\alpha-$上分位数记为 $\chi^2_{\alpha,n}$, 它被用于关于方差的检验和置信区间中; 后者请参见 A.10.1 节. 另外, 与 5.11 节讨论的一样, $\chi^2_{\alpha,n}$ 用于似然比检验.

到目前为止, 自由度参数一直是取整数值的, 但是这一点可以被推广. 自由度为 ν 的卡方分布等于尺度参数为 2、形状参数为 $\nu/2$ 的伽马分布. 这样, 由于伽马分布的形状参数可取任意正值, 对任意正的值 ν, 卡方分布可以用尺度参数和形状参数分别等于 2 和 $\nu/2$ 的伽马分布来定义.

A.10.2 F 分布

如果 U 和 W 相互独立, 分别是自由度为 n_1 和 n_2 的卡方分布, 那么

$$\frac{U/n_1}{W/n_2}$$

的分布称为自由度为 n_1 和 n_2 的 F 分布. 这个分布的 $\alpha-$上分位数记为 F_{α,n_1,n_2}. F_{α,n_1,n_2} 用作回归分析中 F 检验的临界值.

卡方分布、t 分布和 F 分布的自由度参数是形状参数.

A.11 样本均值的大数定律和中心极限定理

假定 $\overline{Y}_n$ 是 i.i.d. 样本 $Y_1, \cdots, Y_n$ 的均值. 我们假定它们共同的期望值 $E(Y_1)$ 存在并有限, 记作 μ. 大数定律指出

$$P(\text{当 } n \to \infty \text{ 时}, \overline{Y}_n \to \mu) = 1$$

因此, 对于足够大的样本量, 样本均值将接近于总体均值. 但是, 还不止这些. 著名的中心极限定理 (CLT) 指出, 如果 $Y_1, \cdots, Y_n$ 共同的方差 σ^2 有限, 那么当 n 收敛于无穷大时, $\overline{Y}_n$ 的概率分布接近于正态分布. 更确切地说, CLT 表明对于所有的 y, 当 $n \to \infty$ 时,

$$P\{\sqrt{n}(\overline{Y}_n - \mu) \leqslant y\} \to \Phi(y/\sigma) \tag{A.17}$$

换句话说, 对于大的 n, $\overline{Y}$ 近似服从 $N(\mu, \sigma^2/n)$.

学生经常记错或误解 CLT. 常见的错误是大的总体近似服从正态分布. CLT 并没有说任何关于总体分布的事情; 它只是一个关于样本均值分布的陈述. 还有 CLT 并没有假定总体很大; 而是样本量收敛到无穷大. 假定是有放回抽样, 总体可能会相当小, 实际上, 只有两个元素.

当 $Y_1, \cdots, Y_n$ 的方差无限时, $\overline{Y}_n$ 的极限分布可能仍然存在, 但会是一个非正态的稳定分布.

虽然 CLT 首先是对样本均值发现的, 其他的估计量现在已知对大样本量也有近似正态分布. 特别地, 我们有 5.9 节中的最大似然估计量和第 12 章中讨论的最小二乘估计量的中心极限定理. 这一点很重要, 因为我们使用的大部分估计量将是最大似然估计量或者最小二乘估计量. 因此, 如果我们有一个相当大的样本, 我们可假定这些估计量是近似正态分布的, 并且正态分布可以用于检验和构建置信区间.

A.12 二元分布

令 $f_{Y_1,Y_2}(y_1, y_2)$ 是一对随机变量 (Y_1, Y_2) 的联合密度. 那么 Y_1 的边缘密度可通过对 Y_2 的积分来得到:

$$f_{Y_1}(y_1) = \int f_{Y_1,Y_2}(y_1, y_2) dy_2$$

类似地, $f_{Y_2}(y_2) = \int f_{Y_1,Y_2}(y_1, y_2) dy_1$.

给定 Y_1, Y_2 的条件密度是

$$f_{Y_2|Y_1}(y_2|y_1) = \frac{f_{Y_1,Y_2}(y_1,y_2)}{f_{Y_1}(y_1)} \tag{A.18}$$

方程(A.18)可以重新排列, 并给出 Y_1 和 Y_2 的联合密度为边缘密度和条件密度的乘积:

$$f_{Y_1,Y_2}(y_1,y_2) = f_{Y_1}(y_1) f_{Y_2|Y_1}(y_2|y_1) = f_{Y_2}(y_2) f_{Y_1|Y_2}(y_1|y_2) \tag{A.19}$$

给定 Y_1, Y_2 的条件期望就是用 $f_{Y_2|Y_1}(y_2|y_1)$ 计算的期望:

$$E(Y_2|Y_1 = y_1) = \int y_2 f_{Y_2|Y_1}(y_2|y_1) dy_2$$

这当然是 y_1 的函数. 给定 Y_1, Y_2 的条件方差是

$$\mathrm{Var}(Y_2|Y_1 = y_1) = \int \{y_2 - E(Y_2|Y_1 = y_1)\}^2 f_{Y_2|Y_1}(y_2|y_1) dy_2$$

在本书之外的其他地方很重要的一个公式是

$$f_{Y_1,\cdots,Y_n}(y_1,\cdots,y_n) = f_{Y_1}(y_1) f_{Y_2|Y_1}(y_2|y_1) \cdots f_{Y_n|Y_1,\cdots,Y_{n-1}}(y_n|y_1,\cdots,y_{n-1}) \tag{A.20}$$

这可以通过重复使用公式(A.19)而得到.

边缘均值和方差与条件均值和方差的联系在于

$$E(Y) = E\{E(Y|X)\} \tag{A.21}$$

以及

$$\mathrm{Var}(Y) = E\{\mathrm{Var}(Y|X)\} + \mathrm{Var}\{E(Y|X)\} \tag{A.22}$$

结论(A.21)有各种各样的名字, 特别地有迭代期望律和塔规则.

另一个有用的公式是, 如果 Z 是 X 的函数, 那么

$$E(ZY|X) = ZE(Y|X) \tag{A.23}$$

这里的思想在于, 给定 X, Z 是常数, 可以作为因子提到条件期望外面来.

A.13 相关与协方差

期望和方差概括了随机变量的个体行为. 如果有两个随机变量, X 和 Y, 那么有某种方法来概括它们的联合行为将会很方便, 相关和协方差可以做到这一点.

两个随机变量 X 和 Y 之间的协方差是

$$\mathrm{Cov}(X,Y) = \sigma_{XY} = E[\{X - E(X)\}\{Y - E(Y)\}]$$

$\mathrm{Cov}(X, Y)$ 和 σ_{XY} 这两个记号可以交换使用. 如果 (X, Y) 是连续分布, 那么使用公式(A.36), 我们有

$$\sigma_{XY} = \int \{x - E(X)\}\{y - E(Y)\} f_{XY}(x,y) dx dy$$

下面是一些有用的公式：

$$\sigma_{XY} = E(XY - E(X)E(Y)) \quad (A.24)$$

$$\sigma_{XY} = E[\{X - E(X)\}Y] \quad (A.25)$$

$$\sigma_{XY} = E[\{Y - E(Y)\}X] \quad (A.26)$$

$$\sigma_{XY} = E(XY) \quad 若 \quad E(X) = 0 \quad 或 \quad E(Y) = 0 \quad (A.27)$$

两个变量之间的协方差测量它们之间的线性关系，但它也受到它们可变性的影响；一切平等，标准差较大的随机变量有较大的协方差。相关是尺度效应移除后的协方差，因此相关是纯粹衡量两个随机变量的相关程度的量，或者更确切地，线性相关程度。X 和 Y 之间的皮尔逊相关系数是

$$\mathrm{Corr}(X,Y) = \rho_{XY} = \sigma_{XY}/\sigma_X \sigma_Y \quad (A.28)$$

皮尔逊相关系数有时候简称为相关系数，但还有其他类型的相关系数；参见 8.5 节。

给定一个二元样本 $\{(X_i, Y_i)\}_{i=1}^n$，样本协方差，记为 s_{XY} 或 $\hat{\sigma}_{XY}$，为

$$s_{XY} = \hat{\sigma}_{XY} = (n-1)^{-1} \sum_{i=1}^{n} (X_i - \overline{X})(Y_i - \overline{Y}) \quad (A.29)$$

这里 $\overline{X}$ 和 $\overline{Y}$ 是样本均值。因子 $(n-1)^{-1}$ 经常被换成 n^{-1}，但这个改变相对于 $\hat{\sigma}_{XY}$ 的随机变化影响甚微。样本相关是

$$\hat{\rho}_{XY} = r_{XY} = \frac{s_{XY}}{s_X s_Y} \quad (A.30)$$

这里 s_X 和 s_Y 是样本标准差。

为了让读者更加了解相关系数的特定值暗示着两个随机变量之间的什么关系，图 A-4 显示了 9 个二维随机变量的散点图和样本相关系数。散点图就是一个二元样本 $\{(X_i, Y_i)\}_{i=1}^n$ 的图形。每个图还包含了线性最小二乘拟合（第 12 章）来说明 y 和 x 之间的线性关系。注意到

- 0.25 或更少的绝对相关很弱，参见图 A-4a 和 b；
- 0.5 的绝对相关只是中等强度的，参见图 A-4c；
- 0.9 的绝对相关很强，参见图 A-4d；
- 绝对相关 1 意味着恰好是线性关系，参见图 A-4e 和 h；
- 很强的非线性关系可能或可能不意味着高度相关，参见图 A-4f 和 g；
- 正相关意味着增加关系（当 X 增加，Y 通常增加），参见图 A-4b~e 和 g；
- 负相关意味着减少关系（当 X 增加，Y 通常减少），参见图 A-4h 和 i。

如果两个随机变量之间的相关为 0，那么我们说它们是不相关的。

如果 X 和 Y 是相互独立的，那么对于所有的函数 g 和 h，

$$E\{g(X)h(Y)\} = E\{g(X)\}E\{h(Y)\} \quad (A.31)$$

这个事实可以用来证明如果 X 和 Y 是相互独立的，那么 $\sigma_{XY}=0$，因此变量不相关。反过来不正确。例如，如果 X 是 $[-1, 1]$ 上的均匀分布，$Y=X^2$，那么容易计算 $\sigma_{XY}=0$，但这两个随机变量并不独立。这里关键的一点是 Y 与 X 是相关的，事实上，Y 完全由 X 所决定，但是这种关系是高度非线性的，而相关测量的是线性关系。

另一个不相关却不独立的随机变量的例子是二元 t 分布。对于这个分布，两个变量是不独立的，即使它们的相关为 0；参见 7.6 节。

如果 $E(Y|X)=0$，那么 Y 和 X 是不相关的，由于

$$E(Y) = E\{E(Y|X)\} = 0 \quad (A.32)$$

根据迭代期望律，那么

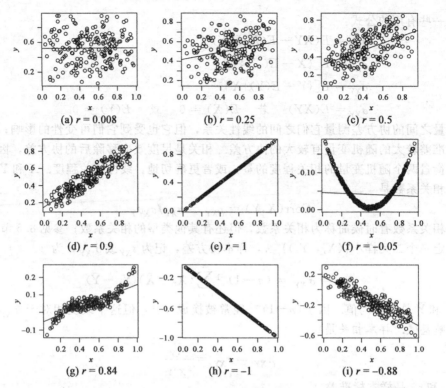

图 A-4 9个随机变量的样本相关系数. 每个图还包含了 y 对 x 的线性回归线

$$\mathrm{Cov}(Y,X) = E(YX) = E\{E(YX|X)\} = E\{XE(Y|X)\} = 0 \tag{A.33}$$

由式(A.27),第二个迭代期望律的应用,在式(A.23)中取 $Z=X$,和式(A.32).

结论(A.22)有一个重要的解释. 如果 X 是已知的,需要预测 Y,那么 $E(Y|X)$ 是最佳预测,因为它最小化期望平方预测误差. 如果使用最佳预测,那么预测误差是 $Y - E(Y|X)$,$E\{Y-E(Y|X)\}^2$ 是期望平方预测误差. 由迭代期望律,后者是结论(A.22)右边的第一个被加数.

$$E\{Y-E(Y|X)\}^2 = E(E[\{Y-E(Y|X)\}^2|X]) = E\{\mathrm{Var}(Y|X)\} \tag{A.34}$$

另外,那里的第二个被加数 $\mathrm{Var}\{E(Y|X)\}$ 是最佳预测的方差,它衡量 $E(Y|X)$ 在多大程度上跟踪 Y——$E(Y|X)$ 变化越多,跟踪 Y 的程度越好. 因此,跟踪能力与期望平方预测误差之和是常数 $\mathrm{Var}(Y)$——增加跟踪能力会减少期望平方预测误差.

通过查看最差和最好的情况可以获得一些洞察力. 最差的情况是当 X 与 Y 相互独立的情况. 那么 $E(Y|X)=E(Y)$,跟踪能力 $\mathrm{Var}\{E(Y|X)\}=0$,期望平方预测误差取到最大值,$\mathrm{Var}(Y)$. 最好的情况是当 Y 是 X 的函数时的情况,即对于某个函数 g,$y=g(X)$. 那么 $E(Y|X)=g(X)=Y$,预测误差为 0,跟踪能力是它的最大可能取值 $\mathrm{Var}(Y)$.

A.13.1 正态分布:条件期望与方差

条件期望和方差的计算对于某些概率分布可能很难,但对于 (Y_1, Y_2) 是二元正态分布时很简单.

对于二元正态分布,给定 Y_1 下 Y_2 的条件期望等于给定 Y_1 下 Y_2 的最佳线性预测⊖

⊖ 参见 14.10 节.

$$E(Y_2 \mid Y_1 = y_1) = E(Y_2) + \frac{\sigma_{Y_1, Y_2}}{\sigma_{Y_1}^2} \{y_1 - E(Y_1)\}$$

因此，对于正态随机变量，最佳线性预测与最佳预测相同．另外，给定 Y_1 下 Y_2 的条件方差是预测误差平方的期望：

$$\operatorname{Var}(Y_2 \mid Y_1 = y_1) = \sigma_{Y_2}^2 (1 - \rho_{Y_1, Y_2}^2) \tag{A.35}$$

一般来说，$\operatorname{Var}(Y_2 \mid Y_1 = y_1)$ 是 y_1 的函数，但在式（A.35）中我们看到对于二元正态分布的这样的特殊情况，$\operatorname{Var}(Y_2 \mid Y_1 = y_1)$ 是常数，即不依赖于 y_1．

A.14 多元分布

多元分布是 A.12 节中的二元分布的推广．随机向量是其元素为随机变量的一个向量．对于连续分布的随机变量构成的随机向量 $\boldsymbol{Y} = (Y_1, \cdots, Y_d)$，如果

$$P\{(Y_1, \cdots, Y_d) \in A\} = \iint_A f_{Y_1, \cdots, Y_d}(y_1, \cdots, y_d) \mathrm{d}y_1 \cdots \mathrm{d}y_d$$

对所有的集 $A \subset \mathcal{R}^d$ 成立，那么它有一个多元概率密度函数 $f_{Y_1, \cdots, Y_d}(y_1, \cdots, y_d)$．

Y_j 的 PDF 通过 $f_{Y_1, \cdots, Y_d}$ 对其他变量的积分而得到：

$$f_{Y_j}(y_j) = \int_{y_1} \cdots \int_{y_{j-1}} \int_{y_{j+1}} \cdots \int_{y_d} f_{Y_1, \cdots, Y_d}(y_1, \cdots, y_d) \mathrm{d}y_1 \cdots \mathrm{d}y_{j-1} \mathrm{d}y_{j+1} \cdots \mathrm{d}y_d$$

类似地，$(Y_1, \cdots, Y_d)$ 的任意子集的 PDF 通过 $f_{Y_1, \cdots, Y_d}(y_1, \cdots, y_d)$ 对其余变量的积分而得到．

$(Y_1, \cdots, Y_d)$ 的一个函数 g 的期望由公式

$$E\{g(Y_1, \cdots, Y_d)\} = \int_{y_1} \cdots \int_{y_d} g(y_1, \cdots, y_d) f_{Y_1, \cdots, Y_d}(y_1, \cdots, y_d) \mathrm{d}y_1 \cdots \mathrm{d}y_d \tag{A.36}$$

给出．

如果 $Y_1, \cdots, Y_d$ 是离散的，那么它们的联合概率分布是对所有的 $y_1, \cdots y_d$ 指定其概率 $P\{Y_1 = y_1, \cdots, Y_d = y_d\}$．如果 $Y_1, \cdots, Y_d$ 是离散并相互独立的，那么

$$P\{Y_1 = y_1, \cdots, Y_d = y_d\} = P\{Y_1 = y_1\} \cdots P\{Y_d = y_d\} \tag{A.37}$$

$Y_1, \cdots, Y_d$ 的联合 CDF，不管它们是离散的还是连续的，都是

$$F_{Y_1, \cdots, Y_d}(y_1, \cdots, y_d) = P\{Y_1 \leqslant y_1, \cdots, Y_d \leqslant y_d\}$$

假定有一个 d 维随机向量的样本，样本容量为 n，$\{\boldsymbol{Y}_i = (Y_{i,1}, \cdots, Y_{i,d}) : i = 1, \cdots, n\}$．那么经验 CDF 为

$$F_n(y_1, \cdots, y_d) = \frac{\sum_{i=1}^{n} I\{Y_{i,j} \leqslant y_j, j = 1, \cdots, d\}}{n} \tag{A.38}$$

A.14.1 条件密度

给定 $Y_{q+1}, \cdots, Y_d$ 下，$Y_1, \cdots, Y_q$ 的条件密度是

$$f_{Y_1, \cdots, Y_q \mid Y_{q+1}, \cdots, Y_d}(y_1, \cdots, y_q \mid y_{q+1}, \cdots, y_d) = \frac{f_{Y_1, \cdots, Y_d}(y_1, \cdots, y_d)}{f_{Y_{q+1}, \cdots, Y_d}(y_{q+1}, \cdots, y_d)} \tag{A.39}$$

这里 $1 \leqslant q < d$．由于 $Y_1, \cdots, Y_d$ 可以按任何方便的顺序排列，因此式（A.39）提供了给定其他变量下，任何变量子集的条件密度公式．另外，式（A.39）可以重新整理而得到乘法

公式

$$f_{Y_1,\cdots,Y_d}(y_1,\cdots,y_d) = f_{Y_1,\cdots,Y_q|Y_{q+1},\cdots,Y_d}(y_1,\cdots,y_q|y_{q+1},\cdots,y_d)$$
$$f_{Y_{q+1},\cdots,Y_d}(y_{q+1},\cdots,y_d) \tag{A.40}$$

重复使用式(A.40)会给出一个以后计算不独立数据似然的一个公式:

$$f_{Y_1,\cdots,Y_d}(y_1,\cdots,y_d) = f_{Y_1}(y_1)f_{Y_2|Y_1}(y_2|y_1)f_{Y_3|Y_1,Y_2}(y_3|y_1,y_2)\cdots$$
$$f_{Y_d|Y_1,\cdots,Y_{d-1}}(y_d|y_1,\cdots,y_{d-1}) \tag{A.41}$$

如果 $Y_1,\cdots,Y_d$ 是独立的, 那么

$$f_{Y_1,\cdots,Y_d}(y_1,\cdots,y_d) = f_{Y_1}(y_1)\cdots f_{Y_d}(y_d) \tag{A.42}$$

A.15 随机过程

离散时间随机过程是一个随机变量序列 $\{Y_1, Y_2, Y_3, \cdots\}$. Y_n 的分布称为它的边缘分布. 如果给定 $\{Y_1, Y_2, \cdots, Y_n\}$ 下 Y_{n+1} 的条件分布等于给定 Y_n 下 Y_{n+1} 的条件分布, 那么这个过程称为马尔可夫过程或马尔可夫链, 因此 Y_{n+1} 只依赖于这个过程先前的值. 9.4 节的 AR(1) 过程是一个简单的马尔可夫过程的例子. 由计算机模拟生成的过程, 如果只有 Y_n 和独立于 $\{Y_1, Y_2, \cdots, Y_{n-1}\}$ 的随机数被用于生成 Y_{n+1}, 那么它就是马尔可夫过程. 一个重要的例子是马尔可夫链蒙特卡罗, 它是 20.7 节的主题.

如果对于所有的 n, 当 Y_n 的分布是 π 时, Y_{n+1} 的分布也是 π, 那么分布 π 是一个马尔可夫过程的平稳分布.

随机过程也可以具有一个连续时间参数. 例如布朗运动和几何布朗运动, 尤其分别被用于连续时间中的股票价格对数和股票价格建模.

A.16 估计

A.16.1 引言

统计推断的主要领域之一是估计未知参数, 例如由数据来估计总体均值. 估计量被定义为观测数据的任意函数. 关键的问题是应该使用众多可能估计量中的哪一个. 如果 θ 是一个未知参数, $\hat{\theta}$ 是估计量, 那么 $E(\hat{\theta}) - \theta$ 称为偏差, $E\{\hat{\theta}-\theta\}^2$ 称为均方误差(MSE). 我们寻求有效的估计量, 即具有最小的 MSE 可能值(或一些其他不精确的度量). 经简单的代数运算可以证明 MSE 是偏差的平方加上方差, 即

$$E\{\hat{\theta}-\theta\}^2 = \{E(\hat{\theta})-\theta\}^2 + \operatorname{Var}(\hat{\theta}) \tag{A.43}$$

因此有效估计量既有小的偏差, 又有小的方差. 偏差为 0 的估计量称为无偏的. 但是, 没有必要使用无偏估计量——我们只想要偏差很小, 但未必正好是 0. 我们愿意接受小偏差, 如果它会引起方差显著减少.

最流行的估计方法是最小二乘法(12.2.1 节)、最大似然法(5.9 节和 5.14 节)和贝叶斯估计(第 20 章).

A.16.2 标准误差

当估计量是从一个随机样本计算出来的, 那么它是一个随机变量, 但这个事实常常不被初学者所理解. 一开始接触到统计估计时, 学生往往不会想到像样本均值这样的估计量

是随机的. 如果我们只有一个单个样本，那么样本均值看起来不是随机的. 但是，如果我们认识到这个观测样本只是许多可能被抽到的可能样本中的一个时，并且每个样本有不同的样本均值，那么就会明白均值事实上是随机的.

由于估计量是一个随机变量，因此它具有期望和标准差. 我们已看到它的期望和参数之间的差称为偏差. 一个估计量的标准差称为它的标准误差. 如果这个标准差的公式中有未知参数，那么可由它的估计来替换. 如果 $\hat{\theta}$ 是 θ 的一个估计量，那么 $s_{\hat{\theta}}$ 表示它的标准误差，其中任何未知参数由估计来代替.

例 A.1 均值的标准误差.

假定 $Y_1, \cdots, Y_n$ 是 i.i.d. 的，均值为 μ，方差为 σ^2. 那么由式(7.13)，$\overline{Y}$ 的标准差为 $\sigma/\sqrt{n}$. 因此，$\sigma/\sqrt{n}$ 或当 σ 未知时的 $s_Y/\sqrt{n}$ 称为样本均值的标准误差. 也就是说，根据 σ 是否已知，$s_{\overline{Y}}$ 是 $\sigma/\sqrt{n}$ 或 $s_Y/\sqrt{n}$. ■

A.17 置信区间

与其用一个单个的数字来估计未知参数，不如提供理解估计的不确定性的数字范围. 这样的范围称为区间估计. 一种类型的区间估计，贝叶斯可信区间在第 20 章中给出了介绍. 另一种类型的区间估计是置信区间. 置信区间是根据区间包含真实参数的概率是一个指定值(称为置信系数)的要求来定义的. 因此，例如，如果大量的独立的 90% 区间被构造，那么近似地会有 90% 包含参数.

A.17.1 均值的置信区间

如果 $\overline{Y}$ 是来自于正态总体的样本均值，那么

$$\overline{Y} \pm t_{\alpha/2, n-1} s_{\overline{Y}} \tag{A.44}$$

是置信度为 $(1-\alpha)$ 的置信区间. 这个置信区间是在 6.3.2 节导出的. 如果 $\alpha = 0.05$ (0.95 或 95% 置信度)，并且 n 相当大，那么 $t_{\alpha/2, n-1}$ 近似为 2，因此 $\overline{Y} \pm 2 s_{\overline{Y}}$ 常常被用作一个近似的 95% 置信区间. 由于 $s_{\overline{Y}} = s_Y/\sqrt{n}$，因此置信区间也记为 $\overline{Y} \pm 2 s_Y/\sqrt{n}$. 当 n 相当大，例如 20 或更大时，那么根据中心极限定理 $\overline{Y}$ 近似服从正态分布，并且总体本身为正态的假定可以去掉.

例 A.2 正态均值的置信区间.

假定我们有来自于正态分布的样本容量为 25 的一个样本，$s_Y^2 = 2.7$，$\overline{Y} = 16.1$，我们要求 μ 的 99% 的置信区间. 我们需要 $t_{0.005, 24}$. 这个分位数可以使用软件(例如 R 函数 qt)来求得，$t_{0.005, 24} = 2.797$. 那么，μ 的 99% 的置信区间是

$$16.1 \pm \frac{(2.797) \sqrt{2.7}}{\sqrt{25}} = 16.1 \pm 0.919 = [15.18, 17.02]$$

由于 $n = 25$ 相当大，这个区间应该有近似 99% 的置信度，即使总体不是正态分布的. 总体极端严重有偏或者有非常重的尾部是个例外；在这样的情况下，为了使这个置信区间达到将近 99% 的覆盖率可能必须要有比 25 更大的样本容量.

$\overline{Y}$ 需要多么大的样本才能成为几乎正态的分布取决于总体. 如果总体是对称的，并且尾部不是很重，那么近似正态常常在 n 大约为 10 时达到. 对于有偏总体，可能需要 30 个观测，极端的情形需要更多. 如果数据明显来源于高度有偏的或重尾的总体，最好假定一个参数模

型并像第 5 章讨论的那样计算 MLE，还有可能使用自助法(第 6 章)来求置信区间．

A.17.2 方差和标准差的置信区间

正态分布方差的 $(1-\alpha)$ 置信区间由下式给出：

$$\left[\frac{(n-1)s_Y^2}{\chi^2_{\alpha/2,n-1}}, \frac{(n-1)s_Y^2}{\chi^2_{1-\alpha/2,n-1}}\right]$$

这里 n 是样本容量，s_Y^2 是由方程(A.7)给出的样本方差，并且与 A.10.1 节定义的一样，$\chi^2_{\gamma,n-1}$ 是自由度为 $n-1$ 的卡方分布的 $(1-\gamma)$-分位数．

例 A.3 正态标准差的置信区间．

假定有来自于正态分布的样本容量为 25 的一个样本，$s_Y^2=2.7$，我们要求 σ^2 的 90% 的置信区间．我们需要构建的区间的分位数是 $\chi^2_{0.95,24}=13.848$ 和 $\chi^2_{0.05,24}=36.415$．这些值可以使用软件(例如 R 中的 qchisq)来求得．σ^2 的 90% 置信区间是

$$\left[\frac{(2.7)(24)}{36.415}, \frac{(2.7)(24)}{13.848}\right] = [1.78, 4.68]$$

对两个区间端点取平方根，我们得到标准差的 90% 置信区间，$1.33<\sigma<2.16$．

遗憾的是，正态分布总体的假定不能被免除，即使样本容量很大．如果正态概率图或正态性检验(见 4.4 节)暗示总体可能是非正态分布的，那么我们可能要使用自助法来构造 σ 的置信区间；参见第 6 章．另一种可能性是，如果数据是对称的并且是重尾的，假定一个非正态参数模型，例如 t 模型；参见例 5.4．

A.17.3 基于标准误差的置信区间

许多估计量是近似无偏的和近似正态分布的．那么，一个近似 95% 的置信区间就是估计量加或减 2 倍的标准误差；即

$$\hat{\theta} \pm 2s_{\hat{\theta}}$$

是 θ 的一个近似 95% 的置信区间．

A.18 假设检验

A.18.1 假设、错误类型和拒绝域

统计假设检验使用数据来决定一个特定的声明，称为原假设为真．原假设的否定称作备择假设．例如，假定 $Y_1,\cdots,Y_n$ 是 i.i.d. $N(\mu,1)$ 的，μ 未知．原假设可能是 μ 是 1．那么我们写下 $H_0: \mu=1$，$H_1: \mu\neq 1$ 表示原假设和备择假设．

有两种类型的错误，我们希望避免．如果原假设为真而我们拒绝了它，那么我们犯了第一类错误．相反，如果原假设为假而我们接受了它，那么我们犯了第二类错误．

拒绝域是导致我们拒绝 H_0 的可能样本集．例如，假定 μ_0 是 μ 的假设值，原假设是 $H_0: \mu=\mu_0$，备择假设是 $H_1: \mu\neq\mu_0$．如果 $|\bar{Y}-\mu_0|$ 超过了一个恰当选择的截断值 c(称为临界值)，那么拒绝 H_0．选择拒绝域使犯第一类错误的概率低于一个预先指定的称为水平的小值，常常记为 α．实践中使用的典型的 α 值是 0.01, 0.05 或 0.1．因为 α 取的较小，拒绝域一定也取的较小．在这个例子中，因为当 $|\bar{Y}-\mu_0|$ 超过 c 时，我们拒绝原假设，当 α 变小时，临界值 c 变大．c 的值易于确定．假定 σ 已知，c 是 $z_{\alpha/2}\sigma/\sqrt{n}$，这里与 A.9.3 节

定义的一样，$z_{\alpha/2}$ 是标准正态分布的 $\alpha/2-$ 上分位数. 如果 σ 未知，那么 σ 由 s_X 来取代，$z_{\alpha/2}$ 由 $t_{\alpha/2,n-1}$ 来取代，这里与 5.5.2 节定义的一样，$t_{\alpha/2,n-1}$ 是自由度为 $n-1$ 的 t 分布的 $\alpha/2-$ 上分位数. 使用 $t-$ 分位数的检验称为单样本 t 检验.

A.18.2 p 值

不指定 α 并决定是否在那个 α 处接受或拒绝原假设，我们可能会问"对于什么样的 α 值我们要拒绝原假设?"一个样本的 p 值被定义为原假设被拒绝的最小的 α 值. 换句话说，要使用一个给定的样本做检验，我们首先求那个样本的 p 值，那么如果我们决定使用 α 大于 p 值，就拒绝 H_0，如果我们使用 α 小于 p 值，就接受 H_0. 因此，

- 小的 p 值是对原假设不利的证据.
- 大的 p 值说明数据符合原假设.

例 A.4 p 值的解释.

如果一个样本的 p 值是 0.033，那么如果我们使用 α 等于 0.05 或 0.1，就拒绝 H_0，但是如果我们使用 $\alpha=0.01$，就接受 H_0.

p 值不仅告诉我们是否应该接受或拒绝原假设，而且告诉我们是否接受或拒绝 H_0 是侥幸的决定. 例如，如果使用 $\alpha=0.05$，p 值是 0.047，那么我们要拒绝 H_0，但我们要知道这个决定是侥幸的. 如果 p 值换为 0.001，那么我们知道这个决定不那么侥幸.

当我们做假设检验时，统计软件常规地计算 p 值. 这么做比让用户设定 α，然后报告是否原假设对于那个 α 被接受还是被拒绝要更方便.

A.18.3 两样本 t 检验

两样本 t 检验用于检验关于两个总体均值之差的假设. 当样本来自于两个独立总体时，使用独立样本 t 检验. 令 μ_i，$\overline{Y}_i$，s_i 和 n_i 分别是总体均值、样本均值、样本标准差和第 i 个样本的样本容量，$i=1$, 2. 令 Δ_0 是 $\mu_1-\mu_2$ 的假设值. 我们假定这两个总体有相同的标准差，并且用合并标准差来估计这个参数

$$s_{\text{pool}} = \left\{ \frac{(n_1-1)s_1^2 + (n_2-1)s_2^2}{n_1+n_2-2} \right\}^{1/2} \tag{A.45}$$

独立样本 t 统计量是

$$t = \frac{\overline{Y}_1 - \overline{Y}_2 - \Delta_0}{s_{\text{pool}}\sqrt{\dfrac{1}{n_1}+\dfrac{1}{n_2}}}$$

如果假设是 $H_0: \mu_1-\mu_2=\Delta_0$；$H_1: \mu_1-\mu_2\neq\Delta_0$，那么当 $|t|>t_{\alpha/2\,|\,n_1+n_2-2}$ 时拒绝 H_0. 如果假设是 $H_0: \mu_1-\mu_2\leqslant\Delta_0$；$H_1: \mu_1-\mu_2>\Delta_0$，那么当 $t>t_{\alpha\,|\,n_1+n_2-2}$ 时拒绝 H_0，如果 $H_0: \mu_1-\mu_2\geqslant\Delta_0$；$H_1: \mu_1-\mu_2<\Delta_0$，那么当 $t<-t_{\alpha\,|\,n_1+n_2-2}$ 时拒绝 H_0.

有时候样本是成对的而不是独立的. 例如，假定我们希望比较小盘股和大盘股股票⊖的收益，对于 n 年中的每一年，我们有小盘股股票投资组合的收益和大盘股股票投资组合的收益. 对于任一年，这两个投资组合的收益都是相关的，因此独立样本检验无效. 令 $d_i=X_{i,1}-X_{i,2}$ 是第 i 对来自于总体 1 和 2 的观测值之间的差，令 $\overline{d}$ 和 s_d 是 $d_1,\cdots,d_n$ 的样本

⊖ 股票的市值是股价和已发行股票数量的乘积. 如果股票基于市值来排序，那么在某个特定的分位数以下的所有股票将是小盘股股票，在另外一个特定分位数之上的所有股票将是大盘股股票.

均值和标准差. 配对样本 t 统计量是

$$t = \frac{\overline{d} - \Delta_0}{s_d/\sqrt{n}} \quad (A.46)$$

除了 t 分位数的自由度参数是 $n-1$ 而不是 n_1+n_2-2 外, 拒绝域与独立样本 t 检验相同.

检验的势是当 H_1 为真时, 正确地拒绝 H_0 的概率. 配对样本通常用来获得更多的势. 在比较小盘和大盘股股票的例子中, 两个投资组合的收益都会有很高的年变化, 但 d_i 会免于这种变化, 因此与 s_1 和 s_2 相比较, s_d 应该相对较小. 数据中小的变化意味着 $\mu_1 - \mu_2$ 可以被估计得更准确, 这个参数与 Δ_0 的偏离更有可能被检测到.

由于 $\overline{d} = \overline{Y}_1 - \overline{Y}_2$, 式(A.45)和(A.46)的分子相等. 不同的是分母. 当成对观测 $(Y_{i,1}, Y_{i,2})$ 之间的相关为正时, 式(A.46)的分母比(A.45)的分母小. 正是式(A.46)的小分母产生了配对 t 检验增加的势.

假定有人有一个成对样本, 但是却错误地使用了独立样本 t 检验. 如果 $Y_{i,1}$ 和 $Y_{i,2}$ 之间的相关为 0, 那么成对样本表现得与独立样本相同, 使用错误检验的影响较小. 假定这个相关为正. 使用错误检验的结果将是: 如果 H_0 为假, 那么真正的 p 值会被高估, 与使用配对样本检验相比, 就更不可能会拒绝 H_0. 但是, 如果 p 值很小, 那么就可以很自信地拒绝 H_0, 因为配对样本检验的 p 值将会更小.⊖ 遗憾的是, 统计方法通常被研究人员在没有可靠的理解基础理论的情况下使用, 这可能会导致滥用. 刚才所描述的假想使用了一个错误检验的情况通常就是一个现实情况, 有时候就有必要评估所报告的结论是否可信.

A.18.4 统计与现实意义

当拒绝原假设时, 我们经常说有一个统计显著效果. 关于这点, "显著的"这个词很容易被误解. 它并不意味着有一个现实意义的效果. 例如, 假定我们要检验的原假设是两个总体的均值相等与备择假设它们不相等. 统计显著只意味着这两个样本均值是足够不同的, 这种差别不能合理地被认为是纯粹的偶然机会. 统计显著并不意味着总体均值太过不同而具有现实意义. 当使用大样本时, 小的和不重要的效果可能会造成统计显著.

当决定现实意义时, 置信区间比检验更有用. 对于比较两总体均值的情况, 重要的是构造一个置信区间并且仅当在那个区间中所有的差大到具有现实意义时才能得出有现实意义效果的结论. 多么大是"足够大"不是一个统计问题, 而是要由学科专家来回答. 例如, 假定两个总体均值之间的差超过 0.2 被认为是重要的, 至少对于所考虑的目的是这样. 如果 95% 的置信区间是 [0.23, 0.26], 那么我们以 95% 的置信度得到有重要差别的结论. 如果置信区间更换为 [0.13, 0.16], 那么我们以 95% 的置信度得到没有重要差别的结论. 如果置信区间为 [0.1, 0.3], 那么我们不能以 95% 的置信度说差别重要与否.

A.19 预测

假定 Y 是一个当前未知的随机变量, 例如, 利率或者股价的未来变化. 令 X 是一个已知的对于预测 Y 有用的随机向量. 例如, 如果 Y 是股价或者宏观经济变量的未来变化, X 可能是最近的股价或者宏观经济变量的变化向量.

我们要求 X 的一个函数, 它是 Y 的最佳预测, 我们称为 $\widehat{Y}(X)$. 这里我们是指均方误

⊖ 一个例外是 $Y_{i,1}$ 和 $Y_{i,2}$ 是负相关的罕见情况.

差 $E[\{Y-\hat{Y}(X)\}^2]$ 尽可能小. 使均方误差达到最小的 $\hat{Y}(X)$ 称为基于 X 的关于 Y 的最佳预测. 注意 $\hat{Y}(X)$ 可以是 X 的任意函数, 不一定是一个线性函数, 像 14.10.1 节一样. 最佳预测在理论上是简单的——它是给定 X 下的 Y 的条件期望. 即在所有可能选择的 X 的任意函数 $\hat{Y}(X)$ 中, 使 $E[\{Y-\hat{Y}(X)\}^2]$ 达到最小的意义下, $E(Y|X)$ 是 Y 的最佳预测.

如果 Y 和 X 相互独立, 那么 $E(Y|X)=E(Y)$. 如果没有观测到 X, 那么 $E(Y)$ 将被用于预测 Y. 因此, 当 Y 和 X 相互独立时, Y 的最佳预测就好似 X 未知一样, 因为 X 不包含任何对于预测 Y 有用的信息.

在实践中, 用 $E(Y|X)$ 来预测并不容易. 问题是 $E(Y|X)$ 可能难于估计, 然而最佳线性预测可以由第 12 章中所描述的线性回归来估计. 但是, 更新的统计技术——非参数回归可用于估计 $E(Y|X)$. 非参数回归的讨论在第 21 章.

A.20 关于向量和矩阵的事实

向量 $\boldsymbol{x}=(x_1,\cdots,x_p)^T$ 的模是 $\|\boldsymbol{x}\|=(\sum_{i=1}^p x_i^2)^{1/2}$.

方阵 $\boldsymbol{A}$ 是对角的, 若对所有的 $i\neq j$, 有 $A_{i,j}=0$. 对于一个 $p\times p$ 对角阵 $\boldsymbol{A}$, 我们用记号 $\mathrm{diag}(d_1,\cdots,d_p)$ 来表示, $A_{i,i}=d_i$.

矩阵 $\boldsymbol{O}$ 是正交的, 若 $\boldsymbol{O}^T=\boldsymbol{O}^{-1}$. 这意味着 $\boldsymbol{O}$ 的列向量是互相正交的(垂直的), 并且它们的模都等于 1.

任何对称矩阵 $\boldsymbol{\Sigma}$ 都有特征根-特征向量分解, 即
$$\boldsymbol{\Sigma}=\boldsymbol{O}\mathrm{diag}(\lambda_i)\boldsymbol{O}^T \tag{A.47}$$
这里 $\boldsymbol{O}$ 是正交矩阵, 它的列向量是 $\boldsymbol{\Sigma}$ 的特征向量, $\lambda_1,\cdots,\lambda_p$ 是 $\boldsymbol{\Sigma}$ 的特征根. 另外, 如果所有的 $\lambda_1,\cdots,\lambda_p$ 都是非零的, 那么 $\boldsymbol{\Sigma}$ 是非奇异的, 并且
$$\boldsymbol{\Sigma}^{-1}=\boldsymbol{O}\mathrm{diag}(1/\lambda_i)\boldsymbol{O}^T$$
令 $\boldsymbol{o}_1,\cdots,\boldsymbol{o}_p$ 是 $\boldsymbol{O}$ 的列向量. 那么, 由于 $\boldsymbol{O}$ 是正交的,
$$\boldsymbol{o}_j^T\boldsymbol{o}_k=0 \tag{A.48}$$
对于任意的 $j\neq k$ 成立. 此外,
$$\boldsymbol{o}_j^T\boldsymbol{\Sigma}\boldsymbol{o}_k=0 \tag{A.49}$$
对于 $j\neq k$ 成立. 为了理解这个公式, 可令 $\boldsymbol{e}_j$ 是第 j 个单位向量, 即第 j 个坐标为 1、其他为 0 的向量. 那么 $\boldsymbol{o}_j^T\boldsymbol{O}=\boldsymbol{e}_j^T$, $\boldsymbol{O}^T\boldsymbol{o}_k=\boldsymbol{e}_k$, 因此对于 $j\neq k$,
$$\boldsymbol{o}_j^T\boldsymbol{\Sigma}\boldsymbol{o}_k=\boldsymbol{o}_j^T\{\boldsymbol{O}\mathrm{diag}(\lambda_i)\boldsymbol{O}^T\}\boldsymbol{o}_k=\lambda_j\lambda_k\boldsymbol{e}_j^T\boldsymbol{e}_k=0$$
7.8 节使用协方差矩阵的特征根特征向量分解来求椭圆轮廓密度的方向. 即使密度不是椭圆轮廓的, 这个分解也很重要, 它是主成分分析(PCA)的依据.

A.21 多项式的根和复数

多项式的根在研究 ARMA 过程时起到重要的作用. 令 $p(x)=b_0+b_1 x+\cdots+b_p x^p$, 这里 $b_p\neq 0$, 是一个 p 阶多项式. 代数基本定理表明 $p(x)$ 可以分解为
$$b_p(x-r_1)(x-r_2)\cdots(x-r_p)$$
这里 $r_1,\cdots,r_p$ 是 $p(x)$ 的根, 即 $p(x)=0$ 的解. 根不一定是互不相同的, 并且它们可能是复数. 在 R 中, 多项式的根可用函数 `polyroot` 来求得.

复数可写成 $a+bi$，这里 $i=\sqrt{-1}$. $a+bi$ 的绝对值或长度是 $\sqrt{a^2+b^2}$. 复平面是所有的二维向量 (a, b) 构成的集，这里 (a, b) 表示复数 $a+bi$. 单位圆是所有长度为 1 的复数集合. 复数位于单位圆内还是圆外取决于它的长度小于或者大于 1.

A.22 文献注记

Casella 和 Berger(2002)更详细地介绍了本章中的大多数统计理论以及本书中的其他部分. Wasserman(2004)是现代统计理论介绍，也推荐做进一步研究时参考. Alexander(2001)是最近的金融计量经济学介绍，并有一章关于协方差矩阵的内容；她的技术附录涵盖最大似然估计、置信区间和假设检验，包括似然比检验. Evans、Hastings 和 Peacock(1993)提供了关于统计上常用分布的基本事实的简明参考. Johnson、Kotz 和 Kemp(1993)讨论了大多数常见的离散分布，包括二项分布. Johnson、Kotz 和 Balakrishnan(1994，1995)包含了丰富的信息以及广泛的关于正态分布、对数正态分布、卡方分布、指数分布、均匀分布、t 分布、F 分布、帕雷托分布等连续分布的参考. Johnson、Kotz、Kemp 和 Balakrishnan 一起的这些著作基本上是统计分布的百科全书.

A.23 参考文献

Alexander, C. (2001) *Market Models: A Guide to Financial Data Analysis*, Wiley, Chichester.

Casella, G. and Berger, R. L. (2002) *Statistical Inference*, 2nd ed., Duxbury/ Thomson Learning, Pacific Grove, CA.

Evans, M., Hastings, N., and Peacock, B. (1993) *Statistical Distributions*, 2nd ed., Wiley, New York.

Gourieroux, C., and Jasiak, J. (2001) *Financial Econometrics*, Princeton University Press, Princeton, NJ.

Johnson, N. L., Kotz, S., and Balakrishnan, N. (1994) *Continuous Univariate Distributions, Vol. 1*, 2nd ed., Wiley, New York.

Johnson, N. L., Kotz, S., and Balakrishnan, N. (1995) *Continuous Univariate Distributions, Vol. 2*, 2nd ed., Wiley, New York.

Johnson, N. L., Kotz, S., and Kemp, A. W. (1993) *Discrete Univariate Distributions*, 2nd ed., Wiley, New York.

Wasserman, L. (2004) *All of Statistics*, Springer, New York.